MYTHOLOGIES
DU MONDE

MYTHOLOGIES DU MONDE

Sous la direction de Roy Willis

Avant-propos de Robert Walter

EVERGREEN

Titre original : *World Mythology*

EVERGREEN is an imprint of
TASCHEN GmbH

Hohenzollernring 53, D-50672 Köln
www.taschen.com

Préparation, révision : Dominique Jourdy,
Anne-Marie Laura, Michèle Malzac, Annie Rage,
Catherine Robel, Françoise Samson
Iconographie des pages hors-texte : Laurence Vacher
Fabrication : Fabienne Rousseau
Traducteurs : Christian-Martin Diebold (Amérique du Nord,
Australie, Océanie) Edith Galdemar (Méso-Amérique,
Amérique du Sud,Afrique) Claire Mulkai (Monde celtique,
Europe du Nord, Europe centrale et de l'Est, régions arctiques)
Marine Pitoëff (Avant-propos, introduction, les grands thèmes
de la mythologie, Proche-Orient, Inde, Tibet et Mongolie)
Anne-Marie Térel (Égypte, Grèce, Rome)

Production de l'édition française :
Textcase, Hilversum - Pays Bas

Printed in Thailand

ISBN 978-3-8228-5122-7

SOMMAIRE

AVANT-PROPOS

Robert Walter
Directeur de la Joseph Campbell Foundation

« Et si tu essayais de lire celui-ci ? » demandai-je à mon fils de sept ans en lui proposant un livre de contes, tiré de la bibliothèque. Il en examina la couverture puis affirma, sans ouvrir l'album, « je sais déjà comment ça commence ! »

« Vraiment ? Et comment cette histoire commence-t-elle ? »

« Par " Il était une fois... " – C'est toujours pareil ! Pourquoi, papa ? »

« Parce que ces histoires racontent des choses qui sont arrivées il y a très longtemps. »

« Oui... Mais les mêmes choses arrivent aujourd'hui aussi – n'est-ce pas ? »

« Parfois... »

« Oh, bon, d'accord, je vais le lire ! » dit-il en feuilletant les pages.

« Mais tu sais quoi ? »

« Quoi donc ? »

« Quelquefois – je veux dire – j'ai l'impression qu'il y a des histoires qui ne sont pas vraies. »

« C'est possible. »

« Mais ça ne fait rien » ajouta-t-il vivement « Elles sont belles quand même ! »

• • •

Qui d'entre nous et a fortiori quel enfant n'apprécie une belle légende ? De tels récits contribuent à forger la conscience de notre identité – le sentiment d'appartenir à une communauté, la notion de nos origines, de notre avenir. Essentiellement, nous sommes tels que nous le contons. Un romancier contemporain décrit ainsi ce qui lui apparut comme une grande révélation :

> Debout sur le rocher, face à l'univers, je compris toute l'histoire.
>
> Et l'histoire, la voici : la vie est un songe.
>
> Un songe que nous nous contons à nous-mêmes. Les choses sont des rêves, rien que des rêves, lorsqu'elles n'apparaissent pas, tangibles, sous nos yeux. Et ce que nous voyons maintenant, ce que nous pouvons appréhender et toucher à cet instant même, se transforme inéluctablement en songe.
>
> Seuls nos contes nous empêchent de nous dissoudre dans les nuées. Ils nous confèrent un nom, un lieu d'existence – et nous permettent de garder le contact avec le monde. [1]

Certes, nos histoires nous permettent de « garder le contact » les uns avec les autres. Ce sont en quelque sorte des fenêtres ouvertes sur les détails d'un paysage qu'en d'autres circonstances nous aurions pu ignorer à jamais. Et, paradoxalement, si particulière que soit la perspective, si étrange que soit le site, une observation attentive peut être une source d'enseignement sur nous-mêmes. Selon mon mentor et ami Joseph Campbell, conteur émérite qui affectionnait les belles histoires :

> L'art de conter encore et encore des légendes ancestrales pour leur seule saveur de « il était une fois » se fait rare de nos jours, à tout le moins dans notre monde occidental. Et pourtant lorsque, malgré tout, un récit pittoresque de cette nature nous est offert, l'enchantement s'instaure et nous transporte dans une contrée immémoriale qu'il nous semble avoir toujours connue. Ces histoires dont les descriptions d'un mode de vie si différent du nôtre nous fascinent s'adressent en même temps, mystérieusement, à quelque partie de notre être à laquelle nous n'avions peut-être, jusque là, guère porté attention : une région onirique appartenant à l'imagination, ouvrant sur un univers visionnaire – lequel, à son tour, suscitera peut-être quelque révélation sur nous-même, sinon sur le cosmos.
>
> Autrefois, en effet, tout comme aujourd'hui encore dans les sociétés traditionnelles, en voie de disparition rapide – si isolées soient-elles –, les peuples organisaient leur existence à partir des visions de grands maîtres spirituels tels que le Bouddha, Moïse, Zarathoustra, Jésus et Mahomet, ou même des visions de sages et chamans anonymes. Les élaborations socio-culturelles et les œuvres d'art se voyaient ainsi structurées par les représentations des grands hommes, et nous transmettent aujourd'hui encore un message subconscient qui éveille nos capacités à connaître un univers visionnaire évoquant des vertus existentielles (que celles-ci soient à jamais perdues pour nous ou bien prêtes à être actualisées). [2]

Implicitement, Campbell effectue ici une distinction capitale : si presque tout récit traditionnel peut-être source d'enchantement ou d'enseignement, seuls quelques uns sont porteurs de visions assez fascinantes pour inspirer, influencer ou guider notre existence, – voire, bien trop souvent, pour nous inciter à notre propre destruction. Selon Campbell, seul ce type de récits ancestraux mérite le nom de « mythe ». Pour lui, par extension, l'étude mythologique porte sur tous les récits faisant preuve d'un tel pouvoir. Il va sans dire que tous les spécialistes ne partagent pas ce point de vue. Beaucoup, sinon tous, préfèrent de loin la définition plus circonscrite de Robert Graves :

> La mythologie est l'étude de toute légende religieuse ou épique dont le caractère paraît si peu familier au chercheur que celui-ci ne saurait croire à sa véracité. D'où l'adjectif anglais « *mythical* » [3], qui signifie « in-

croyable », et, par suite, le fait que l'on écarte des recueils classiques de mythologies européennes, tous les récits Bibliques (même lorsque ceux-ci évoquent fortement des mythes perses, babyloniens, égyptiens ou grecs) ainsi que toutes les légendes hagiographiques.[4]

Cette observation mérite considération, surtout dans le présent ouvrage où de telles mise à l'écart ont été effectuées. Toutefois, dans la perspective sans préjugé de Campbell, aucune hagiographie – même la Bible – ne constitue une révélation infaillible et divine de la Vérité absolue, car toutes sont, en réalité, d'extraordinaires affabulations humaines, des contes merveilleux, « il était une fois », des mythes fantastiques :

> Les tenants de toute orthodoxie religieuse pourraient avoir tendance à définir le mythe comme étant simplement « la religion des autres ». En contrepartie, toute religion pourrait donc être considérée comme une « mythologie mal comprise », le malentendu consistant à prendre des métaphores mythiques pour des faits réels…
>
> À l'instar des rêves, les mythes sont le produit de l'imagination humaine. Par conséquent, l'imagerie mythique, bien que tirée du monde tangible et de son histoire supposée, constitue, comme les rêves, autant de témoignages des espoirs, désirs et craintes les plus profonds, des potentialités et des conflits de la volonté humaine – laquelle, à son tour, est mue par les énergies que transmettent les divers organes du corps humain, agissant parfois conflictuellement et parfois de concert. Cela revient à dire que tout mythe, intentionnellement ou non, est *psychologiquement* symbolique. Aussi n'est-ce pas littéralement qu'il faut en appréhender les récits et les images mais de façon métaphorique.[5]

Ainsi, pour Campbell, tous les mythes sont « transparents à la transcendance » ; c'est-à-dire qu'ils constituent des métaphores existentielles révélant des principes universels. Pourtant, nombreux sont ceux qui estiment que leurs propres mythes sont des faits historiques, tandis qu'ils réduisent ceux des autres à des élucubrations. Avant de qualifier d'exagération cette dernière constatation, il serait peut-être profitable de prendre connaissance des informations de vingt heures ou de parcourir les gros titres des quotidiens… Nous nous croyons une espèce douée d'intelligence et pourtant, à l'aube du vingt-et-unième siècle, des communautés humaines sont toujours ravagées par des haines tribales entretenues par des interprétations de légendes « exemplaires » et de sagas héroïques transmises de génération en génération. Ainsi que Campbell l'a inlassablement fait remarquer, de telles atrocités sont – et ont toujours été – les conséquences tragiques d'une interprétation littérale d'images mythologiques, de métaphores :

> Tout au long de l'histoire des peuples, des images tirées de mythes locaux ont suscité des interprétations les donnant pour des faits avérés et non pour des métaphores, secrétant ainsi le cauchemar de guerres féroces entre les partisans de représentations métaphoriques opposées…
>
> On ne peut que s'interroger : qu'est-ce que pareille interprétation littérale de mythes tribaux pourrait apporter d'autre qu'une extraordinaire souffrance, en un siècle où pourtant s'ouvrent les perspectives interculturelles d'une vision globale du monde ? La faute en revient à une mauvaise compréhension des métaphores, lorsque la dénotation est confondue avec la connotation, lorsque le messager est pris pour le message. Le support, le vecteur se voit ainsi surchargé, investi d'une sentimentalité qui déséquilibre totalement les rôles respectifs de l'action et de la pensée. À cela, le seul remède proposé jusqu'à présent, aussi pervers que le mal, consiste à rejeter toute métaphore comme étant mensonge pur et simple (ce qui, par le fait, est juste, lorsqu'une telle interprétation en est donnée), en remettant ainsi en cause la totalité du vocabulaire de l'âme (et ceci est une métaphore) grâce auquel, pourtant, l'humanité était parvenue à élever son esprit au-dessus des nécessités immédiates de la procréation, de l'économie et « du plus grand bien pour le plus grand nombre ».[6]

Voici donc entre vos mains un ouvrage consacré aux mythes, c'est-à-dire un ouvrage consacré aux métaphores, ces instruments des poètes et des artistes. Ses pages se font l'écho des voix et des visions d'artistes/créateurs de mythes qui nous ont offert les récits et les images du « langage de l'âme ». Lisez-le comme vous le feriez d'une « clé des songes », car notre devoir d'être humain moderne est d'intérioriser la symbolique mythique, de réaliser que tous les dieux et les démons sont en nous, de comprendre que le Ciel et l'Enfer ne sont pas « au dehors » – des lieux où l'on se rendrait après la mort – mais des états d'être. Bref, il nous faut aujourd'hui comprendre que toute image mythologique n'est qu'un aspect de notre expérience immédiate.

En sorte que si l'on aborde cet ouvrage avec un esprit ouvert et l'innocence d'un enfant pour qui le monde est d'emblée de nature magique, il devient possible d'explorer des paysages exotiques, de découvrir des merveilles inconnues, de retrouver les dieux d'antan et les démiurges ancestraux qui demeurent encore en soi. En apprenant à mieux connaître aïeux et voisins, l'on fait preuve de plus de discernement envers soi-même.

Mais, avant tout, place à ces mots enchanteurs : « Il était une fois »…

Robert Walter

[1] Tom Spanbauer, *The Man who fell in Love with the Moon* (« L'Homme qui tomba amoureux de la Lune ») ; New York : Atlantic Monthly Press, 1991 ; p. 190.

[2] Joseph Campbell, « Myths from West to East » (« Mythes de l'Occident à l'Orient »), in *Myths* d'Alexander Eliot ; New York : McGraw-Hill, 1976 ; p. 31. Voir *l'Univers fantastique des mythes* édition.

[3] « Mythique », en français : mot dont l'une des acceptions est similaire à l'adjectif anglais. (NdT).

[4] *New Larousse Encyclopédie of Mythology*, Londres : Hamlyn Publishing, secteur de Reed International Books, première édition 1959.

[5] Joseph Campbell, *The Inner Reaches of Outer Space : Metaphor as Myth ans as Religion* (« La portée intérieure des espaces extérieurs : la métaphore en tant que mythe et en tant que religion ») ; New York : Van der Marck Editions, 1985 ; Harper Perennial, 1988 ; p. 55.

INTRODUCTION

A l'origine de notre mot « mythe », le grec *muthos* signifia d'abord simplement « parole, récit ». Ce n'est qu'à partir du IVe siècle av. J.-C. qu'apparut dans la pensée grecque le concept de « fait historique », grâce à Hérodote et, principalement, à son récit des guerres médiques. C'est alors que, par opposition, *muthos* en vint à évoquer une « fiction », voire une « affabulation », un « mensonge » qu'il fallait clairement distinguer de *logos*, signifiant « raison » ou « discours » associé à l'idée de vérité. Dès lors, il fut admis qu'à *logos* s'attachait toujours un auteur précis – lequel, dans les traditions judéo-chrétiennes et islamiques, pouvait fort bien être Dieu lui-même – tandis que *muthos* supposait l'anonymat d'une origine indéfinie, par-delà toute chronologie.

La théorisation des mythes

Malgré le mépris en lequel Hérodote les tenait, les récits mythiques continuèrent cependant, de siècle en siècle, à captiver les imaginations et nombreux furent les chercheurs et philosophes qui tentèrent de découvrir la raison d'un attrait si durable. En 1725, précurseur de l'historien Michelet auquel celui-ci emprunta le principe de « l'humanité qui se crée », l'Italien Giambattista Vico avança que les mythes n'étaient pas des distorsions de récits bibliques comme on le pensait à l'époque, mais témoignaient plutôt de tentatives de l'imaginaire humain pour résoudre l'énigme de la vie et de l'univers ; aussi étaient-ils comparables, en ce sens, aux théories scientifiques modernes.

Plus tard, d'autres théoriciens recherchèrent une cause unique à l'élaboration des mythes. Vers 1785, le linguiste orientaliste allemand Friedrich Max Müller se rendit célèbre pour sa théorie, dite « naturiste », selon laquelle les premières divinités adorées par les peuples indo-européens étaient des forces naturelles personnifiées. Ainsi, selon lui, les mythes s'élaboraient-ils sur des allégories se rapportant à des phénomènes naturels. Par exemple, un ancien mythe grec relate comment, bien qu'elle fût enlevée par Hadès, souverain des Enfers, Perséphone reçut de Zeus la permission de revenir sur Terre pendant les deux tiers de l'année, dès les premières pousses printanières, ne retournant aux Enfers qu'avec la venue de l'hiver. Müller suggéra donc que ce récit symbolisait l'alternance des saisons – ce qui semble aujourd'hui l'évidence même.

Pour sa part, l'ethnologue écossais J.G. Frazer tenta d'offrir un regard synthétique sur les mythes et rites des sociétés traditionnelles. Par exemple, dans son œuvre en douze volumes intitulée *Le Rameau d'or* (1890-1900-1915), il réunit des mythes du monde entier relatifs à la souveraineté sacrée, centrés sur la croyance que le bien-être du peuple dépendait de celui de son roi. Selon Frazer, ce dernier aurait été offert en sacrifice rituel s'il devenait infirme ou sénile, afin de céder sa place à un chef plus vigoureux. Plus récemment, en 1979, le folkloriste allemand Walter Burkert soutint une hypothèse similaire en interprétant les mythes évoquant quelque « bouc émissaire » comme autant de réminiscences d'un temps préhistorique où, supposait-il, les groupes humains offraient l'un de leurs membres les plus faibles en pâture aux carnassiers qui les poursuivaient, afin que la majorité pût leur échapper.

L'inconscient collectif

D'autres ont tenté d'expliquer par l'introspection la récurrence de certains mythes, voire le recours aux mythes en général – lesquels constitueraient, selon eux, la résonance de caractéristiques permanentes de la psyché humaine. Un exemple bien connu est l'interprétation du mythe grec d'Œdipe par Sigmund Freud, « l'inventeur » de la psychanalyse. Pour Freud, le récit décrivant comment, sans le savoir, Œdipe tua son père et épousa sa mère, met en scène les sentiments inconscients de tout adolescent envers ses parents. Un disciple de Freud devenu dissident, le psychiatre-psychanalyste suisse Carl G. Jung, développa une théorie selon laquelle l'humanité est dotée d'un « inconscient collectif » structuré par des « archétypes », des schèmes communs à tous les hommes s'exprimant par des images symboliques, entre autres à travers le mythe – d'où le pouvoir de fascination de ce dernier. Si J.G. Frazer travaillait uniquement en bibliothèque, il y a un siècle les ethnologues avaient commencé à étudier « sur le vif » les sociétés tribales ou traditionnelles, ce qui leur permit de découvrir le

Cette peinture murale de la tombe du roi Horemheb d'Egypte (1319-1292 av. J.-C.), à Thèbes, montre le souverain entre le dieu solaire Horus à tête de faucon et la mère de celui-ci, la déesse Hathor, la Vache céleste.

LES TÉMOIGNAGES DU MYTHE

Notre connaissance des mythes tribaux provient avant tout de sources indirectes : récits de voyageurs, missionnaires, administrateurs coloniaux et, récemment, mémoires d'ethnographes et d'ethnologues. Si des écrivains d'origine tribale ont bien publié des récits à l'usage des Occidentaux, nous sommes néanmoins contraints de nous fier à ce qu'ils ont consenti à nous livrer.

Les anciennes civilisations connaissant l'écriture nous ont légué nombre de récits et inscriptions témoignant de leur héritage mythologique. Toutefois, ici encore, nous ne découvrons que les résultats de longs processus de sélection de ce qui n'appartenait, à l'origine, qu'à la tradition orale.

Des textes de la haute Antiquité ont posé de gros problèmes d'interprétation aux archéologues. A partir de 1799, grâce à la pierre de Rosette comportant le même texte en trois langues, les hiéroglyphes de l'Egypte ancienne purent être déchiffrés. Sans ce progrès, les richesses de la tombe de Toutankhamon, mise au jour en 1922, n'auraient jamais contribué comme elles l'ont fait à notre compréhension de la pensée égyptienne. Le déchiffrement, en 1953, de l'écriture des tablettes mycéniennes appelée « Linéaire B » permet d'accéder aux mythes de l'antique culture crétoise. Toutefois, l'écriture de la haute civilisation de l'Indus, disparue vers 1500 av. J.-C., n'a toujours pas été déchiffrée.

La région du Gandhara (Pakistan/Afghanistan) fut un carrefour culturel comme en témoigne un style de sculptures où l'iconographie bouddhiste se mêle à des thèmes grecs. Ce relief du IIe s. ap. J.-C. représente le Bouddha entouré de disciples ; à l'extrême droite, le héros grec Héraclès, avec sa massue, apparaît comme motif décoratif.

LA TRANSMISSION DU MYTHE

Les récits mythiques et populaires « voyagent » aisément d'un groupe à l'autre. Bien sûr, les mythes peuvent alors se transformer – tout comme ils le font souvent au sein d'un même groupe, à force d'être racontés encore et encore.

Un exemple bien connu de cette mobilité est offert par le mythe du Déluge que l'on retrouve aussi bien dans tout le Proche-Orient et en Grèce qu'en Asie du Sud et de l'Est et aux Amériques. Les thèmes sémitiques et bibliques de la tour de Babel et de « l'ouverture des eaux » de la mer Rouge grâce à un chef religieux ou royal se retrouvent dans toute l'Afrique, sous nombre de versions locales. Les thèmes de Prométhée et de Jason en quête de la Toison d'or font partie du fonds mythologique des cultures caucasiennes de Géorgie et d'Arménie.

Il est souvent impossible de découvrir le lieu d'origine d'un thème mythique très répandu. Toutefois, des textes témoignent parfois de l'incorporation de mythes locaux dans une tradition littéraire importée. C'est ce qui advint au Tibet où le bouddhisme officiel, venu de l'Inde, absorba des éléments chamanistes appartenant à la culture locale.

Dans la mythologie romaine, largement empruntée à la Grèce, Bacchus remplaça Dionysos en tant que dieu du vin et de l'extase. (Mosaïque romaine des Ier-IIe s. ap. J.-C.)

mythe et ses processus d'élaboration dans son milieu d'origine. Cela contribua considérablement à notre compréhension du sujet dans toute sa complexité.

Un exemple remarquable demeure la recherche de Bronislaw Malinowski sur les mœurs des Mélanésiens des îles Trobiand au cours de laquelle il mit en évidence que leur mythe d'origine référait directement à leur organisation sociale. En effet, selon ce mythe, les ancêtres des quatre clans étaient quatre animaux qui sortirent successivement d'un trou dans le sol au commencement des temps. Ayant constaté que l'ordre d'apparition des animaux ne changeait jamais, quelle que fût la version du mythe, Malinowski démontra qu'il correspondait à la hiérarchie des statuts des clans les uns par rapport aux autres : l'animal-ancêtre apparu le premier étant celui du clan au statut le plus élevé ; l'animal suivant, celui du clan au statut immédiatement inférieur ; et ainsi de suite.

L'analyse des mythes

Le fait que certains récits apparemment archaïques puissent, en fait, être associés à la manière dont est organisée la société qui les a secrétés n'élimine, bien entendu, pas nécessairement d'autres significations tout aussi importantes. Dans la deuxième moitié du XXe siècle, aucun chercheur n'a mieux contribué à une profonde compréhension du mythe que l'ethnologue français Claude Lévi-Strauss. Par une analyse structurale pénétrante et minutieuse des mythes des Indiens d'Amérique, il s'est employé à montrer comment ces récits cherchent à résoudre ce qui est perçu par l'être humain comme des expériences contradictoires, voire conflictuelles. Celles-ci peuvent être immédiates ou sensorielles (la vie et la mort, la faim et la satiété...) ou bien extrêmement abstraites, évoquant par exemple l'opposition philosophique de l'Unité et la Diversité. Lévi-Strauss avance que les mythes sont élaborés dans le souci de résoudre toutes les contradictions en établissant une relation (ou en essayant d'en établir une) entre tel aspect de la vie et son contraire, constituant ainsi des séries « d'oppositions binaires ». Par exemple, la jeunesse et la vieillesse, la saison humide et la saison sèche, le masculin et le féminin, la culture et la nature, la vie et la mort.

Par ses interprétations très détaillées de plus de huit cents mythes – dont la plupart comportent plusieurs variantes – originaires d'Amérique du Nord et du Sud, Lévi-Strauss montre qu'à mesure qu'un mythe répond à certaines questions il en soulève de nouvelles, reprises à leur tour par d'autres mythes, selon un processus évolutif franchissant et refranchissant constamment les frontières tribales et géographiques.

La théorie et les méthodes d'analyse de Lévi-Strauss ont été appliquées avec succès à des mythes originaires de l'Inde, d'Afrique, d'Australie et d'Océanie, aussi bien qu'à des mythes de l'Antiquité grecque – Lévi-Strauss lui-même ayant, dès 1955, effectué, dans cette perspective, une analyse novatrice du mythe d'Œdipe. Toutefois, nombre d'interrogations persistent. Tout à son analyse des « oppositions binaires », Lévi-Strauss s'est peu préoccupé des structures narratives, de la manière dont s'articulent les différents épisodes du récit. Dans son analyse du mythe d'Œdipe, il affirme que l'ordonnancement des épisodes n'a aucune incidence sur la compréhension du sens du récit. Mais est-ce vraiment le cas ?

Le folkloriste Vladimir Propp et ses disciples avancent au contraire que la morphologie du récit est d'une importance essentielle en ce qui concerne la signification de tout conte traditionnel – y compris du « mythe ». Propp dégage au total trente et une « fonctions » narratives élémentaires combinées selon un ordre immuable et formant une séquence fondamentale d'où dérivent toutes les variantes observables. Parmi ces « fonctions », on relève (chronologiquement) : l'Interdit, le Viol de l'Interdit, l'Infamie, le Départ du Foyer pour la Quête, le Dialogue avec les Auxiliaires magiques, l'Apparition du Scélérat, la Fuite, la Poursuite, la Délivrance. Si seul un petit nombre des cent contes analysés par Propp contiennent les trente et une « fonctions » à la fois, celles qui figurent dans un même récit apparaissent bien toujours dans le même ordre. De son côté, en analysant des contes des Indiens d'Amérique du Nord, le folkloriste américain Alan Dundes dégagea des fonctions élémentaires similaires, bien qu'en nombre moins important, et apparaissant toujours en effet dans le même ordre séquentiel. Un élève de Dundes, Lee Haring, a identifié, pour sa part, une séquence de six épisodes dans un récit-type des Kamba du Kenya.

Mythe ou conte ?

En ce qui concerne la différence entre le « mythe » et le « conte populaire », les spécialistes apparaissent non seulement divisés mais étonnamment peu diserts. Ils s'accordent toutefois pour convenir que ces deux types de récits ont beaucoup en commun : ils sont tous deux anonymes, répandus dans une communauté donnée, et offrent de multiples variantes. Mais quelle est donc leur différence fondamentale – s'il y en a une ? Bien que ces deux formes empiètent l'une sur l'autre de manière complexe, certains sont d'avis que ne méritent l'appellation de « mythe » que les récits anonymes cherchant à expliquer l'origine du monde, des hommes et de leur culture. Ces préoccupations étant universelles, il n'est guère surprenant

Tirée de la chronique médiévale anglo-normande de Peter Langtoft (XIIIe s.), cette illustration montre le légendaire roi Arthur campé au-dessus de la liste de ses « trente royaumes ».

MYTHE, HISTOIRE ET LITTÉRATURE

Mythe et histoire s'entremêlent étroitement dans les témoignages livrés par les civilisations connaissant l'écriture. Avec *L'Enéide*, épopée latine de Virgile, on possède un exemple fameux de « mythe historique » délibérément fabriqué à partir d'une légende préexistante afin d'associer la fondation de ce qui devait devenir l'Empire romain à l'exil d'Enée après la chute de Troie et à son établissement en Italie (p. 172-173). Dans nombre de cultures, les mythes d'origine ont souvent été mis à contribution de cette façon afin d'asseoir le prestige d'une communauté ou d'une nation.

A l'époque de la Renaissance, on attribua généralement la relative facilité avec laquelle le *conquistador* espagnol Hernán Cortés détruisit en 1521 le puissant empire aztèque à un mythe aztèque contemporain prévoyant l'arrivée d'étrangers barbus à la peau blanche et nantis d'attributs divins. Il est dit que des mythes similaires existaient parmi les Incas d'Amérique du Sud et auraient favorisé la chute de l'empire inca, au XVIe siècle.

Tout comme le mythe peut venir au secours de l'histoire, l'histoire peut en retour offrir sa contribution à la création du mythe – et se voir parfois sollicitée jusqu'à l'improbable. Ainsi le chroniqueur anglais du XIIe siècle William de Newburgh relève-t-il que, dans son *Histoire des rois de Bretagne* (1147), son aîné Geoffroy de Monmouth affirme que le petit doigt du roi Arthur était plus large que les reins d'Alexandre le Grand. Les preuves historiques concernant le légendaire roi Arthur (Artus) sont singulièrement rares ; il est mentionné pour la première fois par Nennius, chroniqueur gallois du VIIIe siècle auteur d'une *Histoire des Bretons* souvent reprise et transformée ensuite. Il est toutefois possible qu'un « roi Arthur » chrétien ait vaincu des Saxons « païens » lors de la bataille décisive du Mont de Badon en Angleterre au VIe siècle.

que tout un chacun puisse immédiatement reconnaître pour « mythe » une narration répondant à cette définition, quel que soit l'éloignement spatial, temporel ou formel de la culture dont elle émane.

Quelles sont donc les cultures générant des mythes cosmogoniques ? Il semble que cette sorte de récit revête une importance particulière dans deux types de sociétés pré-industrielles se situant aux deux extrêmes d'une chaîne d'évolution. En effet, d'une part, le mythe existe dans les sociétés de chasseurs-cueilleurs peu hiérarchisées, intimement dépendantes de la nature – dans cet ouvrage, on en trouvera des exemples provenant de chasseurs-cueilleurs des deux Amériques, d'Asie du Sud-Est, d'Australie, d'Afrique et de l'Arctique. D'autre part, certaines des mythologies les plus complexes émanent de sociétés pré-industrielles qui se sont suffisamment affranchies de leur dépendance envers la nature pour élaborer une hiérarchie comprenant une classe privilégiée de prêtres érudits. On trouvera ici des mythes de ce type livrés par les anciens Celtes et Germains d'Europe septentrionale ; la Grèce antique, l'Inde, la Chine et le Japon ; les Dogon, les Bambara et les Yoruba d'Afrique occidentale ; les Incas d'Amérique du Sud ; les Mayas et les Aztèques d'Amérique centrale.

De leur côté, les « contes populaires » sont produits par des sociétés dépendantes de l'agriculture et témoignant d'une organisation intermédiaire entre la simplicité des communautés de chasseurs-cueilleurs et la complexité d'Etats très hiérarchisés en différentes classes sociales. De tels récits se préoccupent donc plus de conflits et problèmes sociaux que de cosmogonies. Notons ici que ces « contes populaires » ne doivent en aucun cas être confondus avec les « contes de fées », qui ne sont pour leur part que des créations apparues au XIXe siècle dans le courant littéraire du Romantisme.

Un conte populaire transmet en général un message social. Par exemple, il peut avoir pour thème principal le conflit entre le caractère entreprenant de la jeune génération et l'autorité de ses aînés. Souvent, il peut se faire l'écho de phases d'une évolution sociale antérieure. Ainsi l'ogresse Baba Iaga de nombreux contes slaves évoque-t-elle un ancien culte voué à une déesse associée à la mort et aux mondes souterrains. De tels contes remontent souvent à une période où les russophones ne constituaient pas encore un groupe distinct, il y a quelque sept ou huit siècles – voire à une époque plus ancienne, avant même l'apparition des Slaves, au Ve siècle ap. J.-C.

Il en va de même pour les mythes évoquant des « pommes d'or » – que l'on retrouve également dans des contes slaves –, celles-ci étant associées à un culte solaire depuis longtemps disparu ainsi que, très probablement, à des croyances plus archaïques encore, relatives aux périples occultes effectués par le chamane tribal. Les métamorphoses d'êtres humains en animaux, ou *vice versa* (comme dans le cas du loup-garou), que l'on voit fréquemment dans des légendes de Russie et d'Europe trouvent elles aussi leurs origines dans de très anciennes croyances chamanistes.

En fin de compte et plus simplement, on peut dire que les contes populaires sont des mythes « domestiqués » : des histoires constituées à partir d'éléments mythiques et destinées à la fois à distraire l'auditeur et à mettre en évidence quelque morale humaine et sociale.

L'élaboration du mythe

Grâce à leurs études « sur le terrain », par immersion dans des sociétés pré-industrielles, les ethnologues et folkloristes modernes ont démontré que les mythes et contes populaires ne sont pas un équivalent « primitif » des textes imprimés, figés, comme on le croyait au XIXe siècle. Au contraire, les recherches menées de par le monde dans de nombreuses sociétés rurales et tribales où les mythes sont toujours « vivants » ont permis de percevoir la nature dynamique et la constante évolution des traditions orales. On peut dire qu'en un sens le conteur recrée le mythe ou le conte qu'il narre à son entourage. En effet, le moment de la composition est la narration elle-même : le poème de tradition orale est composé non en vue de sa communication mais au moment de celle-ci.

Cela ne signifie pas, bien sûr, que le poème, le conte ou le mythe soit créé d'emblée, « à partir de rien ». Le récit s'élabore sur un fonds d'idées et d'images constitué au long d'innombrables narrations précédentes, et qui demeure présent à l'esprit du conteur. A vrai dire, ce fonds culturel appartient non seulement à la mémoire du conteur lui-même, mais également à celle de chacun de ceux qui écoutent et participent à la narration – il s'agit ici d'une mémoire collective grâce à laquelle l'expression du mythe ou du conte est l'œuvre d'une communauté tout entière.

La participation du « public » dans l'élaboration du récit naît des questions qu'il pose et de ses commentaires, stimulant à la fois la mémoire et l'imagination du narrateur. J'ai moi-même pu me rendre compte de cette réalité au cours de mes séjours chez les Fipa du sud-ouest de la Tanzanie, en Afrique orientale.

Le mythe et la légende

Qu'en est-il de la légende, autre forme souvent opposée au mythe ? Les spécialistes s'accordent à dire sée au mythe ? Les spécialistes s'accordent à dire qu'une « légende » est un récit littéraire élaboré à partir d'un personnage ou d'un événement supposément historique et comportant des éléments ou des thèmes tirés de mythes plus anciens, transmis par tradition orale. On trouve de telles légendes dans des cultures caractérisées par des traditions littéraires anciennes – Chine, Japon, Inde, Mésopotamie, Egypte, Grèce, Rome, Bretagne celtique... Un exemple de la tradition celte d'Irlande est offert par le cycle d'Ulster, superbe épopée (VIIe-VIIIe siècle ap. J.-C.) riche en légendes et thèmes mythiques et dont le héros est le vaillant guerrier Cuailgne (Cú Chulainn). Plus célèbre encore, le cycle d'Arthur prit forme au XIIe siècle lorsque le chroniqueur anglais Geoffroy de Monmouth reprit les légendes chantées depuis longtemps déjà par les bardes gallois et centrées sur Artus, ou Arthur, roi des Bretons du sud de l'Ecosse ayant lutté contre les envahisseurs saxons et angles. En France, au XIIe siècle également, le même fonds de légendes fut développé par Chrétien de Troyes, pour former le célèbre cycle de la Table ronde. Dans ces récits décrivant les exploits du roi et de ses preux chevaliers, on retrouve nombre d'évocations de la mythologie celte telles que le voyage d'Arthur au royaume des morts en quête d'un vase magique (le Saint-Graal). Il semble même que l'on puisse y reconnaître des éléments remontant à une période bien antérieure car des récits d'une similitude troublante proviennent aussi bien de traditions de l'ancienne Scythie (approximativement la Roumanie d'aujourd'hui) que de légendes relatant les exploits de Jinmu-tennō, le fondateur du Japon.

Les trois types de récit – mythe, conte populaire, légende – se recoupent et se mêlent donc souvent, contes et légendes plongeant parfois leurs racines dans le mythe ou, à tout le moins, y faisant de nombreuses allusions. Tout en accordant la préséance au mythe, le présent ouvrage effectue de fréquentes incursions dans les contes, notamment d'Europe centrale et orientale, et dans les légendes du Japon, de Rome et des pays celtiques en particulier.

La durable séduction du mythe

Comment expliquer la fascination que le mythe continue d'exercer sur les imaginations ?

L'un des milieux les plus propices à son élaboration est offert par les petites sociétés peu hiérarchisées dont les membres jouissent peu ou prou de statuts équivalents et où la répartition des rôles est peu rigide. Le principal « spécialiste » d'une telle société est le chaman, le seul qui ait pour vocation d'explorer les mondes invisibles et d'en tirer savoir et sagesse, pour le bien de tous. Par certains aspects, le chaman évoque à la fois le prêtre, lui aussi concerné par la spiritualité, et l'homme de science moderne, dont la recherche exige également la multiplication d'expériences directes, de première main. En outre, le chaman possède une sorte de liberté créatrice – ce dont ne jouissent ni le scientifique ni le prêtre de nos sociétés, mais plutôt l'artiste tel que nous le concevons. Ainsi le monde du mythe naît-il de l'art scientifique et religieux du chamane – un art doté, de plus, d'une remarquable dimension ludique.

Les récits de métamorphoses constituent des exemples patents de cet esprit ludique – comme en témoignent par exemple les contes des Inuit où l'on voit des hommes se transformer en ours polaires. A mesure que les mythologies élaboraient une catégorie d'acteurs divins nantis de rôles spécialisés, le don d'espièglerie et de transformation pouvait soit s'avérer une caractéristique divine généralisée (comme chez les divers membres du panthéon grec), soit être réservé à un Farceur ou un Bouffon divin, tel que le Coyote ou le Corbeau des Indiens d'Amérique du Nord, le Loki des Scandinaves, l'Eshu ou Elegba d'Afrique occidentale. Dans d'autres parties d'Afrique, ce même personnage est devenu le Lièvre rusé – que l'on retrouve dans la tradition orale des Noirs américains en tant que « Brer Rabbit », « Frérot Lapin ».

Un jeu créateur m'apparait sous-tendre toute élaboration de mythe. Bien que le mythe ne cesse de se transformer, de s'étoffer, il semble toutefois qu'il ne se coupe jamais de ses origines : l'expérience du chamane. Parce que cette expérience relève de tous les aspects de l'existence – visibles et invisibles, terrestres et célestes, humains, animaux, végétaux, minéraux – et de leurs interpénétrations, le mythe qui en résulte ne peut que chercher à embrasser la totalité de la vie, dans une perspective cosmique. Ce que le mythe enregistre et transmet est donc chargé d'une signification profonde. Pourtant, la tradition humaine dont il émane s'avérant d'une inspiration irrévocablement égalitaire (ni hiérarchique, ni autoritaire), cette signification se dévoile comme en jouant avec ses auditeurs, plutôt qu'en s'imposant. Tel est, selon moi, le secret de l'attrait universel et durable du mythe.

LES GRANDS THÈMES DE LA MYTHOLOGIE

COSMOGONIES

Les origines du monde

L'INTENTION DIVINE

Avant d'apparaître, l'univers existait déjà en tant que pensée d'Amma, le grand dieu créateur des Dogon d'Afrique occidentale. Selon eux, toute chose est le fruit du dessein divin. On retrouve semblable conception chez les hindous pour lesquels l'univers résulte de la méditation de Brahma, le Créateur.

Par tout le continent africain, le démiurge est perçu comme l'artiste suprême. Par exemple, pour les Tiv du nord du Nigéria, réputés pour leur travail du bois, il est le Menuisier qui « sculpta » le monde selon sa vision parfaite.

D'autres récits, moins explicites, semblent parfois impliquer que le monde se fit par hasard. Dans la cosmogonie nordique, l'univers serait né du mélange apparemment fortuit de deux éléments contraires, le feu et la glace, au cœur de l'abîme béant dénommé Ginnungagap.

La genèse du monde est la première énigme que tentent de résoudre les mythologies. Le prélude de toute chose est parfois conçu comme un néant, parfois comme une étendue d'eau illimitée, stérile et obscure – notion que l'on retrouve aussi bien au Proche-Orient qu'en Amérique du Nord, en Asie du Sud-Est que chez les peuples Khoisan d'Afrique australe. Toutefois, le mythe le plus fréquent décrit la source de l'univers comme un œuf, un réservoir illimité de possibles dans une « coquille » tout enveloppante.

Selon un schéma courant, un événement quelconque déclenche le processus d'évolution, ou, à tout le moins, provoque un changement. Pour les Dogon d'Afrique occidentale, une vibration produite par le dieu créateur Amma brisa l'enveloppe de l'Œuf cosmique et libéra les forces opposées de l'ordre et du chaos. Chez les Cheyennes d'Amérique du Nord, c'est un humble échassier qui, en conservant dans son bec un peu de vase, permit au Grand Esprit de transformer celle-ci en terre ferme au milieu de ce qui serait, sinon, demeuré une étendue d'eau infinie. Dans les îles du Sud-Est asiatique, un récit similaire fait intervenir une hirondelle dans la création de la première terre. Enfin, un mythe égyptien affirme que le premier événement de la création fut l'apparition d'un monticule de terre hors de l'océan abyssal appelé Nun.

Dualités

Dans toutes les mythologies, création est d'abord synonyme de différenciation et de pluralité, s'opposant à l'unité et à l'indifférencié. Il est donc logique qu'une dualité – différenciation la plus élémentaire – en constitue la première étape. Ainsi, Pan Gu, l'ancêtre divin des Chinois, se développa-t-il dans l'Œuf cosmique pendant dix-huit mille ans avant de faire exploser celui-ci en deux moitiés : l'une, lumineuse, formant le Ciel, et l'autre, sombre, constituant la Terre. Un mythe d'origine des Maori fait apparaître le monde lorsque deux êtres créateurs, Rangi, le Ciel, et Papa, la Terre, jusque-là immobiles dans le vide et soudés l'un à l'autre, se séparèrent pour assumer leurs rôles cosmiques, opposés et complémentaires. On retrouve cette même notion dans les croyances de Méso-Amérique selon lesquelles la création commença lorsque le dieu originel de la Dualité,

Peinture rupestre de l'île de Pâques (Pacifique sud) illustrant le thème de l'Œuf cosmique primordial. Elle représente sans doute un homme-oiseau tenant dans sa main l'Œuf du Monde.

Ometecuhtli, se divisa en un aspect féminin, appelé Omecihuatl, et un autre, masculin, Ometeotl, qui à leur tour engendrèrent les dieux. Un mythe bambara d'Afrique occidentale constitue une variation intéressante sur le même thème : l'Œuf cosmique émit une voix qui produisit son propre « écho », son double de sexe opposé, les deux entités formant ainsi les jumeaux primordiaux devenus ensuite les parents du monde.

Cette dualité initiale apparaît également dans certains mythes d'origine grecs où Titans et Cyclopes naquirent de l'union d'Ouranos (Uranus), personnification du Ciel et premier élément mâle du cosmos, avec Gaïa, la Terre.

Morts sacrificielles génératrices de vie

Nombre de traditions font état d'une mort sacrificielle pour que le monde soit. Chez les Chinois, c'est le géant cosmique Pan Gu qui offrit sa vie pour que naisse l'univers. Epuisé par le dur labeur accompli pour séparer le Ciel et la Terre, Pan Gu s'allongea et mourut. Les divers éléments de son corps immense constituèrent alors les mille aspects célestes et terrestres.

Ce récit évoque l'hymne védique de la tradition indienne selon lequel Purusha, l'Homme cosmique primordial, fut offert en sacrifice : les différentes parties de son corps composèrent ensuite l'univers dans toute sa variété. En Afrique saharienne, le monde fut formé à partir dès nombreux tronçons du serpent cosmique Minia, première création divine, offerte en sacrifice pour qu'apparaisse le monde – événement toujours évoqué dans cette région par des sacrifices d'animaux. Ce même thème se retrouve dans le mythe assyro-babylonien selon lequel le roi céleste Marduk mit à mort la « mer-serpent » Tiamat, principe féminin du chaos, et tira de son corps gigantesque tous les éléments du paysage terrestre : de son dos, il fit la voûte céleste, de la partie antérieure il constitua la Terre, de ses yeux et de ses larmes, il produisit les fleuves, de ses humeurs, les nuages... Dans la mythologie nordique, après que les trois dieux créateurs eurent mis à mort le géant bissexuel primordial Ymir, son corps devint la terre, son sang, la mer, et son crâne, le ciel.

Univers cycliques

Certaines mythologies considèrent que le conflit entre l'ordre créateur et le chaos destructeur s'établit selon un cycle perpétuellement renouvelé où alternent évolution et involution, création et destruction. En Amérique du Nord, les Indiens Hopi conçurent une série de mondes : le premier fut détruit par le feu ; le second, par le gel ; le troisième, par le déluge ; et le quatrième, le nôtre, est lui aussi promis à une disparition prochaine. Cela évoque le mythe des Aztèques d'Amérique centrale selon lequel quatre mondes furent tour à tour créés et détruits par différents conflits ayant éclaté entre les enfants du seigneur de la Dualité. Toutefois, dans cet ordre d'idées, le mythe philosophiquement le plus élaboré se trouve peut-être chez les hindous de l'Inde. On y découvre comment Vishnu, « l'immanent », repose sur le serpent cosmique Ananta, « sans fin », flottant sur l'océan primordial. Du nombril de Vishnu pousse un lotus qui, en s'épanouissant, révèle le dieu créateur Brahma. Par sa méditation, Brahma suscite l'univers. Involuant pendant des milliards d'années en quatre « âges » successifs, celui-ci finit par disparaître en même temps que son créateur, réabsorbé par Vishnu, avant que le « grand immanent » n'émette un nouveau Brahma, lequel suscitera un nouveau cycle de création... et ainsi de suite, à l'infini. Les Egyptiens pensaient également que l'univers est destiné à retourner au chaos, avant que n'apparaisse un nouveau cycle de création.

La tradition gréco-romaine ne mentionne aucune destruction du monde, mais décrit cependant cinq âges successifs, associés à différents types humains. Ce cycle commence avec l'âge d'Or, lorsque les hommes étaient éternellement libres et heureux, et s'achève avec l'âge du Fer – le nôtre – qui verra l'auto-destruction finale du genre humain. Il est possible que la tradition celte des cinq invasions successives de l'Irlande soit une version du mythe méditerranéen des cinq âges.

RÉFÉRENCES CROISÉES

Créations : p. 38, 62, 70-71, 90, 104, 112-113, 128-129, 222, 237-238, 253-254, 266-267, 280-81, 290-291, 302-303.
L'ordre naissant du chaos : p. 38, 70-71, 90-91, 104, 129, 194, 230, 266-267, 280-281.
L'océan primordial : p. 62, 70-71, 112, 222.
L'Œuf cosmique : p. 38, 39, 70, 90, 104, 266, 302.
Le Serpent cosmique : p. 70, 72-73, 195, 199, 266, 277, 280, 302-303.
La dualité primordiale : p. 112-113, 223, 237-238.
Destruction-création : p. 62, 70, 90, 277, 290, 294.
Cycles de création : p. 74, 85, 237-238.
Âges de l'homme : p. 131.

ARCHITECTURES COSMIQUES

La structure de l'univers

LE SOLEIL ET LA LUNE

Dans les deux Amériques, on rencontre le même thème mythique qui fait de la lune un homme et du soleil une femme, à la fois frère et sœur et amants incestueux. Leurs rencontres clandestines ont lieu la nuit, le Soleil se glissant en secret dans le lit de son frère Lune. Incapable de le voir dans le noir, elle marque alors ses joues afin de le reconnaître plus tard – c'est ce qui explique la présence de taches sombres sur la lune. Dans d'autres mythes d'Amérique du Nord, le soleil, masculin, et la lune, féminine, seraient les têtes coupées d'un homme et d'une femme. En Afrique, la vantardise inconsidérée de la Lune quant à sa propre beauté serait à l'origine de ses phases cycliques : excédé, le Soleil l'aurait alors brisée en morceaux et, depuis, la Lune, effrayée, ose rarement se montrer en entier.

Dans le domaine du mythe, le monde sensible fait toujours partie d'un ensemble plus vaste. Dans la plupart des traditions, certains éléments de l'univers, qui demeurent habituellement invisibles, composent un « Monde supérieur », résidence d'êtres surnaturels – dieux ou ancêtres divins –, et un « Monde inférieur » peuplé par les défunts et des esprits chtoniens.

Cette vision du monde est commune aux diverses traditions indo-européennes et aux tribus d'Asie, d'Océanie, des Amériques et de l'Arctique. En outre, il est fréquent que les mondes d'En Haut et d'En Bas apparaissent comme des reflets ou des répliques de celui où vivent les humains, et possèdent eux-mêmes leur Ciel et leur Terre.

Des variantes plus complexes de ce cosmos « à niveaux » décrivent sept, huit ou neuf mondes superposés en hauteur ou en profondeur. Les traditions de l'Inde en offrent souvent sept, et différentes versions de ce schéma cosmogonique ont essaimé dans toute l'Asie du Sud-Est. Pour sa part, une tradition nordique dénombre neuf mondes entre lesquels se produisent des échanges incessants.

De plus, nombre de mythologies parlent d'un pilier central, d'un axe le long duquel se répartiraient les univers composant le cosmos. Il arrive que cet axe central prenne la forme d'un Arbre du monde, tel le célèbre Yggdrasil des mythes nordiques. D'autres arbres cosmiques figurent dans les traditions des Dayak de Bornéo, des Mayas d'Amérique centrale et des peuples du Sahara. Ce même concept est également évoqué aussi bien par les Indiens des deux Amériques que par la kabbale, courant ésotérique où l'Arbre de vie occupe une position centrale.

Très répandu dans le monde indo-européen, le thème du char solaire se rencontre par conséquent dans l'art celtique protohistorique ou, comme ici, sans doute associé à un culte germanique du ciel et de la fertilité. Ce disque solaire plaqué d'or provient de Trundholm, au Danemark, et remonte au XIIIe siècle av. J.-C.

Les quatre directions et les éléments

Les traditions du monde entier divisent l'espace en quartiers de l'horizon correspondant à nos points cardinaux (nord, sud, est, ouest). Les *mandala* tibétains (ci-contre) ajoutent une cinquième direction : le centre, ou encore « ici et maintenant ». Tout comme en Chine, en Irlande celtique et aux Amériques où, de plus, il arrive que du centre partent les deux directions verticales, « vers le haut » et « vers le bas », en sorte que l'univers mythique comporte parfois six directions cardinales.

Les mythologies de Méditerranée orientale, d'Afrique du Nord et d'Afrique occidentale considèrent que l'univers est composé de quatre éléments : l'air, le feu, la terre et l'eau. Dans la plupart des traditions sahariennes et d'Afrique occidentale, les quatre directions sont associées aux quatre éléments : l'est avec le feu, l'ouest avec l'eau, le sud avec l'air et le nord avec la terre. Toutefois, dans les régions méditerranéennes orientales ainsi que chez les Dogon du Mali, l'air est associé à l'est et le feu au sud. Ce type d'association entre directions et éléments se retrouve également dans l'ancienne cosmogonie chinoise où cinq éléments (bois, feu, sol, métal et eau) sont reliés aux cinq directions (centre, nord, sud, est, ouest).

Astres et constellations

La plupart des mythes personnifient et divinisent certains corps célestes. Ainsi le soleil apparaît-il très fréquemment sous les traits d'une divinité masculine, comme en Egypte ancienne. Toutefois, cet astre peut également être féminin, telle la déesse du Soleil Amaterasu, au Japon, tandis que la lune est masculine (p. 20). Le dieu Lune se rencontre dans des mythes mésopotamiens, ou encore en Afrique australe, où il est donné pour l'époux de la planète Vénus. Ailleurs, le Soleil et la Lune sont mari et femme, ou bien, comme parfois en Amérique du Nord, frère et sœur incestueux.

La constellation des Pléiades incarne souvent des sœurs, placées dans le ciel par Zeus, selon la mythologie grecque, ou annonciatrices de la saison des pluies, dans l'hémisphère sud (en Amérique du Sud, en Asie du Sud-Est, en Australie). Les constellations que nous appelons Grande Ourse et Petite Ourse doivent leur nom aux anciens Grecs qui les identifièrent à la nymphe Callisto et à son fils Arcas. Les Indiens d'Amérique du Nord appellent également « ours céleste » notre Grande Ourse.

La maison à l'image du cosmos

Dans de nombreuses parties du monde, les habitations sont consciemment divisées selon un modèle mythique de l'univers. Ce type de conception constitue un aspect important des cultures traditionnelles des îles d'Asie du Sud-Est. Ainsi le côté gauche de la maison représente-t-il généralement les mondes souterrains, tandis que le côté droit est associé au ciel. Les Dayak, qui reconnaissent quatre directions cosmiques, considèrent que le centre de la hutte représente l'Arbre de vie, l'axe vertical qui réunit les trois mondes. En Amérique du Sud, les peuples des forêts d'Amazonie construisent également leurs habitations sur un schéma cosmique et il en va de même pour les tribus nomades de Sibérie, où la yourte et son pilier central représentent le monde des hommes et l'axe menant aux régions célestes.

Les cases des Dogon du Mali évoquent le dieu créateur Nommo, et, en mémoire de l'association divine du Ciel et de la Terre, leurs villages sont jumelés, l'un étant carré et organisé selon les quatre points cardinaux, et l'autre ovale, à l'image du Ciel et de l'Œuf cosmique.

Les mandala *tibétains appartiennent au bouddhisme tantrique, né en Inde d'où il fut chassé au XIIIe siècle par les musulmans. Diagramme constituant un support de méditation, un* mandala *peut offrir divers aspects : « paisible », « terrible », « puissant »... Évoquant la « résidence » du divin, il guide l'attention intérieure du dévot selon un parcours initiatique intégrant progressivement les énergies contraires pour aboutir au « centre du palais », à l'Éveil. A ses cinq composantes principales – les quatre directions et le centre – correspondent cinq couleurs mystiques : le blanc de la pacification ; le jaune de l'enrichissement spirituel ; le rouge de l'énergie contrôlée ; le vert de la destruction de l'ego ; le bleu, enfin, de la paix profonde. L'association entre directions et couleurs varie selon que celles-ci renvoient également à d'autres symboles tels que les cinq sens, les cinq éléments (eau, terre, feu, éther, air), les cinq aspects essentiels du Bouddha, etc.*

RÉFÉRENCES CROISÉES

Origines du cosmos : p. 85, 108, 193-194, 208, 248, 268, 292-293.
L'Arbre cosmique : p. 108-109, 193, 208, 268.
Les niveaux de l'univers : p. 85, 108, 218, 248, 268, 303.
Temps et chronologie : p. 74, 85, 246-247, 258, 259.
Mythes solaires : p. 46-47, 94-95, 116-117, 237-238, 249, 253-254, 257, 258-259, 262, 292.
Mythes lunaires : p. 94-95, 114, 216, 257, 263, 292, 304.
Mythes stellaires : p. 47, 94-95, 242, 258-259.
La maison et le cosmos : p. 261, 294.
Voyages cosmiques : p. 60-61, 93, 99, 113, 187, 208, 248, 292, 305.

ANTHROPOGONIES

Genèse, vie et mort de l'homme

LE POTIER CÉLESTE

Le thème du potier apparaît fréquemment dans les cosmogonies africaines. Au Rwanda, l'épouse désireuse d'être enceinte prend soin de laisser un récipient d'eau près de son lit, avant de se coucher, afin que le dieu créateur puisse l'utiliser pour façonner l'argile constituant la matière première du bébé attendu. Pour les Dinka également, les humains sont fabriqués par Dieu avec de la terre, tout comme eux-mêmes produisent ainsi pots et jouets. Un mythe d'Asie du Sud-Est affirme que Dieu façonna les hommes avec de l'argile et les anima en soufflant dans leur fontanelle.

Il est surprenant de constater que nombre de mythologies du monde se préoccupent peu de la création des êtres humains eux-mêmes. La tradition hébraïque telle qu'elle apparaît dans la Genèse se contente d'affirmer que « Dieu créa l'homme à Son image ». En revanche, selon leurs ancêtres mésopotamiens, l'homme fut « inventé » pour servir les dieux. Pour les Hopi d'Amérique du Nord, les premiers hommes furent confectionnés à partir de terre par la Grande Araignée créatrice ; et dans bien d'autres récits, africains, grecs ou mongols, par exemple, le couple humain originel fut élaboré à base de terre ou d'argile. Ainsi nombre de mythologies considèrent-elles que l'élément terre, s'il n'est pas toujours le seul, constitue l'aspect concret du prototype de l'être humain. Toutefois, cosmogonies et théogonies sont généralement beaucoup plus détaillées que les anthropogonies.

Pour bien des peuples africains, l'homme fut créé dans un lieu à part, avant d'être introduit dans le monde, tombant du ciel au commencement des temps, selon certains, ou émergeant d'un récipient confectionné par le dieu créateur, selon d'autres. Une variante azandée raconte que les hommes furent d'abord prisonniers d'un canoë hermétiquement scellé, en compagnie du soleil, de la lune, des étoiles, de la nuit et du froid. Mais le soleil parvint à faire fondre le colmatage et l'humanité s'échappa sur la terre. Pour leur part, les Herero d'Afrique australe estiment que le premier peuple émergea d'un Arbre de vie poussant dans l'univers souterrain.

L'origine du malheur

Une fois créé, le monde est sujet à des changements brutaux et souvent douloureux, d'apparence arbitraire, auxquels toutes les mythologies semblent vouloir donner une cause sinon logique, du moins compréhensible. C'est ainsi qu'interviennent les foucades divines, bien semblables à celles des hommes : désir amoureux, colère, envie... Un mythe égyptien relate comment l'irascible dieu Seth sema la désolation sur terre en tuant son frère Osiris, sans doute par jalousie envers la haute estime en laquelle on tenait ce dernier. C'est la rancœur d'Eris, déesse grecque éminemment susceptible, qui fut la cause originelle de la guerre de Troie : en jetant la Pomme de discorde porteuse de l'inscription « à la plus belle » au milieu du banquet divin où elle n'avait pas été invitée, elle suscita rivalités et jalousies entre les déesses tutélaires des hommes. A compter de ce jour, provoqués par les intérêts contraires des dieux, une cascade d'événements dramatiques s'abattirent sur la Grèce et sur Troie.

La mythologie grecque est prolixe lorsqu'elle montre comment l'humanité doit ses malheurs aux conflits divins, tel celui qui opposa Zeus, tout-puissant souverain de l'Olympe, à Prométhée (« le prévoyant ») qui l'avait spolié de la meilleure part du sacrifice au profit des humains, ses protégés, pour lesquels il avait déjà dérobé une part du feu céleste. Selon une légende, afin de se venger, Zeus offrit pour épouse à Epiméthée (« l'écervelé »), frère de Prométhée, Pandore, la Première Femme, non sans l'avoir munie d'une boîte scellée où chaque dieu avait secrètement déposé un principe nuisible, tout en lui recommandant de ne jamais l'ouvrir. Mais la curiosité qui lui était innée poussa Pandore à ouvrir la boîte et s'en échappèrent alors les mille maux, crimes et peines qui depuis affligent l'humanité – seul l'espoir y demeura enfermé...

La femme, l'inceste et la mort

De nombreuses traditions imputent à la femme une responsabilité dans l'apparition des maux sur terre. Par exemple, un mythe polynésien associe la mort à la création de la femme. Selon une version maori, Tane, dieu des Arbres, façonna

Le concept selon lequel la Première Femme est une émanation du Premier Homme se retrouve dans la Genèse où Dieu créa Eve à partir d'une côte d'Adam. Parmi les nombreuses variantes de ce thème, un mythe centrafricain fait naître la Première Femme du genou gauche du Premier Homme.

la première femme avec le sable de l'île Hawaiki et l'épousa. Ils eurent une fille, Hine-titama, « la jeune fille de l'aube », que Tane épousa également sans qu'elle sache qu'il était son père. Lorsqu'elle l'apprit, elle s'enfuit, bouleversée, dans les mondes souterrains. Tane l'y poursuivit, mais elle lui déclara alors qu'ayant rompu le cordon qui la rattachait au monde elle demeurerait dorénavant au royaume de l'obscurité et y attirerait tous les enfants de son père incestueux, les humains. Ce récit constitue un exemple éloquent de la manière dont l'inceste fait l'objet d'une prohibition quasi universelle associée à l'aspect tragique de la destinée humaine.

A la relation mort-femme s'ajoute parfois la nécessité de maintenir l'équilibre naturel permettant aux hommes de subsister, comme en témoigne un mythe des Inuit (« Esquimaux »). Pendant longtemps, la mort n'exista pas, mais les hommes se multiplièrent au point que la Terre menaça de basculer sous leur poids, précipitant tout un chacun dans la mer. C'est alors qu'à l'aide de formules magiques, une vieille femme fit apparaître la guerre et la mort ; ainsi la catastrophe put-elle être évitée.

Le caractère « écologique » de la mort est également mis en avant par les Indiens Shoshone d'Amérique du Nord. Pour eux, elle apparut à la suite d'une discussion entre le Loup créateur et le rusé Coyote : le premier suggéra que quiconque mourrait pourrait être ressuscité en décochant une flèche en leur direction, mais le Coyote objecta qu'il n'y aurait alors bientôt plus de place sur la terre. Sensible à cette logique, le Loup fit en sorte que le premier à mourir fut le fils du Coyote… et ce dernier dut bien accepter le caractère irréversible de son deuil.

Les causes de la maladie

Selon la philosophie médicale des Yoruba du Nigéria, chacun porte en son corps les agents provoquant la maladie : divers types de « vers », contenus par des « sacs » répartis dans le corps qui éclatent sous la pression lorsque les vers se multiplient à l'excès. Ces sacs sont par ailleurs indispensables à la santé tant qu'ils demeurent fermés. Pour les conserver ainsi, il convient de modérer ses appétits alimentaires et sexuels. Nombre de peuples du monde attribuent la maladie à de mauvais esprits ou à des sorts jetés par des ennemis. Par exemple, les Mandari du Soudan méridional localisent les divers types d'esprits responsables de leurs maux selon les parties du corps qui sont affectées, et effectuent leurs rites d'exorcisme en conséquence.

RÉFÉRENCES CROISÉES

Origines de l'humanité : p. 38, 40, 62, 74, 91, 104, 130-131, 195, 223, 229, 248-249, 254, 262-263, 267, 271, 280-281, 302-303, 305.
Origines de la femme : p. 223, 254, 262, 271, 294.
Mythes sexuels : p. 133-135, 139, 143, 162-163, 173, 249, 263, 269, 271, 281, 290, 293, 294-295.
Agriculture et alimentation : p. 62, 201, 225, 233, 244-245, 263, 277, 293, 297, 305, 307.
Origines du feu : p. 131, 223, 225, 262-263, 297, 304.
Origines du malheur : p. 81, 131, 299.
Origines de la mort : p. 41, 224, 269, 273, 282-283, 290, 295, 297, 299.

LES ÊTRES SURNATURELS

Dieux, esprits et démons

DÉMONS ET ESPRITS AMBIVALENTS

Les esprits maléfiques des mythes et folklores du monde entier reflètent toutes les peurs et angoisses des humains. D'une variété considérable, monstres, dragons, hybrides semi-humains, géants, nains, diables et démons livrent un combat perpétuel contre les dieux. Certains sont même sans forme, comme les *oni* du Japon qui servent des divinités chtoniennes. Dans les mythes occidentaux, les esprits sont soit bénéfiques, soit maléfiques. Toutefois, dans nombre d'autres cultures, les esprits sont ambivalents ou neutres. Par exemple, les djinns islamiques, tour à tour bénéfiques ou néfastes, furent créés à partir du feu, deux mille ans avant l'apparition d'Adam, le Premier Homme.

Parfois donnée pour une fille maléfique d'Adam, Premier Homme de la tradition hébraïque, la démone Lilith semble dériver d'un esprit mésopotamien de nature similaire et portant un nom de même consonnance.

Dans toutes les théogonies, les premiers responsables ou acteurs de la création cosmique apparaissent comme des principes si fondamentaux et souvent si impressionnants que seule une description très générale en est donnée. Les Indiens d'Amérique du Nord, par exemple, parlent du Grand Esprit ou du Grand Mystère, tel que Wakan Taka, divinité suprême des Indiens Lakota. Brahma, le dieu créateur des hindous, tire son nom de *Brahman*, « l'absolu », et naît du nombril de Vishnu, « l'immanent ». Le grand créateur pour les Dogon d'Afrique est Amma, « celui qui maintient ». Quant au mot « dieu », il est de même origine que le *deus* latin et le *Zeus* grec : l'indo-iranien et le sanskrit *deva*, « céleste, supérieur, surnaturel ».

Préservateurs et destructeurs

Sur tous les continents sans exception, l'être suprême, abstrait par essence, est très souvent accompagné par (ou confronté à) une personnification évocatrice de l'infinité des phénomènes, telle qu'un serpent ou un dragon gigantesques associés à l'eau originelle (océan, fleuve...) ou à son reflet céleste, l'arc-en-ciel. En Asie, en Australie et en Afrique, le serpent est fréquemment conçu comme le fondement de la vie ou le préservateur de la création. Pour les Fon d'Afrique occidentale, par exemple, le serpent cosmique a pour tâche éternelle d'assurer la cohésion du monde. Toutefois, le reptile mythique, né des Eaux insondables du chaos, peut également être la cause de la destruction de l'univers, comme dans des traditions scandinaves ou asiatiques.

Hybrides, androgynes et géants

Titans, Cyclopes et autres géants figurent souvent dans les théogonies, et, en tant que précurseurs des hommes, ils sont généralement dotés de caractéristiques humaines. Le dieu créateur chinois Pan Gu revêt l'apparence d'un géant si considérable qu'il pouvait enjamber l'espace entre le Ciel et la Terre.

Un autre thème fréquent est celui de créatures originelles anthropomorphes et bissexuées, associant parfois ces caractéristiques au gigantisme, comme chez Ymir, premier géant né de la rencontre de la glace et du feu, dont une théogonie scandinave assure qu'il était à la fois féminin et masculin. Le thème de la bissexualité se présente assez souvent à ce stade des théogonies, assurant une continuité entre la création primordiale des dieux et celle des hommes. Parmi de nombreux autres, mentionnons le créateur égyptien androgyne Atum ou Phanes, l'être originel des mystères orphiques. Se manifestent également des êtres surnaturels hybrides, tels que le couple créateur du panthéon chinois, Fu Xi et Nü Gua, mi-humains, mi-reptiles.

Les rôles divins

A mesure que le monde prend forme, les êtres symbolisant les forces spirituelles tendent à se départir de leur aspect monstrueux pour adopter des apparences plus familières, humaines ou animales, tout en conservant leurs statuts et leurs pouvoirs surnaturels. Ainsi, dans la mythologie grecque, après les conflits entre Zeus et les Titans, dieux et déesses de l'Olympe mènent une existence évoquant celle des humains sous bien des aspects. Tels des aristocrates, ils « parrainent » des secteurs bien spécifiques : arts, métiers, amour, guerre... Ces fonctions sociales se précisent encore avec la mythologie romaine, laquelle est en grande partie une version « rationalisée » des mythes grecs.

En Scandinavie, après la mort du géant Ymir, apparurent les dieux tutélaires de la Guerre, de la Musique et des Métiers, les déesses de la Fertilité. Chez les Mayas, le créateur Itzamna était le protecteur de l'écriture et de l'érudition, tandis

que Ix Chel, « dame arc-en-ciel », régnait sur la médecine, le tissage et l'enfantement. Nombre de cultures reconnaissent ainsi une multitude de divinités tutélaires des activités humaines.

Dans certaines civilisations, la spécialisation divine est localisée plutôt que fonctionnalisée, et les esprits attachés à des lieux particuliers sont investis de rôles importants. Ainsi, le Japon traditionnel reconnaît-il une multitude d'esprits locaux, propres à chaque région, chaque village, chaque demeure. Par ailleurs, toutes sortes d'êtres surnaturels sont associés aux éléments naturels du paysage, singuliers ou inhabituels : montagnes ou rochers aux formes remarquables, lacs, cours d'eau, sources, arbres… Ce panthéisme est fréquent (Afrique, Océanie, Australie, Tibet, Mongolie).

De par le monde, un nombre impressionnant de divinités est associé à la fertilité – déesses-mères aux caractéristiques universelles ou entités complexes telles que Tlaloc et ses parèdres féminines, en Amérique centrale.

Les souverains des quatre directions et des trois royaumes

Dans cette évolution générale des théogonies selon laquelle les divinités vont en se « spécialisant », des déités spécifiques se virent chargées des différentes régions du cosmos. En Chine comme en Inde, on se mit à doter les divinités créatrices Fu Xi et Brahma de quatre visages tournés dans chacune des directions cardinales. Evoquant nombre d'autres traditions, celle de l'Amérique centrale précolombienne attribue un dieu tutélaire à chaque point cardinal : l'est pour Tezcatlipoca le Rouge, dit aussi Xipe Totec, le dieu écorché ; le sud pour Tezcatlipoca le Bleu, ou Huitzilopochtli ; l'ouest pour Tezcatlipoca le Blanc, ou Quetzalcoatl, le Serpent à Plumes ; enfin le nord pour Tezcatlipoca le Noir, seigneur de la Nuit. Pour sa part, la tradition hébraïque associe les archanges Raphaël à l'est, Gabriel à l'ouest, Michel au sud et Uriel au nord.

Non moins répandue, la division tripartite du cosmos en royaumes céleste, terrestre et infernal fait appel à des souverains surnaturels spécifiques, tels que, dans la tradition égyptienne, par exemple, le dieu Osiris pour le monde des défunts, Geb pour la Terre, et Nut pour le Ciel. Ou encore, dans la Grèce antique, Hadès, pour les Enfers, Pan, le dieu aux pieds et aux cornes de chèvres, pour la Terre et Zeus pour l'Olympe, résidence des dieux.

Septième avatara *du dieu hindou Vishnu, Rama est le héros de l'épopée du Ramayana (p. 77). Cette peinture illustre des scènes de son exil dans la forêt. A gauche, Laksmana, frère de Rama, chasse les cervidés qui ont servi à confectionner des brochettes (au centre) cuites sur le feu que surveille Rama, tandis que la princesse Sita demeure dans la hutte. A droite, les deux frères sont assis côte à côte tandis que Sita les évente.*
Un avatara *(« descente ») est une incarnation divine zoomorphe, anthropomorphe ou hybride, venue combattre le mal sur terre afin de protéger le sacré en l'être humain. Il a lieu plusieurs fois, dans un univers cyclique, à la différence de l'incarnation du Christ.*

RÉFÉRENCES CROISÉES

Panthéons : p. 40-41, 70, 168-171, 178, 248-249, 256-257, 294.
Naissance des dieux : p. 38, 39, 64, 112-114, 128-129.
Mort des dieux : p. 42, 61, 195, 197, 296.
Déesses-mères : p. 50, 171, 178, 186, 192.
Divinités de fertilité : p. 58, 64-65, 67, 73, 142, 206, 244-245, 307.
Querelles divines : p. 44-45, 66, 81, 84, 91-92, 129, 294.
Esprits : p. 108, 201, 203, 210-213, 216-218, 226, 252-253, 260-261, 285-286.
Monstres et démons : p. 82-83, 121, 147, 160-161, 164, 209, 212-213, 306.

DÉSASTRES COSMIQUES

Déluge et fin du monde

CYCLES DE DESTRUCTION

La mythologie méso-américaine insiste beaucoup sur la notion de catastrophe cosmique. Pour la tradition aztèque, un combat perpétuel entre les différents dieux associés aux quatre directions cardinales de l'univers a provoqué une série de cataclysmes. Le premier monde finit dévoré par des jaguars ; le second fut annihilé par un immense cyclone ; le feu et un déluge universel détruisirent les troisième et quatrième mondes. Le cinquième – le nôtre – sera dévasté par des tremblements de terre.
Selon une version hopi, un gigantesque incendie, venu à la fois des régions supérieures et inférieures, consuma le premier monde, châtiant les humains pour leur perversité. Le deuxième disparut sous la glace, car la Terre avait basculé sur son axe. Un déluge universel eut raison du troisième et le destin de notre monde actuel, le quatrième, dépend du comportement des hommes en fonction de la volonté divine.

RÉFÉRENCES CROISÉES

Le grand déluge : p. 63, 76, 91-93, 130, 280-281, 305.
Désastres cycliques : p. 237-238.
Châtiments de l'humanité : p. 41, 63, 91-93, 130-131, 223.
La chute des dieux : p. 128-129, 195.
Feux cosmiques : p. 81, 92, 94-95.

De tous les cataclysmes mythiques, le déluge est sans doute le plus universel, parfois justifié comme étant un châtiment mérité par les hommes. Bien souvent, l'humanité se relève ensuite meilleure qu'auparavant, grâce à la survie d'un couple demeuré pur.

Tel est le cas de la version judéo-chrétienne bien connue du déluge où seuls furent sauvés Noé le juste, son épouse et les animaux qu'ils embarquèrent sur leur arche. Cette légende n'est pourtant qu'un avatar du très ancien mythe mésopotamien selon lequel le déluge advint principalement parce que le « tapage » des humains empêchait le grand dieu Enlil de dormir. Le reste du récit est assez proche de celui de la Bible, mais Utanapishti, le Noé mésopotamien, reçut ensuite l'immortalité et fut envoyé vivre « là où le soleil se lève ». Selon une version grecque, les hommes étaient devenus si pervers que Zeus envoya le déluge sur terre pour les exterminer. Seuls survécurent les jeunes Deucalion et Pyrrha, auxquels leur père et oncle, Prométhée, avait conseillé de se réfugier dans un coffre de bois qui flotta sur les eaux. En lançant derrière eux les « os » de leur mère Terre – des pierres – ils reconstituèrent une race humaine vertueuse.

Un épisode de la mythologie hindoue évoque également le récit proche-oriental : le suprême dieu Vishnu prit l'apparence d'un petit poisson que Manu, le Premier Homme, sauva et éleva avec amour. Devenu gigantesque, il prévint Manu du déluge, lui conseilla de construire un bateau et d'y embarquer avec lui « la semence de toutes choses », puis il tira lui-même le vaisseau en lieu sûr.

En Amérique du Sud, un mythe des Andes relate comment le dieu du Soleil, après avoir provoqué une inondation dévastatrice, chargea son fils Manco Cápac et sa fille Mama Ocllo de conférer la civilisation aux humains survivants.

Selon les Yao de Chine méridionale, un homme réussit à capturer le dieu de l'Orage responsable d'une inondation catastrophique. Le dieu parvint à se sauver avec l'aide des enfants de l'homme et les récompensa par une dent qu'ils plantèrent et qui devint un énorme potiron où ils se réfugièrent. Libéré, le dieu provoqua à nouveau des pluies telles, que la terre entière disparut sous les eaux. Ayant construit à temps un vaisseau qui flotta jusqu'aux cieux, l'homme persuada alors le souverain suprême d'ordonner au dieu de l'Orage de calmer sa colère. La décrue fut si brutale que l'homme périt lorsque son bateau heurta le sol. Pour leur part, à l'abri dans le potiron, les enfants furent les seuls survivants et de leur union naquit une boule de chair qu'ils découpèrent en morceaux avant de gravir l'échelle des cieux. Une bourrasque essaima les morceaux de chair aux quatre coins du monde, et l'humanité réapparut.

En matière d'étude comparative des mythes, celui-ci est fort intéressant en ce qu'il rassemble certains thèmes universels : l'étendue d'eau illimitée constitue l'un des éléments originels les plus courants de la création du monde ; le potiron géant évoque l'œuf primordial bien connu ; le fait que les parents de l'humanité soient frère et sœur est également un thème répandu. Enfin, l'arbre qui les réunit évoque l'*axis mundi*, ou l'Arbre de vie, qui, dans nombre de mythes, relie les trois mondes.

Les Chewong de la forêt tropicale de Malaisie estiment, comme d'autres peuples d'Asie du Sud-Est, que l'univers se décompose en plusieurs strates planes. Le monde des hommes constitue, selon eux, un septième niveau qui culbute de temps à autre, en sorte que tout ce qui se trouve en surface est noyé ou détruit. Toutefois, grâce au dieu créateur Tohan, la superficie qui se trouvait auparavant au revers est modelée en plaines, montagnes et vallées, plantées d'arbres et de végétaux, et peuplées d'hommes nouveaux. Le renversement du monde n'est pas la seule catastrophe cosmique décrite par les Chewong : de ter-

ribles inondations peuvent se produire si l'un d'entre eux commet le péché cardinal de rire d'un animal. En effet, une telle moquerie vexe gravement le serpent originel qui demeure sous le monde des humains ; il s'agite alors en tous sens et fait surgir les eaux primordiales en grandes inondations.

Cette illustration tirée de la Bible de Nuremberg *(1483) montre Noé, sa famille et les animaux réfugiés dans l'arche qui les sauva du grand déluge. On attribue parfois l'importance accordée au déluge dans les traditions mésopotamiennes et sémitiques au fait que Babylone se situait entre deux puissants fleuves, le Tigre et l'Euphrate, provoquant de temps à autre des inondations dévastatrices.*

Les interdits sexuels et leurs châtiments

En Australie du Nord, un mythe aborigène décrit un déluge dévastateur dû à deux sœurs qui s'unirent à deux hommes du même clan qu'elles. Yurlunggur, mi-python, mi-humain, avala les deux fautives et déclencha un déluge qui envahit la Terre. Après la décrue, Yurlunggur régurgita les jeunes femmes ainsi que les deux fils nés de leurs unions illégitimes. L'endroit où apparut Yurlunggur est devenu l'aire d'initiation des jeunes gens : ils y apprennent à distinguer des autres les jeunes femmes qu'ils ont le droit d'épouser.

Le thème des interdits sexuels est également associé à celui de la catastrophe cosmique dans un mythe des Kuba d'Afrique Centrale : Woot, le fondateur de la tribu, commit l'inceste avec sa sœur Mweel avant de l'abandonner, ce qui plongea toute la Terre dans une obscurité interminable. Par l'entremise des oiseaux de l'aube, Mweel envoya un message de détresse à son frère qui revint alors, instaura les lois gouvernant les rites selon lesquels les hommes devaient procéder à l'échange de leurs sœurs – et le soleil reparut. Notons au passage que la calamité du soleil qui disparaît se retrouve dans le mythe japonais relatant le combat d'Amaterasu, la Déesse-Soleil, contre Susano, le dieu de l'Orage.

HÉROS ET MALINS GÉNIES

Les porteurs de changement

Toutes les traditions mythologiques font appel à des héros dont les exploits participent à l'instauration de la société humaine. Très généralement, sinon systématiquement, ces héros civilisateurs sont masculins, témoignent de dons surnaturels et sont parfois de nature divine. Dans la mythologie grecque, le héros civilisateur fut le Titan Prométhée qui subtilisa du feu au Soleil pour le transmettre aux hommes et fut sauvagement puni par Zeus, le souverain de l'Olympe. Une légende océanienne caractéristique parle d'un héros primordial appelé Sida, Sido, Sosom ou encore Souw, qui enseigna le langage aux membres des diverses communautés de Papous de Nouvelle-Guinée, en même temps qu'il peupla la mer de poissons et fit apparaître les végétaux cultivables.

Un autre type de héros est représenté par Ulysse (*Odusseus*, en grec) dont les célèbres épopées d'Homère, l'*Iliade* et l'*Odyssée*, content les voyages et les rencontres avec des êtres surnaturels menaçant de le tuer. Ulysse est devenu un modèle très populaire de virilité, de courage et d'endurance face à un monde hostile. Dans nombre de mythes grecs, un héros est aidé par un puissant protecteur divin : Persée reçoit le soutien d'Athéna ; Thésée celui de Poséidon, son père. Les héros associés à l'avènement ou aux premiers développements d'une tribu ou d'un état permirent l'affirmation d'une identité collective – tels Enée, le Troyen considéré comme un ancêtre des Romains ; le roi des Goths Beowulf ; Finn, roi des Frisons ; Cù Chulainn, le héros irlandais…

Cette sculpture maori représente Kupe, le héros civilisateur auquel est attribuée la découverte de la Nouvelle-Zélande.

Le vol du feu

Le vol du feu constitue un exploit clé dans l'évolution d'une société telle que la décrivent de nombreux mythes dans le monde.

Un mythe des sociétés tribales d'Amazonie décrit les premiers hommes démunis de feu et mangeant crus leurs aliments. Un jour, s'étant retrouvé seul, coincé en haut d'un arbre, un adolescent fut sauvé par un jaguar qui l'emmena dans sa tanière et lui fit découvrir le feu domestiqué et la viande cuite. Le garçon subtilisa une braise et introduisit ainsi le feu dans sa communauté.

Aux îles Gilbert, dans le Pacifique occidental, il est dit que la source du feu est le soleil lui-même : en piégeant celui-ci dans son filet, le héros civilisateur Bué apporta le feu aux humains. Ailleurs en Océanie, Maui déroba le feu aux hommes pour l'apporter à la gardienne des Enfers, la magicienne Mahui-ike.

En Amérique du Nord, à l'image des premières divinités créatrices, les héros civilisateurs mythiques se montrent souvent sous forme d'animaux. Une légende relative aux Cherokees conte comment toutes sortes d'oiseaux et de serpents tentèrent sans succès de s'approprier le feu placé par les dieux au creux d'un sycomore poussant sur une île. L'Araignée des Eaux parvint à en extraire une précieuse braise et à la porter aux hommes. Les Lakota font état d'une mystérieuse héroïne qui leur révéla le symbolisme complexe du calumet sacré, avant de se transformer en un buffle noir qui disparut à jamais.

Génies bienveillants ou maléfiques

Non moins répandu de par le monde, et souvent associé au héros civilisateur, un personnage astucieux et souvent mystificateur peut apparaître, soit créateur et constituant un type de héros civilisateur, soit subversif. Malicieux, rusé et fréquemment comique ou plein d'humour, ce type de personnage s'avère parfois capable d'emprunter à volonté diverses formes humaines ou animales.

Sur la côte pacifique d'Amérique du Nord, le Corbeau qui découvrit le feu est également le malicieux trickster qui sut circonvenir les ennemis des hommes – un rôle joué ailleurs par le coyote, le lièvre et l'araignée et, chez les Indiens des

Plaines, par le Vieil Homme ou encore le Vieil Homme Coyote. Ces farceurs mythiques sont investis de la tâche importante de faire valoir la liberté spirituelle des hommes et leur droit d'assumer un rôle créateur dans le monde. En ce sens, leur contribution est irremplaçable, même si leurs efforts s'avèrent parfois risibles, voire désastreux.

Ce caractère ambigu du génie malin apparaît dans nombre de mythes océaniens. Maui, par exemple, provoqua sa perte lorsqu'il tenta de pénétrer à l'intérieur de la souveraine des Enfers endormie, afin de maîtriser la Mort. Malheureusement, l'oiseau qui l'accompagnait éclata de rire devant l'absurdité de l'entreprise, ce qui réveilla la déesse, laquelle tua aussitôt l'intrus. Contrairement au personnage précédent, les animaux astucieux et rusés du folklore africain – tels que le lièvre, l'araignée ou la tortue – déploient souvent toutes leurs facultés d'invention avec succès, ridiculisant et confondant les riches dans leur société fictive. Leur intention est de subvertir l'ordre social et non l'ordre cosmique.

Le malicieux dieu Eshu ou Elegba est un héros subversif africain bien connu, équivalant à Loki, le bouffon scandinave, ou encore au magicien japonais Kitsune. Plaisantin fameux, Eshu aime à contrarier la volonté des dieux et des hommes. Dans le panthéon grec, Hermès est, comme Eshu, le messager des dieux, en même temps qu'un mystificateur, un menteur et un voleur.

RÉFÉRENCES CROISÉES

Héros civilisateurs : p. 92, 131, 224-225, 254, 262-263, 267, 279, 284, 286, 290, 297, 304.
Ruse et ingéniosité : p. 144-145, 249, 285, 297.
Guerriers et aventuriers : p. 60, 85, 105, 106, 121, 122, 147, 148, 152-155, 156, 157-161, 180-185, 295.
Vainqueurs de dragons : p. 66, 147, 149, 150-151, 156, 204-205.
Voyageurs : p. 154-155, 160-161, 187.
Héros nationaux : p. 151, 172-173, 174-175, 180-185, 189.
Dieux héroïques : p. 106, 131.
Héros spirituels : p. 54, 76-78, 85, 86-87, 96-97, 102-103, 107, 123, 180.

ASTUCE ET INGÉNIOSITÉ

Ces qualités constituent des thèmes communs à de nombreux mythes. Une légende d'Océanie relate comment une fillette enduisit d'huile le tronc d'un bananier où elle s'était réfugiée afin d'échapper à l'ogre qui la poursuivait. Ce dernier l'attira toutefois en imitant la voix de sa sœur, et l'avala. Mais la sœur, indemne pour sa part, cacha deux coquillages durs dans sa bouche et se moqua de l'ogre en répétant ses paroles sur le même ton que lui. Exaspéré, l'ogre l'avala également – exactement comme l'avait prévu la petite héroïne. Ayant rejoint sa sœur dans le ventre du monstre, elle en sortit avec elle en le découpant à l'aide des coquillages.

On voit ici Bhima, fils de Vayu, le dieu du Vent, en train de combattre le démon (rakshasa) *Alambusha. Bhima est l'un des cinq frères Pandava, héros de la grande épopée hindoue du* Mahabharata *et tous fils d'un dieu différent, conçus par la même mère, Kunti.*

ANIMAUX ET PLANTES

Énergies, métamorphoses et parentés

RÉFÉRENCES CROISÉES

Animaux mythiques : p. 216-217, 232, 276-277.
Animaux et chasseurs : 216-219, 233, 272.
Animaux et création : p. 38, 222, 237, 267, 280, 290, 302-303.
Animaux rusés : p. 227, 229, 276.
Ours : p. 139, 218, 232.
Oiseaux : p. 108, 135, 138, 192, 202, 208, 211, 217, 222, 225, 227, 263, 284, 292.
Sangliers : p. 184, 200.
Taureaux : p. 60, 67-68, 135, 149, 162, 182.
Fauves : p. 50, 108.
Dragons : p. 204, 205, 208.
Chevaux : p. 67, 101, 159, 186, 194, 204, 209-210.
Créatures hybrides : p. 62, 141, 147, 151, 164, 212, 300.
Jaguars : p. 236, 261, 263.
Singes : p. 77, 104, 305.
Lapins et lièvres : p. 95, 118, 227, 276.
Saumons : p. 185.
Ovins : p. 109.
Serpents et cobras : p. 49, 60, 71, 72, 108, 119, 138, 179, 199, 240-241, 277, 280-281, 299, 303.
Tortues : p. 92, 222, 303.
Loups et chiens : p. 174, 182-183, 195.

Dans le monde entier, des mythes font appel aux animaux en tant que personnages d'envergure cosmique. Ainsi certains oiseaux symbolisent-ils souvent le monde supérieur des esprits, tandis que de gigantesques serpents représentent l'énergie incontrôlée du chaos et des mondes inférieurs, les « Enfers ».

En Amérique du Nord, l'impressionnant Oiseau Tonnerre pouvait, selon certains mythes du Nord-Ouest, enlever des baleines et, pour remporter la souveraineté sur le monde, rivaliser sans cesse avec les serpents des Eaux. Encore en Amérique du Nord, portant le monde sur son dos, une énorme tortue est elle-même à l'image des trois parties de l'univers : sa carapace supérieure représente les Cieux ; son corps, la Terre ; sa carapace inférieure, les Enfers. On retrouve cette image de la tortue cosmique en Asie du Sud-Est et en Chine.

Un thème étonnamment proche de l'Oiseau Tonnerre luttant contre les serpents des Eaux se rencontre dans toute la mythologie d'Afrique australe. On y voit en effet le fabuleux Oiseau Foudre dominant les Cieux, tandis que le Serpent Arc-en-Ciel règne sur les Enfers. Une sculpture en pierre représentant un grand oiseau de proie avec un serpent enroulé autour des serres orne la citadelle de l'ancienne Zimbabwe – motif qui apparaît également dans l'art des Yoruba d'Afrique occidentale. La mythologie égyptienne offre un thème similaire avec le Soleil qui, durant son voyage nocturne, doit livrer une lutte sans merci contre Apep, le Serpent du Chaos.

Les créatures de l'arbre

Dans le mythe, le royaume végétal a pour figure centrale l'Arbre de vie ou l'Arbre du monde aux branches majestueusement déployées, profondément enraciné dans les mondes infernaux et la cime touchant les Cieux. Yggdrasil, le

Pégase, le cheval ailé du mythe grec, naquit du sang de la Gorgone Méduse après qu'elle eut été décapitée par Persée. Grâce à la déesse Athéna, le héros Bellérophon parvint à le monter, à vaincre en la survolant la terrible Chimère et à accomplir d'autres exploits. Mais lorsqu'il voulut voler jusqu'à l'Olympe, il fut désarçonné par le cheval céleste. Ce dernier vécut ensuite dans les écuries de Zeus. On peut encore l'y voir, sous la forme d'une constellation. Dans l'Antiquité tardive, le vol de Pégase évoquait celui de l'âme immortelle.

Grand Frêne du Monde des traditions nordiques en est un avatar particulièrement remarquable. Intégrant les thèmes mythiques africains, nord-américains et asiatiques de l'oiseau et du serpent, il porte un aigle en son sommet et un serpent ronge ses racines. Un écureuil parcourt l'énorme tronc, infatigable messager des animaux symbolisant les régions supérieures ou inférieures de l'univers. En Asie du Sud-Est, l'Arbre de vie des Dayak de Bornéo abrite également un serpent dans ses racines et un calao dans ses branches.

La parenté entre les hommes et les animaux

Nombreuses sont les croyances qui voient une parenté entre les êtres humains et d'autres formes de vie. Les traditions des Indiens d'Amérique investissent les animaux de statuts égaux à ceux des hommes, car tous sont perçus comme les enfants du même père, le Ciel, et de la même mère, la Terre. Ainsi dit-on souvent qu'autrefois, les humains et les animaux étaient spirituellement indifférenciables, échangeant facilement leurs formes. Les tribus de la côte nord-ouest de l'Amérique affirment que leurs ancêtres étaient des animaux qui, en accostant sur les plages, se métamorphosèrent en êtres humains. Ce même concept d'animaux précurseurs ou créateurs de l'humanité se retrouve en Afrique. Ainsi, pour les Khoisan, la première créature terrestre fut la petite mante religieuse qui généra ensuite les autres créatures, y compris les humains. Un mythe de l'Egypte ancienne relate comment, par son cri, le héron incarnant le Soleil fit apparaître le monde.

En Méso-Amérique, il est dit que chaque être humain partage l'essence de son existence avec un animal, son *nahual,* son « double » – un concept que l'on retrouve en Afrique occidentale. En Amérique du Sud, ce sont des familles entières ou les groupes d'un clan qui partagent une identité spirituelle avec certaines espèces animales.

Les traditions des Inuit de l'Arctique, comme celles des Indiens d'Amérique du Nord, décrivent une haute époque où animaux et humains vivaient en communauté, parlant le même langage, changeant souvent d'apparence et se mariant entre eux. Ainsi l'ours polaire est-il considéré comme l'animal le plus proche des hommes, reconnaissable cependant, même sous sa forme humaine, à ses énormes canines et à son insatiable appétit de graisse.

Métamorphoses

Thème de l'épopée d'Ovide, le passage d'une forme à l'autre, d'un règne à l'autre – de l'humain au végétal, ou à l'animal, et inversement – fut l'objet d'une fascination universelle qui, aujourd'hui encore, demeure extrêmement populaire. Parmi les nombreux mythes d'Asie du Sud-Est décrivant la transformation d'êtres humains en animaux ou en plantes, il en est un originaire de Malaisie qui relate comment le dieu créateur résolut le problème de la surpopulation en changeant la moitié de l'humanité en arbres.

L'imagination des sociétés occidentales est toujours captivée par les histoires de loups-garous du folklore européen. Des récits similaires se retrouvent dans de nombreuses traditions africaines affirmant que des hommes et des femmes sont capables de se métamorphoser à volonté en prédateurs tels que lions, panthères ou hyènes. En Amérique centrale et du Sud, nombre de mythes attribuent aux chamans le pouvoir de se changer en jaguars.

Les consorts animaux

Le folklore gaélique d'Ecosse abonde en légendes où hommes et femmes sont en vérité des phoques ayant épousé des humains, les abandonnant souvent à un moment donné pour retourner à la mer. En Afrique, un mythe très répandu fait état d'un dieu python épousant une femme, l'entraînant parfois avec lui dans son royaume aqueux et souterrain. Dans cette même perspective, un récit traditionnel d'Amérique du Nord relate comment un adolescent se retrouva au royaume du Cerf – animal réputé capable de se métamorphoser en homme – et, changé en cerf, prit une biche pour épouse.

PLANTES MYTHIQUES ET RITUELLES

Nombre de cultures font de l'arbre un lien symbolique entre la Terre et le Ciel, abritant parfois des êtres surnaturels. Toutefois, les divinités les plus importantes appartenant au règne végétal sont celles des plantes cultivées. Elles sont particulièrement nombreuses dans les mythes de Méso-Amérique. Par ailleurs, en associant l'agriculture à un état extatique, les dieux du Vin jouent également un rôle de premier plan dans les mythologies du monde.
Dans toute l'Asie du Sud-Est, les semailles, culture et récolte de la céréale essentielle qu'est le riz, s'accompagnent de rites spécifiques honorant ses esprits tutélaires ou des divinités féminines telles que la Mère Riz. Les Lamet qui vivent dans les montagnes du Laos septentrional comptent parmi les populations pour lesquelles le principe vital, *klpu,* n'appartient qu'aux humains et au riz.
A cause de leur parfum délicieux, les bois de santal blanc ou rouge, le vétiver, le basilic, la rose et le jasmin figurent dans de nombreux cultes dévotionnels orientaux.

Originaire du sud de l'Inde, ce bronze du xe siècle représente le héros divin Krishna dansant sur les têtes du cobra Kaliya, le libérant ainsi de sa nature démoniaque – ce dont témoigne le petit torse humain en adoration désignant le « cœur » purifié du serpent.

CORPS ET ÂME

Le monde des esprits et la vie après la mort

RÉFÉRENCES CROISÉES
L'immortalité : p. 59, 60, 71, 95, 98-99, 105, 202, 273, 297, 305.
Chasseurs de têtes et cannibales : p. 261, 263, 299
Chamanisme : p. 102, 107, 108-109, 208, 219, 226, 260-263.
Le monde des esprits : p. 108, 252-253, 260-261.
L'âme des défunts : p. 211-213.
La vie après la mort : p. 55, 113, 146, 196.
Voyages aux Enfers : p. 60, 61, 113, 160-161, 173, 197, 208, 249.
Rites funéraires : p. 55, 105, 200-201, 282-283.

Toutes les mythologies du monde cherchent à conférer à l'univers sensible du quotidien une essence invisible, subtile, que l'on pourrait dénommer « âme » ou « esprit ». L'essence spirituelle d'objets impressionnants, tels que le soleil, est tout naturellement considérée comme une divinité particulièrement puissante. Il en va de même pour la lune, la terre et des éléments spectaculaires du paysage, tels que montagnes, lacs ou grands arbres.

La contrepartie spirituelle du monde tangible est parfois conçue comme un lieu à part. Les mythes mélanésiens font souvent référence à des événements prenant place dans un « monde-miroir » souterrain. La tradition celte parle d'un « autre monde », empli de magie, de mystère et de danger, que l'on peut pénétrer par des grottes ou des lacs, et qui se situe parfois au couchant. En dépit des périls encourus pour y accéder, il se révèle, en fin de compte, un pays de jeunesse et de bonheur éternels.

Parfois dénommée « ombre », l'âme humaine est souvent envisagée comme une réplique, normalement invisible, du corps physique. Le folklore germanique mentionne fréquemment un « double » surnaturel, le *doppelgänger*, qui a l'habitude déconcertante de se manifester soudainement, parfois fort loin de son « original » physique. Dans toute l'Afrique, on croit que des sorciers infligent souffrances ou mort en attaquant l'âme ou l'ombre de leurs victimes pour causer à leur corps un mal équivalent.

Le chamanisme universel

Dans toutes les sociétés tribales du monde, certains se consacrent à l'exploration de l'invisible, afin de mettre leur expérience au service des leurs. On les appelle généralement chamans, d'après leur nom chez les Tunguz de Sibérie. En entrant en transe grâce à un psychotrope ou des percussions rythmées, le chaman s'affranchit des limitations de l'espace, du temps et de sa personnalité pour effectuer des voyages spirituels au cours desquels il communique avec des esprits souvent zoomorphes. Le chaman lui-même adopte généralement les caractéristiques d'un animal puissant, tel que l'aigle ou l'ours en Amérique et en Asie septentrionales, le jaguar en Amérique centrale et du Sud, le lion ou la panthère en Afrique. Les nombreux mythes nés du chamanisme évoquent très fréquemment un pilier ou un axe mystique, souvent semblable à un arbre aux vastes branches, permettant d'explorer les régions supérieures ou inférieures du cosmos.

Ce masque originaire d'Alaska représente sans doute le voyage du chaman au royaume des esprits. Le visage au centre symbolise l'âme du chaman.

Voyages oniriques

Nombre de populations croient que l'individu quitte temporairement son corps pendant l'état de rêve, à la découverte d'autres mondes et à la rencontre d'autres esprits, y compris de défunts. Ces périples nocturnes offrent matière à de nombreux mythes, comme en Amérique du Nord et en Asie du Sud-Est, où l'on suppose que celui qui erre ainsi est susceptible d'être fait prisonnier par quelque être ou sorcier maléfique et devra être secouru par un chaman.

La capture des âmes

Les habitants des forêts d'Amazonie et d'Asie du Sud-Est estiment fréquemment que l'âme humaine réside dans la tête, comme en témoignent de nombreux mythes. Aussi certaines tribus tentaient-elles autrefois d'intégrer l'esprit d'ennemis valeureux à leur « fonds » spirituel pour en augmenter le pouvoir, en leur coupant la tête et en procédant à des rites comprenant la réduction des crânes ou des transferts symboliques sur des parures rituelles (colliers de têtes en bronze, cheveux ornant les carquois, etc.). Le cannibalisme pouvait avoir des motivations similaires.

Le périple des ombres

De nombreuses traditions supposent qu'après la mort l'âme humaine se rend au royaume des défunts. En Afrique, on croit souvent qu'elle passe un certain temps dans les limbes avant de décider de renaître ou non sur terre, sous forme humaine. D'autres traditions font état d'un angoissant jugement. Un mythe japonais affirme que l'âme de ceux qui se sont rendus coupables de graves péchés est envoyée dans l'une des seize régions d'un domaine infernal appelé Jigoku. La mythologie égyptienne offre un tableau très impressionnant du jugement du défunt par quarante-deux représentants du royaume d'Osiris, dans la salle du trône de ce souverain suprême des mondes infernaux. Maat, la déesse de la Vérité, évalue le poids de la conscience de l'individu à l'aide d'une plume. L'âme de qui a vécu vertueusement rejoint les dieux dans leur éternel combat contre Apep, le Serpent du Chaos ; dans le cas contraire, elle est dévorée par un monstre.

Pour les Grecs, le frère de Zeus, Hadès (Pluton), était le souverain de l'empire des morts qui se situait, selon l'*Iliade*, sous les lieux secrets de la terre et, selon l'*Odyssée*, au-delà des confins de l'océan primordial. Pour s'y rendre, l'ombre du mort devait recourir à Charon, le nocher immortel, après lui avoir remis le péage placé dans sa bouche par les vivants, afin de traverser plusieurs fleuves tels que l'Achéron (l'Affliction), le Styx (les Serments irrévocables), le Léthé (l'Oubli)... Puis elle comparaissait devant trois juges envoyant les justes au paradis des champs Elysées et condamnant les autres aux tourments éternels.

Les paradis

Le paysage paradisiaque varie parfois beaucoup d'une culture à l'autre. Le paradis japonais, Amer, se situe au-dessus de la Terre, irrigué par le fleuve paisible qu'est la Voie lactée, et ressemble beaucoup à une vaste terre. Le Walhalla, paradis des guerriers nordiques les plus valeureux, apparaît comme un palais immense comptant cinq cent quarante portes. Chaque jour, armés jusqu'aux dents, les guerriers s'entraînent aux arts martiaux en vue du combat final contre les démons. Le soir, servis par de célestes damoiselles, les Walkyries, ils s'enivrent d'hydromel. Certaines traditions situent le paradis des âmes sur le même plan que la Terre. Un mythe slave mentionne un pays de délices sis vers l'Orient, par delà le lever du soleil, tandis que les îles celtes des bienheureux se trouvaient à l'ouest. Ces paradis ne peuvent généralement être atteints qu'après une traversée périlleuse.

Réincarnation, métempsycose, palingénésie, transmigration...

Nombre de traditions réfèrent à quelque forme de régénération que subirait l'âme après la mort du corps. En Afrique, on considère souvent que l'individu renaît dans le groupe de parenté ou le clan qui était le sien auparavant. Selon les cultures orientales influencées par l'hindouisme et le bouddhisme, les circonstances dans lesquelles l'individu se réincarne sont le fruit de ses actions, pensées et émotions passées – le but final étant la libération du cycle des renaissances *(moksha* ou *nirvâna)* que seul l'être humain peut atteindre, ses facultés de libre-arbitre et de discrimination étant alors suffisantes pour lui permettre un développement conscient. Dans cette perspective, il est dit que certains animaux particulièrement « héroïques » peuvent accéder « plus rapidement » à l'état d'être humain.

Garant de la survie humaine après la mort, et dieu du renouveau, Osiris, le roi juste et bon des royaumes souterrains, avait l'apparence d'une momie de pharaon, bras croisés sur la poitrine. Le pharaon mort, puis, avec le temps, tous les défunts, furent considérés comme des Osiris, promis à la renaissance spirituelle et à l'éternité s'ils se conformaient à l'enseignement du dieu.

LES VIVANTS ET LES MORTS

Selon les croyances celtiques, le monde des vivants se rapproche de celui des morts pendant la nuit et quelqu'un né la nuit peut plus facilement voir fantômes et esprits. Dans l'Irlande rurale, il est dit que celui qui sort la nuit peut rencontrer les « petits hommes » et retrouver parmi eux ses chers disparus.
Les morts peuvent déranger les vivants à certaines époques de l'année. En Ecosse, la fête de *Hallowe'en*, correspondant à notre jour des Morts, la veille de la Toussaint, est traditionnellement célébrée par des garçons au visage barbouillé de noir appelés *guysers*, « épouvantails » : évoquant l'esprit des défunts, ils importunent tout un chacun afin de recevoir des présents.
Les bouddhistes chinois observent également un culte dédié aux âmes errantes pour soulager les souffrances d'esprits sans repos.

L'ORDRE SOCIAL

Mariage, parenté et hiérarchie

RÉFÉRENCES CROISÉES
L'origine du mariage : p. 271, 284.
Les ancêtres : p. 210, 280-281, 286-287.
Vertus familiales : p. 101.
Rois divins et sacrés : p. 52, 59, 60, 91, 105, 106, 170, 270.
Lignages mythiques : p. 172-173, 174, 210, 223, 242, 253, 262, 270-271, 303.
Inceste : p. 151, 272, 284.

Dans les sociétés traditionnelles, les distinctions et les lois sont fréquemment justifiées par le mythe. Ainsi en va-t-il des rapports entre les souverains et leurs sujets, des hiérarchies sociales, et, tout particulièrement, des principes régissant les relations entre hommes et femmes, les échanges matrimoniaux.

Hommes et femmes

L'instauration de la supériorité du statut masculin par une autorité surnaturelle ou quelque héros civilisateur (p. 28) constitue un thème courant des mythes de création. En Australie et en Papouasie-Nouvelle-Guinée, un tel héros instaura le rituel d'initiation des hommes, légitimant leur supériorité et définissant les possibilités d'alliances matrimoniales. De plus, comme en Amérique du Sud, les mythes de ces régions affirment souvent que c'était originellement la femme qui régissait la société, mais qu'elle perdit ce pouvoir à la suite de quelque faute.

Certaines traditions considèrent en outre qu'une femme fut la cause principale du malheur des humains, jetant dès lors le discrédit sur son sexe tout entier – comme Eve, pour les judéo-chrétiens, ou Pandore, dans la mythologie grecque. Pour sa part, l'anthropogonie japonaise souligne l'inégalité intrinsèque des deux sexes : Izanami, la Première Femme, ayant salué son époux Izanagi, le Premier Homme, sans attendre humblement qu'il lui adressât d'abord la parole, ils conçurent en conséquence un premier enfant monstrueux qu'ils durent abandonner à la mer. Ayant compris par un oracle la raison de leur malheur, le couple primordial prit dès lors grand soin de respecter les prérogatives masculines et furent récompensés par de beaux enfants.

Ce masque yoruba du Nigéria était utilisé lors de cérémonies rituelles. Il représente des esprits ancestraux supposés posséder le danseur qui le portait – masque et danseur s'unissant alors en une nouvelle entité pour incarner les esprits invoqués.

Lignage, hiérarchie et souveraineté

Les mythes référant aux lignages et à l'ordre d'apparition des ancêtres des humains sur la Terre impliquent souvent une hiérarchie des statuts sociaux, la préséance des uns sur les autres. Ce n'est pas toujours le groupe se réclamant du lignage le plus ancien qui reçoit un statut supérieur mais parfois, au contraire, le plus récent. Ainsi, dans l'ancien état africain de Bunyoro (aujourd'hui Ouganda) la dynastie royale descendait-elle des derniers arrivants dans le pays, tandis que la classe inférieure des paysans était déjà présente depuis longtemps. Cette hiérarchie trouve sa réflexion dans un mythe selon lequel le dieu créateur Ruhanga soumit ses trois fils à une épreuve telle qu'elle conféra un rang social différent à chacun d'eux.

Il n'est guère surprenant que, dans le monde entier, les dynasties royales se réclament depuis toujours d'ancêtres mirifiques d'origine divine. Traditionnellement, la lignée impériale du Japon descend de la déesse du Soleil Amaterasu. Bien d'autres souverains, tels ceux de Hawaii ou les Incas d'Amérique du Sud, considéraient également que le Soleil était leur ancêtre. En Afrique, les Shilluk affirment que leur roi est l'incarnation toujours renouvelée de Nyikang, le fondateur de leur nation et leur premier roi, né d'un dieu du Ciel et de la déesse d'un fleuve.

Les pharaons égyptiens disaient descendre du couple divin, Isis et Osiris. Donné pour fils de la déesse Aphrodite, le héros troyen Énée était l'ancêtre de Romulus, le fondateur de Rome, lui-même considéré comme le fils du dieu Mars. Les empereurs romains furent souvent divinisés après leur mort et l'un d'eux, Caligula, alla même jusqu'à revendiquer, de son vivant, le titre de « Nouveau Soleil » et le statut de dieu à part entière.

LE TOUR DU MONDE MYTHOLOGIQUE

L'ÉGYPTE

Intérieur du temple spectaculaire élevé par le pharaon égyptien Ramsès II (qui régna de 1279 à 1213 av. J.C.) à Abou-Simbel, sur la rive occidentale du Nil, à environ 240 km au sud-ouest de Philaé.

L'Egypte antique est souvent considérée comme le pays des dieux, des rois et des prêtres. Ses temples sont couverts d'images divines et la religion occupe une place prépondérante dans les archives livrées par trois mille ans de civilisation égyptienne. Il est donc surprenant que les mythes qui incarnaient la conception égyptienne du monde soient si mal connus. Les récits ne furent consignés qu'à partir de 2000 av. J.-C., mais il existe des représentations picturales et des allusions beaucoup plus anciennes.

Les mythes étaient moins importants que le culte des dieux, activité essentielle de l'Etat menée dans des temples dont l'accès était réservé aux rois et aux prêtres. Si le culte était exécuté convenablement, le pays prospérait. Le service divin consistait en soins quotidiens apportés aux statues de culte des dieux dans leurs sanctuaires. Le peuple participait rarement au culte mais assistait aux cérémonies où les divinités « se rendaient visite » : elles étaient alors portées en procession ou voyageaient dans une barque. Les temples sont représentés aux époques les plus reculées comme des structures simples et périssables entourées de clôtures mais ils devinrent plus complexes et plus nombreux à mesure que les dieux, dont le rôle était modeste à l'origine, furent associés les uns aux autres. Les mythes suivirent cette évolution. Aucun récit n'ayant de version canonique, le contenu pouvait s'adapter aux circonstances. C'est ainsi que le rôle de Seth (p. 44-45) changea à la Basse Époque : devenu l'ennemi des dieux, il fut rituellement supprimé.

HAUTE ET BASSE-ÉGYPTE

Les deux régions qui constituaient l'Etat égyptien, la Haute et la Basse-Egypte (carte), jouaient un rôle essentiel dans la vie politique et religieuse. La pensée égyptienne était fortement dualiste : aucune unité réelle ne pouvait exister sans subdivision et, avant la création, le monde appartenait à l'époque d'« avant qu'il y eut deux choses ». Aucun terme global ne désignait l'Egypte qui était appelée « Les Deux Pays ». Les très anciens dieux Horus et Seth furent associés chacun à une partie du pays, Horus à la Basse-Egypte, Seth à la Haute-Egypte. Les déesses Nekhbet (vautour) de Nekheb et Ouadjet (cobra) de Bouto, protectrices de l'Egypte, étaient étroitement associées à la royauté. La plupart des témoignages conservés sur les mythes viennent de Haute-Egypte, mais certaines parties de la Basse-Egypte, comme la région de Memphis, en ont produit de tout aussi importants.

CHRONOLOGIE

Les dates des périodes et des royaumes antérieures à 664 av. J.-C. sont approximatives.

Période prédynastique
3200-3000 av. J.-C.
Période thinite
3000-2550 av. J.-C.
Ancien Empire
2550-2150 av. J.-C.
Première période intermédiaire
2150-1980 av. J.-C.
Moyen Empire
1980-1640 av. J.-C.
Deuxième période intermédiaire
1640-1520 av. J.-C.
Nouvel Empire
1540-1070 av. J.-C.
Troisième période intermédiaire
1070-711 av. J.-C.
Basse Époque
711-332 av. J.-C.
Période gréco-romaine
332 av. J.C.-395 ap. J.-C.

THEBES

Thèbes, l'actuelle Louxor, fut temporairement la capitale de l'Egypte (vers 2000 av. J.-C. puis de 1520 à 1450 av. J.-C.). Capitale religieuse pendant plus d'un millénaire, la ville abrite le plus vaste complexe religieux conservé du monde antique et les tombes royales de la Vallée des Rois. Amon, son dieu principal (p. 39), peut-être originaire d'ailleurs, supplanta le dieu à tête de faucon Montou d'Ermant.

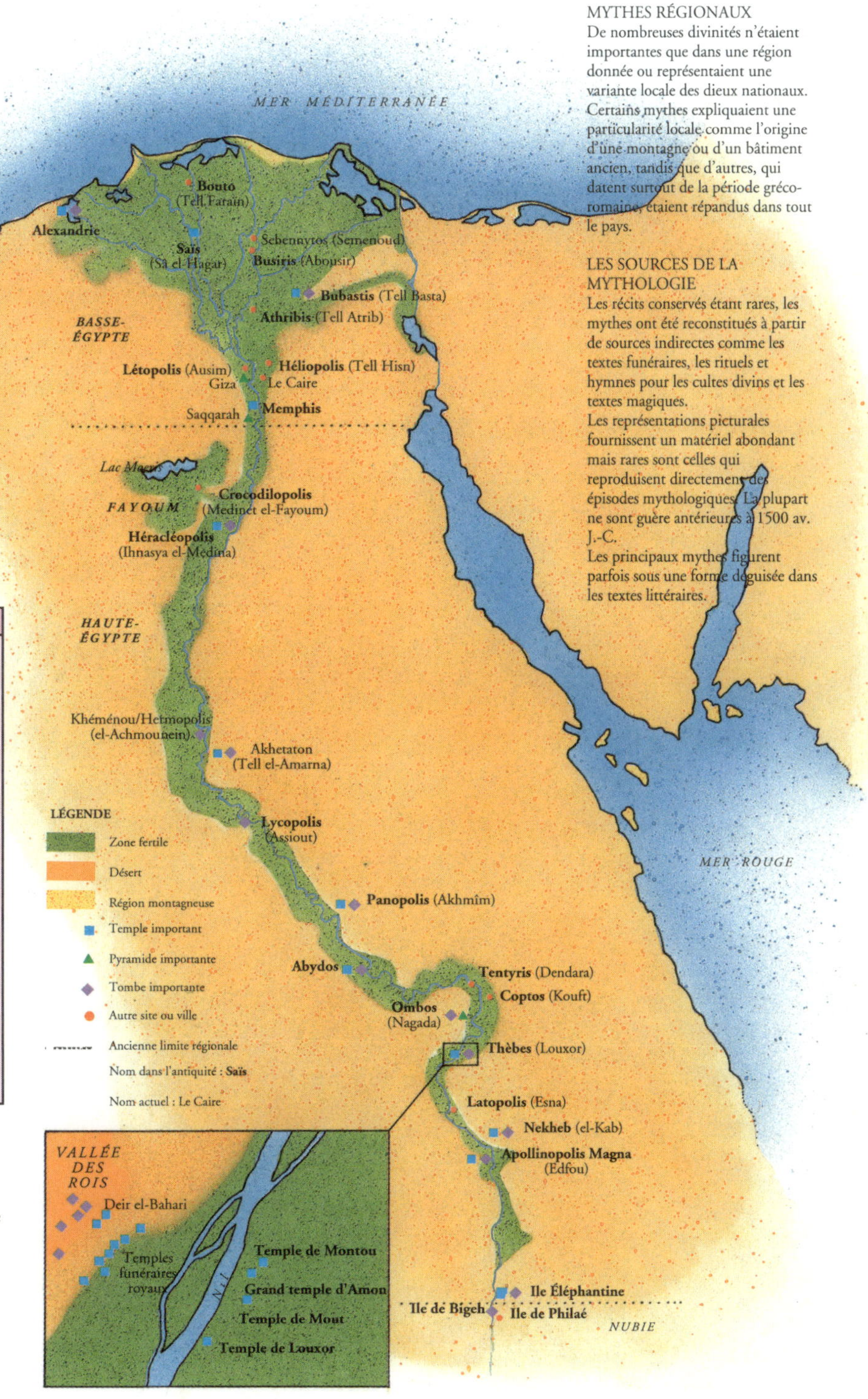

MYTHES RÉGIONAUX

De nombreuses divinités n'étaient importantes que dans une région donnée ou représentaient une variante locale des dieux nationaux. Certains mythes expliquaient une particularité locale comme l'origine d'une montagne ou d'un bâtiment ancien, tandis que d'autres, qui datent surtout de la période gréco-romaine, étaient répandus dans tout le pays.

LES SOURCES DE LA MYTHOLOGIE

Les récits conservés étant rares, les mythes ont été reconstitués à partir de sources indirectes comme les textes funéraires, les rituels et hymnes pour les cultes divins et les textes magiques.
Les représentations picturales fournissent un matériel abondant mais rares sont celles qui reproduisent directement des épisodes mythologiques. La plupart ne sont guère antérieurs à 1500 av. J.-C.
Les principaux mythes figurent parfois sous une forme déguisée dans les textes littéraires.

LES PREMIERS DIEUX

La naissance de l'ordre à partir du chaos

Ce détail d'un papyrus du XIIIe s. av. J.-C., représente l'oiseau Bennou vénéré comme première divinité d'Héliopolis. Les Grecs l'identifiaient avec le phénix qui se consumait tous les cinq cents ans et renaissait de ses cendres.

Avant la naissance des dieux, il n'existait qu'une étendue aqueuse et inerte appelée le Noun, dont les énergies chaotiques contenaient les formes potentielles de tous les êtres vivants. L'esprit du créateur était présent dans ces Eaux primordiales mais n'avait pas de place pour prendre forme. Les forces destructrices du chaos étaient incarnées par le serpent Apep ou Apopis.

L'événement qui marqua le début des temps fut l'apparition de la première terre qui émergea des eaux du Noun. Cette butte primordiale permit à la première divinité de venir au jour, sous la forme d'un oiseau, faucon, héron ou hoche-queue jaune, qui se posa sur le tertre. Une autre image de la création est celle du lotus primordial qui surgit des eaux, porteur de l'enfant solaire. La première divinité jouissait de plusieurs pouvoirs divins, comme *Hou* « la parole réalisatrice », *Sia* « la conception intellectuelle » et *Heka* « la magie ». Grâce à ces pouvoirs, elle créa l'ordre à partir du chaos. L'ordre divin était personnifié par la déesse *Maât*, fille du dieu Soleil. Le mot *maât* signifiait aussi « justice », « vérité » et « harmonie ». L'ordre universel était constamment menacé de retomber dans le chaos d'où il était sorti.

Voyant qu'elle était seule, la première divinité créa des dieux et des hommes à sa propre image et un monde pour qu'ils puissent l'habiter. Les divinités seraient nées de la sueur du dieu Soleil et les êtres humains de ses larmes. Le pouvoir de créer était habituellement lié au soleil mais plusieurs autres divinités sont également citées comme créatrices. Au temple du dieu Soleil à Héliopolis, l'oiseau Bennou (ci-contre) passait pour la première divinité. Représenté sous la forme d'un héron, l'oiseau resplendissant était une manifestation du dieu Soleil créateur et il apporta la première lumière dans les ténèbres du chaos. En se posant sur la butte primordiale, il poussa un cri qui fut le premier son.

L'Ogdoade

Dans l'Egypte ancienne, les forces du chaos pouvaient être personnifiées par huit divinités, l'Ogdoade.

L'Ogdoade se composait de quatre couples de divinités représentant chacun un aspect de l'état primordial. Noun et Naunet étaient le dieu et la déesse des Eaux primordiales. Kek et Keket étaient les divinités des ténèbres. Amon et Amaunet incarnaient l'indéfinissable. Heh et Hehet étaient l'espace sans fin. D'autres couples faisaient parfois partie de l'Ogdoade mais les divinités étaient toujours huit au total. Ces divinités étaient imaginées comme des serpents et des grenouilles, créatures de l'eau primordiale. Mais les êtres qui forment l'Ogdoade sont parfois représentés comme des babouins saluant la première aurore (ci-contre).

Sept membres de l'Ogdoade et le dieu Soleil Rê-Horakhty en faucon. Papyrus des années 1350 av. J.-C.

Le principal lieu de culte de l'Ogdoade était appelé Khéménou (« la Ville des Huit ») par les Egyptiens et Hermopolis par les Grecs (p. 37). Il aurait été le site de l'île de la Flamme où le soleil s'était levé pour la première fois. L'Ogdoade se réunit pour façonner l'œuf cosmique dont était sorti le dieu Soleil. Une partie de la coquille de l'œuf cosmique aurait été enterrée dans un temple à Hermopolis.

Les créateurs divins

Dans l'Egypte antique, il existait quatre divinités créatrices principales, Amon-Rê, Atoum, Khnoum et Ptah. Un culte important était rendu à chacun de ces dieux.

Amon-Rê. Membre de l'Ogdoade, Amon était vénéré comme dieu de la Fertilité à Thèbes en Haute-Egypte. Au IIe millénaire av. J.-C., il devint un dieu national et son nom fusionna avec celui de la divinité solaire suprême, Rê, pour donner Amon-Rê, le pouvoir caché qui créa les dieux. Le tout premier être dans les Eaux primordiales fut Amon qui, sous la forme d'un serpent, fertilisa l'œuf cosmique façonné par les autres membres de l'Ogdoade. Dans un autre mythe, Amon, sous la forme d'une oie, pondit l'œuf cosmique d'où sortit la vie.

Amon tenant les symboles de la vie et du pouvoir. Plaque de bronze de la Basse Époque.

Atoum. Démiurge vénéré à Héliopolis, Atoum, qui émergea le premier du chaos primordial sous la forme d'un serpent, était habituellement représenté sous forme humaine. En tant que Rê-Atoum, il était le soleil du soir qui retournait chaque nuit dans les entrailles de Nout pour être régénéré. Comme les autres divinités créatrices, Atoum était un tout contenant à la fois le mâle et la femelle. Dans un mythe primitif, Atoum est seul sur la butte primordiale, il prend son phallus dans sa main et fait jaillir la semence d'où sort le premier couple divin, Chou et Tefnout (p. 40-41).

Khnoum. Le principal lieu de culte du dieu Khnoum était sur l'île Eléphantine au sud du pays. Khnoum contrôlait la crue annuelle du Nil et incarnait le pouvoir vivifiant de l'inondation. Son animal sacré était le bélier, symbole de virilité, et il était habituellement représenté sous la forme d'un homme à tête de bélier. Dans son temple d'Esna, Khnoum est décrit comme « père des pères et mère des mères ». Sur son tour de potier il façonnait avec de l'argile les dieux, les hommes et les animaux à qui il insufflait la vie.

Ptah. Vénéré à Memphis, Ptah était le dieu des Artisans qui aurait façonné les dieux et les rois dans le métal précieux. Pouvoir intellectuel fondement de la création, il créa tous les autres dieux en les pensant dans son cœur et en prononçant leur nom à haute voix.

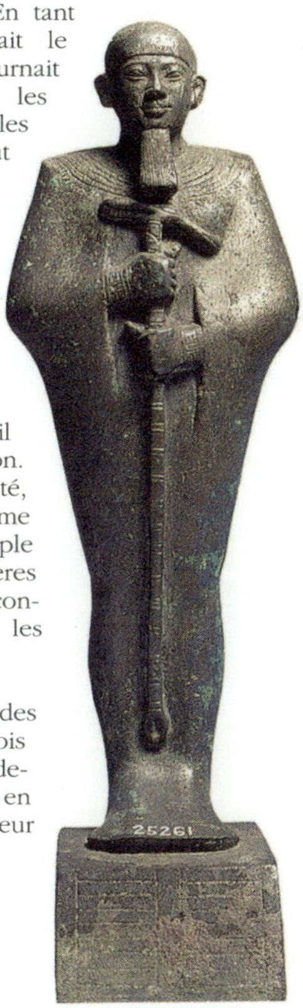

Statuette de bronze du dieu Ptah, créateur et artisan divin, datant de la Basse Époque.

LA MAIN D'ATOUM

Dans une autre version du mythe d'Atoum, la création commençait par l'union sexuelle d'un dieu et d'une déesse. Le partenaire féminin était identifié à la Main d'Atoum. Plusieurs déesses représentent cette Main, notamment Hathor et Neith (p. 50-51). La tête de faïence (ci-dessus) combine des attributs d'Hathor et de Nout, déesse qui, elle aussi, incarnait la fécondité féminine.

L'ENNÉADE

Les neuf dieux d'Héliopolis

Figurine de faïence de la déesse Nout sous la forme d'une truie, vers 600 av. J.-C. Nout voulait parfois dévorer ses enfants comme une truie dévore sa portée.

Le récit le plus détaillé de la création porte sur le groupe de dieux appelés les Neuf Dieux d'Héliopolis ou Ennéade (du grec *ennea*, « neuf »). Le premier était Rê-Atoum qui vint au monde sur la colline primordiale et décida la multiplicité de la création dans son cœur. Il fut à l'origine de la première distinction entre mâle et femelle : ayant pris sa semence dans sa bouche, il cracha ou éternua, créant Chou, le dieu de l'Air, et Tefnout, la déesse de l'Humidité. Ils explorèrent le sombre Noun et furent perdus pour Rê-Atoum qui envoya à leur recherche son Œil divin, une puissance brûlante considérée comme la fille du dieu Soleil. La déesse revint avec Chou et Tefnout et les premiers êtres humains furent formés par les larmes que Rê-Atoum versa en retrouvant ses enfants.

De l'union sexuelle de Chou et Tefnout naquirent Geb, le dieu de la Terre, et Nout, la déesse du Ciel. Ils étaient si étroitement enlacés que rien ne pouvait circuler entre eux. Nout fut fécondée par Geb mais ses enfants ne parvenaient pas à naître. Leur père Chou, le dieu de l'Air, finit par séparer Geb de Nout. Aidé de huit êtres appelés les dieux Heh, Chou souleva la déesse du Ciel au-dessus de la terre, créant ainsi un espace où les créatures pouvaient vivre et respirer. On pensait qu'il existait un deuxième ciel sous la terre.

Les eaux primordiales continuaient à entourer le cosmos. La déesse du Ciel était parfois représentée comme une femme nue arquée au-dessus de la terre (p. 41), et parfois comme une vache étoilée. Elle avalait le soleil chaque soir et était parfois accusée de vouloir avaler tous ses enfants : Nout était alors représentée comme une truie, créature connue pour dévorer ses propres petits.

Nout enfanta deux paires de jumeaux, Osiris et Isis, et Seth et Nephtys (p. 42-45). Osiris et Isis seraient tombés amoureux dans le ventre de leur mère mais Nephtys méprisait son frère Seth. En tant qu'aîné des enfants de Geb et Nout, Osiris était destiné à régner sur l'Egypte.

Arbre généalogique de l'Ennéade

(= époux de)

RÊ-ATOUM

Chou = Tefnout

Geb = Nout

Osiris = Isis — Seth = Nephtys

Sur ce papyrus illustré (vers 1100 av. J.-C.), Chou, le dieu de l'Air, sépare ses enfants Geb, le dieu de la Terre, et Nout, la déesse du Ciel. La barque solaire, dans laquelle le soleil traverse le ciel, navigue sur le corps étoilé de Nout.

Rê et le châtiment de l'humanité

Un texte inscrit sur un des sarcophages d'or de la tombe du roi Toutankhamon (qui régna vers 1336-1327 av. J.-C.) et qui figure aussi sur les murs de tombes royales ultérieures, parle d'une époque où Rê, le dieu Soleil créateur, vivait sur la terre et régnait sur les dieux et les hommes.

Quand le dieu Soleil vieillit, les hommes commencèrent à comploter contre lui. Rê s'en aperçut et convoqua son Œil divin, sous la forme de la déesse Hathor. Il appela aussi Chou, Tefnout, Geb, Nout et les huit dieux primordiaux de l'Ogdoade (p. 38). Rê demanda à Noun, le plus vieux des dieux primordiaux, des conseils sur les mesures à prendre vis-à-vis des rebelles. Noun et les autres dieux lui conseillèrent d'envoyer son Œil divin anéantir l'humanité. Rê accepta et l'Œil de Rê, qui était la déesse Hathor, se transforma en Sekhmet, la lionne déchaînée (p. 50). Elle massacra une partie du peuple et se vautra dans les flots de sang.

Rê décida de sauver le reste de l'humanité. Pour détourner Sekhmet de sa fureur meurtrière, il ordonna au grand-prêtre du temple d'Héliopolis de fabriquer sept mille jarres de bière et de la teinter de rouge. La bière répandue sur le sol ressemblait à une mare de sang. L'Œil de Rê y vit son reflet. Elle se mit à laper la bière colorée et, enivrée, oublia de massacrer le reste de l'humanité. La sauvage Sekhmet retrouva l'apparence de la belle Hathor mais si l'humanité avait échappé à la rage de la déesse Lionne, les fléaux et la mort étaient apparus.

Las et triste, Rê souhaitait ardemment mettre fin à la création et retourner à l'étendue aqueuse. Noun ordonna à Chou et Nout de l'aider à protéger le dieu Soleil. La déesse du Ciel se transforma en vache et transporta Rê jusqu'au firmament où il créa les étoiles et les jardins du paradis. Nout se mit à trembler à cause de l'altitude mais Chou et les huit dieux Heh la soutinrent.

Chaque jour, le dieu Soleil parcourait le ciel, chaque nuit il entrait dans le Monde souterrain et l'humanité était alors terrifiée par les ténèbres de la nuit. Rê décida donc de créer la lune pour éclairer le ciel en son absence et il désigna le dieu lunaire Thot comme son suppléant. Rê avertit le dieu de la Terre Geb des pouvoirs magiques des serpents du chaos et choisit Osiris pour régner sur l'humanité.

Les Égyptiens croyaient que le cosmos ne durerait pas éternellement. Le jour viendrait où le créateur serait si las qu'il retournerait au chaos avec toutes ses créations, puis le cycle de la création recommencerait.

OSIRIS

Le défenseur de l'ordre

Ce pendentif d'or (vers 850 av. J.-C.) représente Osiris en roi momifié, entouré d'Isis et de son fils Horus. Après sa mort, Osiris régna sur le monde des ténèbres, la Douat. Initialement considéré comme le roi terrifiant d'un royaume de démons, il devint le juge équitable qui accueillait les défunts vertueux au paradis.

Osiris devint le premier roi et épousa sa sœur Isis (arbre généalogique p. 40). Il était vénéré comme un dieu du Renouveau, enseignant à l'humanité les secrets de l'agriculture et de la civilisation. Son règne fut menacé par les forces du chaos et notamment son frère Seth. Un mythe raconte que la querelle fit son apparition sur terre le jour où Seth sortit violemment du ventre de sa mère.

La mort du dieu bienveillant Osiris était l'un des principaux récits de la mythologie égyptienne mais l'histoire a rarement été consignée en détail. Deux épisodes sont mentionnés : son meurtre et son dépeçage. Les plus anciens récits racontent simplement qu'Osiris fut déposé par son frère Seth au bord du Nil, à Nédit, lieu mythique identifié parfois avec un secteur d'Abydos, le site sacré où l'on célébrait les mystères d'Osiris. Dans des versions plus tardives du mythe, Osiris est noyé dans le Nil et Seth est cité comme le meurtrier, ayant pris la forme d'un crocodile ou d'un hippopotame pour attaquer son frère innocent. Dans une autre version, il se métamorphose en taureau et piétine Osiris. La patte antérieure qui piétina Osiris fut plus tard coupée par le dieu Horus et jetée dans le ciel où elle entra dans la constellation de la Grande Ourse. Dans une version plus tardive, Seth devient un petit insecte, peut-être un moustique, et tue Osiris en le piquant au pied.

Isis chercha son mari, utilisant ses pouvoirs magiques pour sauver son corps de la décomposition. Elle fit appel au dieu à tête de chacal Anubis qui embauma le corps d'Osiris et l'enveloppa de bandelettes, réalisant ainsi la première momie. Dans des versions plus tardives du mythe, Seth trouve le corps divin d'Osiris et le met en pièces. Les morceaux seraient enterrés dans toute l'Egypte : la tête à Abydos, le cœur à Athribis, une jambe sur l'île de Bigeh, etc. Le dépeçage d'Osiris était comparé à la coupe et au battage annuels du blé et de l'orge. Osiris était censé ressusciter avec les nouvelles récoltes.

Les déesses en deuil

Isis et sa sœur Nephtys, l'épouse de Seth, prirent la forme d'oiselles pour veiller sur le corps de leur frère Osiris. Aux funérailles, la coutume voulait que deux femmes jouent les rôles d'Isis et de Nephtys et pleurent sur le corps momifié.

Nephtys aimait Osiris et, selon une tradition tardive, ils auraient même été les parents du dieu Anubis. Les deux déesses pleuraient Osiris et se lamentaient, suppliant son esprit de revenir. Dans l'un des récits, Isis s'écrit : « Tant que je verrai, je t'appellerai, en criant jusqu'au fond des cieux. Tu me rejettes, moi, ta sœur, que tu as aimée sur la terre. »

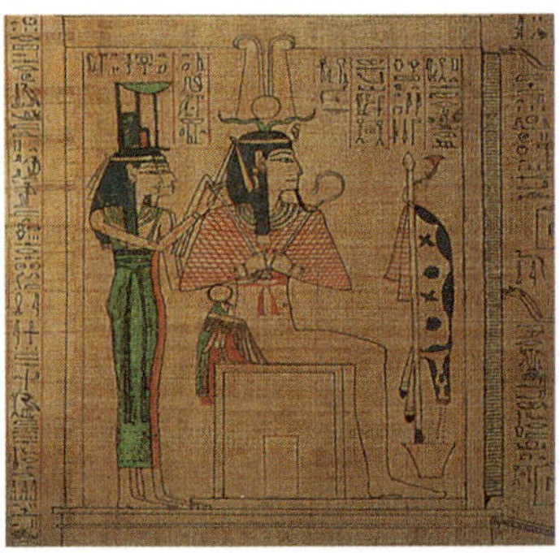

Osiris, le dieu créateur Ptah et le dieu funéraire Sokar sont représentés sur ce papyrus des années 1100 av. J.-C. comme une seule et même divinité. Isis et Nephtys protègent son trône. La peau d'animal accrochée à un poteau est un des emblèmes d'Anubis, le dieu de l'Embaumement.

ISIS

La veuve fidèle

Dès les premiers temps, Isis, l'épouse d'Osiris, joua un rôle majeur dans la mythologie. Ayant récupéré les morceaux du corps de son mari, elle utilisa ses pouvoirs magiques pour lui redonner vie juste le temps de concevoir un fils : planant sous la forme d'une oiselle, elle lui insuffla le souffle de la vie avec ses ailes. Dans une autre version, elle est fécondée par le feu divin.

Quand elle se sut enceinte, Isis se réfugia dans les marécages du delta du Nil pour échapper à son frère Seth dont elle savait qu'il essayerait de nuire à son enfant ou même de le tuer. Elle mit au monde un fils divin, Horus, à Khemmis près de Bouto. Elle le nourrit, protégée par des divinités comme la déesse scorpion Selket, et attendit qu'Horus fût assez grand pour venger son père.

Le culte d'Isis s'étendit peu à peu au-delà des frontières de l'Egypte. A la fin du Ier siècle ap. J.-C. ou au début du IIe, l'écrivain grec Plutarque donne sa version de l'histoire d'Isis et Osiris : Osiris était un roi d'Egypte qui voyageait aux quatre coins du monde, enseignant à toute l'humanité les techniques de l'agriculture et les arts. Jaloux de son frère, Seth conspira avec ses partisans pour s'emparer du trône. Il fit fabriquer un beau cercueil aux mesures d'Osiris et organisa une fête où il annonça que le coffre peint serait offert à celui qui pourrait y entrer. Osiris s'y allongea et constata qu'il était juste à sa taille. Seth et ses complices rabattirent alors le couvercle et le scellèrent avec du plomb fondu. Le cercueil fut jeté dans le Nil et dériva jusqu'à la Méditerranée pour échouer au Liban (ci-dessous). Isis retrouva le cercueil et le rapporta en Egypte. Elle ne le quittait que pour aller rendre visite à Horus à Bouto. Une nuit qu'Isis était absente, Seth partit chasser dans le delta et découvrit le cercueil. Il l'ouvrit, découpa le corps d'Osiris en quatorze morceaux et les dispersa dans toute l'Egypte. Isis retrouva les morceaux et les enterra sauf le phallus qui avait été dévoré par un poisson. Selon Plutarque, c'est pour cette raison que les prêtres égyptiens ne mangeaient pas de poisson.

Isis allaite son fils Horus. Statuette votive d'or et de bronze de la Basse Epoque

Isis au Liban

L'écrivain grec Plutarque écrivit une version de l'histoire d'Isis et Osiris vers 100 ap. J.-C. D'après son récit, quand Isis apprit la trahison de Seth et le meurtre d'Osiris, elle chercha partout le corps de son mari. Elle se rendit à Byblos au Liban où le bruit courait qu'Osiris se trouvait peut-être.

Le cercueil, rejeté sur le rivage à Byblos, s'était emmêlé aux racines d'un petit arbre. Ce bel arbre poussa rapidement et on le coupa pour en faire un pilier au palais royal de la ville. Isis se rendit au palais et s'assit dans la cour, en pleurs. Elle impressionna les servantes du roi en tressant leurs cheveux et en exhalant du parfum sur leur peau, et la reine de Byblos l'engagea comme nourrice de son fils cadet. Isis nourrit le prince en lui faisant sucer son doigt. S'étant attachée à l'enfant, elle décida de lui donner la vie éternelle et elle le déposa donc dans le feu pour le soustraire au monde des mortels.

Alors que le prince était couché dans le foyer, Isis se transforma en hirondelle et voleta autour du pilier que l'on avait fait de l'arbre. La reine de Byblos entendit ses lamentations et entra dans la pièce. Voyant l'enfant dans les flammes, elle se mit à crier, interrompant le charme avant qu'il n'eût pu agir. Isis révéla alors son identité et demanda que l'on ouvre le pilier. Le cercueil d'Osiris mis au jour, Isis poussa un cri de douleur si terrible qu'il tua le jeune prince.

HORUS ET SETH

La lutte pour le trône d'Osiris

L'ŒIL D'HORUS

L'amulette de faïence (ci-contre) représente l'Œil d'Horus ou *oudjat* (« complet »). En tant que dieu du Ciel, Horus prit la forme d'un faucon dont l'œil droit était le soleil et l'œil gauche la lune. Lors d'un terrible combat, Horus blessa Seth aux testicules et Seth blessa Horus à l'œil ou aux deux yeux. Dans une autre version, Seth, métamorphosé en sanglier noir, arrache et avale l'œil lunaire d'Horus ou le met en pièces. (Ces mythes évoquent peut-être les éclipses de lune ou le cycle de la lune qui croît et décroît chaque mois). Le dieu lunaire Thot chercha l'Œil d'Horus perdu dans les ténèbres. Il en trouva les morceaux et grâce à sa magie le reconstitua. La lumière de l'Œil d'Horus permit alors de rendre la vie à Osiris dans le Monde souterrain.

La querelle parfois violente entre les dieux Horus et Seth était au cœur de la mythologie égyptienne. Dans les plus anciennes versions, Horus et Seth semblent frères mais, plus tard, ils sont considérés comme neveu et oncle. A la mort de son frère Osiris, le père d'Horus (p. 42), Seth, s'était emparé du pouvoir. Horus se rendit donc devant un tribunal divin présidé par Geb ou Rê et revendiqua l'héritage de son père. Chou et Thot déclarèrent qu'Horus était dans son droit. Le dieu Soleil, mécontent que son opinion n'eût pas été demandée en premier lieu, rejeta le verdict. Un des dieux l'ayant insulté, il se retira dans sa tente pour bouder. Plus tard, il retrouva sa bonne humeur et demanda à Seth et à Horus de s'expliquer. Seth déclara mériter la royauté parce qu'il était le seul être assez fort pour défendre la barque du soleil. Certains dieux de l'Ennéade (p. 40) l'approuvèrent mais Isis les fit changer d'avis.

Seth refusant de poursuivre le procès en présence d'Isis, le dieu Soleil décida que le conseil se réunirait sur une île. Le passeur divin Anti reçut l'ordre de ne pas prendre Isis sur son bateau. La déesse se déguisa donc en vieille femme et

Sur cette image provenant d'un papyrus du XIIIe s. av. J.-C., Horus sous les traits d'un homme à tête de faucon conduit l'âme du scribe Ani devant Osiris. Horus porte le costume royal et la double couronne de Basse et Haute-Egypte.

Les partisans de Seth

Les Egyptiens représentaient Seth comme un animal mythique, mi-âne sauvage, mi-cochon ou fourmilier. Son domaine était le désert et la plupart des animaux du désert lui étaient associés, ainsi que les bœufs et les ânes, habitués à battre l'orge et donc à piétiner le corps d'Osiris, victime de Seth et père d'Horus, qui était renfermé dans le grain. Horus condamna ces animaux à recevoir perpétuellement des coups. Des mythes localisés dans le nord de la Haute-Egypte portent sur les partisans humains de Seth et les alliés d'Horus.

Seth, le plus fort des dieux, défendait la barque du soleil contre le serpent Apopis. Sur ce papyrus du XIe s. av. J.-C., Seth se tient devant le dieu Soleil pour transpercer Apopis.

Seth essayait toujours de nuire à Osiris en prenant la forme de divers animaux. Il se métamorphosa un jour en panthère, mais Thot prononça des formules magiques et Seth tomba à terre. Anubis l'attacha et marqua au fer son pelage avant de l'écorcher. Les disciples de Seth essayèrent de voler à son secours mais Anubis les décapita tous.

Une fois rétabli, Seth rassembla de nouveaux partisans dans les collines du désert mais Isis s'opposa à lui. Il se transforma en taureau mais Isis prit la forme d'un chien dont la queue se terminait par un couteau et elle le poursuivit. La déesse Hathor se transforma en serpent venimeux et piqua les partisans de Seth. Leur sang teinta les collines de rouge.

acheta Anti avec une bague d'or. Une fois sur l'île, elle se métamorphosa en belle femme pour séduire Seth. Elle demanda au dieu de l'aider, racontant qu'elle était la veuve d'un berger, et qu'un étranger avait brutalement volé leurs troupeaux à son fils unique. Seth déclara qu'il était en effet inique qu'un fils soit dépouillé de son héritage. Isis se transforma sur le champ en oiselle et s'envola dans un arbre, disant à Seth qu'il s'était condamné lui-même.

Seth se plaignit de cet incident à l'Ennéade qui punit Anti en lui coupant les orteils. Seth défia alors Horus, l'invitant à se mesurer à lui : il proposa qu'ils se métamorphosent tous les deux en hippopotame et qu'ils essaient de rester trois mois sous l'eau. Horus accepta mais Isis, craignant que son fils perdît, fabriqua un harpon de cuivre qu'elle jeta dans l'eau. Elle toucha d'abord Horus par accident puis harponna Seth qui demanda grâce. Isis eut pitié de lui et le relâcha. Horus fut tellement irrité qu'il sortit de l'eau, coupa la tête de sa mère et s'enfuit en l'emportant dans les collines du désert. Isis se transforma en statue de pierre et retourna auprès de l'assemblée des dieux mais Thot la reconnut. Le dieu Soleil ordonna à l'Ennéade de punir Horus pour la blessure infligée à sa mère. Seth le trouva endormi et lui arracha les yeux, mais la déesse Hathor lui rendit la vue en le soignant avec du lait de gazelle.

Horus demanda de nouveau justice et les dieux écrivirent à Osiris défunt. En réponse, il exigea de savoir pourquoi son fils avait été dépouillé de son héritage et il menaça d'envoyer les démons du Monde souterrain au royaume des dieux. Le dieu Soleil accepta finalement qu'Horus devienne roi. Seth fut forcé d'accepter le jugement et Isis se réjouit de voir enfin son fils couronné. Le dieu Soleil appela Seth pour vivre avec lui dans le ciel où il devint le dieu des Orages.

LES MYTHES SOLAIRES

Le cycle éternel du renouveau

Sur cette stèle unique des années 1000 av. J.-C., une femme adore Rê-Horakhty tandis que les rayons de son disque déversent leurs bienfaits sur elle. Le hiéroglyphe du ciel figure au-dessus, ainsi qu'un autre disque solaire et deux yeux oudjat. La scène est encadrée par les plantes héraldiques de la Haute et de la Basse-Egypte et des têtes humaines (peut-être celles du dieu de la Terre Aker) sortent du sol.

Ce pectoral de la tombe du roi Toutankhamon représente le nom du roi, « le maître des transformations de Rê ». Le scarabée entre dans une composition symbolisant le lever du soleil.

Le dieu Soleil fut la principale divinité de l'Egypte pendant presque toute la durée de son histoire. Le monde était organisé autour de deux principes imbriqués : la naissance et les actions du créateur, et le cycle quotidien du soleil dans le cosmos, celui-ci étant essentiellement l'Egypte.

Chaque jour à l'aube, le dieu Soleil naissait de la déesse du Ciel. A midi, il arrivait à maturité et vieillissait le soir. Au crépuscule, il entrait dans le Monde souterrain (p. 47). Chaque jour, chaque mois, chaque année renouvelait la création du monde de même que le règne de chaque roi. Ce perpétuel renouveau du cosmos impliquait qu'il était sans cesse menacé. Ces vues pessimistes s'exprimaient dans de riches cycles d'hymnes au dieu Soleil et dans des représentations de son voyage dans le Monde souterrain, conçus pour maintenir inchangé l'ordre universel. Le dieu voyageait dans une barque, servi par d'innombrables êtres, notamment les morts élus. Seuls quelques-uns sont décrits : ce sont soit des aspects de son être, soit des divinités qui dirigeaient et défendaient la barque. Les ennemis éternels du dieu, conduits par le serpent Apopis, essayaient de lui barrer le passage dans le ciel et le Monde souterrain.

La création toute entière acclamait le lever du soleil et cet accueil favorisait le voyage du dieu Soleil. Certaines traditions insistent sur sa bienveillance foncière. Les textes le présentant sous ce jour ont servi de point de départ à la pensée monothéiste du pharaon Akhénaton (p. 52).

Le dieu Soleil, son voyage nocturne et les étoiles

Le dieu Soleil était censé traverser le Monde souterrain lors de son voyage nocturne, illustré dans d'énormes « livres des morts ». Ceux-ci étaient inscrits dans les tombes royales du Nouvel Empire pour que le pharaon puisse participer au cycle solaire dans l'au-delà.

Les Livres des Morts comportent douze parties correspondant aux douze heures de la nuit. Chaque heure est consacrée au dieu Soleil dans sa barque, entouré des êtres qui peuplent cette région. Une composition entière montre près de mille figures : élus, démons et divinités de la région, damnés éternellement torturés. En passant, le dieu Soleil s'adresse aux êtres de chaque heure qui lui souhaitent à leur tour la bienvenue et sont ranimés par la lumière qu'il dispense. Les descriptions très exactes donnent les dimensions des espaces qu'il parcourt. Sa barque emprunte surtout un chemin aqueux mais à partir d'un carrefour, elle se déplace sur des sables éternels, remorquée par un groupe de chacals.

Sur certaines représentations, le dieu Soleil descend, au milieu de la nuit, dans les profondeurs extrêmes du Monde souterrain et fusionne avec son souverain Osiris. L'image qui en résulte porte la légende « Rê qui repose en Osiris » et « Osiris qui repose en Rê ». Mais si Rê pouvait être associé à Amon en une divinité portant un nom unique (Amon-Rê), Rê et Osiris étaient trop fondamentalement différents. Leur brève association suscitait le renouveau quotidien mais ne pouvait pas être permanente.

Toute la nuit, le dieu Soleil devait lutter contre son ennemi juré, le serpent Apopis (p. 45), mais les dernières heures, il entrait dans un grand serpent dont il ressortait rajeuni, pour renaître à l'aube. Le cycle du soleil était célébré chaque jour, non seulement dans les sanctuaires du soleil mais dans de nombreux temples. Le culte accompli par les prêtres à l'intérieur de l'édifice était gardé secret et peu connu du peuple. Ses grandes lignes ne sont révélées que par des témoignages postérieurs à 1100 av. J.-C. La signification ultime du cycle solaire était cachée. Un texte indique qu'en tant que grand-prêtre, le pharaon « sait » huit choses sur le lever du soleil, notamment la « parole que prononcent les Ames Orientales ». Les Ames Orientales étaient les babouins, animaux connus pour leurs clameurs au lever du soleil dont le sens caché n'était connu que du roi.

Le dieu Soleil prenait de nombreuses formes pendant son cycle quotidien. En tant que dieu du Matin, il pouvait être un enfant mais c'était en général un scarabée appelé Khéper. Le scarabée (p. 46) qui roule devant lui une boule de terre et d'eau de même forme que le soleil, symbolisait la régénération, la renaissance et la transformation. A midi, le dieu Soleil prenait la forme de Rê-Horakhty ou Rê-Horus dans l'horizon, souvent représenté comme un homme à tête de faucon couronné d'un disque solaire. Horakhty était un dieu ancien et l'idée d'un faucon traversant le ciel dans une barque est connue dès la Première Dynastie. Rê-Horakhty est le nom le plus fréquent dans les mythes concernant la domination du dieu sur la terre. Le soleil du soir était Atoum ou Rê-Atoum, représenté par un homme coiffé de la double couronne que portent les pharaons. Sa forme nocturne, avec une tête de bélier, était purement picturale et ne portait aucun nom spécifique. La légende mentionnait toutefois « Chair (de Rê) », ce qui implique que l'image véhiculait la présence du dieu Soleil même si elle ne pouvait s'identifier à lui.

D'autres dieux étaient associés aux cieux. De grandes divinités étaient identifiées aux étoiles ou aux planètes : Thot à la lune, Seth à Mercure et Osiris à la constellation d'Orion. Les mythes de l'Ennéade étaient joués par les mouvements complexes des corps célestes concernés, notamment ceux qui traversent la tranche du ciel que parcourt le soleil ou qui, comme Vénus, annoncent le lever du soleil.

Cette peinture qui orne le plafond de la tombe du roi Ramsès VI (vers 1130 av. J.-C.) a pour thème le voyage nocturne du soleil. Le long serpent symbolise peut-être la barque solaire tandis que le dieu, sous sa forme nocturne d'homme à tête de bélier, est debout sur la figure double d'un homme en adoration. Le personnage étendu la tête levée est Osiris, uni avec Rê dans la nuit, et le personnage féminin à droite est la déesse du Ciel, Nout.

MYTHE ET MAGIE

Le nom caché de Rê

Bès était l'une des nombreuses divinités monstrueuses qui protégeaient les hommes du malheur. Son image entrait dans toutes sortes de décorations, notamment les petits objets utilisés comme amulettes ou conservés à la maison. Cette plaque de faïence miniature date de l'époque gréco-romaine.

Pour les Egyptiens, la magie était précieuse dans ce monde et dans l'autre car elle permettait d'anticiper et de maîtriser les malheurs. Certaines formules magiques donnent un récit complet d'épisodes mythiques : elles étaient récitées pendant qu'un patient, identifié au protagoniste du mythe, ingérait une médication ou se la faisait appliquer sur le corps. Des hymnes magiques étaient adressés aux dieux dont les véritables noms étaient tenus secrets parce qu'ils étaient une source de pouvoir magique. Une histoire, qui appartient à une formule magique, raconte comment Isis découvrit le plus secret de tous les noms divins, celui du dieu Soleil Rê. En vieillissant, il arrivait à celui-ci de baver. Ayant noté l'endroit où sa salive tombait, Isis la mélangea à l'argile et façonna un serpent auquel elle donna la vie et qu'elle déposa près d'une route qu'empruntait souvent le dieu Soleil.

Quand Rê approcha, le serpent le mordit et disparut. Le poison se répandant dans son corps, le dieu Soleil ressentit soudain une terrible brûlure. Ses cris attirèrent les Neuf Dieux à qui il dit avoir été blessé par quelque chose qu'il n'avait pas créé. Isis promit de le soigner s'il lui révélait son véritable nom. Rê lui répondit qu'il était le créateur dont le nom était Khéper à l'aube, Rê à midi et Atoum le soir (p. 47) mais Isis objecta que le vrai nom n'avait pas encore été prononcé. La douleur empirant, Rê ne put tenir plus longtemps. Il ouvrit son cœur à Isis et lui communiqua son nom secret. Isis fit sortir le poison du corps de Rê en prononçant son vrai nom et le guérit ainsi, promettant de ne transmettre le pouvoir du nom secret à personne sauf à Horus. Le nom n'est pas révélé dans la formule.

La magie de Thot

Le dieu lunaire Thot représenté sous la forme d'un babouin, d'un ibis ou d'un homme à tête d'ibis, était associé, entre autres, à la connaissance secrète que suppose la magie. Son principal lieu de culte était Khéménou, l'Hermopolis des Grecs qui identifièrent le dieu à Hermès (p. 144). L'histoire suivante a été écrite à l'époque ptolémaïque.

Un prince du nom de Setni Khâemouaset apprend qu'un livre de magie écrit par Thot est enterré dans une tombe antique près de Memphis. Il viole la tombe et se trouve confronté à des fantômes qui l'avertissent que Thot les a tués parce qu'ils avaient volé son livre magique dans un coffre au fond du Nil. Sans se laisser décourager, Setni repousse les fantômes avec des amulettes puissantes et s'empare du Livre de Thot. Il rencontre alors une belle femme du nom de Taboubou qui le séduit. Cependant, avant de se donner à lui, elle exige qu'il lui lègue toute sa fortune et qu'il tue ses propres enfants. Il accepte, mais dès qu'ils s'unissent, il se retrouve étendu, nu et seul, au milieu d'une route.

Setni découvre ensuite que ses enfants sont bien vivants et que la belle femme n'était qu'un fantôme. Il décide sagement de rendre le Livre de Thot.

Ce groupe statuaire du Nouvel Empire représente Thot, le protecteur des scribes. Il consignait les décisions des dieux et était considéré comme l'inventeur des hiéroglyphes.

SERPENTS ET SCORPIONS

Les agents du chaos

Les serpents et les scorpions n'étaient pas simplement des périls quotidiens : ils incarnaient les pouvoirs chaotiques menaçant l'ordre universel. A l'instar des autres créatures perçues comme hostiles, ils habitaient naturellement le désert. Celui qui était mordu ou piqué était exposé à des dangers surnaturels.

Un texte littéraire indique que les serpents sont associés aux marges du cosmos. Il raconte l'histoire d'un fonctionnaire naufragé en mer Rouge qui arriva à une île fabuleusement prospère. Il entendit un grand bruit et un énorme serpent, peut-être à tête humaine, apparut devant lui. C'était manifestement un dieu et l'homme s'évanouit sous le choc. Le serpent le ramassa dans sa gueule et l'emmena en lieu sûr. L'homme lui fit le récit de la disparition de tous ses compagnons de voyage dans le naufrage. Le serpent lui raconta alors qu'un jour, en rentrant chez lui, il avait découvert que sa propre famille, composée de soixante-quatorze serpents, avait été réduite en cendres par une étoile filante et qu'il était donc resté seul. Il en tira l'austère leçon de morale qu'il faut supporter le deuil avec courage. Mais le nombre soixante-quatorze a une signification plus profonde : ce sont les soixante-quatorze manifestations du dieu Soleil qui furent consumées dans l'holocauste final de la création. Sous la forme d'un serpent, le dieu vit dans un univers au-delà de la création et pour le rencontrer, le voyageur était sorti du temps.

Si les serpents et les scorpions pouvaient être maîtrisés sur cette terre, ils étaient bénéfiques. Deux anciens rois portaient les noms de Scorpion et Serpent mais les pouvoirs de ces créatures furent associés plus tard aux déesses qui, toutes, pouvaient être désignées par le hiéroglyphe d'un serpent. La principale déesse Scorpion était Selket qui présidait aux naissances et protégeait les corps momifiés pendant les funérailles. Certaines déesses Serpents étaient associées aux lieux peuplés de serpents : la déesse des Moissons, Rénénoutet, aux champs et aux greniers, et Mert-Seger, la déesse de la Cime thébaine, au désert.

De nombreuses formules magiques combattaient les blessures de serpent et de scorpion qui ne pouvaient pas être traitées médicalement, et comportaient parfois le récit de mythes concernant ces animaux. C'est ainsi qu'Isis s'enfuit de l'atelier où Seth l'avait enfermée pour qu'elle tisse le linceul d'Osiris. Accompagnée de sept scorpions auxquels elle ordonna d'être discrets, elle partit pour Khemmis où elle élevait secrètement son fils Horus. A l'approche d'un hameau, une femme riche vit l'étrange procession et ferma sa porte. Isis fut reçue par la femme d'un pêcheur mais les scorpions furent offensés de l'attitude de la femme riche envers Isis. L'un d'eux se glissa dans sa maison, piqua son fils et le venin mit le feu à la maison. La femme riche parcourut les rues en hurlant de douleur et Isis suscita un orage pour éteindre l'incendie. Elle eut pitié de l'enfant, implicitement identifié à son propre fils, Horus. La déesse prononça une formule magique et guérit l'enfant dont la mère regrettait déjà d'avoir fermé sa porte à Isis. Prise de remords, la femme riche donna tous ses biens à la femme du pêcheur en signe de reconnaissance.

Ce récit à connotation nettement moralisatrice souligne que la générosité trouve sa propre récompense et qu'elle est plus fréquente chez les pauvres et les exclus que chez les riches. L'orage, contre nature dans un pays sec comme l'Egypte, est le signe de la perturbation de l'ordre universel par un événement malencontreux. Certaines formules magiques affirment même que le soleil risque de ne plus se lever et que les saisons ne se succèderont plus si l'effet désiré n'est pas obtenu.

Le jeune Horus que sa mère Isis a protégé de Seth et des dangers des marécages du delta (p. 43) symbolisait la protection et le succès devant l'adversité. Sur les stèles (dalles de pierre dressées portant des inscriptions) de la Basse Époque, on voit Horus nu, debout sur deux crocodiles redoutables, brandissant des serpents et d'autres symboles. La surface de la stèle ci-dessus est couverte d'images de divinités aux pouvoirs magiques.

LES DÉESSES PUISSANTES

Neith, Sekhmet et Bastet

Les déesses de la mythologie égyptienne sont souvent plus redoutables que les divinités masculines, punissant par la guerre ou l'anéantissement ceux qui les contrarient. C'est ainsi que Neith, la Grande Mère, dont le principal lieu de culte était Saïs (p. 37), était associée à la guerre et à la chasse. Son symbole était un bouclier avec deux flèches croisées. Neith était aussi une divinité créatrice qui aurait émergé du Noun pour créer les dieux et les hommes. Elle cracha dans le Noun et le serpent du chaos Apopis naquit de sa salive. C'était aussi la mère du dieu Crocodile Sobek. Dans la querelle opposant Horus à Seth (p. 44), les dieux écrivent à Neith pour lui demander conseil ; elle menace de faire tomber le ciel si ses recommandations ne sont pas observées. Sekhmet, « la Puissante », était une déesse Lionne terrifiante. Le dieu Soleil l'envoya massacrer l'humanité rebelle (p. 41) et les criminels lui étaient parfois sacrifiés. Les maladies contagieuses étant considérées comme ses messagères, ses prêtres faisaient office de guérisseurs.

Les autres déesses étaient moins menaçantes mais tout aussi puissantes. Une autre divinité à tête de félin, Bastet, était la déesse de l'amour, du plaisir et de la fécondité. C'était initialement une déesse Lionne mais elle fut représentée sous la forme d'une chatte à partir du milieu du IIe millénaire av. J.-C.

La chatte et la lionne

Dans ce mythe, l'Œil de Rê, identifié avec la déesse Hathor, part vivre en Nubie, au sud de l'Egypte. Dans le cours de l'histoire, elle apparaît sous la forme de deux félins opposés : Sekhmet, la lionne et Bastet, la chatte.

L'Œil de Rê se disputa avec son père et s'enfuit dans le lointain désert de Nubie. Thot se déguisa en babouin et partit à la recherche de la déesse dans le sud. (Initialement c'est Chou ou un dieu guerrier appelé Anhur, « Celui qui ramène l'éloigné », qui poursuivit la déesse mais ce rôle échut ensuite à Thot.) Il la trouva sous forme d'une déesse Chatte et l'empêcha de l'attaquer en lui racontant une histoire. Puis il parla de l'Egypte pour lui donner le mal du pays mais ayant deviné son stratagème, elle se transforma en déesse Lionne déchaînée. Thot la calma par d'autres histoires et par des promesses d'offrandes dans tous les temples d'Egypte, et il la persuada de retourner dans le nord avec lui.

Arrivée à la frontière, la déesse fut accueillie par des foules joyeuses. Près de Thèbes, un serpent du chaos essaya de la tuer dans son sommeil mais Thot la réveilla à temps. A Héliopolis elle retrouva Rê et se métamorphosa en Hathor.

Statuette dorée de la lionne Sekhmet provenant de la tombe de Toutankhamon. En tant que fille de Rê, elle porte un disque solaire sur la tête. Elle était vénérée à Memphis comme l'épouse de Ptah.

Figurine de bronze de la Basse Époque de la déesse Chatte Bastet. Une grande fête de la fertilité était célébrée tous les ans à son temple de Bubastis.

LES AUTRES DÉESSES

Anat, Astarté, Hathor et Touéris

Dans une lettre adressée au conseil des dieux pendant la querelle opposant Horus à Seth (p. 44), Neith suggère que deux déesses étrangères, Anat et Astarté, soient données à Seth en compensation de ses droits au trône qu'il a cédés à Horus, ce qui implique que Seth n'était pas apte à épouser une déesse égyptienne. Dans un autre texte magique, Seth surprend la déesse Hathor qui se baigne dans le fleuve, il saute sur elle comme un bélier et la viole. Le sperme tombe sur le front de Seth et le rend malade parce qu'Hathor est la femme du soleil de la nuit et ne peut être fécondée que par le feu divin. Anat, la femme de Seth, s'empresse d'implorer l'aide de Rê. Isis récupère la semence divine et guérit Seth.

L'autre épouse étrangère de Seth, Astarté, figure dans un mythe où les dieux égyptiens sont en conflit avec un dieu marin. Ptah et l'Ennéade étaient forcés de payer tribut au dieu de la Mer. La déesse des Moissons Rénénoutet portait leur tribut d'argent, d'or et de lapis-lazuli jusqu'au rivage mais le dieu, insatiable, en voulait davantage et menaçait de réduire les dieux égyptiens en esclavage s'il n'obtenait pas satisfaction. Rénénoutet envoya un oiseau messager à la maison d'Astarté pour lui demander de porter le tribut au dieu. Apprenant la nouvelle, Astarté pleura mais elle porta le tribut au rivage. Arrivée à destination, elle chanta et railla le dieu de la Mer qui exigea alors Astarté en personne. La belle déesse comparut devant l'Ennéade (p. 40) qui la dota de bijoux, y compris le collier de Nout et la chevalière de Geb. Astarté descendit au rivage portant le trésor mais Seth l'accompagna pour combattre la mer. La fin de l'histoire fait défaut mais il est vraisemblable que la force de Seth vint à bout du dieu de la Mer et qu'Astarté fut sauvée.

LES DÉESSES ÉTRANGÈRES

Plusieurs déesses originaires de Syrie et de Palestine étaient entrées dans le panthéon égyptien à la fin du IIe millénaire av. J.-C. Les plus importantes sont les suivantes :

ANAT. La déesse de la Guerre Anat était habituellement représentée portant un bouclier, une lance et une hache. En Syrie, c'était la sœur et l'épouse de Baâl qui fut vénéré en Egypte, assimilé à Seth. Dans la mythologie égyptienne, Anat était une fille de Rê qui s'habillait en soldat mais c'était aussi une déesse Vache.

ASTARTÉ. Autre déesse de la Guerre homologue de l'Ishtar mésopotamienne (p. 61). En Egypte, Astarté fut une fille du dieu Soleil ou de Ptah. Elle était représentée comme une femme nue portant des armes et souvent comme une cavalière.

KOUDCHOU. Epouse de Min, dieu égyptien de la Fertilité, Koudchou était parfois une manifestation de Hathor. Elle était représentée comme une femme nue debout sur le dos d'un lion et tenant à la main des serpents et des fleurs de lotus.

Hathor et Touéris

Hathor, la déesse de l'Amour, était l'une des divinités les plus complexes d'Egypte. Son temple le plus célèbre se trouvait à Dendara. Comme Touéris, elle protégeait les femmes et les enfants et était associée à la mort et à la renaissance.

Hathor aidait les femmes à concevoir et à mettre au monde les enfants. Sous la forme d'une vache, elle nourrit le petit Horus à Khemmis. Elle accueillait les âmes dans le Monde souterrain et leur offrait à manger et à boire. Touéris aidait les morts à renaître dans le Noun (p. 38). Elle pouvait prendre la forme d'une bête redoutable, hybride d'hippopotame, de lion et de crocodile. Seth pouvant également prendre la forme d'un hippopotame, Touéris était souvent considérée comme sa compagne. Quand la jambe du dieu fut jetée dans le ciel (p. 42), elle l'empêcha de nuire davantage.

Hathor et Touéris, identifiée ici à une vache divine appelée la Grande Inondation, devant une entrée du Monde souterrain de la rive occidentale de Thèbes. Scène du Livre des Morts.

LES ROIS ET LES DIEUX

Le rôle sacré des pharaons

Hathor, accueille le pharaon Séthi Ier. Relief de sa tombe à Thèbes.

Dès son avènement, le pharaon (ou roi) d'Egypte jouait le rôle d'un dieu. Il était une manifestation du dieu du Ciel Horus, et le fils du dieu Soleil Rê. Nekhbet et Ouadjet, déesses respectives de la Haute et de la Basse-Egypte, étaient ses protectrices. Les titres du roi exprimaient ces liens parmi d'autres. Son nom de règne, unique pour chaque souverain, annonçait de quelle façon il manifestait le dieu Soleil. C'est ainsi que Thoutmosis IV fut nommé Menkheperouré ou « manifestation durable de Rê ».

Le pharaon pouvait être le « fils » de n'importe quelle divinité principale, ce qui signifie simplement qu'il était inférieur à la divinité. La notion de parent et enfant divins s'étendait à des représentations du roi allaité par des déesses comme un enfant. Dans de nombreux récits, le roi descendait du dieu Soleil. Sous sa forme élémentaire, le dieu Soleil prenait l'apparence du roi régnant et s'unissait à la mère de son successeur. Elle reconnaissait le dieu à son parfum, l'accueillait et concevait pendant la nuit qu'ils passaient ensemble. Le démiurge Khnoum (p. 39) façonnait l'enfant sur son tour de potier. De nombreuses divinités assistaient à la naissance. Le père divin bénissait le bébé qui était allaité par les déesses.

Certains rois outrepassèrent leur rôle traditionnel et furent divinisés de leur vivant ; c'est ainsi qu'Amenhotep III fut représenté faisant des offrandes à sa propre personne divinisée. D'autres rois furent divinisés après leur mort. Sésostris III, qui repoussa les frontières méridionales de l'Egypte jusqu'à la Nubie au XIXe siècle av. J.-C., était vénéré à la frontière comme une divinité locale de la même façon que son fils Amenemhat III à l'oasis du Fayoum où il avait entrepris de nombreux travaux de défrichement.

Redjédet et Chéops

Le mythe de la naissance divine du roi pouvait être incorporé au récit d'un évènement historique réel. L'histoire suivante tirée d'un papyrus raconte la naissance des trois premiers rois de la Cinquième Dynastie.

Redjédet, la femme d'un prêtre, fut enceinte de triplés des œuvres du dieu Rê, seigneur de Sakhebou (près de Latopolis). Le pharaon de la Quatrième Dynastie, Chéops (connu aussi sous le nom de Khufu) qui construisit la Grande Pyramide, l'apprit et voulut intervenir mais il ne pouvait pas se rendre chez Redjédet. Rê envoya Isis et Nephthys, ainsi que Meskhenet, Héqet (deux déesses des Naissances) et Khnoum, pour protéger Redjédet de Chéops. Ils arrivèrent déguisés en musiciens, mirent au monde les trois bébés, leur donnèrent un nom et partirent, laissant trois couronnes royales cachées dans un sac d'orge en signe de royauté. Quand le couple voulut utiliser l'orge, il entendit le bruit des fêtes royales et comprit que les triplés étaient destinés à régner.

Plus tard, Redjédet se querella avec sa servante qui, pour se venger, essaya de la livrer à Chéops mais, chemin faisant, elle fut dévorée par un crocodile. Grâce à cette intervention – les crocodiles étaient souvent porteurs de récompense divine – les enfants survécurent et succédèrent à Chéops.

Akhénaton (vers 1350 av. J.-C.), ici avec sa famille, rejeta la plupart des cultes mais ne cessa de se proclamer fils du dieu Soleil.

Les dieux et le peuple

Dans la mythologie égyptienne, les histoires de rencontres entre les divinités et le peuple sont relativement rares. Le conte suivant, qui date de la fin du IIe millénaire av. J.-C., concerne apparemment deux hommes qui sont frères et auxquels les dieux s'intéressent. Mais les frères portent des noms de divinités : Anubis (le dieu à tête de chacal) et Bata (un dieu Taureau qui était un aspect de Seth). L'histoire fait écho à de nombreux autres mythes.

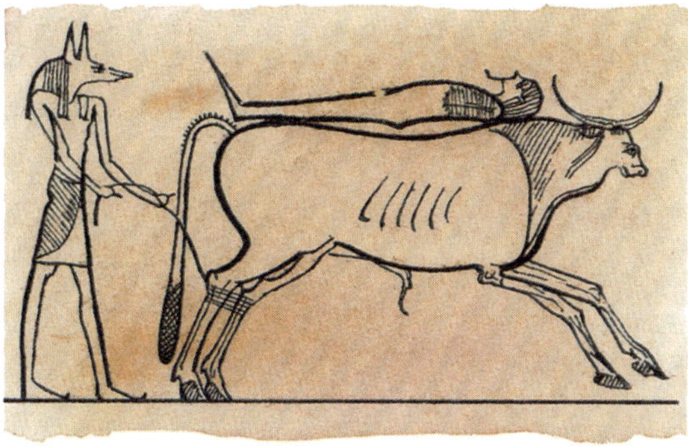

Anubis, représenté en homme à tête de chacal, force le taureau Bata à porter la momie d'Osiris. L'image figure sur un papyrus du début de l'époque gréco-romaine contenant les mythes locaux de Saka en Haute-Egypte. Dans cette version, Anubis et Bata sont ennemis.

Bata, qui était exceptionnellement fort et comprenait le langage des animaux, vivait avec son frère aîné Anubis. Il l'aidait à cultiver la terre et s'occupait du bétail. Un jour, alors qu'ils labouraient les champs, les frères vinrent à manquer de semence et Anubis envoya Bata chez lui en chercher. Bata trouva la femme de son frère assise sur le sol, tressant ses cheveux. Il lui demanda d'aller à la réserve lui chercher du blé de semence. Elle lui répondit de le faire lui-même parce qu'elle était occupée.

Bata revint de la réserve avec trois sacs de blé et deux d'orge. Admirant la force et la beauté de son beau-frère, la femme essaya de le séduire. Bata la repoussa et, furieux, retourna à grands pas dans les champs. Craignant que Bata ne raconte l'histoire à son frère, la femme se passa de la graisse sur la peau pour simuler des ecchymoses et se coucha, feignant d'être malade. Quand son mari rentra, elle prétendit que Bata avait essayé de la violer et l'avait battue parce qu'elle le repoussait. Anubis, pris de furie, affûta une lance pour tuer son frère. Une vache avertit Bata du danger et il implora le dieu Soleil qui sépara les frères par un fleuve de crocodiles. De l'autre côté du fleuve, Bata clama son innocence et se castra. Anubis le crut et tua sa femme.

Bata partit vivre dans le val du Pin-Parasol au Liban. Il cacha son cœur au sommet du pin et se construisit une maison. Un jour, l'Ennéade (p. 40) lui rendit visite et eut pitié de sa solitude. Rê ordonna à Khnoum de façonner une épouse pour Bata. Celle-ci était d'une beauté divine mais les sept déesses qui prédisent le destin déclarèrent qu'elle mourrait par le glaive. Bata était enchanté de son épouse. Il lui conseilla de ne pas sortir de la maison pendant qu'il était à la chasse, de peur d'être enlevée par le dieu de la Mer. La femme désobéit et le dieu faillit l'emporter, lui arrachant une tresse de cheveux qu'il transporta en Egypte. Là elle fut trouvée par les laveurs de Pharaon qui la portèrent à leur maître. Emerveillé par sa beauté et son parfum, celui-ci envoya des émissaires dans tous les pays étrangers pour trouver la propriétaire des cheveux.

Bata tua la plupart des émissaires mais l'un d'eux s'enfuit et rapporta à Pharaon l'endroit où elle se trouvait. Pharaon envoya alors des soldats et une vieille femme qui tenta la femme de Bata avec des bijoux. Elle révéla le secret du cœur de son mari et les soldats abattirent le pin. Bata mourut sur-le-champ et sa femme devint la favorite de Pharaon.

Anubis alla dans le val du Pin-Parasol où il trouva le pin abattu et Bata mort. Pendant quatre ans, il chercha le cœur flétri de son frère et, l'ayant trouvé, le plaça dans un récipient d'eau. Bata retrouva la vie et se métamorphosa en magnifique taureau. Il demanda à Anubis de l'offrir en cadeau à Pharaon. A la cour, Bata révéla son identité à la reine. Lors du banquet suivant avec Pharaon, elle lui demanda d'exaucer un vœu et de lui donner à manger le foie du taureau. Pharaon fut irrité mais le taureau fut sacrifié et son foie donné à la reine. Quand le taureau mourut, deux gouttes de son sang tombèrent près des portes du palais et il en poussa deux beaux perseas. Pharaon était ravi mais la reine savait que les arbres étaient Bata et elle exigea qu'on en fasse des meubles pour elle. Quand les perseas furent abattus, elle avala par accident un éclat de bois et fut enceinte. Elle mit au monde un fils qui, à la mort de Pharaon, révéla qu'il était Bata et raconta son histoire. Il fit exécuter la reine et régna trente ans. Anubis lui succéda.

LES PRÊTRES MAGICIENS

Setni Khâemouaset et Imhotep

Le ba *était une sorte d'âme extérieure qui se manifestait le plus souvent sous la forme d'un oiseau à tête humaine. Le* ba *d'un défunt pouvait voyager dans le Monde souterrain et revenir sur terre le jour. Ce détail provient d'un papyrus du XIe siècle av. J.-C.*

Les héros humains des histoires égyptiennes sont habituellement non pas des guerriers mais des magiciens ou des prêtres lecteurs, c'est-à-dire des hommes qui avaient étudié les livres de magie conservés dans les temples égyptiens. Un papyrus du milieu du IIe millénaire av. J.-C. contient des histoires sur leurs actes magiques. Un prêtre lecteur aurait donné la vie à un crocodile de cire pour qu'il tue l'amant de sa femme. Un autre magicien, qui n'était qu'un villageois, parvint à apprivoiser un lion et à recoller la tête coupée d'une oie sur son corps. Le cycle beaucoup plus tardif d'histoires concernant le prince Setni Khâemouaset (p. 48) raconte la rivalité entre les prêtres magiciens d'Egypte et les sorciers nubiens. Le véritable Khâemouaset était un fils de Ramsès II (1279-1213 av. J.-C.). En tant que grand-prêtre de Ptah, il étudia et restaura une partie des pyramides et des tombes de Giza et cet intérêt pour l'antiquité semble être à l'origine de sa réputation de magicien. Dans le conte, un chef nubien défie Pharaon de trouver un homme capable de lire une lettre sans l'ouvrir. Sa-Ousir, le jeune fils de Setni, y parvient et lit la lettre à haute voix. Il y a longtemps, lit-il, le sorcier d'un roi nubien donna vie à quatre figurines de cire qui enlevèrent le roi d'Egypte et lui donnèrent cinq cents coups de fouet avant de le ramener au palais. Cette humiliation fut vengée par un Egyptien du nom de Horus, fils de Paneshy, qui agressa le roi nubien de la même façon. Puis il battit le sorcier nubien dans un concours de magie et le bannit d'Egypte pour 1 500 ans. Après la lecture de la lettre, le chef nubien déclare qu'il est le sorcier revenu pour se venger. Sa-Ousir révèle à son tour qu'il est Horus, le fils de Paneshy. Il bat le Nubien et retourne dans le Monde souterrain.

Imhotep et les sept années de famine

Imhotep, ministre et architecte du roi Djoser au XXVIIe siècle av. J.-C., est un personnage réel qui figure dans la mythologie. La tradition en fit le fils de Ptah et d'une mortelle. Cette histoire provient d'une inscription près d'Assouan qui se présente comme un décret du roi Djoser, mais elle fut en réalité écrite par les prêtres de Khnoum vers le IIe siècle av. J.-C.

Pendant sept années, la crue du Nil avait été insuffisante pour irriguer les champs. Le peuple mourant pratiquement de faim, le roi Djoser interrogea le principal prêtre lecteur Imhotep sur la source de l'inondation. Celui-ci découvrit qu'Hâpy, le dieu de la Crue du Nil, vivait dans deux cavernes sous l'île Eléphantine. Quand arrivait la date de l'inondation, les eaux étaient contrôlées par le dieu Bélier Khnoum, qui seul pouvait ouvrir les portes des cavernes. L'ayant appris, Djoser fit de somptueuses offrandes à Khnoum. Cette nuit-là, Khnoum apparut en songe à Djoser et lui promit de relâcher Hâpy. La famine prit fin grâce à une abondante moisson.

On attribuait aussi à Imhotep (à gauche) l'invention de l'architecture de pierre et la rédaction de livres de sagesse. Bien après sa mort, il fut vénéré comme un dieu de la Médecine.

LA VIE APRÈS LA MORT

L'âme dans le Monde souterrain

Dans la scène ci-dessus tirée d'un papyrus du XIVe siècle av. J.-C., Anubis conduit l'âme du scribe Hunefer devant Osiris afin qu'il la juge. Le cœur d'Hunefer est mis en balance avec le symbole de la justice et de la vérité. Thot note le résultat et Horus présente Hunefer à Osiris. Les quatre fils d'Horus se tiennent sur une fleur de lotus devant Osiris. Isis et Nephtys sont représentées derrière son trône.

Dans un épisode du cycle de Setni (p. 54), Sa-Ousir conduit son père dans le Monde souterrain pour lui montrer le destin de deux hommes qui, après la mort, ont été jugés par Osiris. Un homme riche et cruel a été condamné aux tourments éternels. Un homme pauvre et vertueux a reçu toutes les offrandes funéraires du riche pour devenir un élu. Dans ce texte tardif, le jugement des morts semble être au cœur de la religion égyptienne, alors qu'auparavant ce n'était qu'un des nombreux périls que l'âme devait surmonter avant d'atteindre le paradis appelé le Champ des Roseaux.

Les Egyptiens imaginaient le Monde souterrain comme un magnifique pays de rivières et d'îles, de déserts et de lacs de feu. Pour pouvoir y circuler et pour apaiser ou vaincre les dieux et les démons qui l'habitaient, l'âme devait devenir magicien héros. A partir de la fin du IIIe millénaire av. J.-C., les personnages de haut rang et les riches faisaient inscrire des formules magiques sur leur cercueil. Ces formules furent réunies plus tard dans le Livre des Morts, et des rouleaux de papyrus contenant des passages illustrés de ce livre furent enterrés avec les Egyptiens riches à partir du XVIe siècle av. J.-C. Les défunts étaient représentés surmontant les périls du Monde souterrain comme les Quatre Crocodiles de l'Occident.

En arrivant à la salle du trône d'Osiris, le défunt devait se déclarer innocent de divers crimes devant les quarante-deux juges du Monde souterrain. Le cœur, c'est-à-dire la conscience, du défunt était mis en balance avec la plume de la déesse Maât, personnification de la justice et de la vérité. Un monstre femelle appelé la Dévorante, tapi à côté de la balance, s'apprêtait à dévorer le défunt si son cœur pesait plus lourd que la plume. Ce sort pouvait être évité en utilisant une formule qui empêchait le cœur de déclarer les crimes de son propriétaire. Ceux qui passaient l'épreuve étaient jugés purs et devenaient des esprits doués de la faculté d'évoluer parmi les dieux. Ils pouvaient être invités à rejoindre les millions d'êtres qui voyageaient dans la barque du soleil et qui combattaient le serpent Apopis (p. 45 et 47).

LE PROCHE-ORIENT

Bas-relief en pierre originaire du palais de Sargon II, le grand empereur assyrien (721-705 av. J.-C.), dans sa capitale de Khorsabad (Dûr-Sharrukîn).

Entre le Tigre et l'Euphrate, la Mésopotamie constituait le cœur du Proche-Orient ancien. Vers 3300 av. J.-C., le peuple non sémitique des Sumériens s'installa dans sa partie méridionale, la basse Mésopotamie. Puis des Sémites venus d'Akkad (Agadé), au nord de cette région, conquirent Sumer, formant un ensemble que nous appelons Babylonie, la cité de Babylone étant au centre de leur pouvoir. Plus tard encore, les Assyriens occupant jusque-là la haute vallée du Tigre s'emparèrent de la Babylonie et fondèrent un grand empire mésopotamien. A la périphérie, l'Asie Mineure, la Syrie-Palestine et la Perse connurent longtemps l'influence de la Mésopotamie.

Pendant près de trois millénaires, les systèmes religieux et politiques sumériens demeurèrent la base de la civilisation mésopotamienne. Celle-ci s'organisait autour de cités états possédant chacune une déité tutélaire. Le monde paraissant empli de forces mystérieuses, les croyances populaires suscitèrent d'innombrables formules et recettes divinatoires ou destinées à éloigner les démons. La religion officielle entretenait de grands temples voués aux dieux d'un panthéon organisé selon les spéculations théologiques de prêtres convaincus que le destin de l'État dépendait de rituels complexes. La royauté était un don du Ciel, aussi le bien-être de la nation dépendait-il de celui du roi, personnage éminemment sacré jouant un rôle essentiel dans les grandes cérémonies religieuses.

En caractères cunéiformes (élaborés par les Sumériens), sur la pierre, le métal et d'innombrables tablettes d'argile, les scribes érudits – les lettrés – rédigèrent les témoignages d'une vie sociale et intellectuelle riche et complexe : annales historiques, codes de lois, contrats, traités de mathématiques, médecine ou astrologie, plans architecturaux, inventaires, correspondances diplomatiques ou privées… Les archives des temples et bibliothèques de cités telles que Babylone, Ur ou Ninive ont livré un important corpus mythologique – épopées de héros semi-divins, légendes populaires, hymnes louant les exploits de divinités… Toutefois, l'interprétation de textes demeurés fragmentaires fait parfois l'objet de controverses.

CHRONOLOGIE (Toutes les dates s'entendent avant J.-C.)	
I. EN MÉSOPOTAMIE	
v. 3300-3000	L'écriture apparaît à Sumer.
v. 2900-2330	Cités états sumériennes indépendantes.
v. 2330-2100	Ier Empire sémitique en Mésopotamie : dynastie d'Akkad.
v. 2113-1991	IIIe dynastie d'Ur.
v. 1894-1600	Ire dynastie de Babylone : règne d'Hammurabi (1792-1750). Hégémonie de Babylone à partir de 1750.
v. 1600-1000	Invasion kassite ; essor de l'Assyrie ; renouveau de Babylone ; luttes entre Assur et Babylone.
v. 883-612	Domination assyrienne : Ninive capitale sous Sennachérib (v. 705-681) ; règne d'Assurbanipal (v. 668-627).
612	Chute de Ninive et de l'Empire assyrien.
v. 625-539	Epoque néo-babylonienne : règne de Nabuchodonosor II (605-562).
v. 539-331	Domination perse-achéménide : Cyrus à Babylone (539) ; Darius Ier (552-486) bâtit sa capitale de Persépolis.
331	Alexandre le Grand conquiert la Perse et Babylone.
II. À LA PÉRIPHÉRIE	
v. 1740-1200	Les Hittites en Asie Mineure : Ancien Empire v. 1742-1460. Nouvel Empire hittite v. 1460-1200.
v. 1500-1200	Age d'or d'Ugarit.

BABYLONE

Le plan de Babylone (ci-dessous) montre la cité telle que l'a agrandie et restaurée Nabuchodonosor II. Elle comptait plus de cinquante temples dont le principal, au centre, était un vaste complexe voué à Marduk et appelé l'Esagil – « Temple au pinacle élevé » en sumérien – comprenant, outre le sanctuaire proprement dit, une haute ziggourat nommée Etemenanki, « Pierre angulaire du Ciel et de la Terre », prototype de la tour de Babel (Babylone) biblique. Depuis l'Esagil, une voie processionnelle superbement décorée d'animaux mythiques en brique émaillée mène à la porte d'Ishtar. Lors du Nouvel An, célébrant à l'équinoxe du printemps la victoire du dieu Marduk sur le chaos, une importante procession transportait en grande pompe les effigies divines conduites par le roi jusqu'à un temple situé au nord, hors des murs de la ville.

LES ZIGGOURATS

La plupart des grandes cités de la région possédaient une de ces tours en briques à étages, hautes parfois de 45 mètres. Dominant le grand temple, elles évoquaient le lien entre le Ciel et la Terre (comme l'Echelle de Jacob de la Bible) et comportaient au sommet un petit sanctuaire voué à la déité tutélaire de la cité accompagnée, le plus souvent, de sa (ou son) parèdre. C'est là que la divinité venait communiquer avec ses dévots et que – si l'on en croit Hérodote – l'on célébrait le mariage du couple divin, selon un rite particulièrement important dans la religion mésopotamienne.

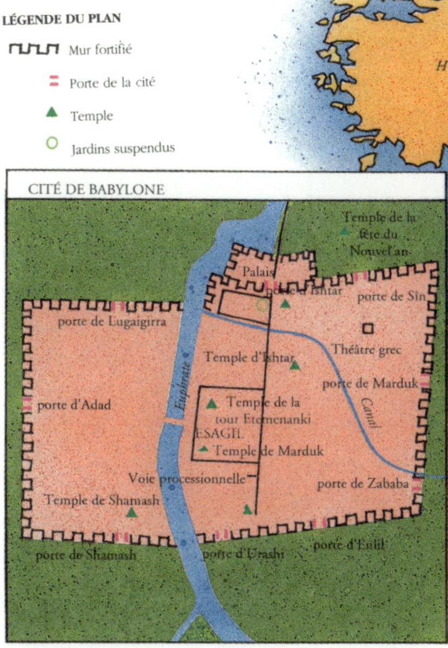

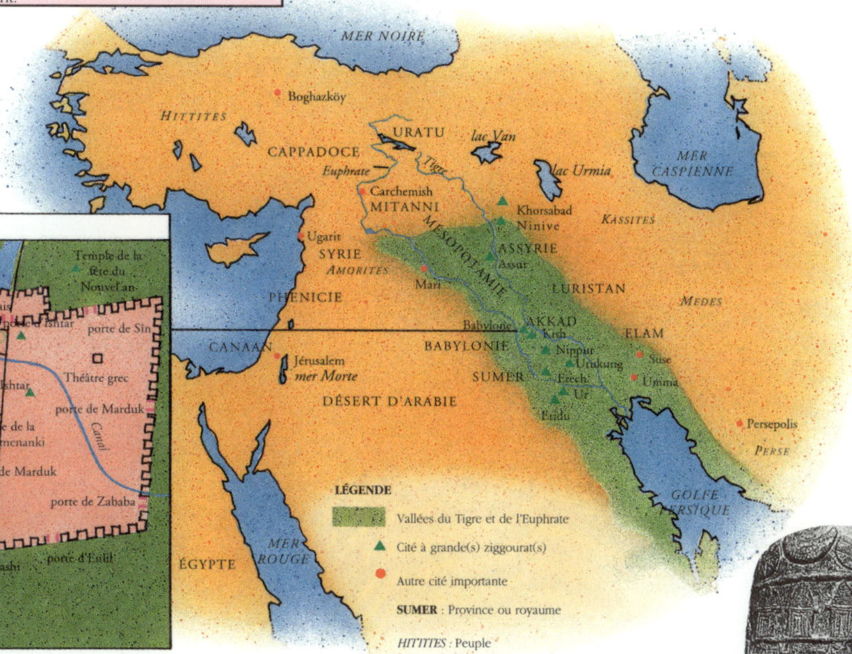

LES DIEUX DE MÉSOPOTAMIE

Introduites par les Kassites, des stèles en pierre appelées *kudurru* constituaient les témoignages solennels de l'obtention d'une terre par transaction ou donation royale. L'une des faces en indiquait les actes, selon une rédaction stéréotypée en caractères cunéiformes, et l'autre figurait les emblèmes de divinités garantes de la charte. Ce kudurru (à droite) évoque, en six registres superposés, la plupart des dieux importants de l'époque – XIIe siècle av. J.-C.

EN HAUT, de gauche à droite : l'étoile d'Ishtar (Inanna), la Vénus mésopotamienne, déesse de l'Amour et de la Guerre ; le croissant de Sîn (Nanna), le dieu-lune ; le disque rayonnant de Shamash (Utu en sumérien), le dieu-soleil.

DEUXIÈME REGISTRE : des tiares à cornes figurent les Grands Dieux : Anu (An), « Ciel », doyen du panthéon ; Enlil, « Seigneur Atmosphère », tutélaire de Nippur ; Enki (Ea), dieu de la Sagesse, inventeur de l'homme et père de Marduk.

TROISIÈME REGISTRE : étroitement associés, deux dragons cornus Shirrush accompagnent le stylet du dieu des scribes Nabû et la bêche pointue de Marduk, tutélaire de Babylone et devenu dieu suprême avec l'essor de la cité. Un dernier symbole représente peut-être des langes évoquant l'une des grandes déesses-mères.

QUATRIÈME REGISTRE : une masse d'armes à deux têtes de lions représente Nergal, le dieu redouté des Enfers et de la Peste.

CINQUIÈME REGISTRE : homme-scorpion tel ceux de l'Epopée de Marduk (p. 62).

SIXIÈME REGISTRE : deux éclairs et un taureau symbolisent Adad, le dieu des Pluies et de l'Orage.

SUMER ET BABYLONE

Mythes des premières cités

Statue de la déesse de la Fertilité qui, sous des noms divers, tels qu'Inanna en sumérien ou Ishtar en akkadien, se rencontre dans tout le Proche-Orient ancien.

L'importance réelle de la civilisation sumérienne, de sa religion et de sa mythologie n'est reconnue que depuis quelques décennies. Or, les principales caractéristiques de la culture mésopotamienne dans son ensemble – cités états, royauté, panthéon, temple, rites, écriture – sont d'origine sumérienne et leurs structures essentielles ont perduré pendant près de trois mille ans, tout au long de l'histoire mouvementée de la Mésopotamie.

Les textes cunéiformes relatant les mythes sumériens furent rédigés au cours de la IIIe dynastie d'Ur ou pendant la période suivante. Ceux de la bibliothèque de Nippur – haut lieu religieux de Sumer – sont particulièrement importants, mais il ne fait aucun doute que les mythes eux-mêmes sont bien antérieurs. A l'exception, peut-être, de ceux d'Egypte, ils constituent la mythologie la plus ancienne du monde.

Les textes rédigés par les érudits de la IIIe dynastie d'Ur révèlent un système cosmogonique et théologique devenu le fondement des croyances et des dogmes de l'ensemble du Proche-Orient ancien. Les documents posent souvent des difficultés d'interprétation et les mythes sumériens n'apparaissent pas toujours cohérents, car les principaux centres religieux élaborèrent des cycles indépendants, avec différentes divinités dans les rôles principaux. Toutefois, dans son ensemble, la mythologie sumérienne est homogène, offrant la vision d'un ordre cosmique en fin de compte harmonieux. Le panthéon et la création ayant

Dumuzi, Enkimdu et Inanna

La légende sumérienne de Dumuzi et Enkimdu met en scène la rivalité ancestrale entre élevage et agriculture. On retrouvera ce thème dans la Genèse, avec l'histoire d'Abel et Caïn. Toutefois, le centre d'intérêt du présent mythe est la façon dont Dumuzi parvint à séduire Inanna, déesse de l'Amour.

Inanna décide d'élire pour premier époux (aujourd'hui, nous dirions plutôt amant) l'un de ses deux soupirants : Dumuzi, le berger, ou Enkimdu, le cultivateur. Utu, dieu du Soleil et frère d'Inanna, l'encourage à accepter Dumuzi, mais, en un premier temps, Inanna exprime une nette préférence pour Enkimdu. Pourtant Dumuzi insiste, affirme qu'il est capable d'offrir, grâce à ses troupeaux, bien plus qu'Enkimdu ne peut produire. Les deux rivaux s'affrontent au bord d'une rivière, mais Enkimdu fait vite preuve de soumission en acceptant que le bétail de Dumuzi aille paître sur ses terres. Dumuzi invitera le cultivateur à son mariage avec la déesse et le récit s'achève sur la promesse d'Enkimdu d'offrir divers produits de la terre au jeune couple divin. Plusieurs autres mythes présentent Dumuzi en tant que mari d'Inanna et nombre de textes de nature nettement érotique célèbrent l'amour d'Inanna pour le jeune berger. Déesse de fertilité, Inanna renouvelait la végétation et suscitait la procréation animale et humaine. Dumuzi, quant à lui, incarnait la vitalité du printemps et son mariage avec Inanna symbolisait le retour de la belle saison. Cet événement était célébré chaque année, en diverses cités, par la cérémonie du Mariage divin au cours de laquelle le roi assumait le rôle de Dumuzi, Tammuz en akkadien (p. 61), et s'unissait à la déesse (Ishtar en akkadien), assurant ainsi la prospérité de ses terres.

Un texte sumérien nous rapporte comment la déesse Inanna modula un ardent chant d'amour pour accueillir Shulgi, roi de la IIIe dynastie d'Ur, lorsqu'il pénétra dans la chambre nuptiale du sanctuaire. Une fois leur union consommée, elle prononça une bénédiction particulière pour le roi et son peuple au long de l'année à venir.

émergé sans heurt de l'océan primordial, l'homme fut conçu pour servir les dieux ; l'univers entier était régi par d'immuables Pouvoirs divins, les *me*.

Les mythes babyloniens reflètent pour leur part un univers incertain, source de questions cruciales. Ainsi les textes relatifs au Déluge évoquent-ils l'humanité confrontée aux imprévisibles décrets divins. L'*Epopée de Gilgamesh* traite de la révolte de l'homme face à son destin et de sa quête de l'immortalité, apanage des dieux. Deux thèmes que l'on retrouve dans la légende d'Adapa.

Instruit par Ea, dieu inventeur de l'homme, en son sanctuaire d'Eridu, dans le sud de Sumer, Adapa était l'un des Sept Sages civilisateurs invoqués par les rites de magie. Un jour que son bateau de pêche avait été renversé par le Vent du Sud, Adapa condamna celui-ci à ne plus souffler ; en conséquence de quoi la terre se dessécha et plus rien ne poussa. Le dieu suprême Anu fit comparaître Adapa pour entendre ses raisons. Apparemment pour protéger son disciple, Ea conseilla à Adapa de n'accepter du grand dieu aucun aliment – qui, disait-il, causerait sa mort. Or, en vérité, l'eau et la nourriture offertes par Anu conféraient la vie éternelle. En les refusant, Adapa s'interdit à son insu l'immortalité – et, par conséquent, la position de dieu – et Anu, dans un grand éclat de rire, le renvoya sur terre. La fin de l'histoire nous est inconnue. Il semble qu'Anu décréta alors que les démons et la maladie ne laisseraient plus l'humanité en paix, non sans avoir gratifié la cité d'Eridu et ses prêtres de privilèges particuliers leur permettant de combattre ces maux grâce à des pouvoirs magiques transmis par Adapa.

Un autre grand mythe babylonien (fragmentaire lui aussi), adaptation akkadienne d'un mythe sumérien plus ancien, relate comment l'aigle fabuleux Anzû, venu des mondes inférieurs, vola au dieu Enlil la Tablette aux Destins permettant à son possesseur de régir l'univers entier. Pressenties par le suprême dieu Anu, trois divinités secondaires refusèrent de combattre Anzû, découragées d'avance par le pouvoir illimité que l'oiseau détenait dorénavant. C'est alors que le dieu Ea fit appel au dieu-héros Ninurta – dont on retrouvera des caractéristiques chez Marduk, dieu tutélaire de Babylone – qui réussit l'exploit. Les détails manquent, mais il semble qu'Anzû comparut ensuite devant Ea, pour être jugé (empreinte de sceau ci-contre).

LE JUGEMENT D'ANZÛ

Cette empreinte de sceau-cylindre semble montrer Anzû comparaissant devant le dieu Enki-Ea, après lui avoir dérobé la Tablette aux Destins. Les mythes où Anzû apparaît toujours en tant qu'ennemi des Grands Dieux reflètent sans doute un changement dans le schéma religieux mésopotamien, déclenché par l'afflux de nouvelles populations : d'anciennes divinités chtoniennes se virent alors subordonnées aux nouveaux dieux célestes.

Etana

Le mythe akkadien d'Etana évoque le rôle central de la royauté dans la société mésopotamienne.

Dans la Liste des Rois sumérienne, le souverain de Kish, Etana, est le « roi-berger qui monta au Ciel ». Chargé par les dieux d'instaurer la royauté dans le monde des hommes, et n'ayant pourtant pas réussi à concevoir de fils afin d'assurer une dynastie (à l'instar du roi Kéret d'Ugarit, p. 64), il voulut se rendre au Ciel solliciter la Plante de fécondité de la déesse Ishtar. Conseillé par Shamash, le dieu du Soleil, il se concilia l'aide d'un aigle en extrayant l'oiseau d'une fosse où il avait été jeté en châtiment pour la trahison de son ami le serpent. Juché sur le dos du rapace, il s'éleva vers le Ciel en un vol extraordinaire.

Le texte s'interrompt alors, la tablette étant brisée, mais la Liste des Rois donnant le nom du fils d'Etana, il semble bien que l'entreprise ait réussi.

Cette empreinte de sceau-cylindre montre l'ascension du roi-berger sous les yeux de deux compagnons, de leurs troupeaux et de leurs chiens.

GILGAMESH

Celui qui ne voulait pas mourir

Ce masque en terre cuite provient d'Ur et représente le démon Humbaba (Huwawa en sumérien). De tels masques étaient destinés à repousser les nombreux démons des croyances mésopotamiennes.

Provenant de la bibliothèque d'Assurbanipal, à Ninive, la version la plus complète de la grande *Epopée de Gilgamesh* est akkadienne. Puissant roi d'Uruk (Erech dans la Bible, Warka aujourd'hui) et aux deux tiers divin, Gilgamesh tyrannisait ses sujets. Emus par leurs prières, les dieux créèrent Enkidu, « homme sauvage » avec lequel le tyran « s'empoignerait », laissant ainsi Uruk en paix. Velu et « galopant dans la steppe avec les bêtes », Enkidu fut tendrement civilisé par une courtisane avant de défier Gilgamesh au combat. Victorieux, Enkidu rendit pourtant hommage au roi et une profonde amitié naquit alors entre les deux héros. Ensemble, ils terrassèrent le terrifiant géant Humbaba. Séduite par la vaillance de Gilgamesh, Ishtar, la Vénus mésopotamienne, s'offrit à lui, avec mille promesses. Mais il la repoussa, ironique et méprisant. Humiliée, la déesse obtint que le grand dieu Anu lâchât contre lui le Taureau céleste, animal colossal et ravageur qu'Enkidu finit néanmoins par tuer.

Mis en échec par l'amitié des deux héros, les dieux firent mourir Enkidu devant son ami. Gilgamesh prit alors douloureusement conscience de la mort et partit en quête de l'immortalité. Après avoir affronté cent périls et traversé la mer de Mort, il parvint jusqu'à l'île où résidaient Utanapishti et son épouse, seuls humains immortels, rescapés du Déluge par grâce divine. A défaut d'immortalité, le sage lui indiqua comment arracher au fond de la mer une merveilleuse plante de jouvence. Un serpent la subtilisa à Gilgamesh et disparut en muant aussitôt. Rendu à ses devoirs de roi, Gilgamesh fit admirer au nocher d'Utanapishti la splendide cité d'Uruk.

Origines sumériennes

Antique roi déifié après sa disparition, Gilgamesh est le héros de cinq mythes sumériens éclairant la genèse de son épopée. On y voit apparaître le thème de la mort, devenu central dans le grand poème akkadien.

Dans un mythe, Gilgamesh et Enkidu tuent le terrible géant Huwawa (Humbaba) dans la Forêt de résineux. Un autre, très fragmentaire, montre la déesse Inanna, furieuse (on ne sait pourquoi), lâchant le Taureau céleste pour saccager Uruk et tuer Gilgamesh. Mais celui-ci, avec son fidèle « serviteur » Enkidu, en aura raison, frappant ensuite, avec une patte de l'animal, la déesse qui s'enfuit.

Ailleurs, Gilgamesh réussit à chasser le serpent, la démone et l'aigle géant habitant un arbre merveilleux avec lequel Inanna désire se faire faire un siège et un lit. Inanna donne alors au héros un peu du bois précieux dont il tire des talismans : un cerceau et une baguette. Mais Gilgamesh ayant tyrannisé ses sujets, les deux objets tombent en enfer où Enkidu, en loyal serviteur, se rend pour tenter de les récupérer et où, hélàs, il demeure prisonnier – mort. Toutefois, le bienveillant dieu Enki fait ménager un orifice par où l'ombre d'Enkidu rejoint Gilgamesh et lui décrit comment le sort des défunts dépend de leur vie passée.

Un autre texte encore, très abîmé, dépeint la mort de Gilgamesh à qui les dieux promettent qu'en enfer il séjournera en souverain, en compagnie de grands hommes du passé.

Mise à mort du démon Humbaba, encadré par Gilgamesh, à gauche, et Enkidu, à droite.

ISHTAR ET TAMMUZ

La Descente aux Enfers

La grande Dame du Ciel sumérienne Inanna – Ishtar en akkadien – préside à l'amour charnel, la fertilité et la guerre. Repris plus tard en akkadien, avec des variantes, un important mythe sumérien relate sa Descente aux Enfers.

Sans doute pour y étendre son influence, la déesse veut se rendre au royaume des Trépassés. Elle revêt les sept parures concentrant ses pouvoirs et ordonne à sa confidente Ninshubur d'implorer l'aide des dieux si elle ne revient pas. Pour être admise au palais de sa sœur Ereshkigal, aux Enfers, elle doit franchir sept portes au seuil desquelles on lui ôte, un par un, ses talismans (turban, bijoux, brassière, manteau royal…). Nue, dépouillée de ses pouvoirs divins – « matée », dit le texte – elle comparaît devant Ereshkigal. Celle-ci, pressentant quelque ruse de sa sœur, la condamne à mort sans pitié et fait suspendre son cadavre à un clou, comme une vulgaire dépouille. Inanna ne revenant pas, Ninshubur supplie l'Assemblée divine et le dieu Enki envoie deux êtres de sa création ressusciter la déesse grâce à « la nourriture et au breuvage de vie » qu'il leur confie. Pourtant, selon la loi, pour quitter les Enfers Inanna doit laisser l'un de ses proches à sa place. Escortée de démons féroces et incorruptibles, elle choisit pour substitut son amant Dumuzi le Fidèle – Tammuz en akkadien – déçue par la nonchalance de celui-ci. Il est donc fait prisonnier tandis que la Dame des Vignes, sa sœur Geshtinanna, s'offre, éplorée, pour mourir à sa place. Alors, il est décidé que Dumuzi-Tammuz et sa sœur passeront alternativement une demi-année aux Enfers.

Inanna (Ishtar en akkadien) apparaît sur cette stèle en tant que déesse de la Guerre, portant un carquois à chaque épaule, une épée au côté et juchée sur un lion. Le mythe de sa Descente aux Enfers et de son retour symbolise l'interruption et le renouveau saisonnier de la fertilité.

Tammuz, le dieu à éclipses

Devenu le dieu sémitique Tammuz, le dieu-berger sumérien Dumuzi se trouva nanti de nouvelles caractéristiques et son culte connut une grande popularité, comme on peut le déduire, par exemple, d'un passage de la Bible (Ezéchiel, VIII-15).

Tammuz incarnait, entre autres, la vie végétale : un bas-relief le représente flanqué de deux divinités munies de vases débordants d'eau, et tenant ce qui semble être du raisin que mangent des chèvres. Si Inanna-Ishtar est la seule divinité mésopotamienne qui fut réellement morte et ressuscitée, Tammuz est néanmoins l'archétype du « dieu qui disparaît » (ci-dessus) et, à ce titre, se vit assimilé à d'autres divinités de même nature, telles que l'Adoni syro-phénicien, devenu Adonis pour les Grecs.

La descente du dieu aux Enfers correspondait au solstice d'été, pendant le mois qui portait d'ailleurs son nom, Tammuz (juin-juillet), annonçant une chaleur intense et le flétrissement de la végétation. Cet événement était marqué par des cérémonies d'affliction et les lamentations rituelles des femmes. La remontée de Tammuz était fêtée, semble-t-il, au mois de Kislim (décembre), lorsque, juste après le solstice d'hiver, les jours commencent à rallonger.

LES MYTHES D'ORIGINE

Enki, Marduk et les Pouvoirs divins

Cette empreinte de sceau-cylindre représente sans doute le dieu Marduk attaquant Tiamat, la Mer salée qui, sous la forme d'un dragon-serpent, symbolisait le chaos primordial qu'il dut vaincre avant d'ordonner l'univers. Les armes de Marduk étaient la foudre, la massue et le filet.

Notre connaissance de la cosmogonie sumérienne provient de la collation de toutes sortes de mythes d'origine impliquant nombre de divinités dont les activités, parfois difficiles à concilier, semblent refléter des rivalités entre les dieux tutélaires de différentes cités. La déesse Nammu, Mer cosmique originelle, donna naissance au couple primordial du Ciel An et de la Terre Ki, lequel engendra les Grands Dieux, dont Enlil, le Seigneur Atmosphère, ordonnateur de l'univers, souverain des dieux et des hommes, de la végétation et du bétail, de l'agriculture et de l'élevage, des bases de la civilisation.

Le dieu Enki a pour demeure l'Apsû, océan souterrain de l'Eau douce. Il est le réalisateur du monde, l'inventeur des humains et le propagateur de la culture. Incarnant la sagesse, il fut le premier à détenir les *me*, pouvoirs d'apanage divin déterminant l'essence individuelle des phénomènes culturels et, par suite, les Destins – la vitalité même de la civilisation. Ils étaient donc très convoités par les autres dieux. Un mythe relate comment Inanna, déesse tutélaire de la cité d'Uruk, rendit visite à Enki en sa cité d'Eridu, dans le but de s'approprier les quelque cent cinquante me sous-tendant la haute civilisation du lieu. Le dieu lui offrit un somptueux banquet au cours duquel, pris de boisson, il accepta de les lui céder. Désenivré, Enki tenta sans succès de récupérer les me, puis, devant le fait accompli, finit par en accepter le transfert comme une bénédiction pour Uruk « demeurant dûment alliée à Eridu ». Ce mythe entérine donc l'essor d'Uruk et de sa déesse tutélaire dans la civilisation sumérienne.

L'Épopée babylonienne de la création

Glorifiant Marduk, dieu tardif de Mésopotamie, cette épopée était récitée lors des fêtes du Nouvel An des Babyloniens qui la désignaient par son incipit : Enûma elish, « Lorsque là-haut... ». Relativement récent (environ XIIe siècle av. J.-C.), l'admirable poème fut abondamment recopié, exploité, résumé dans tout le Proche-Orient et jusqu'en Grèce.

« Lorsque là-haut, le ciel n'était pas encore nommé », seuls Apsû, l'Océan d'eau douce, et Tiamat, la Mer salée, mélangeaient ensemble leurs eaux. De leur union naquirent les Ciel et Terre primordiaux, parents d'Anu, lui-même père d'Ea, lequel tua son aïeul Apsû car celui-ci voulait annihiler la jeune génération des dieux turbulents. Ea et son épouse Damkina donnèrent alors le jour à Marduk, « le vrai soleil des dieux ». Celui-ci, en jouant avec les Quatre Vents offerts par son père, ne laissa plus de répit à Tiamat qui décida de se venger. Puissante détentrice de la Tablette aux Destins, elle créa une armée d'êtres hybrides et terribles : monstres marins, hommes-scorpions, molosses enragés... Les autres jeunes dieux s'étant désistés l'un après l'autre, Marduk se lança au combat, armé d'un arc, d'une massue, d'un filet, assisté par les Vents, la Tempête et les Tourbillons, et finit par terrasser Tiamat et les siens. Ensuite, il organisa l'univers, « fendit Tiamat en deux comme un poisson à sécher », créant, d'une moitié, la voûte céleste, et, de l'autre, la terre. Avec les humeurs du corps de Tiamat, il créa les nuages, et avec ses yeux, le Tigre et l'Euphrate... Assignant leur rôle aux dieux, il remit la Tablette aux Destins à Anu, doyen du panthéon, et, avec l'aide d'Ea, créa l'humanité à partir du sang d'un dieu allié à Tiamat. Tous ensemble, les Grands Dieux érigèrent alors Babylone, leur sanctuaire sur la terre. Sacré roi de l'univers, Marduk reçut cinquante noms exaltant ses vertus.

Marduk et son animal emblématique, le Sirrush, sorte de dragon cornu. Sceau babylonien en lapis-lazuli.

LE DÉLUGE

Destruction et survie

Inspiré par les inondations dévastatrices du Tigre et de l'Euphrate, le mythe du Déluge trouve sa version la plus complète et la plus ancienne dans la « Genèse » paléo-babylonienne de l'humanité, le *Poème d'Atrahasis*, apparu vers 1700 av. J.-C., copié ou transposé ensuite pendant plus de mille ans. Créés afin d'épargner aux dieux tout travail et de les servir, les hommes se multiplièrent au point que leur tapage incommoda le dieu-souverain Enlil. Celui-ci voulut leur envoyer Epidémies et Pestilence puis Sécheresse et Famine mais, instruit par son dieu protecteur Enki/Ea, le Supersage Atrahasis, roi de Shuruppak (Fâra aujourd'hui), se concilia les dieux responsables des fléaux. Enlil décida donc de déchaîner un déluge. Enki révéla le projet d'Enlil non pas au Supersage en personne mais à la paroi de sa hutte de roseaux. Sur ses conseils, Atrahasis construisit alors le bateau hermétiquement clos Sauve-vie et y embarqua les siens et tous les animaux envoyés par le dieu bienveillant. Le cataclysme dura sept jours et sept nuits. Les dieux réalisèrent alors qu'en détruisant l'humanité ils s'étaient privés de toute subsistance. A la fin du déluge, le bateau ayant échoué sur une montagne, Atrahasis libéra les animaux et offrit un grand sacrifice aux dieux affamés. Bien que rassasié lui aussi, Enlil entra en fureur car on avait, une fois encore, désobéi à sa volonté. Pour le calmer, Enki et la déesse-mère Nintu proposèrent de limiter la prolifération des hommes en introduisant la mort naturelle, la stérilité féminine, la mortalité infantile, et en interdisant aux prêtresses de procréer.

LE DÉLUGE DANS L'ÉPOPÉE DE GILGAMESH

Sauvé du Déluge et devenu immortel, Utanapishti (p. 60) décrit en détail à Gilgamesh comment il bâtit un bateau en forme de cube parfait où il rassembla les siens et les animaux. Quand les pluies eurent cessé et la décrue commencé, il envoya successivement, en reconnaissance au-dessus des flots, une colombe, une hirondelle puis un corbeau qui, lui, ne revint pas. Ayant échoué sur une montagne, il fit un sacrifice aux dieux affamés qui, « humant la bonne odeur, s'attroupèrent comme des mouches ». (On constate combien ce récit est proche de celui de la Bible.) Ayant décidé d'enrayer la prolifération des hommes par l'envoi de famines, d'épidémies et de bêtes sauvages, le grand dieu Enlil accorda cependant l'immortalité à Utanapishti et à sa femme et les envoya « là où tous les fleuves se rejoignent », par-delà la mer de Mort, où Gilgamesh finit par le trouver.

Le mythe du Déluge en sumérien

Les différentes versions du Déluge ont toutes un même prototype dont témoigne également le seul récit de cette catastrophe en sumérien qui nous soit parvenu : une tablette incomplète découverte à Nippur et datant d'environ 1700 av. J.-C.

Lorsque le texte devient intelligible, le dieu Enki décide de protéger les hommes et de les aider à atteindre leur plein développement en les encourageant à construire des sanctuaires, des villes, des systèmes de canalisations et d'irrigation, en instaurant la royauté et des lois sociales, en leur assignant des capitales (Eridu, Badtibira, Sippar, Shuruppak...).

Ayant dû, de toute évidence, jurer de ne pas révéler le Déluge projeté par les dieux An et Enlil (une cassure ne nous permet pas d'en connaître la cause), Enki parvient néanmoins à en avertir son dévot, le pieux roi Ziusudra, « vie de jours prolongés », en s'adressant à la paroi du temple où celui-ci se recueille. Après une nouvelle cassure de la tablette, on retrouve Ziusudra dans son bateau balloté sur les eaux pendant sept jours et sept nuits. Puis Utu, le soleil, réapparaît, illuminant l'intérieur de l'embarcation grâce à une ouverture pratiquée par le roi qui se prosterne devant lui et lui offre un sacrifice. Après une nouvelle cassure, on voit An et Enlil, ayant pris Ziusudra en affection, lui accorder l'immortalité et l'installer « là où se lève le soleil ».

Dieu du Soleil Utu dans la barque avec laquelle il traverse quotidiennement le ciel, tel qu'il apparut peut-être à Ziusudra, le pieux roi sumérien.

MYTHES D'UGARIT

Rois et héritiers

DIVINITÉS D'UGARIT

Vénérable et barbu, le dieu El est le Créateur, le père des dieux et des hommes, l'autorité suprême du panthéon ugaritique. Pour sa part, jeune dieu de l'Orage et de la Pluie, Baal (le « Maître ») incarne la vitalité, la fertilité, intervient à tout moment pour combattre le désordre, affronte Yâm, l'Océan, et, chaque année, Môt, le dieu de la Mort, de la stérilité, qui se nourrit de sa substance et le tue. Mais, évoquant Dumuzi le Sumérien et Tammuz l'Akkadien, Baal ressuscitera, triomphant, pour une nouvelle saison. Deux déesses de la fertilité lui sont souvent associées : Anat, sa sœur au caractère martial qui vient à son aide lors de combats héroïques ; Ashérat ou Ashtart, épouse du dieu El et mère des dieux, évoquant l'Ishtar mésopotamienne. Parmi les divinités de moindre importance, mentionnons Hôron, présidant aux épidémies, ou encore Athar, la planète Vénus.

Sur son trône, main levée en un geste de bénédiction, le dieu El reçoit les offrandes d'un dévot couronné, peut-être roi d'Ugarit. Le dieu lui-même porte une couronne ornée de cornes de taureau. Cette stèle évoque bien les caractéristiques que lui confèrent les textes : il est tout à la fois Roi, Taureau, Très-saint, Bonté et Compassion.

A partir de 1928, les fouilles archéologiques du site d'Ugarit (aujourd'hui Ras Shamra, en Syrie) révélèrent quelques milliers de tablettes gravées d'une écriture alphabétique originale de nature cunéiforme, déchiffrée dès 1930. Certaines, datant de 1400 à 1350 av. J.-C., sont le support de poèmes mythiques constituant pratiquement les seuls témoignages directs de la religion des Cananéens – Canaan étant l'ancienne Palestine. Les mythes eux-mêmes, chantés par des générations d'aèdes, sont certainement beaucoup plus anciens. Bien qu'elles évoquent souvent celles de Mésopotamie, les légendes d'Ugarit comportent des traits bien distincts. Ainsi deux textes témoignent-ils d'importants aspects de la société cananéenne.

Le premier, la *Légende du roi Kéret,* commence par les lamentations du roi, ses sept épouses successives étant mortes sans lui laisser d'héritier. Sur des conseils prodigués en rêve par le suprême dieu El, il envahit un royaume voisin et y enlève la princesse Horiya pour l'épouser – non sans promettre à la déesse de la Fertilité Ashérat plusieurs fois le poids de la princesse en or et en argent. Bénie par El, en sept ans Horiya enfante huit fils dont l'aîné est nourri aux seins des deux déesses de la Fertilité Ashérat et Anat. Pourtant, ayant failli à la promesse faite à Ashérat, Kéret tombe très malade et, simultanément, une grande sécheresse amoindrit gravement les récoltes du pays. Grâce à une cérémonie rituelle en l'honneur du dieu Baal, les pluies reviennent tandis que Kéret guérit et parvient à déjouer les projets d'usurpation de son trône par l'un de ses fils. Ce récit révèle bien la façon dont était conçue la royauté dans le Proche-Orient ancien, le roi étant un personnage sacré qui incarnait véritablement son royaume – aussi la souffrance ou la prospérité du pays dépendaient-elles directement des siennes.

Le second texte est la *Légende d'Ahat,* fils unique concédé par le dieu El, à l'instigation de Baal, au roi Danel, « Justice de Dieu ». Adolescent, Ahat reçoit d'un artisan divin un arc et des flèches que convoite la déesse Anat. Ahat refusant de les lui céder, la déesse envoie son serviteur Yatpan le tuer – mais l'arc est brisé dans la lutte et le plan divin échoue. En conséquence, Baal retient ses pluies et les récoltes viennent à manquer. Danel part à la recherche de la dépouille de son fils et, l'ayant trouvée, l'enterre dans la sépulture familiale, observant ensuite les rites funéraires sept années durant.

La fin du récit est perdue, mais il est vraisemblable qu'il y était question du retour de la fertilité avec la résurrection d'Ahat, et, peut-être, de la restitution de l'arc. Cette légende évoque, en filigrane, un mythe relatif à la saison sèche et au retour des pluies, symbolisés par la mort et la résurrection d'Ahat, tandis que l'arc représenterait la constellation d'Orion, dont l'apparition et la disparition annuelles correspondaient au début et à la fin de la saison sèche.

Deux autres mythes sont avant tout des théogonies. L'un conte comment de l'union du dieu El avec deux déesses – sans doute Ashérat et Anat – naquirent d'abord les divinités Shashar, « l'Aube », et Shalim, « le Crépuscule », puis, sans doute, tous les autres dieux du panthéon ugaritique. L'autre mythe relate les préparatifs du mariage du dieu-lune Yarikh avec la déesse-lune Nikkal, ainsi que la convocation des sages-femmes divines, les Kutharat, pour la naissance de leur fils.

Le cycle de Baal, dieu de l'Orage

Établissant la suprématie de Baal dans le panthéon d'Ugarit, les mythes les plus importants forment ici un cycle dont les trois épisodes content les combats du jeune dieu contre les forces du chaos et de la mort, sur la mer et sur la terre. L'ensemble devait sans doute être récité en automne lors de grandes cérémonies où l'on célébrait la fin de la saison agricole et les premières pluies – tandis que le Nouvel An était fêté au printemps.

Le premier texte relate comment Baal vainquit le dieu Yâm, prince de la Mer. Egalement nommé Nahar, « fleuve », ou Léviathan, un redoutable dragon ou serpent, Yâm était l'équivalent de la mésopotamienne Tiamat (p. 62).

Au début du mythe, Yâm revendique la souveraineté sur le monde et le dieu El la lui accorde, non sans l'avoir prévenu qu'il lui faudra d'abord affronter Baal. On retrouvera ailleurs de tels témoignages d'une rivalité latente entre El, le vénérable, et Baal, le jeune dieu plein de vitalité. A l'aide d'armes magiques fabriquées par les artisans divins, Baal attaque Yâm et, au cours d'un combat formidable, le tue, éparpille ses restes et se proclame roi. Yâm représente le chaos qui menace l'homme et la nature ; aussi, par sa victoire, Baal prouve-t-il qu'il est capable de maîtriser les flots célestes et de procurer aux hommes les pluies dont dépend l'agriculture.

L'épisode suivant s'ouvre sur un grand banquet en l'honneur de Baal victorieux. Toutefois, celui-ci disparaît quelque peu du récit lorsque survient une révolte de la nature entière et un grand massacre de ses adorateurs. Ce passage reflète peut-être la grande anxiété de la population à la fin de la saison sèche qui, si elle se prolonge, cause la mort des végétaux, du bétail et des hommes. En fin de compte, pour apaiser le conflit, Baal obtient le soutien de sa sœur Anat en promettant de lui révéler le secret de la foudre – laquelle porte avec elle les vivifiantes pluies d'orage. Baal se plaignant de n'avoir pas de palais comme les autres dieux, Anat va plaider sa cause auprès du suprême El qui s'obstine à repousser cette requête. C'est la déesse Ashérat, son épouse, qui parviendra à arracher son consentement. Suit alors la description de la construction et de l'inauguration solennelle du palais ; un grand festin célèbre l'installation de Baal. On voit ainsi se profiler le mythe de fondation du temple de Baal à Ugarit, évoquant l'érection de Babylone et de l'Esagil, le temple majeur de Marduk, à la suite de la victoire de celui-ci sur Tiamat (p. 62). Enfin, trônant dans son palais, Baal défie Môt, dieu de la Mort, monstre primordial appartenant à la terre et équivalent du monstre primordial des eaux, Yâm ; et Môt met le feu au palais…

Stèle dite de Baal à la foudre (XVIe s. av. J.-C.) : prêt à frapper, il manie la foudre et brandit la massue représentant l'orage.

Le troisième et dernier épisode du mythe décrit les deux affrontements de Baal et de Môt. Dépouillé de ses biens, sans abri, Baal retourne au cœur de la nature. Un jour qu'il chasse la gazelle, il se trouve soudain face à une redoutable meute d'êtres hybrides envoyés par Môt. Malgré une furieuse résistance du jeune dieu, ils finissent par le tuer. Inquiète de l'absence de Baal, de son silence prolongé (aucun tonnerre ne retentit, aucun éclair ne strie le ciel), la déesse Anat part à sa recherche et découvre son corps sans vie. Versant des torrents de larmes, elle ensevelit son frère sur la montagne du Nord et offre, sur sa tombe, un grand sacrifice qui lui permettra de subsister pendant son séjour dans les mondes inférieurs – car elle est sûre qu'il reparaîtra. Puis elle fond sur Môt, le fend en deux et le réduit en charpie.

Pourtant, la Mort ne peut mourir et Anat elle aussi devra descendre sous terre, pour y retrouver Môt bien « vivant », et le supplier de relâcher son frère. Grâce à l'intervention de la déesse du Soleil Shapash, Baal remontera en effet sur terre. Néanmoins, avant d'affirmer sa suprématie, il devra affronter Môt face à face, en un combat acharné : « tantôt Môt l'emporte, tantôt Baal l'emporte, ils se mordent comme des serpents, ils bondissent comme des coursiers… ». Enfin, le divin Môt prend peur et Baal peut alors faire tomber les pluies bienfaisantes et régner en souverain de la terre nourricière.

MYTHES DES HITTITES

Dragons anéantis et dieux évanouis

Ce bas-relief provient de la ville hittite de Malatya et illustre un mythe récité lors du Nouvel An, au printemps. Teshub, le dieu de l'Orage et un compagnon (peut-être son fils) attaquent le dragon Illuyanka et déversent sur lui des torrents de grêle. D'abord vaincu par le monstre, le dieu finira cependant par triompher.

Le peuple non sémitique des Hittites parvint en Asie Mineure vers le début du IIIe millénaire av. J.-C. Il finit par constituer, à partir de l'Anatolie, un puissant empire de haute culture qui, au IIe millénaire, parvint jusqu'au nord de la Mésopotamie et en Syrie. Affaibli par ses luttes contre les Egyptiens et les Assyriens, il s'éteignit vers 1225 av. J.-C., ne laissant que quelques principautés en Syrie.

Le panthéon hittite était très important, ayant adopté nombre de divinités d'autres peuples tels les Hatti, proto-hittites d'Anatolie, les Hurrites de haute Mésopotamie, les Babyloniens. On relève deux principaux thèmes mythiques : la mise à mort d'un dragon et la disparition d'un dieu. Appartenant à cette dernière catégorie, le mythe de Telepinu raconte comment, en s'éclipsant, ce dieu de l'Agriculture, fils du grand dieu des Orages, causa la stérilité de toute la nature. Blé et orge ne poussèrent plus, hommes et bétail n'eurent plus de progéniture et les dieux connurent la faim. Finalement retrouvé par ces derniers, Telepinu revint sur le dos d'un aigle géant, permettant ainsi à la prospérité de renaître, le roi et la reine des hommes recevant de surcroît une vitalité exceptionnelle.

Il est possible que ce récit ait constitué une invocation destinée à attirer la bénédiction divine sur un dévot se sentant rejeté.

Teshub et Ullikummi

Divinité particulièrement importante dans la mythologie hittite, Teshub, le dieu de l'Orage, fut emprunté aux Hurrites originaires de haute Mésopotamie. Il est l'équivalent du dieu Adad mésopotamien et du Hadad des Sémites occidentaux. Deux textes relatent les rivalités entre jeunes et anciens dieux et la conquête du pouvoir par Teshub.

Le premier mythe a pour héros principal Kumarbi, donné pour père des dieux, évoquant le suméro-akkadien Enlil. Néanmoins, Kumarbi n'était pas le premier dieu : avant lui, Alalu fut un souverain du ciel destitué par Anu. A son tour, Kumarbi attaqua Anu et d'un coup de dents, lui arracha le pénis. En conséquence, le sperme d'Anu ayant imprégné Kumarbi, celui-ci donna le jour aux Dieux Terribles – autant d'aspects de sa propre personne. Une cassure de la tablette interrompt ce récit. L'épisode suivant relate sans doute la victoire de Teshub sur Kumarbi.

Le second mythe, appelé *Chant d'Ullikummi,* raconte comment Kumarbi chercha à se venger de Teshub. Avec l'aide de la Mer, le chaos personnifié, Kumarbi généra un fils, Ullikummi, qui fut alors juché sur les épaules d'Upelluri, un géant vivant dans la mer. A son tour, Ullikummi atteignit des proportions gigantesques et menaçantes. Aussi Teshub réunit-il une armée de dieux afin de l'attaquer. Mais il échoua et Ullikummi l'obligea à abdiquer. Teshub se tourna alors vers le sage dieu Ea qui imagina un moyen de séparer Ullikummi d'Upelluri, en qui il puisait sa force. Ea rassembla donc les dieux pour reprendre le combat. La fin du mythe manque, mais il est probable qu'elle décrit la défaite de Kumarbi et de son fils et comment Teshub retrouva sa souveraineté.

D'origine hurrite, le dieu de l'Orage Teshub préside également à la guerre. On le voit ici ceint d'une épée, coiffé d'un casque cornu, maniant la foudre et brandissant une hache.

MYTHES DE PERSE

Ahura Mazdâ et le combat entre le Bien et le Mal

MITHRA
Le culte du dieu solaire indo-iranien Mithra se répandit jusqu'en Europe. Sans doute issu du dieu védique Mitra qui, tel le soleil, était le témoin vigilant des activités humaines, il devint, dans la Perse ancienne, le préservateur de la loi et de l'ordre, la personnification de *mitra*, mot signifiant « associé, allié » en sanskrit et « contrat » en iranien ancien.

Dieu martial, monté sur un char d'or attelé à quatre chevaux, Mithra combattait les forces obscures et démoniaques et permettait à ses dévots d'accéder à l'immortalité. A ce titre, il devint l'objet d'un culte ésotérique développé sous l'Empire romain et adopté par la Rome antique. Dans ses sanctuaires, il est très souvent représenté en train de sacrifier le Taureau cosmique, selon un rite perse destiné à restaurer le règne de fertilité et d'abondance de Yima, le Premier Homme.

Notre principale source d'informations quant à la religion des anciens Perses est l'*Avesta*, recueil en langue zende de textes sacrés zoroastriens perdus puis reconstitués à partir de la tradition orale vers le IIIe siècle de notre ère. Transcrits en dialecte plus récent et invoquant souvent d'anciennes divinités – dites Izad, « anges » – réintroduites dans le zoroastrisme tardif, les hymnes *Yasht*, « Louanges », nous permettent d'accéder à certains aspects archaïques de la mythologie perse.

Les « anges » incarnent des concepts abstraits, des forces naturelles ou encore des phénomènes sociaux. Zurvan, le Temps, donna naissance à Ahura Mazdâ, le Seigneur Sage, créateur de Gayomart, l'Homme cosmique. Pour le prophète Zoroastre (VIIe-VIe siècle av. J.-C.), Ahura Mazdâ devient la divinité suprême : guide spirituel des humains, il combat sans relâche son frère jumeau Angrâ Mainyu, Esprit Destructeur – dit aussi Ahriman – et ses hordes de démons, jusqu'à la victoire totale du Bien, à la fin du monde. Leur combat fait la texture même de l'existence.

Les forces de la nature sont représentées entre autres par Anahita, la Source des Eaux, présidant à toute fécondité ; Vayu, le Vent ; Tishtrya, l'Orage... Un mythe se rapportant à ce dernier évoque bien le grand conflit entre sécheresse et fertilité qui a préoccupé l'ensemble du Moyen-Orient pendant des millénaires. Sous la forme d'un cheval blanc au caparaçon d'or, Tishtrya combat le cheval noir Apaosha, démon de la Sécheresse réfugié dans l'Océan cosmique. Au bout de trois jours, Apaosha est victorieux et la terre entière devient stérile. C'est alors que, nourri de sacrifices ordonnés par Ahura Mazdâ, Tishtrya retrouve ses forces, pour vaincre Apaosha et que les pluies bienfaisantes se répandent.

Le thème familier du « dieu qui disparaît » se retrouve dans le mythe de Rapithwin, le Seigneur de la Chaleur de Midi, qui préside à la mi-journée et à l'été et disparaît chaque année pour réchauffer les eaux souterraines lorsque le démon de l'hiver envahit la terre.

Ahura Mazdâ fut la déité tutélaire des Achéménides, qui, du VIIe au IVe siècle av. J.-C., régnèrent sur le vaste empire perse. D'après des modèles babyloniens et égyptiens, il était symbolisé par un disque solaire déployant des ailes protectrices, parfois surmonté d'une figuration anthropomorphe porteuse des attributs célestes de la royauté : un anneau (une « aura ») et un sceptre.

L'INDE

Cette sculpture en pierre du XIIe siècle représente la trinité classique du panthéon hindou, centrée sur le dieu Shiva et son taureau Nandin, avec, à gauche, le dieu Brahma aux quatre têtes et, à droite, le dieu Vishnu Tous trois dansent, accompagnés par les musiciens célestes Gandharva.

Par son abondance, sa richesse, sa variété, la mythologie indienne peut rivaliser avec la totalité du corpus mythologique européen. Tout au long de son histoire, l'Inde témoigne d'incessants échanges culturels entre ses multiples communautés linguistiques, sociales et religieuses. Si les langues vernaculaires ont toujours véhiculé un énorme fonds de récits traditionnels, c'est cependant grâce au sanskrit, cette langue « supra-régionale », qu'ont été transmis et popularisés dans tout le sous-continent la plupart des grands mythes, répartis en recueils appelés *Purana*, « récits anciens ». A partir du IVe siècle de notre ère, ces derniers sont devenus les principaux conservatoires des traditions religieuses et mythiques, prenant le pas sur les épopées du *Mahabharata* et du *Ramayana*.

Caractéristique de la pensée indienne, l'antagonisme entre création et destruction constitue un thème central autour duquel le mythe s'élabore dans toute sa diversité. Ainsi l'ordre universel surgit-il du chaos pour finalement s'y dissoudre, avant de renaître, en un cycle éternel. Une autre conception essentielle veut que la nature réelle du monde n'apparaisse pas d'emblée dans ses manifestations ; aussi tout phénomène est-il, en un sens, illusoire. Enfin, il faut savoir que les conteurs manipulent parfois les données d'un mythe au point que leur version peut sembler délibérément en contradiction avec d'autres.

A mesure que se développait l'hindouisme, l'ensemble des dieux les plus anciens (au nombre de trente-trois, dit-on souvent) du panthéon védique s'est vu remplacé par la *Trimurti*, la Trinité, réunion formelle des dieux Brahma, Créateur du cosmos, Vishnu, Préservateur de celui-ci, et Shiva, le Destructeur, les deux derniers devenant prépondérants. Plus récemment, le groupe des cinq divinités Vishnu, Shiva, Devi, Surya et Ganesha a conquis une popularité plus grande encore.

SITES SACRÉS DE L'HINDOUISME

L'HIMALAYA, « la demeure des neiges », aurait été un troupeau d'éléphants volants dont les ailes furent coupées par Indra, en punition de leur obstination. Il abrite des sommets mythiques tels que le mont Kailasa, où réside le dieu Shiva ; le mont Meru, axe du monde situé sous l'étoile Polaire et abritant les paradis de Brahma, d'Indra et des 33 Deva ; le mont Mandara, qui servit à baratter la mer de lait (p. 71). Régnant sur la haute chaîne, Himavan est le père de la parèdre du dieu Shiva : Parvati, « fille de la montagne ».

GANGA, personnifiant le Gange, est la plus sacrée des trois principales « déesses-fleuves » de l'hindouisme – les deux autres étant la Yamuna et l'invisible Sarasvati. Selon la tradition, toutes trois se rejoignent à Prayag (ville actuelle : Allahabad), et l'Inde compte en tout sept rivières sacrées. Shiva amortit sur sa tête la chute sur la Terre de l'indomptable Ganga céleste, née des pieds de Vishnu, et finalement irrésistiblement attirée par l'ascèse tenace du sage Bhagiratha. Parce qu'elle descendit jusqu'aux sphères inférieures, il est dit qu'elle « alimente les trois mondes ». Elle aurait nourri l'embryon conçu par le seul Shiva et né avec six têtes en tant que Kumara Skanda, « le prince né du sperme ».

MATHURA fut la capitale du tyrannique roi Kamsa, farouche ennemi de Krishna, la grande incarnation de Vishnu – lequel vécut non loin, à Vrindavan, son enfance légendaire.

AYODHYA fut la capitale de Rama, autre incarnation très populaire du dieu Vishnu, et constitue l'épicentre du gouvernement mythique et exemplaire Rama Rajya, « règne de Rama ».

VARANASI (Bénarès), également appelée Kashi, « la resplendissante », est la résidence du dieu Shiva en tant que maître spirituel suprême que n'atteint pas la dissolution cyclique de l'univers. Y vivre ou, à tout le moins, y mourir, garantirait l'ultime délivrance. C'est, par suite, le meilleur lieu pour y effectuer la crémation des morts.

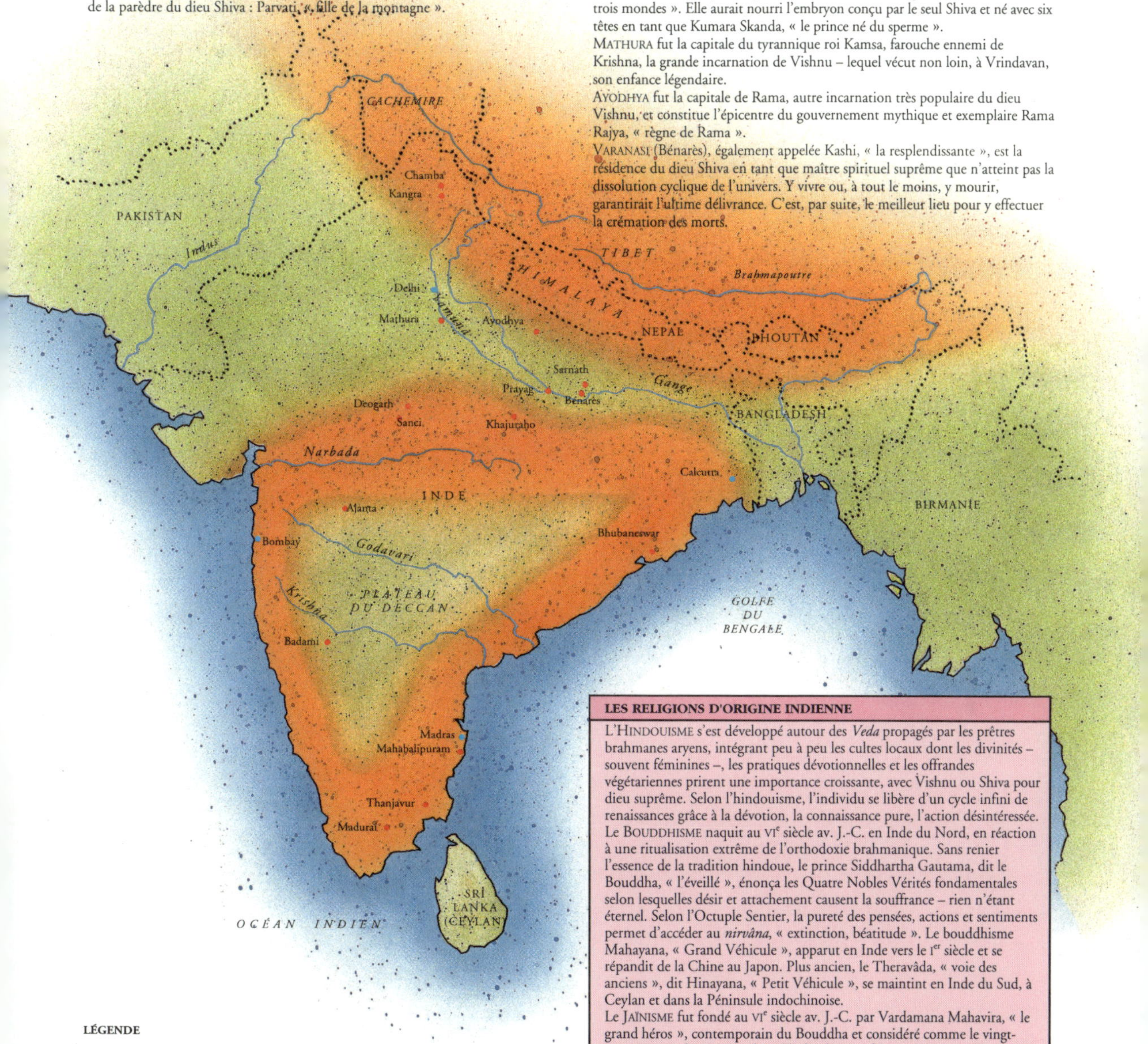

LES RELIGIONS D'ORIGINE INDIENNE

L'HINDOUISME s'est développé autour des *Veda* propagés par les prêtres brahmanes aryens, intégrant peu à peu les cultes locaux dont les divinités – souvent féminines –, les pratiques dévotionnelles et les offrandes végétariennes prirent une importance croissante, avec Vishnu ou Shiva pour dieu suprême. Selon l'hindouisme, l'individu se libère d'un cycle infini de renaissances grâce à la dévotion, la connaissance pure, l'action désintéressée.

Le BOUDDHISME naquit au VIe siècle av. J.-C. en Inde du Nord, en réaction à une ritualisation extrême de l'orthodoxie brahmanique. Sans renier l'essence de la tradition hindoue, le prince Siddhartha Gautama, dit le Bouddha, « l'éveillé », énonça les Quatre Nobles Vérités fondamentales selon lesquelles désir et attachement causent la souffrance – rien n'étant éternel. Selon l'Octuple Sentier, la pureté des pensées, actions et sentiments permet d'accéder au *nirvâna*, « extinction, béatitude ». Le bouddhisme Mahayana, « Grand Véhicule », apparut en Inde vers le Ier siècle et se répandit de la Chine au Japon. Plus ancien, le Theravâda, « voie des anciens », dit Hinayana, « Petit Véhicule », se maintint en Inde du Sud, à Ceylan et dans la Péninsule indochinoise.

Le JAÏNISME fut fondé au VIe siècle av. J.-C. par Vardamana Mahavira, « le grand héros », contemporain du Bouddha et considéré comme le vingt-quatrième et dernier prophète Tirthankara, « faiseur de gués ». Cette religion austère prêche pureté et non-violence, *ahimsa* des pensées et des actions, foi intense et connaissance du réel, afin de s'affranchir du cycle des renaissances. Malgré leur importance dans l'Inde ancienne, les jaïns ne sont plus qu'environ deux millions, répartis en nombreuses petites communautés.

LÉGENDE

- Site sacré ou culturellement remarquable
- Autre ville
- Région montagneuse

Pays actuel : PAKISTAN

LES ORIGINES DU MONDE

Sacrifice et conflit

Selon la cosmogonie hindoue, l'univers est cycliquement exhalé et réabsorbé par le dieu Vishnu. Cette peinture du XVIIe siècle montre Vishnu reposant sur le serpent cosmique « sans fin » Sesha Ananta, flottant sur l'océan primordial, tandis que son épouse, la déesse Shri, ou Lakshmi, lui masse les pieds. Au-dessus, de gauche à droite, on voit Vishnu sur son véhicule, l'oiseau rapace Garuda ; le dieu Brahma aux quatre têtes ; le dieu Shiva vêtu d'une peau de tigre ; le dieu Indra ; le barde céleste Narada et la vache sacrée Surabhi.

Selon la pensée indienne, plutôt qu'un acte de création, l'origine du monde est un acte d'organisation du chaos en un ordre universel – un aspect sur lequel s'accordent aussi bien les mythes cosmogoniques que les canons théologiques. Mais là s'arrête le consensus. Les divers mythes d'origine comprennent une variété de métaphores pittoresques, suggérées par toutes sortes d'activités humaines. Dans la littérature védique tardive en particulier, les images s'inspirent du sacrifice d'un animal. Ainsi un hymne dit-il que le premier sacrifice – celui de la création – fut accompli par Vishvakarman, « l'artisan de tout ». Un autre affirme que l'objet du premier sacrifice fut Purusha, l'Homme cosmique primordial, dont les différentes parties du corps donnèrent alors naissance à toutes les entités de l'univers, des dieux védiques traditionnels à l'homme et aux animaux, en passant par l'Ether, le Ciel, la Terre. Toutefois, seul un quart de sa personne est ainsi manifesté, les trois autres quarts constituant l'immortalité, au paradis. A l'image de ce concept de sacrifice primordial, les rites sacrificiels accomplis par les hommes sont considérés comme une réactivation de la création, et, à ce titre, essentiels à l'équilibre universel.

Dès l'époque des hymnes védiques, il est fait allusion à l'Œuf d'Or cosmique flottant sur les eaux du chaos originel, et d'où naquit la divinité première en tant que créatrice ou ordonnatrice du monde. Cette analogie avec la gestation est plus explicite encore dans plusieurs mythes dont le plus connu a trait à Prajapati, seigneur des Créatures. Engendrant les êtres divins par le seul pouvoir de son ascèse, Prajapati éprouva cependant une attirance incestueuse envers l'Aurore, sa fille. Terrifiée, humiliée, l'Aurore se changea alors en biche, tandis que Prajapati, aussitôt transformé en cerf, laissa, dans sa poursuite, sa semence échapper sur la Terre, donnant ainsi naissance aux premiers hommes. Une autre version de ce mythe affirme que Prajapati, adoptant successivement chaque forme animale, s'unit charnellement, de fait, à l'Aurore, procréant ainsi « tous les couples, jusqu'aux fourmis ».

Il arrive également que les parents divins soient le Ciel et la Terre. Dans certains hymnes c'est la céleste déesse Aditi, « l'infinie », qui, fécondée par Daksha,

LE PANTHÉON VÉDIQUE

Les premiers textes hindous furent les hymnes du *Veda*, composés et transmis oralement à partir du premier millénaire av. J.-C., et longtemps jugés trop sacrés pour être notés par écrit. Consistant pour la plupart en invocations de divinités, ils ne font qu'allusion aux mythes relatifs à ces dernières. Vers le Ve siècle av. J.-C. apparurent les *Brahmana*, commentaires du *Veda* comportant pour leur part de nombreux récits mythologiques associés aux textes philosophiques *Upanishad* et *Aranyaka* – lesquels font souvent appel au mythe pour expliciter leurs concepts. Divinités védiques masculines revêtues de caractéristiques humaines, les Deva sont dotés de pouvoirs importants leur permettant de secourir l'humanité. On en compte généralement trente-trois, répartis en trois groupes de onze dieux tutélaires du Ciel, de l'Ether et de la Terre.

« l'expert » (en rituels), donna le jour aux sept dieux principaux, les Aditya, ainsi qu'au Soleil, huitième dieu primitivement mort-né. Ces dieux auraient ensuite fait émerger le cosmos du chaos. Incarnant deux principes originels interdépendants, Daksha et Aditi forment un couple indissociable : Aditi n'existerait pas sans Daksha, tandis que Daksha lui-même procède d'Aditi.

Parfois, c'est une divinité védique mineure, Tvashtri, artisan ou architecte divin souvent assimilé à Vishvakarman, qui est considéré comme le créateur du Ciel et de la Terre, voire de toutes les formes. Un hymne interroge : « De quel bois, de quelle essence tirèrent-ils le Ciel et la Terre ? », tandis qu'un autre, donnant Vishvakarman pour officiant du premier sacrifice, évoque le travail du potier et du forgeron. Pourtant, le rôle cosmogonique de Tvashtri n'est parfois que secondaire, comme lorsqu'il façonne l'éclair Vajra avec lequel Indra tuera le démon Vritra (p. 72) pour stabiliser la terre et délivrer les eaux du ciel. Exemple de création née du conflit, le meurtre de Vritra se situe dans la perspective du grand antagonisme entre les Deva, dieux favorables à l'humanité, et les Asura et Danava, « anti-dieux » et titans – antagonisme formalisé par le mythe du barattage de la mer de lait (ci-dessous).

LES COBRAS MYTHIQUES

Protégés par les fleuves, gardiens des trésors souterrains et de la pureté rituelle, les cobras Naga et leurs très belles épouses Nagini jouent des rôles importants dans la mythologie indienne. Le roi-cobra cosmique à cinq, sept ou mille têtes est appelé Ananta (« sans fin ») ou Sesha (« qui demeure ») lorsqu'il est la couche de Vishnu reposant sur l'océan primordial – le non-manifesté –, et Vasuki lors du barattage de la mer de lait (ci-dessous). Les Naga descendent de Brahma par le sage divin Kashyapa et son épouse Kadru, tandis que Kashyapa et son autre épouse Vinata engendrèrent le grand rapace Garuda, roi des oiseaux, véhicule de Vishnu dans le monde manifesté, et ennemi mortel des serpents.

Le barattage de la mer de lait

Apparu dans les Brahmana, *commentaires des* Veda *composés vers le* V*e siècle av. J.-C., ce mythe fut repris, avec des variantes, par le* Mahabharata, *grande épopée sanskrite composée entre le* IV*e siècle av. J.-C. et le* IV*e siècle ap. J.-C., le* Ramayana, *autre épopée datant du début de notre ère, et divers « récits anciens »* Purana, *compilations du fonds mythologique hindou.*

Pour qu'ils ne soient plus menacés d'extinction par les anti-dieux Asura et les titans Danava, le suprême Vishnu conseilla aux dieux, les Deva, d'extraire l'ambroisie d'immortalité *amrita* de la mer de lait Kshirôda, et, pour ce faire, de s'unir temporairement à leurs ennemis. Ainsi Deva, Asura et Danava soulevèrent-ils ensemble le mont Mandara pour le poser sur la tortue Kurma, incarnation de Vishnu lui-même, solidement établie au fond de la mer. Puis, ayant enroulé le serpent Vasuki Sesha autour du mont et saisi, les uns la tête, les autres la queue du gigantesque reptile, et tirant alternativement, ils firent tourner le mont Mandara sur lui-même pour baratter la mer.

Cette miniature du XVIII*e siècle, de style Kangra, dépeint le barattage de la mer de lait, titans et anti-dieux tirant la tête du cobra Vasuki et les dieux tirant sa queue.*

Le « beurre divin » parut sous forme de trésors : Surabhi, céleste vache d'abondance ; Varuni, déesse des Liqueurs ; l'arbre paradisiaque Parijata parfumant le monde ; le dieu-lune Chandra Kutila dont Shiva orna son front ; Hala, terrifiant poison que Shiva neutralisa en l'absorbant et qui bleuit sa gorge ; Ucchaisshravas, merveilleux ancêtre des chevaux terrestres ; Shri, déesse de la Beauté et de la Fortune, que Vishnu épousa ; Airavata, éléphant blanc à six défenses dont Indra fit sa monture ; les nymphes célestes Apsara et enfin Dhanvantri, médecin des dieux, tenant entre ses mains la coupe d'*amrita.* Asura et Danava ayant réussi à s'en emparer les premiers, Vishnu, pour distraire leur attention, se transforma en Mohini, la femme la plus séduisante du monde, et la leur reprit. Toutefois le démon Rahu y avait trempé ses lèvres et symbolise depuis les éclipses de lune et de soleil qu'il « avale » parfois, sa queue donnant naissance aux comètes. Pour leur part, ayant bu l'*amrita,* les dieux devinrent éternels et purent dès lors vaincre les puissances maléfiques.

INDRA

Guerrier et roi des dieux

Ce détail d'une peinture du XIXe siècle représente le dieu Indra monté sur son éléphant blanc Airavata, doté ici de deux défenses au lieu des six habituelles et caparaçonné comme dans les temples de l'Inde du Sud.

LES NOMS D'INDRA

La plupart des noms alternatifs d'Indra évoquent la force, caractéristique principale du dieu : SHAKRA, « le puissant » ; SACHIPATI « seigneur de Sachi » – de son épouse Sachi, « le secours » ; SACHIVAT, « le secourable » ; SHATAKRATU, « aux cent pouvoirs », maître de « cent sacrifices rituels », etc. Indra est souvent surnommé « dieu aux mille yeux », originellement en référence à son omniscience. Toutefois, plus tard, le mythe voulut que la malédiction du sage Gautama ait valu à Indra non pas de perdre ses testicules (p. 73), mais de voir tout son corps affligé de mille vulves ensuite transformées en autant d'yeux.

Très populaire à l'époque du *Rig Veda*, Indra est invoqué dans près d'un quart des hymnes du célèbre recueil. Chef des dieux, régnant sur la sphère intermédiaire entre ces derniers et les hommes, Indra y est doté de caractéristiques plus anthropomorphes que les autres divinités. Gigantesque et redoutable, cheveux fauves et ventre distendu par l'absorption de la divine et enivrante liqueur appelée *soma*, de ses bras puissants il brandit des armes effrayantes et mène les combats contre les Asura – il est avant tout le grand guerrier du panthéon védique.

Héros principal des mythes auxquels fait allusion le *Veda*, fils du Ciel et de la Terre (dont il s'est séparé à jamais), Indra révèle son énergie particulière dès son apparition. Les récits concernant sa naissance et ses premiers exploits évoquent surtout sa rivalité avec le mystérieux Varuna, ancien souverain des dieux, semble-t-il. Pour le *Veda*, Varuna est le gardien de *rita*, l'ordre cosmique, et représente une autorité formelle, statique, tandis qu'Indra incarne un pouvoir divin plus immédiat, plus actif, balayant les Asura, pulvérisant les Rakshasa (pouvoirs maléfiques mineurs) grâce à sa foudre, ou soutenant les Aryens dans leurs batailles terrestres.

En annihilant le serpent Vritra (ci-dessous), Indra donne forme au chaos et déclenche le processus de différenciation des phénomènes et leur évolution. A la mort du serpent, la terre est séparée des eaux, les régions supérieures se distin-

La mise à mort du serpent Vritra

Evoquant le grand exploit d'Indra, voici un abrégé d'un hymne de l'ouvrage sanskrit le plus ancien, le Rig Veda *(XIe siècle avant J.-C.).*

Louons les exploits qu'Indra, le manieur d'éclairs, accomplit au commencement. Il tua le serpent, ouvrit la voie aux eaux du ciel, fendit les entrailles des montagnes. Comme des troupeaux de vaches meuglant, les eaux déferlèrent jusqu'à la mer. Tel un taureau exultant, enivré de *soma*, Indra le généreux transperça de sa foudre l'aîné des dragons.

Ainsi, ô Indra, fis-Tu paraître à cet instant le soleil, le ciel et l'aube. Depuis lors aucun ennemi ne Te résiste.

Avec son arme redoutable, Indra tua Vritra, le reptile sans épaules. Tel un tronc élagué de ses branches, le dragon gisait sur le sol et les eaux en crue le recouvrirent pour le bien des hommes – ces eaux qu'il avait retenues de toutes ses forces. Elles courent sur le corps à présent invisible de Vritra, car celui qu'Indra a vaincu se noie dans une obscurité profonde.

Ô dieu valeureux, c'est Toi qui as remporté les vaches et le *soma*, c'est Toi qui as délivré les sept fleuves pour qu'ils abreuvent la Terre.

Comment Indra séduisit Ahalya

Dans l'épopée du Ramayana, *alors qu'il emmène le prince Rama à la retraite d'Ahalya, le sage Vishvamitra raconte l'histoire de celle-ci :*

Dans cet ermitage, il y a très longtemps, l'illustre Gautama pratiqua l'ascèse en compagnie de son épouse Ahalya pendant de nombreuses années. Un jour, le sage s'étant absenté, Indra prit son apparence, approcha Ahalya et lui dit, sûr de l'avoir trompée : « Je désire m'unir à toi maintenant, ô ma belle dame. » Ahalya, qui avait reconnu le dieu sous son déguisement, lui complut cependant car elle était dévorée de curiosité. En repartant, Indra croisa Gautama revenant chez lui, irradiant de pureté après son bain lustral. Le sage sut immédiatement quel péché le dieu avait commis et, plein de colère, le maudit ainsi : « Ô dieu pervers qui as cherché à tromper un sage et pollué son épouse, que tombent tes testicules ! Tu seras stérile à jamais ! » Puis il déclara à sa compagne : « Tu demeureras ici pendant des milliers d'années, priant sans cesse, invisible et te nourrissant d'air, jusqu'à ce que tu sois purifiée, maîtresse de tes passions. Alors, le prince Rama viendra à toi, te délivrera et tu reprendras, joyeuse, ta place auprès de moi. »

Vishvamitra ajouta que les dieux greffèrent sur Indra des testicules de bélier. Puis Rama accomplit la prédiction.

guent des enfers et, chaque matin, la création se renouvelle avec le lever du soleil. Ce mythe fit longtemps d'Indra le grand champion contre toute forme de résistance ou d'obstruction, si bien que, dans un remaniement sacerdotal du récit, Indra a raison de Vala, démon védique de l'obscurité, par les seuls pouvoirs du verbe – un hymne – et du rituel.

Par son goût immodéré pour l'enivrant *soma*, Indra évoque bien les guerriers aryens, soudards et bravaches, dont il est le héros. Suc d'une plante encore mal déterminée, le *soma* était essentiel aux rites sacrificiels védiques. Il est dit qu'après en avoir bu, devenu gigantesque, emplissant le Ciel et la Terre, avec un ventre tel un lac immense, Indra est alors capable de susciter le lever du soleil et d'accomplir de hauts faits.

Si le *Veda* approuve implicitement la manière dont Indra a raison de Vritra en le frappant dans le dos, pour sa part l'hindouisme plus tardif ne considère plus ce dieu comme un parangon de l'éthique guerrière et, dès lors, le mythe ne le porte plus aux nues : ainsi, Vritra étant un brahmane – qu'il est donc abominable de tuer – Indra est entaché de péché et doit expier son crime. De plus, c'est en trahissant un pacte de non-agression et en dissimulant sa foudre Vajra dans un nuage d'écume qu'il a raison de Namuci ; ailleurs, une autre de ses victimes, Trishiras, « qui a trois têtes », est son demi-frère ; enfin, ayant séduit Ahalya, l'épouse du sage Gautama, il est maudit par celui-ci. De sorte que, devenu traître, fratricide et séducteur éhonté, ayant perdu éclat, force et prestance, Indra est couramment désigné par les *Purana* sous le nom de « trois fois pécheur ».

A la période classique, Indra est avant tout le dieu de la Pluie. Apparue parmi les trésors cristallisés par le barattage de la mer de lait (p. 71), la vache d'abondance Surabhi devint la mère de tous les bovidés terrestres. Le *Mahabharata* conte comment elle implora Indra lorsque l'un de ses fils, un taurillon, vint à subir de mauvais traitements sous le joug de paysans sans scrupules. Indra provoqua donc un déluge de pluie contraignant les paysans à interrompre leurs labours – ainsi le dieu guerrier se vit associé à l'agriculture, et d'attribut martial, son tonnerre devint simple annonciateur de pluie.

Dans la mythologie classique hindoue, Indra se voit souvent humilié par d'autres divinités. Ainsi, Vishnu-Krishna ayant persuadé les siens de cesser de rendre un culte à Indra, celui-ci provoqua un déluge contre lequel Krishna protégea toute la région en portant le mont Govardhana à bout de bras, en guise de parapluie gigantesque. Juché sur son éléphant blanc, Indra s'attaqua alors directement à Krishna monté sur l'oiseau Garuda, comme l'illustre cette miniature moghole datant d'environ 1590.

BRAHMA

Le dieu créateur

Brahma est parfois présenté comme le démiurge mettant en œuvre les intentions de Vishnu. Il est alors assis sur un lotus (à droite) né du nombril de Vishnu reposant sur les eaux primordiales.
Ci-dessous, on voit Brahma sur son véhicule, l'oie sauvage Hamsa, « le souffle », capable de séparer le lait de l'eau – l'essence de la contingence – et symbolisant l'aspiration à la libération.

Dans la mythologie tardive, Brahma, créateur et dispensateur de bienfaits, apparaît généralement dans un rôle subordonné à Vishnu et Shiva. Si, au cours des premiers siècles de notre ère, Brahma fit probablement l'objet d'un culte en tant que divinité créatrice, il n'en est plus ainsi depuis longtemps. Plusieurs passages des épopées hindoues attribuent à ce dieu, également appelé Pitamaha, le Grand Père, certains des mythes cosmogoniques associés à Prajapati dans la littérature védique tardive, tel celui qui justifie ses quatre têtes : ayant fait émerger de son propre corps une belle jeune femme (sa fille, par conséquent), le dieu s'en éprit sur-le-champ, au point de ne pouvoir la quitter des yeux, même lorsqu'elle accomplit la circumambulation du respect autour de lui – d'où l'apparition de quatre visages tournés dans les directions cardinales. L'union du père et de sa fille engendra Manu, le premier homme, et, par sa méditation, Brahma projeta à la fois les objets de l'univers et les concepts permettant de les comprendre.

Le temps cosmogonique est évalué en termes de « vie de Brahma », comptant cent années de 360 « jours de Brahma », chacun équivalant à mille « années de dieux » pour lesquels un jour est égal à une année humaine. Chaque jour et chaque nuit de Brahma provoque une naissance et une dissolution de l'univers et chacun de ces cycles de création comprend quatre âges successifs : du meilleur, le *Krita Yuga*, au pire, le *Kali Yuga*. De nos jours, la croyance populaire tend à réduire la nature créatrice de Brahma à une simple propension, insoucieuse des conséquences, à exaucer les vœux de qui se livre à une ascèse.

BRAHMAN, LES BRAHMANES ET BRAHMA

Le Brahman du *Veda* est l'Absolu, principe impersonnel qui, selon la philosophie des *Upanishad*, est de même nature que « l'âme » individuelle Atman, le Soi – identité qu'il importe de réaliser, car tel est l'ultime but de l'existence.
A l'époque védique, un brahmana était un initié « connaissant le Brahman ». Par la suite, cette caractéristique fut considérée comme héréditaire et contribua à l'élaboration d'une classe sociale endogame – la « caste » des « brahmanes », gardiens des rites.
Maître des horizons et des quatre Veda, le dieu Brahma est originellement la personnification du Brahman. Avec le temps, inféodé aux dieux Vishnu et Shiva, il est devenu le créateur des phénomènes – du « monde » –, voire un simple distributeur de bienfaits.

Brahma exauçant des vœux

Tirée du Mahabharata, *l'histoire suivante évoque la façon dont Brahma exauce les vœux des « anti-dieux », les Asura.*

Trois frères Asura entreprirent de rigoureuses pénitences et Brahma leur apparut, bienveillant. Ils souhaitaient une invincibilité totale, mais le dieu leur ayant affirmé que cela n'existait pas, ils demandèrent alors, certains de garantir ainsi leur pérennité : « Permets-nous de nous répandre dans l'univers et d'y établir trois royaumes qui ne pourront être détruits que par une flèche unique. » Brahma acquiesça, et Maya, le grand magicien architecte des Asura, érigea trois cités : en or, dans le Ciel, en argent, dans l'Ether, et en fer, sur la Terre. Des millions de démons y affluèrent, la magie de Maya pourvoyant à leurs moindres désirs, indignant les Deva par leur licence et leur dépravation. Au bout de mille ans, les Asura achevèrent de conquérir les trois mondes et réunirent leurs trois royaumes en un seul – que Shiva réduisit aussitôt en cendres, d'une même flèche, précipitant tous les démons dans l'océan occidental.

VISHNU

Le protecteur du monde

Dans le *Rig Veda,* Vishnu, « l'immanent », est Vikrantamurti « aux vastes enjambées », celui qui, en trois pas, parcourt l'univers et le rend propre à recevoir les dieux et les hommes (ci-dessous). Soutenant Indra dans son combat contre Vritra et l'aidant à déployer les espaces intermédiaires, entre Ciel et Terre, Vishnu est toujours bienveillant envers l'humanité et prêt à couvrir ses dévots de bienfaits.

Le mythe accentue encore l'immanence de Vishnu en identifiant ce dernier au pilier cosmique, axe inébranlable de l'univers, soutien des cieux et voie spirituelle. Le rituel védique symbolise cet axe par le poteau auquel est attachée la victime sacrificielle. La littérature védique tardive dépeint les attributs de Vishnu de façon plus narrative, comme lorsqu'elle relate comment le dieu prit l'apparence d'un nain pour sauver le monde d'une emprise démoniaque (p. 76). Avec le temps, la bienveillance et les exploits du dieu recevront une expression toujours plus descriptive, pour aboutir au concept des avatara, « descentes » de Vishnu sur terre.

L'épouse de Vishnu est Shri, ou Lakshmi, déesse de la Prospérité qui émergea avec d'autres trésors lors du barattage de la mer de lait (p. 71). D'emblée attirée par Vishnu, grand ordonnateur de la cérémonie, elle devint tout naturellement sa parèdre. Si les récits tardifs associent toujours Shri à Vishnu, certains mythes anciens relatent comment Indra acquiert ou perd la compagnie de Shri en tant que déesse de Fertilité qui, en s'asseyant auprès de lui, encourage le dieu à déverser d'abondantes pluies sur terre, générant de magnifiques récoltes.

Vishnu et sa parèdre Shri, « splendeur », déesse de la Prospérité, dite aussi Lakshmi, « de bon augure », Padma ou Kamala, « lotus ». A la fin de la période de composition des épopées, vers le IVe siècle ap. J.-C., Shri devint le symbole de l'épouse modèle hindoue. (Bas-relief du VIIe siècle.)

Les trois enjambées de Vishnu

Un hymne du Rig Veda *célèbre Vishnu dont les « vastes enjambées » symbolisent, selon le* Sama Veda *(« Savoir des mélodies »), les états de la conscience et l'omniprésence du dieu.*

« Je proclame les louanges de Celui-qui-pénètre-tout. Arpentant l'univers en trois vastes enjambées, Il délimita les régions et soutint le point de convergence ultime. En trois vastes enjambées, le grand Arpenteur !

« Loué soit-Il pour son pouvoir vivifiant ! Comme un taureau en liberté, il va où il le désire et parcourt les montagnes. En ses trois enjambées demeurent tous les mondes et tous les êtres (...)

« L'empreinte de ses pas est emplie d'un miel qui réjouit chacun à sa façon. Bien qu'Unique, de trois manières Il soutient le Ciel, la Terre et toutes les créatures.

« Ah, que j'atteigne cette demeure bien-aimée où les hommes pieux sont imprégnés de joie ! Car ils sont par nature semblables au Grand Arpenteur – source même du miel que répand l'ultime empreinte des pas de Celui-qui-pénètre-tout.

« Qu'il nous soit permis d'atteindre Tes domaines, ô Taureau valeureux, où des troupeaux nombreux et vigoureux paissent dans l'effusion rayonnante du nectar de Tes pas ! »

Ce détail d'une peinture du XIXe siècle montre Vishnu et son épouse Shri sur leur véhicule, l'oiseau Garuda, représenté ici sous la forme d'un homme ailé.

LES INCARNATIONS DE VISHNU

Les *avatara*

Lorsque l'équilibre universel est en péril, Vishnu, ou Hari, apparaît sur terre sous différentes formes humaines et animales, théoriquement innombrables, appelées *avatara*, « descentes » ou « incarnations ». La tradition en décrit dix, les *dashâvatara* (ci-contre) – autant de témoignages des bienfaits du dieu. Certains textes en offrent des variantes, tel le *Hari Vamsha* (« généalogie de Hari »), supplément à l'épopée du *Mahabharata*, où un lotus émergeant du nombril du dieu est substitué au poisson et à la tortue, et où Dattatreya, divinité réunissant les dieux Brahma, Vishnu et Shiva, remplace le Bouddha. Ci-dessous, une miniature du XVIIIe siècle en offre une représentation classique, autour d'une image centrale de Vishnu et de son épouse Shri, par ordre chronologique de gauche à droite et de haut en bas, sachant toutefois qu'ici Parashurama (« Rama à la hache ») figure en huitième position, après Krishna et Radha et non pas en sixième, avant Rama et Sita, comme c'est la coutume.

LES DIX AVATARA

MATSYA, le Poisson, fut d'abord soigné avec amour par Manu, le Premier Homme. Devenu gigantesque, Matsya prévint Manu de l'imminence du déluge, lui conseilla de construire un bateau, d'y inviter les sept sages célestes et d'y entreposer la semence de chaque chose ; puis il récupéra les *Veda* avalés par le démon Hayagriva qu'il tua et, les pluies venues, tira lui-même l'embarcation en sécurité.

KURMA, la Tortue, s'offrit pour supporter le mont Mandara, lors du barattage de la mer de lait (p. 71)

VARAHA, le Sanglier, remonta sur son groin la belle déesse Terre, Bhumi Devi, perdue au fond de l'océan cosmique où sévissait le démon Hiranyaksha qu'ensuite il attaqua, le saisissant par les cheveux, et dont il débarrassa le monde.

NARASIMHA, l'Homme Lion, surgit pour sauver l'enfant Prahlada que son propre père, le démon Hiranyakashipu, menaçait de tuer à cause de sa dévotion pour Vishnu. Le démon se croyait invulnérable, ayant obtenu de Brahma de n'être tué ni par un humain, ni par un animal, ni par aucune arme – aussi Vishnu prit-il cet aspect hybride, déchirant le démon de ses griffes.

VAMANA, le Nain, sauva le monde d'un poison pernicieux : l'orgueil secret qu'éprouvait le grand et juste roi Bali de sa propre perfection. Vamana demanda simplement, pour y vivre, « trois arpents » que Bali, imbu de sa propre bonté, lui accorda aussitôt. Alors le Nain Vishnu devint immense, parcourut la Terre en une enjambée, le Ciel en une autre – mais ensuite, où aller ? Ayant reconnu Vishnu et compris sa vanité, Bali, prosterné, offrit sa tête où le dieu posa son pied – accomplissant ainsi le troisième pas.

PARASHURAMA, « Rama à la hache », fut un brahmane qui jura d'annihiler tous les Kshatriya, princes-guerriers détenteurs du pouvoir absolu et représentés par le tyran Arjuna « aux cent bras ».

RAMA et KRISHNA, (p. 77-79) septième et huitième *avatara*, sont les plus populaires.

Le BOUDDHA, neuvième *avatara*, fit le tri des bons et des mauvais, enseignant la Vérité aux uns et induisant les autres en erreur pour mieux les perdre.

KALKIN, futur dixième *avatara*, paraîtra monté sur un cheval blanc, armé d'une épée flamboyante, pour rétablir la justice une dernière fois avant la fin du présent cycle de création.

RAMA

Le vertueux

Héros du *Ramayana*, « l'épopée de Rama », poème épique composé vers le début de notre ère et attribué au sage légendaire Valmiki, Rama est l'un des *avatara* les plus populaires de Vishnu, bien que son culte soit apparu bien après celui de Krishna (p. 78-79). Rama revêt certains aspects dévolus à Indra dans les mythes védiques : dépositaire des armes miraculeuses de ce dieu, il reçoit en outre l'assistance de son cocher. De plus, son épouse Sita (le « sillon ») est celle d'Indra dans la littérature védique. Enfin, son combat contre Valin, le roi des Singes, évoque celui d'Indra contre Namuci (p. 73).

Voici un aperçu du *Ramayana,* très répandu en Inde et dans le Sud-Est asiatique. Les dieux l'ayant supplié d'aller détruire Ravana, roi tyrannique de Lanka, Vishnu décide d'exaucer simultanément le vœu de Dasharatha, roi d'Ayodhya, qui a dûment accompli un rite sacrificiel pour recevoir une descendance longtemps espérée. Il s'incarne donc sur terre sous la forme des quatre fils de Dasharatha, nés des trois épouses du souverain : Rama, Bharata et les jumeaux Lakshmana et Shatrughna, chacun de ces derniers devenant le compagnon fidèle de l'un de ses demi-frères. Quinze ans plus tard, le sage Vishvamitra emmène avec lui le jeune Rama pour sa première mission sur terre – détruire des démons errants –, avant de le mener à la cour de Janaka, père adoptif de la vertueuse Sita, miraculeusement « née du sillon ». Celle-ci a fait le vœu de n'épouser que l'homme capable de tendre une corde sur l'arc formidable dévolu par le dieu Shiva. Non seulement Rama réussit cet exploit, mais il brise l'arc en deux ! Ainsi épouse-t-il Sita.

Lorsque Dasharatha désigne Rama pour dauphin, l'une de ses reines exige, au nom d'une ancienne promesse, que cet honneur soit conféré à son propre fils, Bharata, et que Rama soit, pour sa part, banni pendant quatorze ans. Rama obéit sans une plainte, accompagné par Sita et Lakshmana. Malgré sa résolution de vivre son exil dans la forêt en ascète, le prince se voit vite contraint d'assumer un rôle de guerrier, protecteur de saints ermites sans défense. C'est alors que la démone Shurpanakha tombe amoureuse de lui, lui fait des avances éhontées, attaque Sita et, en conséquence, se retrouve nez et seins coupés par Lakshmana. Folle de rage, la démone va crier vengeance chez son frère Ravana, roi de Lanka. Ce dernier, après avoir éloigné les deux princes par la ruse et s'être déguisé en mendiant, enlève Sita dans son char volant, la retenant ensuite secrètement prisonnière à Lanka.

Pour retrouver son épouse bien-aimée, Rama se lance dans une quête infatigable au cours de laquelle il rencontre le singe Hanuman, ministre de Sugriva, roi des Singes contraint lui aussi à l'exil par son frère Valin. Rama tue le singe usurpateur, puis, après de nombreuses aventures, avec l'aide de Lakshmana, de Hanuman et des animaux de la forêt, et grâce au char d'Indra et au cocher de celui-ci, retrouve Sita, annihile de redoutables démons et finit par tuer Ravana « aux dix têtes » en combat singulier. Pourtant, une dernière épreuve attend la belle Sita qui, pour dissiper le moindre doute quant à sa vertu – car elle a vécu chez un étranger –, doit se soumettre à une ordalie par le feu. Néanmoins, le dieu du Feu lui-même la rend, intacte, à son époux, tandis qu'éclate aux yeux de tous la nature divine du couple princier. Après un retour triomphal à Ayodhya, où Bharata, se considérant comme un simple régent, attendait son frère avec ferveur et impatience depuis quatorze ans, Rama sera couronné roi et régnera de longues années de façon exemplaire.

Le mythique Rama Rajya, « règne de Rama », est, aujourd'hui encore, considéré comme le gouvernement idéal.

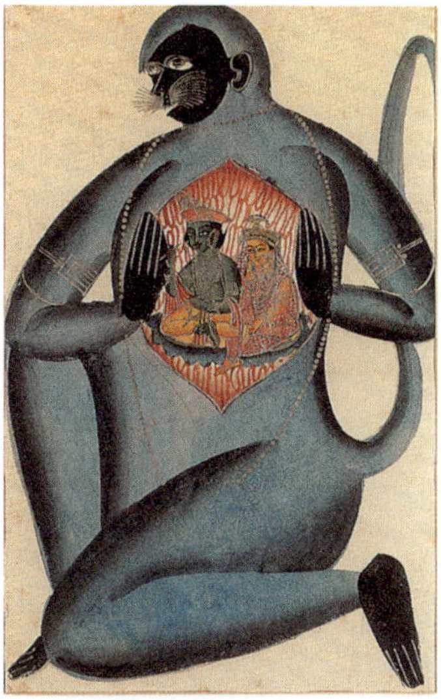

Un jour, mis au défi de prouver son amour pour Rama, le singe Hanuman s'ouvrit la poitrine, découvrant le prince divin et son épouse Sita, souriants. (Dessin de Kalighat, XIXe siècle.)

HANUMAN, LE LOYAL SERVITEUR

Le singe Hanuman incarne la dévotion pour Rama et Sita, son amour l'ayant doté de pouvoirs fabuleux – voler, devenir géant ou minuscule, peser très lourd ou moins qu'une plume, etc. Il accompagna Rama et Lakshmana dans leur recherche de Sita, enlevée par Ravana. Lorsqu'ils découvrirent enfin où la princesse était séquestrée, Rama confia son anneau à Hanuman qui, d'un bond prodigieux au-dessus de la mer, parvint jusqu'à Sita et lui remit secrètement le bijou annonçant l'arrivée de son époux. Ayant construit un vaste pont, Rama et l'armée des singes parvinrent dans l'île et attaquèrent Ravana, tandis que Hanuman mettait le feu à la capitale du tyran avec sa queue enflammée par les démons. Lorsque Lakshmana fut grièvement blessé, le médecin royal envoya Hanuman quérir une herbe médicinale sur certaine montagne. Incapable de reconnaître la plante, Hanuman rapporta en volant la colline tout entière jusque sur le champ de bataille !

KRISHNA, L'ADORABLE

Huitième *avatara* de Vishnu

KRISHNA, LE MALICIEUX

Chapardeur de beurre fraîchement baratté – sa friandise favorite –, Krishna est l'image la plus répandue de l'enfance de cet *avatara* bien-aimé. Il est souvent représenté comme un bébé joufflu et ravi, le visage barbouillé, rampant sur les genoux, tenant à la main une boule de beurre. Un peu plus grand, il se hausse tant que possible, ses petits camarades lui faisant la courte échelle, pour atteindre le pot de beurre que sa mère a suspendu au plafond, hors de son atteinte, espère-t-elle. L'un de ses jeux favoris est de barrer le passage aux pastourelles, les *gopi*, lorsqu'elles vont au marché vendre leurs produits laitiers, exigeant d'elles du beurre frais en guise de péage. Attestant de la popularité du dieu-héros, adopté par nombre de communautés indiennes, y compris non hindoues, l'image jaïne ci-contre montre Krishna volant du beurre dans une grande jarre en terre.

LES EXPLOITS DE KRISHNA

Parmi les exploits les plus fameux du jeune *avatara*, celui de *Putana moksham*, « salvation de Putana », montre comment la démone Putana, sous l'apparence d'une belle jeune femme, tenta d'empoisonner l'enfant divin en lui donnant le sein – mais Krishna téta jusqu'à sa vie même et, tout en la tuant, la sauva. Plus tard, avec une force surnaturelle, il souleva un lourd mortier auquel sa mère adoptive l'avait attaché pour le punir de ses bêtises, afin de déraciner deux arbres poussant côte à côte, délivrant ainsi deux jeunes garçons d'un maléfice. Un autre jour, il tua le serpent Kaliya qui empoisonnait la rivière, en dansant sur la tête du reptile. L'un des épisodes les plus célèbres conte comment Indra, furieux de voir son culte abandonné par les habitants du village sur le conseil de Krishna, fit pleuvoir des trombes d'eau, menaçant tout le monde de la noyade – sans succès toutefois, car l'*avatara* offrit à tous un refuge parfait en portant, sur un seul doigt, le mont voisin Govardhana en guise de gigantesque parapluie. Ayant annihilé un à un les envoyés de Kamsa (le démon-taureau Arishta, le démon-cheval Keshin, le démon-oiseau Baka, etc.), et devenu adolescent, Krishna tua le tyran lui-même en combat singulier, avant de conduire ceux de son propre clan, les Yadava, jusqu'à sa nouvelle capitale, Dvaraka.

Considéré comme l'*avatara* de Vishnu le plus complet, cristallisant la totalité des entités divines, Krishna « au teint de nuit » est « celui qui attire ». Omniprésent dans le poème épique du *Mahabharata*, la « grande Inde », il y est le conseiller des cinq héros principaux, les princes Pandava, dans leur combat pour reconquérir leur royaume usurpé par leurs cent cousins, les Kaurava. Guide spirituel du prince Pandava Arjuna, il lui prodigue son célèbre enseignement, la *Bhagavad Gita*, le « chant du seigneur », l'un des textes les plus sacrés pour les hindous. Sa vie est détaillée par le *Hari-vamsha*, « généalogie de Hari » (l'un des « mille noms » de Vishnu), le *Bhagavata Purana* et le *Vishnu Purana* – d'où est tiré l'aperçu ci-après.

Une prédiction affirmait que Kamsa, cruel roi de Varanasi, serait détruit par le huitième enfant de sa propre sœur, Devaki, et du prince Vasudeva de Mathura. Kamsa fit donc emprisonner ces derniers et tuer chacun de leurs enfants à la naissance. Mais leurs fils Balarama, incarnation du cobra divin Sesha, couche de Vishnu flottant sur l'océan primordial, et Krishna, *avatara* de Vishnu lui-même, furent soustraits miraculeusement à la colère du tyran et adoptés par Nanda et son épouse Yashoda, pâtres à Vrindavan. L'enfance de Krishna est émaillée de ses victoires sur les démons envoyés par Kamsa. D'innombrables récits et images populaires décrivent l'« Enfant adorable », au teint bleuté de « jeune

Radha et Krishna

La signification profonde des jeux amoureux de Krishna et des pastourelles gopi *inspira la philosophie religieuse de la* bhakti, *qui, dès les premiers siècles de notre ère, influença toute la culture indienne. Chef-d'œuvre du XII*[e] *siècle populaire dans toute l'Inde, le poème* Gita Govinda, *« Chant du pâtre », décrit l'amour passionné de Krishna et de Radha. En voici une évocation.*

Un jour, tandis que les gopi se baignaient dans la Yamuna, Krishna vola leurs vêtements et ne les leur rendit qu'après que, surmontant leur fierté, elles eurent accepté de se montrer nues, dépouillées de tout artifice. Dès lors, aucun obstacle ne découragea leur amour ardent. Une nuit, leur bien-aimé les appela du son de sa flûte et elles quittèrent subrepticement leur foyer pour accomplir avec lui la célèbre *Rasa Lila* (« jeu de la saveur »), Krishna se démultipliant et dansant simultanément avec chacune. Pourtant, lorsqu'il s'éclipsa avec Radha, sa préférée, elles se retrouvèrent seules et le cherchèrent longtemps, éperdues, avant qu'il ne reparaisse. Mais Radha aussi dut vivre la grande épreuve de la séparation, et dans la profondeur de sa douleur – jusqu'aux portes de la mort –, elle réalisa en même temps l'omniprésence de Krishna, qui lui-même se languissait d'elle.

Réunion de l'insondable Absolu – Krishna « le sombre » – et de l'Amour parfait – Radha, « la lumineuse » –, le couple constitue parfois une seule divinité appelée Radhakrishna.

nuage de mousson », l'irrésistible « pâtre à la flûte », et ses jeux avec les *gopi*, les pastourelles, données pour autant de manifestations de l'amour pour le divin, libre et absolu. C'est avec elles qu'il accomplit la célèbre ronde mystique au clair de lune dite *Rasa Lila*, mille fois représentée dans l'iconographie indienne.

Devenu roi, il épousa Rukmini, incarnation de Lakshmi, ainsi que des milliers d'autres femmes, telles les incarnations de seize mille mélodies, les *ragini*, avec lesquelles il vécut simultanément, car il était capable de se démultiplier à l'infini. Il eut, bien entendu, d'innombrables enfants.

Un récit tente de réconcilier les deux principaux cultes hindous, shivaïte et vishnouite : l'un de ses petits-fils, Aniruddha, ayant été capturé par le démon Bana, protégé du dieu Shiva, Krishna lança, contre le démon, un terrible combat qui ébranla l'univers jusqu'à ce que Shiva ait proclamé que Krishna procédait, tout comme lui-même, de la plus haute divinité. Krishna mena une vie d'une activité incessante, donnée pour témoignage suprême de Karma Yoga (voie de réalisation spirituelle par l'action désintéressée), avec d'innombrables aventures décrites aussi bien par les textes traditionnels que par l'iconographie, et mises en scène par des centaines de danses et théâtres.

Le début du Kali Yuga, dernier âge du cycle de création (p. 74), est marqué par l'autodestruction des membres du clan de Krishna, les Yadava. Leur capitale Dvaraka fut submergée par la mer et Krishna tué par le chasseur Jara, la « vieillesse », qui, prenant pour une biche le talon du grand héros reposant seul au pied d'un arbre dans la forêt, y décocha une flèche. Sa mission sur terre accomplie, Krishna retourna dans sa demeure céleste, Vaikuntha.

Offrant une allégorie de l'intimité du dévot et de son ishta devata, *sa « divinité d'élection », cette miniature de style kangra (environ 1785) dépeint Krishna et son amante Radha dans un bosquet fleuri au bord de la Yamuna. Selon l'imagerie indienne, l'isolement du lieu évoque le caractère secret de leur amour ; l'épanouissement printanier et les couples d'oiseaux en symbolisent la spontanéité ; les lotus représentent la pureté de leur cœur, tandis que les yeux des amants sont comparés à leurs pétales ; la plante grimpante signifie ardente fidélité et le fleuve l'écoulement de la vie.*

SHIVA MAHESHVARA

Érotisme et ascèse du « grand dieu »

Commanditée à un artiste local par l'East India Company (la Compagnie britannique des Indes orientales), cette peinture du XIXe siècle montre le dieu Shiva sur son taureau Nandin. Une statue de ce dernier fait toujours face à l'entrée principale des temples voués à Shiva.

LE LINGAM

Ce phallus, symbolisant Shiva, intègre parfois une figuration anthropomorphe du dieu (ci-dessous). Selon un mythe shivaïte, Vishnu et Brahma discutèrent pour savoir lequel des deux était le plus important, lorsque surgit un pilier incandescent : le *lingam.* Brahma tenta d'en rejoindre le sommet tandis que Vishnu en recherchait la base sans succès. Ils durent alors admettre la supériorité de Shiva.
Shiva s'affirme comme le Maître de l'énergie sexuelle lorsque, sous l'apparence d'un jeune ascète couvert de cendres, il se rend dans une forêt où méditent des ermites. Le soupçonnant de vouloir séduire leurs épouses, ces derniers lui jettent un sort, ordonnant que tombe son phallus. Shiva laisse sciemment opérer leur volonté, et les ermites eux-mêmes perdent leurs facultés viriles tandis que le monde refroidit et s'assombrit. Comprenant alors qui est le jeune ascète, ils érigent un *lingam* et méditent sur le dieu jusqu'à ce que soit ranimé l'univers.

Shiva, « le favorable », a pour origines le terrifiant Rudra, « hurleur », du *Veda* et un dieu prévédique bienveillant lui valant le nom de Pashupati, seigneur des êtres. Dans la Trinité canonique Trimurti il est le Destructeur – de l'illusion plus que du cosmos en tant que tel –, le premier ascète, maître de toute énergie : énergie spirituelle exprimée par son troisième œil et par le Gange mystique dont il amortit la chute sur terre avec sa tête ; énergie cosmique émanant de sa danse tourbillonnante et de son tambour à boules fouettantes ; énergie sexuelle symbolisée par le *lingam,* phallus assurant la pérennité de la création, et dont le contrôle est indispensable à l'aspirant spirituel.

Couvert de cendres, armé du trident, il a vaincu le redoutable tigre de l'emprise des sens et en a revêtu la peau. Il retient dans sa gorge bleutée le menaçant poison surgi lors du barattage de la mer de lait (p. 71). Des principes spirituellement nuisibles – serpents et scorpions venimeux –, il a fait des serviteurs qui l'entourent et le parent. Le fin croissant de lune, protecteur des méditations secrètes, orne sa chevelure feutrée de *yogin.* Maître du Temps, il porte une guirlande de crânes. Sa monture est le taureau Nandin, force vitale qu'il a su dompter. Sa parèdre est Devi, « la déesse » aux « mille noms » (p. 82-83).

La destruction du sacrifice de Daksha

Père de Sati – épouse de Shiva –, Daksha, « l'expert », représente la puissance des rituels brahmaniques auxquels, s'ils sont bien exécutés, les dieux seraient quasiment « obligés » d'obéir. Le mythe suivant figure dans l'épopée du Mahabharata *et cherche à montrer, entre autres, que le rituel n'a de sens que s'il reconnaît la véritable essence spirituelle, ici incarnée par Shiva, dont la stature en tant que dieu suprême et redoutable se voit, par la même occasion, confirmée.*

Dans une version du mythe, Shiva s'arracha une mèche de cheveux qui se transforma en un monstre nanti de mille bras et détruisit le sacrifice de Daksha.

Ayant organisé un grand sacrifice selon les préceptes védiques, Daksha y convia tous les dieux à l'exception de Shiva, qu'il méprisait. Avec Indra à sa tête, l'éclatante procession divine passa devant la demeure de Shiva et Sati. « Ô illustre dieu, pourquoi ne t'y joins-tu pas ? » demanda celle-ci à son époux. A quoi Shiva répondit qu'il n'avait pas été invité. Sati s'exclama : « Seigneur suprême de tous les êtres, j'ai grande honte que te soit refusée la moindre part du sacrifice ! »

Piqué au vif, Shiva rassembla alors ses pouvoirs occultes, saisit son arc tout-puissant et se rua sur le sacrifice, accompagné par ses serviteurs terrifiants, rugissant, éructant des rires horribles, répandant du sang sur le feu sacré, arrachant les poteaux rituels, dévorant les prêtres. Sous la forme d'un cerf, le sacrifice tenta de s'échapper vers les cieux mais Shiva l'abattit d'une flèche. Coulant du front du dieu, une goutte de sueur tomba sur l'aire sacrificielle, y provoquant un feu gigantesque d'où surgit un être monstrueux aux yeux lançant des éclairs. Pris de panique, les dieux s'enfuirent. Cet être était la Maladie, portant partout souffrance et deuil. Brahma promit alors à Shiva une part dans les futurs sacrifices, l'implorant de se calmer et de réduire l'impact de sa malédiction. Shiva divisa donc la Maladie en d'innombrables formes attribuées à chaque être – les éléphants furent dès lors menaçés de maux de tête et les bovins de cécité, les chevaux risquèrent de tousser, les perroquets de hoqueter, les tigres d'être anémiés... et les hommes d'avoir la fièvre.

Plus populaire, une autre version de ce mythe relate comment Sati, en entendant son père proférer d'horribles insultes à l'encontre de Shiva, se jeta, éperdue, dans le feu sacrificiel où elle disparut. Fou de douleur, Shiva détruisit alors le sacrifice de fond en comble et coupa la tête de Daksha, la remplaçant, une fois calmé, par une tête de bouc ; puis il alla méditer sur le mont Kailasa, dans les Himalayas. Sati, cependant, naquit à nouveau en tant que Parvati, fille d'Himavan, roi de la montagne, et elle entreprit une ascèse telle que Shiva l'épousa à nouveau. Ayant fait ses preuves en tant qu'ascète féminine, yogini suprême, Parvati partagea dès lors, et pour toujours, la divinité et les attributs de son époux *(p. 82).*

LE ROI DE LA DANSE

Nataraja, « roi de la danse », est un aspect de Shiva particulièrement important en Inde du Sud. Ce bronze chola du XIe siècle est une représentation classique du dieu accomplissant la « danse de la félicité » Anandatandava, spontanée, sauvage et contrôlée à la fois. La longue chevelure du dieu fouette l'espace infini du cosmos qu'anime l'inépuisable feu de son énergie. Un pied écrasant le misérable petit monstre qu'est l'ego, il brandit la flamme de la connaissance et le tambour dont les vibrations créent et désintègrent tour à tour l'univers. D'une autre main, paume dressée, il fait le geste de protection, et de la quatrième, indique son pied levé – la libération spirituelle, *moksha.*

DEVI

La déesse aux mille noms

Parvati dite Devi est l'épouse du dieu Shiva (p. 80-81) qu'un bronze chola archaïque du IXe-Xe siècle représente ici exécutant la séduisante « danse de la dextérité », Chaturatandava.

Principe féminin par excellence, déesse mère aux origines immémoriales, *shakti* (énergie, parèdre) du « grand dieu » Shiva Maheshvara, Devi, « la déesse », ou Mahadevi, « grande déesse », réunit les caractéristiques de toutes les déesses du panthéon hindou – aussi a-t-elle « mille noms » symbolisant une infinité d'aspects. Elle peut être révérée en compagnie de son époux, douce et bienveillante, ou bien indépendamment, sous des aspects parfois redoutables. En tant que Parvati, « fille de la montagne », Uma, « lumineuse », Gauri, « ensoleillée », elle est avant tout la mère protectrice et l'épouse modèle, la réincarnation de Sati, « la fidèle », qui s'est immolée par amour lors du sacrifice de Daksha (p. 81). Ayant su gagner à nouveau l'amour de Shiva par une ascèse extrêmement sévère, en ignorant l'apparence repoussante du dieu, elle est devenue Mahavidya, « suprême connaissance », capable d'accomplir avec lui la grande danse cosmique de la libération spirituelle, Urdhva Tandava.

Afin de combattre les démons qui assaillent les hommes, elle est Durga, « l'inaccessible », suscitée par les dieux du panthéon, à la fois épouse de Kalki, le dernier avatara de Vishnu, et émanation de Parvati en colère. Chacun de ses nombreux bras brandit alors l'arme spécifique d'un dieu et elle chevauche un fauve terrifiant, tigre ou lion.

Devi est encore Kali, « la noire », parèdre de Shiva Mahakala, « le grand temps », dont elle incarne le pouvoir destructeur (ci-contre). En tant que

Durga et le démon-buffle

Le mythe principal relatif à Durga conte comment la déesse tua le démon-buffle Mahishasura, après que ce dernier eut soumis les dieux mineurs à sa volonté. Munie des armes divines et chevauchant un fauve, Durga naquit de la colère cristallisée des dieux suprêmes Vishnu et Shiva.

Les démons se ruèrent vers la déesse qui les extermina par centaines, avec la massue, le lasso, l'épée, l'arc, le disque, le trident... Mais le grand buffle terrorisait ses troupes et attaqua son lion. Alors la fureur envahit Durga et elle l'attrapa avec son lasso. Paralysé, le démon se transforma en un fauve auquel elle coupa la tête, puis en un homme armé qu'elle transperça de son trident. Emergeant du corps mutilé de l'homme, un énorme éléphant saisit le lion divin dans sa trompe – qu'elle trancha d'un coup d'épée. Alors le démon reprit sa forme de buffle et lança des montagnes entières que la déesse repoussa sans effort avant de bondir sur son dos, de le terrasser et de lui trancher définitivement la tête.

Cette sculpture du XIIIe siècle représente Durga brandissant des armes divines de ses huit bras, pour tuer le démon Mahisha émergeant d'un corps de buffle.

Kali la Noire

Forme redoutable de Devi en tant que vengeresse destinée à « terrifier la terreur », Kali, « la noire », est généralement représentée jeune, avec des formes très féminines, mais la bouche ouverte parfois munie de canines protubérantes, tirant la langue, les yeux écarquillés, vêtue d'une peau de tigre, parée de guirlandes de crânes et brandissant des armes.

En tant que Chamundâ, « celle qui extermina les grands démons Chanda et Munda », elle apparaît comme une vieille sorcière assoiffée de sang, échevelée, décharnée et revêtue d'une peau d'éléphant.

Après avoir terrassé, rugissante, Chanda et Munda, elle se rua allègrement contre le démon Raktapa (« suceur de sang ») que les sept Matrika (« petites mères » de la création) n'avaient réussi qu'à blesser – or les gouttes de sang du démon se transformaient en autant d'autres démons semblables. Dévorant rapidement les petits démons déjà apparus et suçant avidement, à son tour, le sang du démon-vampire Raktapa, elle en fit une dépouille parcheminée.

Cette image populaire vendue aux pèlerins de Kalighat montre Kali bénissant ses dévots tout en tenant la tête coupée d'un démon.

A partir du XVIIIe siècle, des bandits appartenant à la secte des Thug se cachaient dans les forêts du Bengale et d'Orissa, perpétrant des crimes sanguinaires contre les musulmans et les Britanniques. Ils se réclamaient de la déesse Kali, invoquant une variante du mythe précédent. Fatiguée par ses exploits, la déesse aurait, avec la sueur perlant sur ses bras, créé deux hommes auxquels elle aurait ordonné de continuer à tuer les démons sans répandre de sang, en les étranglant, puis de les lui offrir en guise de victimes sacrificielles.

Aujourd'hui, des chèvres sont quotidiennement sacrifiées en l'honneur de Kali, dans son grand temple de Kalighat (Calcutta).

Bhadrakali, « Kali de bon augure », elle est l'objet de nombreux cultes et danses rituelles du sud de l'Inde.

On retrouve en Devi une multitude de déesses locales dont les cultes répondent à des préoccupations spécifiques, telles que Manasa, déesse bengalie du Venin, qui règne sur les serpents et inspire les guérisseurs, ou encore Mariyamman et Sitala, invoquées lors d'épidémies et auxquelles sont offerts de nombreux sacrifices d'animaux (poulets, chèvres, buffles...). Autre visage de la déesse, celui de Kanya Kumari, « la vierge demoiselle », a donné son nom indien au cap Comorin, à l'extrême sud du sous-continent. Elle y incarne l'éternelle fiancée de Shiva résidant dans le grand temple voisin de Suchindram. Qualifiée de Parashakti, « énergie suprême », elle y cristallise les vertus infinies de la chasteté, permettant de détruire n'importe quel pouvoir maléfique.

Enfin, l'un de ses aspects remarquables est celui de Minakshi « aux yeux en forme de poisson », princesse-déesse d'origine pré-hindoue, tutélaire de Madurai en Inde du Sud, où un festival grandiose célèbre chaque année son mariage avec Shiva Sundareshvara, « dieu de beauté ». Elevée en guerrière émérite, elle régna à la suite de son père, conquérant le « monde entier » jusqu'au jour où, parvenue devant Shiva, dans les Himalayas, elle fut envahie de timidité et d'une réserve toute féminine. Ce mythe reflète bien la volonté de l'orthodoxie brahmanique de soumettre le sud dravidien de l'Inde, dont l'un des aspects – et non des moindres – était le statut d'égalité des hommes et des femmes.

MARIYAMMAN

Mariyamman est le nom d'une déesse de village répandue en Inde du Sud, donnée pour un aspect de Devi. Il est dit qu'elle fut une jeune brahmane qu'un intouchable épousa par la ruse. Lorsqu'elle découvrit le stratagème, elle se suicida et fut transformée en déesse.

LA FAMILLE DE SHIVA

Shiva, Parvati, Skanda, Ganesha

On voit ici Shiva et les siens dans l'intimité familiale, entourés de leurs véhicules attitrés, leurs vahana, *symbolisant l'une de leurs principales qualités. Le rat de leur fils à tête d'éléphant Ganesha représente l'habileté à vaincre les obstacles, et le paon tueur de serpents de Skanda, leur enfant à six têtes, incarne la fière férocité du guerrier modèle face à l'ennemi.*

SKANDA ET GANESHA

Skanda et Ganesha ont chacun une origine bien particulière. Lors de leur nuit de noces, Shiva et Parvati furent dérangés par les dieux qui craignaient qu'ils ne conçoivent des enfants par trop puissants ; aussi le sperme brûlant de Shiva tomba-t-il dans le Gange où la déesse Ganga le protégea jusqu'à la naissance d'un enfant à six têtes, Skanda, qu'élevèrent les Pléiades avant de le remettre à Parvati. Celle-ci éprouva tant d'amour pour le bébé que le lait jaillit de ses seins dès qu'elle le vit. Avec la pâte de santal dont elle s'enduisait le corps, Parvati façonna un merveilleux enfant, Ganesha, qu'elle institua gardien de sa porte. Empêché de pénétrer chez son épouse par l'enfant scrupuleux, Shiva se mit en colère et lui trancha la tête. Parvati en conçut une rage démesurée, menaçant de détruire l'univers, aussi Shiva prit-il la tête d'un éléphant qui passait pour remplacer au plus vite celle qu'il avait coupée. Ainsi ressuscita Ganesha, dont Shiva admira le courage et qu'il adopta comme un fils légitime et bien-aimé.

Shiva, Parvati et leurs fils Skanda et Ganesha forment une famille unie, source de bien des légendes où des tempéraments très « humains » leur sont attribués, non sans humour. Nombre de récits relatent les querelles et réconciliations du couple divin. Ainsi, Parvati ayant un jour, par jeu, posé les mains sur les yeux de son époux, l'univers bascula dans l'obscurité et Shiva, irrité, révéla son troisième œil. Une autre fois, Shiva s'étant moqué de sa peau sombre, la déesse entreprit une ascèse telle qu'elle acquit un éclatant teint doré, tandis que, selon certaines versions, son aspect obscur fut baptisé Kali, « la noire ».

D'autres mythes évoquent l'inconscience des enfants : comment Skanda, jouant avec la guirlande de crânes de son père ou confondant son croissant de lune avec un pétale de lotus mit, sans le savoir, l'équilibre universel en péril.

LE MYTHE JAÏN

Une réaction à l'hindouisme

Dans sa cosmogonie comme dans son « histoire universelle » très élaborée, le jaïnisme révèle son héritage hindou. Toutefois, sa présentation est bien particulière, marquée par une tendance indubitablement rationaliste, un goût prononcé pour les grands nombres, les schémas et généalogies complexes, résultant en des durées fantastiques et une pléthore de dieux et de détails cosmographiques.

L'histoire universelle jaïne est centrée sur des séries de soixante-trois « surhommes », les Shalaka-purusha, marquant les périodes évolutives et involutives que subit perpétuellement l'univers.

Chaque série de surhommes comprend vingt-quatre prophètes Tirthankara, « faiseurs de gués », douze Chakravartin, « empereurs universels », et neuf triades de héros comprenant chacune un Baladeva, un Vasudeva et un Prativasudeva. Cependant, si le jaïnisme mentionne quelques Shalaka-purusha appartenant à la moitié de cycle précédente et à la moitié future, les mythes eux-mêmes ne concernent que ceux qui appartiennent au demi-cycle actuel, involutif.

Les triades de héros jaïns s'inspirent de toute évidence du mythe hindou relatif à Krishna Vasudeva et à son frère aîné, Balarama ou Baladeva. Ainsi les Baladeva jaïns sont-ils toujours les demi-frères aînés des Vasudeva, tandis que les Prativasudeva sont des ennemis maléfiques. L'iconographie elle-même témoigne de cette parenté avec le mythe hindou. C'est en ce qui concerne le sort final des héros que la différence se radicalise : en effet, si Vasudeva est un guerrier de plus en plus important, il finit toutefois en enfer, car il a commis le péché de violence, *himsa*, tandis que, pour sa part, Baladeva renonce au monde, devient moine et parvient à la libération spirituelle, *mukti*.

La cosmogonie jaïne

Selon le jaïnisme, l'univers est composé de trois mondes formant le Purusha, l'Homme cosmique, et organisés autour d'un axe vertical le long duquel circulent les êtres « mobiles ».

Jambes du Purusha, le monde inférieur comprend sept régions habitées par différentes sortes de démons. Le monde médian, corps du Purusha, inclut le Jambudvipa, « continent de l'arbre *jambu* » semblable à celui des *Purana* hindous, où vivent les humains et au centre duquel s'élève le mont Meru. Ce continent est entouré par sept océans de différentes natures (le plus proche étant l'océan de Sel) alternant avec six autres continents disposés en anneaux concentriques. Tête du Purusha, le monde supérieur commence au-dessus du mont Meru et compte huit niveaux habités par les dieux. Enfin, au plus haut, correspondant au « chignon » de l'Homme cosmique, évoluent les âmes libérées de l'emprise des renaissances.

Proche du concept hindou selon lequel chaque cycle de création comprendrait quatre âges involutifs, les *yuga*, la cosmogonie jaïne affirme que, bien que l'univers soit indestructible, des « cycles de temps » se succèdent et sont divisés en deux moitiés, l'une évolutive, l'autre involutive, comptant chacune six *yuga*.

Tirée d'un manuscrit jaïn du XVe-XVIe siècle, cette image illustre la naissance, vers le VIIIe siècle av. J.-C., du vingt-troisième prophète Tirthankara, « faiseur de gués », le prince Parshvanatha devenu ascète et fondateur d'un ordre monastique. Les vingt-quatre prophètes jaïns possèdent chacun un symbole distinctif. Celui de Parshvanatha est un cobra à sept têtes. Celui de son prédécesseur est une conque marine, tandis que le lion est celui de son successeur Vardhamana Mahavira, « le grand héros », fondateur historique du jaïnisme au VIe siècle av. J.-C.

VERSIONS JAÏNES DE MYTHES HINDOUS

Tout comme le bouddhisme, avant de devenir une religion à part entière, le jaïnisme ne fut d'abord qu'une secte émanant du fonds culturel indien en général. Il en adopta donc tout naturellement de nombreux aspects mythiques, les transformant toutefois pour les adapter à son idéologie religieuse de non-violence *ahimsa* et en renversant les valeurs. Ainsi, dans le jaïnisme, Krishna (p. 78-79) est-il voué à l'enfer à cause de son aspect guerrier, tandis que le frère de Rama, Lakshmana (p. 77), s'avère un grand pécheur coupable du meurtre de Ravana – lequel, d'épouvantable démon, devient un pieux jaïn dont la seule faiblesse est sa passion pour Sita.

L'ÉVEILLÉ

Mythes du bouddhisme

Philosophie de la salvation, le bouddhisme n'a théoriquement que faire d'une mythologie. En pratique toutefois, les bouddhistes de tous pays font appel aux mythes locaux pour illustrer leur vision du monde. En Inde, où il naquit, au VIe siècle avant J.-C., le Bouddha reçut bientôt des attributs relevant de la mythologie hindoue et, devenus spectateurs ou acteurs secondaires, les dieux hindous figurèrent dans le récit de la quête de Gautama et de la réalisation spirituelle qui fit de lui le Bouddha, l'Eveillé. Apparu au début de l'ère chrétienne, le Mahayana, « Grand Véhicule », transforma la philosophie bouddhiste en une véritable religion accessible au plus grand nombre, où la mythologie joua un rôle accru. Le culte d'innombrables Bodhisattva, êtres purs en voie d'identification au Bouddha, permit à une mythologie proprement bouddhiste de se développer, intégrant toutefois d'anciens thèmes hindous. Il semble qu'avant d'être revêtus d'identités indépendantes, les Bodhisattva aient incarné divers aspects de la personne de Gautama. Le plus ancien est Maitreya, « la bonté », résidant encore au paradis de félicité Tushita, et destiné à s'incarner sur terre dans l'avenir.

La vie du Bouddha

Une nuit, la reine hindoue Maya Devi de Kapilavastu rêva avec une joie indicible qu'un éléphant blanc à six défenses pénétrait dans son sein.

Neuf mois plus tard, dans les jardins de son père, au Népal, la reine saisit le rameau parfumé d'un grand arbre et, immobile, donna le jour sans effort à un enfant merveilleux : Siddhartha Gautama, « l'accompli ». A peine né, celui-ci fit sept pas vers chaque point cardinal et déclara : « Voici ma dernière naissance, je détruirai les racines de la douleur et obtiendrai la délivrance », tandis que pleuvaient des pétales de fleurs. Les brahmanes de la cour prédirent qu'il deviendrait soit Empereur universel, soit Maître spirituel suprême. Désirant un fils monarque plutôt qu'ascète, le roi Shuddodhana l'éduqua en guerrier *kshatriya* et l'entoura de luxe pour qu'il ne s'interrogeât pas sur le sens de la vie. A seize ans, Siddhartha épousa la princesse Yashodara et devint père. Pourtant, à vingt-neuf ans, lors de sa première sortie hors de la cité royale, il découvrit la vieillesse – un vieillard décrépit –, la souffrance – un homme malade –, la mort – un enterrement –, mais aussi la sérénité, en Parivradjaka, sage errant qui lui conféra sa première initiation sur la voie de la paix : renonciation aux désirs éphémères, pureté, compassion.

*Le Bouddha possède trente-deux marques distinctives, dont l'*urna, *spirale de poils blancs entre les sourcils, l'*ushnisha, *« chignon » au sommet du crâne, et des lobes d'oreilles très allongés. Statue du Gandhara, IIe s. ap. J.-C.*

Alors Siddhartha quitta en secret ceux qu'il aimait et, tête rasée, vêtu en moine, il erra pendant sept ans – sans toutefois trouver satisfaction. Parvenu près de Gaya, au Maghada, il s'assit en méditation *dhyana* sous un arbre pipal et jura de ne plus bouger avant d'avoir conçu la Vérité. Demeuré ferme malgré les tentations, au bout de quarante-neuf jours il atteignit à la *bodhi*, l'Éveil, mais demeura encore sept semaines avant de décider de renoncer provisoirement au *nirvâna* (p. 69) pour prêcher la Bonne Loi. Le Bouddha donna son premier sermon à Sarnath, dans le célèbre bois des Gazelles. A l'âge de quatre-vingts ans, ayant converti rois et humbles, hommes et femmes, il entra dans le Parinirvâna, la « suprême béatitude ».

Les vies antérieures du Bouddha

L'état de Bouddha, « éveillé » à la Vérité, et le nirvâna *ne peuvent être atteints qu'après une disparition progressive du* karma, *résidu des actions et des pensées déterminant la destinée d'un individu et ses incarnations. Dans cette perspective, un Bodhisattva (« sage en essence ») est un être pur, destiné à devenir Bouddha.*

Selon le bouddhisme Hinayana (p. 69), le Bouddha connut plus de cinq cents vies antérieures en tant que Bodhisattva, contées par des légendes populaires, les *Jataka* (« nativités »). L'une d'elles relate comment, né lièvre, il voulut se jeter dans le feu afin de s'offrir à un mendiant affamé. Or le mendiant était le dieu Indra lui-même qui arrêta l'animal héroïque et dessina, pour le glorifier à jamais, une image de lièvre sur la lune. L'un des *Jataka* les plus célèbres relate l'histoire de l'avant-dernière incarnation humaine du Bodhisattva, devenu ensuite un dieu du paradis Tushita (p. 86), avant de revenir une dernière fois sur terre en tant que Siddharta Gautama, le Bouddha. D'une générosité extraordinaire, le prince Vessantara possédait un éléphant blanc miraculeux qui assurait toute la pluie nécessaire au royaume. Pourtant, il en fit don aux envoyés d'une principauté voisine dévastée par la sécheresse. Outrés, les sujets exigèrent que leur roi bannît son fils. Accompagné par son épouse et ses deux enfants, le prince partit donc vers le nord. Mais à peine eut-il atteint le royaume voisin qu'un habitant lui demanda ses chevaux, un autre son char, un troisième ses derniers biens... qu'il leur abandonna de bonne grâce. Réduits à l'indigence, Vessantara et les siens parvinrent dans les Himalayas et s'installèrent dans une hutte misérable. C'est alors qu'un ascète errant réclama les enfants pour qu'ils l'aidassent à mendier – ce que Vessantara accepta sans discuter. Or tous ces quémandeurs étaient en fait des dieux venus mettre la générosité du prince à l'épreuve. Aussi, lorsqu'il fit don de son épouse à un brahmane (le dieu Indra), celui-ci, pris de compassion, la lui rendit, exigeant que le couple ne se séparât plus jamais. De son côté, « l'ascète » ramena les deux enfants à la cour du roi qui, pris de remords, rappela auprès de lui son fils et sa bru. Les dieux se révélèrent alors, rendirent l'éléphant magique, le vieux roi abdiqua pour finir ses jours en méditation, selon la coutume, et Vessantara fut couronné dans la liesse.

Illustrant un Jataka, *ce médaillon en marbre décorait la balustrade extérieure du grand monument commémoratif stupa d'Amaravati (170 ap. J.-C.).*

Originaire de l'Inde orientale, cette sculpture du IXe-Xe siècle représente le Bodhisattva incarnant la compassion infinie du Bouddha : Avalokiteshvara, « le seigneur qui contemple », tenant un lotus dans la main gauche. Sa main droite ouverte paume de face et tournée vers le bas signifie le don. Sa parure élaborée indique sa participation au monde séculier, mais, sur sa tête, l'effigie d'Amitabha, Bodhisattva de la « grande méditation », rappelle sa nature réelle.

LES BODHISATTVA DU MAHAYANA

Forme apparue vers le Ier siècle et faisant du bouddhisme une véritable religion populaire, les Bodhisattva sont des « sages en essence » ayant renoncé à la béatitude du *nirvâna* par compassion pour l'humanité. Résidant au paradis Tushita, ils sont toujours prêts à répondre aux suppliques des hommes et incarneraient, de fait, des aspects spécifiques du Bouddha. Outre les deux mentionnés ci-dessus, on en compte souvent vingt-cinq principaux, dont Maitreya, « l'amical », future incarnation sur terre ; Manjushri, « le charmant », Grand Instructeur spirituel, Vajrapani, « le porteur de foudre », destructeur du mal.

LA CHINE

Vue du toit à l'intérieur du qiniandian *(salle de prière pour une bonne moisson), situé à l'extrémité nord de l'enceinte du temple du Ciel à Pékin. Dans cette salle, l'empereur, en tant que représentant du ciel sur la terre, récitait des prières pour obtenir de bonnes récoltes.*

La mythologie chinoise peut être datée d'environ 4 000 ans, même si, dans le nord de la Chine, d'importants vestiges n'attestent d'un fort peuplement humain qu'autour de 3 000 ans av. J.-C. Entre 2 000 ans, au plus tard, et environ 1 500 ans av. J.-C., cette région du nord était principalement dominée par un peuple, les Xia, à l'évidence de tradition tribale. A l'origine, leur animal totem était le serpent, qui apparaît dans quelques-uns des plus anciens mythes chinois. Celui-ci devint ensuite le dragon, symbole essentiel de la mythologie et de la culture chinoise (p. 92).

Vers 1500 av. J.-C., les Xia furent renversés par les Yin, fondateurs de la dynastie Yin ou Shang, dont l'emblème était l'Oiseau rouge, symbole du Sud. Les Yin adoraient plusieurs divinités, dont le Soleil, la Lune, les Nuages, la Terre, les Montagnes, les Fleuves et les quatre Points cardinaux. Leur principal dieu était Shang Di, vénéré comme l'ancêtre de la dynastie. Les hommes tentaient d'entrer en communication avec les esprits en déchiffrant les craquelures produites par le feu sur des os divinatoires, ainsi que par diverses pratiques chamaniques telles que le chant, la danse ou les transes extatiques.

Sous la dynastie des Zhou, certaines familles adoptèrent un patronyme héréditaire et le culte des ancêtres se développa. Les anciens dieux ne disparurent pas complètement : Terre, Pluie, dieux des Fleuves demeurèrent populaires, mais les Zhou préférèrent adorer Tian, le Ciel (p. 100). A la fin de la dynastie, apparurent de nouvelles philosophies politiques. La règle de vie exposée par Confucius, transcription latine de Kong Fuzi ou Maître Kong (551-479 av. J.-C.) repose sur le respect des rites, la piété filiale et l'éducation. Elle domina la vie chinoise jusqu'à l'avènement du communisme. Autre grande école de pensée, le taoïsme (p. 98) préconise l'existence d'un Etat non interventionniste et le retour à la simplicité rurale. Il proclame la nécessité pour l'homme de vivre en harmonie avec la nature, sans tenter de la dominer. Le yin et le yang, principes féminin et masculin (p. 90) doivent s'équilibrer.

Les confucéens se montrèrent assez agnostiques quant aux divinités et esprits de la tradition. En revanche, face à l'émergence du bouddhisme (p. 96), le taoïsme acquit un caractère plus religieux et se forgea une mythologie propre. Taoïsme, bouddhisme, confucianisme et anciennes croyances traditionnelles cohabitaient dans un esprit de respect mutuel et de tolérance. Et ce climat de paix explique la très grande richesse culturelle de la mythologie chinoise.

LES CINQ ÉLÉMENTS ET LES CINQ MONTAGNES SACRÉES

On en ignore la raison mais, depuis les temps les plus reculés, le nombre cinq a pour les Chinois une signification particulière. La structure physique de l'univers est constitué, selon eux, de cinq éléments – bois, feu, terre, métal et eau – qui sont autant de forces réagissant les unes par rapport aux autres. A chaque élément sont associés une des cinq saisons, dont un « centre » mystique, un des points cardinaux, avec également un « centre » (p. 21) et une planète.

Bois	Printemps	Est	Jupiter
Feu	Eté	Sud	Mars
Terre	Centre	Centre	Saturne
Métal	Automne	Ouest	Vénus
Eau	Hiver	Nord	Mercure

Depuis les temps anciens, les montagnes ont toujours été vénérées comme des divinités agissantes, sensibles aux prières et aux sacrifices. Cinq monts furent spécialement désignés comme sacrés par les souverains chinois : Hengshan (pics du Nord et du Sud) ; Huashan (pic de l'Ouest) ; Songshan (pic du Centre) ; et Taishan (pic de l'Est). Ce dernier était le plus prestigieux. Il se situait près de Qufu, lieu de naissance de Confucius, et lui furent conférés à travers les siècles plusieurs titres de noblesse, depuis celui de duc jusqu'à celui d'empereur. Aucun souverain n'aurait osé y offrir un sacrifice si son règne n'avait été remarquable. Outre ces cinq montagnes, certaines étaient sacrées pour les taoïstes, d'autres pour les bouddhistes, et Kunlun, tout à fait à l'ouest, hors de l'ancien empire, était considéré comme la demeure des dieux, quasiment une prolongation du ciel.

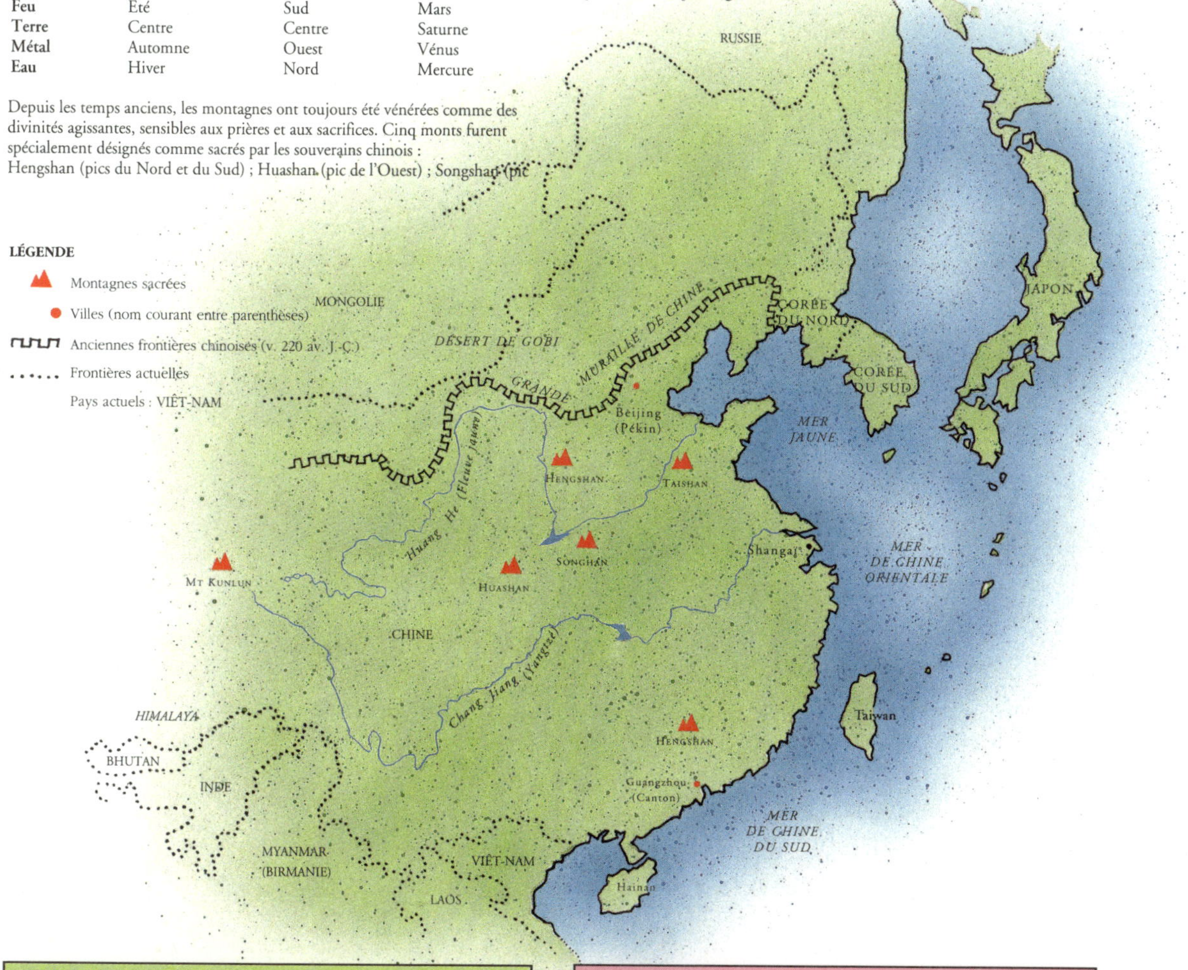

TABLE DES PRONONCIATIONS

Les noms chinois sont tous dans ce chapitre transcrits en pinyin, système alphabétique et phonétique désormais unanimement accepté pour l'épellation du chinois.

Pinyin	Equivalent français approximatif
[c]	*ts* de « tsar »
[z]	*dz*
[j]	*g* de « gingembre »
[zh]	*dj* de « djinn »
[q]	*tch*
[x]	entre *s* et *ch*
[r]	*r* non roulé

LES DYNASTIES CHINOISES

Xia	v. 2000-v. 1500 av. J.-C.
Shang ou Yin	v. 1500-1050 av. J.-C.
Zhou	1050-221 av. J.-C.
Qin	221-206 av. J.-C.
Han	206 av. J.-C.-220 ap. J.-C.
Wei, Jin et dynasties du Nord et du Sud	220-581
Sui	581-618
Tang	618-907
Cinq dynasties et dix royaumes	907-960
Song	960-1279
Yuan	1279-1368
Ming	1368-1644
Qing	1644-1911

L'ORDRE ISSU DU CHAOS

Pan Gu et Hun Dun

Le plus grand récit cosmogonique de Chine décrit la création du monde par un dieu originel nommé Pan Gu. Son culte a survécu parmi certaines minorités ethniques du sud (les Miao, les Yao, les Li...). Ce dieu serait né de la rencontre du yin et du yang, les deux forces vitales de l'univers (la figure en bas du panneau ci-contre représenterait Pan Gu). Dans les ténèbres d'un énorme œuf primordial Pan Gu surgit et se développa pendant 18 000 ans. Puis l'œuf s'ouvrit : ses parties transparentes et légères se mirent à flotter pour constituer le ciel, ses parties lourdes et opaques à s'enfoncer pour former la terre.

Alors, Pan Gu se dressa. Pour empêcher la terre, encore fluide, et le ciel de se mêler à nouveau, il grandit de dix pieds par jour et les maintint écartés. Pendant encore 18 000 ans, la terre et le ciel, ainsi séparés, se solidifièrent. Pan Gu put enfin se reposer, il s'étendit et mourut. De son souffle naquirent le vent et les nuages, sa voix se mua en tonnerre, son œil gauche en soleil, son œil droit en lune, ses cheveux et ses moustaches en étoiles dans le ciel. Les autres parties de son corps donnèrent naissance à des éléments constitutifs de la terre, comme les montagnes, les fleuves, les chemins, les plantes, les arbres, les métaux, les pierres précieuses et les rochers. De sa transpiration jaillirent la pluie et la rosée.

C'est au cours du IIIe siècle ap. J.-C. que s'élabora ce mythe de Pan Gu, bien que son personnage apparût dans des textes antérieurs. Dans une des nombreuses variantes ultérieures, l'alternance des jours et des nuits est expliquée par le battement des paupières de Pan Gu.

La mort de Chaos

Parmi les meilleures sources de l'ancienne mythologie chinoise, figurent les récits allégoriques que contiennent les œuvres des philosophes classiques. La brève légende cosmogonique, très célèbre, de la mort de Chaos en est un excellent exemple. Elle appartient au Zhuangzi, *ouvrage qui porte le nom de son auteur, l'un des premiers lettrés taoïstes, et qui date du IVe siècle av. J.-C. Ce conte décrit les deux principes en présence dans l'univers primordial, séparés par le chaos, ces trois entités étant personnifiées par trois empereurs.*

Shu, l'empereur de la mer Septentrionale, et Hu, l'empereur de la mer du Sud, se rencontraient souvent sur le territoire de Hun Dun (Chaos), l'empereur du Centre, très hospitalier envers eux. Un jour que Shu et Hu se consultaient sur les moyens de remercier Hun Dun de son amabilité, ils s'avisèrent qu'ils possédaient sept orifices corporels, qui leur permettaient de voir, d'entendre, de manger, etc., alors qu'Hun Dun n'en n'avait qu'un. Les deux empereurs décidèrent donc, pour manifester leur gratitude envers leur hôte, de pratiquer des trous dans son corps à l'aide de ciseaux et de pointes, à raison d'un trou par jour. Sept jours plus tard, ils avaient achevé leur ouvrage ; malheureusement Hun Dun en était mort. Tandis que Chaos expirait, le monde ordonné voyait le jour.

YIN ET YANG

A l'origine, le terme yang signifiait la lumière du soleil ou du jour, et yin l'ombre, les ténèbres. Puis ces deux entités furent considérées comme des forces cosmiques qui, agissant l'une sur l'autre, créèrent l'univers. Le yang représente la virilité, l'activité, la chaleur, la sécheresse, la dureté, etc., le yin la féminité, la passivité, le froid, l'humidité, la douceur. Les propriétés yin et yang sont souvent antagonistes : vie et mort, masculin et féminin, bien et mal. Sur un plan plus philosophique, yin et yang sont complémentaires et interdépendants. Le panneau de laque rouge ci-dessus comporte le signe du yin et du yang entouré des huit symboles utilisés en divination.

NÜ GUA ET FU XI

Création de l'humanité, mythe du déluge

Parmi les plus anciens mythes chinois figurent les aventures de la déesse Nü Gua et du dieu Fu Xi. Ces divinités ont une origine obscure, mais leurs deux noms dérivent de mots signifiant « potiron » ou « melon », fruits qui apparaissent également dans les mythes de fécondité et les cosmogonies d'autres cultures. Sous la dynastie des Han, ces personnages sont souvent représentés comme un couple marié, avec des visages humains et des corps de serpents enlacés. Mais il se peut que Nü Gua et Fu Xi aient été à l'origine des divinités séparées, dont les histoires se sont rejointes par la suite, comme en Grèce celles de Zeus et d'Héra (p. 132). Leurs queues de serpent semblent indiquer une parenté avec l'animal totem de l'ancien peuple des Xia. A partir du IVe siècle av. J.-C., Nü Gua et Fu Xi sont souvent mentionnés dans d'autres mythes. Les trois principaux thèmes sont : la création de l'humanité, ses premiers combats contre des catastrophes naturelles, notamment le déluge, et d'anciennes épopées guerrières. Nü Gua fut particulièrement vénérée comme créatrice et protectrice du peuple originel (ci-dessous).

Selon l'une des principales légendes, lorsque la déesse vivait sur terre, une querelle s'éleva entre le dieu du Feu, Zhu Rong, seigneur de l'univers, et Gong Gong, dieu de l'Eau, désigné parfois comme le fils de Zhu Rong. Le dieu du Feu gouvernait l'univers avec sévérité mais sagesse, s'assurant que le soleil apparaissait bien régulièrement dans le ciel et que le peuple créé par Nü Gua jouissait de conditions favorables pour sa vie quotidienne. Mais Gong Gong, personnage hideux, doté d'un corps de serpent et d'une tête humaine couverte d'une épaisse

FU XI, PREMIER EMPEREUR

Sous la dynastie des Han (220 av.-220 ap. J.-C.), les périodes obscures du passé furent comblées par des dynasties imaginaires. De nombreux mythes furent alors réécrits à la manière de chroniques véridiques, et certains personnages mythologiques furent qualifiés d'empereurs. Fu Xi devint ainsi le premier empereur, un des « cinq Augustes de la haute Antiquité », et son règne fut fixé entre 2852 et 2737 av. J.-C. Il aurait eu quatre têtes, afin de surveiller les quatre directions, ce que les historiens interprétèrent comme représentant quatre ministres. Il devint une grande figure civilisatrice et il lui fut attribué le mérite d'avoir enseigné au peuple la pêche au filet et l'élevage des animaux domestiques. Il aurait également créé des instruments de musique et inventé le premier système d'écriture chinois, pour communiquer autrement qu'au moyen de cordes nouées.

Race de boue

Nü Gua serait descendue du ciel pour venir habiter sur la terre après la séparation de la terre et des cieux et la création des collines, des fleuves des animaux et des plantes. Le mythe que voici retrace comment la race humaine est née de la boue.

Après quelque temps passé sur terre, Nü Gua souffrit de la solitude, ressentant dans le monde un grand vide. Un jour qu'elle voyait son reflet dans le miroir, une idée lui vint. Elle prit une poignée de boue et la modela, en miniature, à sa ressemblance. Ce fut le premier être humain. Quand la déesse posa la créature sur le sol, celle-ci se mit à crier et à danser de joie. Satisfaite de son ouvrage, Nü Gua prit davantage de boue pour créer toute une foule de personnes. Celles-ci se dispersèrent dans le pays, mais elle pouvait entendre leur voix, et jamais plus elle ne se sentit seule.

Puis la déesse comprit que, pour peupler le monde entier, elle devait travailler plus rapidement, avec plus d'efficacité. Elle plongea un pied de vigne dans de la boue très humide et le secoua dans tous les sens. De chaque giclée naquit un être humain. Très vite, Nü Gua peupla ainsi le monde, et put se reposer. Plus tard, quand certains vieillirent, puis moururent, elle enseigna aux hommes à se reproduire et à élever des enfants.

Peinture du début du XXe siècle, représentant Nü Gua avec un corps de serpent.

chevelure rousse, était jaloux de Zhu Rong et déterminé à lui arracher le pouvoir qu'il exerçait sur le monde. Le combat entre les dieux fit rage, d'abord dans le ciel, puis sur la terre. Gong Gong rassembla toutes les créatures de la mer et des rivières pour attaquer les forces du dieu du Feu. Mais elles ne purent soutenir la brûlante chaleur du soleil, l'eau se mit à bouillir dans leur corps, les laissant desséchées et sans force.

Les tentatives de Gong Gong pour s'emparer du pouvoir échouèrent donc. De dépit, sa colère éclata. Il donna un grand coup de tête dans la montagne Imparfaite, qu'il réduisit en un amas de pierres. Or, cette montagne si curieusement nommée constituait l'un des principaux piliers qui soutenaient le ciel au nord-ouest de l'univers. Sa disparition laissa donc une large brèche qui produisit sur la terre une dépression analogue au sud-est. Le monde perdit son équilibre, et les populations souffrirent grandement des désastres qui s'ensuivirent : des incendies dévastèrent bois et collines, des inondations envahirent les plaines, les eaux affluèrent vers le sud-est où la terre était désormais plus basse. Ceci expliquerait pourquoi les grands fleuves de Chine coulent principalement d'ouest en est.

Nü Gua ne pouvait demeurer insensible à la souffrance de ses enfants. Pour réparer les dommages produits dans le ciel, elle se rendit dans le lit d'un fleuve pour chercher de très nombreuses pierres. Dans un four qu'elle construisit, elle les fit fondre afin de les modeler aux formes requises. Puis, s'envolant vers le ciel, la déesse combla les espaces manquants avec ces pierres en les façonnant pour qu'il ne subsistât pas le moindre interstice. Enfin, pour que le ciel ne risquât pas de se fracturer à nouveau, Nü Gua tua une tortue géante dont elle utilisa les quatre pattes pour remplacer la montagne Imparfaite. Elle fit, en outre, brûler des joncs et, avec les cendres, égalisa les berges du fleuve de manière à endiguer ses crues.

Tortue en bronze de la Cité interdite (palais impérial) à Pékin. Susceptibles de porter de lourdes charges sur leur dos, les tortues étaient un symbole de vigueur et de permanence. La déesse Nü Gua se serait servie des pattes d'une tortue pour soutenir le ciel après la chute de la montagne Imparfaite (ci-contre).

Yu le Grand

De très nombreux mythes chinois, outre ceux qui mettent en scène Nü Gua et Fu Xi, décrivent un déluge passé. Le plus populaire a trait à un héros du nom de Yu le Grand. Dans la version originale, Yu est un dragon, ou bien mi-homme mi-dragon, et son père, Gun, fut envoyé sur terre pour maîtriser une inondation. Dans la version postérieure, Yu est devenu entièrement humain.

Shun, empereur légendaire, chargea Yu de maîtriser les eaux d'une très forte inondation. Pendant treize ans, Yu ne cessa de travailler. Ses mains s'usèrent à la tâche, ses pieds se couvrirent de callosités. Puis, il ne marcha plus que péniblement, sa peau se dessécha au soleil, il devint d'une maigreur extrême.

Enfin, son labeur fut récompensé. Grâce à un système de canaux artificiels, il put rejeter toute l'eau dans la mer. Pour prix de ses services, Shun abdiqua en sa faveur, et Yu devint le premier empereur de la dynastie des Xia. Il aurait régné de 2205 à 2197 av. J.-C., et sa tombe supposée existe toujours, près de l'actuelle Shaoxing, dans la province de Zhejiang.

Yu, fondateur mythique de la dynastie des Xia, aurait été, à l'origine, un dragon, et chaque empereur était considéré comme l'incarnation de cet animal. La représentation ci-dessus se trouve dans la Cité interdite.

Les enfants de la citrouille

Intégrés dans un contexte beaucoup plus vivant et complet que les versions écrites par les Han, Fu Xi et Nü Gua figurent également dans les contes oraux des peuples Miao et Yao du sud de la Chine. Voici une version écourtée de la légende de Fu Xi et Nü Gua, telle que la racontent les Yao de la province de Guizhou.

Wen Zhong, ministre du Tonnerre. Dans les mythes anciens, le dieu du Tonnerre est présenté comme un animal hideux mais, dans les sources plus tardives, tout phénomène naturel participe d'un gouvernement céleste qui reflète l'administration impériale terrestre.

Un jour d'été, il y a bien longtemps, un homme travaillait dans son champ, quand retentit au loin un grondement de tonnerre. Aussitôt, il fit rentrer ses deux enfants, un garçon et une fille, et suspendit une cage en fer sous la gouttière. Bientôt, il se mit à pleuvoir si fort que l'homme prit une fourche, du type de celle que l'on utilise pour chasser le tigre, ouvrit la porte de la cage et se posta devant la maison.

Soudain, il y eut un immense éclair, suivi d'un grondement de tonnerre, et le dieu du Tonnerre descendit des nuages, une énorme hache de combat à la main. L'homme se précipita sur le dieu, le transperça de sa fourche et le poussa dans la cage dont il ferma hermétiquement la porte. Dès que le dieu du Tonnerre fut fait prisonnier, la pluie cessa, le vent se calma. Le lendemain, l'homme décida de se rendre au marché, acheter des herbes et de la sauce pour assaisonner le dieu lorsqu'il l'aurait tué. Il recommanda à ses enfants de ne lui donner de l'eau à boire sous aucun prétexte en son absence. Mais, dès que l'homme fut parti, le dieu du Tonnerre supplia avec tant d'insistance les enfants pour qu'ils lui donnent seulement une goutte d'eau, qu'ils cédèrent. Immédiatement, le dieu, revigoré, jaillit hors de sa cage.

Pour remercier les enfants de leur gentillesse, il s'arracha une dent et leur dit de la planter dans le sol sinon ils mourraient. Puis il partit. Les enfants plantèrent la dent et, immédiatement, il poussa un pied de potiron, qui, en l'espace de quelques heures, produisit un fruit.

La pluie se remit à tomber, l'eau recouvrit la terre. De retour du marché, l'homme dit à ses enfants de monter dans la citrouille. Pendant ce temps, il construisit un bateau et navigua jusqu'au ciel où il pria le seigneur d'En Haut d'arrêter l'inondation. Le seigneur du Ciel accéda à sa demande et ordonna au dieu de l'Eau de mettre fin au déluge. Mais, dans son ardeur à obéir, ce dieu fit refluer les eaux si rapidement que l'embarcation de l'homme heurta le sol et qu'il fut tué. Cependant les enfants flottaient, à l'abri dans leur citrouille. Ils furent les seuls survivants.

On ignore quels étaient à l'origine les noms de ces enfants, connus désormais comme Fu Xi (citrouille).

Ils vécurent heureux. Quand ils eurent grandi, le jeune homme proposa le mariage à sa sœur. Celle-ci, hésitant en raison de leur consanguinité, exigea que son frère l'obtînt à l'issue d'une poursuite, ce qu'il fit. Ils se marièrent, et la jeune fille prit le nom de Nü Gua, autre mot signifiant « citrouille » ou « melon ».

Plus tard, Nü Gua accoucha d'une boule de chair qu'ils découpèrent en tranches. Ils les portèrent en haut de l'échelle qui mène au ciel, et un souffle de vent en dispersa les morceaux sur toute la terre. A l'endroit où ils tombèrent surgirent des populations, et l'humanité fut ainsi recréée.

LE SOLEIL, LA LUNE ET LES ÉTOILES

Cosmogonie des corps célestes

Fragment de la partie supérieure d'une bannière funéraire datant du IIe siècle av. J.-C., qui représente l'arrivée d'une âme au royaume des immortels. Le grand cercle rouge représente le soleil, et le corbeau son esprit. Lorsque Yi, le divin archer, tua le premier soleil, le corbeau solaire qui était à l'intérieur tomba mort à ses pieds (ci-contre).

Parmi les divinités animistes de l'ancienne Chine, le Soleil, la Lune et les Étoiles occupèrent une place de choix. Le Soleil et la Lune continuèrent même d'être vénérés, lors de cérémonies sacrificielles, jusqu'au début du XXe siècle. Et, encore aujourd'hui, on rencontre à Pékin des autels qui leur sont dédiés, même si le culte a été abandonné. Toutefois, le Soleil n'a jamais été considéré comme la divinité suprême. Dans la hiérarchie des dieux, reconnue par l'administration impériale, le Soleil et la Lune ne figurent qu'après le Ciel, la Terre, les Ancêtres impériaux, les dieux des Céréales et du Sol et Confucius.

Mais la plupart des Chinois professent un attachement sentimental envers la Lune, et plus particulièrement la pleine lune, dont la rondeur symbolise l'union et la plénitude qui régne au sein du cercle familial. La fête de la Mi-Automne, le quinzième jour de la huitième lune du calendrier lunaire, jour de pleine lune, est restée très populaire. Le soir, la famille se réunit notamment pour déguster un « gâteau de lune ».

Les divinités stellaires, chacune associée à une étoile ou à une constellation spécifique, ont existé depuis les temps les plus reculés. Elles étaient particulièrement nombreuses dans le panthéon taoïste. Parmi elles figurent les divinités de la littérature, de la longévité, du bonheur, et une infinité d'autres. De nombreux mythes stellaires se développèrent relativement tard dans la religion ou le folklore chinois. Mais l'un d'entre eux, très célèbre, évoquant Yi, le divin archer aux pouvoirs magiques, date du VIe siècle av. J.-C. A l'origine du monde, dix soleils tournaient autour de la terre. Ils étaient les fils du seigneur du Ciel, Di Jun, et de la déesse Xi He. Tous vivaient dans un arbre géant du nom de Fu Sang, qui avait poussé dans une source chaude, par-delà l'horizon de l'est. Xi He avait décrété que ces soleils ne paraîtraient qu'un à un dans le ciel. Elle les accompagnait chacun tour à tour pour leur traversée du ciel sur son char. A la fin de la journée, elle les ramenait sur l'arbre Fu Sang. Quand les dix avaient effectué leur course, revenait le tour du premier.

Les années passèrent, et ce rythme semblait devoir se poursuivre à jamais. Mais les dix frères se lassèrent de cette contrainte et voulurent se rebeller contre leur mère. Ils se rassemblèrent sur les branches de l'arbre Fu Sang et débattirent du moyen de se libérer de son emprise. Leur plan fut vite arrêté et, un jour, sans prévenir, ils bondirent tous ensemble de l'arbre et décidèrent de rester dans le ciel aussi longtemps qu'ils le souhaitaient.

Au début, les habitants de la terre se réjouirent de la lumière et de la chaleur que dégageaient les dix soleils. Mais, quand leurs récoltes furent brûlées, ils cherchèrent désespérément comment contrôler la puissance des soleils. Sur terre, régnait alors Yao, célébré plus tard comme l'un des trois sages souverains de l'Antiquité, avec Shun et Yu (p. 92). Yao était un homme simple et frugal : il vivait dans une chaumière et se nourrissait de soupe d'herbes sauvages et de simples céréales. Comme il souffrait des mêmes privations que son peuple, il se souciait du bien-être de celui-ci. Il pria le Ciel d'intervenir en faveur des hommes, implora Di Jun de restaurer l'ancien ordre où un seul soleil apparaissait à la fois.

Di Jun, le seigneur du Ciel, entendit la prière de Yao. Il ordonna immédiatement à neuf soleils de retourner sur l'arbre Fu Sang. Mais les soleils s'enorgueillissaient tellement de leur liberté qu'ils ne songeaient pas à y renoncer. Pour ramener ses fils à la raison et résoudre, en outre, diverses difficultés auxquelles

Yao était confronté, Di Jun dut envoyer sur terre l'un de ses plus puissants serviteurs, Yi. Yi était réputé pour être un excellent archer et, au moment de son départ pour la terre, Di Jun lui fit don d'un arc rouge et d'un carquois rempli de flèches blanches. Le seigneur du Ciel ne projetait pas de blesser les soleils, il voulait seulement les effrayer pour qu'ils lui obéissent. Yi descendit donc sur terre, en compagnie de son épouse Chang E (ci-dessous). Quand il vit la misère à laquelle le peuple était réduit, il entra dans une grande colère. Il prit une flèche de son carquois, la décocha dans le ciel. Un bruit sourd se fit entendre, suivi d'un jaillissement d'étincelles en provenance d'un des soleils. Dans une pluie de plumes d'or, un grand corbeau à trois pattes vint tomber aux pieds de Yi, une flèche blanche plantée dans le cœur. C'était l'esprit du premier des dix soleils. Ce corbeau dans le soleil attesterait, selon certains, que les anciens Chinois avaient observé les taches solaires.

La mort d'un seul soleil eut peu d'effets sur le climat. Yi sortit une autre flèche de son carquois et tua ainsi tous les soleils jusqu'à ce qu'il n'en restât qu'un. La température redevint normale. Pour cet exploit, Yi fut salué par le peuple comme un grand héros.

LE BOUVIER ET LA TISSERANDE

Les Chinois appellent l'étoile Véga, dans la constellation de la Lyre, la Tisserande. Fille du dieu Soleil, son père la maria, afin qu'elle ne souffrît pas de la solitude, avec le Bouvier (l'Aigle). Mais les époux, très amoureux, passaient leur temps à s'aimer au lieu d'accomplir leurs tâches respectives. Mécontent, le dieu Soleil les condamna à vivre séparés, de part et d'autre du fleuve céleste (voie lactée). Une fois par an, le septième jour du septième mois, des pies s'assemblent sur le fleuve céleste pour former un pont et permettre à la Tisserande de rejoindre le Bouvier. S'il pleut ce jour-là, les pies se mettent à l'abri et le couple infortuné doit attendre l'année suivante pour s'unir.

Chang E et la lune

Yi avait tué les neufs soleils et, furieux, Di Jun l'avait condamné, ainsi que son épouse Chang E, à vivre sur terre comme mortels. Yi partit en quête de l'élixir de la vie éternelle que possédait la dame Reine d'Occident, déesse tyrannique qui habitait le mont Kunlun. Elle lui donna une dose d'élixir pour deux, ajoutant toutefois que si une seule personne l'avalait entièrement, il ou elle quitterait le monde pour des contrées supérieures.

Yi rapporta l'élixir à sa femme Chang E, qui regrettait l'insouciance de sa vie antérieure au ciel. Quand elle apprit les conseils de la déesse, elle projeta d'avaler entièrement l'élixir pour retourner au ciel. Mais, craignant d'être condamnée par les autres divinités pour avoir quitté son époux, elle décida de consulter un astrologue. Celui-ci lui suggéra d'aller sur la lune, où elle serait à l'abri à la fois des malheurs de l'existence mortelle et des accusations des dieux et déesses. En outre, lui assura-t-il, quand elle atteindrait la lune, elle se transformerait miraculeusement.

Illustration du début du XXe siècle, qui montre Chang E s'élevant vers la lune après avoir avalé l'élixir d'immortalité. Son époux, Yi, le divin archer, la regarde s'éloigner, avec douleur.

Chang E approuva ce projet et, un jour que Yi était sorti, elle déroba l'élixir, dissimulé dans les chevrons du comble, et avala le contenu du flacon. Immédiatement, elle s'éleva vers la lune.

En vain, elle tenta d'appeler à l'aide, elle ne put que coasser car elle s'était métamorphosée en crapaud.

Sur la lune, ses seuls compagnons étaient un lièvre qui ne cessait de piler des herbes médicinales dans un mortier et un vieillard qui essayait sans succès d'abattre un cassier.

Quand Yi vit sa femme absente et l'élixir manquant, il comprit son erreur d'avoir voulu fuir l'existence mortelle qui lui avait été accordée.

Dans une version ultérieure du mythe, Chang E recouvre sa forme humaine et vit dans le palais de la Lune, tandis que Yi, ses fautes pardonnées, retourne au ciel.

LE BOUDDHISME CHINOIS

Amitâbha et Guanyin

Le bouddhisme se répandit en Chine au cours du IIᵉ siècle ap. J.-C. Il y devint vite populaire, et fut par la suite, avec le taoïsme et le confucianisme, l'un des trois grands courants philosophiques chinois. Longtemps, il connut même un plus grand succès qu'en Inde, sa contrée d'origine. Le fondateur du bouddhisme, Gautama Sâkyamuni ou Bouddha (né vers 560 av. J.-C. et appelé généralement Fo en Chine), promit le salut à ceux qui observeraient la règle bouddhique et vivraient dans l'ascétisme, renonçant à tous les plaisirs de ce monde. S'affranchissant ainsi de ses liens terrestres, l'homme pouvait échapper au cycle des naissances et morts successives et atteindre l'état de félicité, le *nirvâna*. Mais cette évolution était nécessairement longue et douloureuse, puisqu'elle exigeait de renoncer à tout attachement envers la famille et les amis, pour vivre une existence monastique.

Les Chinois préférèrent vénérer la manifestation de Bouddha appelée Amitâbha (Emituofo, en chinois), censée régner sur le paradis occidental, qui accordait le salut à qui se repentait de ses fautes et invoquait son nom. L'état de félicité ne se méritait donc pas seulement par l'ascétisme mais résultait d'un acte de foi. Davantage de personnes pouvaient par conséquent y accéder. Quand le bouddhisme se fut établi en Chine, apparurent dans les temples d'innombrables représentations d'Amitâbha, assis sur une fleur de lotus.

Des épisodes de la vie du Bouddha donnèrent lieu à des récits, souvent embellis pour mieux flatter le goût des Chinois. Les moines se chargèrent de les divulguer et, parfois, de les consigner par écrit. Un de ces récits relate la descente aux Enfers d'un disciple de Bouddha, Maudgalyayana, Mulian en chinois, pour le salut de sa mère (p. 97). Les Chinois furent particulièrement sensibles à cette histoire, qui exprimait les conceptions bouddhistes non seulement du *karma* – doctrine selon laquelle les actes, bons et mauvais, entraînent des conséquences inévitables dans cette vie et dans les existences ultérieures –, mais aussi de la piété filiale, vertu chère à la Chine traditionnelle. Dans le calendrier bouddhiste, la grande fête Avalambana (fête des Pendus) marque l'époque où les moines quittent leur retraite habituelle durant la saison humide. Cette fête tire son nom d'une légende hindoue : un ascète indien qui, en raison de son retrait loin du monde et de son célibat, ne laissait aucun descendant pour perpétuer les sacrifices dédiés aux morts, vit ses ancêtres suspendus la tête en bas.

Amitâbha est souvent assisté de la *bodhisattva* Guanyin, fréquemment appelée la déesse de Miséricorde. Les *bodhisattva*, qui appartiennent au bouddhisme Mahâyâna (Grand Véhicule), devinrent très populaires en Chine et au Japon. Ce sont des êtres qui hésitent à pénétrer dans le *nirvâna*, tant que l'humanité continue de souffrir. Leur compassion et leur promesse de salut introduisent une note d'humanité dans la vie religieuse chinoise. A l'origine, Guanyin était le *bodhisattva* indien Avalokiteshvara (p. 87), nom que les Chinois s'approprièrent pour signifier « celui qui écoute les gémissements du monde ». Mais, très vite, en Chine, Avalokiteshvara en vint à incarner les vertus maternelles de compassion et devint un *bodhisattva* féminin. Elle suscita de nombreuses anecdotes : elle aurait notamment préservé les livres sacrés d'un des premiers pèlerins chinois, revenant des Indes. Lui était attribué le pouvoir, quand on l'invoquait, de briser les chaînes des prisonniers, d'éliminer le venin des serpents, et d'annihiler la puissance de la foudre. Les mères s'adressaient à elle afin d'obtenir des faveurs pour leurs enfants. Elle est parfois représentée avec plusieurs bras qui symbolisent l'étendue de ses pouvoirs d'intercession.

Statue en bois de la bodhisattva *Guanyin, datant de la fin du XIIIᵉ siècle. Issue d'un personnage indien masculin, elle devint, dans le bouddhisme chinois, la déesse de la Miséricorde.*

Radis et dame Pousse de Poireau

Chaque année, à l'occasion de la fête bouddhique Avalambana, on jouait dans tous les villages et bourgs de Chine des pièces de théâtre fondées sur le personnage de Radis. Les spectacles duraient souvent plusieurs jours et comportaient tant de digressions que les épisodes du récit original se perdaient au profit d'un divertissement de pur style chinois. Voici un bref résumé de cette légende, extrait d'une source du IX*e siècle.*

Yanluo ou Yama, roi de l'Enfer, au milieu de ses courtisans. Il surveille plusieurs diables occupés à poursuivre les âmes des damnés jusqu'au lieu de leur châtiment.

Bouddha avait un disciple très pieux, du nom de Radis, qui devait entreprendre un long voyage. Avant de partir, il confia à sa mère, dame Pousse de Poireau, une somme d'argent à remettre aux moines bouddhistes qui viendraient mendier à sa porte. Mais, en l'absence de Radis, sa mère ne donna rien aux moines, ce qu'elle dissimula à son fils quand il fut de retour. Quand elle mourut, la mère de Radis alla droit en Enfer, où elle souffrit les pires tourments.

Pendant ce temps, Radis grandit en sagesse et en piété et, ayant atteint l'état d'illumination de *arhat* (saint), il fut rebaptisé Mulian. Dans son illumination, il apprit que sa mère était en Enfer et décida de la sauver. En chemin, il rencontra Yama (Yanluo), le roi de l'Enfer, qui essaya de le décourager par cette remarque : « Les sentences prononcées à Taishan [une des montagnes sacrées, p. 89] ne se commuent pas facilement. Elles sont décrétées au Ciel et s'accomplissent en Enfer. Le châtiment qui attend les pécheurs est le fruit de leurs actes passés. Nul ne peut rien pour eux. »

Déterminé, Mulian s'adressa à toutes les autorités responsables de la sentence, de l'accueil et des lieux alloués aux pécheurs, il visita de nombreux domaines de l'Enfer, pour finalement apprendre que sa mère se trouvait dans la région la plus basse, l'enfer Avici. En s'y rendant, il croisa cinquante démons à tête de taureau (ou de cheval), dotés d'une rangée de crocs pareille à une forêt de dagues, la mâchoire dégoulinante de sang, avec des voix fracassantes comme le tonnerre et des yeux qui lançaient des éclairs. A chaque fois, il leva la baguette magique que lui avait offert Bouddha lui-même et, un à un, les monstres disparurent.

Parvenu à l'enfer Avici, Mulian demanda au geôlier où se trouvait sa mère. Ce dernier grimpa alors au sommet d'une haute tour, agita une bannière noire et frappa un tambour de fer en criant : « Y a-t-il une dame Pousse de Poireau dans la première enceinte ? » Il n'y eut aucune réponse. Mulian posa la même question aux geôliers des différentes enceintes, pour découvrir enfin sa mère dans la septième, clouée sur un lit par quarante-neuf grands clous. Mulian ne pouvait la délivrer, ses péchés étaient si graves que seul Bouddha le pouvait.

Mulian s'adressa donc à Bouddha, lui décrivant les profondes souffrances de sa mère. Le Bouddha se montra miséricordieux et, après la fête Avalambana, le quinzième jour du septième mois, libéra dame Pousse de Poireau de l'Enfer. Il recommanda à Mulian, pour la retrouver, de marcher dans les rues de la ville qu'il habitait en mendiant au hasard jusqu'à ce qu'il vît la maison d'un homme riche. Là, un chien noir sortirait et tirerait son habit ; ce chien serait sa mère.

Mulian fit ce que lui avait dit Bouddha. Il trouva bien le chien, mais sa mère ne recouvrit la forme humaine que lorsqu'il eut récité les textes sacrés pendant sept jours et sept nuits devant la pagode de Bouddha, demeurant en prière, dans l'abstinence.

A la suite de cet épisode, Mulian conseilla à sa mère, devant la difficulté à se réincarner en être humain et à emplir son esprit de justes pensées, de faire désormais provision de bénédictions en accomplissant de bonnes actions.

LA MYTHOLOGIE TAOÏSTE

Dieux et immortels

Gravure sur bois représentant les immortels Cao Guojiu et Li Xuan (avec sa béquille).

Les immortels Han Zhongli et la musicienne itinérante, Lan Caibe.

Le taoïsme, l'un des deux grands courants de pensée nés en Chine, tire son nom du terme *tao* (chemin, voie), qui s'écrit en pinyin *dao* (p. 89). Il n'indique pas, pour les taoïstes, une conduite à suivre, mais il représente un principe vital à l'origine de toute chose. Pour les confucéens, il n'existe pas d'organisation ou d'activité humaine qui ne possède son *dao*. Pour les taoïstes, en revanche, un unique Dao préside à tout. La sagesse et l'illumination surviennent chez l'individu qui, comprenant le Dao, vit en accord avec lui.

En 100 av. J.-C., le taoïsme était bien implanté. Le fondateur de ce courant philosophique est un homme déifié plus tard, nommé Laozi ou Lao Tseu, le Vieux Maître. Mais, si la tradition le dota ultérieurement d'un nom et forgea divers épisodes de son existence, rien n'est attesté à son propos ; il se peut même que l'ouvrage qu'on lui attribue, le *Dao De Jing* ou *Tao-tô King* (*Livre du premier principe et de sa vertu*) soit en réalité une compilation anonyme.

Devant l'émergence puis la croissante popularité du bouddhisme (p. 96), le taoïsme, qui n'était à l'origine qu'un courant de pensée philosophique, s'est progressivement mué en religion. Il assimila plusieurs cultes de la mythologie populaire, très nombreux en Chine, se réclamant tout autant de l'Empereur jaune, mythique fondateur de la race chinoise, que de Laozi. Au bouddhisme, il emprunta les formes extérieures de la religion – temples, vie monastique, iconographie, encens – et créa tout un panthéon de divinités animistes, figures héroïques du passé, et de personnages divers. Certains taoïstes s'adonnèrent à l'alchimie, cherchant le secret d'un élixir de longévité ou d'immortalité. De nouveaux récits mythologiques décrivirent des êtres spirituels, qui n'étaient pas des dieux mais étaient des hommes censés avoir atteint l'immortalité grâce aux pratiques taoïstes et capables d'accomplir des actes de magie, en particulier de se déplacer grâce à des moyens de locomotion surnaturels.

Les divinités taoïstes sont des personnifications de planètes ou d'étoiles, des héros des temps anciens, notamment les esprits qui président à certaines occupations, des patrons de diverses activités comme l'enseignement, le commerce, le vol, la fornication ou l'ivresse, des animaux tels que les dragons, les tigres, les serpents et les sauterelles. Les moines taoïstes avaient principalement pour tâche de chasser les mauvais esprits par lesquels se manifestaient des démons de toutes sortes. Le prêtre devait savoir reconnaître l'esprit responsable et prescrire le remède approprié : charmes, cérémonie religieuse, traitement médical ou entretien de l'alignement des bâtiments.

Dans la mythologie taoïste, les huit immortels, souvent représentés dans les œuvres d'art, occupent une place essentielle. Leur apparition est relativement récente et leur accès à l'immortalité n'est pas relaté avant le XVe siècle ap. J.-C. Certains noms sont toutefois mentionnés antérieurement.

Ces personnages sont parvenus à l'immortalité par des voies différentes. Le premier à y accéder fut Li Xuan, ou Béquille de Fer, à qui Xi Wang Mu, la dame Reine d'Occident, confia le secret (p. 95). Comme il avait un pied bot, elle lui fit présent d'une béquille qui lui valut son nom. A son tour, Li Xuan

Statue en bronze de Laozi sur un buffle. Après avoir écrit le Dao De Jing, *il aurait disparu vers l'ouest, avec cet animal pour monture.*

transmit la Voie à Zhong-li Quan, qui devint le messager du Ciel, fréquemment représenté avec un éventail de plumes.

Lü Dongbin fut peut-être le plus célèbre des huit immortels. Dans une auberge, il rencontra un homme du nom de Han Zhongli, qui commença à faire chauffer un pichet de vin. Lü s'endormit et rêva qu'il avait été promu à un poste de haut rang et que, pendant cinquante ans, il jouissait d'une existence agréable. Puis, la chance le quitta, il tomba en disgrâce et sa famille fut ruinée. Au réveil, il se rendit compte que quelques minutes seulement s'étaient écoulées, qu'il était toujours dans l'auberge et qu'Han Zhongli n'avait pas achevé de faire chauffer le vin. Lü Dongbin comprit alors la vanité des ambitions de l'homme et suivit Han Zhongli dans la montagne, à la recherche du Dao – dont l'essence se rencontre dans la nature –, afin de parvenir à l'immortalité. Lü Dongbin est souvent représenté portant une épée.

Han Xiang serait le petit-neveu de Han Yü, essayiste et philosophe sous la dynastie des Tang. Il devint le disciple de Lü Dongbin et celui-ci, au moment d'atteindre l'immortalité, le conduisit au ciel, au pied de l'arbre aux pêches célestes de la vie éternelle. Han commença à grimper dans l'arbre, mais il glissa et retomba sur la terre, parvenant à l'immortalité au moment de toucher le sol. On le représente avec un bouquet de fleurs à la main.

Cao Guojiu était un des frères de l'impératrice Cao de la dynastie des Song. Las de la corruption qui régnait à la cour, il partit dans les montagnes en quête du Dao. Arrivé au bord d'une rivière, n'ayant pas de quoi payer le passeur, il tenta de l'impressionner en lui montrant sa tablette d'admission à la cour, en or. Le passeur lui répondit : « Est-ce ainsi que vous cherchez le Dao, en essayant de vous vanter d'être d'un rang supérieur ? » Honteux, Cao jeta la tablette dans la rivière. Le batelier n'était autre que Lü Dongbin déguisé. Il prit Cao pour disciple et lui enseigna le Dao. Cao Guojiu est représenté tenant sa tablette en or.

Le sixième immortel est Zhang Guo, qui vivait à l'époque de l'impératrice Wu, sous la dynastie des Tang. On le dépeint souvent monté sur une mule blanche, tourné soit vers la tête, soit vers la queue de l'animal. Cette mule était capable de parcourir des milliers de kilomètres par jour, et quand il n'en avait plus besoin, il pouvait la plier et la mettre dans un sac. Le Vieux Zhang Guo, comme il fut appelé, dut surtout sa célébrité à ses dons de nécromancie. Il avait aussi le pouvoir de rendre féconds les couples sans enfant ou nouvellement mariés, et son image était souvent accrochée dans la chambre nuptiale. Il était représenté, parfois, portant des pêches d'immortalité et le sac qui contenait sa mule.

Lan Caihe fut une femme ou bien un homme « ne sachant pas comment être un homme », selon l'expression énigmatique d'un chroniqueur. Sa famille s'occupait de plantes médicinales. Un jour, alors qu'elle cueillait des herbes dans la montagne, elle rencontra un mendiant en haillons, le corps couvert d'ulcères. Nettoyer et panser ses plaies ne lui fut pas aisé, mais elle tint bon. Ce mendiant n'était autre que Li, Béquille de Fer, et, pour la remercier de sa bonté, il lui fit don d'une éternelle jeunesse. Désormais immortelle, Lan se mit à parcourir le pays, sous les traits d'une musicienne itinérante, vêtue d'une robe bleue déchirée, invitant le peuple à chercher le Dao. Il (ou elle) est quelquefois représenté un panier de fruit à la main.

La seule figure immortelle vraiment féminine est He Xiangu. Elle acquit cette faculté grâce à un esprit qui lui recommanda de moudre puis d'avaler une « pierre de nacre », qu'elle devait trouver sur la montagne où elle vivait. Elle est dépeinte sous les traits d'une jeune fille tenant soit une pêche, soit une fleur de lotus.

Le récit le plus connu qui met en scène les immortels relate un voyage qu'ils entreprirent pour observer les merveilles du monde sous-marin. Au lieu de naviguer sur les nuages, leur habituel moyen de locomotion, ils décidèrent d'essayer leurs pouvoirs surnaturels en jetant leurs attributs dans la mer et de les utiliser comme radeaux ou navires. Au cours de leur traversée, le fils du Roi-Dragon de la mer Orientale déroba l'instrument de musique de Lan Caihe et la retint prisonnière. Les autres déclarèrent alors la guerre au roi, qui fut finalement vaincu à l'issue d'un féroce combat, et Lan Caihe recouvrit la liberté.

Lü Dongbin (à gauche) et He Xiangu, la seule immortelle vraiment féminine.

Les immortels Zhang Guoli (le Vieux Zhang Guo) et (à droite) Han Xiang.

L'Auguste de Jade et sa cour

Dans les temps anciens, le suprême souverain du ciel portait plusieurs noms, selon la dynastie qui régnait. Puis, à l'instar des fondateurs de la dynastie Zhou, les confucéens préférèrent le mot non personnifié de Tian (Ciel). Mais, dans l'esprit du peuple, cette entité demeura davantage liée à une personne qu'à une abstraction. Plus tard, une divinité du nom de Yuhuang, ou l'Auguste de Jade, apparut comme le souverain suprême, et sa puissance fut même renforcée par les empereurs de la dynastie Song qui affirmaient bénéficier directement de ses conseils. Son culte assimila les croyances taoïstes et bouddhistes.

L'Auguste de Jade vivait dans un palais, assisté d'une immense bureaucratie, exactement à l'image de ses homologues terrestres. Dongyue Dadi, ou Grand Souverain des montagnes de l'Est, son principal ministre, présidait à pas moins de soixante-quinze domaines d'activité, chacun étant supervisé par une divinité secondaire. L'épouse de l'Auguste était Wang Mu Niangniang, autre nom de Xi Wang Mu (dame Reine d'Occident) résidant sur le mont Kunlun (encadré p. 95). Le seul être humain avec lequel l'Auguste de Jade entretenait des liens était l'empereur de Chine. Les simples mortels dépendaient de la juridiction de ses ministres, qui comprenaient des dieux et des déesses, des bouddhas, des *bodhisattva*, des empereurs et des impératrices décédés, des êtres célestes et des immortels. Un texte du XIVe siècle, intitulé *Le Voyage en Occident* ou *Le Singe pèlerin*, présente une très vivante description de la cour céleste. Sun Wukong, le roi des singes, monte au ciel, dérobe les pêches d'immortalité qui y poussent et livre bataille à toute la hiérarchie des êtres célestes avant d'être capturé par Bouddha. Guanyin, *bodhisattva* miséricordieuse (p. 96) intercède pour lui, et il est autorisé à accompagner et à protéger, au cours de son voyage en Inde, Tang Seng, pèlerin bouddhiste.

A l'époque où l'Auguste de Jade est reconnu comme le souverain suprême du ciel, les croyances des grandes religions chinoises ont déjà commencé à fusionner. Les taoïstes, par exemple, sont prêts à accepter la doctrine bouddhique, et par conséquent indienne, du karma et des réincarnations. De fait, à l'exception de quelques musulmans et fidèles d'autres religions, la population chinoise l'avait déjà, dans l'ensemble, admise. Les fonctionnaires célestes, au service de l'empereur de Jade, étaient donc tenus d'enregistrer soigneusement les différentes incarnations des êtres vivant sur terre, afin que, pour chacun, le poids des fautes et des mérites pût être établi équitablement et la réincarnation suivante décidée. Les animaux devaient aussi figurer dans ces registres, car certains d'entre eux, particulièrement vertueux, pouvaient se réincarner en êtres humains.

Cette assiette est ornée d'une scène extraite du récit. Le Voyage en Occident : *elle représente Guanyin en compagnie du roi des singes, qui a dérobé les pêches d'immortalité.*

LES MYTHES FAMILIAUX

Piété filiale et dieux domestiques

Illustration extraite d'une édition du recueil de contes moraux chinois classiques, Les Vingt-quatre exemples de piété filiale, *réunis au XIVe siècle, où l'on voit un fils de prosterner devant son père.*

Dans la famille chinoise traditionnelle, le respect dû aux aînés, particulièrement aux parents et grands-parents, jouait un rôle important. Cette conduite s'étendait aussi à tous ceux qui étaient morts, même depuis longtemps : les membres d'une famille prenaient soin des ancêtres comme s'ils étaient encore en vie et ils organisaient des cérémonies en leur honneur, à l'occasion de l'anniversaire de leur naissance ou de leur mort, avec des offrandes de nourriture.

La vénération des générations précédentes est un thème récurrent dans la littérature et l'art dramatique traditionnels chinois. Certaines légendes que l'on donnait à lire aux jeunes, offraient des exemples de piété filiale. L'un des recueils les plus célèbres, *Les Vingt-quatre exemples de piété filiale,* fut réuni par Gui Jujing au XIVe siècle. Ces récits sont associés à différentes périodes de l'histoire chinoise et, si chacun d'eux est situé en un lieu et à une époque déterminés afin de lui conférer davantage d'authenticité – artifice fréquent dans l'art des conteurs chinois –, ils ont très largement recours à la fantaisie. Le lecteur y apprend notamment comment, pour plaire à ses parents, Lao Laizi se déguisa en bouffon à l'âge de soixante-dix ans et se mit à s'amuser comme un enfant. Un autre texte raconte qu'un fils s'étendit nu sur la glace pour la faire fondre et pouvoir pêcher de quoi nourrir son père et sa mère. Dans un autre encore, un enfant se découpe une partie de la cuisse pour enrichir le bouillon servi à ses parents affaiblis par la maladie.

Comme tout autre institution chinoise, la maison possédait ses propres dieux et esprits. De part et d'autre de la porte d'entrée étaient accrochées des représentations des dieux gardiens du seuil. Il existait aussi des dieux de la chambre à coucher et même des toilettes. Mais la principale divinité de la maison était celle de la cuisine. Elle avait le devoir d'aller tous les ans au ciel rendre compte de la conduite de la famille. Et, le vingt-troisième jour du vingtième mois, on scellait sa bouche avec de la pâte sucrée afin qu'elle ne puisse parler.

DAME VER À SOIE

C'est à la piété filiale d'une jeune fille que le monde doit l'invention de la soie. Autrefois, un homme dut quitter, pendant longtemps, sa maison pour affaire et son absence attristait profondément sa fille. Un jour qu'elle soignait son cheval, elle s'exclama : « J'épouserai celui qui ramènera mon père ». Soudain, l'animal bondit et disparut au loin.

Le lendemain dans une lointaine ville, le père, très surpris, vit l'étalon galoper vers lui en hennissant. Croyant qu'un malheur était survenu, il enfourcha la bête et galopa jusque chez lui. Soulagé à son arrivée que tout allât bien, il questionna sa fille sur l'étrange comportement du cheval. Elle lui répondit que l'animal devait être triste à cause de son absence. Heureux, l'homme donna au cheval une double ration de fourrage. Mais l'animal restait mélancolique et touchait à peine à la nourriture. Quand la jeune fille s'approchait, il devenait très nerveux, se cabrait en hennissant. Quelques jours plus tard, les paroles qu'elle avait prononcées lui revinrent en mémoire et elle s'en ouvrit à son père. Celui-ci, furieux qu'un cheval eut la prétention d'épouser sa fille, tua l'étalon et mit sa peau à sécher au soleil.

Plus tard, alors que la jeune fille et ses compagnes se gaussaient de cette peau comme si elle eût été vivante, celle-ci s'enroula soudain autour d'elle et l'emporta au loin. Longtemps après, le père et des voisins découvrirent la peau au sommet d'un arbre. A l'intérieur, la jeune fille s'était métamorphosée en chenille, elle était devenue Can Nü (dame Ver à soie). Comme elle balançait sa tête chevaline, un fil, fin et brillant, sortit de sa bouche. Tous furent très étonnés car c'était le fil le plus solide et le plus fin qu'ils avaient jamais vu. Ils s'avisèrent qu'ils pourraient le tisser et en faire de superbes vêtements.

LE TIBET ET LA MONGOLIE

Originaire du Potala, résidence des dalaï-lamas à Lhassa, ce thangka *(peinture votive sur toile) représente la redoutable déesse dPal-ldan-lha-mo championne de la religion. Le caractère féroce de l'image est typiquement tibétain.*

Avant l'introduction du bouddhisme, le chamanisme prédomina pendant des siècles à la fois au Tibet et en Mongolie. Les mythes les plus anciens relatent comment le monde fut créé et animé par toutes sortes de dieux et démons résidant dans d'innombrables lieux spécifiques, au ciel, sur la terre et dans des labyrinthes souterrains. Leur concours était sollicité avant toute entreprise, et s'ils causaient désordres, marasmes ou épidémies, ils se voyaient exorcisés par des rituels appropriés.

Seul un chaman en transe avait le pouvoir de parcourir les trois mondes et de comprendre les subtilités de l'univers. Il pouvait deviner les raisons d'une maladie ou d'un malheur ou retrouver les âmes enlevées par des esprits. Il recommandait des rites qui subsistent aujourd'hui, tels que la confection de « pièges à démons » *(mdos)* – des fils entrecroisés dans un cadre de bois – et l'offrande d'une rançon à l'esprit malin ou offensé.

C'est également au chamanisme que les Tibétains doivent leur habitude d'honorer les dieux aux cols des montagnes, afin d'assurer un passage sans encombre. Au Tibet, l'ancienne mythologie chamaniste fut officiellement « destituée » au VIIIe siècle, lorsque le roi Khri Srong-lde'u-btsan considéra que le bouddhisme constituait un facteur de civilisation beaucoup plus puissant. Très admiratif de la culture évoluée de ses voisins bouddhistes, ce roi envoya chercher en Inde Padmasambhava, l'un des grands érudits de l'époque, fameux exégète des traditions ésotériques appelées Tantra. Parvenu au Tibet, ce dernier fonda, avec « l'aide » d'esprits locaux, le temple de bSam-yas (Samyé) – qui conduit « par-delà la pensée ». A partir de concepts nés de la cosmogonie bouddhiste, la tour centrale du sanctuaire représentait le mont mythique Suméru, axe de l'univers, tandis que cent huit sanctuaires périphériques symbolisaient, entre autres, les continents subordonnés, le soleil et la lune. Dans le monastère adjacent, les premiers moines furent ordonnés et des textes bouddhistes furent traduits du sanskrit en tibétain. Pour sa part, Padmasambhava résidait non loin, dans une grotte, en compagnie de ses disciples les plus proches. Lorsque vint pour lui le moment de quitter le Tibet, il promit de revenir chaque mois, au dixième jour de la lune montante, afin de bénir quiconque l'appellerait.

CHRONOLOGIE

Durant la protohistoire, les chamans errants du Tibet et de Mongolie partageaient les mêmes traditions mythiques, bien que les détails de leurs récits aient parfois beaucoup varié d'une région à l'autre. Après le XIIIe siècle, avec l'introduction du bouddhisme tibétain en Mongolie, leurs croyances s'harmonisèrent tant soit peu. Au XVIe siècle, les Mongols conçurent le titre de dalaï-lama (« lama océan ») et l'appliquèrent rétrospectivement à deux générations de chefs religieux tibétains.

v.120 av. J.-C. Gri-gum, dernier roi descendu du Ciel, tué par Lo-ngam.
433 ap. J.-C. Le roi La-tho tho-ri reçoit des textes bouddhistes.
670-692 L'Empire tibétain est à l'apogée de son pouvoir militaire.
762 L'ascète indien Padmasambhava parvient au Tibet.
763 Fondation du monastère de bSam-yas par Padmasambhava.
794 Le bouddhisme indien est déclaré supérieur au bouddhisme chinois.
1252 Les Mongols envahissent le Tibet.
1270 La Mongolie se convertit au bouddhisme tibétain.
1543 Le titre de dalaï-lama est accordé par le chef mongol Altan Khan au principal chef religieux du bouddhisme tibétain.
1577 Premier édit contre le chamanisme, conçu par Altan Khan.
1642 Le Ve dalaï-lama prend le pouvoir au Tibet.

GUIDE DE PRONONCIATION

Le langage tibétain s'écrit par syllabes. A première vue, la juxtaposition de consonnes en initiale semble rendre impossible la prononciation de nombre d'entre elles. Toutefois, la plupart des syllabes en préfixe et en suffixe ne se prononcent pas – aussi la première étape de lecture, pour un Occidental non averti, consiste-t-elle à rechercher la voyelle de chaque syllabe et à la vocaliser en même temps que la consonne qui la précède immédiatement. Le ton d'une voyelle s'élève généralement lorsque celle-ci est suivie d'une consonne. La syllabe *bya* se prononce « ja », *pya* « tcha » et *phya* « tchha ». Le nom tibétain du Bouddha Avalokiteshvara (en sanskrit) s'écrit *sPyan-ras-gzigs* et se prononce «Tchen-ré-si». Avec l'introduction du bouddhisme indien, nombre de termes sanskrits apparurent au Tibet.

Le culte de Padmasambhava, qui importa le bouddhisme au Tibet, est toujours vivant. Pour ses fidèles, le sage indien réside entouré de ses disciples sur une montagne cuivrée.

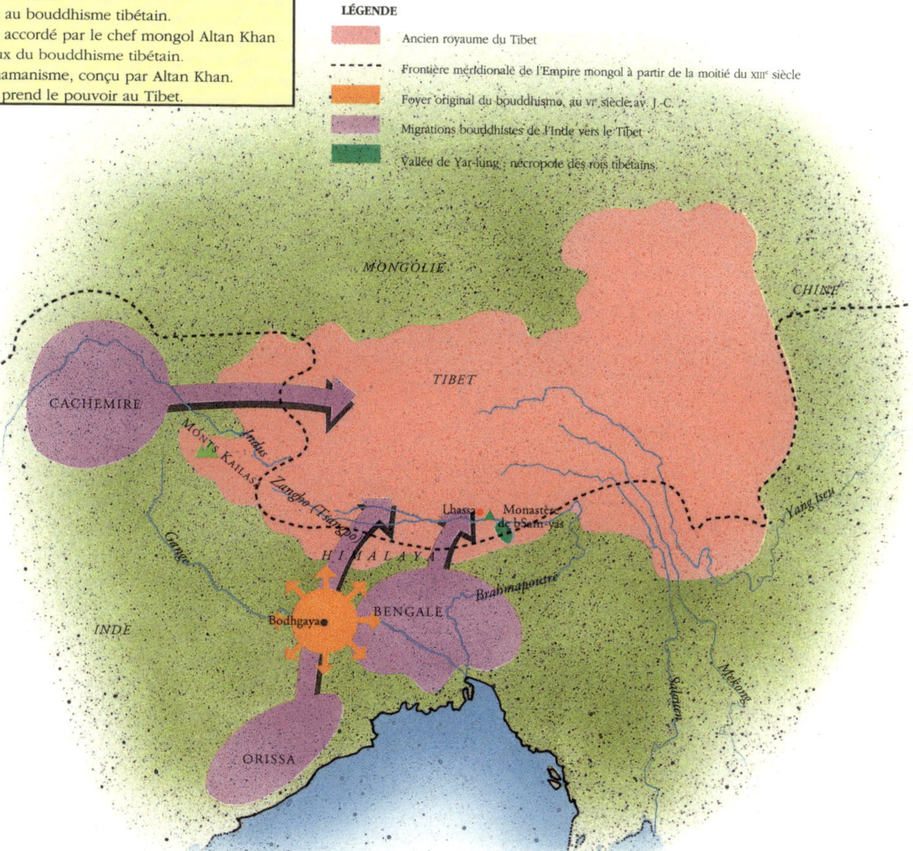

PADMASAMBHAVA ET SON TEMPLE FONDATEUR

Il est dit qu'en traversant les Himalayas pour venir au Tibet, Padmasambhava neutralisa et maîtrisa à l'aide de son *kila* (« clou » magique, poignard rituel) tous les esprits malins qui s'opposaient à l'introduction de la religion bouddhiste. Parvenu au Tibet, il trouva le nouveau temple du roi dans un grand délabrement car les démons défaisaient la nuit ce que les hommes avaient construit le jour. Padmasambhava mit à contribution les esprits locaux qu'il avait « domestiqués » et le sanctuaire fut bientôt achevé, dûment consacré par les rites appropriés, sous l'égide du kila.

LE DON DU ROI

En l'honneur de son guru (guide spirituel), le roi Khri Srong-lde'u-btsan offrit sa plus jeune épouse, la princesse Ye-shes mTsho-rgyal, pour qu'elle jouât le rôle de parèdre divine dans les rites ésotériques. Elle demeura avec Padmasambhava durant tout le séjour de ce dernier au Tibet et on lui doit la transmission de nombre de ses plus importantes doctrines. C'est elle qui comprit que l'enseignement spirituel du sage comprenait des trésors cachés *(gter-ma)* qui seraient révélés lorsque, dans le futur, le monde en aurait besoin.

ENSEIGNEMENT BOUDDHISTE

Padmasambhava enseigna la voie du sacrifice de soi, qui n'a rien à voir avec le sacrifice d'animaux innocents, interdit dans le bouddhisme traditionnel, mais en emprunte la terminologie. Par méditation et cérémonies rituelles, l'ascète yogin doit imaginer qu'il s'offre lui-même en sacrifice, tout ce qu'il vit étant hommage au divin, à commencer par les passions sexuelles qu'il lui faut transcender, conçues comme le sang à offrir à la divinité ; tandis que dans son mental – son crâne, le bol à offrandes consacrées – sont placées les fleurs de ses sens.

MYTHES D'ORIGINE

Misère Noire, Radieuse, et le Vent du karma

LE SINGE ET LA DÉMONE

Un jour, un singe pèlerin se rendit dans les Himalayas pour s'adonner sans obstacle à l'extase indicible de la méditation profonde. Sa pureté le fit paraître d'une beauté captivante aux yeux d'une démone des rochers, incapable cependant d'ébranler le singe, malgré tous ses efforts (en bas à droite de l'illustration). Pourtant, sachant que rien n'est plus dangereux pour le monde qu'un être maléfique en colère et tourmenté par un désir inassouvi, et touché par sa souffrance, le singe se rendit finalement à ses menaces et suppliques et l'épousa. De leur union naquirent six enfants desquels descend, dit-on, le peuple tibétain.

En tant que pieux bouddhistes, les Tibétains considèrent que le singe pèlerin n'était autre que le très saint Boddhisattva sPyan-ras-gzigs (Chérensi), appelé Avalokiteshvara en sanskrit, et que la démone des rochers brag srin mo était en fait la déesse sGrol-ma, ou Tara. Ces deux divinités tutélaires du Tibet protègent leurs dévots depuis ces temps mythiques et Avalokiteshvara s'est rapidement incarné à nouveau en tant que dalaï-lama. Les Tibétains attribuent la variété des individus au fait que les six singes originels n'étaient autres que des représentants des Six Royaumes de la cosmogonie bouddhiste.

Au commencement, affirment les mythes prébouddhiques, deux lumières surgirent du chaos. L'une était sombre et se nommait Misère Noire *(myal ba nag po)* ; l'autre, toute blanche, se nommait Radieuse *('od zer ldan)*. Puis du chaos apparut l'arc-en-ciel des cinq couleurs primordiales générant les cinq principes essentiels de la matière, dureté, fluidité, chaleur, mouvement, espace, lesquels fusionnèrent ensuite en un œuf gigantesque. C'est alors que, de cet œuf, Misère Noire tira l'obscurité du non-être et l'emplit de Pestilence, Epidémie, Malheur, Sécheresse, Douleur, et toutes sortes de démons. De son côté, Radieuse déversa sa lumière de bon augure sur le monde, et suscita Vitalité, Bien-être, Joie, Prospérité, Longévité et les divinités bénéfiques. Dieux et démons s'unirent et produisirent des œufs d'où naquirent des créatures qui « firent de la magie » les unes avec les autres et dont la progéniture emplit le monde. Les légendes relatives à ces êtres ont souvent pour décor des lieux bien précis constituant autant d'éléments sacrés dans le paysage tibétain. Montagnes, arbres, rochers et lacs peuvent représenter soit les personnages mythiques eux-mêmes, soit leurs résidences.

La mythologie bouddhiste remplaça peu à peu ces concepts locaux, se préoccupant tout d'abord d'ordonner le temps selon des cycles cosmiques précis. Pour le sage indien, démons et esprits appartiennent à *maya*, « l'illusion », et, selon le bouddhisme orthodoxe, l'univers tel qu'il apparaît aux hommes résulte de leur *karma,* résidu de leurs actions et de leurs pensées. C'est le Vent du karma qui génère l'univers et non quelque lubie de démiurge. Le Vent du karma devient si épais, si dense, qu'il peut recueillir la pluie céleste – laquelle forme un océan cosmique autour d'un axe intemporel, le mont Suméru. C'est alors qu'apparaissent les entités sensibles destinées à peupler l'univers. D'abord de la nature des pensées, résidant dans le ciel, elles se matérialisent peu à peu, pour, sous des formes tangibles, résider sur la terre. Puis, de plus en plus oublieuses de leur nature originelle, elles commettent nombre d'erreurs, s'adonnant aux mauvaises pensées et aux mauvaises actions, et finissent par peupler les enfers les plus profonds, dans les entrailles de la terre, jusqu'à ce que l'univers lui-même s'effondre sous son propre poids et qu'advienne la fin du temps.

MYTHES DES ANCIENS ROIS

Les souverains descendus du ciel

Il est dit qu'avant l'aube des temps historiques, les premiers souverains du Tibet furent des démons noirs *gnod-sbyin* armés d'arcs et de flèches. D'autres espèces de démons leur succédèrent, armés de masses et de haches, de frondes, de catapultes et d'acier trempé… Parmi ces esprits tout-puissants, les frères héroïques *ma-sang* conférèrent au Tibet son nom de Bod, encore en usage aujourd'hui.

Venu du Ciel, le premier roi humain atterrit sur une montagne du Kong-po. A la fin de son règne, il remonta au ciel à l'aide d'une corde *dmu*, ne laissant aucune dépouille derrière lui. Ses six premiers descendants firent de même, mais le septième coupa la corde par accident et fut enseveli sur terre. Ainsi commença le culte des tombes royales qui, jusqu'au IXe siècle de notre ère, furent érigées dans la vallée de Yar-lung et gardées sous surveillance constante.

Après vingt-sept générations de rois humains, La-tho tho-ri accéda au trône et, en l'année 433 de notre ère, à l'âge de soixante ans, devint le premier roi à « approcher » du bouddhisme. La légende raconte qu'un jour, les nues chatoyant d'arcs-en-ciel, un recueil de textes et un *chorten* (édicule sacré dit *stupa* en Inde) rempli d'objets sacrés tombèrent sur le toit de son palais. Ni lui ni personne ne surent alors lire les textes, sacrés, mais une prophétie ayant annoncé que leur sens serait révélé cinq générations plus tard pour le plus grand bien de tous, La-tho tho-ri voua un fervent respect aux objets miraculeux et vécut jusqu'à cent vingt ans en n'en paraissant jamais plus de seize.

Cinq générations plus tard, la prophétie se réalisa. Le roi Srong-btsan sgam-po fit concevoir un alphabet tibétain et introduisit ainsi l'écriture au Tibet. De plus, deux de ses cinq épouses étaient bouddhistes : l'une, appelée Kong-jo, venait de Chine, et l'autre, Bhrikuti Devi, du Népal. Elles avaient apporté dans leur dot de précieuses effigies du Bouddha et de Boddhisattva. A leur instigation, Srong-btsan sgam-po commença à « dompter » le Tibet, assimilé à une terrible démone, et à préparer le pays à recevoir la religion étrangère. D'après les indications obtenues par son habileté consommée dans l'art de la géomancie chinoise, la reine Kong-jo désigna les endroits où bâtir des temples afin de subjuguer la démone Bod.

COMMENT LA CORDE FUT TRANCHÉE

Gri-gum fut le premier roi tibétain à ne pas regagner le ciel à la fin de sa vie à l'aide d'une corde, et sa tombe fut la première d'une longue série de sépultures royales. Rendu furieux par une prophétie de son chaman affirmant qu'il périrait par les armes, et bien décidé à prouver le contraire, Gri-gum défia en duel son ministre Lo-ngam, chargé des écuries royales. Par superstition, le roi se rendit au combat entouré d'un troupeau de yacks harnachés de sacs de suie. En outre, il arborait un turban noir fixé sur son front par un miroir brillant, ainsi que, attachés à ses épaules, les cadavres puants d'un renard et d'un chien. Le combat à peine commencé, les yacks transpercèrent les sacs de suie de leurs cornes acérées et l'air s'obscurcit sous un épais nuage noir. En faisant sauvagement tournoyer son épée au-dessus de sa tête, Gri-gum trancha net la corde miraculeuse qui le reliait au ciel – sans pour autant atteindre son adversaire. Dégoûtés par l'odeur nauséabonde des cadavres pendants à ses épaules, ses dieux protecteurs l'abandonnèrent et Gri-gum fut tué par Lo-ngam. En effet, celui-ci avait soigneusement visé d'une flèche le seul objet qui demeurât visible dans le nuage obscur : le miroir brillant au front du roi. La peinture ci-contre, datant de la période bouddhiste, illustre cet épisode.

LA STATUE DU GRAND SEIGNEUR

La reine Kong-jo apporta de Chine, dans sa dot, une grande effigie du Bouddha à douze ans, dorée et incrustée de pierres précieuses. On peut l'admirer aujourd'hui au temple de Ra-sa ' phrul-snang, érigé à Lhassa au bord d'un lac formé par le sang du cœur de la démone Tibet domptée par son époux. Appelée Jo-bo chen-po (« grand seigneur »), cette statue fut, dit-on, façonnée par un artiste divin durant la vie même du Bouddha, et demeure l'effigie sacrée la plus révérée du Tibet.

LE ROI GESAR

Le combattant de droit divin

Le roi Gesar en armure. Contant trahisons et fraudes, pleutreries et jalousies du genre humain, la grande geste du roi Gesar se déroule en méandres, tours, contours et rebondissements inattendus.

Les légendes du roi Gesar – dit aussi Gesar Khan ou Gesar de Ling – sont renommées dans tout le monde tibéto-mongol. Elles constituent avant tout une tradition orale, et sont psalmodiées, chantées, mimées par des conteurs ambulants évoquant le courage et la dextérité du héros. Il reste encore aujourd'hui d'innombrables épisodes de cette fabuleuse épopée à transcrire – et l'on estime que leur quantité équivaut à cinq fois celle de la Bible.

Aujourd'hui imprégnée d'idéologie et de mythologie bouddhistes, *L'Épopée du roi Gesar* n'en comprend pas moins de nombreux dieux et mythes antérieurs, d'origine chamanique – ainsi y découvre-t-on de puissantes divinités des montagnes et de nombreux esprits tutélaires des lieux où se déroulent les aventures du roi. C'est en l'occurrence à cause d'eux que Gesar entreprit sa mission sur terre. Aigris par la malchance et en colère contre les dieux et leurs adorateurs, une vieille femme et ses trois fils moururent en maudissant toute religion et se virent transformés en quatre monstrueux démons représentant une formidable menace pour l'humanité. Aussi l'assemblée des dieux désigna-t-elle le divin Gesar pour les représenter sur terre et combattre ces démons ainsi que leurs successeurs. Toutefois, Gesar tenta d'éviter cette incarnation terrestre en posant des conditions impossibles : « J'exige, dit-il, que mon père soit un dieu et ma mère une divinité cobra (*klu,* équivalant à une *nagini* indienne). Je veux un cheval immortel capable de voler et d'articuler tous les langages des hommes et des animaux. Il me faut une selle magnifique, incrustée de joyaux, et un heaume, une armure et une épée qu'aucun homme n'aura fabriqués. De plus, mon arc et mes flèches devront être miraculeux et mes compagnons forts et braves. Je désire une épouse si belle que quiconque l'apercevra s'engagera de tout son cœur pour combattre en son nom. J'aurai un oncle dont les stratagèmes me permettront de gagner toutes les batailles. Enfin, il va sans dire que chacun de vous, qui demeurerez ici bien à l'abri tandis que j'irai au combat, ne manquera pas de me protéger à chaque instant et de venir à mon aide dès que je l'appellerai. » Mais les dieux acquiescèrent à toutes ces conditions, aussi Gesar dut-il se résoudre à se rendre sur terre.

Gesar naquit d'un œuf blanc – une réminiscence de l'œuf chamanique originel – marqué de trois taches en forme d'yeux semblables à celles du capuchon de sa mère cobra. Annoncé par d'excellents présages, il sortit de l'œuf nanti néanmoins de trois yeux, affolant sa mère, qui aussitôt en arracha un. Bien qu'envoyé pour rétablir l'harmonie sur terre, Gesar oubliait souvent sa mission dans l'exaltation qui suivait ses victoires et ne s'en souvenait qu'après l'intervention de son « ange gardien » (à présent *dakini* bouddhiste).

Après une vie d'aventures en tant que rudes et puissants champions de la justice, Gesar et ses compagnons se retirèrent pour méditer dans des grottes de la montagne sacrée Margye Pongri. Après trois ans d'une ascèse ayant dissous toutes les impuretés dues à la violence de ses combats, Gesar retourna au paradis des dieux – non sans être certain d'avoir à revenir sur terre tôt ou tard, car le mal ne peut jamais être complètement extirpé du monde.

Bien qu'évoquant sans cesse magie et miracles, *L'Épopée du roi Gesar* est fermement implantée dans l'expérience humaine et, de fait, nombre de Tibétains pensent encore aujourd'hui être les descendants de l'un de ces héros – voire de Gesar lui-même.

L'IMPACT DU BOUDDHISME

L'appropriation des anciens rites

Avec le bouddhisme, les énergies naturelles diversement craintes et révérées par les traditions chamanistes furent intégrées au modèle cosmogonique indien. Les anciens rites furent adoptés par le nouveau clergé et largement agrémentés de liturgie et de signification bouddhistes. Les moines ornèrent leurs temples de symboles archaïques tels que l'arc divinatoire du chaman, son miroir magique et ses précieux cristaux de roche. A partir de l'ancienne tunique du chaman furent élaborés les costumes figurant l'aigle, le cerf, le lynx et le squelette des danses bouddhistes. L'aigle qui transportait le chaman jusqu'à son aire dans l'Arbre du monde fut assimilé au dieu indien Garuda ; le cerf fut considéré comme le premier auditeur du célèbre sermon du Bouddha dans le parc aux Gazelles, à Varanasi ; le lynx devint la monture de dieux tels que le Bouddha solaire Vairocana ou le Boddhisattva de la sagesse Manjusri. Les squelettes initiatiques du chaman furent les gardiens des ossuaires sacrés du Vajrayana. S'étant approprié l'arc, la flèche et le tambour à boules fouettantes du chaman, les prêtres bouddhistes s'affirmèrent souvent comme les oracles par le truchement desquels s'exprimaient dorénavant les divinités chamanistes converties au bouddhisme. Le vaste chapeau noir et l'ample manteau bordé de fourrure de l'ancien sorcier devinrent ceux de l'officiant *zhva nag* (« chapeau noir »), ornés de symboles chamaniques tels que l'Arbre cosmique ou la montagne du Monde, le soleil et la lune, les rubans serpents, le miroir de divination, etc.

LE KILA

Le culte de Vajrakila, redoutable pointe ou poignard divinisé (*kila* en sanskrit et *phur-pa* en tibétain), est originaire de l'Inde mais y a disparu, tandis qu'il constitue à présent une caractéristique du bouddhisme tibétain. Cette pointe est le symbole d'un dieu puissant et, fichée simplement dans le sol, permet de soumettre toutes les forces maléfiques. Si on la plante aux coins d'un site sacré ou à l'entrée de celui-ci, elle crée une barrière magique que le mal ne peut franchir. On voit ci-dessus un kila et la petite effigie démoniaque que l'on perce lors du rituel. Quatre pointes miniatures viennent compléter la principale.

L'apothéose de Padmasambhava

Surnommé Guru Rimpoché, « précieux guide », l'ascète indien Padmasambhava introduisit le bouddhisme tantrique au Tibet (p. 102-103) et y est révéré comme un second Bouddha.

Selon une légende, il naquit miraculeusement, âgé de huit ans, au cœur d'un lotus. Elevé par le roi d'Oddiyana, en Inde, puis banni pour le meurtre d'un ministre, il vécut en ascète, conversa avec des êtres surnaturels *dakini*, acquit de grands pouvoirs, fut initié par le cousin du Bouddha et vécut plus de mille ans.

L'histoire, plus sobre, le dit natif du Cachemire et disciple, à l'université bouddhiste de Nalanda (Inde), du grand érudit Shantarakshita avec qui il se rendit au Tibet à l'invitation du roi Khri Srong-lde'u-btsan.

Padmasambhava, « le guru aux huit noms », est représenté ici sous une apparence redoutable, juché sur un tigre.

LE CHAMANISME MONGOL

Rencontres avec le monde des esprits

L'AIGLE ET LE SERPENT

Lorsque le monde était encore jeune, le grand rapace ancestral souverain des créatures volantes ordonna à la guêpe et à l'hirondelle d'aller dans la journée goûter la chair de tous les autres êtres afin de lui indiquer laquelle était la plus succulente et méritait de figurer au repas royal. Comme il faisait un temps radieux, l'hirondelle s'oublia en transports de joie, chanta à gosier déployé et virevolta dans le ciel clair. La guêpe, de son côté, obéit scrupuleusement aux ordres et passa la journée à piquer tous ceux qu'elle rencontrait pour en apprécier le sang. Lorsque les deux volatiles se retrouvèrent au crépuscule, avant d'aller faire leur rapport au roi, l'hirondelle demanda son verdict à la guêpe. « Il ne fait aucun doute, répondit l'insecte, que la chair la plus délicieuse est celle des humains. » Imaginant déjà tous les drames que ce jugement pourrait causer, d'un coup de bec l'hirondelle arracha promptement la langue de la guêpe – si bien que lorsque le roi l'interrogea, celle-ci ne put que répondre par un bourdonnement incompréhensible. L'hirondelle prit alors la parole : « Nous avons décidé, Majesté, que la chair la plus digne d'un roi est celle du serpent. » Ainsi, aujourd'hui encore, en fidèles descendants du souverain suprême des créatures volantes, l'aigle et le faucon aiment-ils par-dessus tout se nourrir de serpents.

Le cosmos du chaman de Mongolie est vertical : Ciel Bleu en haut, Mère Terre en bas. Le père du Ciel règne sur quatre-vingt-dix-neuf royaumes *(tengri)*, dont cinquante-cinq sont situés à l'ouest et quarante-quatre à l'est. Le domaine de Mère Terre compte soixante-dix-sept tengri. Tous ces royaumes sont reliés entre eux et doivent leur existence à un réseau vital où chaque être d'en haut ou d'en bas joue son rôle. L'ensemble a la forme de l'Arbre cosmique dont les branches s'étalent à chaque niveau, avec des trouées par lesquelles le chaman peut passer.

Parmi les premiers chamans des temps immémoriaux, il y avait le jeune Tarvaa, âgé de quinze ans. L'adolescent était tombé malade et s'était évanoui, si bien que ses proches le crurent mort et le jetèrent hors de la maison. Dégoûtée par la manière dont les siens s'étaient hâtivement débarrassés de lui, l'âme de Tarvaa s'envola vers le royaume des Esprits où le juge des Morts lui demanda pourquoi il était arrivé si tôt. Touché par le courage du garçon à se rendre au royaume où aucun être vivant n'était encore parvenu, le seigneur des Morts lui offrit sa bénédiction, sous quelque forme qu'il la désirât, avant de le renvoyer sur terre. Refusant richesses, plaisirs, gloire ou longévité, Tarvaa demanda à être initié aux mystères des esprits et à recevoir le don d'éloquence. Lorsqu'il réintégra son corps, les corbeaux lui avaient déjà crevé les yeux. Bien qu'aveugle, Tarvaa put dorénavant prévoir le futur, et il vécut longtemps, heureux de pouvoir transmettre le savoir magique et la sagesse qu'il avait rapportés du royaume des Morts.

Les chamans qui succédèrent à Tarvaa ont, jusqu'à nos jours, offert des récits où s'entremêlent leurs savoirs de lumière et d'obscurité, où se côtoient divinités d'En Haut et d'En Bas, esprits malins et bienveillants. Perchés sur l'Arbre du monde, les apprentis chamans, tels des oisillons avant leur envol, sont initiés aux arcanes du sacrifice afin d'assurer ordre et harmonie dans l'entrelacs infini de l'existence. Revenus dans le monde des hommes et devenus de vrais chamans, ils connaissent les cinq dieux du Vent et les cinq de la Foudre, les quatre dieux des Coins du monde et les cinq de l'Horizon, les cinq dieux de l'Entrée et les cinq des Frontières. Ils connaissent les sept dieux des Nuées et les sept du Tonnerre… Et combien d'autres encore ! Leur savoir leur donne un immense pouvoir pour servir leurs compagnons humains, et ils peuvent convoquer qui ils veulent avec leurs tambours. Les premiers chamans étaient si puissants qu'ils pouvaient rappeler l'âme d'un homme mort depuis longtemps – si bien que le seigneur des Morts, craignant de voir se vider son royaume, trancha rageusement l'un des côtés du tambour double des chamans, ne laissant plus qu'un seul côté à l'instrument magique et réduisant ainsi son pouvoir, afin de préserver son royaume.

Dans la cosmogonie chamaniste, les animaux apparaissent souvent et sont parfois des alliés comme la chauve-souris qui se pend la tête en bas afin d'observer le ciel et alerter les autres si jamais il menaçait de s'effondrer. En revanche, si la marmotte surveille le soleil dans l'espoir de l'attraper, c'est qu'il y a longtemps elle était un chasseur à l'arc qui réussit à abattre six des sept soleils. Une fois tombés sur la terre, ces derniers la desséchèrent au point que la famine faillit avoir raison des hommes. Depuis, le septième soleil se lève et se couche sans cesse, courant dans le ciel pour échapper à la flèche fatale.

Le chat et le chien figurent dans les mythes de création chamanistes. Lorsque les mers n'étaient encore que de la boue et les montagnes de misérables collines, Dieu créa avec de l'argile le premier homme et la première femme, les recouvrit d'une fine fourrure, et, pendant que, pour les animer, il allait chercher de l'Eau de la vie éternelle à la source d'Immortalité, il les fit garder par un chien et un chat. Hélas, c'est alors qu'apparut un démon qui, détournant l'attention des animaux en leur offrant de la viande et du lait, urina sur les statues fraîches, salissant leur belle fourrure à l'exception de leur chevelure. En revenant, Dieu découvrit avec colère comment ses œuvres avaient été souillées et il ordonna au chat de les lécher pour ôter la fourrure sale – sauf leur chevelure, demeurée intacte. De sa langue râpeuse le chat enleva tout ce qu'il put, en en laissant quelque peu sous les bras et sur le pubis. Puis Dieu déposa cette fourrure collante sur le chien et aspergea ses créatures avec l'eau sacrée – mais à cause de la mauvaise action du démon, il ne put leur accorder la vie éternelle.

Les chamans bouriates commencent danses rituelles et invocations par ces mots : « Si le cygne prend jamais son envol, écoutez-moi, mes soldats des bois de bouleaux, écoute-moi, ma rivière Khudar aux rives de bouleaux, écoute-moi mon île Oikhon aux berges d'eau… » Or, il y a bien longtemps, sur la petite île Oikhon du lac Baïkal, Khori Tumed vit neuf cygnes se poser, venant du nord-est. Otant leurs parures de plumes blanches, ils se transformèrent en neuf belles jeunes filles qui se baignèrent dans le lac. Khori Tumed s'empara alors subrepticement de l'un des habits de plumes, si bien que huit cygnes seulement parvinrent à repartir après leur bain. Il épousa la jeune fille demeurée sur l'île et celle-ci lui donna onze fils. Tous vécurent heureux ensemble, mais Khori Tumed refusait de révéler à son épouse où il avait caché sa robe de plumes. Un jour, pourtant, elle l'implora une fois de plus : « Je t'en prie, laisse-moi essayer ma robe de cygne. Si jamais je voulais passer la porte pour m'enfuir, tu me rattraperais sans effort ! » – et Khori Tumed céda. Mais à peine redevenue cygne elle s'envola vers le trou du sommet de leur yourte (tente circulaire en feutre). Khori Tumed parvint pourtant à la saisir par les chevilles et à la persuader de demeurer jusqu'à ce que leurs fils soient devenus des hommes. Lorsque le temps fut venu, elle vola tout autour de la yourte et bénit le clan avant de disparaître vers le nord-est.

Depuis l'introduction du bouddhisme en Mongolie, au XIIIe siècle, les mythes chamaniques ont été oubliés. Le personnage bouddhiste du Vieil Homme Blanc est tout ce qui reste du puissant et fier souverain mongol du Ciel et de la Terre. Converti lors d'une rencontre avec le Bouddha, le Vieil Homme serait un « assistant » du clergé, et son sceptre magique une simple canne…

INITIATION

Les chamans ont évoqué l'initiation qu'ils reçurent, adolescents : s'imposant avec force, les esprit des ancêtres « pulvérisaient » littéralement la personnalité des jeunes gens, démantibulant jusqu'à leur corps. Leur esprit se refugiait alors dans un nid installé sur une haute branche du Grand Arbre cosmique. Là, les apprentis chamans se « reconstituaient » peu à peu, apprenant à considérer le monde, les êtres et les phénomènes selon une nouvelle perspective, à partir du point de vue élevé dont ils jouissaient, dans le nid perché sur l'Arbre de vie.

Les cendres du livre jaune

Les moutons revêtent une importance spéciale dans les croyances mongoles. A la fin de chaque année, le sternum d'un bélier est offert au dieu du Feu qui favorise la fécondité des troupeaux. Pour les chamans, l'omoplate d'un ovin est un bon support d'augures grâce aux cendres du Livre jaune…

Le Livre jaune de la divination appartenait à un roi qui, en le consultant, pouvait immanquablement désigner le coupable de n'importe quel crime. Or ce roi avait une fille d'une grande beauté qu'il dissimulait au monde – et ses serviteurs savaient que s'ils en parlaient, ils seraient découverts grâce au *Livre jaune* et sévèrement punis. Or, un certain Tevne proposa au roi d'épouser la mystérieuse princesse s'il parvenait à la découvrir. Sûr de son fait, le roi accepta. Tevne creusa un trou profond, convainquit l'une des servantes de la princesse d'y entrer, puis, au-dessus du trou, alluma un foyer sur lequel il plaça une bouilloire. Communiquant avec la servante à l'aide d'un tube de métal passé à travers la bouilloire, il obtint qu'elle lui avoue comment identifier la jeune fille, et la relâcha. Tevne réussit donc à reconnaître la princesse parmi d'autres demoiselles toutes semblables. Bien que furieux, le roi dut se résoudre à accorder sa main au jeune homme astucieux. Consulté, le livre magique apprit au roi que l'informateur félon était un être avec des fesses de terre, un corps de feu, des poumons d'eau et une gorge de fer. Incapable de résoudre cette énigme, le roi jeta *Le Livre jaune* au feu où il se consuma. En léchant les cendres dont ils sont friands, les moutons s'imprégnèrent à jamais du pouvoir de divination de l'ouvrage magique.

LE JAPON

Tout sanctuaire shintô possède son torii *(portail), à l'entrée de l'enceinte. Celui-ci, érigé au milieu de la mer, appartient au sanctuaire Miyajima, près de Hiroshima. Il est consacré à trois déesses, filles du dieu de l'Orage Susano-wo.*

Longeant la côte nord-est du continent eurasien, dont le sépare le détroit de Corée, le Japon est déjà en Asie du Sud-Est mais n'en fait pas partie. Ce pays n'entre que tardivement, selon les critères occidentaux, dans ce qu'il est convenu d'appeler l'Histoire. Le premier événement consigné est l'envoi par le souverain du royaume coréen de Paekche (près de l'actuelle Pusan, ou Fuzan en japonais) de quelques missionnaires bouddhistes, en signe de reconnaissance pacifique. Il date de 552 av. J.-C. A l'époque, la société japonaise était essentiellement organisée en *uji,* ou clans. Il semblerait que chaque *uji* ait assuré le contrôle de son territoire, et qu'il ait été composé d'hommes du peuple autant que d'aristocrates. Il possédait sans doute aussi une mythologie propre, centrée autour d'un ancêtre divin.

Au début du VIe siècle, l'un de ces clans (parfois désigné comme celui du Yamato, car il était issu de la région centrale de Honshû qui porte encore ce nom) parvint à imposer son hégémonie. Dès lors, ses ancêtres divins devinrent prédominants et la famille impériale, dont la lignée s'est perpétuée sans rupture jusqu'à nos jours, constitua très vite le noyau fondamental de la mythologie japonaise.

La religion autochtone du Japon est le shintô, qui repose sur la vénération d'une multitude de dieux, d'esprits et d'objets sacrés, les *kami.* Sa mythologie s'articule autour des aventures de la déesse du Soleil, Amaterasu, et des péripéties grâce auxquelles ses descendants parvinrent à unifier le peuple japonais. Avec l'introduction du bouddhisme débuta une période d'emprunts culturels, principalement à la Corée, et plus tard à la Chine, la civilisation mère de toute l'Asie du Sud-Est. Les compénétrations entre bouddhisme et shintô furent multiples et complexes. Mais, à partir du XVIIe siècle, le shintô connut un regain de vitalité, qui culmina avec le rang de religion d'Etat que lui accorda le gouvernement de l'ère Meiji (1868-1912).

SOURCES DE LA MYTHOLOGIE JAPONAISE

Le premier texte de la mythologie japonaise, le *Kojiki,* « Chroniques des choses d'autrefois », comporte la généalogie la plus ancienne qui subsiste concernant la famille impériale. Le passage final, rédigé par un courtisan du nom d'Ôno Asonyasumaro, est une compilation de plusieurs textes antérieurs (disparus depuis), commandée par l'impératrice Genmei en 711 ap. J.-C. L'ouvrage fut officiellement présenté à la cour quatre mois plus tard, le premier mois de l'an 712. Ecrit en un curieux mélange de japonais archaïque et de chinois, le *Kojiki* s'ouvre sur la création du monde, les origines des dieux, l'ascendance divine de la famille impériale, pour s'achever sur la mort de l'impératrice Suiko, en 639 ap. J.-C.

La seconde source majeure de la mythologie japonaise est le *Nihonshoki,* « Chroniques du Japon », rassemblées par plusieurs lettrés à peu près à la même époque que pour le *Kojiki,* et complété en 720 ap. J.-C. A l'exception des poèmes, le *Nihonshoki* est écrit en chinois classique, et l'on y dénote très fortement l'influence des récits traditionnels, mythologiques et historiques, ainsi que des chroniques dynastiques de la Chine (et de la Corée). C'est pourquoi le *Nihonshoki* est, quant aux mythes indigènes, moins fiable que le *Kojiki.*

Parmi d'autres sources figurent le *Kogoshûi,* « Extraits de l'histoire de l'ancien temps » (807 ap. J.-C.), divers *norito* (anciennes prières shintoïstes), les *fudoki* (« journaux » des provinces au VIIIe siècle) et la première grande anthologie de poésie japonaise, le *Man'yôshû* (vers 760 ap. J.-C.).

CHRONOLOGIE	
660 av. J.-C.	Traditionnellement, accession au trône du premier empereur, Jinmu-tennô.
IVe-Ve siècle av. J.-C.	Expansion de la cour du Yamato, traditionnellement après une invasion du Yamato par le sud-ouest.
552 ap. J.-C.	Premiers missionnaires bouddhistes en provenance du royaume coréen de Paekche.
710	Fondation de Nara, première capitale fixe du Japon, bâtie sur le modèle de Changan (actuelle Xian), capitale des Tang.
712	Rédaction du *Kojiki,* recueil de récits mythologiques offert à l'impératrice Genmei.
720	Achèvement du *Nihonshoki,* compilation de récits mythologiques.
794-1868	Heian (actuelle Kyôto) est la capitale impériale du Japon.
1192	Premier gouvernement militaire (shogunat) établi à Kamakura.
1600	Unification du Japon après la bataille de Sekigahara.
1603-1868	Shogunat des Tokugawa : période d'isolement.
1868-1912	Ere Meiji : restauration du pouvoir impérial.
1872	Le shintô devient religion d'Etat.
1946	L'empereur renonce à sa nature divine.

LIEUX SACRÉS ET SITES MYTHOLOGIQUES

Le mont TAKACHIO à Kyûshû, où Ninigi descendit du ciel (p. 120).

Le site d'ISE où se trouve le grand temple d'Amaterasu et du dieu du Riz, le lieu le plus sacré de la religion shintô (p. 115).

La rivière HI, aujourd'hui dans la préfecture de Shimane. Susano-wo se serait retrouvé près de sa source lorsqu'il fut banni du Ciel (p. 117).

IZUMO-TAISHA, site du grand temple d'Ôkuninushi (parfois appelé Daikokusama), descendant de Susano-wo et protecteur de la famille impériale (p. 118-120).

KUMANO, lieu de la rencontre de Jinmu-tennô avec l'esprit de l'ours (p. 122).

La plaine du KANTÔ, site de la bataille de Yamato-takeru avec les Emishi (p. 122).

Le détroit d'URAGA, où l'épouse de Yamato-takeru s'est sacrifiée à un esprit de l'eau lors d'une difficile traversée en mer, afin de calmer les flots (p. 122).

SHINTÔ

Le shintô, ou « voie des dieux », est fondé sur la vénération des *kami,* divinité qui résident dans chacun des phénomènes distincts de la nature, y compris dans les êtres humains. Entre 1872 et 1945, le shintô fut la religion officielle du Japon mais, après la Deuxième Guerre mondiale, il devint une religion « congrégationnelle » et chaque sanctuaire, ou *jinja,* n'est que lointainement rattaché aux autres. Dans chaque *jinja,* l'événement le plus important de l'année est le *matsuri,* ou fête du temple. Une effigie du *kami* local, posée sur les épaules de jeunes gens et de jeunes filles, est alors transportée, pour la bénédiction de tous, dans le voisinage.

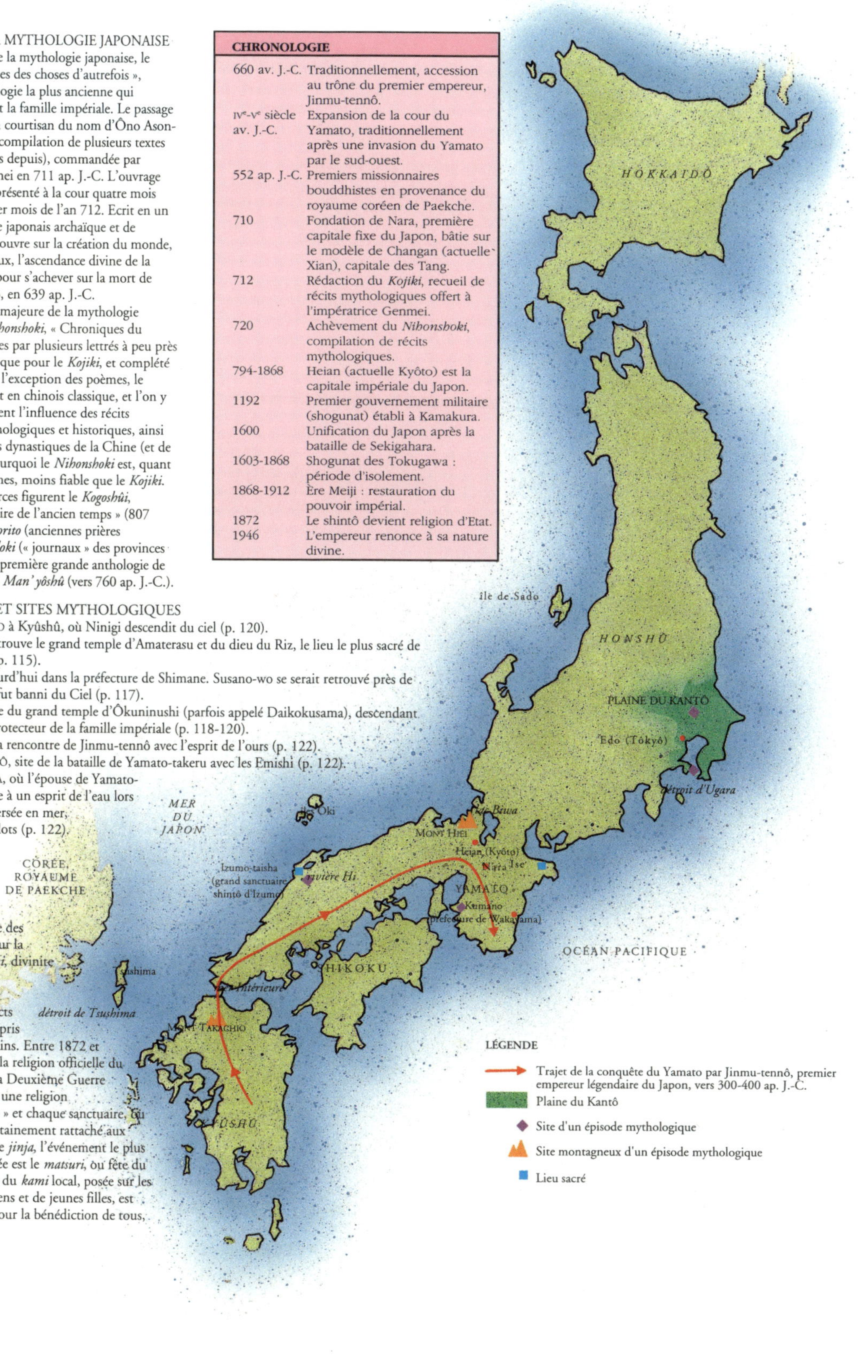

IZANAGI ET IZANAMI

Le couple originel

Au commencement, la terre était jeune et ses formes incertaines (le *Kojiki* dit qu'elle ressemblait « à une tache d'huile qui flotte et dérive comme une méduse »). Dans ce que les Japonais appellent Takamanohara, ou « les hautes plaines célestes », trois dieux invisibles virent le jour. L'aîné s'appelait Amanominakanushi-no-kami, ou « seigneur du milieu du ciel », bientôt suivi par Takamimusubi et Kamimusubi qui, tous deux, furent de puissants kami à part entière. Ces trois dieux formaient, avec deux divinités secondaires (Umashiashikabihikoji-no-kami et Amanotokotachi-no-kami), les cinq Divinités Célestes Autonomes. Puis naquirent sept autres générations de dieux et de déesses célestes d'où est issu le couple originel japonais : Izanagi et sa sœur et épouse Izanami, dont les noms complets sont Izanagi-no-mikoto (l'Auguste Mâle), et Izanami-no-mikoto (l'Auguste Femelle).

Chargés par les dieux de « compléter et de solidifier cette terre à la dérive », Izanagi et Izanami se rendirent sur le pont Flottant du Ciel (peut-être un arc-en-ciel), et plongèrent une lance ornée de pierres précieuses dans les eaux marines. Quand ils la sortirent de l'eau, ils virent les gouttelettes former une île, appelée Onogoro, « première terre ferme ». Peu de temps après ils s'y rendirent, y élevèrent un pilier céleste, et bâtirent un palais. Puis ils décidèrent de procréer.

Cette gravure du siècle dernier représente Izanagi et Izanami sur le pont Flottant du Ciel, portant la lance ornée de pierreries. Ils sont le huitième couple de divinités à apparaître après la création du Ciel et de la Terre qui mit fin au chaos primordial.

Izanagi demanda à sa sœur comment son corps était fait. Elle répondit qu'il présentait un vide en un endroit. Izanagi suggéra, vu que son corps possédait une excroissance, qu'ils rapprochassent ces deux parties de leurs corps. Le couple divin inventa un rituel nuptial qui consistait pour l'un et l'autre à tourner autour du pilier céleste, par la gauche pour Izanagi, et par la droite pour sa sœur. Quand ils se rencontrèrent, ils échangèrent les formules appropriées et s'aimèrent.

A terme, Izanami accoucha. Mais leur premier-né ne fut autre qu'Hiruko, être difforme, appelé l'Enfant Sangsue (ci-contre), que le couple infortuné plaça dans une barque de joncs et confia à la mer. Après une grande consultation divinatoire, les dieux conclurent qu'Izanami était responsable de la malformation de l'enfant car elle avait parlé la première lors du rite nuptial (argument qui a servi jusqu'à nos jours à justifier les inégalités sexuelles au Japon). Désormais averti, le couple se rendit de nouveau à Onogoro et recommença le rituel. Cette fois, ce fut Izanagi qui parla le premier lors de leur rencontre au pied de la colonne, et dès lors Izanami fut très féconde. Elle donna d'abord naissance à une série d'îles (l'archipel du Japon), puis à plusieurs dieux et déesses, notamment les dieux du Vent, des Montagnes et des Arbres. Mais à la naissance de Kagutsuchi-no-kami ou Homusubi-no-kami, dieu du Feu, ses entrailles furent si vivement brûlées qu'elle tomba malade et mourut. Pourtant, jusque dans les affres de l'agonie, Izanami continua d'engendrer des divinités, par les fèces, l'urine et les vomissures. Izanagi demeurait inconsolable, et de ses larmes naquirent encore d'autres divinités. Puis son chagrin se mua en une terrible colère et, parce qu'il avait causé la mort de son épouse bien-aimée, il décapita son propre fils, le dieu du Feu. De sa dépouille émergea un autre groupe de divinités.

Izanagi décida de se rendre à Yomi, le monde d'En Bas, ou le royaume des morts (ci-dessous), et de tenter de ramener Izanami à la vie. Lorsque celle-ci apparut enveloppée d'ombres sur le seuil de Yomi, Izanagi salua chaleureusement son épouse et la pria de retourner auprès de lui. Elle convint de communiquer sa requête aux dieux du monde souterrain et, avant de se retirer dans les ténèbres, recommanda à son mari de ne pas la regarder. Mais Izanagi brûlait d'un tel désir de la voir qu'il brisa une dent du peigne *(kushi)* qu'il portait à son chignon gauche et l'enflamma pour en faire une torche. Il pénétra dans le royaume des morts et vit immédiatement qu'Izanami n'était qu'un cadavre en

L'ENFANT SANGSUE

L'idée selon laquelle un enfant ou un couple de jumeaux né malformé n'est pas viable, donc destiné à l'abandon et à la mort, est récurrente dans de nombreuses mythologies. On retrouve des circonstances analogues dans beaucoup de récits, notamment celui de Moïse, de Persée (p. 156) et de Romulus et Rémus (p. 174). Il se peut que l'histoire de l'enfant difforme né d'Izanagi et d'Izanami soit l'écho d'un ancien rituel japonais selon lequel la naissance d'un premier enfant était saluée par la confection d'une figurine en terre placée dans une barque de joncs et abandonnée au gré des flots comme bouc émissaire.

Le Pays des Ténèbres ou les Enfers japonais

Le monde des morts est connu aussi sous le nom de Pays des Ténèbres (Yomitsukuni), de Terre des Racines, ou Pays profond.

Il se peut que la description du Yomi qui figure dans le *Kojiki* corresponde à la coutume, datant de la fin de l'époque préhistorique, d'enterrer les morts dans des chambres funéraires bordées de pierre, profondément enfouies sous un vaste tumulus (ou *kofun*). Le fait qu'Izanagi roule un rocher en travers du seuil de Yomi évoque peut-être la fermeture de ce type de tombe. Il est possible aussi qu'il s'agisse d'une métaphore pour suggérer la barrière infranchissable qui sépare la vie et la mort.

De surprenantes similitudes rapprochent cette légende de deux récits mythologiques grecs bien connus : l'ingestion par Perséphone de pépins de grenades (p. 142), qui la conduisent chaque hiver dans l'Hadès, pays des morts, et la descente d'Orphée aux Enfers pour tenter de ramener sur terre sa chère Eurydice (p. 165).

Que certains éléments de ces légendes grecques soient parvenus jusqu'au Japon ancien, ou que ces rapprochements témoignent d'une tendance générale de l'esprit humain à forger des mythes, c'est une question sur laquelle les spécialistes s'interrogent. Dans beaucoup de civilisations, consommer la nourriture destinée aux morts établit des liens avec eux. Quand Izanami rencontre son époux à l'entrée du royaume des morts, elle regrette qu'il ne soit pas venu plus tôt car elle a déjà « mordu à la terre ». Ce qui expliquerait sa métamorphose, de femme aimante en démon furieux.

décomposition rongé par les vers. De terreur, il s'enfuit. Offensée qu'Izanagi ait ainsi trahi ses espoirs, Izanami envoya les sorcières de Yomi à sa poursuite, ainsi que huit divinités du tonnerre et une horde de guerriers. Alors qu'il atteignait le défilé de Yomi qui menait à la terre des vivants, Izanagi trouva trois pêches qu'il lança contre ses assaillants, les obligeant à reculer. Enfin, Izanami elle-même, devenue un véritable démon, se joignit à la poursuite. Mais, avant qu'elle n'ait pu l'atteindre, Izanagi lui barra le passage avec un énorme rocher. Ils se firent face et, de part et d'autre de ce rocher, « brisèrent la foi qu'ils s'étaient jurée ».

Se sentant sali par ce séjour à Yomi, Izanagi décida de se purifier en prenant un bain. Parvenu à l'embouchure d'une petite rivière, à Hyûga (nord-est de Kyûshû), il se déshabilla. De ses vêtements naquit une foule de dieux et de déesses et, pendant qu'il se baignait, d'autres encore virent le jour. Finalement Izanagi engendra trois des divinités les plus importantes du panthéon shintoïste. La déesse du Soleil, Amaterasu-no-mikoto (littéralement « l'auguste qui fait resplendir les cieux »), surgit alors qu'il se lavait l'œil gauche ; Tsuki-yomi-no-mikoto (« l'auguste lune »), quand il se lava l'œil droit ; enfin, Susano-wo-no-mikoto (« l'auguste mâle impétueux ») sortit de son nez. Considérant ses trois nobles enfants, Izanagi décida de leur donner son royaume en partage. A Amaterasu, il offrit son collier de perles, symbole de souveraineté, et les Hautes Plaines célestes. Au dieu de la Lune Tsuki-yomi (dans la mythologie japonaise, la lune est masculine), Izanagi confia les sphères de la nuit, et à son autre fils Susano-wo, il accorda la suprématie sur l'océan.

Amaterasu et Tsuki-yomi, obéissants, acceptèrent leurs rôles. En revanche, Susano-wo se mit à crier et à gémir. Quand Izanagi lui demanda les raisons de sa détresse, Susano-wo répliqua qu'il ne voulait pas régner sur les eaux mais se rendre au royaume de sa mère, Izanami. Furieux, Izanagi le bannit, puis se retira, sa divine mission accomplie. Selon une version du mythe, il monta au ciel, où il vit encore dans le « plus jeune palais du soleil ». Il serait également enseveli à Taga (dans la préfecture de Shiga, Honshû).

Les descendants d'Izanagi

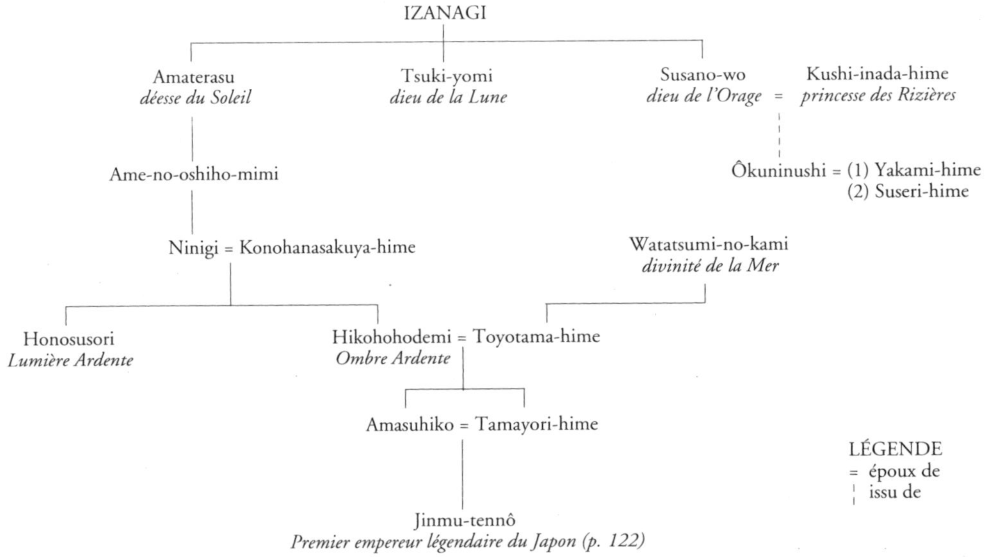

AMATERASU ET SUSANO-WO

La querelle entre frère et sœur

Banni par son père Izanagi, Susano-wo, le dieu de l'Orage, annonça son intention de prendre congé de sa sœur, la déesse du Soleil. Mais soupçonnant son frère de vouloir usurper son royaume, elle se prépara au combat. Elle releva ses longs cheveux en chignons, s'arma d'un arc et de deux carquois remplis de flèches, et l'attendit, secouant furieusement son arc et piétinant la terre. Susano-wo l'assura de ses bonnes intentions et lui proposa un concours pour savoir lequel d'entre eux était le plus puissant : celui qui accoucherait de divinités masculines serait le vainqueur.

La déesse du Soleil demanda à son frère son épée, et la brisa en trois morceaux qu'elle entreprit de mâcher. Elle recracha trois gracieuses déesses. Susano-wo mâcha les longs colliers de *magatama,* perles de fécondité en forme de crocs qu'Amaterasu portait autour de ses chignons, de son bandeau et de ses bras. Il en fit cinq dieux et se proclama vainqueur. Amaterasu fit valoir que la descendance masculine de son frère provenait d'objets lui appartenant et que, par conséquent, c'était elle qui avait gagné. Susano-wo refusa de l'admettre, et pour célébrer sa victoire, détruisit les remblais des rizières divines et combla les fossés d'irrigation. Ensuite, il déféqua et répandit ses excréments dans la salle où la coutume voulait qu'on goûtât les premiers fruits de la récolte. Enfin, Susano-wo arracha la peau d'un poney céleste tacheté (probablement une métaphore pour les étoiles), et le jeta au travers du toit de chaume de la salle de tissage sacrée (ci-dessous), où Amaterasu et ses compagnes étaient occupées à tisser. L'une des jeunes filles eut si peur qu'elle se blessa les entrailles avec la navette du métier à tisser et en mourut. Terrorisée, Amaterasu s'enfuit. Le *Nihonshoki* comporte une version de cette légende selon laquelle la déesse elle-même est victime de la brutalité de son frère, mais n'en meurt pas.

LA DÉESSE DU SOLEIL

La déesse du Soleil, Amaterasu, fille aînée d'Izanagi, est l'une des principales divinités de la mythologie japonaise. Elle naquit de l'œil gauche de son père, lorsque celui-ci se le lava à son retour de Yomi, le monde d'En Bas. Amaterasu est vénérée à la fois comme divinité spirituelle et comme vénérable ancêtre de la famille impériale. Un culte lui était autrefois voué dans le palais même de l'empereur. Puis, il parut plus habile politiquement d'affranchir l'autorité de l'empereur de l'influence des prêtresses, et de lui élever un temple à l'extérieur. Son principal sanctuaire se trouve à Ise, dans la préfecture de Mié. C'est le plus grand sanctuaire shintô du pays. Le bâtiment principal est construit dans le style japonais ancien, il est en bois brut de cyprès, et recouvert de chaume. Il est reconstruit périodiquement à l'identique, tous les vingt ans entre le VIIe et le XVIIe siècle et tous les vingt et un ans depuis.

La salle de tissage sacrée

Ni dans le Kojiki, *ni dans le* Nihonshoki *n'est précisée la fonction exacte de la salle de tissage sacrée, pas plus que ce qu'Amaterasu et ses compagnes y tissent. Plusieurs possibilités sont néanmoins suggérées.*

Amaterasu était une grande prêtresse chargée de tisser les vêtements des dieux, et la salle de tissage était son lieu de travail. Selon certains, elle et ses compagnes tissaient les étoffes destinées aux prêtresses qui accomplissaient les cérémonies liées au culte du Soleil. Une hypothèse d'une plus grande portée suggère qu'elles y bâtissaient la trame de l'univers encore inachevé. Dans cette perspective, les actes de violence perpétrés par Susano-wo se conçoivent comme autant d'assauts des forces du chaos menaçant l'ordre universel ou cosmique. Cette salle de tissage sacrée, en tant que berceau de la création, est nécessairement le lieu d'affrontements entre les incarnations divines du cosmos (Amaterasu) et du chaos (Susano-wo).

Gravure du XIXe siècle : Amaterasu et ses servantes en gloire.

LES DIEUX DANS LES TÉNÈBRES

Amaterasu fait disparaître le Soleil

LA DÉESSE DE L'AUBE

Miko, ou chaman exécutant régulièrement des danses extatiques, Ama-no-uzume, la déesse de l'Aube, réapparaît dans les récits mythologiques du *Nihonshoki*. Dans ce contexte, elle déploie ses charmes pour séduire un dieu solaire local du nom de Sarutahiko, « prince singe », qui a tenté d'empêcher le petit-fils d'Amaterasu, Ninigi, de descendre du Ciel. Elle épousera plus tard Sarutahiko, et de leur union serait issue une compagnie de danseuses de la cour de Heian, appelée Sarume, et attestée historiquement.

Lorsque son frère jeta un cheval écorché au travers du toit de la salle de tissage sacrée (p. 115), la déesse du Soleil, Amaterasu, éprouva une grande frayeur. Elle se retira dans ce que le *Kojiki* nomme la Grotte Céleste (ou Ame-no-iwato). Cette décision engendra une crise parmi les dieux, semblable à celles présentes dans presque toutes les mythologies anciennes, notamment en Egypte avec le triomphe momentané du dieu du Mal, Seth (p. 44), et dans l'Antiquité grecque avec l'enlèvement de Perséphone (p. 142), deux événements qui entraînèrent toutes sortes de désastres propres à déstabiliser l'univers. La retraite de la déesse japonaise du Soleil est parfois interprétée comme une mort et une mise au tombeau symboliques. Elle peut être aussi une simple métaphore pour une éclipse totale de Soleil, expliquée par le choc émotif éprouvé par Amaterasu.

Ce retrait volontaire plongea dans une nuit totale les Hautes Plaines célestes, tout comme le Pays central de la plaine des Joncs, c'est-à-dire le domaine des mortels. Les rizières restèrent en friche et diverses catastrophes s'ensuivirent. Désespérées, les Huit Cents Myriades de Divinités s'assemblèrent en grande pompe sur les rives du fleuve céleste pour délibérer des moyens d'obliger Amaterasu à sortir de son refuge. (Dans ce contexte, le chiffre huit, ou *ya*, est un chiffre sacré hyperbolique plus qu'un nombre exact.)

Omoï-kane-no-kami, le sage fils de Takamimusubi, fut invité à trouver une solution. Comme l'appel d'oiseaux « aux longs cris » (probablement des coqs) n'avait pas produit l'effet escompté, Omoï-kane et les divinités de sa suite conçurent un subtil stratagème. Ils commencèrent par construire un miroir magique qu'ils suspendirent aux branches d'un arbre sacré, *sakaki*, déraciné d'une forêt de montagne. Puis, tandis que plusieurs divinités portant des objets magiques accomplissaient une cérémonie très solennelle, une jeune déesse du nom d'Ama-no-uzume, plus gaie que jolie, monta sur un baquet renversé et exécuta une danse érotique. (Dans ce contexte, elle apparaît comme une déesse de l'Aube, similaire à l'Aurore des Romains, à la grecque Eos ou aux Ushas védiques de

Amaterasu surgit de la grotte où elle s'était réfugiée, et éclaire à nouveau le monde. Triptyque gravé du XIX*e siècle. Certains spécialistes interprètent cet événement comme le retour du printemps après les ténèbres de l'hiver. La danse érotique exécutée devant la grotte, afin de faire réapparaître Amaterasu, serait une sorte de rituel de fertilité. D'autres considèrent que cet épisode a été inspiré par une éclipse solaire.*

l'Inde, bien qu'aucune source ancienne ne la désigne comme telle.) Ama-no-uzume recourait ainsi, pour faire réapparaître le soleil, à une ruse apparentée à celles des anciennes *miko*, ou femmes chamanes. Quand elle montra ses seins et releva sa jupe, les dieux assemblés s'esclaffèrent si fort que les Hautes Plaines célestes vibrèrent comme secouées d'un tremblement de terre. Le bruit parvint aux oreilles d'Amaterasu qui, poussée par la curiosité, entrouvrit la porte de la grotte où elle se cachait, et s'exclama : « Pourquoi donc Ama-no-uzume chante-t-elle et danse-t-elle, et les Huit Cents Myriades de Divinités rient-elles ainsi ? » La jeune déesse répondit en leur nom : « Nous sommes joyeuses parce que nous avons sous les yeux une divinité supérieure à vous. » Cependant, deux dieux orientaient le miroir en direction de la porte entrebâillée, et un troisième – dont le nom inclut un terme signifiant « force » *(chikara)* – se dissimulait à proximité.

Apercevant son image dans le miroir, Amaterasu sortit lentement de son refuge. Alors qu'elle contemplait son reflet, le dieu caché non loin de là la saisit par le bras et la tira vers l'extérieur, tandis qu'une autre divinité tendait une corde magique *(shiri-kume-nawa)* en travers du seuil et disait : « Il ne t'est pas permis de te cacher à nouveau. » Dès lors, la situation redevint normale, et la lumière du jour éclaira de nouveau le Ciel et la Terre. Le conflit était résolu.

Les Huit Cents Myriades de Divinités s'assemblèrent alors à nouveau pour convenir du sort du responsable de cette crise, le malfaisant et opiniâtre Susano-wo. Le châtiment fut sévère : les dieux exigèrent de lui « un millier de tables recouvertes de cadeaux », ils lui coupèrent la barbe, les ongles des mains et des pieds, et finalement lui interdirent le séjour du Ciel, l'obligeant à redescendre au Pays central de la plaine des Joncs.

Susano-wo et la déesse de la Nourriture

Susano-wo, dieu de l'Orage, est sans cesse à l'origine de violences. Avant d'être exilé dans le Pays central de la plaine des Joncs, son caractère belliqueux l'avait déjà conduit à se quereller avec tous ceux qui croisaient son chemin. D'après certaines sources, la déesse de la Nourriture, Ôgetsu-hime-no-kami, aurait ainsi été victime d'un de ses accès de colère.

Lors d'un incident dépourvu de lien avec le récit principal, Susano-wo aurait ordonné à Ôgetsu de lui servir à manger. Contrairement à ses habitudes, elle répondit à cette requête en extrayant les aliments de son nez, de sa bouche et de son anus. Pour se venger de ce qu'il jugea une insulte, Susano-wo la tua.

La mort d'Ôgetsu eut toutefois des suites heureuses, car des différentes parties de son corps surgirent les aliments dont les Japonais se nourrissent encore : de ses yeux jaillirent des grains de riz ; de ses oreilles, des grains de millet ; de son sexe naquit le froment ; de ses narines sortirent des haricots rouges, et de son rectum, des graines de soja.

Cette légende n'est pas sans rappeler l'ancien mythe chinois de Pan Gu (p. 90), géant originel dont la dépouille fournit les éléments de base de la création puisque, selon certaines variantes du mythe, il se transforma aussi en objets comestibles (sa peau et ses cheveux se changèrent en végétation). Toutefois, la plupart des spécialistes s'accordent à dire que la légende d'Ôgetsu est antérieure à la pénétration chinoise au Japon, datant du VIe siècle ap. J.-C. De fait, les aventures de la déesse de la Nourriture japonaise s'apparentent à un mythe indonésien, selon lequel une déesse du nom d'Hainuwele est malencontreusement poignardée et dépecée. Des différentes parties de son corps enterrées, naissent les plantes comestibles de base (dont les ignames), cultivées dans cette région du globe. Cela suggère un très ancien lien unissant Ôgetsu et Hainuwele, dont les légendes découleraient d'une trame commune à toute l'Asie du Sud-Est.

Dans le *Nihonshoki*, le meurtrier de la déesse de la Nourriture n'est pas Susano-wo mais Tsuki-yomi, le dieu de la Lune. Quand celui-ci raconta son méfait à la déesse du Soleil, Amaterasu, celle-ci le réprimanda, jurant de ne plus lui accorder un seul regard. Depuis lors le Soleil et la Lune vivent séparés. Certains pensent que cette version est la plus ancienne, et que le compilateur du *Kojiki* a substitué Susano-wo à Tsuki-yomi afin de souligner la nature vindicative du dieu.

LE CYCLE D'IZUMO

Les descendants de Susano-wo, Ôkuninushi et le Lapin Blanc

Le dieu de l'Orage, Susano-wo, et son épouse, Kushi-inada-hime, qu'il métamorphosa en peigne (kushi) *pour la sauver d'un dragon à huit têtes.*

Ainsi banni du ciel, Susano-wo arriva sur terre, dans le pays d'Izumo (carte p. 111). Sa première aventure inaugure un ensemble de récits mythologiques situés dans cette région et connus sous le nom de Cycle d'Izumo. Le personnage central en est la principale divinité de la région, Ôkuninushi (ou Daikokusama), « grand seigneur du pays », qui serait le descendant de Susano-wo et de Kushi-inada-hime, éventuellement leur fils (p. 114).

Susano-wo, exilé, longeait le cours supérieur de la rivière Hi lorsqu'il aperçut une paire de baguettes qui flottaient à la surface de l'eau. Il en déduisit que des gens habitaient en amont, et partit à leur rencontre. Chemin faisant, il croisa un couple de vieillards et une très belle jeune femme : tous pleuraient amèrement. Le couple raconta au kami qu'une créature à huit queues et huit têtes, appelée Yamato-no-orochi, avait dévoré sept de leur huit filles et que le monstre s'apprêtait à avaler la benjamine, Kushi-inada-hime, princesse des Rizières. Susano-wo, leur révélant son identité, proposa de tuer le dragon en échange de la main de Kushi-inada-hime. Le couple ayant accepté, il transforma la princesse en peigne, appelé ***kushi***, qu'il planta dans l'un de ses chignons, et leur ordonna de remplir huit grands baquets de saké puis de les placer sur huit estrades, entourées d'une clôture comportant huit ouvertures.

Yamato-no-orochi ne tarda pas à arriver. Il passa ses huit têtes à travers les ouvertures et commença à boire le saké. Susano-wo attendit que le monstre fût ivre mort pour sortir de sa cachette. Il entreprit de couper les huit têtes et de le dépecer avec son épée. Alors qu'il découpait la queue du milieu, il découvrit qu'elle renfermait la célèbre épée qui porterait par la suite le nom de Kusanagi, ou « faucheuse d'herbe » (p. 122). Il rendit à Kushi-inada-hime sa forme humaine, l'épousa, et construisit un vaste palais à Suga, dans le pays d'Izumo.

La légende la plus célèbre du Cycle d'Izumo est celle d'Ôkuninushi et du Lapin Blanc. Ôkuninushi avait quatre-vingts frères qui, tous, voulaient épouser la belle princesse Yakami-hime originaire d'Inaba. Un jour, les frères partirent pour Inaba courtiser la princesse, et Ôkuninushi, à leur service, les suivait. En route, ils rencontrèrent un lapin écorché, couché le long du chemin, manifestement en proie à de grandes souffrances. Les frères dirent à la malheureuse bête qu'en se baignant dans la mer, elle recouvrerait probablement sa fourrure, mais l'eau salée ne fit que raviver ses douleurs.

Sur ces entrefaites, Ôkuninushi arriva sur les lieux et demanda au lapin les raisons de ses gémissements. L'animal lui répondit que s'étant rendu dans l'île d'Oki il avait voulu traverser pour aller à Izumo mais qu'il n'y avait aucun passage. Il avait alors persuadé une famille de crocodiles de former un gué sur la mer. En échange, il s'était engagé à les compter afin qu'ils sachent lesquels d'eux ou des animaux marins étaient les plus nombreux. A quelques bonds de la rive opposée, le lapin avait avoué que sa promesse n'était qu'une ruse et, furieux, le dernier crocodile s'était emparé de lui pour l'écorcher vif.

Ôkuninushi conseilla au lapin d'aller à l'embouchure du fleuve se laver dans l'eau douce, puis de se rouler sur le sol parsemé de pollen d'herbe ***kama***. Le lapin, qui était en réalité une divinité, s'exécuta et sa fourrure réapparut aussitôt. En remerciement, il affirma à Ôkuninushi que lui seul, parmi tous ses frères, obtiendrait la main de Yakami-hime. Les quatre-vingts frères pleins de jalousie entrèrent dans une grande rage contre Ôkuninushi. Cette rivalité a été à la base de toutes les aventures ultérieures entre Ôkuninushi et ses frères (p. 119). Ces conflits, dont Ôkuninushi sortait toujours vainqueur, plongèrent Izumo dans l'anarchie, ce dont l'habile Amaterasu sut tirer parti. Comme elle souhaitait étendre son pouvoir sur la région, elle envoya l'un de ses fils, né de sa lutte avec

Les épreuves d'Ôkuninushi

Son union avec Yakami-hime valut à Ôkuninushi plusieurs tentatives d'assassinat de la part de ses quatre-vingts frères, dévorés de jalousie, et ses efforts pour résoudre le conflit l'obligèrent à livrer un combat plus périlleux encore contre le dieu de l'Orage, Susano-wo.

A deux reprises, ses frères emplis de haine parvinrent à tuer Ôkuninushi mais chaque fois celui-ci recouvrait la santé grâce à sa mère, qui intervenait en sa faveur auprès des dieux. Les frères firent d'abord chauffer à blanc un immense rocher qu'ils lui jetèrent du sommet d'une montagne. Pensant qu'il s'agissait d'un sanglier que ses frères souhaitaient qu'il attrapât, il s'en saisit et fut mortellement brûlé. La seconde fois, ses frères avaient tenté d'empaler Ôkuninushi sur la fourche d'un arbre. A la suite de ces expériences, et sur les recommandations de sa mère inquiète, Ôkuninushi décida, pour mettre fin à cette rivalité, de chercher conseil auprès de Susano-wo, dieu de l'Orage, qui vivait désormais dans le monde d'En Bas.

A son arrivée au palais de Susano-wo, Ôkuninushi remarqua la beauté de sa fille, Suseri-hime. Ils tombèrent amoureux l'un de l'autre, et ne tardèrent pas à se marier. Or, ce coup de foudre irrita profondément Susano-wo, qui décida à son tour de se débarrasser d'Ôkuninushi. Feignant l'hospitalité envers son gendre, il l'invita à dormir dans une chambre pleine de serpents. Heureusement, Suseri-hime avait donné à Ôkuninushi une écharpe magique qui éloignait les reptiles lorsqu'on l'agitait trois fois. La nuit suivante, lorsque Susano-wo invita Ôkuninushi à dormir dans une chambre remplie de scolopendres et d'abeilles, l'écharpe lui sauva encore la vie.

Son beau-père, fou de rage, finit par lancer une flèche dans une vaste prairie, et demanda à Ôkuninushi d'aller la chercher, tandis qu'il mettait le feu à la plaine herbeuse. Ôkuninushi cherchait en vain le moyen d'échapper à ce piège, quand une souris vint à son secours. Elle conseilla au *kami* de frapper le sol du pied car il était creux. Ôkuninushi frappa du pied et le sol s'entrouvrit. Il put se réfugier dans le trou, et les flammes passèrent au-dessus de lui sans l'atteindre. Pendant ce temps, la souris avait trouvé la flèche et la donna à Ôkuninushi.

Ôkuninushi rapporta la flèche à Susano-wo, dont la dureté commença à fléchir. Ôkuninushi se préparait néanmoins à échapper à l'influence de son beau-père et, un jour qu'il lui avait lavé la tête, Susano-wo s'endormit. Saisissant l'occasion, Ôkuninushi attacha la chevelure du dieu de l'Orage aux chevrons du toit. Puis, armé du puissant arc et des flèches de son beau-père, Suseri-hime sur le dos, il quitta le palais souterrain pour se rendre sur ses terres, au Pays central de la plaine des Joncs.

Quand Susano-wo partit à la poursuite du ravisseur de sa fille, Ôkuninushi était déjà loin. Alors qu'il parvenait enfin à portée de voix du couple en fuite, à la frontière du monde des vivants et de celui des morts, Susano-wo laissa partir les deux époux, et cria même à Ôkuninushi le conseil que celui-ci était venu chercher : il vaincrait ses frères à l'aide de l'épée et de l'arc qu'il avait pris au palais.

Susano-wo, juger de la situation. Quand elle apprit le trouble qui y régnait, la déesse du Soleil chargea un autre fils de soumettre la région. Trois ans après, ce fils n'était toujours pas revenu. Elle demanda alors à un dieu, Ame-no-waka-hiko, d'obtenir de ses nouvelles. Mais, ce dernier se révéla être un traître qui, après avoir épousé la fille d'Ôkuninushi, projeta de dominer le pays. Au bout de huit ans, Amaterasu envoya un faisan divin demander à son fils les raisons de sa si longue absence. Ame-no-waka-hiko tua l'oiseau d'une flèche qui le traversa de part en part avant d'atteindre le dieu Takamimusubi. Alors celui-ci retourna la flèche, qui alla tuer le traître au fond de son lit.

Exaspérée par ces échecs successifs, Amaterasu envoya deux de ses plus fidèles compagnons, Takamimusubi et Kamimusubi, informer Ôkuninushi qu'il devait rendre la contrée à la déesse du Soleil. Assis sur la garde de leurs épées, qui s'étaient d'elles-mêmes fichées dans la crête d'une vague au large de la plage d'Inasa, au pays d'Izumo, les messagers remirent la dépêche à son destinataire. Très impressionné par cette mise en scène, Ôkuninushi demanda conseil à l'un de ses fils. Le jeune kami fut d'avis de capituler, avis auquel Ôkuninushi se rangea, avec l'assurance qu'une place lui serait réservée parmi les principales divinités vénérées à Izumo. Amaterasu accepta. Après Ise (p. 115), Izumo est le sanctuaire shintô le plus important.

Quand Ôkuninushi se fut rendu, Amaterasu envoya sur terre son petit-fils, le prince Ninigi, avec les trois emblèmes de son pouvoir : le Miroir Divin, qui avait permis par la ruse de faire sortir Amaterasu de sa grotte ténébreuse (p. 116-117), l'épée Kusanagi, que Susano-wo trouva dans la queue du dragon (p. 118), et les perles *magatama*, à l'origine d'une si nombreuse descendance (p. 115). Des répliques de ces talismans sont encore offerts à chaque nouvel empereur lors de son accession au trône.

LUMIÈRE ARDENTE ET OMBRE ARDENTE

Ninigi, petit-fils d'Amaterasu, avait deux fils : Honosusori (Lumière Ardente) et Hikohohodemi (Ombre Ardente). Lumière Ardente, l'aîné, subvenait à ses besoins en pêchant des animaux marins à l'aide d'un hameçon, tandis que son frère cadet, Ombre Ardente, chassait à l'intérieur des terres. Insatisfait de son sort, Ombre Ardente proposa à son frère d'échanger leurs activités, ce qu'ils firent. Mais Ombre Ardente ne fut pas plus heureux de sa nouvelle vie. Il perdit même l'hameçon de son frère. L'infortuné chasseur offrit bien quelques substituts en remplacement à Lumière Ardente, mais celui-ci ne voulait que son hameçon. Très embarrassé, Ombre Ardente disparut au fond de la mer pour finalement atteindre le palais du dieu de la Mer, Watatsumi-no-kami. Or, non seulement le dieu retrouva l'hameçon dans la bouche d'une dorade mais il donna au nouveau venu sa fille en mariage.
Après plusieurs années de bonheur dans le palais de son beau-père, Ombre Ardente désira retourner chez lui. Comme cadeau d'adieu, le dieu de la Mer lui donna deux joyaux magiques, l'un qui soulevait les flots marins, l'autre qui pouvait les apaiser, et fit en sorte que son gendre pût s'en retourner sur le dos d'un crocodile. Ombre Ardente rendit son hameçon à Lumière Ardente, qui continua pourtant à le tourmenter. Il jeta alors dans l'eau le bijou qui soulevait les flots, et, pris de panique, Lumière Ardente lui demanda pardon. Alors Ombre Ardente jeta l'autre bijou et les flots se retirèrent. Lumière Ardente, plein de reconnaissance, s'engagea à servir pour toujours son frère cadet. Le petit-fils d'Ombre Ardente est le premier empereur du Japon, Jinmu-tennô (p. 122).

Cette gravure du XIXe siècle représente Ombre Ardente rentrant chez lui sur le dos du crocodile.

DIEUX, HÉROS ET DÉMONS

Inari, Hachiman et les *oni*

Le panthéon shintoïste compte de nombreuses divinités majeures qui n'ont pas été évoquées dans les mythes résumés précédemment. L'une d'elles est Inari, dieu du Riz. Etroitement lié à Ôgetsu-hime-no-kami, déesse de la Nourriture (p. 117), Inari est vénéré parce qu'il assure une bonne récolte de riz, et aussi comme dieu de la Prospérité en général. En tant que tel, les marchands lui vouent un culte tout particulier. Le messager d'Inari est le renard, et dans tous les sanctuaires qui lui sont dédiés, deux de ces animaux encadrent son image.

Dans les temps anciens, Inari était non seulement le dieu des Marchands et des Producteurs de Riz, mais également celui des Forgerons. Parmi diverses divinités populaires, figurent aussi Kamado-no-kami, dieu de la Cuisine et Ebisu, le *kami* du Commerce. Le panthéon shintoïste compte enfin un très grand nombre de personnages historiques déifiés. L'un des principaux est l'empereur Ôjin (mort vers 394 ap. J.-C.), célèbre pour ses exploits militaires et déifié plus tard sous le nom de Hachiman, dieu de la Guerre. Dans beaucoup de régions, les jeunes gens ont encore coutume de célébrer leur rite de passage à l'âge adulte (à vingt ans) dans l'un de ses nombreux temples.

Démons

Comme toutes les anciennes croyances, le shintô comporte une part d'ombre. Ceux qui ont péché sont condamnés à l'équivalent japonais de l'enfer, un monde souterrain appelé Jigoku, qui compte huit zones de feu et huit zones de glace.

Le souverain du Jigoku s'appelle Emma-ho. Il juge les âmes des pécheurs de sexe masculin et les dirige, selon leur conduite, vers l'une ou l'autre des seize zones de châtiment. Sa sœur examine les pécheresses. Au cours du jugement, les fautes passées du mort se reflètent derrière lui dans un vaste miroir. Les âmes peuvent être sauvées par l'intercession d'un *bosatsu* ou *bodhisattva* (p. 123). Il existe aussi d'autres démons, dans le Jigoku et sur terre, appelés *oni.*

Ces êtres maléfiques sont responsables de toutes sortes de calamités, y compris les maladies et les famines. Ils peuvent aussi s'emparer des âmes et posséder des innocents. Si à certains *oni* est attribuée la faculté de prendre aisément une forme humaine et/ou animale, la plupart restent invisibles. Certains devins – notamment les *miko* (p. 117) – et surtout les personnes vertueuses peuvent parfois détecter leur présence.

On attribue généralement aux *oni* une origine étrangère, puisqu'ils ont été introduits au Japon par l'intermédiaire de la Chine, en même temps que le bouddhisme, une conception de la vie à laquelle ils se convertissent parfois.

Cette sculpture en ivoire et bois de racines, datant du XIXᵉ siècle, représente de nombreux oni *et deux guerriers qui les ont maîtrisés. Un personnage appelé Shoki, le Dompteur de Démons, apparaît debout, un pied sur l'un de ces êtres vaincus.*

LE MONDE DE L'ÉPOPÉE

Les exploits de Jinmu-tennô et de Yamato-takeru

LE BRAVE DU YAMATO

Yamato-takeru, nom célèbre sous lequel Ô-usu-no-mikoto est connu, signifie « le brave du Yamato ». Voici comment, dès sa jeunesse, il acquit ce nom.
Le premier exploit d'Ô-usu-no-mikoto fut de tuer son frère aîné qui avait manqué de respect à leur père impérial. Impressionné par la cruauté de son fils, celui-ci décida de l'envoyer tuer les deux frères Kumaso, de puissants guerriers. Déguisé en femme, Ô-usu parvint à pénétrer dans le palais des deux frères et à participer à un banquet. Alors que la fête battait son plein, Ô-usu dégaina soudain l'épée qu'il avait dissimulée sous sa robe de femme et toucha l'aîné en plein cœur, le tuant sur-le-champ. Le cadet s'enfuit terrorisé. Ô-usu partit à sa poursuite et le poignarda dans le dos. Agonisant, le jeune Kumaso attribua à son assassin le nom par lequel il allait devenir célèbre.

Jinmu-tennô en partance vers l'est pour chercher de nouvelles terres à soumettre. L'animal ressemblant à un oiseau est peut-être la créature ailée, du nom de Sawo-ne-tsu-hiko, qui guida Jinmu et son frère à travers le détroit séparant Kyûshû de Honshû.

Une partie du *Kojiki* est consacrée à l'« Age des hommes », et met en scène des figures de héros quasi historiques plutôt que des dieux. Le premier de ces personnages est, selon la tradition japonaise, Jinmu-tennô (aussi appelé Kamu-yamato-iware-biko), petit-fils d'Ombre Ardente (p. 120) et fondateur de la famille impériale. En réalité, il ne serait pas le premier de la lignée mais aurait eu un frère aîné, Itsu-se, tué au combat lorsque les deux jeunes gens émigrèrent vers l'est, à la recherche de nouveaux territoires et d'un lieu favorable pour fonder leur capitale.

Après avoir enterré son frère, Jinmu poursuivit sa route vers l'est et pénétra dans la région de Kumano (actuelle préfecture de Wakayama). Là, une divinité locale, qui avait pris la forme d'un ours, jeta sur les envahisseurs un sort qui les plongea dans un profond sommeil.

Un des hommes de Jinmu apprit en rêve qu'une épée magique serait envoyée par Amaterasu et les divinités de son entourage, pour permettre à Jinmu de pacifier le Pays central de la plaine des Joncs (le Yamato). Au réveil, l'homme sut trouver l'épée et la présenter à Jinmu.

L'armée continua sa marche vers l'est, guidée par un corbeau géant envoyé du ciel, et au fur et à mesure de son avancée dans les terres de Honshû, les chefs locaux rendaient hommage à Jinmu. Parvenu dans le Yamato, Jinmu y bâtit un palais, épousa une princesse locale de sang divin (Isuke-yori-hime) et y établit son gouvernement.

La plus grande figure légendaire du Japon, Yamato-takeru, s'appelait à l'origine Ô-usu-no-mikoto. Après plusieurs exploits de jeunesse, il fut chargé par son père, Keiko, de soumettre le pays d'Izumo, en tuant son chef, Izumo-takeru. Ce dernier, un guerrier très valeureux, accepta un duel avec Yamato-takeru où ils échangèrent leurs armes. Hélas Izumo fut incapable de tirer de son fourreau l'épée de Yamato (qui était factice) et fut tué sur-le-champ par le héros.

Ensuite, Yamato-takeru fut envoyé par son père pacifier les barbares de l'est, appelés Emishi. Il partit, emportant l'épée Kusanagi trouvée dans la queue du dragon à huit têtes par Susano-wo (p. 118) et une besace magique, deux objets dont sa tante, Yamato-hime lui avait fait présent dans le sanctuaire d'Ise. En chemin, il fit la rencontre d'une princesse, Miyazu-hime, dont il tomba amoureux et qu'il se promit d'épouser à son retour. Quand il arriva à Sagamu (actuelle province de Kanagawa), un chef local le supplia de tuer une divinité rebelle, qui vivait dans un vaste lac, au cœur de la plaine herbeuse. C'était une ruse : dès qu'il fut entré dans la prairie, le chef mit le feu à l'herbe. Cependant, l'épée Kusanagi se mit d'elle-même en mouvement, et faucha l'herbe en feu (d'où le nom de « faucheuse d'herbe » donné à cette épée). Alors, ouvrant la besace magique, Yamato-takeru sortit de quoi allumer un contre-feu et échappa ainsi au piège.

Le long trajet de retour que fit Yamato-takeru le mena à sa perte. Avant de rentrer, il épousa Miyazu-hime à qui il confia l'épée Kusanagi. Puis, au col d'Ashigara, il tua une divinité de la montagne qui avait pris la forme d'un cerf blanc. Plus loin, sur le mont Ibuki, il fit la rencontre d'une autre divinité, incarnée dans un sanglier blanc. Il annonça qu'il allait tuer l'animal mais ce faisant il viola un tabou, et fut bientôt atteint d'une maladie mortelle en châtiment. A l'agonie, le héros se rendit sur la côte, à Otsu près d'Ise, pour reprendre une épée qu'il y avait laissée. Puis, chantant les beautés du pays natal qu'il ne reverrait pas, il poursuivit sa route jusqu'à la plaine de Nobo, où il mourut. Avant que son corps pût être placé dans le tombeau érigé par l'empereur, il se métamorphosa en un grand oiseau blanc qui s'envola en direction de Yamato.

MYTHES BOUDDHIQUES

La triade de la miséricorde

Dépeinte sur ce rouleau japonais du XVIIe siècle, la mort de Bouddha. Le bouddhisme se développa rapidement au Japon, au cours des VIIe et VIIIe siècles.

Au Japon, le bouddhisme a côtoyé le shintô pendant plus de quinze cents ans. En conséquence, de nombreuses interférences se sont produites entre les deux courants religieux, et plusieurs *kami* shintoïstes ont acquis des qualités bouddhiques. Hachiman, le dieu de la Guerre, est ainsi qualifié de *bosatsu*, être promis à l'Eveil, destiné à devenir bouddha (mot forgé à partir du sanskrit *bodhisattva*). La fusion des préceptes bouddhistes et shintoïstes est souvent désignée sous le nom de ryôbu-shintô ou « shintô à deux faces ». De nombreux *bosatsu* ont néanmoins très peu de liens, voire aucun, avec le shintô. Leurs origines se situent en Chine, et même dans le berceau du bouddhisme, le nord de l'Inde.

Parmi les principales divinités bouddhistes, trois occupent une place particulièrement importante dans la tradition populaire : Amida, Kannon et Jizô. Amida butsu, le bouddha Amida, dont le nom vient du sanskrit Amitâbha, est un *bodhisattva* qui retarde volontairement son salut (c'est-à-dire son entrée dans le *nirvâna*) tant que les êtres humains ne sont pas tous sauvés. C'est la figure centrale des sectes de la Terre pure (Jôdo-shû et Jôdo-shinshû), dont la doctrine repose sur un acte de foi : le croyant qui, à l'heure de sa mort, invoque Amida, pourra renaître dans le paradis de la Terre pure où, affranchi de la douleur et du désir, il se tiendra prêt pour l'illumination finale.

Kannon, homologue de Guanyin en Chine (p. 96) et d'Avalokiteshvara en Inde (p. 87), est vénérée sous plusieurs noms par un grand nombre de fidèles. C'est un *bosatsu* féminisé auquel les croyants s'adressent pour bénéficier de sa miséricorde et de ses bons conseils. A la fois protectrice des enfants, des parturientes et des âmes des morts, elle est particulièrement populaire sous la forme de Senju Kannon, ou « Kannon aux mille bras », tendus avec compassion vers le fidèle. Elle apparaît dans l'iconographie japonaise avec une effigie d'Amida sur la tête, car elle est associée à ce bouddha.

Jizô est également bienveillant avec les enfants, notamment avec les âmes de ceux qui sont morts. Et l'on rencontre partout au Japon de petits Jizô-ya, ou temples de Jizô. Il est aussi le protecteur de tous ceux qui souffrent. On lui reconnaît le pouvoir de sauver les âmes de l'enfer pour les conduire au paradis de l'Ouest, la Terre pure.

Kannon, dépeinte ici debout sur le dos d'une carpe (sur une garde d'épée datant de la fin du XIXe siècle), est parfois représentée comme une figure à mille bras, ou sous des formes diverses (notamment comme un personnage assis, à deux bras, tenant une fleur de lotus, ou bien avec une tête de cheval et un troisième œil). Le culte de Kannon, originaire de Corée, pénétra au Japon peu de temps après l'introduction du bouddhisme dans l'archipel.

LA GRÈCE

Le Parthénon d'Athènes (ici, vu de l'est), dédié à Athéna Parthénos (la Vierge), la divinité poliade de la ville, est le plus celebre de tous les temples grecs. Il fut construit entre 447 et 432 av. J.-C. par les architectes Callicratès et Ictinos, sous la direction du grand sculpteur Phidias (490-430 av. J.-C.).

Avec ses légendes, ses décors figurés et ses monuments religieux inspirés par les dieux et les héros, le riche patrimoine de la Grèce antique a profondément influencé la culture occidentale. Les Romains déjà le copient et, après un moment d'oubli durant le haut Moyen Age, la Renaissance le redécouvre ; nous n'avons cessé depuis d'admirer, d'adopter et d'adapter le legs de la mythologie grecque.

Dans le monde grec antique – qui s'étendait de l'Italie du Sud aux rives de l'Asie Mineure et englobait toutes les îles de l'Adriatique et de la mer Égée – chaque ville avait ses propres mythes, ses héros et ses fêtes religieuses. Cette diversité ne facilite guère l'étude de la mythologie grecque car les innombrables biographies des grandes divinités apparaissent souvent contradictoires, même dans leurs composantes fondamentales. En revanche, tous les Grecs participaient à des cultes communs et à des festivités comme les Jeux Olympiques, tandis que des sanctuaires étaient dédiés à des héros comme Héraclès (p. 148) à travers tout le monde grec. Les épopées d'Homère figuraient parmi la multitude de légendes et d'œuvres littéraires connues de la totalité du monde hellénique. L'élaboration d'un tronc commun de mythes, familiers à tous, entretenait entre les cités-États un sentiment d'appartenance à une même communauté, les opposant aux « barbares » dont elles se considéraient entourées. Les mythes grecs les plus connus aujourd'hui sont issus pour la plupart de cette forme canonique de la mythologie.

LE MONT OLYMPE
Point culminant de la Grèce, vénéré comme la demeure des principaux dieux (les Olympiens). Le panthéon grec, présidé par Zeus, comprenait Aphrodite, Apollon, Arès, Artémis, Athéna, Déméter, Dionysos, Héphaïstos, Héra, Hermès, Hestia et Poséidon.

DELPHES
Le sanctuaire de Delphes, dédié à Apollon, était considéré littéralement comme le centre du monde. Son célèbre oracle était consulté par toutes les grandes villes (p. 138).

ATHÈNES
Capitale culturelle du monde grec, Athènes fut à l'époque classique la plus grande ville de Méditerranée et l'une des plus puissantes. La mythologie grecque a largement puisé dans sa littérature et dans son art. C'est à Athènes que se trouvait le Parthénon, le plus célèbre de tous les temples grecs, érigé au Vᵉ s. av. J.-C. pour abriter la magnifique statue d'or et d'ivoire d'Athéna, haute de 12 m, sculptée par Phidias qui fut aussi l'auteur de la statue de Zeus à Olympie (en bas).

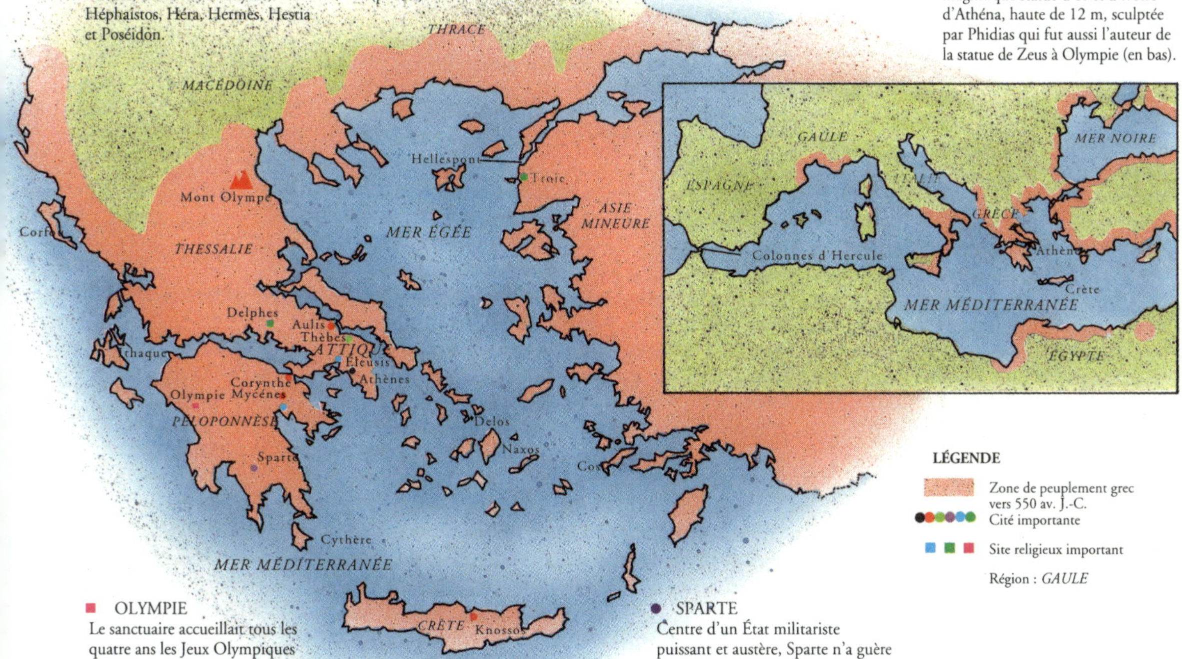

OLYMPIE
Le sanctuaire accueillait tous les quatre ans les Jeux Olympiques célébrés en l'honneur de Zeus (ci-dessous), auxquels participaient des athlètes venus des quatre coins du monde grec, émules des héros mythiques. En 393 ap. J.-C., l'empereur romain chrétien Théodose Iᵉʳ abolit ces jeux qui étaient une manifestation du paganisme.

THÈBES
La ville, qui aurait été fondée par Cadmos (p. 130), sert de cadre à des tragédies comme *Œdipe-Roi* de Sophocle et *Les Sept contre Thèbes* d'Eschyle. Au milieu du IVᵉ s. av. J.-C., elle fut momentanément la première puissance de Grèce.

SPARTE
Centre d'un État militariste puissant et austère, Sparte n'a guère marqué l'architecture ou la littérature. Dans la mythologie, elle est la ville de Ménélas (p. 157).

ARGOS
Les Argiens jouent un rôle de premier plan dans l'épopée et la tragédie grecques mais la ville avait perdu son importance vers 500 av. J.-C.

TROIE
Cité du roi légendaire Priam, de la reine Hécube et de leurs fils, les héros Hector et Pâris. Dans l'*Iliade*, la célèbre épopée qui relate la guerre de Troie (p. 157), Homère a immortalisé la cité et ces grands personnages.

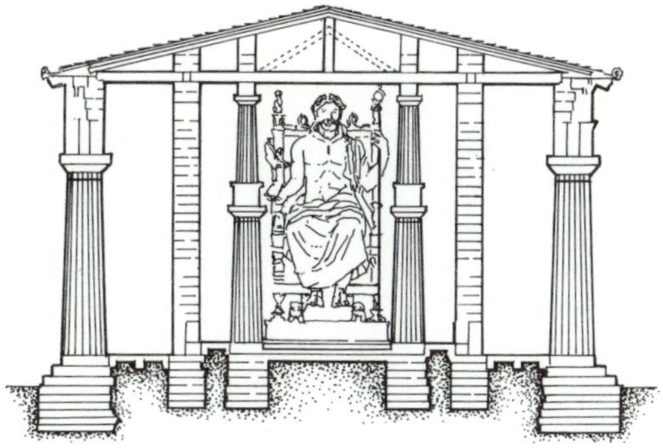

Reconstitution de la statue de Zeus, haute de 13 m, qui se trouvait dans son temple d'Olympie. Ce chef-d'œuvre de Phidias, tout d'or et d'ivoire, fut achevé vers 430 av. J.-C.

CHRONOLOGIE *(Dates av. J.-C., pour la plupart approximatives.)*

1600-1100 Civilisation mycénienne ou Age du Bronze récent.
1400-1100 Civilisation crétoise dite minoenne (voir Minos, p. 150).
1100 Époque probable de la guerre de Troie.
1100-800 Moyen Âge hellénique, période peu connue.
800-700 Époque homérique : apparition de la cité-État et de l'alphabet.
750-550 De nombreuses cités fondent des colonies à l'étranger.
700-600 Age des tyrans ; époque de graves troubles sociaux.
600-400 Age de la démocratie. Athènes, premier État démocratique, atteint l'apogée de sa puissance sous Périclès (495-429).
490 Athènes et ses alliés remportent la victoire sur les Perses.
431-404 Guerre du Péloponnèse (défaite d'Athènes devant Sparte).
400-300 Époque macédonienne ; les conquêtes d'Alexandre le Grand (356-323) apportent la culture grecque aux confins de l'Inde.
338 Philippe de Macédoine étend sa suprématie sur la Grèce tout entière.
336 Alexandre succède à son père Philippe, détruit Thèbes et soumet Athènes.
334-325 Alexandre conquiert la Perse.
300-1 Époque hellénistique. A la mort d'Alexandre en 323 av. J.-C., son empire est divisé en plusieurs grands royaumes qui, à l'instar de la Grèce même, seront finalement conquis par les Romains.

MYTHE ET SOCIÉTÉ

Pratiques religieuses publiques et privées

LES PANATHÉNÉES

Sur ce fragment (ci-contre) de la frise sculptée qui orne le Parthénon, les Athéniens mènent un taureau au sacrifice. Cette très ancienne fête en l'honneur d'Athéna, leur divinité poliade, était la plus importante et la plus brillante du calendrier athénien. A cette occasion, les personnalités de la ville et les représentants de tous ses territoires sacrifiaient des animaux à la déesse. Ces sacrifices accompagnaient la manifestation principale de la fête, la procession solennelle du peuple qui allait offrir une nouvelle tunique brodée *(peplos)* à la statue d'Athéna abritée à l'Érechthéion.

Œnochoé (cruche à vin) à figures rouges (450-400 av. J.-C.) décorée d'une scène de sacrifice rituel. Offert aux dieux en signe de remerciement, de supplication ou de propitiation, le sacrifice faisait partie intégrante des pratiques religieuses grecques. Il était courant que des rites officiels comme les Panathénées soient accompagnés de sacrifices animaux tandis que les dévotions privées pouvaient comporter des offrandes de légumes, de miel ou de fromage.

Bien que les origines des croyances religieuses de la Grèce antique soient assez obscures, le panthéon grec s'était déjà constitué vers 750 av. J. C. Ses principaux personnages jouent un rôle important dans l'*Iliade* et l'*Odyssée*, les grandes épopées d'Homère (p. 157). Probablement composées à cette époque, elles révèlent en effet une très longue tradition poétique.

Les Grecs croyaient que leur vie et leur destin étaient régis par de nombreuses divinités, dont les plus importantes, les Olympiens, résidaient sur le mont Olympe (p. 125). Une statue du dieu Hermès ornait parfois la porte de la maison grecque tandis que le foyer était consacré à Hestia (p. 144). Les héros, souvent issus de l'union d'un dieu et d'une mortelle, étaient vénérés à l'égal des éternels, pouvant intercéder en faveur des humains. Leur bravoure et leur noblesse étaient considérées comme exemplaires et leurs combats contre les monstres (p. 147) fournirent à la littérature et à l'art des thèmes populaires. De nombreux États prétendaient avoir été fondés par une divinité ou un héros protecteur, légitimant cette origine en recourant au mythe ; ainsi la fondation d'Athènes opposa dans un concours Athéna et Poséidon (p. 136). Les familles nobles revendiquaient souvent un héros comme ancêtre, un des Argonautes par exemple (p. 154).

Un culte était aussi rendu à des divinités allégoriques comme la « Justice » et la « Jeunesse ». Les Grecs redoutaient par contre d'être victimes des forces des ténèbres comme les Furies ou la magicienne Hécate (p. 146).

C'est aux Olympiens (p. 125) qu'étaient rendus les cultes les plus populaires et les plus répandus. Les rites religieux se déroulaient dans des sanctuaires consacrés à la divinité dont la statue était abritée par un temple, qui constituait le centre du sanctuaire. Les prêtres procédaient aux sacrifices sur un autel en plein air, devant le temple, sous le regard des fidèles parfois groupés sous une *stoa* (portique), puis ils mangeaient la viande rôtie de l'animal sacrifié. Les offrandes votives, déposées autour du temple et sur les marches, comprenaient des statues de bronze, de marbre et, pour les plus modestes, de terre cuite. Des offrandes étaient faites également aux autres dieux ou demi-dieux, comme les héros, dans une multitude de sanctuaires et autels particuliers.

Les temples étaient des lieux publics privilégiés où s'exprimait la culture de l'État. Leurs frises et leurs frontons représentaient souvent des combats mythiques entre les forces de la civilisation, la cité-État et les Olympiens, et les forces du mal et de la barbarie, figurées par les géants et les monstres. Au Ve siècle av. J.-C., les Athéniens avaient institué deux pratiques pour la narration des mythes : le théâtre et le récital poétique. Athènes inventa le théâtre, une manifestation grandiose permettant à 16 000 citoyens d'assister à des tragédies fondées le plus souvent sur des mythes et des légendes. La poésie, notamment celle d'Homère et d'Hésiode, était récitée en public par des aèdes professionnels, les rhapsodes. L'*Iliade* et l'*Odyssée* étaient déclamées intégralement lors des Grandes Panathénées (p. 126). Des poèmes qui faisaient revivre des mythes étaient commandés pour être récités en public lors de la célébration d'événements comme la victoire d'un citoyen aux Jeux Olympiques.

L'éducation et la vie intellectuelle étaient fondées sur la mythologie. Quant aux mythes racontés par Homère et Hésiode, ils étaient au cœur de l'enseignement primaire. A partir du Ve siècle av. J.-C., les mythes furent un sujet de discussion pour les philosophes, les savants et les historiens.

Les bijoux des Grecs étaient souvent ornés de dieux et de déesses. Ces plaques de pectoral en bronze du VIIe s. av. J.-C., portant l'image d'Artémis, proviennent de Camiros (Rhodes).

Le symposion

De nombreux objets domestiques étaient décorés de scènes mythologiques, notamment les coupes, cruches et cratères utilisés lors du symposion (du grec sumposion *ou « boire ensemble »).*

En Grèce, le symposion était un élément essentiel de la vie sociale des hommes. Étendus sur des banquettes, ils buvaient (la consommation du vin était soumise à des rites précis) au milieu de conversations joyeuses et nouaient des liens politiques et sociaux. Les hommes récitaient des poèmes à thème mythologique et chantaient les chansons de poètes célèbres. Les seules femmes admises aux banquets étaient les musiciennes, les danseuses et les courtisanes. Dans l'illustration ci-dessus, réalisée d'après une poterie, les deux femmes nues sont peut-être des artistes participant à un symposion.

L'alphabet grec standard et sa translittération usuelle en français :

Α	Β	Γ	Δ	Ε	Ζ	Η	Θ	Ι	Κ	Λ	Μ	Ν	Ξ	Ο	Π	Ρ	Σ	Τ	Υ	Φ	Χ	Ψ	Ω
α	β	γ	δ	Ε	ζ	η	θ	ι	κ	λ	μ	ν	ξ	ο	π	ρ	σ	τ	υ	φ	χ	ψ	ω
A	B	G	D	E	Z	Ê	TH	I	K	L	M	N	X	O	P	R	S	T	Y/U	PH	KH	PS	Ô

LA LANGUE GRECQUE

Notre connaissance de la mythologie grecque est facilitée par les innombrables inscriptions et documents découverts dans l'ensemble du monde hellénique antique. Comme le latin et le français, le grec appartient à la famille des langues indo-européennes et il s'écrit depuis près de 3 000 ans. Bien que le grec moderne soit très différent du grec ancien, il utilise un alphabet (en bas à gauche) pratiquement inchangé depuis 2 500 ans, dérivé vers 950 av. J.-C. d'un alphabet sémitique (probablement phénicien), et ayant connu de nombreuses variantes locales au cours des siècles. En 403 av. J.-C. sa version orientale, ionienne, fut officiellement adoptée par Athènes, capitale intellectuelle de la Grèce, et constitue l'écriture grecque courante. L'inscription humoristique sur la poterie, reproduite dans l'encadré ci-contre, est écrite en miroir, ce qui était de pratique courante. On lit : ΠΙΝΕ ΚΑΙ ΣΥ (PINE KAI SU), ce qui signifie « Bois toi aussi ! ».

LA NAISSANCE DES DIEUX

L'apparition des Olympiens

Tête de pierre monumentale qui représente peut-être Gaïa, la toute première déesse grecque de la Terre.

De nombreux mythes évoquaient le commencement du monde, aucune version n'étant universellement acceptée. Le récit le plus complet et le plus répandu est celui du poète Hésiode dans sa *Théogonie*, au VIIIe siècle av. J.-C. (p. 129). Il fut le premier à tenter d'établir une généalogie des dieux grecs à partir des nombreuses croyances populaires de l'époque. Dans cet ouvrage qui est à la fois cosmogonie et théogonie, il fait remonter l'ascendance détaillée des dieux de l'Olympe à la création du monde à partir du Chaos. Une autre version de l'origine de l'univers est donnée par les disciples d'un culte mystique appelé l'Orphisme. Plus abstrait et plus philosophique que celui d'Hésiode, leur récit séduisit beaucoup moins le peuple. Il commence par Cronos (le Temps) accompagné d'Adrasté (la Nécessité). De Cronos procèdent l'Éther, l'Érèbe et le Chaos (le Fluide régnant au-dessus de l'atmosphère, les Ténèbres et le Vide béant). De l'Éther, Cronos façonne un œuf dont naît Phanès, le créateur de toutes choses, divinité bisexuelle aux ailes d'or et à quatre yeux. Phanès désigné sous plusieurs noms, notamment celui d'Éros, épouse sa fille, la Nuit, qui donne naissance à Gaïa et à Ouranos. Quand Zeus devient maître du monde, il recrée le monde à partir de rien, engloutit Phanès et s'unit à Coré (Perséphone) pour engendrer Zagreus-Dionysos.

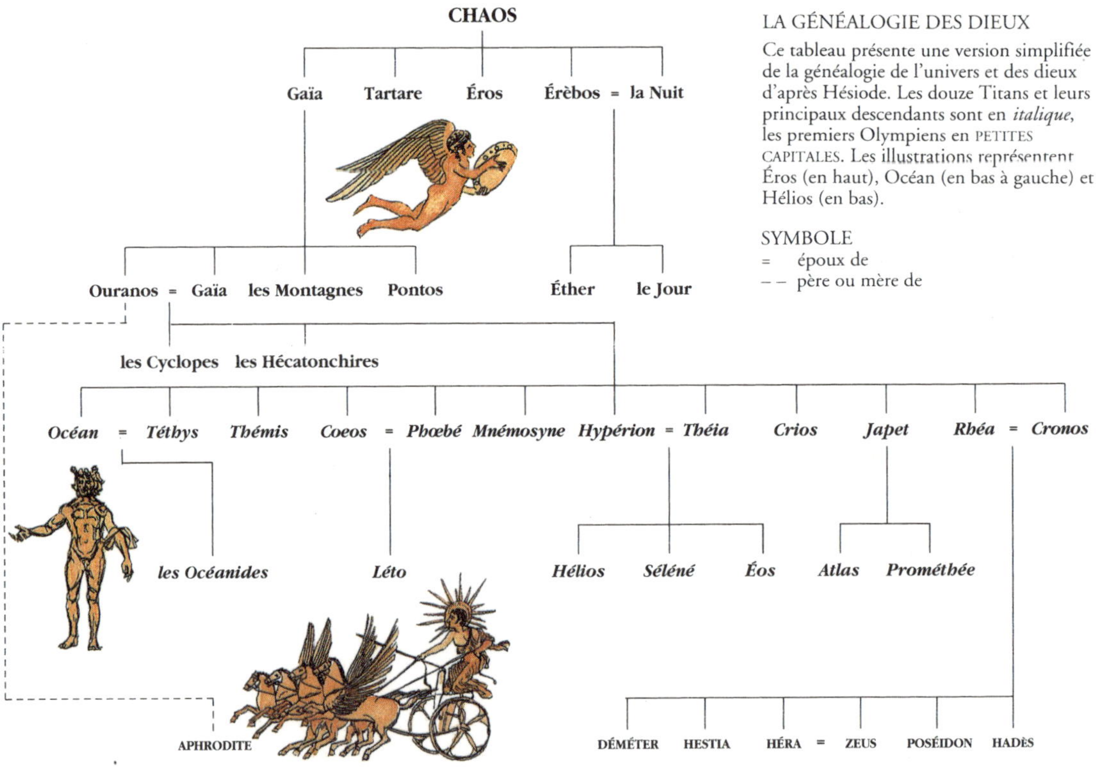

LA GÉNÉALOGIE DES DIEUX

Ce tableau présente une version simplifiée de la généalogie de l'univers et des dieux d'après Hésiode. Les douze Titans et leurs principaux descendants sont en *italique*, les premiers Olympiens en PETITES CAPITALES. Les illustrations représentent Éros (en haut), Océan (en bas à gauche) et Hélios (en bas).

SYMBOLE

= époux de
– – père ou mère de

La généalogie des dieux

La Théogonie *d'Hésiode commence par cette simple affirmation : « Au début apparut le Chaos » mais on ignore si Chaos (le Vide béant) est conçu comme une divinité. Après Chaos vinrent Gaïa ou Gè (la Terre), le Tartare (les Enfers), Éros (le Désir), l'Érèbe (les Ténèbres des Enfers) et la Nuit (les Ténèbres de la Terre), qui furent peut-être ses descendants mais ce point aussi est ambigu. Puis la Nuit s'unit à Érèbe et enfanta Éther (« qui règne au-dessus de l'atmosphère ») et le Jour (la Lumière du monde).*

Gaïa enfanta seule Ouranos (le Ciel) « pour qu'il puisse l'entourer et la couvrir complètement et être un foyer éternellement sûr pour les dieux bénis », puis les Montagnes et Pontos (la Mer). Elle s'unit à Ouranos et enfanta les premières divinités : douze puissants Titans (six garçons et six filles), trois Cyclopes nommés Brontès (« Tonnerre »), Stéropé (« Foudre ») et Argès (« Éclat ») et trois monstres à cent mains chacun, les Hécatonchires nommés Cottus, Briarée et Gygès. Horrifié à la vue de ses enfants, Ouranos les enferma dans les entrailles de la terre, mais Gaïa se vengea en persuadant Cronos, le plus jeune Titan, de castrer son père et de s'emparer du pouvoir. Du sang jailli de la blessure d'Ouranos naquirent les Géants, les Nymphes et les Furies. Ses organes génitaux tranchés tombèrent dans la mer où ils se transformèrent en écume blanche dont naquit Aphrodite, déesse de l'amour et de la sexualité.

Les Titans peuplèrent le monde de demi-dieux en s'unissant aux Nymphes ou entre eux : c'est ainsi qu'Hypérion et sa sœur Théia engendrèrent Hélios (le soleil), Séléné (la lune) et Éos (l'aurore). Le Titan Japet épousa l'Océanide Clyméné et ils eurent quatre enfants dont les plus célèbres sont Prométhée (le Prévoyant ; p. 130-131) et Atlas qui, après la défaite des Titans, fut condamné par Zeus à soutenir les cieux à l'extrémité occidentale de l'univers (p. 149) : c'est lui qui a donné son nom à l'Atlantique. Ils eurent pour frères Ménœtios et Épiméthée (« qui réfléchit trop tard »), l'époux de Pandore (p. 131). Naïf et imprudent, Épiméthée était l'antithèse de Prométhée.

Cronos eut plusieurs enfants de Rhéa mais, craignant d'être détrôné par eux, il avalait chaque bébé dès sa naissance. Toutefois, quand Rhéa mit Zeus au monde, elle trompa son mari en lui tendant une pierre emmaillotée qu'il avala au lieu de l'enfant. Zeus grandit loin de son père et prépara sa vengeance. Il remporta une grande victoire sur les Titans, la Titanomachie, en ayant recours à la ruse : Métis, la fille du Titan Océan, servit à Cronos une boisson qui lui fit régurgiter les frères et sœurs de Zeus (Poséidon, Hadès, Héra, Déméter et Hestia) et ceux-ci purent alors unir leurs forces aux siennes. Zeus fut soutenu par les Cyclopes et les Hécatonchires emprisonnés par Cronos et qu'il avait libérés.

Après la chute des Titans, Zeus fut confronté à des monstres géants jaillis du sang d'Ouranos. Lors de la Gigantomachie ou bataille contre les Géants qui s'ensuivit, Zeus mena les dieux à la victoire et fut reconnu maître suprême du ciel et de la terre. Il décida que l'Olympe, la plus haute montagne du monde, deviendrait la demeure des divinités victorieuses.

HÉSIODE, PAYSAN ET POÈTE

Hésiode était un agriculteur, un rhapsode (déclamateur professionnel de poésie) et un auteur faisant autorité en matière d'éthique et de théologie. Il vécut à Ascra en Béotie vers 700 av. J.-C. Deux de ses grandes œuvres poétiques, la *Théogonie* et *Les Travaux et les Jours*, ont survécu en totalité alors que les autres ne sont connues que par des fragments ou des titres. Dans la *Théogonie*, il résume et rappelle avec talent les mythes faisant autorité sur les origines de l'univers et les dieux qui le gouvernent. Le contenu des *Travaux et les Jours* est, en revanche, plus pratique : c'est essentiellement une description de l'année agricole. Mais dans la première partie, Hésiode conseille à son frère Persès de respecter les règles de la justice, recourant aux récits mythiques pour illustrer son propos.

LES ORIGINES DE L'HUMANITÉ

Prométhée, Pandore, Deucalion, Pyrrha

Sur cette coupe à figures noires de Laconie, dans le Péloponnèse, est représenté le supplice infligé par Zeus à Prométhée, enchaîné à un arbre (le plus souvent à un rocher). Un aigle lui dévore le foie (ci-contre), sous les yeux de son frère, le Titan Atlas.

La mythologie grecque ne propose pas une version unique des origines de la race humaine attribuant la création des premiers hommes à la Terre (Gaïa), aux Titans ou aux Olympiens. On rencontre souvent l'idée d'une naissance se faisant à partir de la terre même – « autochtone ». Un mythe raconte que le premier homme, Pélage, surgit du sol de l'Arcadie dans le Péloponnèse et fonda la race des Pélages, un ancien peuple non grec dont les descendants peuplaient encore certains villages au Ve siècle av. J.-C.

Dans un autre mythe, Zeus provoqua une grande inondation pour détruire l'humanité en châtiment des méfaits du Titan Prométhée (p. 151). Deucalion, le fils de Prométhée, et sa femme Pyrrha, fille d'Épiméthée et de Pandore, avertis par le Titan, construisirent une arche qui leur permit de survivre au déluge. Les eaux ayant baissé, Deucalion et Pyrrha se rendirent à Delphes prier la Titanide Thémis qui, dans certains récits, est la mère de Prométhée. Elle leur dit de jeter derrière eux les os de leur ancêtre commun.

Déconcertés d'abord, le couple comprit que Thémis devait parler de Gaïa, la Terre mère universelle, dont les os étaient les pierres sur le sol. Chaque pierre qu'ils lançaient derrière eux se transforma en être humain en touchant le sol : celles de Deucalion étaient changées en hommes, celles de Pyrrha en femmes. La race humaine fut ainsi recréée à partir du sol. Deucalion aurait fondé un temple à Athènes en l'honneur de Zeus dont le courroux finit par s'apaiser. Dans une autre version de ce mythe, le couple offrit après l'inondation un sacrifice à Zeus qui, apaisé, promit d'exaucer un vœu de Deucalion. Celui-ci lui demanda de repeupler la Terre.

Les Grecs considéraient Deucalion comme l'ancêtre de leur nation, le premier roi et le fondateur de nombreuses villes et temples. Le développement ultérieur

NÉS DE LA TERRE

Les Athéniens avaient leur propre mythe d'un homme né du sol. Le dieu Héphaïstos essaya de violer Athéna et comme elle le repoussait, il éjacula sur sa cuisse. Elle essuya le sperme avec une étoffe de laine qu'elle jeta par terre avec dégoût. Du sol ainsi fécondé naquit Érechthée, futur roi d'Athènes, souvent représenté à demi-serpent à cause de ses liens avec la terre.
Selon les Thébains, Cadmos, le fondateur de Thèbes, tua un serpent monstrueux à l'emplacement de la future ville. Il en sema les dents dans le sol, d'où sortirent des hommes tout armés qui s'entre-tuèrent jusqu'à ce qu'il n'en restât que cinq. On les appella Spartoi (« hommes semés ») et ils eurent pour descendants les familles nobles de Thèbes.

de l'humanité s'expliquait par le mythe des âges ou des races de l'homme, dont la version la plus connue est donnée par Hésiode dans *Les Travaux et les Jours*. A l'époque de Cronos, raconte Hésiode, les dieux créèrent les premiers hommes, la race d'Or, qui ne connaissait ni vieillesse ni maladie ni labeur parce que la terre lui donnait ses fruits sans travail. Ils moururent tous – on ignore pourquoi – en s'endormant mais continuèrent à exister comme des esprits saints, protecteurs des humains. Zeus et les Olympiens créèrent ensuite une race d'Argent qui mit un siècle pour arriver à maturité ; arrogants et violents, ces hommes refusaient de rendre un culte aux dieux. Zeus les cacha sous terre où ils continuèrent, eux aussi, à exister en tant qu'esprits.

Zeus créa aussi les trois dernières races. La race d'Airain, la troisième, découvrit les métaux et entreprit d'édifier une civilisation mais finit par s'entre-tuer et descendit ignominieusement aux Enfers. Puis vint la race des Héros, selon Hésiode – ils ne figurent pas dans tous les récits –, nés de mortelles et de dieux. Vaillants mortels à la force surhumaine, ils séjournaient après la mort dans les îles des Bienheureux. La cinquième race fut celle du Fer, et peuple encore la Terre. Pour elle, le bien est toujours mêlé au mal et le labeur une nécessité. Cette race disparaîtra, dit Hésiode, quand les enfants naîtront gris, que les hommes cesseront d'honorer leurs parents, détruiront les villes et loueront les méchants.

Prométhée et Pandore

Les mythes de Prométhée et Pandore avaient fonction d'expliquer les épreuves qui assaillent l'humanité. L'histoire de Pandore, créée après l'homme et cause de nombreux maux, justifiait aux yeux des Grecs l'infériorité sociale de la femme.

Bien que Prométhée ne se soit pas opposé à Zeus comme les autres Titans (p. 129), il n'admettait pas la défaite de sa race et essayait de se venger en favorisant les hommes qui, traités à l'origine en égaux, à l'époque de Cronos, étaient maintenant considérés comme inférieurs aux dieux. (L'un des récits voudrait même que Prométhée créât lui-même Phénon, le premier homme, avec de l'argile et de l'eau.)

Furieux de la protection accordée par Prométhée à la nouvelle race, Zeus se vengea en privant de feu les humains qui furent obligés de vivre sans chaleur et sans lumière. Prométhée vint à leur secours, déroba une flamme à la forge du dieu Héphaïstos et la cacha dans la tige d'une férule.

La création de Pandore est représentée sur ce vase attique à figures rouges du début du Ve s. De gauche à droite : Zeus, Hermès, Héphaïstos et Pandore.

Zeus demanda à Héphaïstos de façonner Pandore, la première femme, avec de la terre. Athéna et les autres déesses lui offrirent la beauté, l'élégance et le charme, et Hermès lui apprit la duperie, puis elle fut envoyée auprès d'Épiméthée, le frère de Prométhée, avec une jarre (« la boîte de Pandore ») en cadeau. Là, elle ouvrit la jarre dont s'échappèrent les maux et les maladies. Seule l'Espérance resta à l'intérieur.

Ayant ainsi puni les hommes, Zeus se tourna vers Prométhée. Il l'enchaîna à un rocher et envoya un aigle lui dévorer le foie. Chaque fois que l'oiseau lui arrachait le foie, celui-ci repoussait et le supplice du Titan recommençait (illustration p. 130). Le martyre de Prométhée dura des milliers d'années jusqu'à ce qu'Héraclès vînt le délivrer.

ZEUS

Le roi des dieux

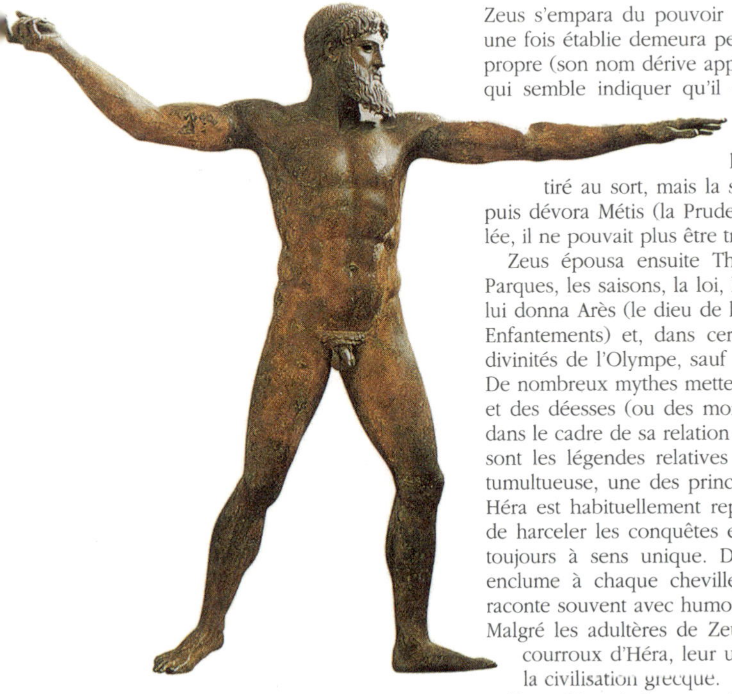

Statue de bronze plus grande que nature, représentant sans doute Zeus, datée environ de 450 av. J.-C. et trouvée dans la mer au large de la Sicile. A l'origine, le dieu brandissait sans doute un foudre.

Zeus s'empara du pouvoir par la violence et par la ruse (p. 129). Son autorité une fois établie demeura permanente et incontestée. Le ciel devint son domaine propre (son nom dérive apparemment d'une ancienne racine signifiant « ciel », ce qui semble indiquer qu'il était initialement un dieu du Ciel), tandis que ses frères, Poséidon et Hadès, devenaient respectivement souverains des Mers et des Enfers. Une légende voudrait que ce partage des royaumes fût tiré au sort, mais la suprématie de Zeus ne fut jamais discutée. Il épousa puis dévora Métis (la Prudence) qui l'avait aidé à détrôner Cronos. L'ayant avalée, il ne pouvait plus être trompé ou manipulé à son tour.

Zeus épousa ensuite Thémis (la Justice divine) et avec elle engendra les Parques, les saisons, la loi, l'équité et la paix. Il épousa enfin Héra, sa sœur, qui lui donna Arès (le dieu de la Guerre), Hébé (la Jeunesse), Ilithyie (la déesse des Enfantements) et, dans certains récits, Héphaïstos (le dieu-artisan). Les autres divinités de l'Olympe, sauf Aphrodite, sont le fruit de diverses liaisons de Zeus. De nombreux mythes mettent en scène les aventures de Zeus avec des mortelles et des déesses (ou des mortels et des dieux), qui se déroulent le plus souvent dans le cadre de sa relation orageuse avec Héra (en bas, à gauche, p. 133). Rares sont les légendes relatives à Zeus et Héra qui ne concernent pas leur union tumultueuse, une des principales sources de conflits de la mythologie grecque. Héra est habituellement représentée comme un personnage amer qui ne cesse de harceler les conquêtes et les bâtards de Zeus, mais la persécution n'est pas toujours à sens unique. Dans un mythe, Zeus est si irrité qu'il attache une enclume à chaque cheville d'Héra et la suspend au mont Olympe. Homère raconte souvent avec humour et ironie les nombreuses disputes du couple divin. Malgré les adultères de Zeus, qui provoquaient inévitablement la jalousie et le courroux d'Héra, leur union sacrée symbolise l'importance du mariage dans la civilisation grecque.

Zeus détenait le pouvoir suprême sur l'Olympe. Il présidait le conseil des Dieux et son autorité fixait le cours de toutes choses. Sa magnifique statue chryséléphantine d'Olympie (p. 125) était une des Sept Merveilles du monde. Haute de douze mètres, elle incarnait sa puissance terrifiante. Dans le monde des hommes, Zeus était le garant du pouvoir des rois et de l'autorité des lois de la cité. Gardien de l'ordre social, il apparaissait notamment comme Zeus Xenios (défenseur de l'hospitalité, des relations courtoises entre les familles et les cités), Zeus Hikesios (protecteur de ceux qui cherchent asile) et Zeus Horkios (protecteur de l'inviolabilité des serments). Les symboles de son pouvoir étaient le tonnerre et l'éclair, comme il convient au dieu du Ciel, ainsi que l'aigle, le roi des oiseaux. Il était souvent représenté tenant un sceptre, emblème du pouvoir royal, ou un foudre.

Cléanthe (330-232 av. J.-C.) qui, à partir de 263 av. J.-C. dirigea l'école stoïcienne de philosophie, considérait Zeus d'une manière plus abstraite, comme l'éther fondamental de l'univers vivant. Dans son œuvre la plus éminente, l'*Hymne à Zeus*, Cléanthe salue le dieu comme « maître de l'univers » et poursuit : « Rien sur terre ni dans les cieux ni dans les mers n'est créé sans toi. »

HÉRA

Sœur et épouse de Zeus, Héra est l'un des principaux personnages du panthéon grec ; ses principaux exploits se rapportent surtout à son mariage orageux. Plusieurs temples importants lui étaient dédiés, le plus célèbre étant l'Héraion d'Argos dans le Péloponnèse. La déesse était surtout associée à la fécondité et à l'indissolubilité du mariage.

LES UNIONS DE ZEUS

Épouses humaines et divines

La mythologie grecque attribue à Zeus une multitude d'aventures amoureuses avec des femmes et des déesses. Pour des raisons pratiques ou pour échapper à la jalousie de son épouse légitime Héra, il était parfois forcé de se métamorphoser, en animal par exemple, pour approcher l'objet de sa passion. En tout cas, il ne pouvait pas se montrer aux mortels dans tout l'éclat de sa divinité car son apparition était si saisissante qu'elle entraînait la mort immédiate – ce fut le sort de Sémélé. Les amours les plus célèbres de Zeus sont traitées ci-dessous et p. 135. Ses trois premières partenaires sont des déesses, les autres des mortelles (tableau p. 134).

Métis

Zeus épousa la Titanide Métis juste après son avènement et il la féconda. Gaïa et Ouranos avaient prophétisé que Métis aurait une brillante descendance : une déesse, Athéna, qui égalerait Zeus en sagesse, et un fils, qui deviendrait le roi des dieux et des hommes. Pour empêcher ces naissances, Zeus avala Métis. Le fils ne fut jamais conçu mais Athéna naquit, tout armée, de la tête de son père.

Léto

Fille des Titans Céos et Phébée, Léto s'unit à Zeus et conçut les jumeaux divins, Artémis et Apollon. Artémis naquit à Ortygie mais Léto fut forcée de parcourir la terre, torturée par la douleur, à la recherche d'un lieu où mettre Apollon au monde. Héra, jalouse, empêcha sa fille Ilithye, déesse des Enfantements, d'entendre les cris de Léto. Ilithye ne put l'assister que lorsque les habitants de Délos, une île de la mer Égée, acceptèrent qu'Apollon naisse sur leur sol. Délos devait devenir l'un des principaux sanctuaires d'Apollon (p. 138).

GANYMÈDE

Les attirances de Zeus ne le portaient pas exclusivement vers les femmes. Ainsi, il se prit de passion pour Ganymède, fils du roi Tros de Troie, célèbre pour sa beauté, et décida de l'enlever. Il envoya un aigle s'emparer de Ganymède dans la plaine de Troie et l'apporter sur le mont Olympe où il devint l'échanson des dieux. Dans une autre version de ce mythe, Zeus lui-même se métamorphose en aigle et enlève Ganymède. La figurine de terre cuite ci-dessus, provenant d'une toiture d'Olympie (vers 450 av. J.-C.), représente Zeus emportant le jeune homme.

La déesse Athéna jaillit tout armée de la tête de Zeus. Dans certains récits, Héphaïstos, le dieu-forgeron, facilite sa naissance en fendant la tête du dieu d'un coup de hache comme sur ce panneau d'une amphore attique à figures noires, vers 540 av. J.-C.

Les épouses et les enfants de Zeus

Dans ce tableau, les épouses de Zeus figurent en caractères **gras**, ses enfants en *italique*.

ÉPOUSES DIVINES

Héra, épouse et sœur de Zeus.
Arès, dieu de la Guerre, s'unit à Aphrodite et soutint Troie contre les Grecs (p. 158).
Hébé, déesse de la Jeunesse, épouse d'Héraclès dans le ciel, servait à boire aux dieux.
Ilithyie, déesse des enfantements, à qui Héra ordonna d'empêcher la naissance des enfants illégitimes de Zeus.

Métis, fille d'Océan et de Téthys (p. 133).
Athéna, déesse de la sagesse et des héros, née adulte et tout armée de la tête de Zeus.

Thémis, déesse de la terre, une Titanide, fille d'Ouranos et de Gaïa.
Les *Heures* (les Saisons), les *Moires* (les Parques), *Eunomie* (le Bon Ordre), *Dicé* (la Justice) et *Irène* (la Paix) sont les divinités féminines maîtresses du sort des hommes et des dieux. Les Parques étaient représentées sous la forme de trois femmes : *Clotho* qui filait le fil de la vie, *Lachésis* qui le mesurait et *Atropos* qui le coupait. Elles étaient parfois considérées comme les filles de la Nuit.

Eurynomé, une nymphe marine, est représentée comme une femme à queue de poisson.
Les *Trois Grâces*, compagnes divines d'Aphrodite : *Aglaé* (la Brillante), *Thalie* (la Verdoyante) et *Euphrosyne* (la Joie de l'âme).

Déméter, déesse des moissons et de la terre et sœur de Zeus. Divinité d'origine pré-grecque (p. 142).
Perséphone, enlevée par Hadès, devint la reine des Enfers.

Cette représentation de la déesse Héra tout armée provient d'une amphore.

Mnémosyne (la Mémoire), une Titanide, fille d'Ouranos et de Gaïa.
Les Muses, neuf divinités des arts libéraux et de l'astronomie.

Léto, une Titanide (p. 133).
Apollon, grand dieu de la divination et des arts.
Artémis, déesse de la chasse, des forêts et des animaux sauvages, ainsi que de la virginité, des accouchements et des maladies féminines.

Maïa (p. 135), fille du Titan Atlas.
Hermès, le messager des dieux.

Thétis, nymphe marine. L'oracle ayant prédit qu'elle aurait un fils plus important que son père, Zeus la céda à Pélée, roi de Thessalie, à qui elle donna le grand héros Achille (p. 158).

ÉPOUSES MORTELLES

Io, fille d'Inachos, premier roi d'Argos (p. 165).
Épaphos, souverain d'Égypte et d'Afrique.

Europe, une princesse phénicienne (p. 135).
Minos, à qui appartenaient le monstrueux Minotaure et le Labyrinthe (p. 150-151).
Rhadamanthe qui, comme Minos, devint le juge des morts aux Enfers.

Sémélé, fille de Cadmos, le fondateur de Thèbes (p. 135).
Dionysos, dieu olympien (p. 140).

Danaé, princesse d'Argos (p. 135).
Persée tua la Gorgone Méduse et sauva Andromède du monstre marin qui allait la dévorer (p. 156).

Léda, princesse de Sparte (p. 135).
Castor et *Pollux*, fils jumeaux de Zeus et de Léda qui devinrent des demi-dieux. On les appelait les Dioscures, en grec *Dios kouroi* ou « fils de Zeus ».
Hélène, enlevée par Pâris, fut à l'origine de la guerre de Troie.
Clytemnestre, épouse et meurtrière d'Agamemnon, roi d'Argos et chef des Grecs pendant la guerre de Troie.

Antiope, princesse thébaine que Zeus séduisit, métamorphosé en satyre.
Zéthus et *Amphion* régnèrent ensemble sur Thèbes dont ils firent construire les remparts.

Alcmène, reine de Tirynthe (p. 135).
Héraclès (Gloire d'Héra), le plus grand héros grec (p. 148), persécuté par Héra pendant toute sa vie.

Ganymède, un jeune et beau Troyen (p. 133).

Maïa

Maïa était la fille du Titan Atlas (p. 129) et l'une des Pléiades, ces sept nymphes que Zeus devait transformer en étoiles. Comme elle vivait dans une grotte cachée, Zeus put la séduire sans attirer l'attention d'Héra. On ne sait rien d'autre de Maïa, si ce n'est qu'elle mit au monde le dieu Hermès.

Alcmène

Alcmène (en bas à droite) était l'épouse d'Amphitryon, roi de Tirynthe, qui descendait comme elle du héros Persée. Amphitryon étant parti à la guerre, Zeus rendit visite à Alcmène en empruntant les traits de son époux, à la veille de son retour. Le dieu tripla la durée de la nuit pour prolonger son plaisir. A son retour, Amphitryon fut surpris par l'absence d'ardeur de son épouse, étonnée elle aussi que son mari ait oublié leurs ébats de la nuit précédente. Le couple apprit finalement la vérité de la bouche de Tirésias, le devin androgyne aveugle.
Alcmène eut deux fils : l'aîné, fils de Zeus, fut Héraclès, le plus célèbre des héros. Le cadet, Iphiclès, fils d'Amphitryon, fut le père d'Iolaos qui aida Héraclès à tuer l'hydre de Lerne (p. 149).

Danaé

Le roi d'Argos, Acrisius, avait appris de l'oracle qu'un fils né de sa fille Danaé le tuerait. Il enferma donc la fille dans une tour d'airain ou dans une pièce de son palais. Zeus entra dans la chambre sous la forme d'une pluie d'or et s'unit à Danaé, la rendant mère de Persée dont elle dissimula la naissance au roi. Au bout de quatre ans, celui-ci découvrit la vérité. Il enferma sa fille et son petit-fils dans un tonneau qu'il jeta à la mer. Mais Danaé et Persée furent rejetés sur le rivage et après de nombreuses aventures (p. 156), retournèrent à Argos. Un jour, en participant à des jeux, Persée lança un palet qui frappa et tua Acrisius, réalisant ainsi la prédiction de l'oracle.

Léda

Léda était l'épouse de Tyndare, roi de Sparte. Zeus lui rendit visite sous la forme d'un cygne, elle en eut quatre enfants renfermés dans deux œufs. De l'un sortirent Pollux et Hélène, de l'autre Castor et Clytemnestre. Castor et Pollux, rarement séparés dans la mythologie, participèrent sous la direction de Jason à l'expédition de l'*Argo* qui partit à la recherche de la Toison d'Or (p. 154). Clytemnestre épousa Agamemnon, roi d'Argos, et Hélène épousa le frère d'Agamemnon, le roi Ménélas de Sparte. Les deux sœurs jouèrent un rôle important dans la guerre de Troie et ses conséquences : la fugue d'Hélène avec le prince troyen Pâris précipita la guerre (p. 157) et Clytemnestre fit assassiner son mari lorsqu'il rentra vainqueur de la guerre (p. 161).

Sémélé

Déguisé en mortel, Zeus eut une liaison avec Sémélé, la fille de Cadmos, le fondateur de Thèbes. Héra, jalouse, prit les traits d'une vieille femme et persuada Sémélé de demander à son amant de se présenter devant elle dans tout l'appareil de sa gloire. Zeus céda à contrecœur, sachant que son apparition dans toute sa splendeur, monté sur son char céleste au milieu des foudres et des éclairs, serait insoutenable pour un mortel. La malheureuse Sémélé fut réduite en cendres mais Zeus sauva Dionysos, leur fils à venir (p. 140).

EUROPE ET LE TAUREAU

Le mythe des amours de Zeus et d'Europe, la belle fille du roi Agénor ou, dans certains récits, du roi Phénix de Phénicie, était vraisemblablement d'origine crétoise et lié à la légende du roi Minos.
Zeus se métamorphosa un jour en taureau blanc pour approcher Europe qui cueillait des fleurs avec ses compagnes dans un pré au bord de la mer. La douceur et la beauté de l'animal triomphèrent de ses craintes et elle s'assit volontiers sur son dos. Il descendit lentement vers le rivage puis s'élança brusquement dans les flots, emportant Europe impuissante. Ils abordèrent près de Gortyne en Crète, où Zeus se transforma en aigle et s'unit à la jeune fille. Elle épousa plus tard Astérius, roi de Crète, qui adopta les enfants de son union avec Zeus : Minos, Rhadamanthe et, dans certaines versions, Sarpédon. Pendant ce temps, les frères d'Europe étaient partis en vain à sa recherche. L'un d'eux, Cadmos, arriva en Béotie, en Grèce continentale, et devint le premier roi de Thèbes (p. 130).

Le vase ci-dessous, peint par Python vers 330 av. J.-C., représente Alcmène, amante de Zeus malgré elle, sur le point d'être sacrifiée sur le bûcher par Amphitryon jaloux. Cette version de la légende est due au dramaturge Euripide. Le feu est éteint à la dernière minute grâce à une averse déclenchée par Zeus.

ATHÉNA

La déesse vierge

Statue de marbre d'Athéna apportant la paix (vers 350 av. J.-C.). La déesse, sans armes, est coiffée de son casque et porte l'égide ou pectoral avec la tête de la Gorgone Méduse.

Athéna était l'une des plus puissantes déesses du panthéon grec. Née tout armée de la tête de Zeus, elle est représentée en général portant une armure, un casque, une lance et un bouclier, ainsi que l'égide, sorte de pectoral orné de la tête de la Gorgone Méduse que lui avait donnée le héros Persée (p. 156). Déesse guerrière et bonne conseillère, Athéna était vénérée par les rois et souvent associée à la fondation des acropoles, citadelles où se trouvait généralement le palais royal. Elle était aussi la protectrice des héros. Dans la mythologie, Ulysse est son grand favori car ils sont tous deux rusés, malicieux et de sage conseil. C'est avec son aide qu'il conçut le cheval de bois qui contribua à la prise de Troie. Elle assista également Héraclès et Persée dans leurs aventures.

Athéna était vénérée comme la protectrice des cités, notamment à Athènes, centre de son culte, dont elle était la patronne. Elle disputa à Poséidon la possession de la ville et de l'Attique, la région environnante. Les Athéniens avaient proposé aux deux Olympiens d'offrir un présent utile à la ville : le plus ingénieux serait choisi comme protecteur de la cité. Poséidon frappa l'Acropole de son trident et fit jaillir une source d'eau salée (le premier cheval, selon un autre récit), Athéna toucha le sol de sa lance et en fit sortir un olivier, dont l'huile servait pour l'éclairage, la cuisine et les parfums. Ravis du don d'Athéna, les Athéniens (dans certains récits Cécrops, leur premier roi) l'élirent comme patronne. Pour apaiser Poséidon qui, furieux de sa défaite, avait inondé la plaine environnante, ils décidèrent qu'il serait aussi vénéré à Athènes. A l'époque classique, on montrait toujours aux visiteurs l'olivier sacré et la marque du trident de Poséidon sur l'Acropole.

Comme le laisse entendre sa naissance peu commune, Athéna était associée aux activités intellectuelles : elle rivalisait en sagesse avec son père Zeus et avait hérité de Métis, sa mère, l'intelligence et la ruse. La chouette, le plus sage des oiseaux, était un de ses symboles. Comme Héphaïstos, elle était la patronne des artisans, notamment des constructeurs de bateaux et de chars, et elle protégeait les activités féminines traditionnelles comme le filage et le tissage. (Bien qu'associée à ces talents de ménagère, Athéna était une déesse vierge et célibataire.) On lui attribuait aussi l'invention du tour de potier, des premiers vases et de la flûte. Elle aimait le son de cet instrument qui aurait été inspiré par les lamentations des Gorgones après la mort de Méduse. Une autre version veut que la flûte reproduise le sifflement sinistre émis par Méduse quand Persée lui trancha la gorge. Un jour, Athéna jouait de la flûte quand elle aperçut le reflet de Méduse et, de répugnance devant ses traits déformés, elle jeta l'instrument en maudissant quiconque le ramasserait. Cette malédiction frappa le satyre Marsyas (p. 138).

On accolait souvent au nom d'Athéna l'épithète de Pallas, de Tritogeneia (« née de Triton », ruisseau de Crète près du lieu présumé de sa naissance) et de *glaukopis* (« aux yeux pers »).

De nombreuses cérémonies étaient célébrées en son honneur, la plus solennelle étant la fête des Grandes Panathénées à Athènes (p. 126), durant laquelle les Athéniens offraient un manteau sacré *(peplos)* à sa statue abritée dans l'Érechthéion.

Pièce d'argent athénienne de quatre drachmes, portant une chouette, symbole de la sagesse d'Athéna, et les lettres ΑΘΕ (ATHÉ), abréviation d'Athéna et Athènes.

POSÉIDON

Le dieu de la mer

Poséidon, le frère de Zeus, est un dieu terrifiant et violent, associé aux forces de la nature. Brandissant habituellement un trident, fourche à trois dents semblable à un harpon de pêcheur, il règne sur la mer et notamment sur les tempêtes. Souvent surnommé Énosichthon ou « ébranleur des terres », il est aussi le dieu des séismes et peut fendre la terre et les montagnes d'un coup de trident, comme il le fit quand les Olympiens combattirent les Géants (p. 129). Il est traditionnellement représenté avec une apparence et une attitude semblables à celles de Zeus, mais il brandit le trident et non le foudre.

La querelle pour la possession d'Athènes n'est qu'un des nombreux épisodes de la lutte entre Poséidon et Athéna. Dans l'*Odyssée*, Athéna soutient Ulysse tandis que le dieu l'oblige à errer sur les mers. Selon un autre mythe, Poséidon se métamorphose en cheval (ou en oiseau) pour s'unir à la Gorgone Méduse dans un temple dédié à Athéna et provoque la colère d'Athéna qui, irritée par ce sacrilège, transforme les cheveux de Méduse en serpents. Quand celle-ci eut la tête coupée par le héros Persée (p. 156), de son sang jaillirent les enfants de son union avec Poséidon – le cheval ailé Pégase et un fils nommé Chrysaor. Par Chrysaor, Poséidon devint l'ancêtre de monstres très célèbres de la mythologie grecque : Échidna et son fils Cerbère, la Chimère, l'Hydre, le Sphinx (p. 147) et le lion de Némée (p. 149).

Poséidon tenant son trident et un poisson peint par Oltos à la fin du VIe s. av. J.-C. sur une coupe à boire à figures rouges.

Les nombreuses aventures amoureuses de Poséidon donnèrent naissance à une foule de monstres, de créatures et divinités marines. Son épouse, la nymphe marine Amphitrite – une Océanide ou une Néréide – lui donna un fils, Triton, à buste d'homme et à queue de poisson, souvent représenté avec une conque marine. Comme Zeus, Poséidon engendra surtout des enfants illégitimes. Gaïa lui donna Antée, un géant qu'Héraclès combattit et tua, et Charybde, un monstre marin qui crachait de l'eau trois fois par jour et menaçait les navires. Quand Poséidon fit des avances à la belle nymphe Scylla, Amphitrite jalouse jeta des plantes magiques dans l'eau où celle-ci se baignait et Scylla fut métamorphosée en monstre à tête de chien. Comme Charybde, elle mettait en péril les navires passant à proximité.

Poséidon a pour emblème le trident, le taureau (symbole peut-être de son agressivité) et le cheval (il aurait créé le premier cheval pour les Athéniens et était honoré sous le nom de « Dompteur de chevaux »). De nombreux temples lui étaient dédiés ; le mieux conservé occupe un site merveilleux, au sommet d'une falaise surplombant la mer au cap Sounion, au sud-est de l'Attique.

Outre Poséidon, la mythologie grecque compte de nombreuses divinités marines. Pontos (la Mer) naquit de Gaïa au tout début de la création. Deux Titans, Océan (un grand fleuve dont les Grecs croyaient qu'il entourait la terre) et Téthys engendrèrent les Océanides ou nymphes marines. Pontos et Gaïa engendrèrent Nérée, le « vieil homme de la mer – l'Oracle » qui avait don de prophétie. Nérée s'unit à Doris pour enfanter les Néréides, cinquantes nymphes marines dont Thétis, la mère d'Achille, et Galatée qui fut aimée du cyclope Polyphème.

Poséidon (à droite) et Amphitrite sur un fragment de vase. Le dauphin représente Delphinos, un compagnon du dieu.

APOLLON

Le dieu de la lumière

Apollon, patron des musiciens, est représenté jouant de la cithare (sorte de lyre) sur ce stamnos (vase à vin) à figures rouges du Ve s. av. J.-C.

Dans la mythologie, Apollon est le fils de Léto et de Zeus et le frère jumeau de la déesse Artémis. On l'a souvent surnommé le Délien car il naquit à Délos où se déroulait la plus importante de ses fêtes religieuses, l'autre grand centre de son culte étant Delphes (ci-dessous). Comme il avait pour grand-mère la Titanide Phœbée, on l'appelle souvent Phébus (« brillant »), version masculine de ce nom. Il fut associé par la suite à la lumière et au soleil.

Apollon, qui possédait une gamme très étendue d'attributs divins, était représenté en général comme un beau jeune homme. Les flèches de ce patron des archers et des arcs apportaient fléaux et maladies aux hommes mais, paradoxalement, il était aussi le protecteur de la médecine et fut le père d'Asclépios, le plus célèbre médecin de la mythologie. Protecteur de la musique et des arts, il était souvent représenté avec une lyre (ci-contre). Un mythe raconte que le satyre Marsyas, ayant ramassé la flûte maudite par Athéna (p. 136), osa se mesurer à Apollon dans un concours musical. Comme la plupart des Olympiens, le dieu détestait voir ses talents défiés : Marsyas perdit le concours et Apollon le fit écorcher vif pour le punir de son insolence.

Apollon eut de nombreuses amours dont la plupart finirent tragiquement. Cassandre, la fille de Priam roi de Troie, jura de se donner à Apollon s'il lui promettait en retour le don de prophétie. Mais elle manqua à sa parole et Apollon dénatura son présent, la condamnant à n'être jamais crue.

Delphes, le centre du monde

La légende raconte que, pour déterminer le centre exact du monde, Zeus lâcha deux aigles aux deux extrémités de la Terre. Ils se rejoignirent à Delphes qui devint un des grands sanctuaires de Grèce et le principal lieu de culte d'Apollon.

À Delphes, Zeus marqua l'endroit où les aigles s'étaient rencontrés par une grosse pierre appelée *omphalos* (nombril) que gardait Python, un serpent monstrueux. Apollon choisit ce lieu pour son sanctuaire, auparavant possession de Thémis, et tua Python, acte pour lequel il fit pénitence neuf ans en Thessalie avant de retourner à Delphes. L'oracle qu'il y fonda était consulté par les cités comme par les particuliers et ses prophéties figurent tant dans la mythologie que dans l'histoire. Au temple de l'oracle, une prêtresse appelée la Pythie (de Python, d'où l'épithète de « pythien » souvent appliquée à Apollon), assise sur un trépied, prophétisait en réponse aux questions des consultants. Ses paroles, proférées dans un délire frénétique, étaient transcrites par les prêtres en vers ou en prose. Les Grecs étaient convaincus que ces prédictions se réalisaient toujours, même s'ils les interprétaient mal de prime abord. Delphes accueillait les Jeux Pythiques, grandes compétitions athlétiques qui auraient été fondées par Apollon. Elles avaient lieu tous les quatre ans en l'honneur du dieu, au cours de la troisième année de chaque « olympiade », cette période de quatre ans qui sépare les très célèbres concours athlétiques donnés en l'honneur de Zeus à Olympie. L'intervalle séparant les Jeux Pythiques s'appelait une « pythiade ».

Consultation de l'oracle de Delphes. La Pythie est assise sur un trépied (à gauche). Vase à figures rouges, vers 440 av. J.-C.

ARTÉMIS

La chaste déesse de la chasse

Comme son frère jumeau Apollon, Artémis a de nombreuses fonctions dans la mythologie grecque. Déesse vierge, elle défendait farouchement sa virginité et celle de ses compagnes (ci-dessous). Déesse de la chasse, elle parcourait souvent la nature sauvage accompagnée de ses suivantes, tuant les animaux bien qu'elle fût la protectrice divine des jeunes créatures. Tout aussi paradoxalement, cette déesse des accouchements, qui protégeait les femmes en couches, apportait aux femmes la maladie et la mort.

Comme Apollon, Artémis portait un arc. Habituellement représentée sous les traits d'une jeune femme en costume de chasse, elle était parfois accompagnée de jeunes animaux et arborait souvent des cornes en forme de croissant de lune. Elle était en effet associée à la lune, comme Apollon l'était au soleil. Ses nombreux cultes se rapportaient aux grands moments de la vie féminine : naissance, puberté et mort. Arrivées à la puberté, les Athéniennes nobles étaient initiées aux rites d'Artémis à Brauron, à quelques kilomètres d'Athènes, où elles étaient surnommées « ours », l'ourse étant l'animal symbolique de la déesse.

IPHIGÉNIE

À Aulis où les Grecs participant à l'expédition contre Troie (p. 157) s'étaient réunis, Agamemnon, le chef des Grecs, provoqua le courroux d'Artémis – avait-il tué un cerf dans un bois sacré de la déesse, où s'était-il vanté d'être meilleur chasseur qu'elle ? Furieuse, la déesse fit tomber les vents et exigea, pour que la flotte puisse prendre le départ, le sacrifice d'Iphigénie, la fille vierge d'Agamemnon. Le roi accepta mais (selon une autre version) la déesse, prise de pitié, substitua au dernier moment une biche à Iphigénie, qui fut transportée miraculeusement en Tauride où elle devint prêtresse d'Artémis.

Le courroux d'Artémis

Comme Athéna, la vierge Artémis se vengeait férocement des mortels qui la surprenaient ou portaient atteinte à sa chasteté. Voici quelques-unes des légendes les plus connues qui illustrent sa colère.

Actéon, le chasseur, se perdit dans la forêt et surprit par inadvertance Artémis se baignant dans un étang. Indignée d'avoir été vue dans sa nudité, elle transforma Actéon en cerf, qui fut poursuivi et mis en pièces par ses propres chiens.

Callisto était une des nymphes favorites d'Artémis. Elle dormait seule, épuisée après la chasse, quand Zeus, l'ayant découverte, la viola. Elle essaya de cacher à Artémis la perte de sa virginité mais au bout de quelques mois, alors qu'elles se baignaient, la déesse découvrit sa grossesse. Furieuse, elle exila Callisto, l'exposant à la jalousie d'Héra. Quand Callisto mit au monde Arcas, son fils, Héra découvrit l'infidélité de son époux et indignée, transforma Callisto en ourse. Celle-ci allait être percée de flèches par son propre fils, quand Zeus la transforma en constellation, la Grande Ourse.

Artémis et son frère Apollon tuent les Niobides. Niobé, leur mère affligée, demanda à Zeus de la transformer en statue de pierre, qui continua à verser des larmes.

Niobé, épouse d'Amphion, roi de Thèbes, était fille de Tantale (p. 146) et petite-fille du Titan Atlas. Elle eut sept fils et sept filles (les Niobides) et se vanta d'avoir plus de chance que Léto, la mère d'Artémis et d'Apollon, qui n'avait eu que deux enfants. Léto, rendue furieuse, eut recours à ses enfants pour punir Niobé. À coups de flèches, Artémis tua les sept filles (une des sept filles fut épargnée) et Apollon les sept garçons.

Orion, le célèbre chasseur, essaya d'enlever Artémis, qui fit sortir de terre un scorpion et tua Orion et son chien. Orion devint par la suite la constellation du même nom et son chien Sirius, la constellation du Chien.

DIONYSOS

Le dieu du vin et de l'extase

PENTHÉE

Le plus célèbre récit d'opposition tragique à Dionysos est celui de Penthée qu'Euripide raconte dans les *Bacchantes.* Penthée, petit-fils du roi Cadmos de Thèbes, découvre que toutes les femmes ont abandonné leur foyer et errent, en délire, dans les collines. Elles suivent un « étranger oriental » qui prétend apporter le culte nouveau de Dionysos. Penthée fait capturer l'étranger, qui n'est autre, bien sûr, que Dionysos déguisé. Celui-ci s'évade sans difficulté. Possédé par Dionysos et vêtu en femme, Penthée va dans les collines épier les festivités orgiaques des Bacchantes. Mais elles s'emparent de lui et, menées par Agavé, sa propre mère, le mettent frénétiquement en pièces. Ce motif d'un vase à boire à figures rouges (vers 490 av. J.-C.), représente la mort de Penthée.

Quand les hommes étaient ivres, dans un état d'exaltation mystique ou en train de jouer la comédie, on les croyait parvenus au royaume de Dionysos, dieu de l'inspiration et de l'extase. Comme celui-ci aimait à déguiser son apparence, en se transformant en animal, en général un taureau ou un lion, ou en mortel, homme ou femme, il est parfois difficile de l'identifier. Bien qu'il ait participé à la bataille contre les Titans (p. 129), Dionysos est souvent représenté de manière efféminée et grotesque, mais il est désigné à juste titre comme « très doux et très terrible » par le dramaturge Euripide.

Également nommé Bacchus, Dionysos était le dieu du vin sous tous ses aspects. Le vin a toujours été en Grèce une boisson sacrée dont la consommation était soumise à des rites ; il jouait un rôle dans la plupart des cérémonies religieuses et Dionysos présidait aux fêtes des vendanges et de l'ouverture des nouveaux tonneaux. Il faisait l'objet d'un culte mystique qui promettait à ses initiés une vie future agrémentée de boisson et de divertissements perpétuels. Selon le mythe, le dieu serait « né deux fois », ce qui explique son nom. Dans la version orphique, Zeus et Perséphone avaient eu un fils nommé Zagreus (qui serait Dionysos). Héra jalouse incita les Titans à dévorer l'enfant mais son cœur fut sauvé par Athéna et renvoyé à Zeus. Dionysos fut alors porté par l'amante de Zeus, Sémélé, la fille de Cadmos, roi de Thèbes. Selon la version la plus courante, Dyonisos est le fils de Zeus et de Sémélé et, quand cette dernière mourut (p. 135), Zeus sauva l'enfant à venir et le plaça dans sa cuisse d'où il naquit plus tard. Dionysos fut ainsi le seul dieu de l'Olympe à avoir pour mère une mortelle. Son lieu de naissance précis était controversé même à l'époque d'Homère : on le

Dionysos et les pirates (p. 141) peints au fond d'une coupe. Le dieu a fait pousser la vigne sur le mât et changé les pirates en dauphins.

situait tantôt à Draconium sur l'île de Cos, ou sur l'île d'Icarie, près du fleuve Alphée à Élis ou encore à Thèbes. Zeus confia Dionysos à la garde des nymphes sur le mont Nysa dont l'emplacement est inconnu mais qu'on localise parfois en Égypte.

Bien qu'il fût un dieu très ancien, Dionysos était souvent dépeint comme un nouveau venu voyageant parmi les hommes, distribuant des cadeaux, exigeant d'être reconnu et punissant ceux qui le rejetaient. Dans ses pérégrinations, souvent mentionnées comme « partant d'Orient », il rencontra beaucoup d'opposants. Pour fuir le roi de Thrace, Lycurgue, le dieu dut plonger dans la mer et se réfugier auprès de Thétis, une ancienne épouse de Zeus. Lycurgue fut mis en pièces par ses sujets, pour apaiser Dionysos. A Argos, les filles de Protée refusèrent de se soumettre au dieu qui les punit en les frappant de folie. A Orchomène, les filles de Minyas refusèrent de le vénérer et restèrent à la maison à filer. Métamorphosé en jeune fille, Dionysos leur conseilla de changer d'avis… en vain : elles aussi furent frappées de folie. A Athènes, à l'époque du roi Pandion, Dionysos fut accueilli par Icarios et remercia la ville en lui offrant le vin. Quand le peuple ressentit les effets de cette boisson, il se crut empoisonné, s'en prit à Icarios et le tua. La fille de celui-ci, Érigoné, trouvant le corps, se pendit de désespoir ; un curieux fléau frappa alors Athènes et ne cessa que lorsqu'une fête fut instituée en l'honneur du dieu et en celui d'Icarios.

Une légende savoureuse raconte la capture de Dionysos par les pirates. Ils essayèrent de le ligoter mais les nœuds se défaisaient d'eux-mêmes. Malgré cela les pirates refusaient de le relâcher. Aussi les surprit-il par une série de prodiges. Il transforma les avirons en serpents, fit pousser la vigne et le lierre sur le navire, enfin il se métamorphosa en lion féroce ; les marins terrorisés se jetèrent à la mer où ils furent changés en dauphins (illustration p. 140, en bas).

Les artistes ont représenté Dionysos sous les traits d'un jeune homme et d'un adulte barbu, souvent accompagné de satyres et de Ménades, ses suivantes (ci-dessous), et tenant un vase à boire lors d'une cérémonie.

Des satyres et des Ménades de la suite de Dionysos accomplissent un rite dionysiaque sous l'influence du dieu. Cette scène décore un vase à boire.

Les satyres, les Ménades et le théâtre

Dans la mythologie, les disciples de Dionysos sont les satyres, créatures mi-homme mi-bouc à queue de cheval. Ses suivantes, dans le mythe et les cultes religieux, sont appelées Bacchantes (« femmes de Bacchus ») ou Ménades (« femmes possédées »).

Les satyres s'adonnaient au vin, à la fête et à la luxure. Habituellement représentés nus, ils se trouvaient dans un état permanent d'excitation sexuelle. Ils poursuivaient les Ménades mais se contentaient, pour satisfaire leurs désirs, de n'importe quelle créature ou même d'objets inanimés. Dans la satire athénienne, une comédie grivoise jouée habituellement après une tragédie, il y avait un chœur d'hommes costumés en satyres. À Athènes, les représentations théâtrales avaient lieu lors de deux fêtes de Dionysos, les Grandes Dionysies et les Lénéennes. Son culte comportant notamment une libération par la transe suscitée par la danse, la musique et le vin, on attribue parfois à Dionysos l'épithète de Lusios, « libérateur ».

Les Ménades étaient vêtues de peaux de bête et de guirlandes de lierre. Elles portaient un thyrse ou bâton à l'extrémité décorée en forme de pomme de pin. Lors de cérémonies rituelles, elles se réunissaient pour partir dans les montagnes, chanter et danser jusqu'à épuisement pour célébrer le dieu. On racontait qu'elles déchiraient à mains nues un animal sacrifié et le mangeaient.

Cratère à figures rouges (daté d'env. 490 av. J.-C.) orné d'acteurs s'apprêtant à participer à un drame satirique.

LES DÉESSES DE L'AGRICULTURE

Déméter et Perséphone

Statue de marbre peinte représentant Coré (Perséphone) tenant une pomme ou une grenade (Athènes vers 510 av. J.-C.).

La déesse Déméter (Mère du blé ou Terre-Mère), fille de Cronos et de Rhéa, sœur de Zeus et d'Hadès, était la protectrice des récoltes et de la fertilité du sol. Son culte touche aussi la fécondité féminine et elle est probablement apparentée à la Grande Mère de l'Antiquité. Sa fille Perséphone, souvent appelée simplement Coré (jeune fille) était la souveraine des Enfers. Mère et fille sont généralement représentées ensemble.

Les deux personnages sont liés aux mystères d'Éleusis, le principal sanctuaire d'initiation mystique de la société grecque. Perséphone cueillait un jour des fleurs dans une prairie en compagnie des Océanides, filles d'Océan et de Téthys, quand Hadès l'enleva avec son char et l'emmena aux Enfers. Elle implora l'aide de Zeus mais il ne l'entendit pas, dans son temple lointain. Seuls Hécate, la Magicienne, et Hélios, le Soleil, entendirent ses cris. Percevant l'écho de la voix de sa fille sur la mer, Déméter arracha sa coiffe et, portant des torches, erra sur la terre neuf jours sans manger ni dormir. Le dixième jour, elle rencontra Hécate qui l'envoya à Hélios qui voit tout. Celui-ci lui rapporta ce qui s'était passé, blâmant Zeus d'avoir permis à Hadès de faire de Perséphone sa femme. Accablée de douleur et pleine de fureur, Déméter refusa de rester sur l'Olympe et se mit à errer parmi les humains sous les traits d'une vieille femme crétoise appelée Doso.

Elle arriva à Éleusis où, à l'instigation de ses filles, le bienveillant roi Céléos l'engagea au service de son épouse Métanira, qui reconnut immédiatement la noblesse de Déméter. Elle la pria de s'asseoir et lui offrit à boire. La déesse déguisée refusa, préférant rester debout en silence jusqu'à ce qu'une esclave du nom de Iambé, fille de Pan et d'Écho, réussisse par ses plaisanteries à l'égayer et à lui faire oublier son chagrin (d'où le vers « iambique » très utilisé pour la satire). Métanira ayant demandé à Déméter de nourrir son fils Démophon, la déesse lui donna subrepticement de l'ambroisie, nourriture des dieux. Chaque nuit, elle le déposait dans le foyer pour lui assurer l'immortalité. Une nuit elle fut surprise par Métanira qui cria d'épouvante en voyant son enfant dans les flammes. Déméter révéla sa nature divine, et courroucée, déclara que Démophon mourrait désormais comme tout autre humain. Elle ordonna que les mystères d'Éleusis soient institués en son honneur, puis elle prit congé de ses hôtes.

Inconsolable de la perte de sa fille, Déméter décida d'empêcher les semailles de germer. Zeus et les autres dieux la supplièrent de laisser pousser les cultures mais elle menaça d'affamer l'humanité si elle ne revoyait pas sa fille. Zeus céda et envoya Hermès chercher Perséphone aux Enfers. Hadès accepta de rendre Perséphone à sa mère mais il lui fit manger quelques pépins de grenade, symboles de l'indissolubilité du mariage. Ravie de revoir sa fille, Déméter s'enquit de savoir si elle avait absorbé quelque aliment aux Enfers : dans ce cas elle devrait retourner chez Hadès pour toujours. Perséphone semblait perdue. Alors Zeus intervint : il décida qu'elle passerait les deux tiers de l'année sur l'Olympe et retournerait aux Enfers pendant l'hiver.

La mère et la fille se réjouirent et la terre retrouva sa fertilité. À l'instigation de Déméter, le fils de Céléos, Triptolème (associé parfois à Démophon), répandit la pratique de l'agriculture parmi tous les peuples du monde.

LES MYSTÈRES D'ÉLEUSIS

Les mystères d'Éleusis, en Attique, comptaient parmi les plus renommés du monde grec antique. Ils promettaient à leurs adeptes une vie aux Enfers après la mort et le secret de leur rite fut si jalousement gardé au cours des siècles qu'aujourd'hui encore on ne sait pas exactement en quoi ils consistaient. Tous, même les femmes et les esclaves, pouvaient être initiés. La cérémonie d'initiation réunissait diverses nations et chaque année, en septembre et octobre, une trêve de cinquante-cinq jours interrompait les guerres en cours pour permettre sa célébration. De grandes processions accompagnées de chants et d'autres célébrations rituelles partaient d'Athènes pour Éleusis. Au cours de la fête, qui durait deux jours, on jouait au théâtre le mythe de Déméter et Perséphone, on dévoilait des objets sacrés et on récitait certaines prières. Les initiés jeûnaient. Les épisodes du mythe de Déméter liés à l'agriculture étaient au cœur du culte.

ARÈS ET APHRODITE

La guerre, l'amour et le plaisir

Arès, le dieu de la Guerre, était vénéré dans tout le monde grec. Cependant il apparaît rarement dans les mythes. Ce fils de Zeus et de Héra, généralement représenté comme un guerrier vigoureux, voire brutal, présent sur les champs de bataille, figure surtout dans la mythologie en tant qu'amant d'Aphrodite, la grande déesse de l'amour et de la séduction. Aphrodite, « née de l'écume », aurait surgi de l'écume de la mer à l'endroit où tombèrent les organes génitaux tranchés d'Ouranos (p. 129). Elle fut amenée de Cythère à Chypre où elle fut parée et consacrée par ses suivantes, les Grâces et les Saisons. Appelée « amoureuse du rire » et associée à tous les aspects de la sexualité, du mariage et de l'attirance physique, la déesse était souvent représentée nue et accompagnée d'Éros, le dieu ailé du Désir.

Épouse du dieu-artisan Héphaïstos (p. 145), Aphrodite eut plusieurs amants. L'histoire de son aventure avec Arès est racontée par Homère dans l'*Odyssée*. Hélios, le Soleil, ayant surpris Aphrodite en compagnie d'Arès, le rapporta à Héphaïstos. L'artisan fabriqua un filet merveilleux, fin comme la gaze et solide comme le diamant, qu'il jeta sur le lit du couple, ainsi surpris en flagrant délit d'adultère. Il convoqua triomphalement les dieux et les prit à témoin de son infortune, mais ils se contentèrent de rire. Hermès et Apollon estimèrent que l'amour d'Aphrodite valait bien le désagrément d'être surpris. Arès fut libéré après avoir accepté de verser une compensation à Héphaïstos, et les amants s'enfuirent pleins de honte.

Adonis, un jeune et beau chasseur, fut lui aussi l'amant d'Aphrodite. La déesse le mit en garde contre les dangers de la chasse mais il continua à courir les bois et fut tué par un sanglier qui lui entailla la cuisse. Des chants rituels de lamentation en l'honneur d'Adonis étaient chantés à la fête des Thesmophories célébrée tous les ans à Athènes.

LES ENFANTS D'APHRODITE

Aphrodite eut plusieurs enfants de ses nombreuses liaisons amoureuses. Voici les plus importants :

ÉNÉE, fils d'Aphrodite et du prince troyen Anchise qu'elle avait séduit (et terrifié) tandis qu'il gardait ses troupeaux dans les collines. Aphrodite protégea Enée pendant la guerre de Troie. A la chute de la ville, il s'enfuit et fonda, selon une légende, la ville de Rome (p. 172-173).

ÉROS (le Désir), le dieu ailé souvent montré en compagnie d'Aphrodite. Habituellement représenté avec un arc et des flèches, il passe pour le fils de la déesse mais son origine était problématique pour les Grecs. Arès est parfois considéré comme son père.

HERMAPHRODITE, l'enfant d'Hermès et d'Aphrodite, fut aimé de Salmacis, une nymphe des eaux. Il tenta de l'éviter mais elle plongea dans la source qui lui servait de demeure, l'enlaçant jusqu'à ce qu'ils fusionnent. Il pria en mourant pour que tous ceux qui entreraient dans la source héritent des attributs des deux sexes, d'où le terme « hermaphrodite ».

PRIAPE, dieu rustique de la fertilité, protecteur des jardins et des vergers, était représenté comme un vieillard laid, doté d'un grand phallus en érection. Plusieurs histoires comiques et obscènes le mettent en scène. Sa paternité fut attribuée tour à tour à Hermès, Dionysos, Pan et Zeus.

Cette figurine de terre cuite représente la naissance d'Aphrodite, surgissant des flots, ailée de coquilles. Elle a été réalisée à la fin du Ier s. av. J.-C. en Magna Graecia (la Grande Grèce), ou Italie du Sud, colonisée par les Grecs.

MAISON, FOYER ET FEU

Hermès, Hestia et Héphaïstos

Sur cette plaque de terre cuite d'Italie du Sud, Hermès, en sandales et chapeau ailés, est représenté comme le Guide des âmes dans le Monde souterrain. Il monte sur le char où l'attend Aphrodite, la mère de leur fils Hermaphrodite (p. 143). Le véhicule est tiré par Éros et Psyché.

HERMÈS LE VOLEUR

Dans l'*Hymne à Hermès*, Homère raconte avec humour la naissance du dieu. Fils de Zeus et de Maïa, elle-même fille du Titan Atlas, il naquit à l'aube. A midi, il avait inventé la lyre et appris à s'en servir. Ce dieu des Bonnes Affaires avait trouvé une tortue à l'entrée de la caverne où il était né, il avait tendu une peau sur sa carapace qu'il avait vidée, fabriqué des cordes avec des intestins de bœufs et un joug, et il s'était mis à jouer immédiatement à ses parents un hymne espiègle et érotique.
Le soir de ce même jour, Hermès vola les bœufs d'Apollon en les faisant marcher à reculons pour tromper leur propriétaire (il s'était même confectionné des chaussures spéciales pour mieux le duper).
Apollon le rattrapa et le traîna devant Zeus pour réclamer qu'il fût puni. Hermès commença par mentir et se retrancha derrière son jeune âge. Puis il tira de la lyre des sons si merveilleux qu'Apollon accepta l'instrument en cadeau et, en échange, renonça à sa plainte.

Hermès et Hestia étaient deux divinités protectrices de la maison. Une statue d'Hermès élevée à la porte de la maison était censée porter chance (il présidait aussi aux bonnes affaires et aux trouvailles miraculeuses). Contrairement à Hestia, Hermès n'était pas un symbole de stabilité et de permanence mais un synonyme de mouvement, de transition et d'échange. On le voit dans ses différents domaines d'intervention. Homologue du dieu romain Mercure, il était le messager des dieux, habituellement chaussé de sandales ailées et coiffé du *petasos* (pétase), chapeau de voyageur avec ou sans ailes, et portait un bâton de héraut qui pouvait faire office de baguette magique. Hermès était le dieu des Voyageurs et des Routes et en Attique, sa statue s'élevait aux carrefours. Il était aussi appelé Psychopompe (Guide des âmes) car il escortait les âmes des défunts dans le monde des Enfers. C'est sans doute pour cette raison que Zeus le désigna pour aller chercher Perséphone chez Hadès (p. 142). Le bâton du dieu était souvent orné de deux serpents entrelacés, symboles du sol et du Monde souterrain.

Hermès représentait les transactions et les échanges. Il était le dieu des Marchés et le protecteur des marchands – et des voleurs. Ce double rôle, relatif aux échanges tant honnêtes qu'abusifs, se retrouve dans le domaine du langage : il transmettait la parole divine aux mortels mais il fournissait aussi des informations sournoises et altérées – mensonges, faux serments et duperies. Quand le silence s'installait brusquement dans la conversation (c'est-à-dire quand la communication était interrompue), les Grecs avaient coutume de dire : « Hermès passe ». Il doit à ses talents en matière de communication son plus célèbre exploit : l'élimination du monstre Argos aux cent yeux. Il l'endormit en le berçant d'histoires avant de le tuer, d'où son épithète la plus courante, Argéiphontes ou « tueur d'Argos ».

Hestia, la déesse vierge du foyer, était associée à la stabilité, à la permanence et à la prospérité. Habituellement représentée comme une femme austère, assise et enveloppée d'une robe de cérémonie. Rarement mentionnée dans la mythologie, elle avait manifestement une grande importance symbolique et rituelle. Elle présidait aux cérémonies marquant la reconnaissance du nouveau-né par son père : l'enfant était porté à cette occasion autour du foyer lors d'un rituel appelé Amphidromie. Toutes les maisons avaient un foyer où un culte était rendu à Hestia.

Héphaïstos, Vulcain chez les Romains, était le dieu du feu et des volcans, un inventeur divin et un créateur d'objets magiques. Son nom apparaît souvent dans la poésie grecque comme synonyme de « feu ». Il est habituellement représenté comme un forgeron boiteux façonnant des objets remarquables. Bien qu'il soit dépeint comme un dieu plus bienveillant et moins coléreux que la plupart des Olympiens, il n'en était pas moins passionné, comme le montre sa tentative de viol sur la personne d'Athéna (p. 130).

Le culte d'Héphaïstos né en Asie Mineure et dans les îles voisines, notamment à Lemnos, fut célébré de manière importante sur le mont Olympe de Lycie (au sud-ouest de l'actuelle Turquie). Il est parfois le fils de Zeus et Héra, mais Héphaïstos est souvent présenté comme le fils que Héra aurait conçu seule, sans père, pour se venger de la naissance d'Athéna, sortie de la tête de Zeus sans le concours d'une mère. Dans d'autres récits, Héphaïstos, né le premier, aida à la naissance d'Athéna (ci-contre). Les deux divinités étaient souvent associées comme source des arts et des compétences techniques.

Claudicant, Héphaïstos fut souvent la cible des plaisanteries des autres dieux de l'Olympe. Il était marié à Aphrodite, la très désirable déesse de l'amour, mais en payait chèrement le privilège : son épouse le trompait fréquemment, notamment avec Arès (p. 143). À sa naissance, Héra eut tellement honte du handicap de son fils qu'elle le jeta du ciel dans l'Océan, le grand fleuve entourant la Terre. Pour se venger, il envoya à Héra un superbe trône d'or qu'il avait fabriqué luimême ; quand elle s'y assit, elle fut immobilisée par des lanières invisibles. Seul Héphaïstos pouvait la libérer mais il refusa de quitter l'Océan tant qu'il n'aurait pas épousé Aphrodite. Les tentatives pour le ramener sur l'Olympe échouèrent ; finalement Dionysos l'enivra et le fit monter sur un mulet. Le voyant arriver, les autres dieux éclatèrent de rire. La volonté de réconciliation finit par l'emporter : Héphaïstos rendit la liberté à sa mère et reçut la main d'Aphrodite. L'histoire du retour d'Héphaïstos sur l'Olympe est fréquemment rapportée et elle figure souvent sur les vases grecs.

Les talents d'Héphaïstos compensaient son handicap physique. Outre le trône d'or qu'il avait crée pour sa mère Héra, le dieu façonna des servantes d'or pour l'aider dans son travail, des chiens de garde en or qui ne dormaient jamais pour le palais d'Alcinoüs – ainsi le rapporte l'*Odyssée* – et de nombreuses autres créations magiques. Quand sa mère le jeta dans l'Océan, il fut consolé par Thétis qui lui demanda de forger un bouclier pour son fils, le héros Achille, longuement décrit par Homère dans l'*Iliade*. De nombreuses légendes situent la forge d'Héphaïstos sur le mont Olympe en Grèce ou dans les environs. Parfois elle est placée sous la terre, notamment dans les zones volcaniques. Les Cyclopes, qui forgèrent le foudre de Zeus, passaient pour ses assistants.

Héphaïstos est généralement représenté avec la tunique courte des forgerons et des artisans, comme sur ce vase grec à figures rouges du Vᵉ s. av. J.-C., trouvé dans une tombe étrusque à Vulci, en Italie. Le dieu (au centre) tient la hache avec laquelle il vient de fendre la tête de Zeus (à droite) pour laisser sortir Athéna (p. 136). A gauche se trouve Poséidon.

LE MONDE DES ENFERS

Le royaume d'Hadès

Le monde des Enfers, qui apparaît fréquemment dans la mythologie grecque, était régi par le dieu Hadès (nom qui désigne également les Enfers). Frère de Zeus et de Poséidon, Hadès était habituellement exclu de la liste des Olympiens parce que son royaume était l'opposé de l'Olympe céleste. C'est aux Enfers que les âmes des hommes étaient jugées après la mort et, le cas échéant, punies dans les sombres régions infernales de l'Érèbe et du Tartare. Cependant les Enfers englobaient aussi les champs Élysées ou îles des Bienheureux, où séjournaient les âmes vertueuses. Chez Homère, l'Hadès est situé dans une région privée de soleil, au-delà du grand fleuve Océan qui entoure la Terre. Quand les Grecs découvrirent de nouvelles parties du monde, une autre tradition localisa les Enfers au centre de la Terre : ils étaient reliés au monde des vivants par des cavernes insondables et des rivières souterraines comme l'Achéron (fleuve de l'affliction), l'un des cinq fleuves des Enfers, qui coulait dans le nord de la Grèce. Les quatre autres étaient le Styx (fleuve de la haine) qui entourait les Enfers, le Léthé (fleuve de l'oubli), le Cocyte (fleuve des gémissements) et le Phlégéthon ou Pyriphlégéthon (fleuve de feu). Charon, le nocher des Enfers, faisait traverser aux âmes des morts le Styx et, dans certaines légendes, les autres fleuves.

LES PERSONNAGES DES ENFERS

Les principaux personnages associés aux Enfers sont représentés sur ce vase à figures rouges.

MÉGARA (en haut à gauche), la femme d'Héraclès avec (à sa gauche) deux des HÉRACLIDES, ses descendants, que le héros tua dans un accès de folie provoqué par Héra (p. 148).

ORPHÉE, vêtu d'une élégante tunique rituelle et tenant la lyre enchanteresse qui lui permit de descendre aux Enfers (p. 165). Il est suivi par des ORPHIQUES ou initiés aux mystères d'Orphée : un homme, une femme et un enfant qui, placés derrière leur maître, font route vers la demeure bénie qui leur est réservée après la mort.

SISYPHE (en bas à gauche), roi de Corinthe, qui tenta de tromper la mort et fut condamné à pousser éternellement un rocher vers le sommet d'une montagne : la pierre retombait toujours quand il atteignait son but. Il est fouetté par une des FURIES (Érinyes), redoutables déesses qui recherchaient les coupables sur terre et infligeaient les châtiments aux morts.

HERMÈS (à droite du dernier groupe) ici dans son rôle de Psychopompe ou Guide des âmes des morts aux Enfers.

HADÈS (au centre), frère de Zeus et souverain des Enfers, trônant dans son temple. Hadès était aussi appelé Pluton.

DEUX PÉNITENTS (à droite) devant une FURIE assise tenant un fouet ou un tison. Il s'agit peut-être d'HÉCATE, la déesse de la magie et des enchantements.

LES JUGES DES MORTS : MINOS qui fut sur terre roi de Crète (p. 150, 162), RHADAMANTHE et ÉAQUE qui aidaient Hadès à peser la vie de l'homme et à décider de son sort aux Enfers.

TANTALE (bas à droite), roi d'Asie Mineure qui, selon une légende, déroba aux dieux l'ambroisie et le nectar. En châtiment, il fut condamné à voir éternellement nourriture et boisson s'éloigner chaque fois qu'il tenterait de les saisir. D'où l'expression un « supplice de Tantale ».

HÉRACLÈS (en bas au centre) emmenant le chien à trois têtes Cerbere qui gardait les portes des Enfers (p. 149). Une Furie portant des torches se trouve à sa droite.

HÉROS ET MONSTRES

Les prodiges du monde

Le décor peint de cette coupe représente une Gorgone et les corps de ses deux victimes.

Dans la mythologie grecque, les exploits des puissants et des braves ne le cèdent qu'aux dieux et le peuple vénérait les héros tout comme il rendait hommage à ses ancêtres. Les grands héros étaient souvent considérés comme les ancêtres de la nation, les fondateurs des grandes familles et des cités grecques.

Le terme « héros » est utilisé comme un titre par les princes qu'Homère dépeint dans les grandes épopées, l'*Iliade* et l'*Odyssée*. Dans ces œuvres très anciennes, ce mot semble désigner un personnage éminent, prince ou roi, qui dispose d'une nombreuse escorte et entretient des relations privilégiées avec les Olympiens et autres divinités. C'est ainsi qu'Achille passait pour le fils de Thétis, Sarpédon pour celui de Zeus et Ulysse pour le favori d'Athéna.

Pour Homère (vers 750 av. J.-C. ou même avant), les héros, figures d'un passé lointain, ne faisaient l'objet d'aucun culte et n'avaient pas de statut particulier dans l'au-delà. Pour Hésiode (vers 700 av. J.-C.) en revanche, c'était l'une des cinq races d'hommes qui avaient existé jusque-là (p. 131), un groupe particulier qui, de son temps, vivait sous la terre et recevait honneurs et offrandes de la part des vivants. Au Ve siècle av. J.-C., le culte des héros était devenu une forme populaire de dévotion religieuse ; avoir un héros à ses côtés était considéré comme un grand avantage et les Grecs leur apportaient des offrandes dans des sanctuaires généralement élevés à l'emplacement présumé de leur mort ou de leur sépulture. Dans la multitude des héros locaux, de grandes figures mythologiques apparaissaient en certains lieux, par exemple Œdipe à Colone, Ajax à Salamine et Thésée à Athènes (p. 150).

Les Grecs croyaient qu'en honorant un héros par des offrandes rituelles, ils s'assuraient son aide en cas de difficulté ; à l'inverse en l'insultant, ils risquaient d'attirer son courroux. Les héros pouvaient aussi bien symboliser les forces du bien que celles du mal. C'est ainsi qu'Héraclès, le grand civilisateur qui débarrassa le monde des monstres, rendu temporairement fou par la déesse Héra, tua sa propre femme Mégara et leurs enfants (p. 149 et illustration p. 146). Quant à Œdipe, le sage et bienveillant roi de Thèbes, il commit à son insu les péchés mortels de parricide et d'inceste (p. 163).

LES MONSTRES

Les héros de la mythologie grecque sont souvent confrontés à des créatures monstrueuses, dont les principales sont les suivantes :

ÉCHIDNA, monstre au buste de nymphe, à la queue de serpent répugnant, qui fut la mère de plusieurs autres monstres : Cerbère, l'Hydre, la Chimère, le Sphinx et le lion de Némée.

LES GORGONES, Sthéno, Euryalé et Méduse, trois femmes à la chevelure entrelacée de serpents, dont le regard pétrifiait les hommes (p. 156).

LES SIRÈNES (à droite), créatures féminines souvent représentées avec des ailes, qui attiraient les marins par leurs chants ensorceleurs et causaient leur mort (p. 161).

LE SPHINX (à droite), littéralement « étrangleur », créature au visage de femme, au corps de lion et aux ailes d'oiseau. Il posait des énigmes et supprimait ceux qui ne trouvaient pas la réponse (p. 163).

LES GRÉES, ou « vieilles femmes », sœurs aînées des Gorgones, qui n'avaient à elles trois qu'un œil et une dent (p. 156).

L'HYDRE DE LERNE (à droite), « serpent d'eau », un énorme monstre à neuf têtes (p. 149).

CERBÈRE, monstrueux chien à trois têtes qui gardait les portes des Enfers (p. 149 et illustration p. 146).

LA CHIMÈRE, une créature à corps de lion, qui crachait le feu, avait une tête de chèvre sur le dos et un serpent en guise de queue.

HÉRACLÈS

L'archétype du héros

Héraclès, que les Romains nomment Hercule, fut le seul héros honoré dans l'ensemble du monde grec et le seul humain à se voir accorder l'immortalité parmi les dieux. Il résume à lui seul une grande partie du paradoxe de l'héroïsme dépeint dans la mythologie grecque. Bien qu'ayant vaincu les monstres et combattu contre la Mort pour sauver un ami, il succomba à la convoitise et à la cupidité : il viola des femmes, détruisit des cités et, dans un accès de folie, tua ses propres enfants. Dans les écrits grecs ultérieurs, Héraclès devint un héros philosophe qui choisit la voie de la vertu et souffrit pour la suivre. C'est à ce titre qu'il figure dans les traditions chrétiennes.

Dans la mythologie, Héraclès est le fils illégitime de Zeus et d'Alcmène qui descendait du héros Persée. Alcmène ayant commis l'adultère à son insu (p. 135), Héra, l'épouse de Zeus, décida de poursuivre de sa jalousie Héraclès et non sa mère. Elle persécuta le héros pendant toute sa vie, suscitant de nombreux exploits, notamment les fameux douze Travaux. Le nom d'Héraclès signifie d'ailleurs « gloire de Héra ». Son courage fut mis à l'épreuve dès sa naissance. Tandis qu'il reposait avec son frère Iphiclès dans son berceau (présenté comme bouclier dans certains récits), Héra lui envoya des serpents monstrueux ; il les étrangla de ses mains.

Le héros participa souvent à des combats. Il tua le voleur Cycnos, fils d'Arès, qui vivait en Thrace et le roi Sylée d'Aulis qui obligeait les étrangers à travailler dans ses vignes avant de leur trancher la gorge. Il fit la guerre aux Égyptiens et aux Lapithes, race fabuleuse de Thessalie. Dans tous ces mythes, Héraclès est représenté comme le plus remarquable des lutteurs, contraint de parcourir le monde. Il participa à l'expédition de Jason et des Argonautes (p. 154) où il emmena Hylas, son jeune amant, qui fut enlevé par les nymphes alors qu'il cherchait de l'eau. Héraclès prit tant de temps à le rechercher que l'*Argo* appareilla sans l'attendre.

Héraclès est souvent présenté comme l'esclave de ses passions. Dans la comédie grecque, c'est un ivrogne, un glouton et un débauché. Dans la mythologie, il aurait honoré les cinquante filles de Thespios, roi d'Étolie, en une seule nuit. C'est d'ailleurs sa concupiscence qui le perdit. Héraclès avait épousé Déjanire, fille du roi d'Étolie, Oenée, après avoir disputé sa main au dieu-fleuve Achéloüs. Un peu plus tard, il tua le centaure Nessos qui tentait de violer sa jeune épouse ; en mourant, le centaure donna à Déjanire une potion censée lui attacher son mari pour toujours. Elle décida d'en faire l'essai quand Héraclès, tombé amoureux d'Iole, la fille du roi d'Oechalie Eurytos, alla jusqu'à assassiner le père et les frères de la jeune fille et à saccager leur ville pour obtenir sa main. Pour tenter de reconquérir son mari, Déjanire envoya une tunique trempée dans la potion du centaure, mais Nessos avait menti : la potion était en réalité un terrible poison qui détruisit le corps d'Héraclès. Déjanire se tua de chagrin. Héraclès mourant fut porté par leur fils Hyllos sur le mont Oeta où il fit élever un bûcher funéraire.

Héraclès se coucha sur le bûcher et demanda à Philoctète, le seul de ses compagnons disposé à se charger de cette triste besogne, d'y mettre le feu ; en récompense celui-ci reçut l'arc et les flèches du héros. Quand le bûcher fut allumé, un nuage apparut et enleva Héraclès au ciel dans un déploiement merveilleux de tonnerre et d'éclairs. Il entra à l'Olympe, le royaume de son père Zeus, où l'immortalité lui fut accordée, il se réconcilia avec Héra et il reçut une nouvelle épouse, Hébé, la déesse de la jeunesse.

Vase attique à figures rouges (vers le Ve s. av. J.-C.) représentant l'apothéose d'Héraclès, transporté sur l'Olympe sur un char qu'accompagnent les dieux. On voit en bas son bûcher funéraire et ses compagnons.

Les Travaux d'Héraclès

Les plus célèbres exploits d'Héraclès furent rassemblés dans l'histoire des douze Travaux. Dans la version la plus répandue, Héra ayant provoqué chez Héraclès un accès de folie qui le pousse à tuer sa femme et ses enfants, l'oracle de Delphes le condamne en pénitence à servir Eurysthée, roi de Tirynthe, pendant douze ans. Le roi lui impose douze tâches exténuantes, racontées ci-dessous. Les six premiers travaux sont localisés dans le Péloponnèse.

Héraclès lutte contre le lion de Némée sous le regard d'Athéna (à droite). Vase à figures noires vers 550 av. J.-C.

1. Le lion de Némée. Héraclès fut envoyé à Némée tuer un lion monstrueux dont la peau était impénétrable aux armes normales. Il façonna une énorme massue avec laquelle il frappa le lion, puis il l'étrangla. Il déchira la peau de l'animal avec ses propres griffes et s'en revêtit, ce qui le rendit invulnérable.

2. L'hydre de Lerne. Le héros devait tuer ce serpent d'eau à neuf têtes qui vivait dans un marécage près de Lerne. Lors du combat, chaque fois qu'Héraclès coupait une tête de l'hydre, il en repoussait deux, et Héraclès dut sa victoire à Iolaos, le fils de son demi-frère Iphiclès, qui cautérisa chaque plaie avec une torche pour empêcher les nouvelles têtes de pousser.

3. La biche aux pieds d'airain et aux cornes d'or, consacrée à Artémis, vivait sur le mont Cérynie. Héraclès devait la capturer sans lui faire de mal pour ne pas encourir le courroux de la déesse. L'ayant poursuivie pendant un an, il la blessa et la rapporta à Eurysthée qu'il accusa de la blessure, détournant ainsi sur celui-ci la colère d'Artémis.

4. Le sanglier d'Érymanthe. Un monstrueux sanglier ravageait la région du mont Érymanthe. Héraclès reçut l'ordre de le ramener vivant. Chemin faisant, il combattit les Centaures puis il rentra avec l'animal chez Eurysthée qui, terrifié, se cacha dans une cuve d'airain.

5. Les écuries d'Augias. Augias, fils d'Hélios, possédait de nombreux troupeaux vivant dans des écuries qui n'avaient jamais été nettoyées. D'énormes quantités de fumier s'y étaient accumulées au cours des années. La tâche répugnante attribuée à Héraclès consistait à les nettoyer en un jour ; il y parvint en détournant le cours des fleuves Alphée et Pénée à travers les écuries.

6. Les oiseaux du lac Stymphale. Ce lac, en Arcadie, abritait des oiseaux monstrueux au bec, aux ongles et aux ailes de fer, qui dévoraient les humains. Héraclès devait les éliminer. Entrechoquant des cymbales d'airain pour les épouvanter, il les attira hors du bois et les tua l'un après l'autre à coups de flèches.

7. Le taureau de Crète. Un taureau géant et redoutable terrifiait la population de l'île de Crète. Sur les ordres d'Eurysthée, Héraclès le captura et le ramena vivant à Tirynthe.

8. Les cavales de Diomède. Héraclès devait ramener un troupeau de cavales appartenant à Diomède, roi de Thrace, qui les nourrissait de chair humaine. Héraclès tua le roi et le fit dévorer par ses propres juments qu'il apprivoisa ensuite pour les ramener à Eurysthée.

9. La ceinture d'Hippolyte. Hippolyte, la reine des Amazones guerrières d'Asie Mineure, possédait une belle ceinture convoitée par la fille d'Eurysthée. Héraclès battit les Amazones, tua Hippolyte et s'empara de sa ceinture.

10. Les bœufs de Géryon. Géryon, un géant à trois corps, vivait dans l'extrême-Occident avec ses troupeaux, aidé par un berger géant et son chien. Pour voguer sur l'Océan (p. 137) Héraclès emprunta la Coupe du Soleil, tua Géryon, le berger et le chien et ramena les bœufs à Eurysthée. Les Colonnes d'Hercule (détroit de Gibraltar) marquent le point le plus occidental de ses aventures.

11. Les pommes d'or du jardin des Hespérides. Les Hespérides étaient des nymphes de l'extrême-Occident, filles du Titan Atlas, qui soignaient un arbre sur lequel poussaient les pommes d'or. Héraclès, ayant eu pour tâche de rapporter ces pommes, tua Ladon, le dragon qui gardait l'arbre.

12. Cerbère. La dernière tâche d'Héraclès consistait à ramener Cerbère, le féroce chien à trois têtes, gardien des portes des Enfers. Descendu dans le Monde souterrain, il lutta corps à corps avec Cerbère et le traîna chez Eurysthée (illustration p. 146). Puis il le renvoya aux Enfers.

THÉSÉE

Héros et prince athénien

Sur ce vase (ci-contre et reconstitution ci-dessous), on voit Thésée affrontant Sciron et Procuste sur la route d'Athènes. Le vase, qui provient du site étrusque de Cerveteri en Italie, a été façonné par Euphronios, peintre et potier, et probablement peint par Onésimos (vers 480 av. J.-C.). Ces artistes comptaient parmi les plus éminents de leur époque.

ARIANE

Thésée quitta le Labyrinthe de Crète avec Ariane et ses jeunes compagnons et tous ensemble ils firent voile vers Athènes. Arrivé sur l'île de Naxos, il abandonna Ariane endormie sur le rivage, soit par oubli soit délibérément, par pure traîtrise masculine.

L'histoire d'Ariane finit pourtant bien. Le dieu Dionysos, accompagné de sa suite au grand complet, trouva la jeune femme en pleurs sur la plage et il l'épousa en grande cérémonie devant l'assemblée des dieux. Il la métamorphosa plus tard en Corona, une constellation qui guide les marins. Sur le vase athénien à figures rouges ci-dessous (390-380 av. J.-C.), Dionysos et Ariane sont représentés accompagnés d'Éros, le dieu ailé de l'amour.

Thésée est un héros typiquement athénien mais le début de sa vie obéit à un archétype assez courant : une naissance insolite, le retour à un foyer dont il avait été enlevé tout jeune, les combats contre les monstres pour prouver sa vaillance, enfin l'accès à la royauté. Il était le fils d'Égée, roi d'Athènes, bien que sa paternité fût souvent attribuée à Poséidon. N'ayant pas d'enfant, Égée se rendit à Delphes pour consulter l'oracle. Celui-ci lui conseilla de « ne pas ouvrir l'outre à vin » avant d'arriver chez lui, faute de quoi il mourrait un jour de chagrin. Or sur le chemin du retour, il rendit visite à Pitthée, roi de Trézène, qui l'enivra et le mit dans la couche de sa fille Éthra. Apprenant en quittant Trézène que celle-ci était enceinte, Égée la prévint que, si l'enfant était un garçon, il devrait venir à Athènes dès qu'il serait de force à soulever certaine pierre sous laquelle il avait laissé une épée et une paire de sandales en signe de reconnaissance. Éthra mit au monde Thésée et, quand il fut devenu adolescent, elle lui révéla ses origines. Ayant récupéré l'épée et les sandales, il partit pour Athènes.

En route, il fit ses preuves en battant toute une série de monstres et de brigands. C'est ainsi que près de Corinthe il tua Sinis, surnommé Pityocamptes (« courbeur des pins ») parce qu'il attachait les passants entre deux pins qu'il courbait en rapprochant leurs cimes. Les arbres se relevant, les malheureuses victimes étaient mises en pièces. A Mégare, il rencontra Sciron qui obligeait les voyageurs à lui laver les pieds. Dès qu'ils étaient à genoux, il les poussait dans la mer où une énorme tortue les dévorait. Thésée le précipita d'une falaise. À Éleusis, il battit Cercyon qui contraignait les passants à lutter contre lui jusqu'à la mort. Entre Éleusis et Athènes, le héros tua Procuste, qui étendait les voyageurs sur un lit toujours inadapté : il coupait les pieds de ceux qui étaient trop grands et étirait les jambes de ceux qui étaient trop petits. Enfin Thésée arriva dans la ville de son père, où la magicienne Médée tenta de l'empoisonner (p. 153) mais Égée reconnut l'épée et les sandales et accueillit son héritier. Le premier exploit de Thésée au service de son père fut la capture du taureau qu'Héraclès avait ramené de Crète (p. 149), et qui terrorisait la région de Marathon en Attique.

Athènes étant forcée de verser un tribut annuel de sept jeunes gens et sept jeunes filles à Minos, roi de Crète, Thésée se porta volontaire pour accompagner les victimes. Les enfants devaient être livrés en pâture au Minotaure, un monstre

Phèdre, reine tragique

Un des plus fameux épisodes du mythe de Thésée est la tragédie de Phèdre, sa seconde femme. L'histoire est racontée par le dramaturge Euripide dans une célèbre pièce, Hippolyte.

A la mort de sa première femme, l'Amazone Antiope (ci-dessous), Thésée épousa Phèdre, une princesse crétoise qui passe souvent pour la sœur d'Ariane. Hippolyte, le fils de son premier mariage, devenu jeune homme, refusait tout contact avec Aphrodite, déesse de l'amour, préférant chasser dans les collines en signe de dévotion à Artémis. Furieuse de voir son autorité bafouée, Aphrodite complota la ruine d'Hippolyte en inspirant à Phèdre une violente passion pour son beau-fils. Phèdre essaya de dissimuler cette passion dévorante mais sa nourrice la révéla à Hippolyte qui s'enfuit, révolté. Laissant une lettre où elle accusait Hippolyte de viol, Phèdre se donna la mort. Thésée trouva la lettre et, ayant demandé le consentement de son père divin, Poséidon, maudit son fils. Hippolyte conduisait son char quand un monstre, surgi de la mer, effraya les chevaux qui s'enfuirent en traînant son corps.

La dépouille d'Hippolyte fut rapportée à son père qui apprit de la bouche d'Artémis la vérité sur son fils innocent. Avec la bénédiction de Thésée, la déesse institua un culte en l'honneur du défunt.

Le décor de ce cratère (grand vase où l'on mélangeait l'eau et le vin) représente Hippolyte traîné à mort par ses propres chevaux à cause de la perfidie de Phèdre, sa belle-mère.

mi-homme mi-taureau que Minos avait enfermé dans le Labyrinthe construit par Dédale (p. 162). Ariane, la fille de Minos, s'éprit de Thésée et lui donna une pelote de fil qui lui permit d'entrer dans le Labyrinthe puis de revenir sur ses pas. Guidé par les mugissements lointains du monstre, Thésée suivit les enfants et les rattrapa juste au moment où la terrifiante créature allait les massacrer. Il tua le monstre, fit sortir les enfants et rejoignit Ariane qui les attendait. Ensemble, ils firent voile vers la Grèce mais en chemin Thésée abandonna Ariane (p. 150). Grisé par sa victoire, il rentra à Athènes en oubliant les instructions de son père : il devait hisser une voile blanche en cas de succès et une voile noire si sa mission avait échoué. Thésée arriva à Athènes avec la voile noire. Croyant son fils mort, Égée fou de chagrin se jeta dans la mer qui porte depuis son nom. Ainsi se réalisa la prophétie de l'oracle de Delphes, selon laquelle il mourrait de chagrin. Thésée lui succéda sur le trône.

Rentré de Crète, Thésée combattit les Amazones aux côtés d'Héraclès (p. 148) et reçut pour butin une Amazone, Antiope, qui lui donna un fils, Hippolyte (ci-dessus). Les Amazones envahirent plus tard l'Attique et Thésée en fut à nouveau victorieux mais Antiope y perdit la vie. Cette victoire est fréquemment représentée dans l'art athénien du Ve siècle av. J.-C., notamment au Parthénon. L'exploit de Thésée intervient pendant les noces de Pirithoüs, roi des Lapithes en Thrace. Les Centaures ayant attaqué le banquet nuptial, Thésée aida les Lapithes à les repousser. Cette scène figure elle aussi sur le Parthénon.

THÉSÉE L'HOMME D'ÉTAT

Les Grecs étaient convaincus que la cité d'Athènes et l'Acropole existaient bien avant Thésée. Les Athéniens évoquaient des rois éminents encore plus anciens tels Cécrops, le fondateur mythique de la ville, Érechthée et Égée, le père de Thésée. Thésée était surtout vénéré pour avoir unifié sous son autorité les villes et villages de l'Attique, la région dont Athènes était la capitale. Toutes les assemblées et les tribunaux d'Athènes étaient considérés comme son héritage. Les légendes qui le concernent expriment les idéaux de l'État démocratique et il figure dans la mythologie athénienne comme un bon roi, loué pour sa justice.

On ne sait s'il a existé un véritable Thésée. Cimon, un homme politique du Ve s. av. J.-C., ayant découvert d'énormes ossements sur l'île de Syros où le roi d'Athènes se serait retiré, les attribua à Thésée ; ils furent transportés à Athènes pour être enterrés avec tous les honneurs dus à un héros sacré.

JASON

Le grand aventurier

Les aventures de Jason, prince d'Iolchos en Thessalie, étaient aussi connues que celles d'Ulysse. Comme Thésée, il passa sa jeunesse loin de la cour puis, devenu adolescent, il revint revendiquer ses droits à la royauté. Pélias ayant ursurpé le trône de son frère Éson d'Iolchos, Jason, fils du roi légitime, fut envoyé par sa mère sur le mont Pélion. Il y fut élevé par le sage centaure Chiron qui lui enseigna la musique, la médecine, la chasse et la guerre. A l'âge de vingt ans, il rentra à Iolchos et, chemin faisant, parvint à une rivière où une vieille femme – la déesse Héra déguisée – lui demanda de l'aider à traverser. Il accepta avec empressement, s'assurant ainsi la protection de la déesse dans ses aventures ultérieures.

En aidant Héra à traverser la rivière, Jason perdit une sandale et arriva nu d'un pied à Iolchos. L'oracle ayant conseillé à Pélias de se méfier d'un étranger chaussé d'une seule sandale, Pélias, terrorisé par l'arrivée de Jason, accepta habilement de céder le trône à son neveu à condition que le jeune homme accomplisse une tâche apparemment impossible : rapporter la fameuse Toison d'Or qui se trouvait en Colchide, au fin fond de la mer Noire. Jason releva le défi et s'empara de la toison après bien des aventures à bord de son navire, l'*Argo* (p. 154-155).

Rentré chez lui avec Médée, la fille d'Éétès, le héros découvrit que Pélias avait fait mettre Éson à mort. Médée aida Jason à venger la mort de son père en organisant l'horrible meurtre de Pélias. Bien des années après la fin tragique de l'union de Jason et de Médée (p. 153), le héros aurait succombé, assommé par un morceau de l'*Argo*, qui avait été offert à un temple.

Sur ce vase à figures rouges, Jason est sauvé de la gueule du dragon qui garde la Toison d'Or (p. 154-155) par Athéna (à droite, tenant l'un de ses emblèmes, la chouette). La Toison est accrochée à un arbre à l'arrière-plan.

Médée, reine et magicienne

Après son expédition avec les Argonautes (p. 154-155), Jason rentra à Iolchos avec la magicienne Médée, qui est au cœur du tragique épilogue de ses aventures. L'épisode corinthien de son histoire constitue le thème de la tragédie Médée *du grand dramaturge Euripide.*

Le décor de ce cratère attique (p. 151) représente la mort du géant d'airain, Talos, qui tenta d'empêcher les Argonautes de débarquer en Crète. Médée (à gauche) lui donne une potion soporifique. Puis elle ouvre l'unique veine du géant endormi et il meurt, vidé de son sang.

A leur arrivée à Iolchos, Jason et Médée se préparèrent secrètement à venger la mort d'Éson, père de Jason et roi légitime, qui avait été exécuté par Pélias. Médée persuada les filles de Pélias qu'elle rendrait la jeunesse à leur père par ses sortilèges mais que, pour le préparer à ce rajeunissement, elles devaient d'abord le découper et le faire cuire. Les filles acceptèrent le plan, tuèrent Pélias et en firent cuire les morceaux avant d'apprendre par Médée qu'elles avaient été bernées.

Malgré la mort de l'usurpateur, Jason ne put occuper le trône de son père : la mort de Pélias avait causé un tel scandale que Médée et lui furent forcés de s'enfuir. Le couple s'installa à Corinthe, dans le Péloponnèse, et eut plusieurs enfants.

Bien des années plus tard, le roi de Corinthe, Créon, offrit à Jason un séduisant mariage politique avec sa fille. Jason proposa à Médée le divorce et l'exil volontaire. Furieuse d'avoir été trahie, celle-ci envoya des tuniques empoisonnées à Créon et à sa fille, la nouvelle fiancée de Jason, qui moururent tous deux dans d'horribles souffrances.

Selon Euripide, elle trancha ensuite la gorge de ses propres enfants pour atteindre cruellement leur père dévoyé. Victorieuse, elle s'enfuit à Athènes sur le char d'Hélios, le Soleil, tiré par des dragons. C'est là que s'achève la tragédie d'Euripide, Jason étant laissé en proie au désarroi à Corinthe.

A Athènes, Médée épousa le roi Égée, père du héros Thésée, et ils eurent un fils, Médos, dont elle voulait faire le successeur d'Égée. Quand Thésée, l'héritier légitime d'Égée, revint de Trézène (p. 150), Médée devina aussitôt son identité, elle tenta de se débarrasser de lui avant qu'il ne montre les signes de reconnaissance qui permettraient à son père de l'identifier.

Médée convainquit le roi que le nouveau venu, déjà célèbre par ses exploits héroïques sur le chemin d'Athènes (p. 150), voulait le déposer. Ils complotèrent ensemble la mort de Thésée lors d'un banquet organisé pour célébrer la capture du sanglier de Marathon.

Médée empoisonna le vin de Thésée. Le héros était sur le point de boire quand Égée le reconnut et lui arracha la coupe des mains. Réalisant les mobiles de sa femme, Égée bannit Médée et ses enfants de son royaume pour toujours.

Selon certaines traditions, la magicienne se rendit après sa mort aux îles des Bienheureux où elle épousa Achille, le grand héros grec qui était mort à la guerre de Troie (p. 157-159).

LES ARGONAUTES

Jason et la quête de la Toison d'Or

*Ce relief de terre cuite représente Athéna (à gauche) aidant un constructeur de bateaux, peut-être Argus en personne, à façonner la voile de l'*Argo.

Jason réalisa ses plus grands exploits lors de son expédition à la recherche de la Toison d'Or en Colchide sur l'ordre de son oncle, l'usurpateur Pélias. La toison était celle d'un bélier ailé magique qu'Hermès avait envoyé pour aider Phryxus et Hellé, les enfants d'un autre oncle de Jason, le roi Athamas de Béotie, dont les vies avaient été menacées par leur belle-mère Ino. Montés sur le bélier les enfants s'étaient enfuis, mais Hellé tomba dans la mer qui fut appelée par la suite Hellespont (mer d'Hellé) et se noya. Phryxus arriva en Colchide, à l'extrémité orientale de la mer Noire, où il sacrifia le bélier à Zeus et offrit sa toison d'or au roi local, Éétès, qui lui avait accordé l'hospitalité. Éétès avait confié la toison à la garde d'un dragon qui ne dormait jamais.

Pour l'expédition, Jason fit construire le navire *Argo*, qui selon certaines sources est le premier bateau jamais construit. C'était l'œuvre du charpentier Argus (ci-contre) avec l'aide d'Athéna ou d'Héra, et on y plaça une branche du chêne de l'oracle de Zeus à Dodone. L'*Argo* fut équipée de cinquante avirons, un pour chaque membre de l'équipage constitué par Jason, les Argonautes. Parmi eux figuraient beaucoup des plus célèbres héros de la mythologie (ci-contre), notamment Héraclès. Quand tout fut prêt, Jason et ses compagnons appareillèrent pour le pays de la Toison d'Or.

LES ARGONAUTES

Il n'existe pas de liste immuable des membres de l'équipage de Jason car les grandes familles grecques revendiquaient toutes un Argonaute comme ancêtre. Mais leur nombre (50) n'est jamais contesté, ni les figures les plus célèbres.

ARGUS, le charpentier qui construisit l'*Argo*.
ATALANTE, la chasseresse, seule femme de l'équipage.
CASTOR ET POLLUX, les Dioscures (p. 134).
HÉRACLÈS (p. 148-149) abandonné quand il partit à la recherche de son amant Hylus.
IDMON ET MOPSOS, les devins légendaires.
LYNCÉE, à la vue si perçante qu'il pouvait voir sous la terre.
MÉLÉAGRE, le frère de Déjanire, la femme d'Héraclès (p. 148).
NAUPLIUS le père de Palamède, auteur d'un célèbre stratagème dans l'*Iliade* d'Homère.
OILÉE, le père d'Ajax (à ne pas confondre avec son homonyme plus célèbre), autre héros de l'*Iliade* (p. 158).
ORPHÉE, le célèbre musicien (p. 165) qui jouait de la lyre pour les Argonautes.
PÉLÉE, le père d'Achille, principal héros de l'*Iliade* et époux de Thétis, une nymphe marine.
PÉRICLYMÈNE, un fils de Poséidon, qui lui avait offert le don de métamorphose au combat.
TÉLAMON, père du célèbre Ajax, un des plus célèbres héros de l'*Iliade*.
TYPHIS, le timonier de l'*Argo*.
ZÉTHÉE ET CALAÏS, les fils ailés de Borée, le vent du Nord. Ils combattirent les Harpies qui tourmentaient Phinée (p. 155).

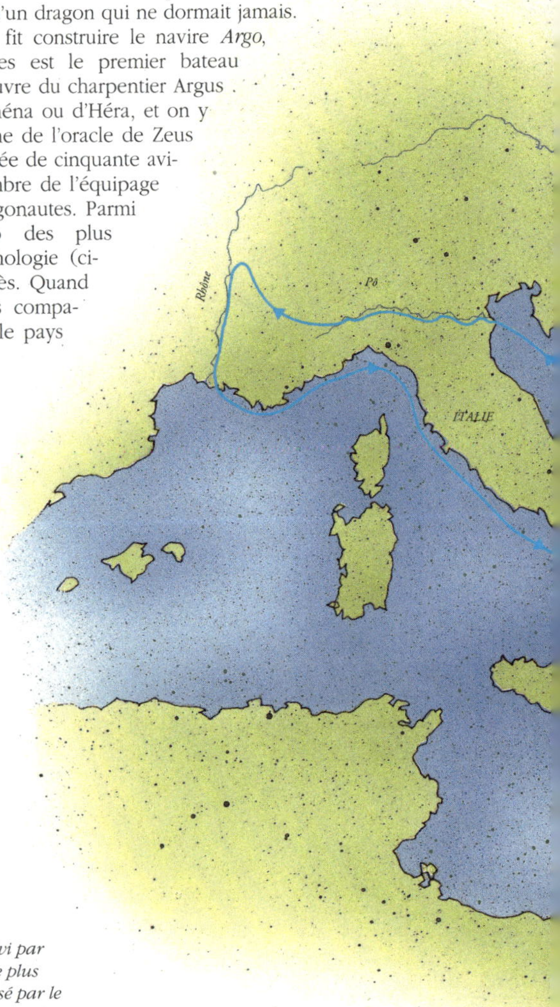

*La carte montre l'itinéraire suivi par l'*Argo, *d'après l'*Argonautica, *le plus célèbre récit du voyage, composé par le poète Apollonius de Rhodes vers le IIIe s. av. J.-C.*

LES AVENTURES DE L'*ARGO*

(Les noms de lieux en PETITES CAPITALES *figurent sur la carte ci-dessous).*

Quand l'*Argo* arriva à LEMNOS, sa première escale, Jason s'aperçut qu'il n'y avait aucun homme sur l'île. Les femmes de Lemnos les avaient tous tués quand ils avaient pris des concubines, prétextant que leurs épouses sentaient mauvais. Mentant, elles prétendirent aux Argonautes que les hommes avaient été obligés de fuir et invitèrent les Argonautes à séjourner plusieurs mois sur l'île pour la repeupler. Jason fut choisi par la reine de l'île, Hypsipyle, qui lui donna des jumeaux.

Les Argonautes se rendirent ensuite à CYZIQUE où ils furent bien accueillis par le roi local. Héraclès débarrassa la région des géants mais l'escale se termina par un incident malheureux. Quand l'*Argo* appareilla, un orage nocturne la repoussa vers le rivage. Se croyant attaqués par les pirates, les habitants assaillirent le navire et furent massacrés par les Argonautes qui ignoraient l'identité de leurs adversaires. Quand la vérité éclata, Jason organisa des jeux funéraires en l'honneur de ses hôtes.

LA BÉRYCIE, escale suivante sur la route de l'*Argo*, était une région où régnait Amycos, fils de Poséidon, qui invitait les étrangers à se battre jusqu'à la mort. L'homme le plus fort du monde, Héraclès (p. 148), ayant été abandonné sur le chemin de Cyzique, Amycos se mesura à Pollux qui releva le défi et le tua.
Les Argonautes poursuivirent leur route et, près de l'embouchure de la MER NOIRE, ils rencontrèrent Phinée, un vieillard aveugle éternellement harcelé par les Harpies, monstres au visage de sorcière, au corps et aux griffes d'oiseau, qui lui enlevaient sa nourriture ou la souillaient. Zéthée et Calaïs les chassèrent et, en remerciement, Phinée donna à Jason de précieux conseils pour la poursuite de son voyage.

A ce stade, la route de la Colchide était barrée par les SYMPLEGADES, deux énormes rochers mobiles à l'entrée de la MER NOIRE, qui se rapprochaient et engloutissaient les vaisseaux essayant de passer. Phinée conseilla aux Argonautes d'envoyer une colombe devant eux ; si elle réussissait à franchir les rochers, il en serait de même pour eux. La colombe franchit les rochers en perdant une plume de sa queue et l'*Argo* – avec l'aide d'Athéna et d'Héra – passa aussi mais perdit son timonier Tiphys. Après quoi, les rochers se fixèrent pour toujours.
Les Argonautes remontèrent la rivière Phase et arrivèrent enfin en COLCHIDE, le pays de la Toison d'Or. Le roi Éétès déclara qu'il céderait la toison à condition que Jason accomplisse certains travaux : mettre sous le joug ses taureaux aux pieds d'airain qui crachaient des flammes ; labourer un champ; semer les dents d'un dragon et tuer les géants qui jailliraient des dents semées. Les dieux firent en sorte que la magicienne Médée, fille d'Éétès, tombe amoureuse de Jason. Elle lui donna des potions magiques qui lui permirent d'accomplir avec succès les travaux qui lui avaient été imposés. Avec l'aide de Médée, qui ensorcela le dragon qui la gardait, il s'empara de la toison. Alors que les Argonautes s'enfuyaient de Colchide, Médée retarda Éétès et son entourage en jetant de l'*Argo* les morceaux du corps de son propre frère, Absyrthe, qu'elle avait elle-même tué et dépecé.

De nombreux récits racontent le long voyage de retour de l'*Argo* à IOLCHOS. Médée charma et supprima un géant d'airain nommé Talos dont le seul point faible était la cheville d'où partait son unique veine (p. 153). L'*Argo* aurait remonté le DANUBE et aurait échoué sur les bancs de sable des SYRTES sur la côte de LIBYE. Pendant douze jours, les héros durent transporter leur navire sur leurs épaules. Jason et Médée rendirent visite à Circé, magicienne de l'*Odyssée* et tante de Médée, qui les purifia rituellement du meurtre d'Absyrthe. Ils rencontrèrent encore d'autres monstres de l'*Odyssée* avant que le bateau rejoigne enfin IOLCHOS.

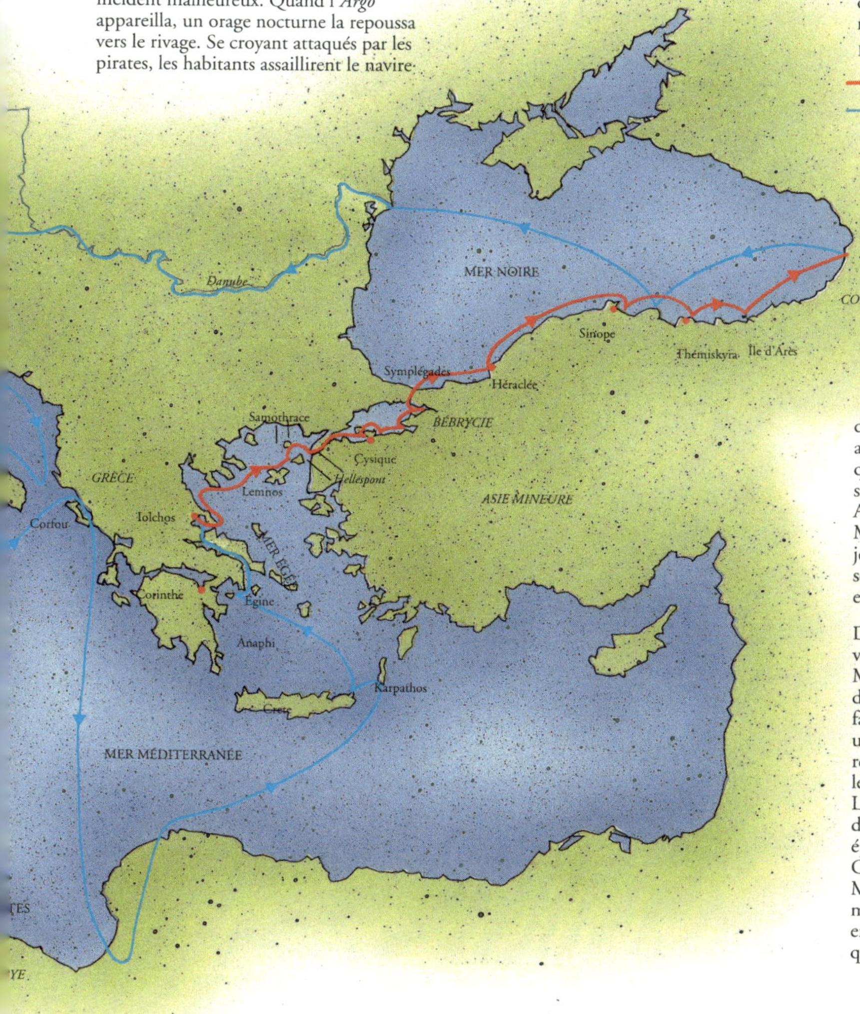

PERSÉE

Le vainqueur de la Méduse

Persée portant ses sandales ailées et le casque qui le rend invisible emporte la tête de Méduse. Cruche à eau à figures rouges, 350-330 av. J.-C.

Persée, fils de Zeus et de Danaé, est l'un des personnages les plus représentés dans la mythologie et l'art. Il grandit à Sériphos, une île de la mer Égée où régnait Polydecte dont le frère Dictys, un pêcheur, avait sauvé Persée et Danaé (p. 135). Polydecte s'éprit de Danaé mais elle refusa ses avances. Il invita alors tous les nobles de Sériphos à un banquet et exigea que chacun lui offrît un cheval. Le pauvre Persée déclara en plaisantant qu'il pouvait se procurer la tête d'une des trois Gorgones – monstres redoutables à la chevelure de serpents – aussi facilement qu'un cheval. Polydecte le prit au mot, content d'éloigner le protecteur de Danaé en lui confiant une mission apparemment impossible.

Hermès et Athéna vinrent au secours de Persée. Le héros fut d'abord envoyé aux Grées, trois vieilles femmes, qui seules pouvaient le diriger vers les Gorgones. Comme elles n'avaient qu'un œil et une dent pour elles trois, il les leur déroba afin d'obtenir les renseignements nécessaires. Elles lui suggérèrent de se rendre chez des nymphes qui lui donneraient un casque pour se rendre invisible, des sandales ailées pour voler et un sac de cuir. Hermès lui offrit en outre une épée recourbée. Persée put s'envoler vers les Gorgones. L'une d'elles, Méduse, était mortelle mais ceux qui rencontraient son regard étaient pétrifiés sur-le-champ. Persée tendit devant elle son bouclier poli comme un miroir, et guidé par le reflet de Méduse, la décapita et mit sa tête dans son sac. Dans une autre version, sa main fut guidée par Athéna. Sur le chemin du retour vers Sériphos, il délivra Andromède (ci-dessous). Arrivé devant Polydecte et ses partisans, il sortit la tête de la Gorgone qui les pétrifia instantanément. Le héros, qui passa le reste de sa vie dans la paix et la prospérité, remit la tête de Méduse à Athéna qui la porta désormais sur un bouclier pour pétrifier ses ennemis.

Persée et Andromède

La délivrance de la belle Andromède, thème favori de l'art grec et romain antique, est l'un des épisodes les plus célèbres des aventures de Persée.

Cassiopée, l'épouse du roi Céphée d'Éthiopie, se vanta d'être plus belle que les Néréides. (Ces cinquante belles nymphes marines étaient les filles de Nérée, le vieil homme de la mer, une divinité qui vivait dans l'océan et aidait les marins en détresse.) Irrité par sa témérité, Poséidon inonda son royaume et envoya un monstre marin ravager le pays. Céphée consulta l'oracle qui lui conseilla de sacrifier sa fille Andromède au monstre en l'enchaînant à un rocher. C'est alors que Persée, survolant la jeune fille, en tomba aussitôt amoureux. Il proposa de tuer le monstre en échange de la main d'Andromède.

Ce vase grec d'Italie du sud (vers 250 av. J.-C.) porte l'image de Persée luttant contre le monstre pour sauver Andromède.

Céphée accepta l'offre du héros. Persée mit le casque qui le rendait invisible, chaussa ses sandales ailées et avec son épée incurvée abattit le monstre. Il délivra Andromède qui devint sa femme. Elle lui donna un fils, Persès, qui devint l'héritier de Céphée.

LA GUERRE DE TROIE

L'épopée guerrière d'Homère

Le chef grec Ménélas (à gauche) confronté au guerrier troyen Hector pendant la guerre de Troie. Vase d'env. 610 av. J.-C.

L'*Iliade*, le célèbre poème d'Homère sur la guerre livrée par les Grecs à la ville de Troie, située au nord-ouest de l'Asie Mineure, était une œuvre essentielle pour toute la Grèce antique, autant pour ses qualités littéraires que pour sa valeur éducative. Pour les Grecs, l'épopée racontait l'histoire de leurs ancêtres. Les témoignages archéologiques prouvent que Troie, qui devait être une cité importante étant donné sa taille et sa situation côtière, a effectivement été incendiée et abandonnée vers 1100 av. J.-C., à la fin de l'Age du Bronze, et les guerriers que décrit Homère utilisent aussi bien le bronze que le fer. Troie avait porté également le nom d'Ilion, d'où le titre de l'épopée.

L'histoire commence avec Priam et Hécube, le roi et la reine de Troie. A la naissance de Pâris, un de leurs cinquante fils, Hécube rêve qu'elle a mis au monde un tison qui détruit la ville. L'enfant est abandonné mais il survit miraculeusement et devient berger. Plus tard, le jeune homme bat ses frères à la lutte, est reconnu comme le fils de Priam et accueilli dans la famille royale.

Pendant ce temps, Pélée, un mortel, épouse la nymphe marine Thétis. L'oracle avait prédit que Thétis aurait un fils plus brillant que son père, Achille, le plus vaillant des guerriers grecs (p. 158). Mais la déesse Éris (la Discorde), offensée de n'avoir pas été invitée à la noce, envoya une pomme d'or au banquet nuptial, sur laquelle était inscrit : « A la plus belle. » Athéna, Héra et Aphrodite se la disputèrent et Zeus chargea Pâris de faire le choix. Athéna lui promit sagesse et victoire au combat, Héra lui offrit le pouvoir royal et Aphrodite la plus belle femme du monde. Le voluptueux Pâris remit la pomme à Aphrodite, attirant sur Troie l'inimitié éternelle d'Héra et d'Athéna. La jeune fille promise n'était autre qu'Hélène, fille de Léda et de Zeus (p. 135) et épouse du roi de Sparte, Ménélas. Invité à Sparte, Pâris enleva Hélène et la ramena à Troie avec l'aide d'Aphrodite.

LES ÉPOPÉES D'HOMÈRE

La guerre de Troie et ses suites constituent le thème d'une série de poèmes épiques dont les deux plus célèbres et les plus influents sont l'*Iliade* et l'*Odyssée*. Les deux œuvres furent largement représentées et étudiées dans la Grèce antique. Elles sont traditionnellement attribuées à un barde appelé Homère (ci-dessous), dont la vie est pratiquement inconnue. On sait seulement qu'il aurait été aveugle et originaire de l'île de Chios. Même dans l'Antiquité, les savants doutaient que l'*Iliade* et l'*Odyssée* aient eu le même auteur ou qu'il y eût un auteur unique pour chaque épopée. On pense aujourd'hui que les deux poèmes sont l'aboutissement d'une longue tradition orale. Ils restent la glorieuse source de la littérature occidentale.
L'*Iliade* a pour thème principal un bref épisode de la guerre de Troie : la querelle entre le plus valeureux guerrier grec, Achille, et le chef des Grecs, Agamemnon. L'*Odyssée* raconte les aventures du héros grec Ulysse, retournant après le siège de Troie à Ithaque, sa patrie (p. 160).

LES HÉROS DE LA GUERRE DE TROIE

Chez Homère, nombre de guerriers célèbres participèrent à la guerre de Troie.

LES GRECS

AGAMEMNON, le chef de l'expédition, était qualifié de « très royal ».
AJAX, fils d'Oïlée, appelé le petit Ajax, avait violé la fille de Priam, Cassandre, lors du sac de Troie et profané les autels des dieux, ce qui provoqua le naufrage de la flotte grecque.
AJAX, fils de Télamon, le plus vaillant guerrier après Achille, têtu et taciturne, devint fou quand l'armure d'Achille défunt fut attribuée à Ulysse. Il essaya de tuer les chefs grecs mais ceux-ci furent remplacés par des moutons. Honteux de ses actes, il finit par se donner la mort.
CALCHAS, le devin grec, interprétait les présages des dieux.
DIOMÈDE, guerrier remarquable mais souvent impétueux dans les assemblées, blessa Arès puis Aphrodite sur le champ de bataille.
MÉNÉLAS, frère d'Agamemnon, est souvent décrit comme peu efficace.
NESTOR, le doyen des Grecs, prodiguait ses conseils.
ULYSSE, le plus rusé et le plus sage des Grecs, fut partisan d'Agamemnon. Il conçut l'idée du cheval de Troie.

LES TROYENS

ÉNÉE, fils d'Aphrodite, échappa au sac de Troie et, dans la mythologie romaine, fonda Rome (p. 172).
GLAUCOS, allié lycien de Troie échangea sur le champ de bataille son armure avec le grec Diomède, son ami de longue date.
HECTOR, fils de Priam, fut le plus vaillant guerrier troyen. Sa mort constitue le point culminant de l'*Iliade*. Contrairement aux guerriers grecs, Hector est un personnage touchant, représenté en famille.
PÂRIS, fils de Priam, est représenté comme un séducteur lascif et efféminé. Avec Hélène, dont l'enlèvement fut à l'origine de la guerre, il vivait loin du palais. Il combattit sans succès, généralement avec un arc, l'arme des lâches.
PRIAM, roi de Troie, racheta à Achille le corps de son fils Hector et mourut lors de la chute de la ville.
SARPÉDON, fils de Zeus, fut tué par Patrocle. Zeus fut tenté de sauver son fils mais Héra lui rappela que même les héros sont mortels.

Tous les princes grecs, anciens prétendants d'Hélène, avaient juré de la protéger de tout outrage. Ménélas et son frère Agamemnon, roi d'Argos, convoquèrent ces princes et réunirent à Aulis une grande expédition pour aller à Troie venger l'enlèvement. Deux guerriers, Achille et Ulysse, ne souhaitaient guère y participer. Achille se déguisa en femme sur l'île de Syros mais sa ruse fut dévoilée quand, une trompette de guerre sonnant, il fut le seul à saisir une arme. Ulysse simula la folie et se mit à labourer le rivage, mais son stratagème fut découvert quand on déposa son propre enfant devant la charrue. Une fois démasqués, les deux hommes acceptèrent de participer à l'expédition. La flotte grecque, réunie dans le port d'Aulis, était immobilisée par Artémis qui soutenait les Troyens. Agamemnon dut sacrifier sa fille Iphigénie pour s'assurer les vents favorables. L'expédition fit enfin voile vers l'Asie Mineure et les Grecs installèrent leur camp sous les murs de Troie pour un siège qui devait durer dix ans.

Pendant le siège, Agamemnon gagna Chryséis, la fille de Chrysès, prêtre d'Apollon, comme butin de guerre. C'est à ce moment qu'Homère fait débuter l'*Iliade*. Le prêtre demande que sa fille lui soit rendue, et essuyant un refus, implore Apollon d'anéantir les Grecs. Une terrible peste frappe leur camp ; au bout de quelques jours, la raison en est découverte et Agamemnon est forcé de rendre Chryséis à son père. Furieux de cette perte, Agamemnon demande une autre femme, Briséis, la captive du guerrier grec Achille.

Outragé, celui-ci refuse de continuer le combat. Il prie pour que les Grecs soient vaincus et regrettent sa défection. Hector, le fils aîné de Priam et le plus vaillant guerrier troyen, prend alors la tête de l'armée et marche sur les bateaux grecs, blessant et tuant de nombreux héros. Patrocle, le plus cher ami d'Achille, supplie le guerrier de lui prêter son armure puisqu'il ne s'en sert pas, pour faire croire aux Troyens qu'il participe toujours au combat et les faire reculer. Achille hésite puis finit par se laisser

Achille

*Achille, tel qu'il figure dans l'*Iliade* d'Homère, est le héros grec typique : fort, fier, intrépide, passionné et coléreux. C'est à la fois le meilleur guerrier et le plus destructeur et, à l'instar d'Héraclès, il incarne le paradoxe de l'héroïsme grec.*

Achille (à gauche) tue Penthésilée, la reine des Amazones. Amphore vers 540 av. J.-C. façonnée et décorée par Exékias, l'un des plus grands potiers et peintres grecs.

Fils de Pélée et de la nymphe marine Thétis, Achille fut élevé par le sage centaure Chiron. Sa mère le trempa, nouveau-né, dans les eaux du Styx pour le rendre immortel et invulnérable. Seul le talon par lequel elle le tenait resta hors de l'eau – d'où l'expression « talon d'Achille » pour désigner un point faible. Les Parques offrirent à Achille le choix entre une vie longue dans l'aisance et l'obscurité et une vie brève assortie de la gloire immortelle. Il choisit la dernière.

Achille devint pour les Grecs le modèle de l'homme noble, franc et direct, qui ne pouvait tolérer les actes déshonorants, comme celui d'Agamemnon qui lui prit sa captive de guerre, la troyenne Briséis. À Troie il combattit et tua Penthésilée, la reine des Amazones, dont il tomba amoureux alors qu'elle rendait le dernier soupir.

Les héros grecs Achille et Ajax jouent aux échecs entre deux batailles. Détail d'une amphore à figures noires d'Exékias, ve s. av. J.-C.

fléchir, recommandant à Patrocle d'être prudent. Mais Patrocle fait fi de ce conseil et, tout en repoussant les Troyens, est tué par Hector.

Le chagrin d'Achille est immense et il reprend les armes pour se venger. Dans une scène fameuse, il poursuit à trois reprises Hector autour des murs de Troie et finit par le tuer en un combat singulier. De magnifiques funérailles accompagnées de jeux funéraires sont organisées en l'honneur de Patrocle mais les Troyens ne peuvent en faire autant pour Hector car Achille a gardé et profané son corps. Les dieux irrités forcent Achille à accepter la rançon offerte et à rendre le corps d'Hector à Priam – l'*Iliade* s'achève par les funérailles d'Hector. Achille meurt frappé par Pâris à la cheville, son seul point vulnérable, et son armure est remise à Ulysse qui devient le guerrier le plus valeureux. Peu après, Pâris est lui-même touché et tué par l'archer Philoctète. Après la mort du vaillant Hector, Troie est vouée à sa perte. Ulysse imagine de construire un énorme cheval de bois creux dans lequel se cache l'élite des soldats grecs, tandis que la flotte appareille, feignant de renoncer à la lutte. Prenant le cheval pour une offrande aux dieux, les Troyens le transportent à l'intérieur des murs de la cité. La nuit, les soldats grecs sortent du cheval et ouvrent les portes de la ville au reste de l'armée, revenue sur le rivage. Troie est pillée, rasée et incendiée, Priam et ses fils massacrés, Hécube et les Troyennes emmenées en esclavage.

APRÈS LA GUERRE DE TROIE

Ulysse et Agamemnon

Sur cette amphore (530-510 av. J.-C.) Ulysse rend aveugle le cyclope Polyphème.

Le sac de Troie ne marque pas la fin des aventures des héros grecs et bien des mythes racontent le retour dans leur pays respectif. Le plus célèbre de ces récits est l'*Odyssée*, la noble épopée d'Homère qui doit son nom au héros Ulysse, *Odysseus* en grec. Les Grecs ayant profané les autels de Troie en pillant la ville, les dieux irrités provoquèrent des tempêtes qui dispersèrent la flotte grecque sur le chemin du retour. C'est ainsi que de nombreux héros échouèrent en Italie ou en Afrique avant de rejoindre la Grèce.

Les navires d'Ulysse et de ses compagnons, séparés du reste de la flotte, arrivèrent d'abord dans la ville des Cicones qu'ils pillèrent. Une autre tempête fit dériver les bateaux vers un monde peuplé de monstres et de sorcières. Ulysse parvint au pays des Lotophages qui donnèrent à manger aux hommes, envoyés comme éclaireurs, des fleurs de lotus qui ont la propriété d'effacer la mémoire, et provoquèrent une telle léthargie qu'il fallut les transporter sur les bateaux. Leur pérégrination les mena ensuite sur l'île des Cyclopes, monstres à un seul œil vivant dans des cavernes, sans loi ni organisation sociale. Emportant du vin, Ulysse partit explorer l'île avec quelques-uns de ses compagnons. Dans une grotte, il trouva des signes d'élevage. Sourd aux conseils de son équipage, il insista pour attendre le retour du berger. Le cyclope Polyphème, un géant, rentrant avec son troupeau, une fois arrivé dans la grotte, bloqua l'entrée avec un énorme rocher. Il découvrit les Grecs, en dévora deux en guise de dîner et deux autres au petit déjeuner. Les Grecs ne pouvaient s'échapper parce que seul le Cyclope était de force à déplacer le rocher. Mais Ulysse conçut un plan : il fit boire le Cyclope jusqu'à l'ivresse et quand celui-ci lui demanda son nom, il répondit « Personne ». Alors que le Cyclope cuvait son vin, Ulysse l'aveugla en lui plantant dans l'œil un épieu durci au feu. Polyphème appela à l'aide. D'autres Cyclopes accoururent et lui demandèrent qui l'avait agressé. Sa réponse ayant été « Personne », ils repartirent, convaincus que tout allait bien. Ulysse attacha alors chacun de ses hommes sous un mouton et se cramponna lui-même au ventre d'un bélier. Quand, au matin, le Cyclope aveugle laissa sortir son troupeau, les Grecs purent ainsi s'enfuir. De son bateau, Ulysse railla le Cyclope qui le maudit. Ceci valut dix ans d'errance sur les mers à Ulysse ; Polyphème était en effet le fils de Poséidon.

Les marins arrivèrent ensuite chez Éole, gardien des Vents. Il remit à Ulysse une outre contenant les vents qui permettraient aux bateaux de naviguer vers Ithaque. Mais le héros s'étant endormi, ses hommes ouvrirent le sac, pensant qu'il contenait un trésor. Les vents s'échappèrent et provoquèrent une tempête qui ramena les voyageurs chez Éole, et de là au pays des Lestrygons, géants cannibales qui détruisirent tous les bateaux d'Ulysse – sauf un – et dévorèrent ses équipages.

L'épisode suivant se déroule dans l'île de la magicienne Circé. A couvert d'un bois, la moitié de l'équipage d'Ulysse s'approche du palais de Circé, autour duquel des renards, des ours et des lions jouent comme des animaux apprivoisés. Circé invite les hommes à entrer et leur donne une boisson mêlée de drogue puis les métamorphose en porcs et les enferme dans une porcherie. Un seul homme, resté à l'extérieur, rapporte le désastre à Ulysse. Avec l'aide d'Hermès et d'une plante magique qui l'immunise contre les charmes de Circé, Ulysse oblige celle-ci à libérer ses hommes. L'équipage reste un an à festoyer sur l'île, puis Circé donne à Ulysse des conseils pour continuer son périple. Il lui faut d'abord se rendre aux Enfers pour consulter le devin Tirésias sur le moyen de rentrer chez lui. Tirésias lui apprend qu'il se trouvera un jour dans un pays qui ne connaît pas la mer. Il devra offrir un sacrifice à Poséidon. Aux Enfers – c'est là le pays dont il s'agit, Ulysse retrouve les grands héros et les héroïnes décédés et

ULYSSE

Ulysse, personnage important de l'*Iliade* et principal protagoniste de l'*Odyssée*, apparaît fréquemment dans la tragédie grecque. Il est bien connu pour sa ruse et son pragmatisme politique. Pour les philosophes, Ulysse était l'archétype du personnage complexe et calculateur, à l'opposé d'Achille, direct et noble. Dans certaines biographies, il ne serait pas le fils légitime du héros Laërte, comme l'affirme Homère, mais le fils illégitime de Sisyphe, qui fut condamné pour sa fourberie à pousser éternellement un rocher vers le sommet d'une montagne ; dès qu'il l'avait atteint, le rocher retombait (p. 146).
Le devin Tirésias prédit que la mort viendrait à Ulysse de la mer. Dans certains récits Télégone, le fils d'Ulysse et de Circé, débarquant à Ithaque, tue son père par accident.

notamment ses compagnons de la guerre de Troie, Achille et Ajax, ainsi que de grands criminels subissant leur châtiment.

Des Enfers, Ulysse gagne les parages de l'île des Sirènes, monstres au corps d'oiseau et à tête de femme qui, par leurs chants ensorceleurs, provoquent la mort des marins. Alors que ses marins continuent à ramer, les oreilles bouchées par la cire d'abeille, comme Circé le lui a suggéré, Ulysse, désireux d'entendre le chant des sirènes, se fait attacher au mât de son navire.

Le héros et son équipage passent ensuite entre deux monstres marins, Charybde et Scylla, et parviennent enfin à Thrinacie, l'île du Soleil. Circé leur avait recommandé de ne pas manger les bœufs du Soleil mais le bateau est encalminé et l'équipage affamé ne peut résister à l'envie de tuer les bœufs. La chair rôtie continue à mugir même sur la broche et les peaux des bœufs rampent comme s'ils étaient en vie. Le Soleil, courroucé, détruit le bateau et tout l'équipage sauf Ulysse qui survit au naufrage et échoue sur l'île de Ogygie où vit Calypso. Celle-ci l'oblige à l'épouser et le garde huit ans dans une grotte. C'est par l'intervention d'Athéna qu'Ulysse peut être enfin libéré. Il construit un radeau qui lui permet d'arriver au pays des Phéaciens, un lieu merveilleux exceptionnellement fertile où le peuple le reçoit en grande pompe. Leur roi Alcinoos renvoie Ulysse chez lui dans un bateau magique chargé de présents.

Enfin rentré à Ithaque, Ulysse retrouva sa femme Pénélope assaillie par les prétendants et son fils Télémaque menacé par les rivaux. Pénélope avait toujours refusé de croire à la mort d'Ulysse mais elle ne pouvait plus tenir les prétendants à distance par ses ruses. Ulysse déguisé en mendiant mit d'abord à l'épreuve la loyauté de sa famille et de ses compatriotes. Puis, aidé de Télémaque et de ses fidèles serviteurs, il tua les prétendants et retrouva Pénélope après vingt ans d'absence. L'*Odyssée* se termine par la célébration des exploits du héros errant, de la famille et de ses valeurs, message moral important pour les Grecs.

Agamemnon, roi d'Argos

*L'histoire du roi Agamemnon, chef victorieux de l'expédition grecque contre Troie, a été racontée à maintes reprises par les auteurs grecs, notamment par le dramaturge Eschyle dans sa trilogie l'*Orestie.

À l'issue de la guerre, Agamemnon rentre triomphant à son palais d'Argos avec la prophétesse Cassandre, fille du roi Priam, sa captive et concubine. Mais sa femme Clytemnestre et l'amant de celle-ci, Égisthe, lui tendent un piège. Clytemnestre accueille son mari et lui prépare un bain. Au moment où il en sort, elle feint de lui tendre une serviette et lui jette brusquement un filet sur la tête. Le roi est assassiné de même que Cassandre.

Agamemnon se débat sous le filet que Clytemnestre (à droite) a jeté sur lui tandis qu'Égisthe (à gauche) le poignarde. Cratère attique des environs de 470 av. J.-C.

Oreste, le fils d'Agamemnon, est absent à ce moment-là. Devenu adulte, il rentre pour se venger. Il arrive au palais, déguisé, et tue l'usurpateur Égisthe ainsi que Clytemnestre, avec l'aide de sa sœur Électre selon certains récits.

Poursuivi par les Furies, le matricide se réfugie à Delphes pour être purifié de son acte. Puis il se rend à Athènes où il est jugé et finalement acquitté grâce au vote décisif de la déesse Athéna. Il retourne régner sur Argos.

LES GRANDS CRIMINELS

Les perturbateurs de l'ordre naturel

DÉDALE ET ICARE

Dédale est surtout connu par l'histoire tragique de son fils Icare. Le roi de Crète, Minos, furieux que Dédale ait aidé Thésée à abattre le Minotaure (ci-contre), l'emprisonna ainsi qu'Icare. L'artisan fabriqua des ailes de cire et de plumes pour s'enfuir avec son fils. Il recommanda à Icare de ne pas voler trop près du soleil mais une fois dans les airs, le fils oublia le conseil. La cire de ses ailes fondit et il se tua en tombant dans la mer qui porte depuis le nom de mer d'Icare. Dédale arriva en Sicile (en Italie, selon certains récits) où il passa le reste de ses jours. L'illustration ci-dessus s'inspire d'une figurine de bronze d'Icare, les ailes attachées sur le dos, prêt à s'envoler.

De nombreux mythes grecs ont pour thèmes les grands criminels et leur châtiment. Ces récits ont peut-être été forgés pour contribuer à maintenir un certain ordre, notamment dans le cadre familial, car ils ont trait surtout à des transgressions dans le domaine sexuel. Les protagonistes de ces mythes sont presque tous des humains : les divinités pouvaient en effet avoir un comportement répréhensible en toute impunité, alors que les incartades des mortels étaient sévèrement punies – paradoxe dont les Grecs de l'Antiquité étaient bien conscients. Voici quelques-uns des plus célèbres criminels.

Atrée et son frère cadet Thyeste se disputant le trône d'Argos, ce dernier intrigua avec l'aide d'Aéropé, la femme d'Atrée, qui était sa maîtresse (p. 146). Pour se venger, Atrée invita Thyeste à un festin où il lui servit à manger ses propres enfants. Atrée était le père d'Agamemnon et de Ménélas qui épousèrent Clytemnestre et Hélène, les plus célèbres femmes adultères. Égisthe, un fils survivant de Thyeste, devint l'amant de Clytemnestre et l'encouragea à assassiner son mari, son cousin Agamemnon (p. 161).

Dédale, célébré par les Grecs comme le plus éminent mortel parmi les artisans et les inventeurs, fut aussi un criminel. Membre de la famille royale d'Athènes, il fut forcé de quitter Athènes après avoir tué son neveu Perdix, rival qui avait inventé la scie en s'inspirant d'une arête de poisson. Quand Dédale précipita le jeune homme d'une falaise, celui-ci fut métamorphosé en perdrix (*perdix* en grec). Dédale s'enfuit et se réfugia en Crète où il entra au service du roi Minos. Celui-ci avait prié Poséidon de lui offrir un taureau pour le lui sacrifier mais l'animal était si beau que le roi l'avait gardé pour lui. Poséidon irrité suscita chez Pasiphaé, la femme de Minos, une passion pour le taureau. Dédale construisit une maquette creuse en bois en forme de génisse, grandeur nature, dans laquelle Pasiphaé se glissa pour consommer sa passion contre nature. Elle enfanta ainsi le Minotaure, un monstre féroce à tête de taureau et corps d'homme. Furieux contre son artisan, Minos ordonna à Dédale de construire le Labyrinthe pour y emprisonner le monstre hybride. Plus tard, Dédale donnera à Ariane le fil qui permettra à Thésée d'entrer dans le Labyrinthe pour tuer le Minotaure (p. 150).

Les Danaïdes, les cinquante filles de Danaos, fils de Zeus et Io (p. 134), furent contraintes d'épouser contre leur gré les cinquante fils de leur oncle Égyptus. Le soir de leurs noces, quarante-neuf Danaïdes tuèrent leur mari. La cinquantième, Hypermnestre, qui aimait son mari Lyncée, engendra par la suite Persée et Danaé. Quant aux meurtrières elles furent condamnées aux Enfers à remplir éternellement une cruche avec un vase percé.

Térée, roi de Thrace, qui avait aidé Pandion, roi d'Athènes ; celui-ci lui accorda la main de sa fille Procné et ils eurent un fils, Itys. Un jour Philomèle, l'autre fille de Pandion, rendit visite à sa sœur. Térée abusa d'elle puis lui coupa la langue pour qu'elle ne puisse le raconter à personne. Mais Philomèle tissa une tapisserie, ou selon d'autres récits sa robe de mariée, représentant son épreuve et la montra à Procné. Pour se venger, les deux sœurs tuèrent Itys et, lors d'un festin, le servirent à son insu à son père qui découvrit l'outrage et poursuivit les deux femmes. Ayant commis un meurtre, elles furent métamorphosées en oiseaux : Procné devint une hirondelle et Philomèle un rossignol.

Œdipe

Œdipe se rendit coupable du plus célèbre crime sexuel de la mythologie grecque. La version la plus répandue de son histoire est racontée par Sophocle dans sa pièce Œdipe Roi. *Œdipe est l'archétype du héros grec doté de toutes les nobles qualités mais condamné par le destin à commettre de graves crimes contre l'ordre naturel. Thèbes, où se déroule l'histoire, a souvent servi de cadre aux tragédies grecques.*

L'oracle de Delphes prédit au roi Laïos et à la reine Jocaste de Thèbes que leur enfant à venir tuerait son père et s'unirait à sa mère. Quand Jocaste donna le jour à un fils, Laïos lui perça les pieds pour les lier et abandonna l'enfant dans les montagnes. Un berger le sauva et l'emmena à Corinthe où il fut adopté par le roi et la reine, Polybos et Méropé. Il fut nommé Œdipe (« aux pieds enflés »).

Des années plus tard, lors d'un festin, Œdipe fut raillé par un étranger prétendant qu'il n'était pas le fils de Polybos. Offensé, il consulta l'oracle de Delphes qui lui prédit qu'il assassinerait son père et épouserait sa mère. Convaincu que Polybos et Méropé étaient ses véritables parents, Œdipe décida de fuir Corinthe. Mais sur la route de Thèbes, il tua un étranger qui l'avait insulté et cet homme était Laïos, son père. Thèbes était alors harcelée par le Sphinx, une créature qui dévorait les passants qui ne savaient résoudre cette énigme : « Quel est l'animal qui a quatre pieds le matin, deux à midi et trois le soir ? » Œdipe donna la bonne réponse : « l'homme » : il se traîne à quatre pattes dans son enfance, se tient sur ses deux jambes dans la force de l'âge et a besoin d'une canne dans la vieillesse. Le Sphinx se précipita dans l'océan et Œdipe fut salué comme le sauveur de la cité. Il fut invité à régner sur Thèbes et à épouser la reine, veuve depuis peu – sa propre mère Jocaste. Elle lui donna quatre enfants, deux fils, Polynice et Étéocle, et deux filles, Antigone et Ismène. Sous son règne, Thèbes connut la prospérité.

Bien des années plus tard, la ville fut frappée par la sécheresse, la famine et la maladie. L'oracle de Delphes déclara aux Thébains que ces fléaux ne cesseraient que lorsqu'ils auraient chassé le meurtrier de Laïos. Œdipe entreprit de le chercher et finit par apprendre la vérité de la bouche de Tirésias (p. 165) et du berger qui l'avait sauvé quand il était enfant. Œdipe s'arracha les yeux et s'exila. Jocaste, elle, se pendit.

Cette peinture sur une kylix (coupe peu profonde) datée d'env. 470 av. J.-C. représente Œdipe, portant le chapeau et le bâton du voyageur, et le Sphinx, sur la route de Thèbes.

IXION

Ixion, roi des Lapithes, une race d'êtres fabuleux de Thessalie, se rendit coupable d'un crime sexuel notoire. Il tenta de faire violence à la déesse Héra qui le trompa en façonnant une nuée à son image. Ixion s'unit à cette nuée alors qu'il était ivre. Châtié par Zeus pour avoir tenté de séduire sa femme, il fut attaché à une roue enflammée tournant éternellement aux Enfers. De l'union d'Ixion et de la nuée naquit Centauros qui commit à son tour un acte contre nature en s'accouplant à une jument pour engendrer le premier Centaure (p. 164). La peinture ci-dessus représente le châtiment d'Ixion.

CENTAURES ET AMAZONES

Les races d'êtres fabuleux

Le combat des Centaures et des Lapithes représenté sur la frise du temple de Bassaé, en Arcadie, dans le Péloponnèse.

Les Centaures et les Amazones, créatures fabuleuses, enfreignaient les normes de comportement des êtres civilisés. Ils se battaient souvent contre les héros. La Centauromachie (combat des Centaures) et l'Amazonomachie (combat des Amazones) sont des thèmes fréquents dans l'art et la mythologie.

Les Centaures, descendants d'Ixion (p. 163), avaient un torse d'homme et un corps de cheval. Ils étaient souvent associés au déchaînement sexuel et à la violence. Aux noces du roi des Lapithes, Pirithoüs, les Centaures tentèrent d'enlever la mariée, provoquant une bataille où Thésée aida les Lapithes. Certains centaures étaient toutefois sages et bienveillants. Chiron éleva plusieurs héros, notamment Jason et Achille, et Pholos fut l'hôte d'Héraclès mais malheureusement, la visite d'Héraclès se termina mal : d'autres centaures voulurent partager le vin que Pholos lui avait offert et le héros irrité les battit. Un autre centaure, Nessos, causa finalement la mort d'Héraclès (p. 148).

Les Amazones étaient des guerrières orientales qui portaient souvent le costume perse (elles étaient donc des « barbares ») ; elles montaient à cheval, tuaient et pillaient et ne pratiquaient pas l'agriculture. Leur arme la plus courante était l'arc et, dans certains récits, elles se coupaient un sein pour tendre plus facilement la corde. (Selon certains récits, Amazone signifie « sans sein » mais les Amazones sont toujours représentées avec deux seins.)

Les hommes leur servaient d'esclaves. Elles rentraient chez elles un mois par an pour procréer ; les enfants mâles étaient abandonnés à la naissance, les fillettes élevées pour succéder à leur mère. Dans l'*Iliade*, Achille tue d'un coup de lance la reine des Amazones, Penthésilée (p. 158). A Athènes, on montrait aux visiteurs les tombes présumées des Amazones qui avaient été tuées par Thésée.

Le combat des Amazones et des Athéniens, d'après une frise du Parthénon d'Athènes, 447-432 av. J.-C.

LES MÉTAMORPHOSES

Les mythes de transformation et la légende d'Orphée

Dans la mythologie grecque, le récit atteint souvent son point critique quand un personnage change de forme et se métamorphose en général en plante, en animal ou en autre élément naturel.

Un des mythes les plus célèbres portant sur des métamorphoses est celui d'Alcyonée et de son mari Céyx, qui eurent la témérité de se parer des noms Héra et Zeus. Les dieux les punirent en les transformant en oiseaux marins. Mais pendant sept jours chaque hiver, Éole, le roi des vents, laissait la mer en paix pour permettre à Alcyonée, devenue un martin-pêcheur (un alcyon), de couver tranquillement ses œufs.

La nymphe Écho figure dans deux histoires de métamorphose. Dans la plus connue, son flot de paroles volubiles détourne l'attention d'Héra, permettant à Zeus de s'enfuir du théâtre d'une aventure amoureuse sans être découvert par sa femme.

Pour la punir, Héra ne laisse à Écho qu'un mince filet de voix. Aussi, quand elle s'éprend du beau Narcisse, fils du dieu-fleuve Céphise et de la nymphe Liriopé, et qu'elle essaie de le séduire, elle ne parvient qu'à répéter les derniers mots du jeune homme. Écho se languissant d'amour dépérit, seul subsiste l'écho de sa voix. Elle maudit alors Narcisse qui, se penchant sur l'eau d'un étang, contemple son propre reflet ; il tombe amoureux de cette belle image qu'il ne peut posséder et dépérit, lui aussi. En mourant, il est métamorphosé en narcisse.

Dans la seconde histoire, Écho est poursuivie par Pan, le dieu des bois et des pâturages, souvent représenté avec des pattes et des cornes de bouc. Elle repousse ses avances et s'enfuit. Pan, furieux d'être éconduit, frappe un groupe de bergers de folie. Ils mettent la nymphe en pièces et ne restent alors d'elle que ses gémissements que se renvoient les montagnes.

Héra apparaît aussi dans le mythe d'Io, une maîtresse de son mari Zeus. Prêtresse de Héra, Io est la fille du dieu-fleuve Inachos. Zeus amoureux se métamorphose en nuage pour s'unir à elle mais Héra n'est pas dupe. Il essaie de détourner ses soupçons en transformant Io en une belle génisse blanche. Héra feint de le croire et exige que la génisse lui soit offerte. Une fois Io en sa possession, elle la confie à la garde d'Argos aux Cent Yeux. Pour libérer sa maîtresse, Zeus s'assure le concours du rusé Hermès qui endort Argos par ses histoires (illustration ci-dessus à droite), puis lui coupe la tête. Refusant de s'avouer vaincue, Héra envoie un taon tourmenter Io. Folle de douleur, la belle génisse parcourt le monde misérablement et arrive en Égypte où Zeus lui rend sa forme humaine par un léger toucher (*epaphein* en grec) qui la féconde en même temps. Elle met au monde un fils, Épaphos, fondateur des familles royales d'Égypte et d'Argos et ancêtre des Danaïdes (p. 162).

Tirésias, le plus célèbre devin des légendes thébaines, aurait vécu sept générations. Selon une tradition, il voit deux serpents s'accoupler et pour les avoir frappés de son bâton, se retrouve changé en femme. Huit ans plus tard, il rencontre les mêmes serpents accouplés, les frappe à nouveau et redevient un homme.

Plus tard, alors que Zeus et Héra discutent pour savoir qui éprouve le plus de plaisir dans les rapports amoureux, Héra soutenant que les femmes sont défavorisés en la matière, Tirésias est consulté car il est le seul à connaître les deux côtés de l'affaire. Il répond que les femmes prennent neuf fois plus de plaisir que les hommes. Héra furieuse le frappe de cécité. Mais Zeus compense ce handicap par le don de prophétie. C'est ainsi que Tirésias peut révéler qu'Œdipe avait tué son père et épousé sa mère (p. 163).

Hermès s'apprête à couper la tête d'Argos, le gardien d'Io, qu'il a endormi par ses histoires. Vase peint vers 470 av. J.-C.

ORPHÉE ET LES ORPHIQUES

L'un des mythes les plus répandus, celui d'Orphée et Eurydice, met en scène le grand musicien réussissant à ramener sa bien-aimée du monde des Enfers, mais la perdant une seconde fois. Il passa lui-même de la mort à la vie éternelle, bien que son corps eût été démembré.
Orphée était un Thrace, fils de Calliope, la muse de la poésie héroïque et de l'éloquence. Il était reconnu comme le plus accompli des musiciens. À la mort d'Eurydice, sa femme, il éprouva un chagrin si intense qu'il prit sa lyre et descendit aux Enfers pour la rejoindre. La beauté de sa musique et de ses chants persuada les dieux de la mort de laisser Eurydice retourner sur terre, mais à une condition : Orphée ne devait pas se retourner pour la regarder avant d'avoir atteint la lumière. Mais, avant de passer les Enfers, saisi de crainte et d'amour, Orphée se retourna pour contempler Eurydice. Elle retomba dans les Enfers pour toujours. Inconsolable, Orphée rejetait les avances de toutes les femmes. Des femmes thraces en furent tellement irritées qu'elles le mirent en pièces mais en vain : sa tête séparée de son corps et sa lyre continuèrent de chanter. On construisit pour abriter sa tête un temple où l'on prononçait des prophéties.
Orphée était considéré comme le fondateur de l'Orphisme, une religion à mystères (p. 128).

ROME

Le Forum romain était le centre religieux, civique et commercial de la ville. Il abritait les temples de Janus et de Saturne ainsi qu'un temple de Vesta où était entretenue la flamme éternelle de la cité.

Pendant les quatre premiers siècles de notre ère, l'Empire romain a dominé la plus grande partie de l'Europe actuelle et en a même dépassé les frontières. La ville de Rome comptait un million d'âmes et outre le latin, langue de l'administration centrale, les cinquante millions d'habitants de l'Empire parlaient plus de cent langues différentes.

L'étendue de la suprématie romaine est capitale pour comprendre la mythologie : l'Empire était trop vaste pour qu'un corps unique de traditions mythologiques et religieuses ait pu s'y maintenir. Les mythes égyptiens d'Isis et Osiris, les mythes grecs d'Œdipe et Agamemnon, les mythes celtes de la Grande-Bretagne et de la Gaule faisaient partie intégrante de la mythologie romaine dans la mesure où des habitants de l'Empire, ou d'une partie de l'Empire, les considéraient comme leurs.

Les Romains ayant assimilé les mythes des peuples conquis, on se trouve aujourd'hui confronté à un réseau d'images apparemment contradictoires – les temples dédiés aux divinités indigènes de l'Italie voisinent avec ceux des dieux grecs ou orientaux ; les prêtres « romains » de haut rang côtoient les prêtres étrangers, flamboyants et auto-émasculés de la Grande Mère. Il n'est donc guère étonnant que les Romains se soient interrogés sur la nature des mythes et religions « véritablement » romains.

Au sein de cette culture éclectique, certains mythes étaient néanmoins considérés comme spécifiquement romains. Les plus connus concernent la fondation de la ville (mythes d'Énée et de Romulus) et les héros légendaires de l'époque primitive. Les Romains considéraient l'histoire de leur ville comme le plus important de tous les mythes.

LA VILLE DE ROME

Pour les habitants de l'Empire, Rome était une cité sacrée, délimitée par une enceinte sacrée, le *pomerium.* C'est à l'intérieur de cet espace religieux que se seraient déroulés la plupart des événements du passé dont la localisation exacte était encore « connue » et commémorée aux premiers siècles de notre ère. La légende principale était celle de Romulus, le fondateur de Rome. La grotte du Lupercal où Romulus et son frère Rémus furent nourris par la louve (p. 174) était censée se trouver sur les pentes de la colline du Palatin, et l'on y déposait des offrandes rituelles. Sur la même colline, une hutte de bois primitive, demeure présumée de Romulus en personne, fut conservée jusqu'à la fin de l'histoire de Rome. Malgré divers agrandissements, on retrouva la trace du *pomerium* en remontant au sillon de charrue que Romulus avait tracé autour de sa nouvelle ville. Sur le Forum, un petit bassin – le lac de Curtius – marquait l'endroit où Curtius, un jeune guerrier sabin tombé de cheval aurait failli se noyer dans un marécage, lors des guerres entre Romulus et les Sabins. Cette légende est un des nombreux exemples prouvant que la cité de Rome servait à rappeler constamment les traditions mythiques.

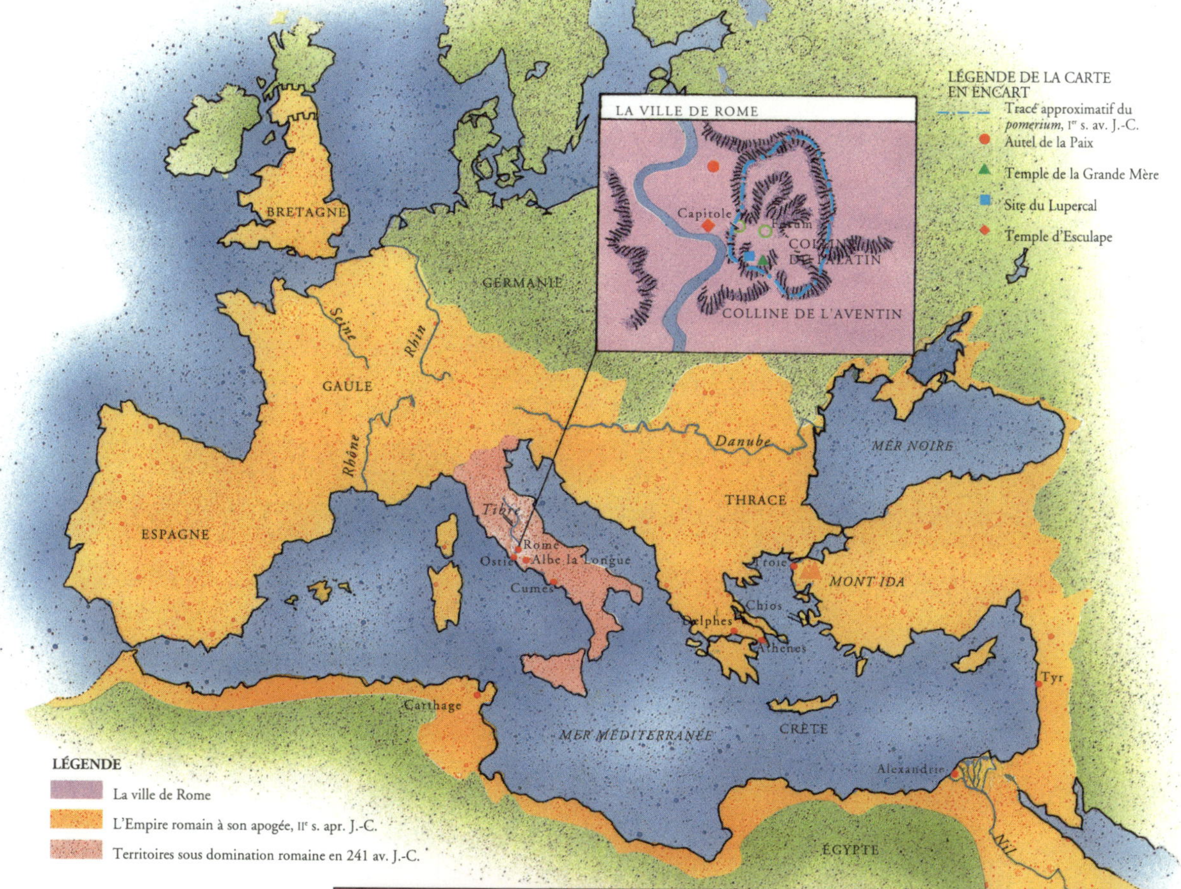

LES DIEUX ET L'EMPIRE

Les Romains étaient convaincus d'avoir gagné leur Empire avec l'aide des dieux qui avaient récompensé leur piété en leur accordant la victoire militaire. Les conquêtes impériales aboutirent à l'adoption de nouveaux dieux, ceux des peuples conquis qui, au début de l'expansion romaine, avaient souvent des attributs analogues à ceux des divinités existantes à Rome. A mesure que l'Empire s'étendit, les Romains rencontrèrent des divinités plus « étrangères » comme la Grande Mère (p. 171), qu'il fut moins aisé d'associer aux traditions romaines.

CHRONOLOGIE

753-510 av. J.-C.	**Époque des rois**
753 av. J.-C.	Fondation légendaire de la ville
509-31 av. J.-C.	**La République (Rome est gouvernée par des magistrats élus)**
Vers 241 av. J.-C.	Rome domine presque toute l'Italie et la Sicile
218-201 av. J.-C.	Guerres contre Hannibal
Vers 206 av. J.-C.	L'Espagne passe sous la domination romaine
Vers 146 av. J.-C.	La Grèce et la côte d'Afrique du Nord sont sous la domination de Rome
44-31 av. J.-C.	Guerres civiles, qui se terminent par la victoire du futur empereur Auguste
A partir de 31 av. J.-C.	**L'Empire romain**
31 av. J.-C.-14 apr. J.-C.	Règne d'Auguste, le fondateur du régime impérial. L'Égypte et une partie de la Germanie entrent dans l'empire ; ses successeurs poursuivent les conquêtes
Milieu du IIIe s. apr. J.-C.	Importantes vagues d'invasions barbares ; crise de l'empire
284-305 apr. J.-C.	L'empereur Dioclétien rétablit l'unité de l'empire
307-337 apr. J.-C.	Règne de Constantin, le premier empereur chrétien baptisé
364 apr. J.-C.	L'Empire romain est partagé en empire d'Orient et empire d'Occident, gouvernés par des empereurs différents
476 apr. J.-C.	Déposition de Romulus Augustule, le dernier empereur romain d'Occident

DIEUX ET DÉESSES

Les divinités d'emprunt, les dieux pénates et les vertus civiques

Vénus (identifiée à l'Aphrodite grecque) était la fille de Jupiter, la femme de Vulcain et la mère de Cupidon. Elle passait aussi pour la mère d'Énée. Cette peinture murale de Pompéi a pour thème la naissance de Vénus.

JANUS

Les pouvoirs de Janus (le dieu des Portes et des Arcs), qui n'a pas d'homologue chez les Grecs, furent fixés très tôt dans la religion romaine. Janus est représenté sur les monnaies avec deux visages accolés car il est lié aux entrées et aux sorties (ci-dessous).

Il n'est pas fortuit que les principaux dieux et déesses du panthéon romain aient des attributs analogues à ceux des divinités grecques. Certains furent importés directement du monde hellénique : Esculape, le dieu de la Médecine, dérivait ainsi du grec Asclépios dont le culte fut introduit à Rome en 293 av. J.-C., conformément aux instructions d'un oracle lors d'une épidémie de peste.

D'autres divinités autochtones furent peu à peu remodelées à mesure que les contacts entre Rome et la Grèce devenaient plus étroits, et elles s'identifièrent à certaines divinités grecques (c'est ainsi que Jupiter devint Zeus et Vénus Aphrodite). Chez les Étrusques dont la civilisation fleurit au nord du Tibre avant celle de Rome, au VIe s. av. J.-C., la déesse grecque Pallas Athéna devint Minerve, patronne des artisans, et les Romains l'empruntèrent à leurs prédécesseurs. Diane, déesse des Forêts en Italie, s'identifia avec le temps à l'Artémis grecque. Apollon, le dieu grec de la Lumière et de l'Intelligence, fut aussi adopté par les Romains par l'intermédiaire des Étrusques mais il ne prit de l'importance que sous le règne de l'empereur Auguste (au début du Ier s. de notre ère).

Ces divinités d'emprunt ne jouaient aucun rôle dans les mythes indigènes. Elles apparaissaient occasionnellement aux hommes ou venaient se battre aux côtés des Romains, comme Castor et Pollux qui seraient intervenus à la bataille du lac Régille en 496 av. J.-C. En revanche, la plupart des récits que les Romains tissèrent autour de leurs dieux étaient empruntés à la Grèce ou inventés délibérément sur le modèle grec. Les *Métamorphoses* d'Ovide (43 av. J.-C.-17 apr. J.-C.), contes poétiques, traduisent brillamment les mythes grecs sous leur aspect romain : on retrouve Jupiter trompant sa femme Junon (l'Héra des Grecs) en métamorphosant sa maîtresse Io en génisse, la nymphe Daphné transformée en laurier pour échapper à la convoitise d'Apollon, et l'histoire du chasseur Actéon qui, ayant surpris la déesse Diane nue, est changé en cerf et mis en pièces par ses propres chiens.

Les dieux romains et leurs homologues grecs

Divinité	« Homologue » grec	Fonctions principales
Jupiter	Zeus	Dieu du Ciel ; dieu suprême
Junon	Héra	Epouse de Jupiter
Minerve	Athéna	Déesse de la Sagesse
Apollon	Apollon	Dieu de la Guérison, de la Poésie et de la Musique
Diane	Artémis	Déesse de la Chasse
Cérès	Déméter	Déesse de l'Agriculture
Bacchus	Dionysos	Dieu du Vin
Mars	Arès	Dieu de la Guerre
Vénus	Aphrodite	Déesse de l'Amour
Neptune	Poséidon	Dieu de la Mer
Mercure	Hermès	Dieu du Commerce ; messager des dieux
Vesta	Hestia	Déesse du Foyer
Liber	Dionysos	Dieu de l'Extase et du Vin
Saturne	Cronos	Dieu des Semailles
Dis Pater	Hadès	Dieu des Enfers
Faunus	Pan	Un dieu des Bois
Cupidon	Eros	Dieu de l'Amour ; fils de Vénus
Vulcain	Héphaïstos	Dieu du Feu et des Forges
Esculape	Asclépios	Dieu de la Médecine
Castor et Pollux	Castor et Pollux	Fils divins de Jupiter

Faunus, représenté ici sur une peinture murale, était une ancienne divinité italique dont les attributs à l'époque romaine furent assimilés à ceux du dieu grec Pan.

Les Lares étaient les dieux protecteurs de la famille, vénérés en association avec les Pénates (dieux du Garde-manger et donc de la richesse familiale). Les sanctuaires privés contenaient souvent des statuettes des Lares, représentés vêtus d'une tunique courte et tenant une corne à boire et un petit plateau (ci-dessus).

COMPARAISON ENTRE LES DIEUX GRECS ET ROMAINS

Les auteurs de l'Antiquité admettaient déjà une différence entre les divinités grecques et romaines. Varron (un écrivain romain du Ier s. av. J.-C.) note qu'à l'origine, les dieux et déesses de Rome, contrairement à leurs homologues grecs, n'étaient jamais représentés sous forme humaine. À peu près à la même époque, l'historien grec Denys d'Halicarnasse souligne la supériorité morale des dieux romains sur les dieux grecs : il écrit que Romulus avait élevé le profil moral des dieux parce qu'en fondant la ville, il avait rejeté tous les vieux mythes sur les agissements déshonorants des dieux.

LES HUMAINS DIVINISÉS

Certains dieux romains étaient au début de leur vie de simples mortels. Romulus, le fondateur de Rome, divinisé à sa mort, serait devenu le dieu Quirinus. Ayant mystérieusement disparu, il serait apparu en rêve à un citoyen pour lui expliquer qu'il avait été enlevé pour rejoindre les dieux.

Plus tard dans l'histoire de la ville, le Sénat romain divinisa solennellement plusieurs empereurs après leur mort – dans certains cas avec leur femme et leurs enfants. L'empereur Vespasien plaisantait sur son lit de mort : « Oh ! je crois que je suis en train de devenir un dieu ».

Comme à tous les immortels, un culte était rendu à ces empereurs divins et des temples leur étaient dédiés.

Le panneau sculpté ci-dessus, qui provient de Rome, représente la divinisation de l'empereur Antonin et de l'impératrice Faustine.

Les dieux romains manquent manifestement de personnalité. Jupiter, tel qu'il apparaît dans *l'Énéide* de Virgile, est dépourvu du caractère tyrannique et des instincts libidineux de Zeus, tandis que Vénus n'a rien de la sensualité ni de la dureté d'Aphrodite. Contrairement à son homologue grec le dieu de la Guerre Arès, Mars était associé à l'Agriculture, ce qui traduit le souci des vertus civiques et des responsabilités collectives chez les Romains. Il a aussi une facette patriotique en tant que père de Romulus, le premier roi de Rome. Les anciens dieux pénates, les Lares, étaient particulièrement flous. Leurs sanctuaires, présents dans de nombreuses maisons, étaient souvent décorés de statues ou de peintures représentant de minuscules personnages vêtus d'une tunique courte et évasée en peau de chien, portant une corne à boire et une coupe à offrandes (p. 169). Ces divinités ne jouaient aucun rôle dans les contes mythiques : elles ne portaient aucun nom et n'existaient qu'en groupe indistinct. De même, aucune légende n'a jamais été attachée aux allégories des qualités humaines – Fides (la Foi), Honos (l'Honneur), Spes (l'Espoir), etc. Elles n'étaient que de purs symboles des qualités dont elles portaient le nom.

Outre les dieux pénates, des divinités mineures étaient associées à diverses activités humaines. Pour saint Augustin, dans son attaque du paganisme, elles constituent un bon sujet de ridicule. Dans ses invectives, il répertorie le nombre élevé de divinités insignifiantes censées présider à la nuit de noces de la mariée romaine – Domiducus (le dieu « qui conduit à la maison »), Subigus (le dieu « qui soumet »), Prema (la déesse « qui maintient à terre »), etc. Ces divinités n'ont jamais été représentées sous forme humaine et n'ont jamais fait l'objet de récits mythologiques.

La Grande Mère

La Grande Mère (Magna Mater), *empruntée à l'Asie Mineure (l'actuelle Turquie) en 204 av. J.-C., est l'une des divinités les plus exotiques adoptées par Rome. De nombreux auteurs romains décrivent son arrivée à Rome et les événements fantastiques qui l'entourèrent. Le récit ci-dessous s'inspire largement du poète Ovide (1er s. av. J.-C.).*

Soucieux de remporter la victoire dans le conflit qui les opposait à Hannibal et aux Carthaginois, les Romains consultèrent un oracle local qui leur fit une étrange réponse : « La mère est absente : cherchez la mère. Quand elle arrivera, elle doit être reçue par des mains chastes ». Perplexes, ils s'adressèrent à l'oracle de Delphes, en Grèce, pour avoir un autre avis. Celui-ci leur répondit qu'ils devaient « aller chercher la mère des Dieux qui se trouve sur le mont Ida ». Ils envoyèrent donc une ambassade au roi Attale, qui régnait sur le territoire du mont Ida, et demandèrent la permission d'emporter à Rome la statue de culte de la Grande Mère.

Attale s'y opposa mais la déesse se mit à parler elle-même miraculeusement, disant qu'elle souhaitait partir. Terrifié, le roi donna son consentement et on construisit un bateau pour transporter la précieuse cargaison.

La longue traversée de la Méditerranée se termina à Ostie, le port de Rome à l'embouchure du Tibre, où tous les citoyens étaient venus accueillir la déesse. Les hommes essayèrent de tirer le bateau sur le rivage mais il s'était échoué sur un banc de vase. Les Romains craignirent de ne pouvoir satisfaire les conditions de l'oracle. C'est alors que s'avança Claudia Quinta, une dame de la noblesse accusée à tort de débauche parce qu'elle portait des vêtements trop élégants et avait la langue trop déliée dans les discussions avec les hommes. Se sachant innocente, elle entra dans le fleuve et leva les mains pour prier la Grande Mère. « Si je suis innocente de toutes ces accusations », s'écria-t-elle, « cède, ô déesse, à mes mains chastes ». Puis elle tira le bateau sans aucun effort et la statue de culte fut escortée vers son nouveau temple.

Les Romains furent toujours partagés au sujet de la Grande Mère : son culte extatique avec ses prêtres auto-émasculés, sa musique et ses danses effrénées leur semblaient étrangers mais par ailleurs, elle était considérée comme une divinité « indigène » parce qu'elle provenait d'une région voisine de Troie, origine première de la race romaine.

Tête de pierre (ci-dessus) de la Grande Mère (appelée aussi Cybèle).

Plat d'argent représentant Cybèle assise à côté de son « époux », le berger Attis, dans un char tiré par des lions.

LA FONDATION DE ROME

Le destin d'Énée le Troyen

Sur cette peinture murale de Pompéi, Énée est représenté en train de faire soigner la blessure de sa jambe. Il a passé son bras autour des épaules de son fils, sous le regard de sa mère Vénus.

Dans la mythologie grecque, Énée est un héros troyen secondaire dans le conflit opposant les Grecs aux Troyens. C'est le fils d'Anchise et de la déesse Aphrodite, qui avait prophétisé avant sa naissance que l'enfant régnerait un jour sur les Troyens et serait l'ancêtre d'une dynastie éternelle. Dès le IIIe s. av. J.-C. ou même plus tôt, Énée était vénéré à Rome comme le fondateur mythique de la race romaine. L'histoire de cette fondation est racontée par Virgile dans son *Énéide*, la plus célèbre épopée latine, composée au Ier s. av. J.-C.

Quand les Grecs détruisirent la ville de Troie, Énée parvint à s'enfuir, portant son père sur son dos, son fils Ascagne et les images de ses dieux ancestraux dans ses bras. Il s'embarqua pour une longue et dangereuse traversée de la Méditerranée (Anchise âgé mourut en route), et il aborda finalement à Cumes sur la côte d'Italie. Là, il consulta d'abord la Sibylle, prêtresse d'Apollon, qui lui servit de guide dans sa visite aux Enfers. Selon Virgile, il y retrouva son père qui lui parla de la grandeur future de la race qu'il était destiné à fonder et lui montra les âmes des Romains célèbres du futur, attendant de naître.

Énée quitta Cumes et arriva au royaume du Latium en Italie où le roi Latinus lui accorda la main de sa fille Lavinia. L'oracle avait déclaré qu'elle épouserait un prince étranger mais Lavinia était déjà fiancée à Turnus, le roi des Rutules, un autre peuple d'Italie. Celui-ci se considéra offensé et la guerre éclata. Énée et Latinus s'allièrent à Évandre, roi de Pallantée, sur le site de la future Rome. Énée tua finalement Turnus en un combat singulier.

Le poème de Virgile s'achève par la défaite de Turnus mais diverses traditions racontent la suite de la création de la dynastie d'Énée. Selon certaines, Énée en personne aurait fondé Rome mais le plus souvent il est cité comme le fondateur de la ville de Lavinium (du nom de sa femme) et son fils Ascagne comme le fondateur d'une autre ville, Albe la Longue.

Ces légendes qui font d'Énée et d'Ascagne les fondateurs des premiers établissements troyens « préromains » d'Italie étaient sans doute destinées à rattacher l'histoire d'Énée à l'autre récit de la fondation de Rome par Romulus, qui descendait de la famille royale d'Albe la Longue (p. 174).

Énée devint un important symbole des valeurs morales romaines – notamment la piété manifestée par le sauvetage héroïque de son père, et la persévérance et le sens du devoir qui marquèrent ses premières luttes pour fonder la race romaine. Ce symbolisme fut particulièrement mis en avant sous le règne de l'empereur Auguste (31 av. J.-C.-14 apr. J.-C.), dont la famille (les Julii) prétendait descendre directement d'Énée. Sur le Forum d'Auguste, une de ses plus remarquables entreprises architecturales, l'empereur fit exposer des statues non seulement d'Énée mais aussi d'Ascagne, des rois suivants d'Albe la Longue, et des autres ancêtres le rattachant directement au fondateur de Rome.

Virgile raconte aussi les aventures sentimentales d'Énée et de Didon, la reine de Carthage (ci-contre). Dans les versions plus anciennes de l'histoire de Didon, Énée ne jouait certainement aucun rôle mais en rapprochant ces deux personnages, Virgile créa une des légendes romaines les plus célèbres.

Didon et Énée

Au cours de ses pérégrinations en Méditerranée, avant d'arriver en Italie, Énée débarque à Carthage, sur la côte de l'Afrique du Nord. Selon l' Énéide *de Virgile, il y tombe amoureux de Didon, la reine de Carthage.*

Didon était née à Tyr, en Phénicie. Obligée de fuir sa patrie après le meurtre de son mari, elle achevait de construire une nouvelle cité à Carthage quand Énée et ses compagnons échouèrent dans le voisinage. Elle les reçut avec faste et sur le champ s'éprit profondément d'Énée. Encouragée par sa sœur Anna, elle finit par admettre sa passion et par espérer le mariage.

Un jour qu'elle chassait avec Énée, un orage éclata et ils s'abritèrent dans une grotte. Pendant que la tempête faisait rage, ils s'unirent. Désormais, ils vécurent comme mari et femme, Énée se conduisant comme s'il était le roi de Carthage.

Mais le messager des dieux vint rappeler à Énée son devoir de fonder une nouvelle Troie en Italie. Le Troyen se résolut à quitter sa bien-aimée et à poursuivre son voyage. Ayant découvert ses intentions, Didon lui reprocha sa traîtrise. Profondément bouleversé, Énée ne pouvait que plaider la volonté des dieux et il la supplia de ne pas rendre leur séparation encore plus difficile.

Désespérée, Didon décida de se donner la mort. Elle fit construire un grand bûcher funéraire, prétendant que c'était un rite magique pour ramener Énée ou du moins pour se guérir de son amour. Après une nuit sans sommeil, elle se leva et vit le bateau d'Énée déjà en mer. Le maudissant et priant pour qu'une hostilité éternelle oppose Carthage aux descendants d'Énée, elle monta sur le bûcher et, prenant l'épée de son amant, elle se l'enfonça dans la poitrine.

Énée n'échappa pas totalement à Didon. Lorsqu'il visita les Enfers, il rencontra son fantôme et tenta une fois de plus de justifier sa conduite mais Didon refusa de lui parler et s'éloigna en ondulant pour rejoindre l'ombre de son mari.

La légende de Didon et Énée était étroitement liée à l'histoire politique et militaire de Rome. Didon ayant appelé de ses vœux l'hostilité entre Carthage et Rome, les Romains y trouvèrent une justification mythologique à la guerre qu'ils livrèrent à Hannibal et aux Carthaginois (218-201 av. J.-C.).

Énée et Didon enlacés (ci-dessus) : détail d'une mosaïque de pavement. La scène ci-dessous, provenant du même site, représente le début de leur attirance mutuelle lors d'une partie de chasse.

ROMULUS ET LES ROIS DE ROME

La louve et les mythes du passé

LA LOUVE ET LES JUMEAUX

L'image de Romulus et de Rémus allaités par la louve fut utilisée, quand cela s'avéra nécessaire, par Rome comme le symbole de sa puissance grandissante. Au début du IIe s. av. J.-C., alors que l'influence militaire de Rome s'étendait vers l'Orient, un monument représentant Romulus et Rémus fut érigé dans l'île grecque lointaine de Chios. À Rome même, l'empereur Auguste faisait souvent exposer l'image de la louve et des jumeaux à côté de celle d'Énée. Des Romains suggérèrent à Auguste de prendre le nom de Romulus comme titre officiel, mais par un caprice du destin porta ce nom seul le tout dernier empereur, Romulus Augustule. La mosaïque ci-dessus, exécutée en Grande-Bretagne à l'époque romaine, illustre le pouvoir symbolique du thème très répandu de la louve.

Le nom de la ville de Rome dérive de celui de Romulus, son fondateur légendaire. Son frère jumeau Rémus et lui étaient les fils de Rhéa Silvia, de la famille royale d'Albe la Longue, et du dieu Mars qui l'avait séduite dans un bosquet sacré où elle cherchait de l'eau. Le roi Amulius, son oncle, remarqua sa mystérieuse grossesse et l'emprisonna. Dès la naissance les enfants jumeaux, abandonnés au bord du Tibre, furent trouvés par une louve qui les allaita puis le berger Faustulus les recueillit et les éleva comme ses propres enfants. Devenus adolescents, Romulus et Rémus se mirent à voler et ils attaquèrent un jour les bergers d'Amulius qui gardaient leurs troupeaux sur l'Aventin (une colline du site de la future Rome). Rémus fut arrêté et conduit devant Amulius. C'est alors que Faustulus révéla à Romulus la vérité sur leur naissance (dans une version, il avait été témoin de leur abandon). Ayant appris ses origines, Romulus alla sur le champ délivrer Rémus, tua Amulius et rendit le trône désormais vacant d'Albe la Longue à son grand-père Numitor.

Romulus et Rémus décidèrent de fonder leur propre cité là où la louve les avait sauvés. Mais une dispute éclata quant à son emplacement exact. Ayant pris les auspices, Romulus commença à tracer les limites du site qu'il avait choisi sur la colline du Palatin, mais Rémus sauta par-dessus le sillon qui servait de frontière (le *pomerium* original), raillant la faiblesse de cette ligne de défense. Considérant cet acte comme sacrilège, Romulus tua Rémus et resta l'unique roi de la nouvelle ville.

Le problème le plus urgent qui se posait à Romulus était le peuplement de Rome. Il accueillit comme premiers citoyens les criminels et les fugitifs de toute l'Italie, invités à s'installer en toute sécurité. Pour se procurer des femmes, il eut recours à la ruse. Il invita la tribu voisine des Sabins à célébrer avec lui une cérémonie religieuse. À son signal, ses hommes enlevèrent soudain les femmes nubiles.

En représailles, le roi sabin Titus Tatius réunit son armée et envahit le territoire de Rome. Lors des premiers combats, les Sabins pénétrèrent les défenses romaines sur la colline du Capitole. Les Sabines, devenues épouses des Romains, intervinrent, suppliant leurs pères et leurs maris de cesser les hostilités. La paix fut conclue et les deux peuples devinrent alliés. Jusqu'à sa mort peu après la guerre, Titus Tatius régna conjointement avec Romulus. Puis Romulus prit la direction de toute la communauté et régna encore trente-trois ans. Il fut le premier roi de Rome.

L'enlèvement des Sabines représenté sur une frise sculptée de la basilique Émilienne sur le Forum romain. Sur une autre partie de cette frise (fin du Ier s. av. J.-C.), on voit le châtiment de Tarpeia (ci-contre).

Les mythes de l'histoire de Rome

Il est difficile de préciser la frontière entre les débuts de l'histoire romaine et le mythe, les faits et la légende étant étroitement imbriqués. Les récits que les auteurs romains tenaient pour « historiques » nous semblent aujourd'hui « mythiques » et ils comportent de nombreux thèmes qui figurent couramment dans les mythologies aux quatre coins du monde. Dans ces histoires, les femmes – traîtresses ou vertueuses – jouent un rôle particulièrement important.

Lors du conflit entre les Romains et les Sabins provoqué par l'enlèvement des Sabines (ci-contre), une romaine du nom de Tarpeia, fille du commandant responsable du Capitole, tenta de livrer la ville à l'ennemi. Elle avait aperçu Titus Tatius dans son camp et s'était éprise de lui. Elle accepta de l'aider à entrer dans la ville contre une promesse de mariage. Dans une autre version, elle était mue par la cupidité : convoitant les bracelets d'or des Sabines, elle demanda « ce que les Sabines portent au bras gauche ». Titus Tatius pénétra les défenses de Rome grâce à son aide mais il refusa de récompenser sa trahison. Elle mourut écrasée par les Sabines qui jetèrent sur elle « ce qu'elles portaient au bras gauche », c'est-à-dire leurs boucliers et non leurs bracelets. Elle donna son nom à la « roche tarpéienne », un célèbre rocher de la colline du Capitole d'où les traîtres et les assassins étaient précipités.

Le dernier roi de Rome, Tarquin le Superbe, dut sa chute à la vertu d'une romaine, Lucrèce. Le fils du roi la convoitait bien qu'elle soit mariée et connue pour sa fidélité. Il lui rendit visite pendant que son mari était à la guerre et elle lui accorda l'hospitalité. Il la jeta alors à terre, le poignard à la main, et la supplia de se donner à lui. Comme elle se refusait, le jeune Tarquin imagina un horrible chantage : il menaça de la tuer ainsi qu'un de ses esclaves et de laisser les deux corps côte à côte pour faire croire qu'elle, une femme noble, avait été surprise en flagrant délit d'adultère avec un esclave. Menacée de déshonneur, Lucrèce céda mais une fois son agresseur parti, elle raconta toute l'histoire à son père et à son mari. Ils reconnurent son innocence mais malgré leurs supplications, elle se donna la mort.

Pour venger sa mort, sa famille se souleva contre le roi qui s'enfuit dans la cité voisine de Caéré. La monarchie fut renversée et remplacée par un gouvernement « républicain libre » dont le mari de Lucrèce devint un des premiers magistrats (consuls). Le viol de Lucrèce constitua le mythe fondateur de la nouvelle République – et les Romains devinrent à tout jamais hostiles au titre de « roi ».

Plus tard, le roi de Clusium, tentant de remettre Tarquin sur le trône, assiégea la ville de Rome mais, selon la légende, il fut vaincu par l'action héroïque d'Horatius Cocles qui, avec deux autres défenseurs, tint l'ennemi à distance aux abords du pont du Tibre. Puis les trois hommes retournèrent en terrain sûr à la nage, armés de pied en cap.

Les sept rois légendaires de Rome

Noms	Dates légendaires	Réalisations de règne
Romulus	753-715 av. J.-C.	Fondateur de Rome
Numa Pompilius	715-673	Organisateur du sacerdoce et de la religion
Tullus Hostilius	673-642	Guerrier renommé
Ancus Martius	642-616	Agrandissement de Rome
Tarquin l'Ancien	616-579	Fondateur du temple de Jupiter et Minerve sur le Capitole et d'autres bâtiments
Servius Tullius	579-534	Réformes constitutionnelles
Tarquin le Superbe	534-510	Agrandissement du territoire de Rome ; despotisme

Sur cette monnaie romaine, Numa Pompilius (à gauche) tenant son bâton sacerdotal sacrifie un animal.

LE MONDE CELTIQUE

Vue aérienne du fort de Dun Aengus à Inishmore, dans les îles d'Aran, en Irlande. Son triple rempart de pierre aurait été construit par le peuple mythique des Fir Bolg, qui s'était réfugié là, après sa défaite dans la première bataille de Mag Tuired (p. 180).

Le mot *celtique* est avant tout un terme linguistique. Les régions dites celtiques sont les territoires d'Europe et d'Asie Mineure où furent parlées, à différentes époques, des langues celtiques apparentées, de l'Irlande à l'ouest jusqu'à la Turquie à l'est.

Il est malheureusement impossible de discerner un ensemble mythologique cohérent qui serait commun à l'ensemble du monde celtique. Entre les divinités gauloises décrites par les Romains et les dieux des littératures « insulaires », c'est-à-dire des îles Britanniques et de l'Irlande, il existe certes des similitudes, mais ces correspondances s'avèrent rarement simples ou dépourvues d'ambiguïté.

Les Romains nous ont largement renseignés sur les cultes et les dieux celtiques mais leur interprétation est en fait source de confusion. Lorsque Jules César présente le panthéon gaulois avec toutes les apparences de la clarté et de la précision, en réalité il réduit la multiplicité des divinités sur le modèle romain. De plus, il donne des noms romains aux dieux gaulois. Il se peut que les Celtes continentaux aient adoré des dieux locaux et tribaux. Là où une inscription gauloise utilise un nom de dieu romain, il peut s'agir tantôt d'une divinité locale assimilée à un dieu romain, tantôt d'une divinité panceltique à laquelle a été attribué un nom romain.

Selon César, le plus important des dieux celtiques est celui qu'il nomme Mercure. Il s'agit sans doute de Lugus, le Lug irlandais. *Lugus* signifie « celui qui brille », le soleil, vénéré parce qu'il donne la vie, la fertilité ou la guérison et symbolisé par une roue.

Les Celtes continentaux n'ayant pas transmis de récits, c'est la littérature insulaire qui constitue notre source principale pour l'étude des mythes. Or on peut douter de son caractère original. On a démontré, par exemple, que certains récits du recueil médiéval gallois des *Mabinogion* ont été calqués sur un schéma de contes populaires bien connus. Les premières sagas irlandaises puisent sans aucun doute à des sources archaïques, mais on les considère aujourd'hui comme des fictions littéraires caractéristiques de la civilisation chrétienne primitive en Europe.

CHRONOLOGIE	
IXe s. av. J.-C.	Les Celtes s'établissent au nord des Alpes et jusqu'à la Méditerranée.
VIe s. av. J.-C.	Les Celtes se disséminent à travers la France et la Tchécoslovaquie.
v. 400 av. J.-C.	Les Celtes envahissent l'Italie du Nord.
387 av. J.-C.	Les Celtes pillent Rome.
280 av. J.-C.	La confédération des Galates pénètre en Asie Mineure.
279 av. J.-C.	Les Celtes envahissent la Grèce et pillent le sanctuaire de Delphes.
IIe s. av. J.-C.	Les Romains occupent la Gaule.
Ier s. av. J.-C.	Les Romains occupent la Grande-Bretagne.
Ve s. ap. J.-C.	Les Anglo-Saxons envahissent l'Angleterre.
Ve-VIe s. ap. J.-C.	Les Celtes britanniques s'installent en Bretagne.

LE DIEU LUG DANS LES NOMS DE LIEUX

Le dieu Lug illustre bien la façon dont les noms de lieux reflètent l'importance de certaines divinités. Il s'agit sans doute du dieu que César appelle Mercure et place au sommet de la hiérarchie gauloise : le Mercure de César est « l'inventeur de tous les arts », de même que le Lug irlandais est dit « qui possède, est habile dans de nombreux arts ». Le nom gallois de Lug est Lleu, dérivant de la forme plus ancienne Lugus, qui a donné Lugdunon (Lugdunum en latin) Laon et Lyon en français (cette dernière choisie par César pour capitale de la Gaule et siège de sa fête annuelle), ainsi que Leyde aux Pays-Bas et Legnica en Silésie. Luguvalium, ou Luguvallum, nom romano-britannique de Carlisle, au nord de l'Angleterre, vient de *luguvalos*, qui signifie « fort comme Lugus » ou « fort en Lugus ».

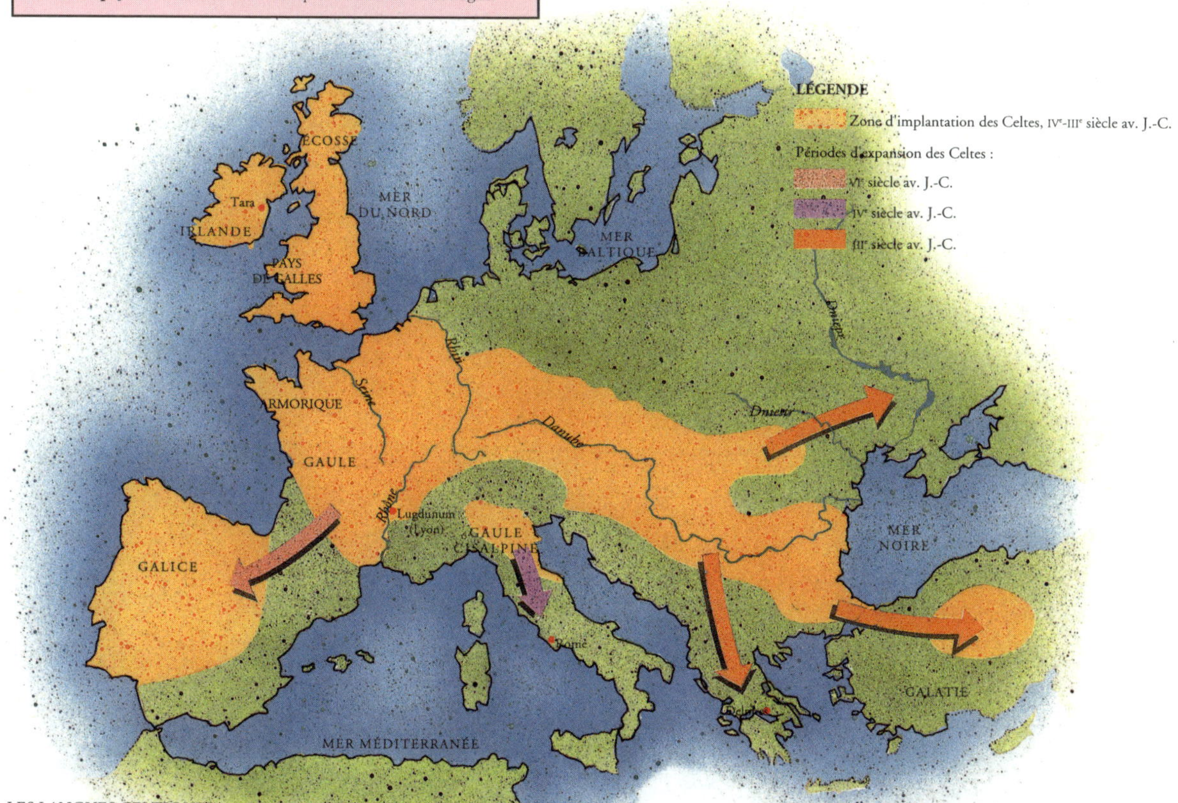

LES LANGUES CELTIQUES

L'ensemble des îles Britanniques parlait le celtique avant et pendant l'occupation romaine, jusqu'à l'arrivée des Anglo-Saxons en Angleterre, au Ve siècle ap. J.-C. Le celtique insulaire se divisait en deux branches linguistiques principales : le gaélique et le brittonique. Le gaélique comprend l'irlandais et l'écossais, qui existent toujours, et le mannois, qui a disparu au cours du XXe siècle. Ces langues étaient apparues à la suite de la colonisation irlandaise. Le brittonique inclut le gallois, le cornique (disparu au XVIIIe siècle) et le breton. Les langues celtiques de l'Europe continentale ne sont connues que par des témoignages fragmentaires, tels que des inscriptions et des noms de lieux.

GUIDE DE PRONONCIATION

Un accent sur une voyelle indique qu'elle est longue. En irlandais, l'accent porte généralement sur la première syllabe, en gallois sur l'avant-dernière.

En irlandais, on prononce :

c comme *k*   *bh* et *mh* comme *v*
dh comme le *th* anglais dans « *then* »
th comme le *th* anglais dans « *thin* »
gh suivi de *a, o* ou *u* comme *g* dans « gui »
gh suivi de *i* ou *e*, comme *y* dans « yeux »
ch après *a, o* ou *u*, comme la *jota* espagnole
s suivi de *i* ou *e*, comme *ch* dans « chat »

En écossais, on prononce :

ll, comme *tl* en anglais, articulé avec force
dd comme le *th* anglais de « *then* »   *f* comme *v*
w (voyelle) comme « ou » long

ORIGINES ET EXPANSION DES CELTES

Les régions celtiques s'étendaient de la France (Gaule, *Gallia*), l'Ibérie et la Galice, à l'ouest, jusqu'à la Turquie (Galatie) à l'est. Les Celtes apparaissent pour la première fois dans des écrits grecs du Ve et du VIe siècles av. J.-C. L'historien Hérodote, au Ve siècle av. J.-C., est le premier à mentionner les Keltoi. Vers 400 av. J.-C., des tribus celtiques envahirent le nord de l'Italie ; en 279 av. J.-C., d'autres tribus celtiques pillèrent le sanctuaire de Delphes. Et, en 280 av. J.-C., une confédération de Celtes connue sous le nom de Galates passa en Asie Mineure. Ce fut la grande époque d'expansion des Celtes. Ils venaient sans doute de l'est du Rhin – de la Bavière et de la Bohême – ainsi que de l'ouest, vers le Rhin.

LE PANTHÉON CELTIQUE

Une grande variété de dieux

On ne peut identifier avec précision le dieu-roue qui figure sur cette scène du chaudron de Gundestrup, mais la roue symbolise probablement le soleil et le cycle des saisons.

LE DAGDA

Le Dagda, le Dieu Bienfaisant, est aussi le Seigneur de la Grande Science. Il obtient la victoire pour son peuple grâce à son union avec la déesse de la Guerre, également déesse de la Terre, qu'il a rencontrée au bord d'une rivière, en train de remplir son office divin en lavant la tête et les membres de ceux qui vont mourir au combat. Il contrôle le temps et les récoltes, proche ainsi de Silvain, divinité romaine des bois, des labours et de la croissance. Le Dagda possède deux attributs : un bâton dont une extrémité tue et l'autre ramène les morts à la vie et un chaudron qui lui permet de dispenser une hospitalité sans fin.

Les déesses celtiques (et dans une moindre mesure les dieux) sont souvent représentées par trois. Ainsi, dans la mythologie irlandaise, les déesses de la Guerre sont-elles trois, tantôt considérées comme une seule et même divinité, tantôt comme différentes. De même, la déesse Macha prend la triple forme d'une prophétesse, d'une guerrière et d'une matrone. Sur le continent européen, les divinités féminines (deae matres *ou* matronae) *constituent aussi des triades, de même que les déesses-mères ci-dessous, dans la Grande-Bretagne romano-celtique.*

Les druides (les prêtres chez les Celtes) enseignaient que tous les humains descendaient du dieu des Morts, en irlandais Donn, le Sombre. Mais l'appellation de Père Suprême est réservée en Irlande au Dagda, le Dieu Bienfaisant, qui prodigue abondance et fertilité. Sucellos, dit le Bon Frappeur, a pour épouse Nantosvelta, une déesse des rivières.

César désigne Minerve comme la patronne gauloise des artistes et des artisans ; son homologue irlandaise est à l'évidence Brigid, fille du Dagda. Quant au fils du Dagda, Oengus, il est parfois considéré comme le dieu de l'Amour, en partie à cause de son rôle dans l'histoire de Diarmait et Gráinne.

Nuadu Airgetlám (Llud Llaweraint en gallois) est une figure dominante du Cycle mythologique en Irlande (p. 180-181). Ce dieu-ancêtre, souverain du peuple, ayant perdu un bras en se battant contre les envahisseurs de son pays, porte un bras d'argent, d'où son surnom, « au bras (ou à la main) d'argent ».

Le dieu gaulois Taranis, dieu de la Foudre et du Tonnerre, assimilé à Jupiter par les Romains, est identifié un peu partout, sauf en Irlande.

Ogmios, associé en Gaule à l'éloquence, peut être mis en relation avec le dieu irlandais Ogham, inventeur supposé de l'alphabet celtique qui consiste en entailles et en traits gravés dans le bois ou la pierre.

Seules quelques divinités, connues par les récits traditionnels irlandais, ont pour nous des fonctions bien définies. Dian Cécht, dieu de la Santé, chante ses incantations au-dessus d'un puits où sont précipités les guerriers mortellement blessés et d'où ils ressortent guéris. Goibniu, premier d'une triade de dieux-artisans composée de Luchte et Creidel, préside la fête de l'Autre Monde, où les convives absorbent une boisson alcoolisée qui les rend immortels. Manannán a un lien avec l'Océan et le voyage en mer vers l'heureux Autre Monde. Maponus, vénéré en Gaule et en Grande-Bretagne, assimilé à Apollon, est le Jeune Homme Divin, l'équivalent du dieu irlandais Oengus

Pièce de monnaie typiquement celtique, fabriquée en Gaule au Ier siècle av. J.-C., représentant peut-être une divinité.

Cernunnos, le dieu aux bois de cerf

Cernunnos, le « dieu cornu », est le nom donné à plusieurs représentations d'une divinité mâle portant des bois sur la tête. Seigneur des animaux sauvages et domestiques, dieu de la Fertilité et de l'Abondance, il dispense fruits, graines et argent. On l'a assimilé au Dis Pater, *dieu des Morts. Il existait sans doute déjà avant que les Celtes ne le représentent.*

Les cornes symbolisent généralement l'agressivité et la virilité. Dans un conte gaélique, des voyageurs aventurés sur une île mystérieuse y trouvent des pommes et, lorsqu'ils les mangent, voient aussitôt des bois pousser sur leur front. Selon une légende écossaise, il en pousse également sur la tête de guerriers qui se préparent au combat.

La plus ancienne représentation connue de Cernunnos est une sculpture sur roc du ve siècle av. J.-C., dans le nord de l'Italie, montrant un dieu dont la tête est couronnée de bois de cerf et les bras ornés d'une torsade en métal précieux – en fait un torque, attribut usuel des représentations divines, qui se porte habituellement autour du cou. A ses côtés, figurent un serpent à tête de bélier et un petit personnage au pénis en érection.

Le nom de Cernunnos n'a été identifié qu'une seule fois, sur un bas-relief consacré par des marins au début du Ier siècle ap. J.-C. Le dieu y porte des oreilles de cerf et un torque pend à chacun de ses bois.

Il est souvent représenté avec des animaux, parfois avec un taureau. Sur un bas-relief à Reims, il est assis en tailleur, Mercure et Apollon à ses côtés, un cerf et un taureau à ses pieds mangeant à un sac d'où se répand du grain. D'autres images gauloises montrent le dieu cornu assis, enlacé par deux serpents à têtes de bélier goûtant à un tas de fruits posés sur ses genoux.

Deux de ses représentations britanniques sont remarquables. Sur l'une, un bas-relief de pierre du sud-ouest de l'Angleterre, les jambes du dieu sont constituées par deux grands serpents à tête de bélier, qui se dressent vers des bourses remplies d'argent ouvertes à ses côtés. Sur l'autre, une pièce de monnaie en argent, datant de l'an 20 ap. J.-C. environ, provenant du sud de l'Angleterre, la divinité porte une roue entre les cornes. Symbole solaire, cette roue signifie peut-être la fertilité et la renaissance de la terre au printemps.

L'association avec le serpent est significative puisque, presque partout, l'animal est symbole de fertilité et de régénération, en relation avec le Monde Souterrain. Dans la tradition gaélique, il remonte le jour de la sainte Brigid, qui marque le retour du printemps. Doté d'une tête de bélier, auprès de Cernunnos, il symbolise donc à la fois la virilité et le renouveau.

Détail caractéristique du célèbre chaudron de Gundestrup (p. 181). Cernunnos, assis en tailleur, porte un torque autour du cou et en brandit un autre dans sa main droite. De la main gauche il tient un serpent à tête de bélier ou aux cornes de bélier. La posture du Bouddha est sans doute d'origine orientale.

MYTHES ET DIEUX D'IRLANDE

Le Cycle mythologique

LA VICTOIRE DE LUG A MAG TUIRED

Avant la seconde bataille de Mag Tuired, les Tuatha Dé se rassemblent à Tara pour une fête royale à laquelle ne sont admis que ceux qui pratiquent les arts. Un jeune et beau guerrier, Lug, habillé comme un prince, s'approche et revendique le droit d'entrer, car il se dit « habile dans tous les arts », à la fois charpentier, harpiste, guerrier, poète, devin, médecin, échanson... Alors, c'est à lui que le roi Nuadu offre le trône, et il prend en charge la bataille qui se prépare.
Or Lug a pour grand-père Balor au Mauvais Œil, l'un des chefs des Fomoire, à qui l'on a prédit qu'il serait tué par son propre petit-fils. C'est pourquoi il a emprisonné sa fille unique dans une grotte. Mais, séduite, elle a donné naissance à des triplés qui sont jetés à la mer par Balor. L'un d'eux a été sauvé et élevé par un forgeron : ce survivant est Lug.
Balor est doté d'un mauvais œil qui, lorsqu'il est ouvert, peut anéantir une armée de plusieurs milliers d'hommes. Lors de la bataille, dès que Lug voit la paupière de Balor se lever, il la vise avec une fronde. La pierre atteint l'œil qui traverse la tête de Balor, de sorte que ce sont ses propres troupes derrière lui, qui sont décimées par le regard fatal.

LES DEUX BATAILLES

Le mythe irlandais parle de la Première et de la Seconde Batailles de Mag Tuired dans deux récits distincts. Le plus important est celui de la Seconde Bataille. L'histoire de la Première Bataille est un texte plus tardif, et à certains égards dérivé de l'autre.
Ces récits sont replacés dans leur contexte par *Le Livre de l'occupation de l'Irlande,* généralement connu sous le nom de *Livre des invasions,* ouvrage de la main de moines qui prétendaient recenser depuis le Déluge les invasions successives en Irlande.

Au cœur de la mythologie irlandaise, le Cycle mythologique, de la Première et de la Seconde Batailles de Mag Tuired mettent en scène le combat de deux armées d'êtres surnaturels et la fondation d'un ordre cosmique et social.

Le récit a pour toile de fond l'invasion du pays par cinq clans successifs. D'abord quarante jours avant le Déluge, survient Cessair, fille de Bith, lui-même fils de Noé. Tous les compagnons de Cessair périssent sauf Fintan mac Bóchra qui, sous la forme d'un saumon, d'un aigle et d'un faucon, assume pendant cinq mille cinq cents ans le rôle de témoin des événements ultérieurs.

La seconde invasion, trois cents ans après le Déluge, est dirigée par Partholon, descendant de Japhet, fils de Noé. Son peuple, adoptant un mode de vie sédentaire, défriche quatre plaines, introduit du bétail, construit des maisons et brasse la bière. Il a pour ennemis les Fomoire, descendants de Ham, autre fils de Noé, maudit par son père. A cause de cette malédiction, les Fomoire sont des êtres monstrueux qui n'ont qu'un bras et qu'une jambe. De Partholón et son peuple, finalement anéantis, non par leurs ennemis, mais par la peste, il ne reste qu'un survivant, Tuan mac Sdainr.

Trente ans après Partholón arrive Nemed, dont les descendants assaillent un jour les Fomoire dans leur forteresse insulaire. La plupart sont tués. Les survivants, à peine trente hommes – de quoi remplir un bateau – se dispersent d'Irlande vers la Grande-Bretagne, les « îles du nord du monde », et la Grèce.

Les deux invasions suivantes sont conduites par ces mêmes descendants de Nemed. Parmi eux, les Fir Bolg, les « hommes aux sacs », ainsi appelés parce que exilés et asservis en Grèce, ils avaient été obligés, pour rendre les terres cultivables, de recouvrir les pierres avec de la terre qu'ils transportaient dans des sacs. Sous la direction de cinq chefs, ils partagent le pays en cinq provinces, d'où la division de l'Irlande en cinq parties : l'Ulster, le Leinster, le Connacht, le Munster, avec le Meath pour centre. Ils tiennent le pays pendant trente-sept ans et instituent la royauté. Le dernier de leurs rois, Eochaid mac Erc, modèle du bon souverain, inaugure une tradition de fertilité et de justice : sous son règne, il tombe non pas de la pluie, mais de la rosée, il n'y a pas d'année sans moisson, et le mensonge est banni d'Irlande.

Enfin les Tuatha Dé Danann, descendant, eux, des exilés dans les îles du nord du monde, conduisent la cinquième invasion en livrant la Première Bataille de Mag Tuired contre les Fir Bolg, qui sont vaincus. Les Tuatha Dé Danann, devenus experts, pendant leur séjour dans les îles du nord, en pratiques druidiques, sorcellerie et coutumes païennes, apportent en Irlande quatre talismans : la pierre de Fâl qui crie quand un roi légitime s'assied dessus, la lance de Lug qui assure la victoire à quiconque la porte, l'épée de Nuadu à laquelle nul ne peut échapper une fois qu'elle est hors de son fourreau et le chaudron du Dagda (ci-contre).

Lors de la première bataille, le roi des Tuatha Dé Danann, Nuadu, a le bras coupé en combattant Streng, guerrier Fir Bolg qui prend le pouvoir et fait la paix avec les Tuatha Dé, leur laissant toute l'Irlande à l'exception du Connacht, qu'il choisit pour son propre peuple. Nuadu, lui, perd sa souveraineté car un homme affligé d'un défaut physique ne peut régner, et il laisse sa place à Bres.

L'autorité de Bres se fait bientôt dure et tyrannique. Même le Dagda est sommé de creuser et de bâtir un fort pour le roi. Raillé par le poète Coirpre, Bres, contraint d'abdiquer, entreprend de réunir une armée de Fomoire contre les Tuatha Dé. Entre-temps le dieu de la Santé, Dian Cécht, fabrique un bras d'argent pour Nuadu, qui peut ainsi être rétabli dans ses fonctions de roi. Mais Nuadu laisse le pouvoir à un étranger du nom de Lug, qui a impressionné la cour de Tara par ses dons pour tous les arts. Lug sort vainqueur de la Seconde Bataille et les Fomoire sont reconduits à la mer. Lug épargne Bres, qui a pourtant provoqué la guerre, exigeant de lui en échange les secrets de la réussite agricole. Le Cycle est conclu par deux prophéties de la déesse de la Guerre, Morrighan, qui après la bataille vaticine sur l'ordre cosmique et la prospérité, puis sur le chaos et la fin du monde.

Selon la chronologie du *Livre de l'occupation de l'Irlande*, ces cinq invasions précèdent l'arrivée des Gaëls, les Fils de Mílid. Leur nom complet, Mil Espaine, vient tout simplement du latin *miles Hispaniae*, « soldat d'Espagne » : on croyait que le nom latin de l'Irlande, *Hibernia*, était dérivé du mot *Iberia*, « Espagne ». Les fils de Mílid débarquent dans le sud-ouest de l'Irlande le jour de la fête de Beltaine (le 1er mai), défont les Tuatha Dé Danann au combat, puis se rendent à Tara où ils remportent la victoire finale. Ensuite, le poète Amairgen divise l'Irlande en deux, attribuant la moitié du pays, celle qui se trouve sous la terre, aux Tuatha Dé Danann, ainsi relégués dans les collines et le royaume des fées.

Le chaudron du Dagda

La marmite du Père Suprême joue un rôle primordial dans la fête de l'Autre Monde. La littérature en offre plusieurs versions comparables. A la fête de Goibniu, le dieu du Monde Souterrain est le forgeron divin. Ceux qui mangent et boivent à sa table jamais ne vieillissent ni ne meurent. Il y a aussi le chaudron de Da Derga, qui bout en permanence pour les Irlandais. Le chaudron du Dagda, étant celui du Père Suprême, peut être considéré comme l'archétype de tous les autres.

Le chaudron du Dagda est une source d'abondance : « Aucune assemblée ne partit jamais sans être rassasiée. » Dans le récit de la Seconde Bataille de Mag Tuired, il est question d'une humiliation infligée au Dagda. Durant une trêve avec le Dagda, les Fomoire préparèrent pour lui un immense plat de porridge, sachant que c'était sa nourriture préférée. Leur intention était de le ridiculiser. Ils remplirent le chaudron avec quatre-vingts mesures de lait frais, autant de farine et de graisse, ainsi que des chèvres, des moutons et des pourceaux. Ils firent ensuite bouillir cette mixture et la versèrent dans un trou creusé à même le sol. Ils ordonnèrent ensuite au Dagda de tout manger, sous peine de mort. Le dieu avala ce repas, racla les restes avec ses doigts, puis s'endormit. A son réveil, il vit une belle jeune fille mais ne put faire l'amour avec elle, tant son ventre était gonflé par le « porridge ».

Le chaudron de Gundestrup, récipient en argent de 36 cm de haut qui servait lors des fêtes rituelles, a été trouvé en cinq morceaux dans une tourbière du Jutland.

Il existe également un chaudron de la Renaissance dans la littérature galloise, notamment dans l'histoire de Branwen, fille de Llŷr. Les cadavres des guerriers morts sont placés dans un récipient sous lequel on allume du feu et, le lendemain matin, ils en ressortent aussi farouches qu'avant, à cette différence près qu'ils ne peuvent plus parler.

Le chaudron du récit est d'origine irlandaise mais non pas le chaudron de la Renaissance bien que cette idée soit proche de la croyance irlandaise qui consiste à ramener les morts à la vie en les plongeant dans un fossé rempli de lait, ou en les jetant dans un puits au-dessus duquel on psalmodiait des incantations.

LE HÉROS DE L'ULSTER

La légende de Cú Chulainn

LE FONDS DU RÉCIT

Le récit épique du *Táin Bo Cuailnge* (La razzia des bœufs de Cooley) relate les exploits des héros irlandais, avec l'affrontement des Hommes d'Irlande (du Connacht) et des Hommes d'Ulster. Le *Táin* est un ensemble de légendes, écrites vraisemblablement vers 700 ap. J.-C., incluant plusieurs histoires préliminaires qui donnent une dimension supplémentaire au récit. C'est le cas de l'histoire de Derdriu, qui explique comment le héros d'Ulster, Fergus, s'est retrouvé du côté du Connacht. Une version remaniée et plus tardive de cette épopée établit comme suit l'origine du conflit. Ailill, roi du Connacht, et son épouse Medb, bavardant dans leur lit, se disputent au sujet d'un grand taureau – le Taureau aux Cornes Blanches – qui appartenait à l'origine à Medb, mais avait rejoint le troupeau du roi parce qu'il ne voulait pas être la propriété d'une femme. Medb jure d'en trouver un aussi beau, mais il n'en est pas d'autre que le Taureau Brun de Cooley. Des messagers sont envoyés au propriétaire pour lui faire une offre généreuse. Mais quelqu'un les entend affirmer que, si l'animal ne leur est pas remis de bon gré, ils s'en empareront par la force. La guerre est de ce fait inévitable.

Le lien entre Cú Chulainn et les chiens provient d'un événement de sa jeunesse, lorsqu'il tua le chien de garde de Culann le forgeron (marge p. 183). Cette sculpture de chien, malgré son aspect moderne, provient du sanctuaire romano-celtique de Lydney dans le Gloucestershire, au sud-ouest de l'Angleterre.

Dans la guerre entre les Hommes d'Irlande et les Hommes d'Ulster (ci-contre), Fergus est désigné pour conduire l'armée du Connacht, mais ses sentiments envers son peuple l'amènent à détourner sa propre armée et à faire prévenir les Hommes d'Ulster. Ces guerriers, à la suite d'une malédiction ancienne – lancée contre eux pour avoir brutalisé une femme surnaturelle, Macha – sont frappés d'une maladie débilitante pendant les périodes de danger. Seuls Cú Chulainn et son père humain Sualtaim (son père divin est le dieu Lug), qui ont été épargnés par la malédiction, se portent à la rencontre de l'ennemi.

Cú Chulainn tue cent guerriers puis, avec l'accord de Medb, la reine ennemie, s'engage dans une longue série de combats singuliers auprès d'un gué, se battant chaque jour contre un guerrier différent. Il les vainc tous. Il retourne ensuite défendre son propre territoire et arrive au moment où est enlevé le Taureau Brun. Il tue le guerrier qui mène l'animal, mais perd tout de même le taureau, ce qui le plonge dans une profonde consternation. Lug vient en aide à Cú Chulainn et soigne ses blessures tandis qu'il reste endormi trois jours et trois nuits. Pendant ce temps, les jeunes gens d'Ulster mènent trois batailles contre les guerriers de Medb. Ils tuent trois fois plus d'hommes que n'en compte leur propre troupe, mais y perdent cent cinquante des leurs. A son réveil Cú Chulainn est pris d'une furie vengeresse et massacre cent trente personnes, rois, femmes, enfants, paysans.

Finalement, Medb demande à Ferdeah, le demi-frère de Cú Chulainn, de combattre ce dernier. Tous deux luttent durant trois jours sans qu'aucun l'emporte. Chaque nuit, Cú Chulainn envoie des herbes pour soigner les blessures de Ferdeah, et Ferdeah envoie de la nourriture à Cú Chulainn. Le quatrième jour, Cú Chulainn choisit de poursuivre le combat au gué où sa victoire fut absolue. Les deux hommes se battent longtemps, jusqu'au moment où Cú Chulainn réclame le *gae bolga*, arme redoutable dont lui seul a appris à se servir grâce à Scáthach, guerrière qui a formé autrefois les deux frères. Cette arme pénètre dans le corps par une seule pointe, mais vingt-quatre pointes poussent dans la blessure. Ferdeah est tué par ce terrible engin, et Cú Chulainn entonne un chant funèbre sur son corps.

Le père de Cú Chulainn, Sualtaim, se rend sur le lieu du combat et Cú Chulainn, immobilisé par ses blessures, l'envoie encourager les Hommes d'Ulster. Conchobar, roi d'Ulster, rassemble ses troupes et combat Fergus, bouclier contre bouclier. Fergus lui assène trois coups puissants qui font hurler le bouclier magique de Conchobar. Cú Chulainn, entendant ce hurlement, se lève, saisi d'une fureur guerrière. Fergus, qui a promis de ne jamais affronter Cú Chulainn au combat, bat en retraite avec les hommes du Leinster et du Munster. Cú Chulainn se lance dans la bataille, défait les dernières troupes et l'emporte sur Medb. Il lui laisse la vie sauve parce qu'elle est une femme, et autorise l'armée ennemie à traverser le fleuve Shannon pour se rendre dans le Connacht.

Medb a mis le Taureau Brun à l'abri dans le Connacht. Arrivé là, l'animal pousse trois puissants beuglements. Le Taureau aux Cornes Blanches l'entend et vient se battre avec lui. Tous les guerriers survivants se rassemblent pour observer la lutte qui dure toute la nuit et se poursuit à travers toute l'Irlande. Au matin, on voit le Taureau Brun portant son rival vaincu sur ses cornes. Il retourne au galop en Ulster, semant au passage la chair du Taureau aux Cornes Blanches. Mais près de Cooley, son cœur lâche et il meurt. Medb et son époux Ailill font la paix avec Cú Chulainn et les Hommes d'Ulster. Pendant sept ans, il n'y a pas de guerre entre eux, et pas un seul mort.

La mort de Cú Chulainn

Dans la guerre contre Medb, reine du Connacht, Cú Chulainn tue un guerrier, Calatin, dont la femme donne ensuite naissance à trois garçons et trois filles. Medb envoie ces enfants à l'étranger pour qu'ils apprennent la sorcellerie et, à leur retour, les lance contre Cú Chulainn.

Conchobar, apprenant qu'une trahison se préparait, donna l'ordre à Cú Chulainn de rester à Emain Macha jusqu'à la fin de la bataille sous la garde de trois femmes, filles de rois et de nobles – dont Niam, son amante – et des druides d'Ulster. Ses gardiens l'emmenèrent, pour sa sécurité, dans la vallée des Sourds, mais Cú Chulainn, voyant l'endroit et le reconnaissant refusa d'y entrer.

A ce moment-là, les enfants de Calatin firent apparaître des bataillons fantômes tout autour de la vallée, de sorte que Cú Chulainn crut être entouré d'attaquants et entendre les cris de la bataille. Décontenancé par cette clameur et se sentant insuffisamment préparé au combat, il ordonna de faire atteler son char. Mais Niam, l'enlaçant, le persuada de rester avec elle. Conchobar commanda alors à ses serviteurs de conduire immédiatement Cú Chulainn dans la vallée des Sourds parce qu'il n'y entendrait plus les cris de la bataille. Après intervention de femmes, de poètes et de harpistes, le héros les suivit à contrecœur.

Les enfants de Calatin le cherchèrent en vain. Pensant que le druide Cathbad avait dû le cacher, ils se transformèrent en oiseaux et volèrent dans toute la province. Arrivés enfin à la vallée des Sourds, ils virent Liat Macha (le Gris) et Dub Saingleann (le Noir) – les chevaux de Cú Chulainn – et Laeg le cocher. Entendant du bruit et de la musique, ils comprirent alors que Cú Chulainn se trouvait également là.

Alors, les enfants de Calatin ramassèrent dans les bois des chardons épineux, des vesses-de-loup et des feuilles, et en façonnèrent des guerriers en armes, si bien qu'il ne resta ni le moindre monticule ni la moindre colline qui ne fussent truffés de bandes armées. Toute la région résonnait de cris sauvages qui montaient jusqu'au ciel, et l'on entendait le son de trompettes et de cors.

Cú Chulainn crut que les Hommes d'Irlande étaient en train de piller la province entière. Mais le druide Cathbad réussit à le persuader que ce n'étaient que des armées fantômes suscitées par les enfants de Calatin. Ensuite, Badb, fille de Calatin, prit l'apparence de Niam pour presser Cú Chulainn de se battre contre les Hommes d'Irlande. Cathbad et les femmes essayèrent de l'en empêcher, mais en vain. Cú Chulainn entendait les puissantes clameurs, aussi fortes et terrifiantes qu'auparavant, et voyait toutes sortes de fantômes étranges et horribles. La vraie Niam lui expliqua le subterfuge de Badb, mais il ne la crut pas et partit au combat.

Les enfants de Calatin avaient préparé trois javelots magiques. Le premier tua le cocher de Cú Chulainn, le second blessa le cheval Liat Macha, et le troisième atteignit Cú Chulainn. Comprenant que sa mort était proche, il s'attacha à une pierre levée afin de pouvoir se tenir debout face à l'ennemi. Pendant trois jours, personne n'osa l'approcher. Puis, l'une des filles de Calatin prit la forme d'un corbeau et alla se poser sur le menhir. Tout le monde sut alors que Cú Chulainn était mort.

D'OÙ VIENT LE NOM DE CÚ CHULAINN

Le roi Conchobar invita son fils adoptif Setanta (plus tard dénommé Cú Chulainn) à une fête donnée par Culann le forgeron, mais le garçon était occupé à jouer et promit de venir plus tard. Le roi l'oublia, si bien que, lorsque Setanta arriva enfin, il fut attaqué par le chien de Culann. Le garçon tua alors l'animal de ses mains. Tout le monde fut bouleversé à l'idée que le fils adoptif du roi avait couru un danger, mais Culann se plaignit de se retrouver désormais sans protection. Le garçon proposa de faire lui-même office de chien de garde jusqu'à ce que Culann eût élevé un chiot de même race, et le druide Cathbad lui dit qu'il s'appellerait dorénavant Cú Chulainn, c'est-à-dire « le chien de Culann ».

DERDRIU

Une prophétie ayant annoncé que Derdriu serait très belle mais amènerait mort et désastre sur les Hommes d'Ulster, le roi Conchobar élève le bébé en secret, dans le dessein de l'épouser lorsqu'elle en aurait l'âge. Un jour, la jeune femme voyant son père adoptif écorcher un veau, dehors, dans la neige, et un corbeau boire le sang du veau, dit à sa nourrice Leborham : « Comme j'aimerais tendrement un homme qui aurait ces trois couleurs – des cheveux noirs comme corbeau, des joues rouges comme sang, un corps blanc comme neige. » Leborham lui répond que cet homme vit tout près de là : c'est Noísiu, fils d'Uisliu. Les jeunes gens se rencontrent et s'enfuient au fin fond de l'Ecosse. Conchobar leur demande de revenir et envoie le grand guerrier Fergus pour les escorter. Mais, lorsqu'ils arrivent à Emain, Conchobar fait tuer Noísiu par Eogan et amener Derdriu, les mains liées dans le dos. Ulcérés de cette trahison, Fergus et ses hommes dévastent l'Ulster et passent au service de l'ennemi : la cour de Medb, reine du Connacht.

Derdriu est contrainte de vivre avec Conchobar. Lorsque, un an plus tard, alors qu'elle n'a souri ni levé la tête une seule fois, il lui demande ce qu'elle déteste le plus, elle répond : « Vous et Eogan ». Le roi lui annonce qu'elle vivra avec Eogan et, le lendemain, les deux hommes l'emmènent sur un char, tel « un mouton entre deux béliers », dit Conchobar. Alors que le char passe près d'une paroi rocheuse, Derdriu se jette la tête contre le roc et se tue, mettant ainsi fin à ses malheurs.

FINN ET SES GUERRIERS

Les mythes fenians

LA CHASSE AU SANGLIER

Le sanglier était un symbole majeur pour les Celtes. Il existe des témoignages de sacrifices de sangliers, et il se peut que le dieu gaulois Mercure Moccus (*moccus* est la forme latine du mot gaulois signifiant « cochon », « pourceau ») ait été le protecteur des chasseurs de sangliers. Cet animal joue un rôle capital dans le conte populaire de Diarmait et Gráinne. Gráinne, fiancée contre son gré à Finn – qui est alors un veuf vieillissant – s'enfuit, la nuit de la fête nuptiale, avec Diarmait à qui elle a jeté un sort. Alors que Finn et ses hommes poursuivent les fugitifs, Oengus, dieu de l'Amour et père adoptif de Diarmait, les fait disparaître par magie dans un endroit sûr. Ils errent dans le Connacht et le Munster et, finalement, deviennent amants, vivant heureux jusqu'au jour de la grande chasse au sanglier magique de Bean Gulban (Ben Bulben) à Sligo. Le sanglier, qui a été le frère de lait de Diarmait, selon une prédiction, allait provoquer sa mort. Diarmait en effet est blessé par le sanglier, et sa seule chance de survie est de boire de l'eau dans les mains de guérisseur de Finn. Par deux fois Finn apporte l'eau mais, repensant à Gráinne, la laisse s'écouler entre ses doigts. Ainsi Diarmait meurt et Oengus emporte son corps à Brugh na Bóinne, la nécropole antique de Newgrange, dans le comté de Meath. L'illustration ci-dessus représente un chariot de culte en bronze datant du VIe ou VIIe siècle av. J.-C.

Nombre de représentations celtiques de sangliers montrent l'animal avec des épines dorsales hérissées. Dans l'une des versions de l'histoire de Diarmait et de la chasse au sanglier, la bête possède une épine dorsale venimeuse qui inflige à Diarmait la blessure mortelle.

Le grand ensemble littéraire appelé cycle fenian par les spécialistes tient son nom du héros Finn (Fionn en gaélique moderne) et de ses compagnons, les Fiana (ou Fenians), une bande de chasseurs-guerriers dont on a cru un moment qu'ils avaient réellement existé au IIIe siècle ap. J.-C., mais que l'on considère aujourd'hui comme êtres mythiques. Les récits sur Finn et ses hommes occupaient une place importante au Moyen Age, mais il s'agit de toute évidence de la résurgence d'une tradition orale (d'ailleurs en partie remaniée) qui remonte à une époque beaucoup plus ancienne. Aux VIIIe, IXe et Xe siècles, Finn est représenté comme un homme qui se bat, chasse, recherche les femmes, affronte des êtres surnaturels un peu partout en Irlande. Ultérieurement, il est décrit comme un prophète-guerrier. On peut l'identifier avec le dieu Lug, leurs deux noms signifiant « le juste » ou « le brillant » : Lug se bat contre Balor qui n'a qu'un œil, de même que Finn lutte avec Goll « à l'œil unique », son principal adversaire de l'Autre Monde. A la fin du XIIe siècle, les Fiana (souvent décrits comme des géants) occupaient une place prépondérante dans la tradition gaélique, comme en témoignent légendes et ballades tant écossaises qu'irlandaises.

La grande compilation littéraire du XIIe siècle, *Le Colloque des Anciens,* reconnaît en Finn le fils de Cumaill, chef de la maison de Baoisgne et ennemi de Goll, chef de la maison de Morna. Finn, à la fois chasseur et poète, joue un rôle en dehors de la société sédentarisée. D'après certains récits, il a acquis son don de prophétie et sa science surnaturelle en absorbant le breuvage de l'Autre Monde ; selon une autre tradition, toujours vivace, il aurait un jour touché de son doigt le Saumon de la Connaissance (p. 185).

Finn a un fils, Oisín, d'une femme-biche de l'Autre Monde qui élève l'enfant dans le désert. D'après la légende, Oisín est le poète des Fiana et l'un des principaux thèmes de ses ballades est la menace représentée par les Vikings. Selon la croyance gaélique, la terre fabuleuse de Lothlind (plus tard dénommée Lochlann,

Norvège) est le pays des Vikings, représentés comme des créatures d'un autre monde.

Les Fiana, chasseurs des étendues sauvages, présentent une affinité naturelle avec les animaux. Les deux chiens préférés de Finn sont ses propres neveux (ou son neveu et sa nièce) métamorphosés. L'un des héros fenians les plus remarquables est Conan, le fauteur de troubles, dont le nom signifie « petit chien ». Quant à la mère adoptive de Finn, Luas Lurgann (« à la jambe rapide »), dans la tradition écossaise, elle possède l'agilité de la biche.

Le Colloque des Anciens parle d'une division de l'Irlande, les nobles exprimant leur préférence pour les villes, les châteaux forts et les trésors, tandis que les Fiana choisissent les falaises et les estuaires d'Irlande, ses forêts et ses étendues sauvages, son saumon moucheté et son gibier. Oisín et Caílte (Caoilté) sont dits avoir tous deux survécu assez longtemps pour rencontrer saint Patrick. L'accompagnant dans un périple à travers l'Irlande, dans une version ultérieure, ils discutent avec lui du paganisme et du christianisme.

Diarmait, célèbre en raison de sa fugue avec Gráinne, est le jeune et beau héros des Fiana. Selon la légende, il est doté d'une « tache d'amour » : toute femme qui la voit tombe désespérément amoureuse de lui. Il est parfois désigné sous le nom de Diarmait Donn, qui suggère un lien avec Donn, le dieu des Morts.

Conan le Chauve est un des frères du grand guerrier Goll, lui-même fils de Morna et tout à la fois le compagnon de Finn et son rival. La littérature du XIIe siècle décrit Conan comme un homme impulsif et méchant, alors que les récits postmédiévaux en font un personnage comique. Ainsi, les Fiana, à cause d'un sort jeté par leurs ennemis, se retrouvent un jour collés au sol d'une demeure de l'Autre Monde, l'hostellerie du Sorbier des Oiseleurs mais, finalement, sont tous libérés, sauf Conan que l'on doit arracher du sol et qui y laisse la peau de son postérieur.

Le personnage qui suce son pouce sur cette croix celtique est probablement Finn. Chaque fois qu'il avait besoin de faire appel à sa science magique, il lui suffisait de poser son doigt sur sa « dent de connaissance » (ci-dessous).

Finn et le Saumon de la Connaissance

Le Saumon de la Connaissance, eo fis, *acquit sa sagesse surnaturelle en mangeant les fruits de neuf noisetiers tombés dans le puits de Segais – la source de l'Autre Monde où il vivait – et qui produisaient des bulles d'inspiration mystique. Ce puits est considéré comme la source de deux grandes rivières d'Irlande, la Boyne et le Shannon. Une des demeures du saumon serait Linn Feic, un étang sur la Boyne.*

Lorsque Finn était jeune (il s'appelait alors Demné), il vint s'instruire auprès d'un certain Finn le poète, décrit comme une émanation de la sagesse intemporelle de la rivière Boyne. Finn le poète attendait depuis sept ans le Saumon de Linn Feic car on lui avait prédit que, s'il mangeait ce saumon, il acquerrait une connaissance illimitée. Or on attrapa le saumon et sa cuisson fut confiée à Demné, à qui le poète recommanda de ne pas y goûter du tout. Lorsque le jeune homme apporta le saumon cuit à Finn, il lui assura ne pas en avoir mangé mais lui raconta comment, s'étant brûlé le pouce sur le saumon, il avait porté son pouce à sa bouche. Le poète déclara alors que le nom du garçon serait désormais Finn et que c'est à lui seul qu'il serait donné de manger le saumon. Et le garçon mangea le saumon. Il apprit les trois pouvoirs du poète, qui sont « la connaissance qui éclaire », « la mastication de la moelle » et « l'incantation qui vient des extrémités » (peut-être le bout des doigts). Dès lors, chaque fois que le héros mettrait son pouce dans sa bouche et chanterait « la mastication de la moelle » (peut-être de la viande crue ou taboue), tout ce qu'il ignorait lui serait révélé.

Les récits modernes reprennent une version similaire de la façon dont Finn a reçu le don de prophétie. Le jeune homme a la responsabilité de faire cuire le saumon et de le préparer sans en abîmer la peau. Une boursouflure apparaissant sur la peau du saumon, Finn la presse avec le doigt et se brûle. Il porte son doigt à sa bouche pour calmer la douleur, et c'est ainsi qu'il acquiert le don de prophétie.

LES DÉESSES

Maternité, guerre et souveraineté

LA DÉESSE CAVALIÈRE

La déesse cavalière Epona, la jument reine, était vénérée dans l'ensemble du monde celtique, de la Grande-Bretagne au Danube. C'était la seule divinité gauloise à qui les Romains avaient consacré une fête. Elle avait notamment pour adeptes les cavaliers gaulois de l'armée romaine. Epona est associée à l'eau, à la fertilité et à la mort, autant d'attributs qui la rattachent à la Déesse Mère.

Le culte de la Déesse Mère a laissé des traces évidentes dans la mythologie celtique. Les Tuatha Dé Danann irlandais sont parents de la déesse Danann, tandis que les dieux gallois descendent de Dôn. Anann, une déesse de la Terre associée à Danann, est présentée comme la mère des dieux d'Irlande.

Les déesses de la Guerre apparaissent sous divers noms : les Morrighan, Bodb (ou Badb), Nemain et Macha. D'autres déesses sont les instructrices ou les mères des héros. Scáthach (« ombre ») a formé Cú Chulainn. Medb du Connacht, qui conduit l'armée des Hommes d'Irlande, représente le pouvoir sexuel : aucun roi ne peut gouverner à Tara s'il ne s'est d'abord accouplé avec elle. On retrouve cette association de la guerre et du sexe en Flidais, la seule partenaire capable de combler Fergus ; déesse de la Lune et de la Chasse, elle est l'homologue celtique de la Diane romaine. On trouve également des liens entre Diane et les déesses celtiques continentales de la chasse, comme Abnoba de la forêt Noire, ou Arduina, des Ardennes, patronne des sangliers. Bodb et Nemain sont dans une certaine mesure interchangeables avec les Morrighan. Leurs cris suscitent une telle épouvante que les combattants meurent en les entendant. Boann, l'esprit divin de la rivière Boyne et l'épouse de Nechtan, un dieu des Eaux, s'accouple avec le Dagda (tout comme les Morrighan) pour donner naissance à Oengus, le dieu de l'Amour. Lorsqu'elle viole l'interdiction de visiter le puits de Nechtan, les eaux montent et l'engloutissent, formant la Boyne, la grande rivière du mythe irlandais.

Tous ces attributs se retrouvent dans le concept de souveraineté. Dans le mythe, le roi est « marié » à son royaume lors d'une cérémonie au cours de laquelle des libations lui sont offertes par son épouse, Souveraineté. La Souveraineté d'Irlande apparaît parfois comme une méchante sorcière symbolisant un royaume dévasté et sanglant. Cependant, lorsqu'elle reçoit un baiser du prétendant légitime à la royauté, elle se transforme en une belle déesse.

Brigid et sainte Brigitte

La déesse païenne Brigid était si populaire qu'elle a survécu en tant que sainte chrétienne (sainte Brigitte de Kildare), avec les mêmes attributs : fécondité et pouvoir de semer la terreur dans les rangs d'une armée ennemie.

Le nom de Brigid vient de la racine celtique *brig* (« élevé »), que l'on retrouve souvent dans des noms de lieux ou de tribus, et qui suggère qu'elle était une déesse de la Souveraineté. Fille du Dagda, elle était versée dans la poésie et les enseignements secrets. Ses deux sœurs, également dénommées Brigid, étaient associées à l'art de guérir et à l'artisanat. On considérait souvent les trois sœurs comme une divinité unique.

La déesse romano-celtique Minerve se confond avec Brigid. Toutes deux étaient honorées par une flamme éternelle.

Le culte de sainte Brigitte, dont la fécondité était l'aspect le plus marquant, a perpétué le nom de la déesse. La sainte a hérité de plusieurs fonctions divines : ses vaches produisaient des lacs de lait ; la nourriture qu'elle fournissait était inépuisable ; une mesure de son malt donnait de la bière en quantité suffisante pour toutes les églises. Sa fête se situait le 1er février, date de la fête préchrétienne d'Imbolc.

En rapport avec la lactation des brebis, c'est une des quatre grandes fêtes celtiques liées aux saisons. Selon la croyance populaire, sainte Brigitte protège les troupeaux, est la gardienne du foyer et préside aux accouchements. Elle est la mère nourricière du Christ.

CONLE, MAELDUIN ET BRÂN

Les voyages dans l'Autre Monde

Les Aventures et les Voyages irlandais racontent des traversées vers l'Autre Monde, mystérieux et ambigu, chargé de pouvoirs hostiles, mais avant tout lieu où l'on jouit d'une félicité éternelle, où l'on festoie, où l'on écoute des musiques enchanteresses et où la vieillesse et la mort n'existent pas. On y pénètre par des grottes ou des lacs, ou au hasard de rencontres avec les habitants de ce monde, qui y invitent les mortels ou les y attirent. On le désigne par plusieurs noms, comme la plaine des Deux Brumes, la Terre des Jeunes ou la Terre des Vivants. Dans les Voyages, il est souvent nommé la Terre promise de l'Ouest, et on le situe dans l'océan ou au-delà des mers.

Dans l'*Aventure de Conle,* une femme que seul Conle peut voir l'invite à venir dans la plaine des Délices. Le père de Conle, Conn aux Cent Batailles, ordonne à son druide d'empêcher la femme invisible – dont tous ont pu entendre la voix – de séduire et d'emmener son fils. Les psalmodies du druide la chassent mais, au moment de disparaître, elle lance une pomme à Conle. Il s'en nourrit pendant un mois, refusant tout autre aliment, solide ou liquide, et la pomme reste entière. Conle est pris d'un immense désir de revoir la femme. Lorsqu'elle apparaît une seconde fois et lui dit qu'ils peuvent partir ensemble sur son vaisseau de verre, Conle la suit. Ils s'embarquent sur un bateau de cristal et disparaissent à tout jamais.

La *Navigation de Maelduin* raconte comment Maelduin part venger la mort de son père. Comme il doit prendre la mer, un druide donne des instructions pour la construction du navire et le nombre précis des membres d'équipage. Cette dernière recommandation est bafouée par les frères adoptifs de Maelduin, qui rejoignent le vaisseau à la nage. Lorsque le bateau atteint l'île où vit le meurtrier du père de Maelduin, une violente tempête se lève et les éloigne de l'île. Alors, Maelduin et ses hommes laissent leur embarcation voguer à la grâce de Dieu. Cette errance les amène sur trente et une îles qui leur réservent horreurs et merveilles : des nuées de fourmis grosses comme des poulains, un monstre aux pattes de chien qui caracole devant eux, enchanté car il meurt d'envie de les manger avec leur navire et, sur une autre île, des démons qui organisent une course de chevaux.

Après bien des aventures, les navigateurs aperçoivent un pilier d'argent, d'où pend un immense filet d'argent. Le navire passe à travers ce filet et un des membres de l'équipage en coupe un morceau dans le dessein de le déposer sur l'autel d'Armagh s'ils reviennent un jour chez eux. Finalement, ils parviennent au pays des Femmes. Après avoir festoyé, chaque homme dort avec une femme, et Maelduin avec la reine, qui invite les visiteurs à rester pour toujours sur l'île, afin d'y jouir des plaisirs auxquels ils viennent de goûter. Au bout de quelque temps, les compagnons de Maelduin le persuadent de repartir. Au moment où le bateau prend la mer, la reine jette une pelote de fil à Maelduin qui l'attrape, et, tirant sur l'extrémité qu'elle tient toujours, ramène le bateau vers la terre. Trois fois elle use du même stratagème. Alors Maelduin laisse un autre homme attraper la pelote de fil. Le fil reste accroché à sa main, mais l'un des membres de l'équipage lui coupe le bras, et ils peuvent tous prendre le large. Après bien d'autres rencontres extraordinaires, remarquant un faucon qui vole vers le sud-est, ils le suivent et finissent par se retrouver en Irlande. Ils déposent le morceau de filet sur l'autel d'Armagh et font le récit de leurs aventures.

Quelques spécialistes considèrent que les Aventures et les Voyages sont des mythes païens, augmentés ou modifiés à l'époque chrétienne. D'autres soutiennent que les Voyages sont d'inspiration chrétienne et les Aventures d'inspiration païenne. Toutefois, de plus en plus nombreux et influents sont ceux qui pensent que Voyages et Aventures sont des allégories chrétiennes.

Un bateau modèle réduit en or, avec son mât et ses rames, datant du Ier siècle av. J.-C. et provenant de Broighter, dans le comté de Derry, en Irlande du Nord.

LA NAVIGATION DE BRAN

La *Navigation de Brân,* récit en prose entrecoupé de parties versifiées, est aujourd'hui généralement reconnu comme une allégorie de la progression de l'âme. Une femme vient trouver Brân, portant une branche d'arbre qu'elle a rapportée du Monde Souterrain, et l'exhorte à se rendre dans ce lieu magique. Elle prédit la naissance du Christ, roi sans commencement ni fin, né d'une vierge. Brân et vingt-six de ses compagnons traversent la plaine des Délices, paradis où le péché n'existe pas, et arrivent à l'île des Rieurs, dont les habitants ne sont occupés qu'à rire et pousser des cris de joie. Ils atteignent ensuite l'île des Femmes, lieu de débauche et de volupté. L'un des voyageurs, Nechtán, ayant le mal du pays, la reine les autorise tous à s'en aller en les avertissant de ne pas poser le pied sur la terre. Lorsqu'ils arrivent en Irlande, c'est précisément ce que fait Nechtán, qui est aussitôt réduit en cendres. Brân fait connaître son propre nom, mais les gens assemblés sur le rivage lui répondent : « Nous ne le connaissons pas, mais la *Navigation de Brân* est un de nos contes anciens. » Brân, du navire, fait le récit de ses aventures, puis il reprend la mer, et l'on n'entend plus jamais parler de lui.

HISTOIRES DU PAYS DE GALLES

Le *Mabinogion*

LA TÊTE MERVEILLEUSE

La Deuxième Branche du *Mabinogion* met en scène trois membres de la famille de Llŷr : Branwen, Manawydan et Brân le Béni. Manawydan et Brân étaient de toute évidence associés dans la tradition ancienne en tant que fils des sœurs de Beli, la Grande divinité commune à plusieurs lignées royales galloises. Brân, le géant, incite les Bretons à combattre les Irlandais, sur qui ils l'emportent uniquement lorsque le chaudron magique de la Renaissance, en possession des Irlandais, est détruit. Brân, blessé au pied (comme Bron le roi-pêcheur dans la légende d'Arthur), ordonne aux sept survivants de la bataille de lui couper la tête. Les hommes enterrent la tête dans le White Mount à Londres, pour protéger le royaume. Tandis qu'ils passent sept années à festoyer à Harlech, et quatre-vingts ans à Gwales, la tête tranchée demeure intacte – et c'est « un compagnon aussi bon qu'il l'avait toujours été ».

Bien que l'on ait découvert des éléments mythiques dans les contes médiévaux gallois, l'abondante littérature du pays de Galles n'apparaît pas, aux yeux de nombreux spécialistes, aussi riche en mythes que la littérature primitive irlandaise. Il n'existe qu'un seul recueil gallois important : le *Mabinogion*. A l'origine, il s'agit d'une compilation effectuée pour le divertissement de la noblesse par des amuseurs intéressés par la littérature et l'Antiquité. Mais des préoccupations plus importantes, d'ordre social et politique, ont pu exercer une influence, consciente ou non, sur cette reprise de récits anciens.

Le principal récit du *Mabinogion* comprend les *Quatre Branches des Mabinogi* : les histoires de Pwyll, Branwen, Manawydan et Math (*Mabinogion* est un titre donné au XIXe siècle). La Première et la Troisième Branches concernent la famille de Pwyll, la Deuxième Branche celle de Llŷr, et la Quatrième la famille de Dôn. Pryderi, fils de Pwyll, apparaît dans les quatre parties.

En dehors des *Quatre Branches,* l'histoire de Culhwch et Olwen est généralement considérée comme la plus ancienne de l'ensemble. Culhwch demande la main d'Olwen, fille du géant Ysbaddaden, qui lui impose des épreuves insurmontables en échange de son consentement. Culhwch se fait aider par des hommes exceptionnels dotés chacun d'un talent magique. Grâce à eux, il passe les épreuves avec succès et obtient d'épouser la jeune fille. Arthur apparaît au cours de l'histoire, pour la première fois, semble-t-il, dans la prose galloise : il aide Mabon (fils de Modron) et Culhwch à chasser – à travers l'Irlande, le sud du pays de Galles et la Cornouailles – le sanglier magique Twrch Trwyth qui porte entre les oreilles un peigne merveilleux et des ciseaux.

Les récits concernant Pwyll comportent un certain nombre de thèmes folkloriques universels que l'on ne peut considérer comme des mythes celtiques anciens. Mais son nom signifie « bon sens » ou « sagesse », à rapprocher de l'appellation du Dagda irlandais : « Seigneur de la grande science ». Quant au nom de son épouse, Rhiannon, il vient de Rigantona, « grande reine » ou « reine divine ». On a mis en relation Rhiannon et leur fils Pryderi avec Modron et Mabon (« grande mère » et « grand fils »), et certains érudits voient un lien entre Rhiannon et la déesse cavalière Epona (p. 186).

Dôn, dont la famille est au centre de la Quatrième Branche, pourrait être l'équivalent de la Danann (Donann) irlandaise, « mère des dieux ». Math, seigneur de Gwynedd, ne peut vivre que si ses pieds restent enfouis dans le giron d'une vierge – une exception est faite en cas de guerre. Son neveu Gilfaethwy, avec l'aide de son frère Gwydion, séduit la vierge Goewin pendant l'absence de Math, alors en campagne. A son retour, Math se venge en transformant les deux frères en animaux. La prochaine vierge doit être Aranrhod, fille de Dôn. Mais il s'avère qu'elle n'est pas vierge, et donne naissance à deux garçons, dont le second est caché par Gwydion redevenu homme. Aranrhod jure que cet enfant n'aura pas de nom tant qu'elle ne lui en aura pas donné un elle-même, mais Gwydion fait en sorte qu'elle nomme l'enfant Lleu Llaw Gyffes, « le brillant à la main habile ». Elle jure que Lleu n'aura jamais d'épouse humaine. Alors Math et Gwydion font apparaître une épouse faite de fleurs, dénommée Blodeuedd (Fleurs). La perfide Blodeuedd complote, avec son amoureux Gronw Pebyr, de tuer Lleu, qui est blessé et s'envole en prenant la forme d'un aigle. Gwydion part à la recherche de Lleu et lui redonne son apparence humaine. Gwydion dit à Blodeuedd qu'il ne la tuera pas mais qu'à cause de la honte qu'elle a attirée sur Lleu, il la changera en un oiseau que tous les autres oiseaux fuiront, c'est-à-dire en chouette (Blodeuedd signifie « chouette » en gallois moderne).

LA LÉGENDE DU ROI ARTHUR

Arthur et ses chevaliers

La légende d'Arthur a son origine dans la tradition celtique, mais elle n'atteignit sa prodigieuse popularité que lorsqu'elle devint un thème dominant de la littérature médiévale en Europe continentale, et avant tout en France. Les versions anglaises et galloises de la légende sont toutes dérivées des récits français ou en ont subi l'influence.

Le lien essentiel entre les récits celtiques et la légende arthurienne dans la littérature européenne est *L'Histoire des rois de Bretagne*, composée au milieu du XIIe siècle par Geoffroy de Monmouth. Quelles que soient les traditions galloises authentiques dont s'est inspiré Geoffroy, les éléments empruntés à la Bible et aux récits classiques tiennent une part importante dans ces aventures légendaires.

Arthur était cependant un personnage connu dans la tradition galloise dès le VIIIe siècle. Dans un des récits les plus anciens – l'histoire des Bretons par Nennius – Arthur est un chef de guerre qui défend son pays contre les envahisseurs saxons. Son nom vient indiscutablement d'Artorius, nom latin bien connu qui a donné son appellation à la *gens Artoria*. D'autre part, il est attesté qu'un Romain dénommé Artorius a vécu au IIe siècle en Bretagne. Le nom d'Arthur serait donc passé, comme d'autres noms latins, dans les langues celtiques de Grande-Bretagne lors de l'occupation romaine.

Malgré tout, la plupart des contes relatifs à Arthur placent le héros dans un contexte folklorique et mythique. Dans l'ancien poème gallois *Le Butin d'Annwfn*, Arthur se rend dans l'Autre Monde, apparemment pour s'emparer du chaudron magique du royaume des Morts, également appelé la Cité de Carousal, dont la boisson est un vin pétillant. En général, Arthur combat des monstres, géants ou animaux surnaturels. Dans certains textes du XIIe siècle, il est le maître d'un royaume souterrain. Dans les récits de l'époque moderne, il apparaît lui-même comme un géant.

Il existe de nombreux rapprochements entre toutes ces histoires et la légende de Finn (lui aussi vu comme un géant, notamment dans la tradition populaire) et de ses compagnons (p. 184-185). En fait, ces deux grands cycles de légendes puisent peut-être à un fonds commun de la tradition mythologique celtique.

Lorsque Bedwyn jette l'épée magique d'Arthur, Excalibur, dans le lac, à la demande du roi mourant, la Dame du Lac s'en saisit avant qu'elle ne touche l'eau. Ci-dessus, une illustration médiévale de cette scène.

Merlin l'Enchanteur

Les écrits en latin de Geoffroy de Monmouth permettent de faire le lien entre la légende de Merlin, telle qu'elle figure dans les sources celtiques, et ses développements ultérieurs dans la littérature continentale. Le nom de Merlinus qu'emploie Geoffroy vient du gallois Myrddyn (Merddin).

A l'origine, Myrddyn était un sorcier ou un prophète fou qui vivait en Ecosse du Sud, région de langue britannique. L'histoire irlandaise de la *Folie de Suibhné* (Sweeney) et le récit écossais de *Lailoken* (Llallogan) sont des variantes de la légende de Myrddyn, dont le personnage central est l'Homme Sauvage des Bois. Le protagoniste de ces trois récits a perdu la raison par terreur de la guerre, et il est saisi d'un sentiment de culpabilité pour toutes les morts dont il est responsable. Les deux premiers héros – et également Myrddyn, dans certaines versions – aperçoivent ensuite dans les cieux une vision épouvantable. Ce conte originaire du Nord s'est transmis au pays de Galles après que les habitants d'Ecosse du Sud eurent émigré dans cette région au Ve siècle, et il s'est développé aux IXe et Xe siècles. Geoffroy établit un lien entre cette histoire et celle de l'enfant miraculeux Ambrosius, héros d'une légende sans aucun rapport avec celle-ci, rapportée par Nennius dans son histoire des Bretons (vers 800). Geoffroy attribue à l'enfant, qu'il appelle Merlinus Ambrosius, la défaite des magiciens du roi Vortigern.

L'EUROPE DU NORD

Détail d'un chariot en bois minutieusement sculpté provenant du bateau funéraire d'Oseberg dans le sud de la Norvège (fin du IXe siècle) ; on remarque la stylisation des serpents et des monstres

Les peuples de langue germanique occupaient à l'origine la partie de l'Europe délimitée par le Rhin, le Danube et la Vistule, et vivaient en tribus, sous l'autorité de rois et de chefs de guerre. A mesure que le pouvoir de Rome déclinait, ils se dispersèrent dans plusieurs directions et s'établirent dans le nord de la Norvège, en Suède, et dans le sud et l'est de l'Angleterre. D'autres tribus se déplacèrent vers l'est, jusqu'en Russie méridionale, et vers le sud, en Italie et en Espagne, et même en Afrique du Nord, mais ces invasions ne les amenèrent pas à s'installer durablement. La conversion au christianisme intervint relativement tôt dans l'Angleterre anglo-saxonne et en Europe continentale, mais le Danemark, la Suède et la Norvège conservèrent l'ancienne religion qui fut adoptée en Islande lorsque les Scandinaves y établirent un « état libre ». Ce n'est qu'au XIe siècle que le christianisme s'implanta dans le Nord, et un très grand nombre de témoignages sur les temps anciens proviennent d'Islande où, après la conversion, beaucoup d'érudits s'intéressèrent au passé de la Scandinavie. Nous connaissons la mythologie principalement grâce à la littérature médiévale.

Les mythes germaniques racontent l'affrontement entre les dieux et les monstres. Les dieux ont établi l'ordre, la loi, les richesses, l'art et la sagesse, tant dans le royaume divin que dans le royaume humain, tandis que les monstres et les géants du Gel menacent en permanence l'état des choses et cherchent à rétablir le chaos. Tous ces contes sont ceux d'un peuple énergique, accoutumé à la guerre, aux dangers, aux rigueurs du climat – des guerriers toujours en lutte entre eux, toujours à la conquête de nouveaux territoires où s'installer. Les Scandinaves de l'époque viking ont perpétué cette tradition. Les gens avaient recours aux Ases et aux Vanes, divinités du Ciel et de la Terre, pour qu'elles maintiennent l'ordre et la loi, et assurent la fertilité. Les dieux accordaient aussi la science du passé et du futur, l'inspiration poétique et oratoire ; ils soutenaient les rois et assuraient la victoire au combat ; et, après la mort, ils accueillaient les hommes au royaume des ancêtres.

CHRONOLOGIE

Ier s. av. J.-C.	Des populations germaniques vivent à l'est du Rhin.
IIIe-VIe s. ap. J.-C.	Période de l'expansion germanique (Période de migration).
Ve s. ap. J.-C.	Établissement des Angles et des Saxons en Angleterre.
597 ap. J.-C.	Le christianisme est transplanté dans le Kent, en Angleterre.
VIIIe-XIe s.	Expansion des Scandinaves (Période viking).
A partir de 955	Le christianisme est encouragé au Danemark.
995 ap. J.-C.	Olaf Tryggvason entreprend la conversion de la Norvège.
1000 ap. J.-C.	Le christianisme est reconnu en Islande.

DIVINITÉS SCANDINAVES DE L'ÉPOQUE VIKING

BALDR, fils d'Odin, destiné à mourir.
FREYJA, déesse de la Fertilité, sœur de Freyr.
FREYR, dieu de la Fertilité et des Ancêtres royaux.
FRÏJA, reine du Ciel et épouse d'Odin.
HEIMDALLR, gardien d'Asgardr, et reconnu comme le père de l'espèce humaine.
HOENIR, dieu silencieux, ami d'Odin.
LOKI, trickster, compagnon des dieux.
NJÖRDHR, dieu de la Mer et des Navires, père de Freyr et Freyja.
ODIN, dieu de la Magie, de l'Inspiration, de la Guerre et des Morts, roi des dieux.
THOR, dieu du Ciel et du Tonnerre, gardien de la loi et protecteur de la communauté.
TÝR, connu pour avoir ligoté le loup.
ULLR, un dieu qui a des skis et un arc.

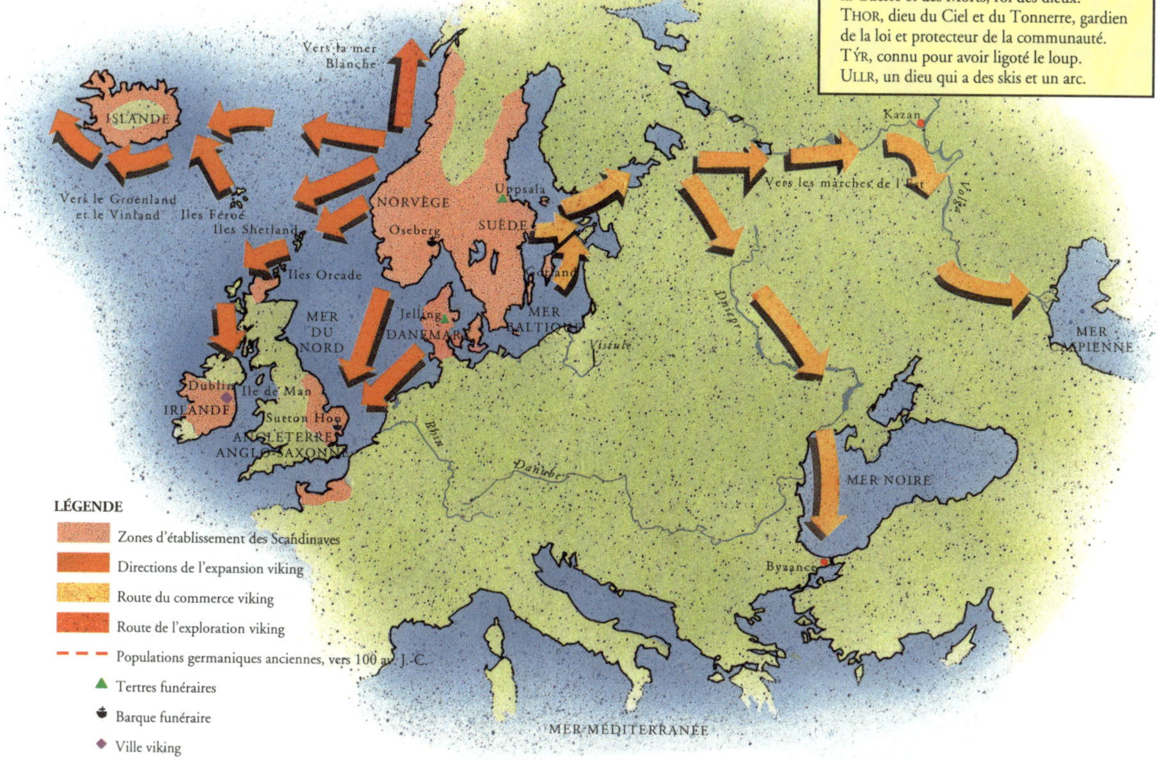

TÉMOIGNAGE SUR LES MYTHES

Les preuves de l'existence d'une mythologie germanique et scandinave sont abondantes, mais fragmentaires et dispersées.
La plus grande partie de la littérature a été élaborée dans les monastères chrétiens. Les récits en prose connus sous le nom de *Sagas islandaises* ont été composés bien après la conversion au christianisme, mais comportent des réminiscences de croyances et de coutumes anciennes. Il subsiste certains poèmes préchrétiens ayant pour sujet les dieux et, au XIIIe siècle, Snorri Sturluson écrivit un ouvrage en islandais, l'*Edda prosaïque*, sur les mythes anciens, et ce pour l'éducation des jeunes poètes.
D'autres historiens écrivant en latin, comme l'Anglo-Saxon Bède (VIIIe siècle) ou le Danois Saxo Grammaticus (fin du XIIe siècle), apportent eux aussi des témoignages précieux concernant les mythes. On dispose aussi d'objets anciens. Dans les lieux de sépulture préchrétiens on trouve, par exemple, les fameuses barques funéraires de Sutton Hoo et d'Oseberg (illustration p. 190) : des hommes et des femmes étaient enterrés ou brûlés sur des bateaux, et parmi les trésors découverts sur les sites funéraires, on a trouvé des amulettes et des objets rituels en métal, ainsi que des figurines, des poignées d'épée et des casques.
Sur les pierres et autels votifs de régions ayant subi l'occupation romaine figurent parfois des divinités autochtones et romaines, et l'on trouve des scènes mythologiques sur les pierres commémoratives de la période viking, notamment celles de l'île de Gotland dans la Baltique, et celles de l'île de Man.

LES DIVINITÉS GERMANIQUES

DONAR, dieu du Ciel et du Tonnerre (nom anglo-saxon : Thunor).
FREA, déesse principale, épouse de Wotan (en anglo-saxon : Frig).
ING, dieu de la Fertilité, avec un chariot pour attribut, connu des Anglo-Saxons.
NEHALENNIA, déesse de la Fertilité et de la Mer, vénérée sur la côte de la Hollande.
NERTHUS, déesse de la Terre, vénérée au Danemark.
TIWAZ, dieu du Ciel, des Lois et de la Guerre (en anglo-saxon : Tiw ou Tig).
WOTAN, dieu du Monde souterrain, de la Magie, de l'Inspiration, de la Poésie et de la Guerre (en anglo-saxon : Woden).

DIEUX ANCIENS ET DIEUX PERDUS

Fragments du mythe nordique

Un aigle provenant d'un bouclier qui fait partie du trésor enterré dans une barque funéraire à Sutton Hoo dans l'est de l'Angleterre (VIIe siècle ap. J.-C.). L'aigle était un des attributs du dieu Wotan.

D'OÙ VIENT LE NOM DES LOMBARDS

Il existe un mythe concernant Wotan et son épouse Frea, rapporté par Paul Diacre dans sa *Chronique des Lombards*, écrite en latin au VIIIe siècle. Il y est raconté comment la déesse Frea voulait à tout prix que Wotan accorde l'avantage à la tribu des Vinniles, plutôt qu'aux Vandales qu'il avait auparavant soutenus. Elle demanda à cette tribu de se montrer au lever du soleil avec ses femmes, qui devraient ramener leurs longues chevelures sur leurs visages afin de ressembler à des hommes barbus. Puis elle tourna le lit de Wotan vers l'est, si bien que, lorsqu'il s'éveilla, il avait devant lui les Vinniles au lieu des Vandales. Il s'exclama : « Qui sont ces gens aux longues barbes ? » et elle lui répondit que, maintenant qu'il leur avait donné un nom, il devait leur accorder la victoire. Ils reçurent donc le nom de Langobards, en témoignage de la faveur du dieu. Dans ce conte, Wotan apparaît comme un dieu du Ciel plutôt que du Monde souterrain.

Cette sculpture rupestre découverte en Suède date de l'âge du Bronze et représente un personnage masculin tenant une lance – probablement un dieu du Ciel. Il existe également trace d'une déesse de la Terre.

Preuve ancienne de la mythologie nordique, une sculpture sur roc datant de l'âge du Bronze et représentant un personnage avec une lance (ci-contre), peut-être un prédécesseur de Tiwaz, le dieu germanique homologue du dieu romain de la Guerre, Mars, mais qui a également un rapport avec l'établissement des lois. Il peut s'agir aussi de la divinité que Tacite appelle le « dieu et souverain de tous », qui était honoré dans un bois sacré. Ceux qui entraient dans le bois devaient être attachés – ce qui fait penser au dieu scandinave Týr, avatar plus tardif de Tiwaz, connu pour avoir ligoté le loup (p. 195).

Le dieu du Tonnerre Donar, associé aux vastes forêts de chênes de l'Europe du Nord, était assimilé aux dieux romains Jupiter et Hercule. Il avait pour symbole la hache, qui représentait la puissance de l'éclair.

On trouve dans la littérature anglo-saxonne des traces de mythes relatifs à un jeune dieu venant de par-delà les mers pour apporter des bienfaits. La mer, comme la terre, symbolisait la fertilité, et le navire était un des emblèmes-clés des divinités liées à la fécondité. Au Danemark existait une puissante déesse connue sous le nom de Nerthus, et aux Pays-Bas une déesse de la Côte de la mer du Nord dénommée Nehalennia. Il y avait aussi une reine du Ciel, compagne de la déesse Frea. Des divinités féminines connues sous l'appellation de « Mères » (souvent représentées par groupes de trois) figurent sur de nombreuses pierres sculptées de la période romaine, aussi bien dans les régions germaniques que celtiques. Elles sont souvent accompagnées de nouveau-nés, preuve sans doute que les femmes faisaient appel à elles lors des accouchements et demandaient leur aide pour l'éducation des enfants. Autre attribut des déesses de la Fécondité : le sanglier, qui était également utilisé comme talisman pour se protéger lors des combats.

Un dieu important des temps anciens était Wotan, l'équivalent du Mercure des Romains. Wotan portait chance lors des batailles, et on le représentait parfois comme un guerrier à cheval, mais c'était un personnage néfaste, qui conduisait finalement ses compagnons à la défaite et à la mort. On lui sacrifiait des hommes par pendaison. Bien que faisant office de guide vers l'Autre Monde (comme Mercure), il était aussi parfois associé au Ciel et avait pour symbole l'aigle. On lui donnait également comme attributs le loup et le corbeau, deux animaux en rapport avec les champs de bataille. Il était lié encore à la divination, à l'invention des caractères runiques et au don d'extase ; il inspirait à la fois les guerriers et les poètes. Ancêtre des rois, il leur dispensait des faveurs dont dépendait leur succès. Comme Tiwaz, il possédait une lance, et avait le pouvoir de lier et de délier grâce à sa science des sortilèges guerriers.

LA COSMOLOGIE DE LA PÉRIODE VIKING

L'Arbre du Monde et ses domaines

Détail d'une tombe en dos d'âne datant de la période viking (nord de l'Angleterre). La sculpture représente quatre personnages soutenant une arche : il s'agit des nains qui soutiennent le ciel lors de la création du monde.

Les poèmes mythologiques islandais reflètent un intérêt profond pour la création du monde, sa destruction finale et sa recréation. Le monde est représenté comme un cercle de terre entouré par l'océan. Dans les profondeurs de l'océan se trouve le Serpent du Monde, tandis qu'au centre de la terre s'élève un arbre imposant, le Frêne du Monde, Yggdrasil. Les racines de l'arbre plongent dans le Monde souterrain et, au-dessous, bouillonne une source qui est le fondement de la sagesse cachée. Un écureuil agile parcourt le tronc de haut en bas et transmet les messages entre l'aigle, au sommet, et le serpent, qui mange les racines de l'arbre. Un cerf se nourrit aux branches et de ses cornes jaillissent de puissantes rivières. Ici aussi paît une chèvre qui donne non pas du lait, mais de l'hydromel pour les guerriers du palais d'Odin. Yggdrasil signifie sans doute « cheval d'Ygg », l'un des noms d'Odin. On dit qu'Odin s'était pendu à l'arbre et avait enduré volontairement ce supplice afin d'obtenir la maîtrise des runes qui apportaient la connaissance à ceux qui étaient capables de les déchiffrer. De la rosée tombe d'Yggdrasil sur la terre, et les fruits de l'arbre aident aux accouchements. C'est l'arbre gardien des dieux, qui tiennent leurs conseils sous son feuillage. Il est un symbole d'universalité, reliant les différentes races humaines et formant le centre de neuf mondes. Une interprétation plus ancienne du monde le voit comme neuf mondes posés les uns sur les autres dans l'arbre.

Il est difficile d'établir un schéma cohérent de cette cosmologie à partir des sources dont nous disposons, d'autant plus qu'il en existait différentes versions. Deux familles de dieux, les Ases (dieux du Ciel) et les Vanes (dieux de la Terre), avaient – disait-on – pour demeure Asgardr, apparemment dans les cieux ; mais les Vanes avaient également leur royaume de Vanaheimr sous la terre. Dans les racines de l'arbre se trouve Jötunheimr, domaine des géants, et aussi un royaume des morts sur lequel règne Hel, fille de Loki le trickster (p. 195). Les poèmes mentionnent encore d'autres mondes : ceux des elfes et des nains, les héros du domaine d'Odin, et ceux des mystérieuses grandes puissances (peut-être les Parques). Bien que Jötunheimr se situe au-dessous d'Asgadr, on peut y accéder

Cette pierre commémorative, datant de 500 ap. J.-C. environ et provenant de Sanda, dans le Gotland, apparaît comme la première schématisation du cosmos : le disque tournant des cieux, le soleil et la lune en dessous, et l'Arbre du Monde au centre. En bas, le bateau représente sans doute le départ des morts loin de ce monde.

COMMENT FUT OBTENU L'HYDROMEL MAGIQUE

Odin était chargé de mettre les dieux en possession de l'hydromel de l'inspiration. Lorsque les deux familles de dieux, les Ases et les Vanes, conclurent la paix, ils crachèrent tous dans un récipient, donnant ainsi naissance à un géant avisé, Kvasir. Ce dernier fut ensuite tué par deux nains qui mélangèrent son sang à du miel : ils créèrent de la sorte l'hydromel magique de l'inspiration, qui remplissait trois énormes récipients. Mais Suttungr, un géant dont les parents avaient été tués par les nains et qui cherchait vengeance, s'empara du breuvage et le cacha dans une montagne. Odin partir à la recherche de l'hydromel. Tout d'abord, il provoqua une dispute entre neuf hommes qui travaillaient pour le frère de Suttungr, Baugi, et qui s'entre-tuèrent, puis il les remplaça, ne demandant pour tout salaire qu'un verre d'hydromel. Suttungr refusa, mais Baugi aida Odin à ramper vers la montagne sous la forme d'un serpent. Là, il dormit trois nuits avec la fille du géant et obtint qu'elle lui donnât trois verres d'hydromel. Il avala le contenu des trois récipients, vola vers Asgardr sous la forme d'un aigle et recracha l'hydromel dans des récipients que les dieux avaient préparés : c'est peut-être cette scène qui est représentée sur la pierre du Gotland reproduite ci-dessous. Voilà comment les dieux entrèrent en possession de l'hydromel de l'inspiration.

Cette partie d'une pierre du Gotland montre un aigle avec deux personnages et représente probablement le retour d'Odin à Asgardr avec l'hydromel magique. On voit le liquide qui coule du bec de l'aigle tandis que les deux personnages tendent des coupes pour le recueillir.

par un long et dangereux parcours sur terre ; il existe un itinéraire du même genre qui relie Asgardr au royaume des morts. Le pont Bifrost, qui permet d'entrer à Asgardr, est gardé contre les géants : ce serait l'arc-en-ciel, mais à l'origine c'était peut-être la Voie lactée. Les mythes montrent une circulation perpétuelle entre les domaines, impliquant de périlleux voyages à travers les espaces.

Au commencement, il y avait un vaste abîme, Ginnungagap, le vide béant, plein d'énergie latente. Des couches de glace et des étincelles de feu se rencontrèrent pour créer le géant androgyne primordial, Ymir, dont le corps donna naissance aux géants, au premier homme et à la première femme. Le géant fut nourri par une vache qui léchait les blocs de glace salés, jusqu'à l'apparition des fils de Bor, trois dieux créateurs qui tuèrent Ymir et formèrent la terre avec son corps, la mer avec son sang, et le ciel avec son crâne. Le ciel était soutenu par quatre nains, qui se reproduisaient comme des vers de terre. Selon une autre version, les trois dieux créèrent un homme et une femme en donnant à deux arbres du rivage une forme humaine, le souffle et l'intelligence.

Les dieux établirent alors l'ordre du monde ; ils donnèrent au soleil et à la lune leurs places respectives, conçurent les lois, construisirent de beaux palais à Asgardr et forgèrent des trésors en or. Au début, deux familles de dieux, les Ases et les Vanes, se firent la guerre, mais ils finirent par conclure une trêve qui eut pour résultat la fabrication de l'hydromel de la divination (ci-contre), l'un des trésors des dieux. Une autre de leurs richesses était une réserve de pommes d'or, destinée à préserver leur jeunesse et gardée par la déesse Idunn (p. 202). D'autres biens divins étaient forgés par des nains. Odin possédait un anneau d'or, Draupnir, d'où tombaient, toutes les neuf nuits, huit autres anneaux ; il avait également une lance, Gungnir, qui décidait de la fortune des armes. Thor avait sa puissante hache-marteau, Mjöllnir, qui produisait les éclairs ; quant à Freyr et Freyja (des Vanes), ils étaient propriétaires d'un sanglier en or qui parcourait à toute allure le ciel et le Monde souterrain, ainsi qu'un bateau magique qui bénéficiait en permanence d'un vent favorable.

La fortification d'Asgardr

Lorsque les dieux établirent leur royaume d'Asgardr, il leur fallait l'entourer d'un solide rempart.

Un artisan expérimenté proposa de construire ce mur mais, en paiement, il demandait le soleil, la lune, et la déesse Freyja pour épouse. Les dieux acceptèrent à condition qu'il terminât le travail en un hiver et ne se fît aider par aucun homme. Ils étaient persuadés que c'était au-dessus des possibilités de l'artisan et que le paiement ne serait donc pas exigible. Mais l'homme se fit aider par son cheval, un étalon d'une force et d'une intelligence très grandes, qui, la nuit, traînait les rocs et travaillait deux fois plus que son maître. Trois jours avant la venue du printemps, le mur était presque terminé, et les dieux furent atterrés. Ils firent des reproches à Loki pour les avoir convaincus d'accepter cet arrangement, et ce fut donc lui qui décida de passer à l'action. Il se changea en jument et entraîna le cheval au loin, si bien que le mur ne fut jamais achevé. L'artisan entra dans une rage terrible et, lorsqu'il s'avéra que c'était un géant ennemi venu de Jötunheimr, les Ases (dieux du Ciel) firent appel à Thor, qui le tua avec son marteau. Le résultat de la rencontre de Loki avec l'étalon fut qu'il donna naissance à un poulain gris à huit pattes : c'était Sleipnir, le célèbre coursier d'Odin ; sur son dos, Odin voyageait entre les différents mondes (p. 196).

LOKI ET LE RAGNARÖK

Le fourbe, le loup et la dernière grande bataille

Une pierre de four provenant de Shaptun, au Danemark, et représentant sans doute Loki à qui les nains ont cousu la bouche pour le punir d'avoir cherché à les duper alors qu'ils fabriquaient les trésors des dieux (p. 194).

Loki joue un rôle important dans les mythes nordiques. C'est un malin génie, voleur et calomniateur, qui se conduit mal avec les dieux. Il les met en danger par sa malveillance, mais il les sauve également par son ingéniosité. C'est un proche compagnon d'Odin et de Thor, pourtant il engendre les monstres qui les détruiront, et sa méchanceté provoque la mort de Baldr (p. 197). Il est impossible de savoir si c'est un dieu ou un géant. Il est indubitablement, dans une certaine mesure, une figure créatrice ; il amène les nains à forger quelques-uns des trésors des dieux, et lui-même donne naissance au cheval d'Odin (p. 194), aussi bien qu'à des monstres comme le Serpent du Monde et Hel, la souveraine des morts.

L'une des créatures monstrueuses engendrées par Loki était le loup Fenrir. Il grandit parmi les dieux, et personne, sauf Týr – sans doute une figure ultérieure de Tiwaz, et un dieu de la Guerre – n'osait lui donner à manger. Le loup brisait toutes ses chaînes, jusqu'à ce qu'Odin fît faire par les nains une corde magique, aussi douce que la soie mais d'une solidité à toute épreuve, fabriquée à partir de choses aussi impalpables que la racine d'une montagne ou le bruit d'un chat qui se déplace. Le loup, méfiant, ne voulut pas se laisser mettre le lien autour du cou, à moins qu'un des dieux ne plaçât ses mains entre ses mâchoires, en témoignage de bonne foi. Týr fut le seul à accepter. Lorsque la corde se resserra et que le loup fut solidement attaché, tous les dieux éclatèrent de rire – tous sauf Týr, qui perdit sa main droite. On ferma la gueule du loup en plaçant une épée entre ses mâchoires, et on le ligota à un énorme rocher où il resta attaché jusqu'au Ragnarök.

En punition pour avoir causé la mort de Baldr, Loki fut finalement attaché en travers de trois rochers et ne put s'échapper qu'au moment de la dernière grande bataille. Il rejoignit les géants lors de l'attaque contre Asgardr au Ragnarök (ci-contre). Au cours de la bataille, Loki se battit contre son principal ennemi, Heimdallr, la sentinelle des dieux, et tous deux s'entre-tuèrent.

LE RAGNARÖK

Loki, après avoir rompu ses liens, prit la tête des géants contre les dieux dans la dernière grande bataille, connue sous le nom du Ragnarök. Le monde était sous la menace constante des géants, qui convoitaient les trésors des dieux et la déesse Freyja, et annonçaient le retour au chaos et à la stérilité. Odin rassembla dans le Walhalla les plus fameux héros tombés au champ de bataille, afin qu'ils apportassent leur soutien aux dieux. Thor brandit son marteau contre les géants et les empêcha d'entrer à Asgardr jusqu'au Ragnarök.

Un poème datant d'environ 1000 ap. J.-C., *Völuspá* (Prédiction de la prophétesse), décrit la création et la destruction du monde comme dans une vision. Au Ragnarök, les fils de Múspell, de la région du feu, détruisent le pont Bifrost, tandis que les géants arrivent par la mer, avec Loki comme timonier. Les monstres s'échappent et le loup Fenrir dévore Odin. Thor tue le Serpent du Monde mais meurt à cause de son venin. Le géant du Feu Surtr embrase la terre, le ciel s'écroule, et le monde est englouti dans les flots de la mer. Mais ce n'est pas la fin, car la terre resurgit, verte et prospère ; les fils des dieux, avec l'aide d'un couple d'humains qui s'étaient réfugiés dans l'Arbre du Monde, repeuplent le ciel et la terre ; et un soleil nouveau et plus beau parcourt les cieux.

Les récits de destruction ont pu avoir pour origine, du moins en partie, les terrifiantes éruptions du volcan islandais l'Hekla, au haut Moyen Age. Mais, quoi qu'il en soit, les témoignages littéraires et artistiques apportent la preuve que le Ragnarök exerçait une puissante influence sur les imaginations à la période viking.

ODIN

Le souverain d'Asgardr

ODIN ET LE WALHALLA

On disait qu'Odin faisait venir les rois et les héros morts à la guerre dans son Palais des Morts, le Walhalla, où ils passaient leur temps à festoyer et à combattre, prêts à défendre Asgardr en cas d'attaque. Le Walhalla se trouvait peut-être à l'origine sur le tombeau où les morts festoyaient avec leurs ancêtres. Mais dans la littérature des Vikings, le royaume des morts remarquables était plus grandiose et l'on y entrait avec cérémonie : les héros morts étaient escortés à travers les airs jusqu'au domaine d'Odin à Asgardr par des divinités guerrières, les Walkyries. On voit ici (à droite) une pierre commémorative provenant d'Alskog, dans le Gotland, et montrant Sleipnir, le cheval à huit pattes d'Odin, monté par un cavalier (soit le dieu, soit un héros) qui est accueilli au domaine d'Asgardr par une Walkyrie portant une corne d'hydromel.

Selon la croyance viking, Odin, le Père de Tous, était le roi d'Asgardr et avait hérité de Tiwaz la lance qui lui assurait le contrôle des batailles. Son prédécesseur Wotan était le roi suprême des Langobards et d'autres tribus germaniques (p. 192). Odin, comme Wotan, a des liens étroits avec le Monde souterrain et les morts. Dieu des Rois, il apportait son soutien aux jeunes princes prometteurs et leur donnait des épées magiques et autres cadeaux en témoignage de sa bienveillance, mais il les anéantissait impitoyablement le moment venu. La crémation, souvent nécessaire pour se débarrasser des morts après le combat, était en rapport avec le culte d'Odin. De nombreux contes parlent des fidèles compagnons d'Odin, les *berserkir*, qui, lors des batailles, portaient des peaux d'ours ou de loup et entraient en transe, ce qui les rendait insensibles à la douleur. Ce don de la transe, Odin l'accordait également aux poètes et aux orateurs, et l'on trouve de nombreuses références dans la poésie islandaise à la manière dont il se procura l'hydromel magique qui donnait l'inspiration (p. 194). Odin apportait aussi la fortune à ses compagnons – symbolisée par son anneau Draupnir qui, en se multipliant, fournissait une réserve d'or.

De plus, Odin était un dieu de la Magie et de la Divination, notamment dans un contexte militaire. On lui offrait en sacrifice des prisonniers de guerre, que l'on poignardait ou pendait. Sacrifices qui pouvaient constituer une forme de divination puisqu'on croyait que les derniers mouvements des victimes annonçaient la victoire ou la défaite. Odin lui-même s'offrit en sacrifice en se pendant à l'Arbre du Monde, dans le but d'obtenir la science des symboles runiques qui étaient utilisés pour la divination. Il donna aussi un de ses yeux par amour de la connaissance, et apparut sur terre sous l'apparence d'un vieil homme borgne vêtu d'un grand manteau et d'un chapeau à larges bords ou d'un capuchon. Il était toujours accompagné de loups et de corbeaux, animaux des champs de bataille, et se trouvait constamment informé par deux corbeaux de ce qui se passait sur tous les champs de bataille du monde. Odin savait parfaitement changer d'apparence, envoyant son esprit dans le corps d'un oiseau ou d'un autre animal, ce qui – avec sa capacité à voyager dans le royaume des morts – l'apparentait aux chamans des peuples eurasiens du Nord.

Baldr, fils d'Odin

Bien des voyages d'Odin étaient motivés par son désir d'acquérir la connaissance du futur. Il consultait les runes ainsi que la tête du géant sage Mímir, tué par les Ases. Il entreprit de périlleuses expéditions pour aller voir d'autres géants réputés pour leur sagesse, et il invoqua souvent les morts. Ils lui apprirent que son destin était d'être dévoré par le loup Fenrir et que Loki ne cessait de comploter contre les dieux *(p. 195).*

Un géant attaché : il s'agit peut-être d'une allusion à Loki, ligoté en punition de son rôle dans la mort de Baldr. Croix de pierre du comté de Cumbria, en Angleterre.

La première menace sérieuse contre Odin fut la perte de son fils Baldr, décrit comme le plus beau des dieux et le préféré d'Odin et de sa femme Frîja, alors que la tradition danoise en fait non un dieu mais un guerrier, fils d'Odin, combattant sur la terre. Baldr étant harcelé par de mauvais rêves, Frîja, pour essayer de le protéger, fit jurer à toutes les créatures, ainsi qu'aux arbres, aux plantes et à tous les objets en métal, en bois et en pierre, de ne jamais lui faire de mal. Après quoi les dieux s'amusèrent à lancer des armes sur Baldr, par jeu, en sachant que cela ne pourrait pas le blesser. Mais Loki le fourbe découvrit qu'une seule petite plante, le gui, n'avait pas prêté serment, Frîja l'ayant jugée trop tendre pour pouvoir faire du mal. Loki en fit un javelot qu'il donna au dieu aveugle Hödr afin qu'il le lançât contre Baldr, et guida sa main pour s'assurer que le coup portât. Lorsque la flèche transperça Baldr, il tomba mort. Odin et les autres divinités furent plongés dans la désolation. Les dieux transportèrent son corps sur un bûcher funéraire érigé dans son propre bateau, à côté du corps de son épouse Nanna, qui était morte de chagrin, et de son cheval.

Lorsque, après la mort de Baldr, Frîja supplia que quelqu'un se rendît à Hel, le royaume des morts, et cherchât à ramener son fils, ce fut Hermodr le Chauve, frère de Baldr, qui se porta volontaire. Il enfourcha Sleipnir, le cheval d'Odin, et voyagea neuf jours et neuf nuits à travers des vallées sombres et épaisses, jusqu'à ce qu'il arrivât à un pont en or sur la rivière à l'Echo. La jeune fille qui gardait le pont lui dit qu'il ne pouvait pas être un mort puisque le pont avait résonné sous les pas de son cheval, ce qui ne s'était pas produit lorsque cinq cohortes de morts l'avaient franchi peu auparavant. Quand Hermodr lui dit qu'il cherchait Baldr, elle lui indiqua la route du nord qui conduisait aux portes de Hel, que Sleipnir franchit très aisément. Hermodr pénétra dans le palais où se trouvait Baldr et y resta trois nuits. Il demanda à Hel, la souveraine du royaume qui portait son nom, de laisser Baldr repartir avec lui, mais elle répondit que seules les larmes de tous les gens et de toutes les choses du monde pourraient permettre cela.

Hermodr revint à Asgardr avec l'anneau, Draupnir, qui avait été brûlé sur le bûcher funéraire de Baldr, pour prouver qu'il avait rempli sa mission. Ensuite, on envoya des messagers à travers le monde afin de demander à chacun de montrer son amour pour Baldr en pleurant. Non seulement les hommes et les femmes pleurèrent, mais aussi les pierres, les arbres et le métal, comme lorsque le dégel succède au gel. Mais finalement ils tombèrent sur une géante dans une cave, qui refusa de pleurer sous prétexte que Baldr ne lui avait été d'aucune utilité. On soupçonna que cette géante était Loki déguisé, dont la malveillance empêchait le retour de Baldr.

Ainsi Baldr resta à Hel et lorsque le rôle de Loki fut découvert, celui-ci, afin d'échapper à la colère des dieux, alla se cacher dans une rivière sous la forme d'un saumon. On l'attrapa avec un filet magique de sa propre invention, et les dieux l'attachèrent en travers de trois pierres, entouré par des serpents qui lui crachaient leur venin au visage. Sa fidèle épouse Sigyn s'assit avec un bol pour essayer de recueillir les gouttes de venin, tandis que les contorsions de Loki provoquaient des tremblements de terre. Il resta ligoté jusqu'au Ragnarök, le destin des dieux ; alors il se libéra et mena les géants contre Asgardr.

La mort de Baldr conduisit inévitablement au Ragnarök et à la mort d'Odin, dévoré par le loup, puis vengé par son jeune fils Vidarr qui mit en pièces le monstre. Vidarr fait partie des fils des dieux qui remplacèrent leurs pères après le Ragnarök.

Pendentif d'argent de l'ère viking, représentant un messager à cheval qui évoque le voyage d'Hermodr dans le Monde souterrain.

THOR

Le dieu du Tonnerre

Cette broche de l'époque viking, trouvée à Birka, en Suède, représente deux chèvres de part et d'autre d'une pierre de tonnerre, en fait un oursin fossilisé – objet qui, croyait-on, tombait du ciel lors des orages.

RITUEL ET CULTE DE THOR

Thor était très populaire dans l'ouest de la Norvège et en Islande. Lorsque le christianisme arriva en Islande, le culte de Thor fut le plus difficile à éliminer. Divers rituels lui étaient associés. Pour les noces, un marteau était enfoui dans le sein de la mariée ; lors des accouchements, on le levait au-dessus du nouveau-né ; enfin, il figurait sur les bornes.

Les Scandinaves portaient des amulettes d'argent en forme de marteau ; celle qui figure ci-dessous, très décorée, vient de Suède et représente le dieu avec une tête d'aigle, une barbe stylisée, et le symbole du serpent au-dessous.

Dieu de la Communauté, protecteur de ceux qui cultivent la terre et se réunissent en assemblées locales, Thor était aussi le dieu du Ciel, apparenté à Jupiter et Zeus ; sa hache-marteau symbolisait le tonnerre et l'éclair, qui lui ouvraient la route des cieux, faisant voler en éclats devant lui rochers et montagnes. De nombreux contes, à la fois cruels et pleins d'humour, racontent ses expéditions à Jötunheimr où il tua les géants ennemis des dieux. Thor était une divinité populaire que les récits décrivent comme un personnage colossal mais plutôt sans prétention, qui n'avait pas de cheval mais traversait les rivières à grandes enjambées, ou bien conduisait un char tiré par des chèvres. D'un gigantesque appétit, il allait jusqu'à dévorer ses propres chèvres au dîner ; ensuite, il réunissait leurs os et leur redonnait vie grâce à son marteau. Sa barbe rousse représentait sans doute les éclairs (peut-être à cause de la multitude de fibres rousses qui se forment lorsque la foudre frappe un arbre). Il est connu pour ses yeux étincelants, sa force extraordinaire et ses redoutables colères. Son marteau est représenté sur les pierres commémoratives comme une arme avec une corde que tantôt il lance contre ses ennemis, tantôt il abat sur leur crâne.

Un poème ancien raconte la visite qu'il fit au géant Geirröd, sur le conseil malveillant de Loki. Thor fut obligé de faire appel à toute sa puissance divine pour franchir une rivière déchaînée et éviter d'être écrasé par les filles du géant, qu'il tua en même temps que leur père. Un autre mythe relate un duel fameux avec le géant Hrungnir qui avait réussi à entrer à Asgardr. Le géant lança sur Thor une pierre à aiguiser dont un éclat se logea dans sa tête, mais Thor abattit son adversaire avec son marteau. Il avait pour ennemi mortel le Serpent du Monde, qu'un jour il remonta du fond de la mer. Une forme plus ancienne de ce mythe se retrouve peut-être dans l'évocation familière d'un dieu du Ciel triomphant du monstre du chaos à l'époque de la création du monde. Toutefois, à l'ère viking, il est dit que c'est pendant le Ragnarök que Thor vainquit le Serpent, mais pour être lui-même anéanti par le venin.

C'est seulement lorsque des maléfices furent utilisés contre lui que la force de Thor se révéla insuffisante. Lors d'un voyage au mystérieux royaume d'Utgardr, il rencontra un géant tellement grand que Thor pouvait marcher à l'intérieur de son gant comme dans un palais. Le géant lui donna à vider une corne de bière qui se remplissait continuellement dans la mer ; il l'envoya se battre contre Age, qui l'emportait sur les plus forts ; et il le mit au défi de soulever de terre un chat, qui était en fait le Serpent du Monde. Toutes ces tâches étaient insurmontables, mais Thor déploya une telle force que le rusé géant en fut effrayé : le niveau de la mer baissa tandis que Thor buvait, et le monde fut presque anéanti lorsqu'il souleva la patte du chat (ce qui pourrait être une autre version du mythe selon lequel Thor remonta le Serpent des profondeurs de l'océan).

On disait que la mère de Thor était Fjörgyn – nom que les poètes utilisent pour désigner la terre. Il avait pour épouse Sif, célèbre pour sa chevelure dorée, que Loki le méchant coupa un jour ; mais le trickster redoutait tellement la colère de Thor qu'il fit faire par des nains une chevelure en or pur. Ce qui eut un résultat non négligeable pour les dieux, car cela entraîna la fabrication de quelques-uns de leurs trésors les plus précieux, dont le marteau de Thor (p. 194).

Thor pêche le Serpent du Monde

L'un des mythes les plus populaires de l'époque viking était le récit de la visite de Thor au géant de la mer, Hymir. Cette rencontre est décrite dans quelques-uns des plus anciens poèmes qui nous sont parvenus, et représentée sur trois pierres gravées de l'ère viking. Une pierre du VIIIe siècle, provenant du Gotland, montre Thor avec la tête du bœuf, en train de ramer sur le bateau du géant.

Détail d'une pierre trouvée dans le comté de Cumbria, dans le nord de l'Angleterre, montrant Thor pêchant le Serpent du Monde.

Une légende raconte que Thor se rendit à la mer déguisé en jeune homme, et demanda s'il pourrait aller pêcher avec le géant. Hymir au début ne voulait pas l'emmener et lui dit de trouver son propre hameçon ; sur ce, Thor chercha le troupeau de bœufs du géant, tua le plus grand d'entre eux et en rapporta la tête.

Ils partirent en bateau, et Thor rama avec une force prodigieuse, jusqu'à ce qu'ils se trouvassent bien au-delà de la zone de pêche habituelle du géant. Thor amorça son hameçon avec la tête de bœuf et le lança par-dessus bord. Le Serpent du Monde s'en saisit, des profondeurs de la mer, et Thor hissa le monstre jusqu'à ce que son horrible tête apparût au-dessus des vagues.

La force extraordinaire de Thor s'amplifiait tandis qu'il tirait l'animal ; ses pieds passèrent à travers le bateau et il s'appuya sur le fond de l'océan. Lorsque le Serpent cracha son venin, Thor le fixa du regard et brandit son marteau, mais le géant, pris de panique, coupa la ligne.

Selon Snorri Sturluson (le poète islandais auteur de l'*Edda prosaïque*), il y a divergence entre les conteurs quant à savoir si Thor frappa ou non le Serpent, mais on pense que l'animal s'échappa et retomba dans la mer, et que Thor jeta le géant par-dessus bord et regagna le rivage à pied.

LE VOL DU MARTEAU

Un jour, Thor égara son marteau, la seule arme efficace contre les géants. Loki emprunta l'apparence de faucon de Freyja et vola de tous côtés à la recherche de l'objet. Finalement il revint en annonçant que c'était le géant Thrym qui l'avait en sa possession, et qu'il l'avait enterré profondément dans la terre. Le géant refusait de le rendre si la déesse Freyja ne devenait pas son épouse. Freyja, entendant cela, entra dans une telle fureur que, de rage, elle brisa son célèbre collier. Le sage Heimdallr suggéra que Thor prît la place de Freyja, revêtu d'un voile de mariée, et se rendît avec Loki à Jötunheimr, le royaume des géants. Thor, à contrecœur, accepta et partit sur son char en emmenant Loki, accompagné par le tonnerre et les éclairs. Les géants accueillirent la future mariée avec le plus grand plaisir, mais furent quelque peu surpris par son appétit considérable lors du festin de noces, et effrayés par ses yeux qui étincelaient à travers le voile. Loki le malin, déguisé en serviteur de la mariée, les apaisa en leur assurant que le comportement étrange de Freyja était dû au fait qu'elle n'avait ni mangé ni dormi depuis huit nuits, tant elle était impatiente de ce mariage. Finalement on apporta le marteau et on le déposa dans le sein de la mariée en signe de bénédiction. C'était l'occasion qu'attendait Thor : il s'empara du marteau, abattit le marié et les invités de la noce, et revint en triomphe à Asgardr avec Loki.

FREYR ET LES VANES

Divinités du Ciel, de la Terre et de l'Eau

On pense que cette petite statue phallique (environ 6 cm de hauteur), provenant de Railinge en Suède, représente Freyr.

Le principal dieu scandinave de la Fertilité et de l'Abondance était Freyr, dont le nom signifie « seigneur » – peut-être était-ce un titre. Il appartenait aux Vanes, un groupe de divinités, masculines et féminines, essentiellement reliées aux profondeurs de la terre et de l'eau, contrairement aux Ases, divinités du Ciel. Les Vanes apportaient paix et prospérité à la terre, et accordaient leur soutien aux rois tant que ceux-ci ne les offensaient pas. Le culte de Freyr était populaire en Suède à l'époque viking et s'étendit progressivement à la Norvège et à l'Islande. Les *Sagas islandaises* parlent de familles qui vénéraient ce dieu, et de certains lieux qui lui étaient consacrés. Comme Odin et Thor, Freyr apportait aide et conseils, et la divination tenait une grande part dans son culte. Il semble que les Ynglingar, rois d'Uppsala, en Suède, aient été identifiés à Freyr après leur mort, et l'on disait qu'ils avaient rendu le pays prospère. On déposait des offrandes d'or et d'argent sur le tumulus de Freyr, et son image était transportée dans toute la Suède sur un char, afin de bénir les fermes, tout comme, des siècles auparavant, la déesse de la Terre Nerthus avait parcouru le Danemark, aux dires de l'écrivain romain Tacite.

Un des symboles des Vanes était le sanglier d'or qui se déplaçait dans le ciel et au-dessous de la terre, comme le soleil. Bien que n'étant pas un dieu du Ciel, Freyr séjournait avec les Ases et le soleil jouait un rôle important dans son culte. C'était un dieu de la Paix, mais le symbole du sanglier apparaissait sur les casques des guerriers, en signe de protection lors du combat. Les casques à sangliers des rois suédois d'Uppsala (les Ynglingar) étaient des trésors nationaux. Les chevaux étaient également dédiés à Freyr, et l'on disait qu'il en gardait quelques-uns dans son temple. Un autre attribut des Vanes était le bateau ; Freyr en possédait un à lui qui lui permettait de voyager partout où il le souhaitait. Ce bateau pouvait embarquer tous les dieux, mais tenait dans la poche une fois replié. L'usage des bateaux funéraires était courant dans les familles royales, mais

Comment Freyr tomba amoureux de Gerdr

Freyr se risqua un jour à s'asseoir à la place d'Odin, d'où il pouvait observer les mondes situés en dessous. Il aperçut, dans le Monde souterrain, la belle Gerdr et fut submergé de désir.

Freyr pensait qu'il lui serait impossible de conquérir Gerdr au royaume des géants hostiles. Sa mère Skadi pria Skirnír d'aider son fils, et Freyr lui donna un cheval magique et une épée, car son voyage serait long et périlleux. Lorsqu'il parvint au palais de Gymir, le père de Gerdr, son cheval franchit d'un bond les flammes qui entouraient la demeure. Il offrit à Gerdr des pommes d'or et l'anneau d'Odin qui procure la richesse, mais elle refusa d'épouser Freyr, même sous la menace de l'épée. Finalement, lorsque Skirnír lui eut fait comprendre que son refus déclencherait la colère des dieux, Gerdr consentit au mariage.

Cette minuscule feuille d'or, d'à peine plus de 1,5 cm de hauteur, représente peut-être le mariage de Freyr et de Gerdr.

Les esprits de la terre

On croyait que les esprits de la terre habitaient dans les collines, les cascades, les lacs, les forêts et les grands rochers.

De nombreux contes relatent l'histoire de populations venues s'installer en Islande au IXe siècle, qui entrèrent en contact avec les esprits de ces terres nouvelles et reçurent leur aide en échange d'o frandes de nourriture. Ces esprits aidaient à la chasse, à la pêche, à l'élevage des animaux, et donnaient en rêve des conseils pour l'avenir. Un fermier qui avait perdu une grande partie de son bétail s'associa avec un esprit de la terre ; un bouc se joignit alors au troupeau et, à partir de ce moment, les chèvres prospérèrent.

Les têtes de dragon sur la proue ou les poteaux sculptés, (ici, celui du bateau funéraire d'Oseberg), étaient censées protéger. On disait que les esprits de la terre refusaient l'entrée dans les ports islandais aux navires qui avaient de telles figures de proue.

Il y avait parmi ces esprits de bons géants de la montagne, qui protégeaient les humains contre les créatures malfaisantes et intervenaient en cas de mauvais temps. On retrouve cette croyance en des esprits bienfaisants dans le folklore de la Scandinavie et d'autres pays d'Europe ; elle survécut longtemps après l'implantation du christianisme.

Les esprits de la Terre étaient prêts à défendre le pays contre l'ennemi et se mettaient en colère contre ceux qui violaient la loi. Il est difficile de les distinguer vraiment des Vanes, bien qu'ils semblent avoir été vénérés individuellement, par des populations locales, plutôt que par l'ensemble de la communauté.

aussi chez les gens plus humbles, à partir du VIIe siècle : hommes et femmes étaient ensevelis dans des navires ou des barques, ou bien ils y étaient incinérés – ce qui n'est pas sans relation avec le culte des Vanes. Le père de Freyr, Njördhr, un dieu assez important à l'ère viking, était associé à la mer et aux bateaux. Sa mère, une mystérieuse déesse du nom de Skadi, se déplaçait à ski et chassait dans les forêts nordiques. Un touchant récit en vers raconte comment fut brisé le mariage de Njördhr et Skadi, Njördhr ne supportant pas de rester éloigné de la mer, Skadi n'étant heureuse que dans les montagnes.

Freyr courtisa et obtint en mariage Gerdr, une belle jeune fille du Monde souterrain, fille d'un géant. Union qui symbolisait peut-être la chaleur du soleil pénétrant la terre pour produire le blé. De minuscules feuilles d'or représentant un homme et une femme enlacés (encadré p. 200), ou avec une branche de feuillage entre eux, ont été découvertes dans les fondations des maisons et dans des lieux sacrés : elles figurent peut-être ce mariage du dieu et de la déesse des Vanes.

Parmi les autres dieux vanes, en dehors de Freyr et Njördhr, on trouve Baldr (p. 197) et Heimdallr. Surnommé le dieu blanc, Heimdallr a des liens avec la mer, et l'on disait qu'il était né de neuf jeunes géantes, apparemment des vagues. Certains poèmes anciens font de lui un dieu qui engendre des enfants dans le monde humain. Lié à Freyr, le dieu germanique Ing est reconnu comme le fondateur de la dynastie des Ynglingar.

Il existe également un nombre important de déesses chez les Vanes ; on les considère généralement comme les filles de géants du Monde souterrain. Notons encore les elfes, souvent mentionnés avec les Ases dans les poèmes, et les esprits de la terre, êtres surnaturels attachés à des lieux précis, susceptibles d'apporter leur aide aux fermiers et aux pêcheurs. Enfin, il y avait les géants sages (différents des géants du Gel), capables de se rappeler les temps anciens d'avant l'arrivée des dieux du Ciel.

Aucun roi ne pouvait se permettre d'ignorer les Vanes, car la qualité des moissons et la bonne marche d'un royaume dépendaient de leur bon vouloir. Dans certains contes, il est question de rois anciens détrônés ou même tués par leurs sujets, parce que les bonnes récoltes leur étaient refusées.

Ce sceau en bronze utilisé pour les casques représente des hommes avec des casques surmontés de sangliers – un moyen d'invoquer la protection de Freyr pour les guerriers au combat.

DÉESSES ET ESPRITS FÉMININS

Freyja, les pommes d'or, les Walkyries et les Nornes

Ce pendentif suédois de la période viking représente peut-être Freyja portant le merveilleux collier d'or, Brisingamen, que l'on disait fabriqué par des nains.

La principale déesse des Vanes, Freyja sœur de Freyr, dont le nom signifie « dame », a tendance à être sous-estimée parce que la littérature met l'accent sur les dieux masculins. Or, elle était une figure de pouvoir, honorée non seulement par les femmes, mais aussi par les rois et les héros. Elle partageait les symboles des Vanes – sanglier et bateau – et avait un lien avec le culte du cheval, bien que son chariot fût conduit par des chats. La tradition affirme qu'elle et son frère étaient mariés, et que telle était la coutume chez les Vanes. Elle passait pour avoir accordé librement ses faveurs à tous les dieux et accepté également des rois humains pour amants, les soutenant tout au long de leur règne et les accueillant après leur mort. Jarl Hakon, le dernier roi païen de Norvège, était, disait-on, un fidèle de la déesse Thorgerdr : celle-ci est peut-être Gerdr, l'épouse de Freyr – et toutes deux peuvent être assimilées à Freyja. Comme Freyr, Freyja est associée aux richesses : elle pleurait des larmes d'or et possédait un magnifique collier (ci-contre), symbole de la Grande Déesse depuis les temps les plus reculés.

Un autre personnage susceptible de représenter Freyja est la déesse Gefjún, qui changea ses quatre fils en bœufs et morcela la terre suédoise pour former l'île danoise de Seeland. Le nom de Gefjún, comme celui de Gefn, autre appellation de Freyja, viennent d'un mot qui signifie « donner ». Freyja était une déesse du Don : elle accordait la fertilité à la terre et à la mer, et son assistance dans le mariage et la maternité. Son culte était lié d'une part à la protection de la famille, d'autre part à la luxure et à la magie noire. Les *Sagas islandaises* rapportent un

Le vol des pommes d'or

Freyja joue un rôle mineur mais significatif dans la récupération des pommes d'or de l'immortalité, volées par un géant à leur gardienne, la déesse Idunn, qui les surveillait à Asgardr.

Un jour où Odin, Loki et Hoenir voyageaient ensemble, ils voulurent faire rôtir un bœuf pour leur dîner, mais la viande refusait de cuire convenablement. Un grand aigle (en fait le géant Thjazi), perché sur un chêne au-dessus d'eux, offrit son aide en échange d'une part du repas. Lorsque le bœuf fut enfin rôti, le rapace emporta la plus grande partie de la viande. Loki, furieux, le frappa avec une perche, mais l'aigle s'envola avec la perche enfoncée dans son corps et Loki suspendu à l'autre bout. Loki fut traîné au sol et Thjazi refusa de le libérer s'il ne jurait pas de lui amener la déesse Idunn et les pommes d'or de l'immortalité. Lorsque Loki revint à Asgardr, il entraîna dans la forêt la déesse et ses pommes d'or sous prétexte de lui montrer des pommes encore plus belles que les siennes. Alors Thjazi, sous son apparence d'aigle, fondit sur elle et l'emmena à Jötunheimr, le pays des géants.

Privés des pommes, les dieux commencèrent à vieillir et à se rider, et lorsqu'ils découvrirent le rôle de Loki dans ce vol, ils menacèrent de le tuer s'il ne ramenait pas la déesse. Alors Loki emprunta l'apparence de faucon de Freyja, se rendit au palais de Thjazi, changea Idunn en une noix qu'il emporta dans ses serres. Le géant ne mit pas longtemps à le poursuivre, à nouveau sous sa forme d'aigle, mais quand Loki entra dans Asgardr, les dieux mirent le feu à un tas de copeaux de bois et Thjazi se brûla les ailes au moment où il franchissait le seuil. Il tomba au sol et les dieux le tuèrent. Ainsi, les précieuses pommes restèrent à Asgardr et continuèrent d'assurer une éternelle jeunesse aux dieux.

rituel dénommé *sejdr*, dans lequel une femme parcourt le pays et, du haut d'une plate-forme, répond à des questions qu'on lui pose concernant l'avenir ; c'est Freyja qui aurait enseigné cela aux dieux. On a la preuve que la déesse avait des prêtresses – l'une d'entre elles pourrait être la femme de haut rang enterrée sur le bateau funéraire d'Oseberg, dans le sud de la Norvège, au IXᵉ siècle – auxquelles sont attachés des symboles de fertilité, comme les pommes et les noix, ainsi qu'un magnifique char de procession (p. 190). Frîja, l'épouse d'Odin, a beaucoup en commun avec Freyja, et l'une comme l'autre ont peut-être pour origine la déesse germanique Frea, plus ancienne. Toutes deux pouvaient prendre l'apparence d'un oiseau pour se déplacer et sont décrites en train de pleurer (en signe de lamentation sur le sort des fils et des amants).

Un mythe tardif (peut-être l'œuvre d'un conteur chrétien) raconte comment Freyja obtint son fameux collier. Ce collier avait été fabriqué par quatre nains et Freyja, qui le convoitait, chercha à le leur acheter. Mais, pour prix de ce collier, les nains voulaient qu'elle passât une nuit avec chacun d'entre eux ; Freyja y consentit afin d'entrer en possession du bijou. Loki, ayant raconté cela à Odin, reçut l'ordre de voler le collier. Il entra dans la chambre de Freyja pendant son sommeil sous la forme d'une mouche, puis se transforma en puce et la mordit à la joue, ce qui la fit se retourner ; il put alors défaire le fermoir et emporter le collier. Lorsque Freyja s'aperçut de la disparition du collier, elle devina qu'Odin en était la cause et exigea qu'il le lui rendît. Odin y consentit, à condition qu'elle provoquât entre deux puissants rois une guerre qui devait servir ses propres desseins. Le récit se continue ensuite par une des grandes légendes héroïques de l'époque viking.

La notion, présente aux temps anciens en Europe du Nord, de déesses mères et de divinités féminines liées à certains lacs et sources, se perpétue à l'ère viking. Quelques-unes se transformèrent en esprits locaux ; d'autres, à l'époque chrétienne, furent remplacées par la Vierge Marie. Certaines créatures féminines protégeaient des métiers de femmes tels que le filage, les travaux laitiers, les soins aux malades.

Diverses assemblées d'esprits féminins de la famille des Vanes étaient associées aux champs de bataille. Et au premier rang les Walkyries, celles qui choisissaient les morts, envoyées par Odin pour décider du cours des batailles et conduire les héros dans le Walhalla. La littérature de l'époque viking les représente comme de nobles femmes à cheval, portant des lances ; mais, selon une autre tradition, ce sont des géantes terrifiantes qui apparaissent en rêve comme présage d'un prochain massacre, répandent le sang sur la terre, dévorent les hommes au combat ou chevauchent des loups, accompagnées par des oiseaux de proie. On les décrit souvent comme compagnes des corbeaux qui se rassemblent sur les champs de bataille pour se repaître des cadavres. Mais les Walkyries apparaissent aussi dans le rôle d'esprits gardiens de la famille ; elles aident alors les jeunes princes, leur donnent un nom et une épée, deviennent leurs épouses surnaturelles, leur enseignent l'art de la guerre, les protègent pendant les combats et les accueillent dans les tumulus au moment de leur mort. Il existe beaucoup de noms de Walkyries, les plus simples étant ceux qui désignent la bataille, comme Hildr. Mais un grand nombre sont des inventions poétiques, sans rapport avec les mythes.

Il existe également des déesses individuelles dont on sait peu de choses, comme Skadi, l'épouse de Njördhr, que l'on disait munie d'un arc et de skis (p. 201). Nanna (mariée à Baldr), Sif (épouse de Thor) ou Sigyn (femme de Loki) ne sont guère plus que des noms. Rán, épouse du dieu de la Mer Aegir, qui accueillait dans son palais, disait-on, les marins noyés, semble être, comme son mari, une personnification de la mer.

Les Nornes offrent un plus grand intérêt. Il s'agit de déesses ou de géantes qui décidaient, croyait-on, du sort des humains et des dieux. Elles se rendaient dans les cours royales pour fixer le destin des princes nouveau-nés, et on les associait au Puits du Destin, source de la connaissance secrète, située sous l'Arbre du Monde. On trouve des références à trois Nornes, mais parfois aussi à un plus grand nombre. Un culte était également rendu aux Dises, déesses à qui, selon la légende, on offrait des sacrifices – y compris des sacrifices humains – à Uppsala. Leur fête principale semble se situer en automne, au début de la nouvelle année, une période où l'on fêtait en grande pompe les dieux.

Les Walkyries apparaissent sur de nombreuses pierres commémoratives de la période viking, sur l'île de Gotland, en train d'accueillir les héros avec des cornes d'hydromel.

LES TUEURS DE DRAGONS

Beowulf et Sigurdr

Panneaux d'une porte d'église du XIIe siècle à Setesdale en Norvège, montrant l'épée de Sigurdr reforgée puis éprouvée sur l'enclume (à droite), le dragon abattu, son cœur grillé, et Reginn tué.

Le mythe du héros qui a vaincu un puissant dragon fait partie de la tradition scandinave. La principale version en est l'histoire du dragon Fáfnir, tué par le jeune héros Sigurdr le Völsungr, récit qui fut populaire dès le Xe siècle.

Sigmundr, père de Sigurdr, était l'un des plus valeureux héros d'Odin (en fait, il pourrait bien être le tueur du dragon, le nom de Sigurdr n'étant pas mentionné dans les sources anciennes). Lorsque Sigmundr tomba au combat, Odin lui-même brisa l'épée merveilleuse qu'il lui avait donnée. Sa veuve Hjördis en garda les morceaux pour son fils Sigurdr, qui grandit à la cour de son second mari, Hjalpreksson. Sigurdr fut élevé par un forgeron astucieux mais méchant, Reginn, qui lui apprit toutes sortes de techniques. Un jour où il choisissait un cheval, il fut aidé par Odin déguisé en vieil homme, et obtint ainsi l'extraordinaire coursier Grani, de la race de Sleipnir, le cheval d'Odin. Reginn parla à Sigurdr d'un magnifique trésor gardé par le dragon Fáfnir, son frère.

L'histoire de ce trésor était compliquée. Il y avait un troisième frère, Otr (loutre), qui était en train de manger un poisson au bord de la rivière – sous sa forme animale – lorsque Loki le tua d'une pierre et lui prit sa peau de loutre. Alors que les trois dieux, Odin, Loki et Hoenir, séjournaient chez Hreidmar, le père des trois frères, celui-ci les retint prisonniers et demanda comme rançon pour son fils Otr qu'ils recouvrent d'or la peau de loutre. Ils envoyèrent Loki capturer un nain, Andvari, et lui prendre tout son or, y compris un anneau qui avait le pouvoir de multiplier les richesses. Mais le nain jeta un sort à l'anneau, de sorte qu'il devait apporter la mort à celui qui le possèderait. Plutôt que de recouvrir la peau d'or, il fut exigé la totalité du trésor, dont l'anneau, et les dieux se retrouvèrent libres. Alors Fáfnir tua son père Hreidmar pour s'emparer de l'or et se changea en dragon afin de protéger ses richesses.

Reginn exhorta Sigurdr à anéantir Fáfnir et à s'approprier le trésor. Le forgeron lui fabriqua deux épées, mais toutes deux se brisèrent lorsqu'il les essaya, alors Sigurdr obtint de sa mère les morceaux de l'épée Gramr, avec lesquels Reginn forgea une nouvelle arme au tranchant redoutable. Reginn conseilla à Sigurdr de creuser un trou et de s'y asseoir : ainsi, lorsque le dragon passerait pour aller boire, Sigudr l'attaquerait par en dessous. Mais Odin apparut à nouveau déguisé en vieillard et avertit Sigurdr que, s'il ne creusait pas plusieurs trous, il se noierait dans le sang – conseil qui sauva la vie du héros. Sigurdr blessa mortellement Fáfnir à l'épaule. Reginn lui demanda alors de griller le cœur du dragon et de le lui donner à manger. Ce faisant, Sigurdr se brûla le doigt, le porta à sa bouche et, lorsque le sang toucha sa langue, il devint capable de comprendre le langage des oiseaux et les entendit affirmer que Reginn avait l'intention de le tuer.

Alors Sigurdr trancha la tête de Reginn avec son épée, chargea le trésor sur le dos de Grani et s'enfuit à toute allure. La possession de l'anneau fatal provoqua plus tard la mort de Sigurdr, à cause des machinations de Brynhildr, jalouse de Gudrun, la femme de Sigurdr. On retrouve ce même récit plus tard dans la tradition germanique : c'est l'histoire de Siegfried et du trésor des Nibelungen, dans laquelle la mort du dragon a peu d'importance.

Combat entre un lion et un serpent, figurant sur une pierre provenant du cimetière de Saint-Paul à Londres. Cette pierre, élevée à la mémoire d'un Scandinave mort au milieu du XIe siècle, montre l'influence de l'image traditionnelle du dragon.

Beowulf

On trouve un tableau très vivant d'un féroce dragon dans le poème épique anglo-saxon Beowulf, *qu'on date généralement du VIIIe siècle. Malgré un arrière-plan chrétien, la description des monstres tués par le héros Beowulf a le parfum des légendes préchrétiennes.*

Jeune homme, Beowulf vint du pays des Geats pour aider le vieux roi danois Hrothgar et, dans une lutte à main plate, il tua le monstre mangeur d'hommes, Grendel, alors qu'il s'introduisait la nuit dans le palais royal. Lorsque la mère de Grendel vint pour venger son rejeton, Beowulf la suivit jusqu'à son repaire, au-dessous d'un lac, et la tua.

Ensuite, Beowulf régna pendant cinquante ans sur les Geats, jusqu'au jour où, alors qu'il était déjà vieux, il vit son royaume menacé par un dragon qui gardait depuis des siècles un important trésor dans un tumulus. Il était entré en fureur parce qu'un vagabond avait dérobé un précieux gobelet de son trésor, et cette nuit-là il s'était précipité en volant pour dévaster le royaume. Beowulf s'en vint affronter le monstre, avec un bouclier de fer pour résister au feu et une bande de guerriers triés sur le volet. La lame de son épée ne put transpercer la peau épaisse de l'animal et, lorsque le dragon s'avança, ses compagnons, saisis de terreur, s'enfuirent, à l'exception d'un jeune chef loyal, Wiglaf. Quand le dragon saisit le cou de Beowulf entre ses mâchoires, Wiglaf lui perça le ventre de son épée. Beowulf tira son couteau, et ensemble ils harcelèrent le dragon jusqu'à ce qu'il tombât. Mais Beowulf était affaibli par le souffle venimeux du monstre. En mourant, il légua le trésor à Wiglaf, ainsi que son collier et son armure.

Le dragon, qui a la forme d'un serpent, crache du feu et possède des ailes lui permettant de voler dans la nuit, n'est pas sans ressemblance avec les monstres-serpents des légendes et mythes anciens. La mort de Beowulf fait écho à celle de Thor qui, à la dernière bataille du Ragnarök, tua le Serpent du Monde mais succomba ensuite à son venin.

L'EUROPE CENTRALE ET L'EUROPE DE L'EST

Le motif central de cette broderie traditionnelle slave, originaire du nord de la Russie, représente peut-être la déesse slave orientale Mokoch, dont le culte lié à la fertilité était largement répandu.

Les slaves se composent de plusieurs peuples, des Katchoubes, au Nord, aux Macédoniens, au Sud, et chaque groupe possède sa propre langue, qui reflète une identité bien distincte. Cependant, en raison de leur relative jeunesse au sein des peuples européens, les Slaves partagent en grande partie un patrimoine de mythes commun. Cet ensemble de mythes n'a pas pu être conservé sous forme écrite, puisque les premiers écrits datent seulement du IXe ou du Xe siècle, avec la conversion au christianisme qui ignorait, dénaturait ou condamnait les pratiques païennes. Mais le retard économique et l'isolement (surtout en Russie) ont permis la survivance, même sous un aspect déformé, d'une grande variété de mythes d'origine ancienne. La mythologie slave met en scène des êtres surnaturels auxquels les mortels se trouvent confrontés, en général à leurs risques et périls. Des noms de dieux païens ont été conservés, mais on sait peu de chose de leurs cultes, sauf cas exceptionnels, comme par exemple celui de la déesse de la Fertilité Mokoch (ci-dessus), d'origine slave orientale.

On trouve dans les contes populaires des traces d'anciennes croyances relatives aux rites de passage ou au chamanisme. L'Autre Monde, auquel les chamans ont accès, est peuplé ou gardé par des monstres, et les chansons de geste racontent comment ces êtres malfaisants utilisent leur pouvoir pour exercer une menace sur l'humanité, dans ce monde-ci.

Tout aussi évident est le culte des ancêtres – peut-être, à l'origine, de façon totémique –, encore vivace aujourd'hui dans les contes et croyances populaires relatifs aux esprits domestiques.

LES PEUPLES SLAVES

Les Slaves apparaissent avec une identité ethnique distincte vers le Ve siècle ap. J.-C. Au cours des deux siècles suivants, ils se divisent en trois groupes : de la Slovaquie orientale vers l'ouest pour occuper la Bohême, la Pologne et certaines parties de l'Allemagne ; vers le sud en traversant les Balkans ; plus à l'est et au nord pour s'installer dans les régions de l'actuelle Ukraine et du nord-est de la Russie. Le millénaire suivant est une période d'expansion vers l'est, de la Russie européenne à la Sibérie et jusqu'en Asie centrale.

LES CROYANCES DES SLAVES À L'ÉPOQUE PRÉCHRÉTIENNE

Dans l'évolution des croyances mythologiques slaves, on distingue trois étapes qui en fait se chevauchent.

La lumière contre l'obscurité

Une croyance dualiste en un monde gouverné par la force créatrice de la lumière et le pouvoir destructeur des ténèbres a obligé l'humanité à s'appuyer sur le bien pour combattre le mal. Le christianisme identifiera le bien avec l'Église, mais les forces du mal garderont leur emprise sur l'imaginaire populaire, sous la forme des revenants (vampires ou esprits des forêts et des ruisseaux).

Le culte des ancêtres

Chaque foyer était protégé par des ancêtres responsables de sa santé et de sa prospérité. A un niveau plus large, un culte était rendu à un dieu de la Fécondité, Rod, qui était accompagné de divinités féminines – mère et fille –, les Rožanicy. Les rituels, complexes, liés au cycle annuel de la mort et de la renaissance, incluaient sans doute des pratiques chamaniques destinées à entrer en contact avec les esprits des ancêtres dans l'Autre Monde.

Les dieux des éléments

Au stade final apparurent des divinités anthropomorphiques représentant les éléments. Les dieux du Soleil et du Feu reflètent la vénération des Slaves pour le pouvoir de la lumière et, notamment, leur respect pour le feu. Dans une culture en expansion, le dieu du Tonnerre est naturellement devenu dieu de la Guerre, et un dieu du Commerce a fait son apparition. Mais les plus répandus de tous étaient les dieux et les déesses de la Fertilité.

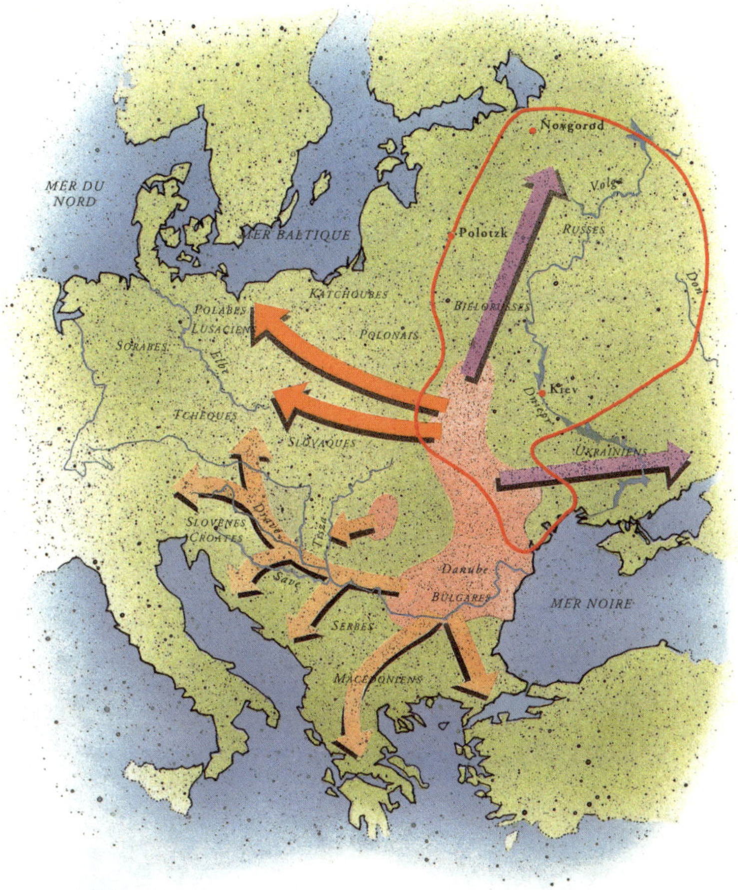

LÉGENDE

- Zone d'établissement des Slaves, VIe s. apr. J.-C.
- Expansion des Slaves occidentaux, Ve-VIIe s. apr. J.-C.
- Expansion des Slaves orientaux, VIe-VIIIe s. apr. J.-C.
- Expansion des Slaves du Sud, VIIe s. apr. J.-C.
- Zone d'établissement des Slaves à l'est, Xe s. apr. J.-C.

GROUPES LINGUISTIQUES SLAVES

Les regroupements linguistiques reflètent les trois directions de migration : ouest, sud et est. A l'époque des premiers textes écrits (IXe-Xe siècle), plusieurs des groupes ethniques slaves modernes étaient déjà différenciés. Dans la zone orientale, l'ukrainien et le biélorusse ne sont apparus en tant que langues distinctes qu'après le XIIIe siècle.

Slaves occidentaux	Slaves du Sud	Slaves orientaux
Polabes	Slovènes	Biélorusses
Polonais	Croates	Ukrainiens
Katchoubes	Serbes	Russes
Sorabes	Bulgares	
Tchèques	Macédoniens	
Slovaques		

LES ANCIENS DIEUX SLAVES

Si l'on se base sur la terminologie, la religion slave primitive n'était pas sans rapport avec les croyances iraniennes, malgré l'existence de quelques dieux d'origine locale.

Svarog, dérivé du sanscrit *svarga* (ciel). Le plus ancien dieu des Eléments. Il avait deux fils, Dažbog, dieu du Soleil, et Svarožic, personnification du feu.

Sventovit, lié au culte des ancêtres, avait quatre têtes, symbole de sa puissance, et tenait une corne remplie de vin, dont le niveau lui permettait de prévoir les moissons. Avec l'aide d'un cheval blanc sacré, Sventovit prédisait l'issue des guerres. Dans les régions slaves orientales, Sventovit était représenté par le culte de Rod, dieu de la Fertilité, de la Lumière et de la Création.

Perun était un dieu du Tonnerre, des Eclairs et de la Guerre, qui, à la fin du Xe siècle, remplaça Rod dans les milieux aristocratiques.

Veles, ou Volos, divinité des Morts, était un protecteur des troupeaux et du commerce.

Mokoš, ou Mokoch, grande déesse de la Fertilité, de l'Abondance et de l'Humidité, semble n'avoir appartenu qu'aux Slaves orientaux (voir ci-contre).

Stribog, dieu des Vents chez les Slaves orientaux, trouve un écho dans les croyances russes ultérieures, à savoir que les vents violents transportent des démons.

Les Rožanicy étaient des déesses, mère et fille, de la Fertilité ; le jour de leur fête marquait la fin de la moisson. Elles étaient étroitement liées à Rod.

L'AUTRE MONDE

Le trois fois dixième royaume

ROSSIGNOL LE BRIGAND

L'adversaire surnaturel le plus frappant est Rossignol le brigand. Créature mi-oiseau mi-être humain, il vit dans un arbre qui obstrue la route de Kiev. Il peut provoquer un vent hurlant et sifflant qui abat arbres et fleurs et tue les mortels. Ilia de Mourom, un célèbre *bogatyr* (héros d'une épopée), exhorte son cheval à ignorer le bruit terrifiant, blesse Rossignol à la tempe droite et l'emmène à Kiev, attaché à son étrier.

L'Autre Monde – que le héros atteint seulement au bout d'un long voyage, entrepris afin d'obtenir l'objet de sa quête – se trouve soit au-delà d'une forêt impénétrable, de l'autre côté d'une rivière tumultueuse, soit au-delà ou au-dessous de la mer, soit encore au-dessus ou au-dessous de la terre. Pour y avoir accès, il peut être nécessaire de gravir une montagne abrupte ou de descendre dans une caverne ou un trou dans le sol. Mais, où qu'il se situe, le « trois fois dixième royaume » (ainsi désigné dans les contes slaves orientaux) est étroitement lié au soleil. Les objets de la quête du héros sont presque toujours en or (des pommes d'or dans un conte bulgare, tandis qu'un autre récit concerne un oiseau de feu magique, aux ailes d'or étincelantes, qui se trouve dans une cage en or). Les palais sont décorés d'or et d'argent. Le lointain royaume doré évoque l'ancienne croyance slave selon laquelle la terre est une île qui flotte sur l'eau, alors qu'au-dessous de l'eau se trouve un autre monde dans lequel le soleil tombe chaque nuit. Cette idée de mondes au-dessus et au-dessous de la terre peut aussi rappeler vaguement le concept chamanique de l'Arbre du monde dont les racines plongent dans le sol et les branches atteignent le ciel. Lorsque le chaman était en transe, on croyait que son âme s'envolait ou descendait pour accompagner l'âme d'un mort. C'est pourquoi le voyage du héros reproduit le voyage magique du chaman dans le domaine des morts et son retour sur terre, avec une sagesse et un pouvoir accrus. Selon une autre théorie, l'origine des voyages dans l'Autre Monde est à chercher dans les rites d'initiation : l'initié était censé mourir avant de renaître à un autre stade de son existence. Ce qui est sûr, c'est que le héros doit affronter de terribles dangers avant d'émerger de l'Autre Monde. D'ailleurs, la croyance selon laquelle la mort est un voyage nécessitant une escalade semble avoir survécu dans certaines régions de Russie, où la coutume veut que l'on garde des rognures d'ongles du défunt, afin qu'elles se transforment en serres après la mort.

Les dragons

Le dragon ou le serpent se retrouvent aussi bien dans les contes populaires que dans les épopées serbes et russes. Dénommé le Serpent flamboyant, il a des liens avec le feu, l'eau et les montagnes, c'est-à-dire avec les frontières de l'Autre Monde. Dans la Russie préchrétienne, on croyait que les éclairs étaient des dragons et on les associait au dieu du Tonnerre, Perun. Ce qui pourrait expliquer l'épopée de Dobrynia et du dragon, qui exprime sous une forme allégorique la conversion de la Russie (à la fin du xe siècle) : il s'agit de la victoire de Dobrynia sur un dragon qui symbolise le paganisme et son principal dieu, Perun. Le dragon slave apparaît habituellement comme un ravisseur de femmes – soit une femme proche du héros, qui est transportée dans l'Autre Monde, soit des jeunes filles qu'il terrorise. Le monstre joue également le rôle de gardien du pont en bois de tremble qui enjambe une rivière tumultueuse et mène à l'Autre Monde. Dans un cas comme dans l'autre, le héros doit vaincre le dragon et, au moment opportun, délivrer la prisonnière. Avant d'essayer de décapiter le dragon, il doit ignorer les railleries affirmant qu'il va être avalé et lutter contre une irrésistible envie de dormir.

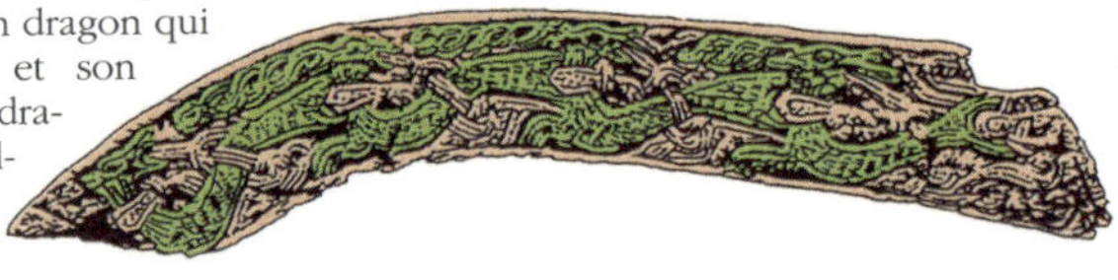

Le dragon apparaît sur de nombreux objets. Sur cette poutre sculptée (Novgorod, xie s.), les dragons sont en vert, pour être plus visibles.

LA BABA IAGA ET LES AMAZONES

Les créatures féminines dans le folklore

La figure mythique la plus connue des contes populaires slaves est la sorcière, la *baba iaga*. Elle tient en son pouvoir les oiseaux et les animaux sauvages. Elle se déplace dans un mortier, avançant à l'aide d'un pilon et effaçant ses traces avec un balai. On la rencontre le plus souvent dans sa cabane juchée sur des pattes de poulet, au cœur d'une épaisse forêt. Pour entrer, le héros ou l'héroïne doit prononcer une formule magique, après quoi la cabane pivote, révélant la porte. Baba Iaga occupe tout l'intérieur ; c'est une horrible vieille sorcière dont le long nez touche le plafond et dont les jambes s'étendent d'un bout à l'autre de la pièce. Elle est si décharnée qu'on dirait un squelette aux dents pointues. On l'appelle « Jambe d'Os », et la clôture de son jardin est faite d'os. Son habitation éloignée laisse penser qu'elle garde l'entrée de l'Autre Monde. Il y a là un lien évident avec les rites d'initiation préhistoriques : dans beaucoup de cultures, l'initiation se déroule dans un édifice spécial situé à l'extérieur du village, et l'on croit que les initiés meurent avant de renaître. Le jour et la nuit obéissent aux ordres de Baba Iaga. Son origine est-elle à chercher du côté d'une déesse de l'Autre Monde autrefois puissante ? Hypothèse que vient confirmer son rôle parfois positif, lorsqu'elle aide un héros dans sa quête – vestige d'un temps où son culte n'était pas encore totalement abandonné. On trouve également chez les Slaves les traces d'une croyance en un autre genre de femmes puissantes. Une légende de Bohême, datant du XIe siècle, parle d'un groupe d'Amazones qui combattent comme des hommes et prennent l'initiative sur le plan sexuel. Ces guerrières, conduites par la plus courageuse d'entre elles, Vlasta, habitent dans un château au bord de la rivière Vltava. Dans les épopées russes traditionnelles, les *polenitsa* – les Amazones – chevauchent solitaires. Dans le conte de Dobrynia et du dragon, le héros, rencontrant une de ces femmes, essaie de la dominer. Alors elle le saisit par ses boucles blondes, l'arrache de son cheval et le met dans sa poche. Finalement, elle accepte de le libérer, à condition qu'il l'épouse. Les Amazones, à la fin des contes, sont soit tuées soit amadouées par le mariage.

BABA IAGA ET MARIA MOREVNA

Dans un conte folklorique, le prince Ivan, dont l'épouse Maria Morevna a été enlevée par le monstre Kachtcheï, part à sa recherche, mais découvre qu'il ne peut la délivrer qu'à condition de trouver un cheval au moins aussi rapide que celui de son ennemi. Maria apprend par Kachtcheï que Baba Iaga qui vit au-delà de la rivière tumultueuse possède un troupeau de tels chevaux. Quand son mari la retrouve, Maria lui confère le pouvoir de traverser la rivière. Avant d'accepter de lui donner un cheval, Baba Iaga confie au prince la tâche impossible de garder son troupeau de juments poulinières durant trois nuits. Chaque nuit, conformément à ses instructions, les juments s'enfuient au galop, mais elles sont ramenées par des animaux et des insectes qu'Ivan a traités avec bonté. Finalement, elles lui conseillent de voler le poulain galeux qui gît sur un tas de crottin dans l'écurie, et de s'enfuir. C'est ce qu'il fait et, rageusement poursuivi par Baba Iaga avec son mortier et son pilon, il retraverse la rivière tumultueuse et lui échappe. Grâce au poulain qui maintenant, par miracle, est capable de dépasser le coursier de Kachtcheï, Ivan délivre sa bien-aimée.

Sur cette gravure du XVIIIe siècle, la baba iaga, *montée sur un porc, affronte un « crocodile ». Elle agite un pilon, qui lui sert habituellement à se propulser lorsqu'elle se déplace dans son mortier.*

LES ESPRITS DES ANCÊTRES ET DU FOYER

Ivan le Sot

LES ESPRITS DE LA FERME

Il existait des esprits de la ferme étroitement liés au *domovoï* : le *dvorovoï*, l'*ovinnik* et le *bannik*. Les activités du *dvorovoï* se limitaient à la cour de la ferme, pour le reste il se comportait comme le *domovoï* et lui ressemblait beaucoup. L'*ovinnik* (esprit de l'aire de battage) était bien plus hostile aux humains, à cause de son rapport avec le danger que représente l'aire de battage. Le *bannik* était lui aussi dangereux (c'était l'esprit des bains, au lieu de divination et de magie). La croyance au *domovoï* et au *bannik* subsiste encore aujourd'hui dans certains villages de Sibérie.

Des cérémonies complexes à la mémoire des morts étaient pratiquées par l'ensemble des Slaves (bien qu'elles n'aient survécu, à partir du XIXe siècle, que parmi les chrétiens orthodoxes). La mémoire des morts était célébrée trois ou quatre fois par an, à dates fixes : on mangeait et on buvait près du tombeau, et une partie de la nourriture était offerte aux défunts.

Le culte des ancêtres est également évoqué dans le folklore russe avec le personnage d'Ivan le Sot, qui siège sur le poêle et qui est parfois représenté couvert de suie. Ivan est proche de ses ancêtres, et non ses frères aînés ; c'est lui qui reçoit une récompense pour avoir respecté les souhaits de son défunt père. La croyance slave – très répandue – dans les esprits du foyer est attestée par le *diedouchka domovoï* (« le vieux, esprit de la maison » : c'est le terme russe, mais l'équivalent existe dans plusieurs autres langues). Le *domovoï*, actif la nuit, doit être traité avec respect par la famille, qui évite de dormir sur son lieu de passage, et laisse dehors pour lui, chaque soir, des réserves de sa nourriture préférée. Si l'on n'accomplit pas ces rites, le *domovoï* aura tendance à mal se comporter, brisant la vaisselle ou harcelant les animaux. Le plus souvent, il est invisible, mais ceux qui ont pu l'apercevoir l'ont décrit comme un vieil homme à barbe grise, laissant parfois supposer que son corps était couvert de poils. A coup sûr, son contact était bénéfique s'il était doux comme la fourrure, mais apportait malheur et mort s'il était froid et rude. On lui présentait les nouveaux animaux de la ferme, et l'on s'efforçait de ne garder que ceux qui avaient la couleur qu'il était censé aimer. La prospérité du foyer dépendait de son bonheur et, lorsque les choses allaient mal, il fallait faire encore plus d'efforts pour lui plaire. Si la famille devait déménager, cela donnait lieu à des rites compliqués afin que le *domovoï* vienne lui aussi. Souvent, il était attiré par les charbons de l'ancien foyer – preuve supplémentaire de son lien avec le culte des ancêtres.

Le Rouan d'argent

Ornement de selle provenant du sud de la Russie.

Le conte russe du Rouan d'argent expose comment un gardien du foyer et des traditions familiales reçoit pour récompense un cheval magique. Un vieil homme demande à ses trois fils qu'après sa mort ils gardent sa tombe pendant trois nuits ; recommandation qu'ignorent les deux fringants aînés. Ils envoient à leur place Ivan le Sot, qui passe son temps couché sur le poêle, dans la saleté. Le troisième jour, à minuit, le père mort apparaît, et récompense Ivan en lui faisant don du Rouan d'argent, dont les yeux lancent des étincelles et les naseaux crachent de la fumée. Lorsque le tsar déclare que l'homme capable de saisir le voile de sa fille à une grande hauteur deviendra son époux, Ivan prononce une formule magique pour faire venir le Rouan d'argent, grimpe dans son oreille et se transforme en un beau jeune homme. Il relève le défi au bout de trois fois, puis, sans avoir été reconnu, retourne à son existence misérable. Le tsar organise des festivités dans l'espoir de retrouver le beau jeune homme. Ivan, assis derrière le poêle dans la salle du banquet, essuie sa chope de bière avec le voile, et on le reconnaît. Il reçoit sa juste récompense, au grand dépit de ses frères.

LES ÂMES DES DÉFUNTS

Roussalki, vily et autres visiteuses

L'idée que l'âme peut se détacher du corps et en sortir pendant le sommeil ou au moment de la mort se retrouve chez tous les Slaves. Dénommées « Zduhach » par les Serbes, les âmes se rassemblent sur les sommets des montagnes où elles se combattent ; si elle est victorieuse, l'âme apporte la prospérité au dormeur ; si elle est vaincue, il ne se réveillera pas. En Russie, les âmes peuvent prendre la forme d'une *kikimora*, une petite créature féminine aux cheveux flottants qui, comme les *domovoï*, habite dans les maisons. Annonciatrice de malheur, elle est indésirable. Lorsqu'un paysan mourait, on laissait ouvertes les portes et les fenêtres de son habitation pour permettre à l'âme, sous la forme d'un oiseau, de voltiger çà et là sans être vue. Les âmes de ceux qui mouraient sans être baptisés, par suite soit d'une mort violente soit d'une malédiction de leurs parents, pouvaient prendre diverses formes.

Une *nava* est l'âme d'un enfant non baptisé ou mort-né. Les Macédoniens croient qu'elle prend la forme d'un oiseau qui vole à la recherche de sa mère et attaque les femmes en couches. On peut la libérer en célébrant l'office du baptême. La *roussalka* est beaucoup mieux connue. Dans le sud de la Russie et en Ukraine, on croyait généralement que les *roussalki* étaient les âmes des petits enfants et des jeunes filles noyées. Les *roussalki* aimaient chanter ; elles prenaient la forme de séduisantes jeunes filles vêtues de feuillage et attiraient – disait-on – par leurs chants les garçons des villages dans leurs demeures sous l'eau. On disait aussi qu'à la fin du printemps, pendant la fête des Roussalia (la septième semaine après Pâques), elles sortaient de l'eau et allaient dans les champs et les forêts, où elles fondaient sur leurs victimes par-derrière et les chatouillaient à mort. Elles n'aimaient pas les femmes, notamment et, selon certains récits, elles cherchaient à voler les âmes des filles imprudentes ; elles punissaient les femmes qui, par exemple, se livraient à des travaux domestiques durant les Roussalia. Bien qu'au XIXe siècle les *roussalki* soient associées aux morts, il se peut qu'à l'origine elles aient eu un lien avec la fertilité, en particulier avec la fête païenne des Roussalii, connue au XIe siècle à Kiev (et qui a un rapport avec les Rosalia romaines, la fête des Roses).

SIRIN

Sirin est un oiseau paradisiaque au visage de jeune fille. Contrairement à d'autres créatures mythiques issues de la tradition populaire slave, il est d'origine grecque et a été introduit par les chrétiens orthodoxes. Clairement lié à la Sirène grecque (p. 147), il était très connu en Russie, où il a pris des traits chrétiens et populaires. Comme son modèle grec, il chante divinement mais apparaît moins comme une créature qui attire les marins et les fait se noyer que comme un oiseau de bonheur et de beauté, qui vient du ciel sur terre pour récompenser une vie honnête. Celui qui entend son chant oublie tout et meurt.

La vila

A l'instar de la roussalka, *la* vila *apparaît comme une femme éternellement jeune et belle, aux longs cheveux blonds. Elle aussi est associée aux âmes des disparus, qu'il s'agisse de petites filles mortes sans être baptisées (en Bulgarie), ou de jeunes filles frivoles dont les âmes flottent entre ciel et terre (en Pologne).*

La *vila* entretient des relations étroites et parfois amicales avec les humains. Dans les régions slaves du Sud, c'est le personnage mythique le plus connu, réunissant les caractéristiques d'autres esprits dont l'identité est ailleurs restée distincte. Il est souvent question des *vily* dans les épopées des Slaves du Sud. Dans l'une d'entre elles, le héros Marko aperçoit un groupe de *vily* en train de danser. Il envoie son faucon s'emparer des ailes et de la coiffure de Nadanojla, leur meneuse, et rentre chez lui suivi par la malheureuse *vila*. Il l'épouse et la fait passer pour une bergère. Mais un jour il se vante sottement d'avoir pour femme une *vila* ; elle reprend alors ses ailes et s'envole. Ce n'est qu'après avoir été capturée à nouveau par Marko qu'elle accepte son rôle d'épouse.

LES ESPRITS MALFAISANTS

Créatures des forêts, loups-garous et vampires

LES LOUPS-GAROUS

On croyait que ceux qui naissaient coiffés, avec une tache de vin ou des cheveux ressemblant à des poils de loup étaient des loups-garous. En général, on roulait la coiffe et on la gardait comme amulette ou on la cousait dans les vêtements. Elle était partout réputée porter chance. Parmi les Serbes et les Slovènes, ainsi qu'en Pologne et chez les Katchoubes, on disait que les enfants nés coiffés, ou avec des cheveux ou une tache de vin, avaient le don de double vue et de métamorphose. Bien que pouvant se changer en divers animaux, on disait qu'ils préféraient le loup hardi et assoiffé de sang, comme on le voit ci-contre, sur une gravure du XVIe siècle de Lucas Cranach. Au XVIe siècle, l'Église de Russie se sentit obligée de condamner ces croyances dans le pouvoir de la coiffe et ses liens avec la lycanthropie.
La croyance au loup-garou se retrouve dans les histoires concernant Vseslav, prince de Polotsk (aujourd'hui en Biélorussie) au XIe siècle. Contrairement aux autres princes russes qui se convertirent au christianisme en 988, Vseslav et sa famille restèrent païens. Selon des sources historiques, sa naissance (il était né coiffé) coïncida avec une éclipse de soleil. Fils d'une princesse violée par un serpent, le prince loup-garou assimila rapidement les arts de la magie, de la chasse et de la guerre. Adulte, il obtint des succès guerriers prodigieux, « chassant comme une bête sauvage, à minuit, enveloppé d'une brume bleue », selon un récit du XIIe siècle.

Si la *vila* (p. 211) est souvent bien disposée à l'égard des mortels, les autres esprits qui, selon les Slaves, habitent dans le voisinage des habitations sont au mieux enclins à jouer des tours aux humains, au pire franchement hostiles. Pour les Slaves de l'Est, le plus terrible est le *lechii* ou esprit des forêts. Il règne sur la forêt et protège les animaux qui y vivent. C'est ainsi qu'une grande migration d'écureuils à travers l'Oural, en 1859, fut expliquée de la manière suivante : des esprits sibériens des forêts, ayant perdu aux cartes contre leurs collègues de Russie européenne, leur amenèrent leurs animaux en paiement de leurs dettes. Anthropomorphe, le *lechii* a l'apparence d'un paysan dont la taille varie en fonction de l'habitation – de la hauteur du plus grand arbre à celle d'un brin d'herbe. Il a le pouvoir de se métamorphoser en divers animaux mais il peut aussi, dans le but de tromper, prendre l'apparence d'un parent. Malheur au paysan qui ne prend pas certaines précautions avant de pénétrer dans la forêt, notamment certains jours, soit en disant une prière soit en retournant ses vêtements. Le *lechii* détournait les gens pour les amener au bord d'un précipice, et enlevait les jeunes filles et même les enfants, généralement lorsqu'une mère s'était écriée avec impatience : « Que le *lechii* t'emporte ! »

La croyance dans les esprits de la forêt survit dans des régions reculées de Russie, tandis que celle en un esprit (masculin) malveillant de l'eau est en déclin depuis plus d'un siècle. Le *vodianoï* diffère de la *roussalka* non seulement par son sexe mais aussi par sa laideur ; il est couvert de vase, pourvu de griffes, ou encore bouffi et blême. Il prend plaisir à noyer ceux qui l'ont offensé. Dans un village de la Russie du Sud, on racontait l'histoire d'un paysan qui aimait à pêcher la carpe dans un trou d'eau profond où vivait le *vodianoï*. Lorsque, après de nombreux succès, il se vanta de pouvoir remonter le démon de l'eau, il se noya.

L'ensemble du monde slave ancien était imprégné de croyances relatives aux loups-garous (lycanthropie : p. 212, en marge), qui finirent par s'amalgamer avec l'idée du vampire. Les chansons serbes et bosniaques sur Zmaj Ognjeni Vuk (« le dragon-loup de feu ») font le lien entre un ancien loup-garou et un roi plus tardif, du XVe siècle, Vuk le Tyran. Les chansons rapportent qu'il est né avec une tache de vin (une marque rouge – ou en forme de sabre – sur son épaule droite), des touffes de poils de loup, et qu'il crache le feu. Grandissant à une vitesse prodigieuse, il devient un guerrier, et il est seul capable de vaincre le dragon (qui l'a peut-être engendré).

Les vampires

Le vampire est le plus connu de toutes les créatures mythiques familières aux Slaves et à leurs voisins. Le mot vient du slave méridional vampir, *qui prend d'autres formes selon les langues* (upir, upyr, upior, *etc.).*

Au XIXe siècle, la croyance aux vampires était plus répandue parmi les Ukrainiens et les Biélorusses que chez leurs voisins de l'Est, les Russes, mais c'est parmi les Slaves de l'Ouest (notamment les Katchoubes, qui vivent à l'embouchure de la Vistule) et du Sud qu'elle avait la plus grande emprise. Dans les pays slaves du Sud, la notion de vampire était étroitement imbriquée avec celle de loup-garou, à tel point qu'aujourd'hui, vampire se dit *vukodlak* (poils de loup). Cependant, contrairement aux loups-garous, les vampires sont la manifestation des esprits impurs des morts. Certaines catégories de gens deviennent des vampires après leur mort : c'est le cas des loups-garous, des magiciens, des sorcières, des pêcheurs et des impies (qui en Russie incluaient les hérétiques). Dans certains pays (la Bulgarie, par exemple), on soupçonne les meurtriers, les voleurs, les prostituées et autres indésirables de se transformer en vampires. Même les croyants morts de mort naturelle peuvent devenir des vampires, notamment lorsque les rites funéraires n'ont pas été respectés, ou lorsqu'ils sont morts prématurément (les suicidés, par exemple). Les personnes conçues ou nées un jour saint, les enfants mort-nés et ceux qui ont à la naissance une excroissance osseuse au bas de la colonne vertébrale, ou des dents, sont désignés comme vampires.

Les vampires ne pourrissent pas dans la tombe, ils sont souvent enflés, et le cadavre peut remuer dans le cercueil (les Macédoniens croyaient que le corps se retournait). A minuit, ils vont dans les maisons pour sucer le sang de ceux qui dorment ou avoir des relations sexuelles avec eux – il s'agit souvent de personnes de leur famille, qui ensuite dépérissent et meurent. Il leur arrive aussi de sucer la chair de leur propre poitrine, ou leurs vêtements mortuaires, ce qui, dans les deux cas, provoque la mort de leurs familiers. On trouve aussi des vampires aux carrefours ou dans les cimetières, où ils guettent leurs victimes, parfois enveloppés d'un linceul. Il existe de nombreux moyens de combattre les vampires. Certains ont pour but de permettre au vampire de reposer en paix : on place dans la tombe de petites croix en bois de peuplier, ou encore des graines de lin ou de millet qu'ils s'occuperont à compter (c'est une croyance macédonienne et katchoube). Parmi les mesures plus radicales, la plus connue est l'aubépine taillée ou le pieu de tremble plantés dans le corps, ou un pieu ou un clou dans la tête. Autrement, le corps était décapité (Slaves de l'Ouest), démembré (Slaves de l'Ouest et du Sud), ou bien l'on mutilait les talons ou les chevilles pour l'empêcher de se lever (Croatie).

La croyance aux vampires existe encore dans des régions reculées et parmi les communautés katchoubes du Canada.

LES RÉGIONS ARCTIQUES

Cette photo montre des chasseurs traquant des morses, au Groenland. Beaucoup de peuples arctiques croient, encore aujourd'hui, que le gibier est à la discrétion de l'esprit de la Mer qui, en hiver, l'approvisionne par des trous dans la glace.

La mythologie des régions arctiques reflète un environnement dur, dangereux – un paysage solitaire, à la population clairsemée. Dans ce contexte désolé, la menace de la famine hante tous les mythes. L'agriculture étant impossible, la nourriture vient entièrement des animaux qui, dans la mythologie, à la fois aident et trompent. Indispensables à la survie, on considère dans tout l'Arctique que les animaux ont une âme, et on les respecte en conséquence : il n'est pas rare qu'un chasseur demande pardon à l'animal qu'il vient juste d'abattre. Certains Inuit rejettent à la mer la vessie du phoque qu'ils ont tué, afin que celui-ci, lors d'une prochaine incarnation, s'offre comme proie au même chasseur.

Les saisons, la santé et la fertilité des humains et des animaux, comme la clémence ou la rigueur des éléments, tout est censé venir du monde des esprits. Le soin d'aider les personnes de la communauté à obtenir le succès et à éviter le malheur incombe à un médium, le chaman – rôle qui n'est accessible qu'à quelques-uns (généralement des hommes, mais pas toujours). Le chaman, en frappant sur un tambour spécial, lors d'une séance rituelle très spectaculaire, entre en transe pour communiquer avec les esprits. Tandis qu'il est inconscient, son âme voyage dans le monde des esprits, afin de découvrir où se trouve le gibier (ou bien un renne perdu, ou un ours dangereux), savoir quel esprit provoque la maladie, ou secourir l'âme volée d'un malade, et ainsi sauver une vie.

Les récits de guérison chamanique dans les cultures inuit décrivent des séances d'interrogations inlassables, dans le but d'apprendre de la personne malade pourquoi les esprits sont offensés. Peut-être a-t-elle fumé une pipe interdite, fendu un os à viande qu'il ne fallait pas toucher, ou mangé un morceau de caribou cru et gelé, qui était tabou pour elle. Si le patient est une femme, elle s'est peut-être coiffée après avoir accouché. Le chaman pose des questions concernant ce genre de transgressions, et toute la communauté, réunie dans l'igloo, réclame à grands cris la délivrance du malade.

LES INUIT

Les peuples de langue esquimaude du Nouveau Monde arctique et du Groenland se divisent en de nombreux groupes linguistiques et politiques, dont les principaux sont les Kâlâdlit, les Inuit, les Inupik et les Yupik. Le terme *Inuit* (« les êtres humains »), que les groupes du Canada se donnent à eux-mêmes, est utilisé de nos jours pour désigner tous ces peuples. Sauf dans le sud de l'Alaska et le Labrador, les Inuit vivent au-delà de la limite septentrionale des arbres, subsistant, en nomades ou semi-nomades, de la chasse et de la pêche, par groupes de quelques centaines de personnes au plus. En hiver et au printemps, ils traquent sur la côte les mammifères marins (notamment le phoque, le morse, la baleine) ; en été et en automne, ils vivent parfois dans les terres, recherchant le caribou (le renne de l'Amérique du Nord), les poissons et les oiseaux. Depuis qu'ils sont en contact avec les Européens, le commerce intense des fourrures est venu se greffer sur ce mode de subsistance traditionnel.

LES PEUPLES DU NORD RUSSE

Cette immense région s'étend entre la Finlande et le Pacifique, et présente deux principaux types de paysages : une forêt de conifères presque ininterrompue (taïga), et une toundra sans arbres près du littoral de l'océan Arctique. Les nombreux peuples autochtones appartiennent à plusieurs familles linguistiques : certaines, à l'ouest (dont le lapon), se rattachent au finnois, d'autres, à l'est, au turc et au toungouso-mandchou. La langue ket ne se rattache à aucune autre au monde, tandis que l'esquimau et l'aléoute sont apparentés aux autres langues esquimaudes de l'Alaska, du Canada et du Groenland.

Ces peuples, habitués à une vie nomade, chassant, pêchant et élevant des rennes, ont été gravement affectés par la colonisation russe, surtout depuis la révolution de 1917. Tous, à l'exception des Komis, des Caréliens et des Iakoutes, sont jugés vulnérables, en raison de leur petit nombre, et font l'objet d'une protection particulière.

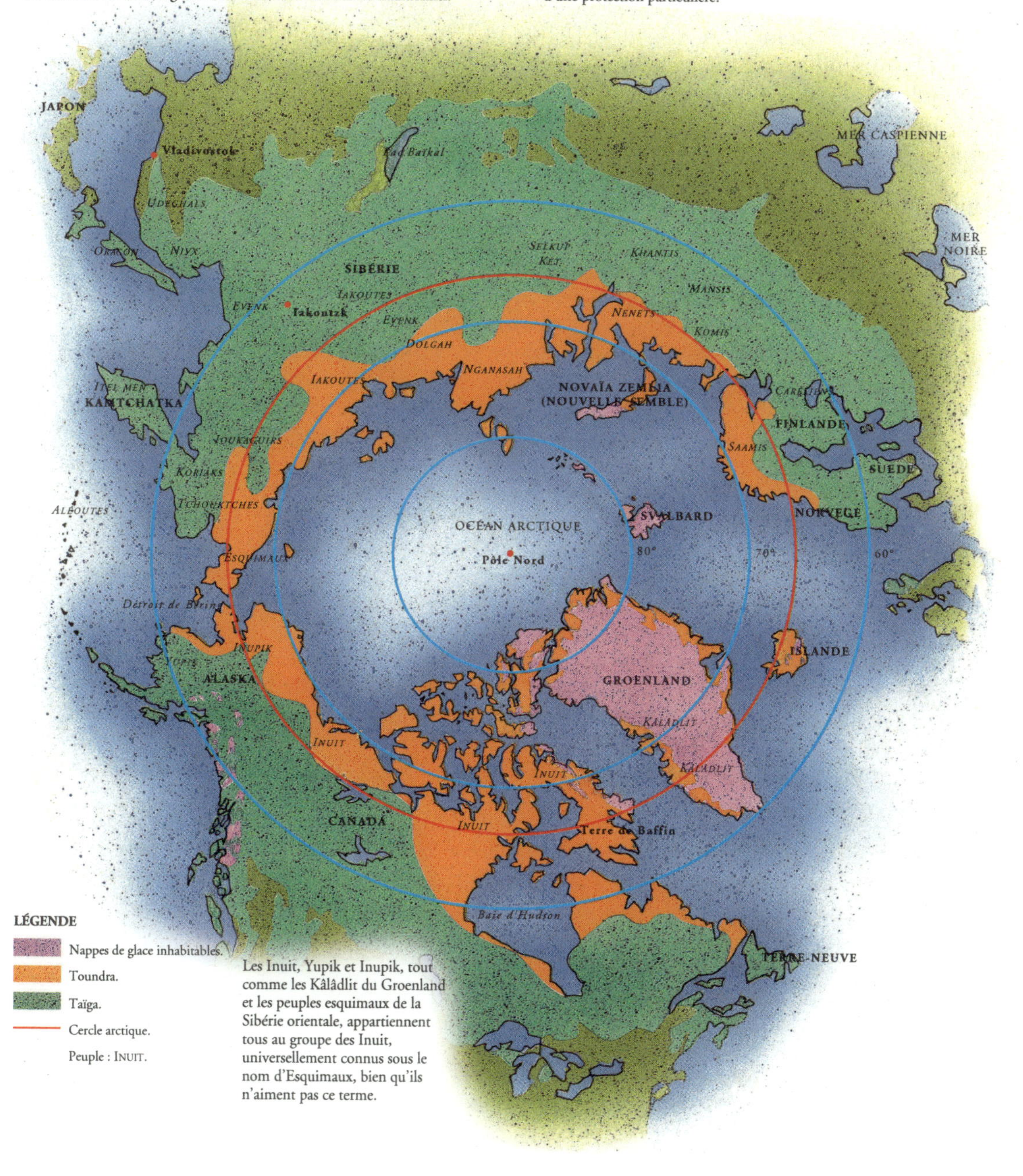

Les Inuit, Yupik et Inupik, tout comme les Kâlâdlit du Groenland et les peuples esquimaux de la Sibérie orientale, appartiennent tous au groupe des Inuit, universellement connus sous le nom d'Esquimaux, bien qu'ils n'aiment pas ce terme.

LES MYTHES DES INUIT

Les esprits de la Mer et du Ciel

L'ESPRIT DE LA LUNE

Un des principaux esprits des Inuit est l'esprit de la Lune (Takkik), qui est en rapport avec la fertilité, la rectitude morale et, pour les Inuit d'Alaska, le contrôle des animaux. L'esprit de la lune est masculin, c'est un chasseur redoutable, et il demeure dans le ciel. L'illustration de droite représente un masque de l'esprit de la Lune provenant de l'ouest de l'Alaska. La bordure blanche autour du visage symbolise l'air, les cercles indiquent les différents niveaux du cosmos, et les plumes représentent les étoiles.

LES ÂMES DES ANIMAUX

La figure de proue ci-dessous représente une baleine, qui devait être arrimée au bateau. Les Inuit croient que le chasseur ne prend pas une proie, mais que celle-ci s'offre à lui. Quand l'animal meurt, le chasseur accomplit une courte cérémonie pour s'assurer que l'âme de sa proie est retournée au monde non terrestre afin de rejoindre la compagnie des animaux – prête à revenir encore une fois pour s'offrir à nouveau à lui. Dans une grande partie de l'Alaska, les Inuit organisent des fêtes pour exprimer leur gratitude et favoriser la venue des animaux sur la terre. Pendant le festival de la Vessie, par exemple, qui se tient en hiver et dure cinq jours, l'événement principal consiste à enfoncer, dans des trous pratiqués dans la glace, les vessies gonflées de tous les mammifères marins attrapés par les chasseurs durant l'année, afin de renvoyer les âmes des animaux dans le monde des esprits.

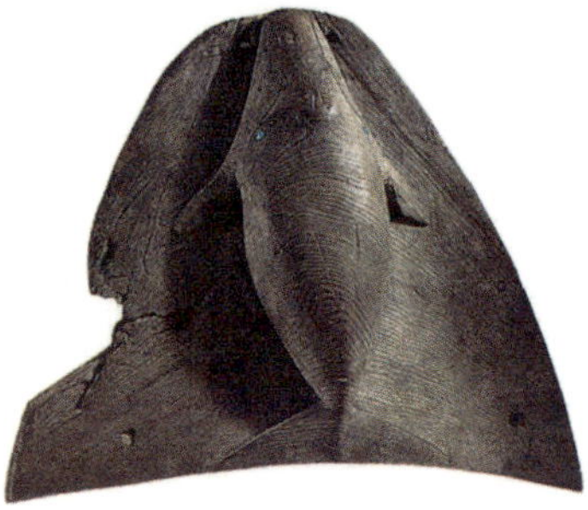

Les pouvoirs des esprits, de plus ou moins grande importance, dominent la vie des Inuit. Le plus connu est l'esprit de la mer des Inuit canadiens et groenlandais. Dénommé Sedna (parmi d'autres noms, dont Nuliajuk), l'esprit de la Mer règne sur tous les animaux qui fournissent de la nourriture aux humains. Dans sa résidence du fond de la mer, d'où il envoie des animaux pour la chasse, il prend l'apparence d'une femme. Même les chamans la craignent. Un autre esprit important est l'esprit de l'Air, couramment appelé Sila, « intelligence », « climat ». Présent dans presque toutes les régions inuit, il contrôle la pluie, la neige, le vent et la mer, du haut d'un domaine situé loin au-dessus de la terre. Bien que considéré comme une personne, il ne s'incarne pas. Le troisième de ces grands esprits est l'esprit de la Lune. Tous sont fondamentalement bienveillants, mais les humains les perçoivent – peut-être surtout l'esprit de la Mer – comme menaçants, car ils sont extrêmement sensibles à la mauvaise conduite des humains et y répondent par le mauvais temps, la chasse infructueuse et la maladie. Pour écarter de telles calamités, les gens prononcent des incantations, portent masques et amulettes (les extrémités des animaux ont leur préférence) et mobilisent leurs chamans.

Parmi la pléthore d'autres esprits, moins importants, bienveillants ou foncièrement mauvais, les plus intéressants sont les esprits auxiliaires – esprits d'animaux, d'objets ou de personnes mortes, que les chamans rencontrent lors de leur long apprentissage ; un esprit auxiliaire, en prenant possession d'un chaman, peut apporter une aide vitale à toutes les pratiques chamaniques.

La croyance des Inuit en l'existence de domaines situés dans le ciel et sous la surface de la terre, chacun défini par un esprit qui y habite, amène naturellement à l'idée d'âmes et de leur recyclage. Les Inuit croient notamment que les animaux ont une âme (ci-contre), d'où un respect particulier pour leurs proies. L'essence spirituelle de l'être humain est plus complexe. Au moment de la mort physique, une partie de cette essence entre, peut-être pour toujours, soit dans le Monde souterrain, soit dans le Domaine céleste, selon la façon dont la personne est morte. Une autre partie, matérialisée dans le nom de la personne, viendra se réincarner dans un proche : donner à un nouveau-né le nom de quelqu'un mort depuis peu signifie que certaines qualités personnelles passeront de l'ancêtre à l'enfant.

De nos jours, presque tous les Inuit ont adopté le christianisme, qu'ils se sont aisément approprié à la lumière de leurs croyances traditionnelles. Les mythes inuit ne reconnaissent aucun dieu créateur tout-puissant, pourtant les Inuit ont associé le Dieu chrétien aux principales forces spirituelles, et les missionnaires aux chamans. Dans certaines parties du sud-ouest de l'Alaska, les Inuit ont embrassé la foi orthodoxe russe, et ils ont une cérémonie de Noël qu'ils nomment Selavik, contenant des éléments à la fois chrétiens et traditionnels, et qui commence et finit par un service religieux. Elle peut durer dix jours, et comporte une procession qui va de maison en maison avec, en tête du cortège, de grandes images d'étoiles qui annoncent la naissance du Christ. A chaque maison visitée, on chante des hymnes et on distribue des quantités de cadeaux.

Les processions de ce genre tenaient une place importante dans les pratiques religieuses traditionnelles de ces peuples de l'Alaska. Par exemple, avant le festival de la Vessie (p. 216), la communauté humaine pouvait accéder au monde spirituel en conduisant de jeunes garçons de maison en maison à travers le village. La distribution de cadeaux à Selaviq est une version moderne de la traditionnelle distribution de nourriture qui reflète le sens de la générosité des communautés inuit.

LE CORBEAU

Le père Corbeau, personnage clé de la mythologie des Inuit de l'Alaska (comme des sociétés indiennes et sibériennes voisines), est le seul exemple manifeste chez les Inuit d'un créateur personnifié. Le Corbeau, descendant du ciel, a créé d'abord la terre, puis l'homme et diverses espèces d'animaux et de plantes ; finalement il a créé la femme, pour en faire la compagne de l'homme. Sous une forme humaine, le Corbeau était aussi un instructeur. Il apprit à l'homme et à la femme comment s'occuper des animaux, élever des enfants, faire du feu, etc. Caractéristique intéressante de ce mythe, l'homme serait né d'un pied de vigne créé par le Corbeau. Plus tard, d'autres hommes sont nés du même pied de vigne – une explication simple de l'évolution de la race.
Après ces premiers temps, le Corbeau a fini par n'exercer que des pouvoirs restreints. Dans sa demeure céleste, il peut dispenser le beau temps ; mais si quelqu'un tue un corbeau, on peut s'attendre à un temps exécrable.

L'origine de l'esprit de la Mer

Un mythe inuit du Canada relate les origines de l'esprit de la Mer et des animaux marins.

Au début de l'histoire, une jeune fille est contrainte par son père à épouser un chien. En fait, dans un premier temps, leur union est heureuse mais, après la naissance de plusieurs enfants, les choses tournent mal. Le père noie le chien, et les enfants essaient d'obtenir vengeance ; mais ils échouent et sont chassés. Ensuite, un oiseau (un pétrel) apparaît sous la forme d'un homme laid, et la jeune femme part avec lui sur son kayak pour devenir son épouse. Le père réussit à la reprendre, mais l'oiseau les rattrape et déclenche un orage qui menace de renverser leur embarcation. Le père, terrifié, tente de lancer sa fille à l'oiseau, mais elle s'agrippe au bord du bateau. Alors le père lui coupe les doigts l'un après l'autre, jusqu'à ce que finalement elle tombe à la mer. Et c'est ainsi que furent créés les animaux marins – les plus petits phoques à partir des bouts des doigts de la jeune femme, les phoques barbus à partir des articulations médianes, et les morses à partir des dernières articulations.

Quant à la jeune femme, elle tombe au fond de la mer, où elle devient le grand esprit de la Mer, entourée d'animaux (y compris, peut-être, les animaux terrestres). Elle y est rejointe par son père qui, de chagrin, est tombé à la Mer, et par son premier mari, le chien. Le chien reprend son rôle protecteur à son égard, tandis que son père reste le persécuteur hargneux qui transgresse les lois de la vie.

Le phoque a été créé à partir du doigt coupé de la jeune femme qui est devenue l'esprit de la Mer. Le coffret ci-dessus représente, un phoque étendu sur le dos. Le visage humain sur le couvercle symbolise l'âme du phoque.

LES MYTHES SIBÉRIENS

Animaux, arbres, chamans

Cette photo ancienne montre un chaman toungouze en costume rituel, portant un tambour chamanique. Les détails du costume avaient une signification rituelle.

Tous les peuples sibériens pratiquaient la chasse et la pêche, et beaucoup d'entre eux élevaient des rennes. Ce sont les Iakoutes et les Bouriates, venus du Sud, qui ont introduit dans la région l'élevage des chevaux et du bétail, ainsi que le style des épopées mythologiques d'Asie centrale.

C'est dans la chasse que se révèle le mieux la relation de l'homme avec les animaux. Selon la croyance sibérienne, les animaux s'offrent d'eux-mêmes au chasseur qui les respecte. Les animaux ont un statut égal à celui des chasseurs et, dans les mythes, ils se transforment souvent en humains ou se marient avec eux. L'ours brun, considéré comme le seigneur de la forêt, possède une force d'âme d'une très grande puissance, qui peut être dangereuse mais peut aussi être utilisée pour guérir. Encore aujourd'hui, on soigne les blessures en frottant la partie malade avec une patte d'ours ou en la frictionnant avec de la graisse d'ours. La chasse à l'ours est entourée de tabous et, dans de nombreuses régions, l'âme d'un ours tué doit être apaisée par un rite : par exemple, on coud les paupières de l'ours pour l'empêcher de poursuivre le chasseur.

Les Ioukaguins racontent l'histoire d'un héros ancien, mi-homme mi-ours. Dans une des versions, il est question d'un homme qui s'est réfugié dans la tanière d'une ourse. Au printemps, l'ourse donne naissance à un enfant qui, plus tard, veut connaître le village de son père humain. Mais il ne peut supporter la vie au village et retourne dans la forêt. Plus tard, après avoir vaincu divers ennemis surnaturels sous la terre, où il trouve une épouse, l'homme-ours revient une fois de plus dans le monde des humains, chevauchant un aigle et ramenant une épouse pour son frère.

Les mythes ne parlent pas que des animaux vivants. Chez les Evenk, par exemple, le mammouth – dont on découvre souvent des restes dans le sol – est un des maîtres du Monde souterrain. Avec ses défenses, il a ramené la vase de l'eau pour créer la terre. Partout où il a marché, dans son sillage sont nées les rivières ; partout où il s'est couché, des lacs se sont formés.

Dans toute la Sibérie, les gens croyaient généralement à l'existence de plusieurs mondes – trois, cinq ou sept – empilés les uns au-dessus des autres. Notre monde se situe au milieu. Habituellement, les mondes supérieurs abritent les bons esprits, les mondes inférieurs les esprits malfaisants. Le chemin qui relie ces différents mondes est souvent représenté comme un arbre dont les racines plongent dans le Monde souterrain et dont les branches s'élèvent dans le Monde supérieur. Pendant la transe, le chaman grimpe ou vole vers ces autres mondes afin de négocier avec les esprits ou de se battre avec eux. Durant cette séance, le chaman monte parfois à un arbre, grâce à des encoches pratiquées dans le tronc, et à chaque degré il chante son aventure dans les différents mondes, et ses rencontres avec les esprits de chaque sphère.

Cet arbre apparaît sans cesse dans les mythes. Selon les Nivx, à l'origine il y avait deux lunes et deux soleils, qui rendaient la terre trop froide la nuit et trop chaude le jour. Il ne resta aucune créature vivante, à part deux mésanges. Ces deux frères se posèrent dans un immense mélèze aussi haut que le ciel, et mangèrent de la nourriture laissée là par un vieil homme qui était le maître de l'arbre. Deux oiseaux, l'un d'argent et l'autre d'or, apparurent et défièrent les mésanges au combat. L'oiseau d'or – une femelle – s'éleva dans le ciel, l'un des frères la suivit et, pour lui échapper, elle se transforma tour à tour en ours, phoque, poisson et être humain. Mais le poursuivant subit les mêmes métamorphoses et l'attrapa à chaque fois. Sous sa forme humaine, l'oiseau d'or était la fille d'un vieil homme ; le héros (antérieurement l'une des mésanges) lui demanda la permission d'épouser sa fille. Il accepta, à condition que le prétendant tue d'abord le soleil et la lune qui étaient en trop. Le héros reçut l'aide du maître de la mer. Ce dernier le mit dans une bouilloire où il le fit mijoter, puis il rassembla les morceaux et fabriqua une nouvelle personne. C'est ainsi que le héros fut transformé en un homme de fer. Muni d'un arc et de flèches en fer ainsi que d'un cheval volant, il tua le soleil et la lune supplémentaires, et la terre redevint habitable. La cuisson et la reconstruction du héros sont des signes indubitables de l'initiation chamanique. L'initié est mis en morceaux dans une marmite par les esprits, puis reconstitué os par os, et renaît doté de pouvoirs chamaniques. Le pouvoir du fer est tel que le forgeron est la seule personne que le chaman doit craindre comme étant plus fort que lui.

Il y a, parmi les mythes sibériens relatifs à l'origine du monde, une histoire evenk qui attribue la succession du jour et de la nuit à un élan qui vivait dans le Monde supérieur. Un jour, l'élan sortit de la forêt en courant, grimpa au sommet d'une colline, empala le soleil sur ses bois et le ramena avec lui dans la forêt. Les humains du monde du milieu furent plongés dans l'obscurité. Un héros du nom de Main chaussa une paire de skis ailés et s'éleva dans le Monde supérieur où il pourchassa l'élan qu'il rattrapa à minuit et tua d'une flèche. Le Monde du milieu retrouva la lumière du jour ; Main, cependant, n'y revînt pas et fut changé en esprit chargé de garder le soleil. Depuis ce temps-là, dans le Monde du milieu, l'épisode se répète sans cesse : chaque soir, l'élan attrape le soleil sur ses bois, et chaque nuit Main le récupère pour le rendre à son peuple le matin.

Cet oiseau à double tête, sculpté dans le bois, symbolise la capacité du chaman à voyager dans le Monde supérieur.

Le chaman et le commissaire de police

Les chamans étaient souvent rattachés à un groupe ou à un clan particulier ; ils assuraient la protection du territoire de ce clan et la renaissance des âmes. Les guerres de clans provoquèrent une extraordinaire rivalité des chamans sur le plan des procédés magiques. Après la révolution russe de 1917, les chamans furent persécutés par les communistes, et les anciens mythes racontant les luttes entre chamans rivaux se transformèrent en récits opposant un chaman et le commissaire venu l'arrêter. Le conte qui suit (un conte des Iakoutes) appartient à cette catégorie de mythes modernisés.

Un jeune commissaire de police menaçait un chaman avec son revolver. Le chaman l'avertit de ne pas agiter son arme dans tous les sens : « Ne fais pas ça, mon gars, tu vas te blesser ! » Le policier se fit alors sauter le pouce. Furieux, il mit le chaman en prison, mais celui-ci s'échappa. A plusieurs reprises, le policier emprisonna le chaman, le mettant chaque fois dans une cellule plus sûre, mais chaque fois le prisonnier s'échappa et revint par la porte d'entrée.

Finalement, le chaman fut condamné aux travaux forcés ; il devait couper les arbres de la forêt pour en faire du bois de chauffage. Une équipe d'inspection vint lui rendre visite en été et vit sa hache s'envoler comme par magie tout autour de la clairière, abattant les arbres et empilant impeccablement le bois.

Au début de l'hiver, lorsque les autorités revinrent, le chaman avait disparu, ainsi que les piles de bois. Les arbres s'étaient reconstitués, et ils se dressaient exactement comme avant.

Certains enfants de chamans sont, à l'époque moderne, devenus poètes ou chirurgiens, et l'on croit que c'est la continuité des dons du chaman. L'ère post-communiste voit des tentatives de restauration du chamanisme.

Un casque de chaman en fer, avec des bois de renne. Cet objet devait être fabriqué par un forgeron après que le chaman avait fait la preuve de ses pouvoirs. Le renne était associé au Monde supérieur.

L'AMÉRIQUE DU NORD

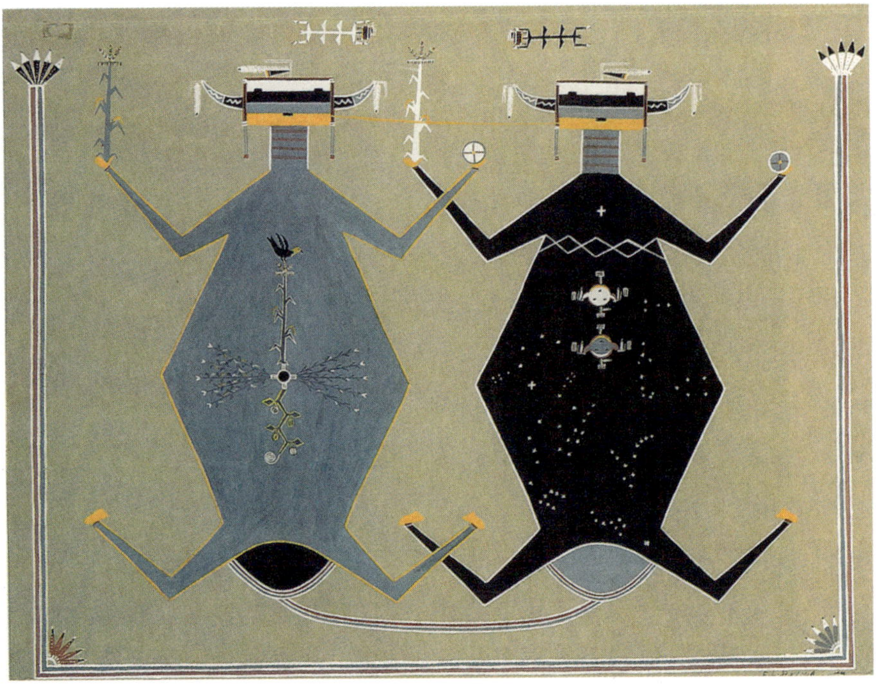

Reproduction d'une peinture de sable navajo, figurant Mère Terre (à gauche) et Père Ciel, deux des dieux créateurs les plus communs de la mythologie amérindienne (p. 222).

Depuis l'arrivée de leurs ancêtres en Amérique du Nord – entre 12 000 et 60 000 ans selon les estimations – les populations indigènes du continent ont élaboré un vaste éventail de cultures orales, de portée géographiquement limitée, qui subsistent pour la plupart dans les réserves où vivent aujourd'hui la majorité des Indiens d'Amérique. Leurs sociétés, dépendant dans une large mesure de l'environnement, se sont organisées selon divers types, des chasseurs nomades aux agriculteurs sédentaires.

Au regard des Amérindiens, la religion imprègne chaque aspect de la vie et de la nature. Les mythes, considérés comme sacrés, permettent d'expliquer l'ordre cosmique et social, ainsi que les relations entre les êtres humains et les dieux. D'un point de vue spirituel, les plus importants sont les mythes retraçant en détail l'activité des dieux, plus particulièrement ceux de création ainsi que ceux expliquant la structure fondamentale de l'univers et l'origine des êtres humains, de la mort, du maïs et du gibier, et qui souvent ne sont narrés qu'à certaines occasions ou époques de l'année. Tout aussi importants sont les mythes institutionnels, qui décrivent comment furent créées les institutions humaines et la culture, généralement grâce à l'activité d'un héros civilisateur qui le premier instruisit les ancêtres des humains. Les mythes fondateurs sont à la base de cérémonies sacrées au cours desquelles les récits sont reproduits selon un rituel particulier, telles les cérémonies hopi reconstituant certains épisodes du mythe d'émergence (p. 223). Ils occupent une place essentielle dans les sociétés agraires sédentarisées. Les mythes de divertissement, racontés pour l'agrément et l'édification morale, et dont les plus répandus décrivent souvent les actions de mauvais génies (p. 227), accordent au conteur une plus grande liberté d'interprétation.

LANGUES ET PEUPLES

Des quelque 300 langues qui existaient en Amérique du Nord avant l'arrivée des Européens, il ne reste aujourd'hui que 200 environ, parlées grosso modo par 750 000 personnes, du navajo (160 000 locuteurs) aux langues en voie d'extinction comme le chinook (à peine 30 locuteurs). La carte ci-dessous signale les grandes régions culturelles d'Amérique du Nord (qui ne correspondent pas rigoureusement aux aires géographiques), de même que les territoires historiques de quelques peuples autochtones. Depuis le XIXe siècle, la plupart des Indiens vivent dans des réserves, dont les plus grandes apparaissent ici.

CHRONOLOGIE
60 000-10 000 ans av. J.-C. Arrivée des premières populations, venues du nord-est de l'Asie par la banquise ou la terre ferme.
8000-6000 av. J.-C. Emergence des premières cultures spécifiques.
v. 1000-1300 ap. J.-C. Les peuples de langue athapaskane (Apaches, Navajos) émigrent du Canada vers le Sud-Ouest.
v. 1600-1750 Certains peuples comme les Cheyennes et les Dakota émigrent vers les plaines. Le cheval, introduit par les Espagnols, révolutionne la guerre et la chasse.
1830-1840 Les Etats-Unis repoussent vers l'Ouest la plupart des peuples vivant à l'est du Mississippi.
1890 Massacre par la cavalerie américaine de 200 Indiens Dakota à Wounded Knee ; fin de la résistance armée face aux blancs.

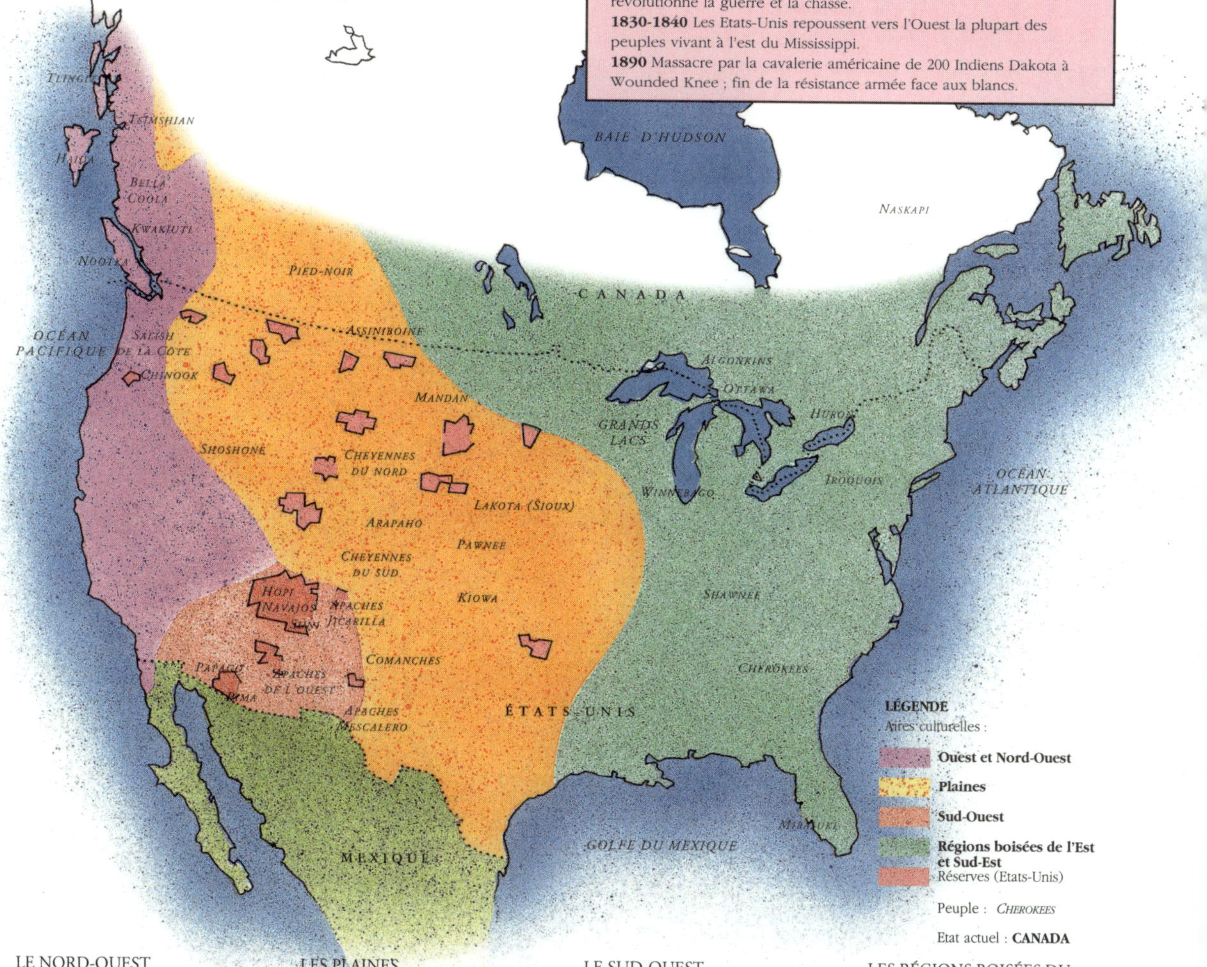

LE NORD-OUEST

Les peuples de l'aire culturelle de la côte du nord-ouest vivent dans des villages de grandes maisons en bois. Bénéficiant d'un climat tempéré et d'importantes ressources vivrières (en particulier le saumon), ils ont pu consacrer une grande partie de leur temps aux cérémonies et à la production d'objets cérémoniels. Chaque clan représente sur des mâts son animal fondateur mythique, comme par exemple Corbeau, Oiseau Tonnerre ou Esprit Cannibale.

LES PLAINES

La culture classique des Grandes Plaines ne se développa qu'après l'introduction du cheval et l'arrivée de peuples migrants provenant de régions de forêts. Tenant pour essentielles les relations personnelles avec les esprits, les mythes reflètent la place éminente attribuée aux dieux des éléments ainsi qu'à la notion d'être suprême. Les plus remarquables étant les mythes relatifs aux animaux ou aux institutions fondamentales comme celle du calumet sacré (p. 231).

LE SUD-OUEST

Cette aire culturelle dite « du désert » englobe les différents peuples pueblos (« villages » en espagnol). Ils ont en commun les mythes d'émergence ou liés à l'agriculture. Les personnages masqués incarnant les esprits mythiques jouent un rôle important dans la pratique religieuse pueblo. Les Navajos et les Apaches, dans la région depuis 850 ap. J.-C. environ, ont adopté à des degrés divers certains éléments de la mythologie et des rituels locaux.

LES RÉGIONS BOISÉES DU NORD-EST ET LE SUD-EST

Ponctuées de lacs et traversées de fleuves, de vastes forêts couvrent la majeure partie du Nord et de l'Est. La mythologie de ces régions traite aussi de nombreux esprits, démons et monstres sylvestres et des dieux des éléments, d'un être suprême ainsi que d'un Monde supérieur et d'un Monde inférieur. Avec la colonisation européenne, certains peuples des forêts émigrèrent vers les plaines tout en conservant l'essentiel de leur mythologie.

LES MYTHES DE LA CRÉATION

Grand Esprit et Oiseau Plongeon

Ce masque, recueilli en 1913, représente un ancêtre-créateur qui, selon les mythes des Bella Coola du Nord-Ouest, vint sur terre sous forme d'aigle.

Malgré l'extraordinaire diversité de cultures qu'offre l'Amérique du Nord, on y rencontre relativement peu de variétés de mythes traitant de la création du monde. La plupart des Amérindiens attribuent la conception de l'univers, si ce n'est sa fabrication, à un être suprême, ou Grand Esprit, appelé par exemple Gitchi Manitou chez les Algonkins des forêts du Nord-Est, ou Wakan Tanka chez les Lakota de la Grande Plaine (p. 230). Bien que celui-ci soit profondément vénéré, c'est cependant un être trop discret ou suffisamment effacé pour que l'on puisse le considérer comme une personnalité distincte. Son rôle dans les mythes ne consiste souvent qu'à créer des personnages mieux définis, comme Mère Terre et Père Ciel, ou bien Soleil et Lune, divinités largement répandues et assumant les actes de création ultérieurs tandis que lui-même s'isole aux cieux. Ces personnages contribuent parfois également à la création des êtres humains (p. 223).

La plupart des récits de création font intervenir des figures animales au nombre des divinités actives : dans diverses régions de l'Ouest, par exemple, Araignée a tissé une toile qui est devenue la terre. Mais le mythe de création de loin le plus fréquent est celui d'Oiseau Plongeon, créature souvent inférieure qui plongea au fond de la mer primordiale pour en rapporter de la boue ; celle-ci s'est ensuite épaissie pour former la terre. Le monde est souvent décrit comme posé sur le dos d'une tortue, représentation commune aux mythologies des régions des forêts de l'Est (ci-contre). Comme les mythes du déluge qui apparaissent dans nombre de récits de création, ce type de mythe a son parallèle en Eurasie, ce qui laisserait supposer une migration de l'Est vers l'Ouest.

L'OISEAU PLONGEON

La tortue, représentée sur ce bouclier cheyenne du XIXe siècle, joue un rôle important dans les mythes concernant Oiseau Plongeon que partagent nombre de peuples. Ce récit cheyenne en contient les principaux éléments. Maheo, Tout Esprit, créa la Grande Eau, de même que les animaux et les oiseaux aquatiques. Ces derniers, las de voler, plongèrent tour à tour pour chercher de la terre. Tous échouèrent. Alors la foulque tenta sa chance. Elle rapporta dans son bec une boulette de boue qu'elle laissa tomber dans la main de Maheo. Celui-ci la roula dans sa paume, et la boue augmenta progressivement de volume jusqu'à ce qu'il y en eut tant que seule Grand-Mère Tortue fut capable de la porter. La boue continua à s'accroître sur son dos, et c'est ainsi que fut créée la première terre.

LES ORIGINES DE L'HUMANITÉ

La création du premier peuple est généralement attribuée à une ou plusieurs divinités impliquées dans la création du monde. Les Pawnee expliquent par exemple comment leur divinité primordiale, Tirawa (l'Arche du Paradis), ordonna aux dieux Soleil et Lune de s'accoupler pour créer le premier homme, tandis qu'Etoile du Matin et Etoile du Soir devaient créer la première femme. Chez certains peuples du Sud-Ouest, la divinité suprême a créé les dieux Mère Terre et Père Ciel (p. 220) qui, à leur tour, s'unirent pour créer les premiers êtres vivants, dont les hommes. Selon les Hopi, des divinités jumelles créèrent d'abord les animaux puis modelèrent dans l'argile les humains avant de leur insuffler la vie en exécutant un chant rituel.

Selon les Iroquois et les Hurons des régions boisées de l'Est, le premier ancêtre humain fut une femme, Aataensic, issue du peuple du Ciel composé de divinités venues sur terre. Les Navajos croient également que les êtres humains descendent d'un ancêtre féminin.

Pour les peuples organisés en sociétés de type agraire, tels les Pueblos et certains peuples des plaines, l'apparition des êtres humains, des animaux et des végétaux est due à la Terre, décrite comme une mère toute puissante, fertile et nourricière. En outre tous les récits incluent un enseignement moral. Ce sont les propres manquements des hommes à ces préceptes qui les ont condamnés à périr dans les mondes inférieurs. Les rares survivants continuèrent donc leur route vers le haut, jusqu'au point d'émergence qui les vit se disperser pour peupler la surface de la terre (ci-contre). En fonction du lieu de narration du mythe, le peuple est dirigé dans son voyage vers le haut soit par Mère Maïs ou par Femme Araignée (divinités représentant toutes deux la terre), soit par des dieux jumeaux, ou parfois encore par un héros.

LES QUATRE MONDES

Le mythe d'émergence narré par les Hopi d'Arizona explique qu'à la création du monde il existait en tout quatre mondes, celui-ci, et trois autres mondes souterrains, semblables à des cavernes. Les premières créatures vivaient dans la caverne la plus basse. Lorsque celle-ci fut surpeuplée et envahie d'immondices, deux jumeaux venus du ciel y apportèrent toutes les plantes du monde, dans l'espoir que l'une d'elles serait suffisamment haute et solide pour que chaque être puisse y grimper et accéder ainsi au monde supérieur. Le jonc s'avéra la plante idéale. Après quelque temps, la seconde caverne fut également comble : les créatures escaladèrent derechef le jonc et parvinrent dans la troisième caverne. Là, les dieux jumeaux découvrirent le feu, grâce à la lumière duquel le peuple put édifier des habitations et voyager. Mais à la suite de fléaux qui s'abattirent sur le peuple, celui-ci, toujours conduit par les jumeaux, dut poursuivre sa route vers le haut avant d'émerger dans le quatrième monde, le monde actuel.

La danse du Soleil

Dans la mythologie des plaines, le rôle attribué au soleil en tant que divinité créatrice et source de puissance était autrefois traduit par le plus important des rituels pratiqués dans cette aire culturelle, la danse du Soleil, que certains peuples accomplissent encore de nos jours sous une forme modifiée.

Chaque année, en général au début de l'été, une tribu se regroupait pour célébrer ses croyances à l'occasion d'une série de cérémonies, de chants et d'autres pratiques rituelles où la danse du Soleil occupait la place centrale. Elle était exécutée devant la tribu par tous ceux qui souhaitaient attirer sur eux la puissance spirituelle. La tribu se rassemblait en un large cercle, autour d'un mât qui unissait symboliquement le monde situé au-dessus de la terre et le Monde Souterrain. Les danseurs tournaient autour de ce mât, souvent pendant plusieurs jours d'affilée, jusqu'à s'effondrer en transes ou d'épuisement. Parfois, les participants s'infligeaient volontairement des blessures.

La danse du Soleil des Lakota, représentée sur une peau de bison. On remarque les symboles de la Lune, des étoiles et de la Croix.

DIEUX ET HÉROS

Les artisans et les gardiens du monde

ORIGINE DE LA MORT

Les mythes relatifs aux origines de la mort décrivent une dispute entre deux êtres, tel le récit suivant narré par les Shoshone, peuple des plaines de l'Ouest.
Dans les temps anciens, les deux personnages les plus importants étaient Loup et Coyote, le second cherchant continuellement à s'opposer aux souhaits du premier. Loup affirma que lorsque quelqu'un mourait, on pouvait le ramener à la vie en décochant une flèche dans le sol sur lequel le mort se tenait. Mais Coyote répliqua que c'était une mauvaise idée de vouloir ramener quelqu'un à la vie, car alors il y aurait trop de monde sur terre. Loup acquiesça, mais décida secrètement que le fils de Coyote serait le premier à mourir, et par ce vœu même provoqua cette mort. Peu de temps après, Coyote, profondément affligé, vint annoncer à Loup la mort de son fils, en lui rappelant ses paroles, qu'il était possible de ramener quelqu'un à la vie en tirant une flèche sous lui. Cependant Loup objecta que Coyote lui-même avait affirmé que les hommes devaient mourir. C'est pourquoi, depuis lors, il en a toujours été ainsi.

Masque kwakiutl utilisé lors de danses rituelles, représentant le soleil à l'effigie d'une tête d'aigle.

Si, selon les Indiens d'Amérique du Nord, Grand Esprit règne sur toute la création, le fonctionnement quotidien du monde est dévolu aux puissantes divinités ainsi qu'aux héros civilisateurs qui sortirent le monde du chaos. L'origine des étoiles et des planètes, des saisons, de la mort, du feu et du maïs est régulièrement attribuée à des êtres divins ou surhumains – Coyote chez les Indiens du Sud-Ouest, Nanabush, Glooskap, Grand Lièvre, Wisakedjak (anglicisé en *Whyskey Jack*) dans les régions boisées de l'Est, ou Corbeau dans le Nord-Ouest. Ces héros civilisateurs sont parfois de malicieux tricksters (p. 227).

Les mythes relatifs à l'origine et à l'agencement du ciel se rencontrent à travers toute l'Amérique du Nord, souvent inclus dans d'autres mythes. Certains peuples attribuent la dispersion au hasard des étoiles à un héros civilisateur ou à un trickster (les Tsimshian de la côte nord-ouest expliquent par exemple que les corps célestes étaient détenus par un chef cupide avant que Corbeau ne les vole et les répande dans le ciel), mais d'autres pensent que le ciel fut plus soigneusement ordonné.

Les Pawnee relatent en détail comment Tirawa, l'esprit suprême, attribua une position ainsi qu'une parcelle de son pouvoir à chaque corps céleste. Shakuru (le Soleil) fut envoyé à l'est, d'où il se lève chaque matin en offrant sa lumière et sa chaleur, et Pah (la Lune) alla à l'ouest, pour dispenser sa lumière la nuit. Une position fut aussi assignée à l'étoile du matin, à l'étoile du soir, à une étoile de la mort, ainsi qu'aux quatre étoiles qui soutiennent le ciel.

L'araignée, qui joue fréquemment un rôle éminent dans la création du monde (p. 222), peut être un héros civilisateur, comme dans le mythe cherokee du vol du feu. A l'origine, le feu n'existait pas, mais le dieu Tonnerre lança sur une île un éclair qui enflamma la base d'un sycomore au tronc creux. Araignée d'Eau tissa alors une toile en forme de coupe minuscule qu'elle fixa sur son dos, puis traversa les flots et se rendit près du sycomore pour recueillir dans ce réceptacle une petite braise qu'elle rapporta aux autres créatures.

La plupart des récits relatifs à l'origine de la mort considèrent que l'espace étant limité sur terre, la mort laisse de la place pour la vie (p. 224). Les mythes décrivant la vie après la mort sont rares, car les Indiens d'Amérique s'intéressent davantage au monde actuel qu'au monde futur. Ils pensent que la vie après la mort se déroule dans un monde semblable à celui-ci, à la différence que le gibier y est plus abondant. L'exemple le plus célèbre est celui des chasses bienheureuses dont parlent les peuples des grandes plaines.

De nombreux peuples des Grandes Plaines pensent en terme d'esprits la Terre, le Feu, l'Eau ou l'Air (Tonnerre est un dieu de l'Air). Les tribus des régions boisées distinguent les dieux et esprits vivant au-dessus de la terre et des eaux (comme Tonnerre) de ceux dont l'existence se déroule en dessous de la terre. Les esprits souterrains, dirigés par des divinités comparables aux dragons et généralement représentées sous forme de panthères ou de serpents à cornes, sont d'ordinaire considérés comme malveillants. Les divinités des peuples pueblos se classent également en deux catégories, en dieux des éléments d'une part, et en esprits ancestraux d'autre part, appelés *kachinas*, qui sont intermédiaires entre les hommes et les dieux incarnés lors des rituels par des personnages masqués.

Masque d'Oiseau Tonnerre du peuple haida (ci-dessus et ci-dessous), qui, ouvert, révèle un visage humain, symbolisant de la sorte l'étroite relation entre les hommes et les animaux. Rien ne distinguait ceux-ci dans les temps primordiaux, et l'on dit qu'ils pouvaient à volonté changer d'apparence (p. 232).

Oiseau Tonnerre, le roi des Cieux

L'esprit de Tonnerre se manifeste sur terre, dit-on, sous l'aspect de l'Oiseau Tonnerre. Les yeux ou le bec de cette énorme créature semblable à un aigle lancent des éclairs, tandis que le battement de ses ailes se fait entendre dans les coups de tonnerre. On lui attribue un terrifiant pouvoir, à la fois créateur et destructeur.

Chez les Lakota, Wakinyan, l'Oiseau Tonnerre, est un dieu auxiliaire, une manifestation de l'être suprême auquel on voue un culte important fondé sur la rencontre personnelle avec celui-ci. Pour les Iroquois, il revêt une forme humaine sous les traits d'Hino, l'Esprit Tonnerre gardien du ciel. Sur la côte nord-ouest, Oiseau Tonnerre, un des principaux dieux du Ciel, est si gigantesque qu'il est capable d'emporter dans ses serres les baleines qu'il chasse. Les peuples de l'Ouest croient qu'il existe quatre Oiseaux Tonnerre, un pour chaque côté du monde. Dans cette aire culturelle, comme dans les autres, Oiseau Tonnerre mène une lutte incessante contre les esprits malveillants ou les serpents du Monde Souterrain tels que la panthère sous-marine. Leurs combats provoquent les phénomènes naturels les plus violents, tremblements de terre, inondations et autres ouragans.

Les Indiens d'Amérique croient que tout ce qui est frappé par l'éclair de l'Oiseau Tonnerre exerce un pouvoir spirituel particulier, qui doit être évité ou vénéré en fonction des traditions locales.

LES ORIGINES DU MAÏS

Les origines du maïs, culture de base de l'alimentation des Amérindiens, font l'objet de nombreux récits. Le mythe du maïs que l'on rencontre chez les Mikasuki de Floride intègre deux idées communes : un rôle éminent dévolu à deux frères ou héros, et la création d'une substance provenant d'une partie du corps d'un autre être. Deux frères vivaient chez leur grand-mère. Un jour, lassés de manger de la viande, ils lui demandèrent de préparer autre chose. Dès lors, lorsqu'ils revenaient de la chasse, elle leur servait du maïs, qu'ils jugèrent délicieux. Mais comme la grand-mère refusait de leur en révéler l'origine, le frère cadet l'espionna un jour tandis qu'elle se rendait au garde-manger. A sa grande horreur, il découvrit qu'elle prélevait le maïs à même son corps, en frottant ses flancs. Ce soir-là, comme les frères refusèrent de manger, la vieille femme comprit qu'ils avaient découvert son secret. Elle leur annonça alors qu'elle devait les quitter pour toujours, mais qu'elle vivrait à jamais, comme le maïs poussant sur sa tombe.

LES CHAMANS

La quête de la vision et les esprits protecteurs

Peau de tambour ornée d'un motif chamanique représentant un esprit à cornes, exécuté par un artiste du peuple assiniboine vivant sur la frontière du Canada et des Etats-Unis, à l'ouest du lac Winnipeg.

La plupart des cultures amérindiennes attachent une importance capitale au contact direct avec le monde des dieux et des esprits, relation principalement établie à travers la quête de la vision. Par le jeûne et la prière dans un lieu retiré, on peut espérer obtenir l'apparition d'un esprit protecteur – généralement sous une forme animale. Ceux chez qui une telle expérience visionnaire se produit le plus spontanément peuvent devenir chamans, des prêtres guérisseurs qui sont les principaux intermédiaires entre les hommes et le monde sacré. Bien que soient nombreux ceux qui peuvent tirer un pouvoir d'un esprit protecteur ou d'une expérience visionnaire, seuls les plus puissants deviendront chamans au plein sens du terme. Celui qui ne possède pas l'ensemble des attributs du chaman est généralement qualifié d'homme-médecine *(medicine man)*. Le chemin conduisant au statut de chaman débute dans l'enfance, à l'occasion d'une maladie au cours de laquelle le futur chaman (généralement un garçon) éprouve en visions sa mort et sa renaissance, par sa rencontre avec les esprits.

Les relations entre le chaman et le monde des esprits sont presque équivalentes à une religion personnelle, tandis que le récit de la première rencontre devient le mythe personnel du chaman. La puissance de ce mythe est essentielle quant à l'établissement du crédit du chaman auprès du peuple, en faveur duquel ses talents sont utilisés pour localiser le gibier, retrouver des objets perdus, et, par-dessus tout, guérir les malades. Les chamans peuvent à volonté entrer en transe et voyager vers le monde sacré, le territoire des morts. Le « paquet médecine » du chaman est constitué d'objets dotés d'une signification spirituelle, représentations visibles des esprits, que celui-ci utilise dans les rituels de guérison. Ses vêtements ainsi que ses objets rituels et personnels sont également ornés de symboles évoquant les esprits.

La vocation d'un chaman

Dans ce récit abrégé, un chaman du peuple kwakiutl de Colombie Britannique relate son mythe personnel, la rencontre visionnaire qui permit l'acquisition de ses pouvoirs.

Nous étions tous malades de la variole. Je pensais en fait que j'étais mort. Je me suis réveillé car de nombreux loups étaient entrés dans ma tente, gémissant et hurlant. Deux d'entre eux me léchèrent en vomissant de l'écume, cherchant à m'en couvrir tout le corps, et en enlevant les croûtes et les plaies. A la nuit tombante, les deux loups se reposèrent. Je rampai alors sous un abri d'épicéa où je passai le reste de la nuit. Les deux loups s'allongèrent à mes côtés, puis, au matin, recommencèrent à me lécher le corps. Un personnage d'un rêve antérieur, Corps Harponneur, vomit de l'écume et appuya son nez contre mon sternum. Il vomissait en moi une poudre magique, puis, dans un rêve, rit en disant : « Ami, prends soin du pouvoir de chaman qui est venu en toi. Désormais, tu pourras soigner les malades et rendre malades ceux de ta tribu que tu souhaites voir mourir. Tous te craindront. »

« Captateur » d'âme utilisé par le chaman pour aller chercher l'âme d'un malade, en os et coquillage, sculpté par un artiste tlingit, du Nord-Ouest, où le chamanisme est particulièrement fréquent.

TRICKSTERS

Les mauvais génies

Les héros civilisateurs de la mythologie d'Amérique du Nord (p. 224) peuvent également se comporter en tricksters, utilisant la ruse et la dissimulation pour voler le feu, narguer les monstres ou faire des farces aux dépens d'autrui. De nombreux peuples ont développé des récits relatifs aux tricksters en un groupe de mythes spécifique ; dans certaines aires culturelles, comme sur la côte nord-ouest, le héros civilisateur et le trickster sont parfois considérés comme des êtres distincts. Ces mythes, qui laissent au narrateur une grande liberté, sont les récits les plus répandus et les plus populaires chez les Amérindiens. Un personnage, Lapin, le trickster du Sud-Est, est passé dans le folklore américain moderne sous le nom de Brer Rabbit après que les esclaves noirs originaires de l'ouest de l'Afrique l'eurent amalgamé à leur propre trickster Lapin (p. 276).

Le trickster étant généralement identique au héros civilisateur, il porte souvent le même nom : Grand Lièvre, Nanabush ou Glooskap dans les régions boisées, Lapin dans le Sud-Est, Coyote dans les plaines et à l'Ouest, Araignée dans quelques régions des plaines, et Corbeau, Geai Bleu ou Vison sur la côte nord-ouest. Malgré la diversité de ses traits, le trickster présente des caractéristiques comparables à travers tout le continent. Ce peut être un astucieux plaisantin ou un destructeur, se prenant généralement à ses propres pièges, finissant blessé, voire mort, pour se relever à nouveau, apparemment sans retirer la moindre sagesse de ses expériences. Parfois totalement irrévérencieux ou stupides, les actes du trickster soulignent, sur un mode plaisant, l'importance des règles morales et des limites. De nombreux récits sont extrêmement triviaux (ci-contre, en bas).

Le double rôle du personnage, à la fois héros civilisateur et trickster, est parfois présent dans le même récit, tel le mythe de Corbeau volant les corps célestes (p. 224). Un mythe algonkin décrit comment Glooskap fut le premier à rapporter l'été aux terres septentrionales gelées : parti du pays du géant de glace Hiver, il se dirigea vers le sud puis parvint à s'emparer par ruse du chef du Petit Peuple, la belle Été. Il la ramena au tipi d'Hiver, qui fondit en présence de sa chaleur. Glooskap laissa alors Été rentrer chez elle.

Coffre en schiste argileux gris, sculpté par un artiste haida, orné de motifs et figures représentant divers tricksters humains et animaux.

CORBEAU

Le personnage de Corbeau, trickster ou héros civilisateur, tient une place essentielle dans la mythologie de l'extrême Nord-Ouest et le long des côtes du Pacifique. Certains peuples, comme les Tlingit du sud de l'Alaska, distinguent deux Corbeaux, le héros civilisateur et le mauvais génie. Ce manche de couteau en os de baleine, datant du milieu du XIXe siècle et provenant du peuple haida d'Alaska, représente la tête de Corbeau. Celui-ci apparaît également sur les mâts totémiques et plus particulièrement sur les masques utilisés durant les longs rituels d'hiver.

LA DOULOUREUSE LEÇON DE GRAND LIÈVRE

Ce récit, fait par les Winnebago du Wisconsin, illustre à la fois la personnalité balourde des tricksters et la trivialité de nombreux mythes les concernant.

Grand Lièvre, ayant chassé quelques canards, les mit à rôtir au feu tandis qu'il s'accordait un petit somme. Il demanda à son anus de monter la garde, cependant des renards s'emparèrent de son repas. Lorsqu'il se réveilla, et découvrit que les canards avaient disparu, il s'emporta contre son anus : « Ne t'avais-je pas dit de surveiller le feu. Je vais te donner une bonne leçon ! » Se saisissant d'un brandon, il brûla l'orifice de son anus, et se mit à hurler de douleur. Pestant contre sa propre bêtise, Grand Lièvre s'en alla clopin-clopant. En chemin, il trouva un morceau de gras sur la route, commença à le manger et le trouva délicieux. Mais il comprit vite qu'il était en train de déguster un bout de ses propres intestins, tombés hors de son anus brûlé. Il s'écria : « Les gens ont raison de me traiter d'idiot ! », puis remit ses intestins en place, les serrant de sorte qu'ils forment des rides et des plis, ce qui explique pourquoi l'anus des hommes est ridé.

LES MYTHES NAVAJOS

Cérémonies de guérison et récits de Coyote

Serpents entrecroisés, détail d'une peinture de sable navajo. Les serpents sont associés à la terre et à la fertilité, notions vitales chez ces peuples d'agriculteurs vivant dans un environnement désertique.

LES DIEUX YEI

La mythologie navajo distingue une classe particulière de dieux, appelés Yei, qui jouent un rôle essentiel dans la création du monde, et sont représentés lors de certaines cérémonies de guérison. Les masques utilisés à cette occasion sont confectionnés à partir de daims tués par suffocation (on obstrue leurs narines avec du pollen de maïs) de sorte que leur peau soit vierge de toute blessure. On fait ces masques durant la cérémonie du chant de la Nuit, au cours de laquelle les jeunes Navajos sont initiés aux secrets des dieux Yei. Les masques sont rituellement consacrés et ranimés : on leur donne à manger un plat de maïs et on souffle sur eux de la fumée. Dieu Parlant est le chef des Yei, qui se manifestent soit séparément (lors des cérémonies) soit en groupe (à l'occasion de danses exécutées hors de la maison de cérémonie, ou *hogan*).

LES PEINTURES RITUELLES DE SABLE

Cette peinture de sable navajo représente l'un des quelque 600 motifs utilisés dans les cérémonies de guérison, telle la Voie du Coyote (p. 229). Les peintures, tracées sur le sable au moyen de poudres colorées, notamment de charbon ou de pollen, illustrent de manière stylisée des scènes tirées des mythes. Les participants commencent le motif par l'est (à gauche sur l'illustration) – motif qui est effacé à l'issue du rite. La diminution du nombre des cérémonies au cours de ce siècle a entraîné la perte de nombreux mythes.

Les Navajos, qui vivent en Arizona, au Nouveau-Mexique et dans certaines régions de l'Utah, constituent actuellement, avec une communauté de plus de 160 000 personnes, la plus importante population amérindienne. Comme leurs cousins et proches voisins les Apaches, ils émigrèrent du Canada et s'implantèrent dans ces régions probablement avant l'an 1300. A l'exception de certains mythes relatifs à la chasse, antérieurs à cette époque et aujourd'hui sur leur déclin, la mythologie navajo montre l'influence de la civilisation agraire des peuples pueblos, comme les Hopi, desquels ils ont adopté le mythe d'émergence et la majeure partie de son symbolisme (p. 223). L'essentiel de la mythologie navajo peut être considéré comme dérivant du mythe de création-émergence et des divers mythes rituels qui s'y rapportent. Ces derniers relatent comment un ou plusieurs personnages héroïques, blessés ou perdus, sont partis à la recherche des dieux pour se faire soigner.

Un mythe cérémoniel typique raconte que deux jumeaux, rejetons d'une jeune femme navajo et d'un dieu Yei, appelé Dieu Parlant (ci-contre), qui avaient l'habitude de se promener loin de chez eux, sont pris un jour sous un éboulement de rochers. Devenus un fardeau pour leur famille miséreuse (l'aîné est aveugle et le cadet estropié), on leur demande de quitter le foyer. Ils partent alors à la recherche des dieux, quête au cours de laquelle Dieu Parlant leur révèle qu'il est leur père. Les dieux les accueillent donc comme membres de la famille et préparent une cérémonie de guérison dans la hutte de sudation. La guérison prenant effet, les jumeaux s'exclament de joie, mais transgressent le tabou de la parole en vigueur dans la hutte de sudation. Tout disparaît, les garçons sont à nouveau aveugle et estropié. Ils offrent alors un cadeau aux dieux, dans l'espoir de les apaiser : ceux-ci les guériront finalement et leur donneront aussi belle figure que leurs frères. Les jumeaux s'en retournent chez eux, puis transmettent le rituel de guérison avant de repartir et de devenir les esprits protecteurs de l'orage et des animaux.

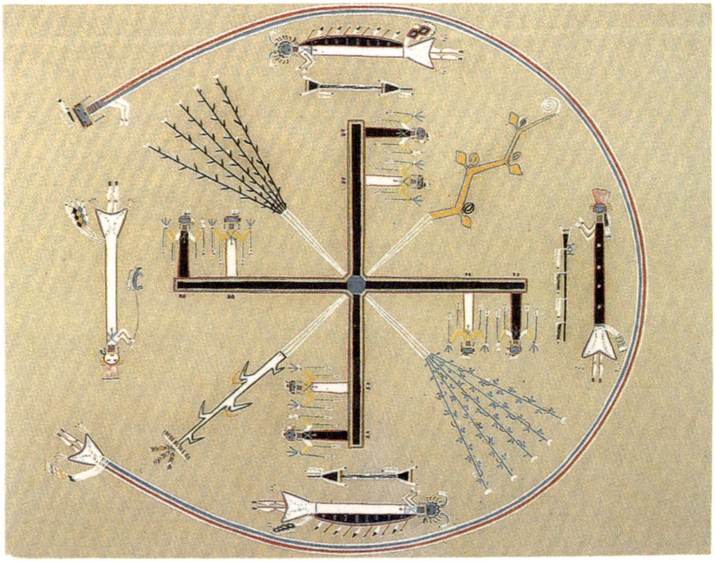

Coyote et le géant

Coyote est l'un des personnages les plus populaires de l'ensemble de la mythologie amérindienne. Il apparaît dans le Sud-Ouest, à l'Ouest, ainsi que dans la région des plaines centrales, assumant une grande diversité de rôles, dont ceux de créateur, de héros civilisateur, de trickster, de sorcier et d'amant. L'importance attribuée à Coyote en tant qu'esprit et trickster reflète la nature même du coyote, un canidé dont l'habitat s'étend de l'Alaska au Costa Rica. C'est un animal rusé et rapide, à peu près omnivore. L'un de ses stratagèmes consiste à faire le mort afin d'attirer les charognards qui deviennent alors ses proies. Le mythe navajo suivant illustre l'habileté de Coyote.

Il y a très longtemps, des géants, qui aimaient tout particulièrement enlever les enfants en bas âge et les manger, erraient de par le monde. Un jour, traversant une région montagneuse, Coyote rencontra l'un de ces géants et décida de lui donner une bonne leçon pour le punir de sa cruauté. Il persuada le monstre, qui était stupide, de l'aider à construire une hutte destinée à prendre un bain de vapeur, affirmant que le monstre en ressortirait aussi agile que Coyote lui-même. Lorsque la sombre hutte fut emplie de vapeur, Coyote annonça qu'il allait accomplir un miracle, en se brisant une jambe puis en la guérissant. Il prit alors un rocher et fracassa une patte de daim dont il avait enlevé la peau et qu'il avait introduite subrepticement dans la hutte. Elle se brisa en un sourd craquement. Le géant, berné, tâta la patte cassée puis entendit Coyote cracher sur celle-ci tout en chantant : « Jambe, redeviens entière ! » Le géant s'approcha, palpa la véritable jambe de Coyote et fut étonné de la découvrir intacte. Coyote se proposa alors d'accomplir le même miracle sur la jambe du géant. Ce dernier acquiesça, avant de hurler de douleur lorsque son compagnon entreprit de la broyer avec le rocher.

Bientôt, la jambe du géant fut brisée. Coyote lui expliqua que tout ce qu'il avait à faire pour la réparer, c'était de cracher dessus. Le géant cracha jusqu'à en avoir la bouche desséchée, mais la douleur devenait insupportable et la jambe refusait de guérir. En désespoir de cause, le géant supplia Coyote de l'aider. « Continue à cracher, tout simplement ! » lui répondit Coyote d'une voix rassurante, avant de se glisser hors de la hutte et de partir, laissant le mangeur d'enfants à son atroce douleur.

D'autres mythes attribuent à Coyote d'importants pouvoirs créateurs. La version navajo du mythe d'émergence pueblo, par exemple, qui met en scène trois créateurs, Premier Homme, Première Femme et Coyote, relate comment, lorsqu'ils émergèrent des quatre mondes souterrains pour apparaître dans ce monde-ci, Coyote en rapporta des graines qu'il offrit aux différentes tribus à mesure qu'elles furent créées.

Coyote est depuis fort longtemps un personnage populaire de la mythologie du Sud-Ouest. Ce personnage de coyote figure sur un plat datant de 1050-1200 environ, exemple de l'art de la civilisation mogollon florissante dans la région vers 200 av. J.-C. juqu'à 1200 ap. J.-C. Le trou qui perce souvent ces plats serait destiné à libérer les esprits des figures représentées.

LA VOIE DU COYOTE

Coyote est l'esprit tutélaire de la Voie du Coyote, l'une des cérémonies de guérison navajo où interviennent des interprètes masqués des divinités. Ce rite est nécessaire lorsqu'un membre de la peuplade souffre de la maladie du coyote, qui se déclare après avoir chassé et tué un coyote, ou simplement vu son cadavre. Au cours de la cérémonie, le patient, qui assume le rôle du héros d'un mythe rituel, s'assied sur une peinture de sable représentant un épisode du mythe. Il rencontre alors Coyote, qui apparaît sous les traits d'un personnage masqué. La cérémonie vise à rétablir l'harmonie des relations du patient avec Coyote et le monde et, de la sorte, à assurer la guérison.

LES MYTHES DES PLAINES

Wakan Tanka et le calumet sacré

LE MYTHE LAKOTA DE CRÉATION

Chez les Lakota, le récit de création débute avec l'être suprême, Wakan Tanka (Grand Mystère), dont l'esprit demeurait dans le premier dieu, Inyan (Rocher). Rien d'autre n'existait, à l'exception de Han (Noir des Ténèbres). Inyan désirait mettre à l'épreuve ses pouvoirs, mais comme il n'y avait rien sur quoi les exercer, il créa de son sang la déesse Maka (Terre) et les eaux bleues. De ces dernières fut créée la grande coupole bleue de Skan (Ciel), dont le bord constitue les limites de la terre. Skan utilisa son énergie pour créer à partir de Han l'obscurité terrestre, puis créa Wi (Soleil) à partir d'Inyan, de Maka, des eaux et de lui-même. Il ordonna à Wi de briller et le monde devint chaud.

Ces quatre dieux, Skan, Inyan, Maka et Wi se rassemblèrent, puis Skan, le plus puissant, leur adressa ces paroles : « Bien que nous soyons quatre, nous provenons d'une seule source, Wakan Tanka, que personne, ni même les dieux, ne saurait comprendre. Il est le dieu des Dieux. »

Les peuples des plaines ont donné au monde l'image traditionnelle du mode de vie des Indiens d'Amérique du Nord. Ces guerriers nomades vivaient dans des campements de tipis, et chassaient le gros gibier, notamment les gigantesques troupeaux de bisons dont ils suivaient les migrations à travers les vastes prairies qui s'étendaient du Canada au sud du Texas. Le style de vie de ces peuples connut son apogée durant les deux siècles qui suivirent l'introduction du cheval par les Espagnols vers l'an 1600, avant de subir un déclin inéluctable au cours du XIXe siècle à mesure que les colons européens les repoussaient inexorablement vers l'ouest et que les bisons étaient chassés jusqu'à leur quasi-disparition.

Plusieurs mythes des plaines présentent des caractéristiques communes avec ceux des régions boisées de l'Est, car un certain nombre de peuples, comme les Cheyennes, émigrèrent de l'Est sous la pression des premiers colons européens. Comme dans les régions boisées, la croyance en un Grand Esprit, tout puissant et lointain, est largement répandue. Celui-ci est désigné sous divers noms, par exemple Wakan Tanka chez les Lakota et Tirawa chez les Pawnee. Son pouvoir se manifeste par l'intermédiaire de plusieurs dieux fondamentaux, en particulier Soleil, Lune, Etoile du Matin, Vent et Oiseau Tonnerre (p. 224-225).

La mythologie des plaines reflète les caractéristiques d'un paysage uniforme dominé par la vaste étendue du ciel. Le pouvoir du soleil était reconnu par l'exécution de la danse du Soleil (p. 223). Particulièrement puissante, Étoile du Matin est figurée sous les traits d'un jeune homme répandant la vie sur terre. De nombreux mythes décrivent la rencontre d'ancêtres humains avec des esprits leur dispensant des connaissances pour chasser et survivre, et certains récits rendent compte de l'origine d'objets rituels fondamentaux, comme le paquet-médecine du chaman ou les calumets sacrés (p. 231). Les tricksters, qui font également l'objet de maintes légendes, sont souvent appelés Vieil Homme Coyote ou Araignée (Inktomi) chez les Lakota.

Les aspects de Wakan Tanka

Wakan Tanka, le Grand Mystère, est l'être suprême des Lakota. Leur mythe de création explique comment les dieux Supérieurs (diagramme), chacun étant un aspect de Wakan Tanka, se développèrent isolément avant de créer d'autres manifestations du dieu. Dans leurs prières, les Lakota utilisent le terme de père pour s'adresser à l'un de ses différents aspects individuels. La divinité transcendante est invoquée sous le nom de Grand-Père.

Les dieux Supérieurs créèrent d'abord les dieux Alliés (Lune, Vent, Etoile Filante et Oiseau Tonnerre), puis les dieux Apparentés : Deux Jambes (hommes et ours, ces derniers étant considérés comme les parents de l'homme), Bison, Quatre Vents et Tornade. Le quatrième groupe, celui des êtres divins, se rapporte à l'âme, à l'essence spirituelle et aux pouvoirs sacrés : Nagi (ombre ou fantôme des morts), Nagila (comme l'ombre), Niya (vie ou souffle) et Sicun (pouvoir spirituel). Ces quatre groupes de quatre aspects, ou Tob Tob (Quatre Quatre), constituent Wakan Tanka, qui est manifesté par ses seize aspects mais qui demeure supérieur à leur somme.

WAKAN TANKA

Dieux Supérieurs	Dieux Associés	Dieux Apparentés	êtres divins
Soleil	Lune	Deux Jambes	Nagi
Ciel	Vent	Bison	Nagila
Terre	Etoile Filante	Quatre Vents	Niya
Rocher	Oiseau Tonnerre	Tornade	Sicun

Le calumet sacré

Fumer le calumet sacré est l'un des rites les plus anciens et les plus répandus parmi les peuples des plaines et d'ailleurs. Accompli de manière collective, il confirme les liens qui unissent famille, tribu et univers. Le calumet lui-même, souvent orné de plumes et de motifs reflétant les esprits et les visions personnels de son propriétaire, symbolise la création. Le mythe suivant explique l'origine du calumet sacré des Lakota. A la différence de la pierre sacrée, le calumet est tenu pour exister encore, mais rares sont ceux qui, hors de la tribu lakota, l'ont jamais vu.

Un matin, il y de cela maints hivers, une mystérieuse et belle femme, vêtue d'une blanche peau de daim et portant un ballot sur le dos, s'approcha de deux chasseurs lakota. L'un d'eux la désira, et fut sur-le-champ réduit en squelette. La femme s'adressa en ces termes au second chasseur : « Je voudrais parler avec ton chef. Va le voir et dis-lui de faire préparer un grand tipi. » Le chasseur obéit.

Lorsque la femme pénétra sous le tipi, elle offrit son ballot au chef, en disant : « Je suis femme Bison-Blanc. Ce que je vous donne est sacré : nul homme impur ne sera jamais autorisé à le voir. Avec ceci, au cours des hivers à venir, vous ferez parvenir vos voix auprès de Wakan Tanka. » Elle sortit du ballot un calumet ainsi qu'une petite pierre ronde et les déposa à terre. Puis, tenant le tuyau de la pipe dirigé vers le ciel, elle dit : « Avec ce calumet sacré, tu marcheras sur la terre, car la terre est ta grand-mère ainsi que ta mère, et elle est sacrée. Le fourneau du calumet est fait d'une pierre rouge, il représente la terre. Sculpté dans la pierre, un jeune bison représente toutes les créatures à quatre pattes. Le tuyau du calumet est fait de bois, et représente tout ce qui croît. Les douze plumes accrochées au calumet proviennent d'Aigle Tacheté et représentent toutes les créatures des airs. Les sept cercles tracés sur la pierre représentent les sept rites durant lesquels le calumet sera utilisé. » (ci-contre) Après avoir décrit le premier rite, femme Bison-Blanc annonça qu'il lui fallait repartir, en disant qu'elle reviendrait un jour, avant lequel les autres rites seraient révélés. S'éloignant du peuple, femme Bison-Blanc se transforma d'abord en un jeune bison rouge et brun, puis en un bison adulte noir. Le bison inclina tour à tour la tête face aux quatre côtés de l'univers, puis disparut derrière la colline.

Calumet sacré, du XIXe siècle, sculpté par un artiste du peuple santee (Sioux orientaux) et figurant un couple et un cheval.

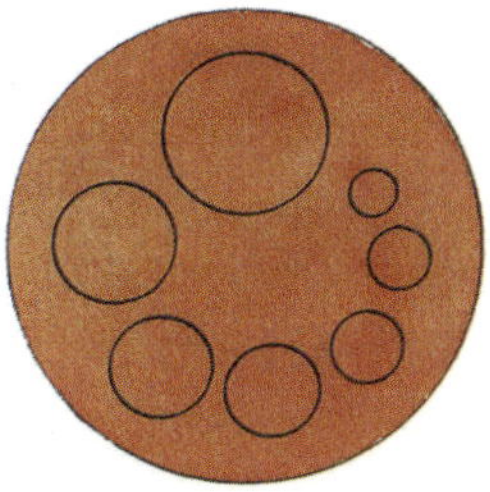

LES RITES LAKOTA DU CALUMET

Selon le mythe lakota du calumet, la pierre ronde laissée par femme Bison-Blanc (reconstituée ci-dessus) était gravée de sept cercles représentant les sept rites associés au calumet. Le premier rite, la Garde et la Libération de l'Ame, sert à garder l'âme d'un mort durant un certain nombre d'années jusqu'à ce qu'elle soit libérée, de sorte qu'elle puisse revenir dans le monde des esprits. Le second rituel est celui de la hutte de sudation, un rite de purification accompli avant tout autre rite important. Le troisième, l'Appel de la Vision, établit le motif rituel de la quête de vision lakota, lorsqu'un Lakota s'en va seul à la recherche d'une vision sacrée. Le quatrième rituel est celui de la cérémonie collective de divertissement appelée danse du Soleil (p. 223). Le cinquième est la création de parents, l'union rituelle de deux amis en un lien sacré. Le sixième est la cérémonie de puberté des jeunes filles. Le dernier rituel, appelé « lancer la balle », est un jeu représentant Wakan Tanka et l'accession à la sagesse.

LES MYTHES RELATIFS AUX ANIMAUX

Les parents du genre humain

Cloison de demeure tlingit, figurant un ours accroupi. L'ouverture ovale donne accès à la chambre sacrée, à l'arrière de la maison du chef Shakes, à Wrangell, en Alaska.

LES MÂTS

La représentation d'êtres mythiques, qui a atteint une grande richesse formelle sur la côte nord-ouest, trouve son expression la plus accomplie dans les mâts totémiques, dont les figures sculptées illustrent les êtres animaux qui ont fondé le clan, lui ont prêté assistance et lui ont donné son pouvoir. Ces mâts sont essentiellement des emblèmes héraldiques, symbolisant le statut, la fortune ou la propriété. Dans les villages en bord de lac, des mâts commémoratifs sont érigés sur la rive (afin d'être vus de quiconque s'approche par voie d'eau) par l'héritier du chef, dans le cadre des règles de dévolution du titre et des prérogatives de son rang. Autre catégorie de mâts, le mât mortuaire est dressé à côté de la tombe d'un chef. Le mât de portail en constitue le troisième type : élevé à côté de la maison du clan, et portant les emblèmes de celui-ci, il est percé d'une large ouverture formant l'entrée qui représente l'accès symbolique au monde surnaturel. L'illustration ci-dessous montre la partie supérieure d'un mât totémique de la baie d'Alert, en Colombie Britannique. La figure sculptée représente un aigle ancestral.

Les animaux occupent une place éminente dans la mythologie amérindienne, car ils sont considérés comme étroitement apparentés aux humains. Dans les temps anciens, dit-on, avant que n'intervienne quelque rupture qui les fixa dans leur identité actuelle, les êtres humains et les animaux étaient indiscernables les uns des autres et pouvaient à volonté changer d'aspect. Certains peuples de la côte nord-ouest, par exemple, croient que leurs ancêtres étaient des animaux qui accostèrent sur les plages et puis abandonnèrent leur apparence animale avant de devenir des êtres humains et de fonder les différents clans. De nombreux mythes concernant des mariages entre humains et animaux décrivent comment ceux-ci vinrent à être séparés.

Nul animal, selon la croyance, n'est plus proche de l'homme que l'ours, qui parfois marche sur deux jambes et possède un squelette semblable à celui de l'homme, mais de taille plus grande. De nombreux mythes décrivent les ours comme une race ayant forme humaine, gardant en public leur pelage d'ours. Un mythe du Nord-Ouest raconte que Rhpisunt, la fille d'un chef, rencontra un jour deux jeunes hommes alors qu'elle cueillait des baies. Ceux-ci la conduisirent jusqu'au village du peuple ours, dans une maison où se tenait un homme gigantesque, le chef des ours, entouré de pelages suspendus aux murs. Rhpisunt épousa le fils du chef et donna naissance à deux oursons jumeaux. Quelque temps après, les frères de Rhpisunt découvrirent la tanière dans laquelle elle vivait avec sa nouvelle famille. Ils la raccompagnèrent avec ses oursons au village de son père. Là, les jumeaux, enlevant leur pelage, se révélèrent deux beaux garçons qui allaient être de grands chasseurs. Devenue vieille, Rhpisunt mourut ; ses fils s'en retournèrent alors chez les ours. Depuis, ses descendants furent toujours chanceux à la chasse chaque fois qu'ils rappelaient aux ours leur parenté avec Rhpisunt.

La chasse et la mise à mort des animaux sont accomplies conformément à un grand nombre de mythes et de rituels. On trouve parfois un maître ou une maîtresse des animaux, qui peut mettre la main sur le gibier si les chasseurs n'ont pas observé le rituel. Les animaux sont considérés comme une source importante de pouvoir spirituel : les chamans d'Amérique du Nord comptent souvent sur l'aide d'animaux qui leur transmettent leur puissance lors de rencontres visionnaires (p. 226).

La libération du gibier

Maints récits expliquent comment le gibier fut libéré avant l'arrivée des êtres humains. La version suivante est narrée par les Navajos, qui furent d'abord des chasseurs avant d'émigrer du Canada vers le Sud-Ouest *(p. 228)**.*

Avant que ne soient créés les êtres humains, le peuple saint se rassembla sous la hutte de sudation afin de délibérer sur la façon de retrouver le gibier, car celui-ci avait disparu. Un mystérieux personnage noir pénétra sous la hutte : Personne ne savait de qui il s'agissait. Deux membres du peuple saint l'épièrent en cachette et le virent endosser la livrée d'un corbeau avant de s'envoler.

La communauté assemblée opta pour un stratagème destiné à retrouver et sauver le gibier. Ils décidèrent de transformer l'un de leurs membres en chiot et de le laisser se faire enlever par le corbeau noir. Celui-ci revint et emporta Chiot jusqu'à un lieu appelé colline du Bord, où vivait Dieu Noir, à qui appartenait tout le gibier.

Le gardien de Dieu Noir, Porc-Epic, possédait une baguette de turquoise qui lui servait à tisonner le feu et ouvrir le portail. Chiot l'assomma puis, avec la baguette de turquoise, entrebâilla le portail, et découvrit à l'intérieur le gibier rassemblé en troupeau par Corbeau, sous les traits duquel s'était déguisé Dieu Noir. Voyant le portail ouvert, tous les animaux s'enfuirent dans la nature.

Le mythe rapporte ensuite que lorsque les quatre premiers daims franchirent le portail, Chiot les toucha entre leurs pattes afin de créer les odeurs. Puis, à mesure que sortirent les autres animaux, Chiot leur effleura le nez avec le vent, afin de les rendre sensibles à ces odeurs. C'est de là que provient la faculté des animaux de pressentir le danger avant de le voir.

L'orque, figure très répandue dans la mythologie amérindienne, est probablement représentée dans les motifs stylisés de cette couverture tlingit, recueillie au XVIIIe siècle par l'explorateur anglais James Cook.

LA MÉSO-AMÉRIQUE

La pyramide à degrés coiffée d'un temple au toit plat est une forme omniprésente dans l'architecture sacrée en Méso-Amérique. Chez certains peuples, elle symbolisait les cieux conçus comme une série de strates, chacune habitée par une divinité. La photo ci-dessus représente la pyramide maya-toltèque de Chichen Itza (Yucatan).

Historiens et anthropologues utilisent le terme *Méso-Amérique* pour décrire la partie de l'Amérique Centrale (principalement le Mexique) qui constituait une unité culturelle et religieuse avant la conquête espagnole au début du XVIe siècle. Cette aire était d'une étonnante homogénéité malgré une grande variété de nations, de langues et de styles artistiques. Un certain nombre de points communs se retrouvaient sur tout le territoire comme par exemple l'utilisation d'un calendrier complexe, fondé sur un cycle sacré de 260 jours combiné avec une année solaire de 365 jours. Connaissance sophistiquée de l'astrologie, écriture glyphique, jeu de paume que l'on pratiquait à l'aide d'une balle en caoutchouc sur un terrain particulier, panthéon d'une remarquable complexité occupé, entre autres, par les dieux du Vent, de la Pluie et du Maïs, telles étaient les pratiques partagées par ces civilisations de Méso-Amérique.

La région est une mosaïque de paysages contrastés qui va des déserts du nord aux forêts tropicales du sud. Il y avait tantôt trop de pluie, tantôt pas assez, les lits des fleuves secs se transformaient en violents torrents pendant la nuit et les tremblements de terre secouaient le sol. Cette instabilité physique peut aider à comprendre le mythe aztèque des cinq Soleils, chaque Soleil représentant un monde ou une ère cosmique qui se terminait par un cataclysme (p. 237-238).

Les Aztèques ne furent pas les premiers à apaiser les dieux par le sacrifice humain. La religion des Toltèques (dont la capitale Tula a été construite au XIe siècle) était tout aussi assoiffée de sang, comme le prouvent les sculptures de Chac mool allongé tenant un récipient pour recevoir les offrandes des sacrifices (ci-dessus). Nous disposons toutefois d'informations plus complètes sur les pratiques aztèques. Pour aider le Soleil Huitzilopochtli dans sa lutte quotidienne contre les forces nocturnes, il fallait le nourrir de cœurs et de sang humains, et les ennemis faits prisonniers lors des batailles militaires servaient de victimes sacrificielles.

On peut dire que les Aztèques constituèrent leur panthéon d'une façon similaire en adoptant les dieux des peuples qui les avaient précédés, tels le dieu de la Pluie Tlaloc et le dieu du Feu Huehueteotl. Toutefois, Huitzilopochtli était le dieu tribal des Aztèques et n'était connu nulle part ailleurs.

TENOCHTITLAN

C'était le centre du culte de Huitzilopochtli : une cité construite sur un lac de plus de 8 km², avec des canaux, reliée à la terre ferme par des digues. C'était le cœur de l'Empire aztèque qui fut détruit en 1521 par les Espagnols étonnés par ailleurs de la grandeur de la cité. Les temples dédiés à Huitzilopochtli et à Tlaloc se trouvaient au sommet de la grande pyramide, dans le Templo Mayor.

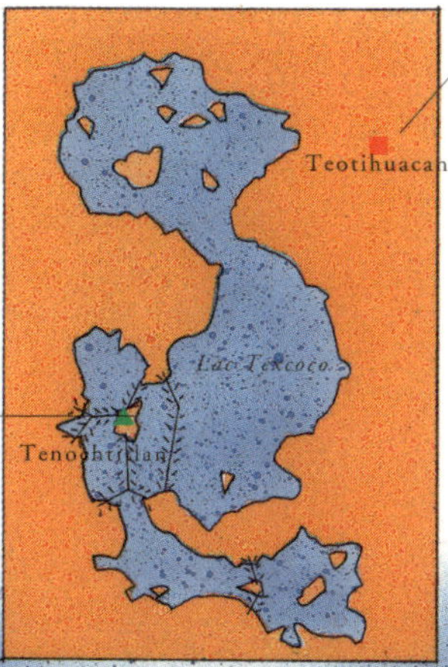

LA CITÉ DES DIEUX

Teotihuacan, la « cité des dieux », sur le plateau central du Mexique, était probablement la ville la plus importante avant l'arrivée des Espagnols. Elle se développa au début de l'ère chrétienne et fut détruite vers 650 ap. J.-C. Les Aztèques continuèrent d'occuper cet endroit sacré, vaste complexe dominé par les pyramides de la Lune et du Soleil et l'avenue des Morts. C'est aujourd'hui l'un des plus beaux sites archéologiques de la région. On croyait que les dieux s'étaient réunis en ce lieu pour créer le monde pour la cinquième fois. Encore bien conservé, le temple de Quetzalcoatl est orné de têtes sculptées de Serpent à Plumes alternant avec des têtes du dieu de la Pluie, Tlaloc.

PRINCIPALES CIVILISATIONS MÉSO-AMÉRICAINES

Peuples	Périodes	Sites principaux
Olmèques	Vers 1500-400 av. J.-C.	San Lorenzo, La Venta.
Zapotèques	Vers 300-600 ap. J.-C.	Monte Alban, Mitla.
Mayas	Vers 300-900 ap. J.-C.	Tikal, Palenque, Copan.
Toltèques	Vers 900-1180 ap. J.-C.	Tula.
Aztèques	Vers 1325-1521 ap. J.-C.	Tenochtitlan.

GUIDE DE LA PRONONCIATION

La plupart des peuples méso-américains des Hautes Terres parlaient le nahuatl ; l'accent tombe généralement sur l'avant-dernière syllabe. Les Mayas, quant à eux, avaient leur propre langue.

Prononcez :

qua, quo (Etzalqualiztli) *kw*
que, qui (Quetzalcoatl) *k*
tl comme en français
x (Xipe Totec) *sh*
z comme le *s* de « siège »
cht (Tenochtitlan) *sht*

LES DIEUX DES AZTÈQUES

Les Aztèques vénéraient les dieux individuellement (chaque maison avait un autel) et collectivement lors de fêtes sacrées. Chaque dieu était associé à un point précis de l'espace ou de l'axe central du monde en forme de disque, entouré d'eau. Parmi les divinités principales citons :

CHALCHIUHTLICUE (Jupe en Jade). Parente de Tlaloc, déesse des Rivières et des Lacs.

CHICOMECOATL (déesse de la Nourriture). Divinité de la Fertilité.

COATLICUE (Jupe Serpent). Divinité terrestre, mère de Huitzilopochtli.

HUEHUETEOTL (Vieux Dieu). Dieu du Feu, la plus ancienne des divinités.

HUITZILOPOCHTLI (Colibri du Sud). Dieu tribal des Aztèques, divinité guerrière et solaire (p. 242-243).

MICTLANTECUHTLI (seigneur de la Mort). Il régnait sur le Mictlan, l'Inframonde, avec Mictlancihuatl.

QUETZALCOATL (Serpent à Plumes). Un des quatre dieux créateurs. Dieu de l'Étoile du Matin et du Soir. Également dieu du Vent sous la forme d'Ehecatl (p. 240-241).

TEZCATLIPOCA (Miroir Fumant). Un des quatre dieux créateurs. Associé au ciel nocturne, à la lune, aux forces maléfiques et à la destruction. Il revêtait souvent l'apparence d'un jaguar (p. 239).

TLALOC (Celui qui fait pousser les choses). Dieu de l'Eau et de la Pluie assisté des quatre Tlaloque. Connu comme Chac chez les Mayas ou Cocijo chez les Zapotèques (p. 244-245).

XIPE TOTEC (Seigneur Écorché). Dieu des Semailles, de l'Été et des Orfèvres. En son honneur on écorchait des victimes et des prêtres revêtaient leurs peaux.

LES VIEILLES DIVINITÉS

Le Jaguar et le dieu du Feu

Hache votive en jadéite représentant un jaguar anthropomorphe. Cet être surnaturel, mi-homme mi-félin, était l'un des thèmes les plus répandus de l'art olmèque.

Les plus anciennes divinités méso-américaines représentées dans l'art appartiennent à la civilisation olmèque qui se développa dans les régions marécageuses de l'est du Mexique entre environ 1500 et 400 av. J.-C. Images en pierre, en jade, en céramique, grottes peintes, tout indique le caractère précoce de la société olmèque, le génie créatif de ses artisans et l'influence directive de ses prêtres et de ses dirigeants.

L'influence olmèque dans le domaine religieux est considérable comme l'attestent principalement les sculptures de jaguar, thème récurrent de la Méso-Amérique. D'après les mythes d'Amérique centrale et d'Amérique du Sud, la version anthropomorphe du dieu Jaguar semble être liée à la transformation magique des chamans en félins. Ces jaguars-chamans, puissants sorciers, étaient particulièrement craints car ils conjuraient les forces dangereuses du monde des esprits ; cette idée ancienne et répandue marqua de façon profonde et durable les croyances des peuples méso-américains. Le dieu Jaguar olmèque était souvent représenté avec une bouche charnue aux commissures tombantes. Le thème du jaguar associé à la royauté, à la fertilité et à la terre se retrouve dans l'art maya, zapotèque et à Teotihuacan. Il revient de façon plus dramatique sous la forme de Tezcatlipoca, la divinité suprême des Aztèques (p. 239). Il existe par ailleurs d'autres influences du monde olmèque, comme en attestent les oiseaux, les crocodiles, les serpents et les êtres anthropomorphes, abondamment représentés dans l'art aztèque. Certains de ces êtres étaient d'étranges hybrides qui combinaient les aspects du jaguar avec ceux d'un oiseau ou d'un serpent.

On a cru autrefois que les Olmèques vénéraient une seule divinité, un dieu de la Pluie, idée qui a été démentie par la suite. Parmi les nombreuses divinités méso-américaines identifiées dans le panthéon olmèque, se trouvent des formes archaïques de Tlaloc (le dieu de la Pluie), un dieu du Maïs, Quetzalcoatl (le Serpent à Plumes, autre divinité animale hybride), Tezcatlipoca et un dieu du Feu plus tard connu comme Huehueteotl ou Xiuhtecuhtli (ci-dessous). Ces dieux se retrouvent sous différents noms dans toute la Méso-Amérique.

Huehueteotl

Pour les Aztèques, la divinité du Feu Huehueteotl était un vieux dieu et le premier compagnon de l'humanité.

Au cours d'une fête, des garçons chassaient de petites créatures dans les marécages, tels les serpents, les lézards, les crapauds et même les larves de libellules. Ils les offraient à de vieux hommes, les gardiens du dieu du Feu, qui recevaient des mains des prêtres de la nourriture en échange de ces offrandes.

Pendant ces cérémonies, un homme jeune, orné de turquoises et de plumes de quetzal, incarnait la divinité. Plus tard dans le mois, il était représenté par un homme âgé et fatigué, vêtu d'or, de noir et de rouge, les couleurs des flammes.

Représentation typique de Huehueteotl. Le dieu du Feu a l'aspect d'un vieil homme édenté, penché vers l'avant, avec un disque sur la tête – représentation que l'on retrouve dès 500 environ av. J.-C.

CRÉATIONS ET CATACLYSMES

Le mythe des Soleils

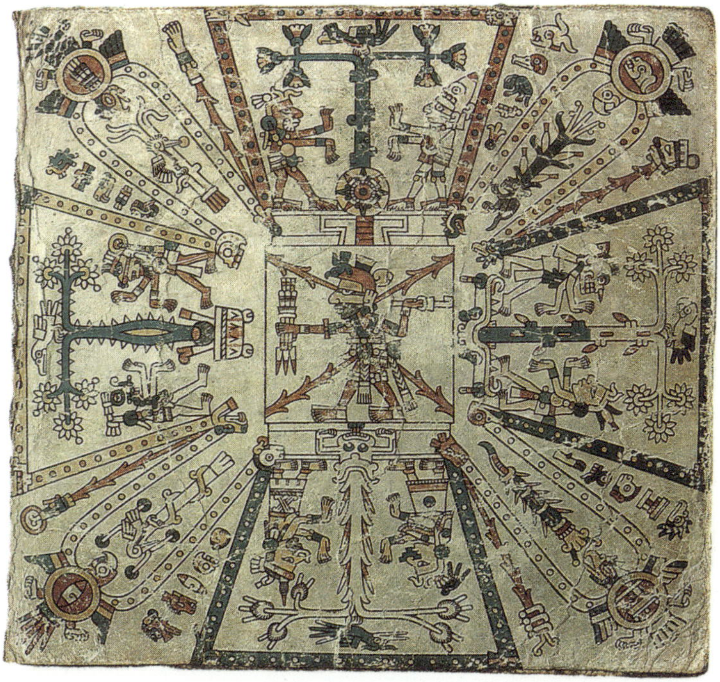

La cosmogonie méso-américaine divisait l'univers en cinq parties : les directions cardinales et le centre. Une page d'un manuscrit mixtèque, le Codex Fejervary-Mayer, *illustre cette conception différente qui assigne les directions cosmiques à la descendance d'Ometecuhtli. On associait des valeurs symboliques à chacune de ces directions. L'est était la région lumineuse de la fertilité et de la vie dont la couleur sacrée était le rouge ; par opposition, le nord symbolisait une région noire et froide associée à la mort. Le centre, très important, est habité ici par le dieu du Feu Xiuhtecuhtli.*

Au commencement était Ometecuhtli, seigneur de la Dualité qui s'était façonné lui-même et qui apparaissait à la fois sous des aspects mâle et femelle comme Ometeotl et Omecihuatl. Les quatre Tezcatlipoca étaient la progéniture du couple cosmique. Le Tezcatlipoca rouge, également appelé Xipe Totec (le Dieu Écorché), était associé à l'est, le Tezcatlipoca bleu ou Huitzilopochtli au sud, le Tezcatlipoca blanc ou Quetzalcoatl à l'ouest, et le Tezcatlipoca noir (seigneur du Ciel nocturne) au nord. Il convient de leur ajouter le dieu de la Pluie Tlaloc et la déesse de l'Eau Chalchiuhtlicue.

Ces divinités s'engagèrent dans une lutte cosmique du pouvoir qui mena à la création de cinq et à la destruction de quatre ères successives ou Soleils – chacun était identifié à des formes particulières de cataclysmes qui marquaient leur fin. Tezcatlipoca dirigea le premier Soleil qui s'appelait 4 Jaguar. Au bout de 676 ans, Quetzalcoatl jeta Tezcatlipoca à l'eau et la terre fut dévorée par les jaguars. C'est au cours du deuxième Soleil 4 Vent, présidé par Quetzalcoatl, que Tezcatlipoca prit sa revanche sur ce dieu en le détrônant, puis fut emporté par un gigantesque ouragan. Le troisième Soleil 4 Pluie, dominé par une pluie de feu, fut dirigé par le dieu de la Pluie Tlaloc. Quetzalcoatl envoya une pluie de feu qui consuma la terre et marqua la fin de cette ère. Ensuite vint le quatrième Soleil 4 Eau, associé à la déesse de l'Eau Chalchiuhtlicue. Il se termina par une inondation du cosmos et les êtres humains se transformèrent en poissons. Ces mondes imparfaits furent suivis par la création du cinquième Soleil, qui est notre monde actuel (p. 238).

OMETECUHTLI

Le concept de dualité personnifié par Ometecuhtli (ci-dessous) était omniprésent dans la pensée aztèque. Cet être primordial, caractérisé par son dualisme, alimentait toute forme de vie depuis le centre de la terre. Il avait à la fois des aspects mâle et femelle (Ometeotl et Omecihuatl) qui lui permirent d'engendrer les quatre Tezcatlipoca.

Le cinquième Soleil

Les calamités qui détruisirent les quatre Soleils précédents laissèrent un vide dans l'ordre cosmique. En créant et en alimentant le cinquième Soleil (l'ère actuelle), les dieux offrirent une dernière chance d'exister aux peuples de Méso-Amérique.

Le cinquième Soleil fut créé à Teotihuacan, au moment où le dieu Nanahuatzin se lança dans un grand brasier et se transforma miraculeusement en Soleil Levant. Mais il demeurait immobile. Les dieux offrirent alors leur sang pour que l'astre pût bouger. Voilà pourquoi le cinquième Soleil est connu comme 4 Mouvement. Cette genèse explique que c'était seulement par le sacrifice que l'univers pouvait continuer à vivre chez les Aztèques. Il ne s'agissait toutefois que d'une concession temporaire des dieux, étant donné que même le cinquième Soleil serait détruit par un tremblement de terre.

Le signe 4 Mouvement symbolisait le concept de sacrifice humain et justifiait la religion aztèque. Il fut matérialisé dans un grand calendrier en pierre. Il s'agit d'un disque de 4 mètrés de diamètre, avec, au centre, le visage du dieu solaire Tonatiuh contenu dans le signe 4 Mouvement. Découverte en 1790 près du site du Templo Mayor situé dans la ville de Mexico, cette sculpture très élaborée contient les éléments principaux de la cinquième création. Tonatiuh était une manifestation du dieu tribal aztèque Huitzilopochtli (p. 242). Dans ce symbolisme complexe, nous voyons que la manipulation aztèque du mythe servait à justifier la guerre et le sacrifice, et à exprimer ces aspects de la vie en termes cosmologiques. Le visage de Tonatiuh est flanqué de deux pattes de jaguar qui saisissent des cœurs humains pour s'en nourrir. Ce thème se retrouvera plus tard avec la langue d'une divinité, symbolisant le silex sacrificiel ou le couteau en obsidienne que les prêtres utilisaient pour extraire le cœur de leurs victimes. D'après la croyance aztèque, le sang humain était assimilé au liquide précieux, appelé *chalchihuatl* en nahuatl, la seule nourriture qui convenait aux dieux. Autour de l'image du dieu solaire se trouvent quatre figures des Soleils antérieurs dédiés au jaguar, au vent, au feu et à l'eau. Tout autour sont disposés les glyphes des signes des 20 jours du calendrier sacré ou *tonalpohualli* et des représentations symboliques de Tezcatlipoca, Quetzalcoatl et Tlaloc.

Le calendrier en pierre, qui peut aussi avoir servi de pierre sacrificielle, résume la conception de la vie et de la mort qu'avait cette civilisation, dans un monde fragile qui ne se maintenait que grâce à un apport constant de sang aux dieux.

Ce chef-d'œuvre de la sculpture en pierre n'est pas à proprement parler un calendrier mais plutôt une représentation de la cosmogonie aztèque. Il décrit les traits principaux de la cinquième ère de l'univers.

TEZCATLIPOCA

Seigneur du Miroir Fumant

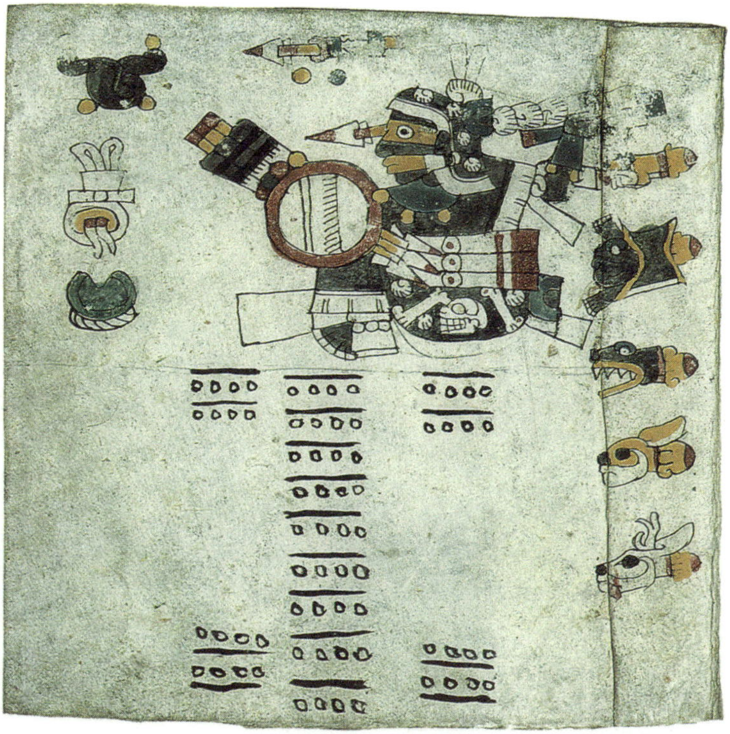

Dans cette illustration extraite d'un codex, Tezcatlipoca est montré sous son aspect noir. Les crânes et les os qui ornent son costume l'associent à la mort. Armé et habillé comme un guerrier, il est entouré de symboles du calendrier.

Tezcatlipoca, dont le nom signifie « seigneur du Miroir Fumant », est le dieu suprême du panthéon méso-américain. Toutes les autres divinités créatrices n'étaient en réalité que des aspects de cet être tout-puissant et omniscient. Son culte arriva en Amérique centrale avec les Toltèques vers la fin du xe siècle ap. J.-C. Dans un mythe, il corrompt le dieu vertueux des Toltèques, Quetzalcoatl, le Serpent à Plumes, en l'initiant à la boisson et aux plaisirs charnels. A la période aztèque, Tezcatlipoca avait un nombre d'apparences et de noms plus élevé que n'importe quelle autre divinité. Par exemple, identifié à Yaotl (Guerrier) et à Yoalli Ehecatl (Vent Nocturne), il était associé à la mort, à la guerre et au royaume de la Nuit. Il apparaissait la nuit aux croisements des chemins pour défier les guerriers. Les Aztèques le vénéraient comme patron de la royauté et des sorciers. Son statut remarquable se révèle dans son association symbolique avec le jaguar et surtout dans sa manifestation comme Tepeyollotli, le « jaguar cœur de la montagne ». Invisible et omniprésent, Tezcatlipoca incarnait le seigneur des Ombres ; il brandissait un miroir magique qui lui permettait de prédire le futur et de voir dans le cœur des hommes. Les Aztèques craignaient et redoutaient sa nature capricieuse qui l'amenait à répandre la misère et la mort aussi bien que la santé, le courage et la bonne fortune. Ils employaient une épithète révélatrice pour qualifier le dieu : Titlacauan, « Nous sommes ses esclaves ». Il présida à la première ère de la création (p. 237) et son affrontement avec Quetzalcoatl se termina par un cataclysme.

Tezcatlipoca peut voir la nuit tout comme le jaguar, son alter ego. Les yeux en pierre polie de ce crâne sont comparables au miroir du dieu qui voit tout.

QUETZALCOATL

Le Serpent à Plumes

Tête sculptée de Quetzalcoatl, le Serpent à Plumes, ornant un mur du temple du dieu à Teotihuacan, la Cité des dieux. A cette époque, Quetzalcoatl était encore associé à la fertilité, comme le suggère cette tête de Serpent à Plumes alternant avec celle du dieu de la Pluie Tlaloc. Des traces de peinture bleue, rouge, jaune et verte indiquent que de telles sculptures étaient à l'origine polychromes.

REPRÉSENTATIONS DU SERPENT

Le serpent enroulé ou ondulant est le motif animalier le plus fréquent dans l'art aztèque. Outre le Serpent à Plumes, nous possédons de nombreuses représentations du « serpent de feu » ou *xiuhcoatl* qui permit à Huitzilopochtli de vaincre ses frères et sa sœur (p. 242). On peut voir, ci-dessous, un Serpent à Plumes en pierre avec des plumes qui recouvrent son corps et une langue bifide sortant de sa gueule entrouverte. Dans d'autres cas, l'animal a une queue de crotale.

Quetzalcoatl, dont le nom signifie « serpent à plumes » et « jumeau précieux », était une divinité majeure du panthéon aztèque, aux origines archaïques. En tant que l'un des quatre dieux créateurs, il joua un rôle déterminant dans le mythe des cinq Soleils (p. 237). Il revêtait aussi de nombreuses formes, les plus célèbres étant le dieu du Vent Ehecatl, le dieu bienveillant du Savoir et des Artisans, le dieu des Jumeaux et le Serpent à Plumes.

Le concept de Serpent à Plumes remonte au moins à la civilisation de Teotihuacan (IIIe-VIIIe siècle ap. J.-C.), la grande cité du plateau central du Mexique. A cette époque, Quetzalcoatl incarnait probablement une divinité de la végétation et était étroitement lié au dieu de la Pluie Tlaloc. Avec les Toltèques, du IXe au XIIe siècle, il devint le dieu de l'Etoile du Matin et du Soir, et c'est sous cette forme qu'il fut vénéré dans la capitale toltèque de Tula.

Les Aztèques intégrèrent Quetzalcoatl et le vénérèrent comme patron des prêtres, inventeur du calendrier et protecteur des artisans. Avec son jumeau, le dieu à tête de chien Xolotl, il pénétra dans l'Inframonde, appelé Mictlan, où il trouva les ossements d'un homme et d'une femme morts lors des quatre cataclysmes cosmiques. Il s'empara des ossements brisés et fuit la colère du seigneur du royaume des Morts. Il arriva ensuite devant la déesse du Foyer Cihuacoatl

Ehecatl, le dieu du Vent

Ehecatl était associé aux quatre directions de l'espace puisque le vent souffle dans tous les sens. Ses temples de forme circulaire offraient une moindre résistance au vent. Le dieu est parfois représenté avec un masque buccal en forme de bec.

Après la destruction du quatrième Soleil dans le mythe de la création aztèque, les dieux se réunirent à Teotihuacan où Nanahuatzin et Tecciztecatl se jetèrent dans le feu sacrificiel et se transformèrent respectivement en Soleil et en Lune. Ils restèrent immobiles jusqu'à ce que Ehecatl soufflât sur eux avec force. D'abord seul le Soleil bougea, mais lorsque l'astre se coucha, la Lune se déplaça à son tour.

Illustration du Codex Magliabecchiano *montrant le dieu du Pulque Patecatl avec des attributs du dieu du Vent Quetzalcoatl-Ehecatl (coquillage sur le bouclier, couronne et plumes vertes de quetzal de sa coiffure...).*

(Femme Serpent) qui broya les os. Quetzalcoatl les arrosa du sang de son pénis et c'est ainsi que l'humanité fut créée une nouvelle fois.

Il est difficile de dissocier le Quetzalcoatl mythique du roi-prêtre toltèque Topiltzin Quetzalcoatl qui aurait réellement existé et était lui aussi lié au Serpent à Plumes. Cet amalgame est décrit dans l'histoire de sa rivalité avec Tezcatlipoca, le dieu de la Nuit et du Nord.

Tandis que Quetzalcoatl demandait à ses sujets de faire des sacrifices pacifiques (offrandes de jade, d'oiseaux, de serpents et de papillons), Tezcatlipoca voulait imposer des rituels plus sanglants. Ils s'affrontèrent et Quetzalcoatl fut expulsé de Tula en 987 ap. J.-C., dit la légende. Il se rendit avec son peuple vers le golfe du Mexique, s'immola sur un bûcher et ressuscita sous la forme de la planète Vénus.

Dans une autre version, Quetzalcoatl s'embarqua sur un radeau de serpents et disparut à l'horizon vers l'est. On racontait qu'il reviendrait un jour. Cette prophétie fut exploitée ensuite par le conquistador espagnol Hernán Cortés qui, lorsqu'il toucha le sol mexicain en 1519, fut pris par l'empereur aztèque Moctezuma pour Quetzalcoatl venant reprendre possession de son royaume.

QUETZALCOATL COMME VÉNUS

Dans le mythe du Serpent à Plumes, Quetzalcoatl se dirigea vers « l'eau divine », c'est-à-dire le golfe du Mexique, jeûna pendant quatre jours et revêtit ses plus beaux habits. Il s'immola sur un bûcher funéraire ; son cœur monta aux cieux et se transforma en Vénus, l'Étoile du Matin, au milieu d'oiseaux sortis des flammes. Quetzalcoatl symbolisait sous cette forme la mort et la résurrection.

HUITZILOPOCHTLI

Le dieu du Soleil et de la Guerre

LA DÉFAITE DE LA LUNE ET DES ÉTOILES

A Coatepec (la Montagne Serpent) près de Tuma, Huitzilopochtli fut miraculeusement conçu par Coatlicue (Jupe Serpent) qui fut fécondée par une boule de plumes descendue du ciel. Prévenu que sa sœur Coyolxauhqui et ses frères, les Quatre Cents Méridionaux, allaient tenter de tuer sa mère, Huitzilopochtli sortit de son ventre. Il était déjà adulte, son corps était peint en bleu et il brandissait son « serpent de feu » ou *xiuhcoatl*. Il décapita Coyolxauhqui et jeta son corps en bas de la montagne puis mit ses frères en déroute.
L'image ci-dessus représente Coyolxauhqui démembrée au bas de l'escalier qui mène au temple de Huitzilopochtli au Templo Mayor de Tenochtitlan.
Cet événement est généralement interprété de façon symbolique : Huitzilopochtli, le Soleil, battit Coyolxauhqui, la Lune et ses quatre cents frères, les Étoiles, créant ainsi le cinquième Soleil ou ère de l'univers.

Huitzilopochtli, le Colibri du Sud, était une divinité purement aztèque qui ne fut pas représentée dans les cultures méso-américaines antérieures. Dieu tribal de la Guerre et du Soleil, il était la divinité la plus importante de la capitale de l'empire aztèque, Tenochtitlan. Dans les codex, on le reconnaît à sa peinture corporelle avec des bandes bleues et jaunes, ses plumes de colibri sur la jambe gauche, ses pointes de flèches ornées de plumes et son propulseur en forme de serpent ou *atlatl*. Son nom indique qu'il était associé dans les rites à la guerre et à la mort : les colibris représentaient les âmes des guerriers morts accompagnant le Soleil, leur dieu, dans sa course quotidienne à travers le ciel.

Comme pour Quetzalcoatl, mythe et histoire s'entremêlent dans plusieurs récits sur l'origine de Huitzilopochtli. Qu'il ait été considéré comme un dieu ou comme un héros déifié par la suite, cela n'est pas clair. Il était généralement à l'origine des pérégrinations des Aztèques qu'il conduisit jusqu'à leur territoire près d'Aztlan au nord-ouest du Mexique. Les événements concernant la naissance du dieu à Coatepec (ci-contre) peuvent être interprétés comme une renaissance mythique de la transformation d'un homme en un dieu prophétique tout-puissant.

Pendant leur grande migration vers le sud de la vallée de Mexico, les Aztèques étaient précédés par quatre prêtres-dirigeants qui portaient une grande statue du dieu. Cette figure magique qui prédisait les événements futurs conseilla aux Aztèques de changer de nom et de devenir les Mexica, et leur indiqua en secret la route à suivre.

D'après les mythes de pérégrinations, Huitzilopochtli promit à son groupe qu'il allait conquérir tous les peuples, qu'il deviendrait le maître du monde et qu'il recevrait des tributs de pierres précieuses, de plumes de quetzal, de corail et d'or.

L'accession de Huitzilopochtli au même statut que d'autres dieux créateurs plus importants se traduit par son identification mythique au Tezcatlipoca bleu dont la direction sacrée était le sud.

La fondation de Tenochtitlan

Au XIIe siècle, les ancêtres des Aztèques se mirent en route vers le sud. Ce fut le début d'une longue migration qui coïncide avec la chute du gouvernement toltèque. Un mythe qui trouve ses racines dans l'histoire décrit les étapes de la migration dirigée par Huitzilopochtli. Le dieu, porté par les prêtres, avait l'apparence d'un paquet funéraire (symbole d'un défunt). Aux moments critiques, il leur parlait du ciel d'une petite voix et leur donnait des conseils et des instructions.

Lorsqu'ils arrivèrent dans une région marécageuse près du lac de Texcoco, leur moral et leur foi étaient au plus bas ; cela faisait en effet deux cents ans que leur périple durait. C'est là qu'ils virent un aigle immense perché sur un cactus recouvert de fruits rouges (symbole du cœur humain). L'aigle était un emblème du soleil, c'est-à-dire de Huitzilopochtli. A ce moment précis, le dieu s'adressa à son peuple : « Oh Mexica, vous êtes arrivés ! » Il s'agissait du futur site de Tenochtitlan, « l'endroit du cactus avec des fruits ».

Sacrifice au Templo Mayor

Le rôle de Huitzilopochtli, incarnation de l'idéologie du sacrifice chez les Aztèques, est sinistrement représenté par les actions du roi Ahuitzotl. Il lui dédia le Templo Mayor, « Grand Temple », dans la cité de Tenochtitlan et célébra l'événement en sacrifiant peut-être 60 000 hommes.

Guerrier cosmologique identifié au dieu solaire Tonatiuh, Huitzilopochtli était au centre du culte aztèque du sacrifice. Les Aztèques se considéraient comme un peuple élu : leur mission divine consistait à faire la guerre et à offrir le sang des captifs pour nourrir le dieu afin que le cinquième Soleil restât en mouvement.

Situé au sommet du Templo Mayor, le temple de Huitzilopochtli, orné de crânes blancs sur fond rouge, était le lieu d'innombrables sacrifices humains par extraction du cœur, réalisée avec un silex ou un couteau en obsidienne. Les cœurs étaient offerts au Soleil puis brûlés dans le *cuauhxicalli*, « vase de l'aigle ». Les corps étaient ensuite jetés sur l'image de Coyolxauhqui, réactualisant ainsi la victoire héroïque de Huitzilopochtli à Coatepec (marge p. 242).

Les guerriers morts au combat ou sur l'autel sacrificiel étaient des *cuauhteca*, « peuple de l'aigle ». Les Aztèques croyaient que ces guerriers, à titre posthume, faisaient partie du cortège lumineux du soleil pendant quatre ans, après quoi ils se transformaient à jamais en colibris.

La préoccupation sanguinaire des Aztèques se retrouve aussi dans le comportement des prêtres qui pratiquaient fréquemment l'auto-sacrifice en pénitence. Ils se transperçaient la langue et les oreilles avec des cordes garnies d'épines. Les grands prêtres de Huitzilopochtli et Quetzalcoatl Totec Tlamacacazqui (« Serpent à Plumes prêtre de notre Seigneur ») formaient avec ceux de Tlaloc une double autorité religieuse chez les Aztèques.

Vision espagnole du sacrifice humain, illustration d'un manuscrit du milieu du XVIe siècle : le Codex Magliabecchiano. *Le prêtre extrait le cœur de la victime avec un couteau sacrificiel.*

TLALOC ET LA FERTILITÉ

Les dieux aztèques de la Pluie et du Maïs

Détail d'une illustration du Codex Borbonicus *montrant un rite, près d'un temple, pendant la fête Ochpaniztli. Un prêtre porte la grande coiffure rectangulaire en papier de Chicomecoatl, la déesse du Maïs, et les prêtres qui l'entourent celle de Tlaloc, le dieu de la Pluie.*

Un grand nombre de divinités de l'humidité, de l'agriculture et de la fertilité formait le panthéon aztèque. Dans une région de vallée avec des pluies irrégulières, les plantes se desséchaient le plus souvent avant d'arriver à terme. Sous le règne de Moctezuma Ier, des pluies tardives et des gelées automnales détruisirent les récoltes pendant trois années consécutives et amenèrent la famine. La complexité des croyances aztèques dans le domaine agricole n'est par conséquent guère surprenante.

Tlaloc était le plus important des dieux de la Fertilité. Ancienne divinité de la Pluie (p. 245), il était vénéré dans toute la Méso-Amérique sous différents noms : Cocijo chez les Zapotèques, ou Chac chez les Mayas par exemple. Comme seigneur de la Pluie, il présidait un grand nombre de divinités associées à la fertilité ; malgré la prédominance de dieux principaux comme Huitzilopochtli et Tezcatlipoca dans les mythes, on lui dédiait la plupart des rites sacrificiels. Comme un fil reliant la trame complexe des croyances aztèques, l'équation symbolique sang, eau, sacrifice humain, fertilité était omniprésente. Les tiges et les épis de maïs rapportés des champs étaient vénérés dans les maisons en tant que dieux et les guerriers s'en servaient avec les plumes de quetzal comme ornements rituels.

Chalchiuhtlicue, épouse de Tlaloc et sœur des Tlaloque, les aides du dieu de la Pluie, présidait au quatrième Soleil. Les épithètes « dame à la jupe de jade » et « dame de la mer et des lacs » indiquent quelques-uns de ses aspects. Elle pouvait faire apparaître les ouragans et les tourbillons de vent et causer la mort par noyade. Elle est généralement représentée avec un collier en pierres précieuses, des boucles d'oreilles en turquoise et une jupe bleue ornée de coquillages.

Deux autres dieux du Maïs, Chicomecoatl (l'aspect féminin) et Centeotl (l'aspect masculin) lui étaient directement associés. Chicomecoatl représentait la nourriture en général, tandis que Centeotl incarnait plus particulièrement le maïs, comme son nom « seigneur des épis de maïs » l'atteste. Il y avait aussi Xilonen, la déesse du Jeune et Tendre Maïs. Le lien cosmologique entre fertilité et sacrifices humains est personnifié dans l'iconographie par Xipe Totec, le Seigneur Écorché.

Xipe Totec, le dieu du Printemps, des Semailles et des Plantes, portait le plus souvent la peau écorchée d'une victime sacrificielle, comme on peut le voir sur cette sculpture. Il symbolisait sous cette forme le passage de l'ancienne à la nouvelle vie. Dans la mythologie aztèque, Xipe Totec était aussi identifié au Tezcatlipoca rouge qui avait régné sur le premier Soleil ; sa fin cataclysmique mena aux créations suivantes.

Dieu de la Végétation et du Renouveau printanier, on le célébrait pendant la fête Tlacaxipehualiztli : les victimes sacrifiées en son honneur étaient écorchées et les prêtres des dieux portaient leurs peaux. Pour les Aztèques, cet acte symbolisait la régénération des plantes, puisque la peau humaine séchée, portée par les prêtres, était assimilée à la membrane qui enveloppe une plante. A l'époque pré-aztèque, Xipe Totec était un dieu zapotèque et yopi, et chez les Zapotèques, il incarnait un dieu de la Végétation associé à Quetzalcoatl.

D'autres divinités symbolisaient la fertilité tels Xochiquetzal, la déesse des Fleurs (à l'origine épouse de Tlaloc, elle fut enlevée par Tezcatlipoca), ou Xochipilli, le prince des Fleurs, symbole de l'été. Il y avait aussi les Tlaloque, dieux secondaires qui habitaient le paradis du Tlalocan. Ils annonçaient la pluie sous la forme du tonnerre en brisant leurs récipients à eau. Un de ces dieux, Opochtli, inventa le filet de pêche et le harpon. Un autre, Nappatecuhtli, créa les joncs et les roseaux ; on lui attribuait l'art de fabriquer des nattes.

Mentionnons enfin un petit groupe de divinités liées à l'abondance des récoltes : les Centzon Totochtin ou Quatre Cents Lapins. Parmi eux se trouvaient Ometecuhtli, le dieu d'une boisson fermentée appelée *octli*, et Tepoztecatl, le dieu de la Boisson.

Tlaloc, le dieu de la Pluie

Représentation mixtèque de Tlaloc reconnaissable à ses yeux cernés.

Les premières représentations de Tlaloc remontent à la culture de Teotihuacan (IIe-VIIIe siècle), mais c'est seulement à l'époque aztèque (XIVe-XVIe siècle) qu'il devint très important. Son culte se répandit dans tout le Mexique. Le dieu donnait aussi bien la mort que la prospérité agricole et apportait deux sortes de pluie, l'une qui faisait fructifier la terre et l'autre qui la détruisait. Tlaloc était associé aux montagnes où les nuages de pluie se réunissaient, où la brume s'attardait et où les rivières prenaient leur source. Il gardait quatre grands récipients qui représentaient les quatre directions sacrées de l'univers. Avec la jarre de l'est il répandait une pluie fertilisante, avec les autres, la maladie, le gel et la sécheresse.

Fondamental dans le culte aztèque, bien que moins présent dans les mythes, Tlaloc était une divinité de premier plan que l'on célébrait lors des fêtes rituelles des mois Atlcahualo et Tozoztontli. On sacrifiait des jeunes gens au sommet des montagnes ; si les victimes pleuraient, c'était un signe favorable puisque les larmes symbolisaient la pluie et l'humidité.

L'importance du statut du dieu était indiquée par son temple qui partageait la partie supérieure du Templo Mayor avec Huitzilopochtli, le dieu aztèque de la Guerre et du Soleil (p. 242-243). Le temple de Tlaloc était peint en blanc et bleu, celui du dieu de la Guerre en blanc et rouge. Leurs grands prêtres avaient le même rang social.

En tant que seigneur de la Fertilité, Tlaloc donna son nom au ciel aztèque, le Tlalocan, paradis terrestre où nourriture, eau et fleurs abondaient. Seuls ceux qui avaient péri des mains de Tlaloc, c'est-à-dire noyés, foudroyés ou atteints d'hydropisie, pouvaient y entrer. Les morts étaient généralement incinérés, mais ceux-ci étaient enterrés avec un morceau de bois sec qui se couvrirait de feuilles et de fleurs au Tlalocan.

Symbole en pierre de Tlaloc avec quatre grandes dents. Sous cet aspect, il s'apparente à Chac, le dieu maya de la Pluie.

LES DIEUX DU CALENDRIER SACRÉ

Cycles sacré et solaire

CÉRÉMONIE DU FEU NOUVEAU

Pour les Aztèques, la fin du vieux cycle de 52 ans et le commencement du nouveau étaient célébrés par la fête du Feu Nouveau (ci-contre). Dans les dernières heures de la vieille année, les gens éteignaient tous les feux, jetaient à l'eau les effigies des dieux pendant que les femmes et les enfants se cachaient. Revêtus de costumes représentant les divinités, les prêtres marchaient jusqu'au sommet de la montagne de l'Étoile au nord d'Ixtapalapa et attendaient le passage de la constellation des Pléiades au zénith. Les Aztèques craignaient que le monde fût détruit à cette période. Pour parer à cette catastrophe, ils offraient lors de sacrifices le cœur d'un homme bien né. Dans la cavité ainsi formée, ils allumaient une mèche, donnant vie à un nouveau feu, et par analogie, au nouveau cycle de 52 ans. Ils lançaient alors des torches dans le brasier humain et les ramenaient au Templo Mayor.

Détail d'un livre des jours extrait du Codex Borbonicus, *montrant les dieux associés aux heures du jour et à des oiseaux sacrés*

Les peuples méso-américains donnaient une signification rituelle aux dieux, aux signes et aux chiffres utilisés pour marquer l'écoulement du temps.

Le calendrier solaire, appelé *haab* chez les Mayas et *xihuitl* chez les Aztèques, se composait de 18 mois de 20 jours auxquels s'ajoutaient 5 jours néfastes, soit un total de 365. Ce calendrier servait à compter les années. Pour les Aztèques, les années portaient un chiffre de 1 à 13 combiné à 4 des 20 signes des jours (c'est-à-dire Maison, Lapin, Roseau et Silex) – l'année 1 Roseau et ainsi de suite. Aucune date ne se répétait jusqu'à ce que 52 années (13 × 4) se soient écoulées.

Parallèlement à l'année solaire, le calendrier sacré qui la rejoignait s'appelait *tzolkin* chez les Mayas et *tonalpohualli* chez les Aztèques. Il se constituait de 260 jours divisés en 20 « semaines » de 13 jours. Chaque semaine était présidée par une ou plusieurs divinités et chaque jour avait son dieu ou sa déesse (p. 247). Ainsi pour les Aztèques, la première semaine du cycle commençait par 1 Monstre terrestre et se terminait 13 jours plus tard par 13 Roseau ; la seconde commençait par 1 Jaguar et se terminait par 13 Mort. Pour retomber sur le même signe, 260 jours devaient s'écouler. Le *tonalpohualli* jouait un rôle déterminant dans la divination, la destinée d'une personne dépendant des qualités bonnes ou mauvaises attribuées à sa date de naissance. Par exemple, 7 Pluie était favorable, mais 2 Lapin était néfaste. Pour les Mayas comme pour les Aztèques, la confrontation des deux calendriers formait un calendrier circulaire de 52 ans. Le temps et le destin des individus, ainsi que celui de la société, étaient conçus comme des cycles : à la fin de chaque période de 52 ans, le temps et le monde renaissaient symboliquement lors de la cérémonie du Feu Nouveau, représentée dans le *Codex Borbonicus* (ci-dessus) par quatre prêtres qui chargent le feu nouveau de fagots qui symbolisent les vieilles années.

DIEUX PRÉSIDANT LES JOURS DU CALENDRIER SACRÉ AZTÈQUE *(tonalpohualli)*

Jours	**Symboles**	**Dieux**
1	Monstre terrestre *(cipactli)*	Tonacatecuhtli (seigneur de la Nourriture)
2	Vent *(ehecatl)*	Quetzalcoatl (Serpent à Plumes)
3	Maison *(calli)*	Tepeyollotli (Cœur de la Montagne)
4	Lézard *(cuetzpalin)*	Huehuecoyotl (Vieux Coyote)
5	Serpent *(coatl)*	Chalchiuhtlicue (déesse de l'Eau)
6	Mort *(miquiztli)*	Tecciztecatl (dieu de la Lune)
7	Cerf *(mazatl)*	Tlaloc (dieu de la Pluie)
8	Lapin *(tochtli)*	Mayahuel (déesse du Pulque)
9	Eau *(atl)*	Xiuhtecuhtli (dieu du Feu)
10	Chien *(itzcuintli)*	Mictlantecuhtli (seigneur de l'Inframonde)
11	Singe *(ozomatli)*	Xochipilli (prince des Fleurs)
12	Herbe *(malinalli)*	Patecatl (dieu de la Médecine)
13	Roseau *(acatl)*	Tezcatlipoca (seigneur du Miroir Fumant)
14	Jaguar *(ocelotl)*	Tlazolteotl (déesse de l'Amour et des Immondices)
15	Aigle *(cuauhtli)*	Xipe Totec (Seigneur Écorché)
16	Vautour *(cozcacuauhtli)*	Itzpapalotl (Papillon en Obsidienne)
17	Mouvement *(ollin)*	Xolotl
18	Silex *(tecpatl)*	Tezcatlipoca (seigneur du Miroir Fumant)
19	Pluie *(quiahuitl)*	Chantico (déesse de la Terre)
20	Fleur *(xochitl)*	Xochiquetzal (déesse des Fleurs)

Le calendrier maya

Comme deux roues dentées engrenées, les 260 jours du calendrier sacré se combinaient aux 365 jours du calendrier solaire pour former une roue-calendrier. L'exemple du calendrier maya présenté ici montre comment on assignait à chaque jour une date unique pour une durée de 18 980 jours (c'est-à-dire 52 ans).

Ce double calendrier était un système complexe. Il servait à la fois à mesurer le temps et à la divination : à chaque jour et à chaque mois correspondait une divinité patronale qui exerçait une influence sur les hommes et sur les événements. Le calendrier solaire se composait de 18 mois de 20 jours et de 5 jours néfastes, *uayeb*. On considérait que le dernier jour (le vingtième) de chaque mois solaire avait une influence sur le nouveau mois. Les Mayas désignaient le Jour 20 comme le dernier jour du mois en cours ou le « siège » du mois suivant. Ainsi par exemple, le « siège » de Pop venait avant 1 Pop et le vingtième jour de Pop était le « siège » de Uo.

En plus de ce cycle pour mesurer le temps, les Mayas possédaient un compte long qui servait à fixer les dates de façon linéaire en partant d'un point mythique, 4 Ahau 8 Cumku soit 3113 av. J.-C. Cette notion de temps historique reposait sur des unités annuelles de 360 jours ou *tun*. Lorsque les Mayas adoptèrent ce système, le calendrier cyclique existait déjà. Il est possible qu'un calendrier agricole fondé sur des unités de 20 – nombre des doigts des mains et des pieds du corps humains – soit aussi apparu à la période préhistorique. En ce qui concerne les Olmèques, les prêtres utilisaient probablement un cycle de 260 jours. Les Mayas le reprirent à leur actif et le perfectionnèrent. Les 260 jours reflétaient peut-être un intervalle de temps important de la vie maya. La période moyenne de gestation chez une femme est de 266 jours soit pratiquement la même durée que le cycle agricole du Yucatan. Le calendrier pourrait donc mettre en corrélation ces deux cycles fondamentaux de la fertilité.

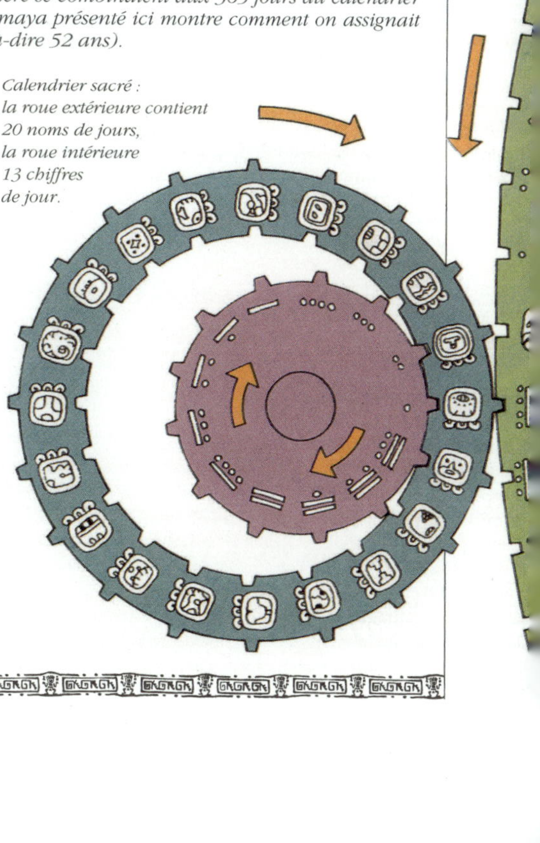

Calendrier sacré : la roue extérieure contient 20 noms de jours, la roue intérieure 13 chiffres de jour.

Calendrie solaire : 18 mois d 20 jours chacun.

LES DIEUX MAYAS

Les trois niveaux du cosmos

LE PANTHÉON MAYA

Cent soixante-six divinités mayas sont citées dans un document du XVIIIe siècle, connu sous le nom de *Rituel des Bacabs*, et plus de trente d'entre elles sont reconnaissables dans les codex mayas précolombiens. Notre connaissance du panthéon maya est cependant loin d'être claire puisqu'il existe des différences entre les noms, les signes et les attributs de ces divinités pour les périodes classique, postclassique et coloniale de la culture maya. Cette page ci-contre extraite du *Codex Tro-Cortesiano* montre de nombreux dieux et dignitaires.

Itzamna, seigneur du Ciel et divinité suprême du panthéon maya, était un vieil homme édenté avec un long nez. Il avait aussi la forme d'un serpent géant céleste.

Le panthéon maya est rendu complexe et confus par les nombreux aspects et titres que chaque divinité pouvait avoir. Une divinité était associée par une couleur aux quatre points cardinaux ; nombre d'entre elles avaient un partenaire de sexe opposé et certaines se manifestaient aussi dans l'Inframonde. Elles habitaient dans un cosmos à trois niveaux : un inframonde avec neuf couches (Xibalba), un monde intermédiaire peuplé par les hommes et un univers supérieur céleste soutenu par quatre dieux, les Bacabs. L'*axis mundi* représenté par un grand *ceiba*, un arbre sacré, reliait ces trois niveaux. Il permettait aux âmes des morts, ainsi qu'aux dieux, de voyager.

Les Mayas comme de nombreuses civilisations méso-américaines croyaient que le monde baignait dans la spiritualité. Les dieux ou les esprits se manifestaient en effet dans les montagnes, les fleuves et le ciel, et pouvaient également être assimilés au sang, au maïs et au nénuphar. La plupart des divinités étaient cependant immédiatement reconnaissables sous une forme anthropomorphe ou zoomorphe. Le dieu principal du panthéon maya était Itzamna, « Lézard maison ». Dieu créateur par excellence, il était aussi le dieu de l'Écriture et de la Connaissance et avait généralement l'aspect d'un vieil homme au nez proéminant. Son épouse Ix Chel, « déesse Arc-en-ciel », était la déesse de la Médecine, du Tissage, de la Naissance et peut-être de la Lune. Le dieu du Soleil, Ahau Kin, avait l'aspect d'un homme jeune ou âgé ; il voyageait du coucher au lever du soleil à travers l'Inframonde sous la forme du dieu Jaguar. Le dieu L coiffé de la tête et des plumes de l'oiseau *moan* (effraie), assis sur un trône en peau de jaguar, et le dieu N ou Pauahtun, souvent associé à la conque ou à la carapace de la tortue, habitaient également dans l'Inframonde. Tout aussi importants étaient Gucumatz ou Kukulkan, l'équivalent maya de Quetzalcoatl, le Serpent à Plumes (p. 240-241), un dieu du Maïs, Ah Mun, le dieu K qui portait le signe Miroir Fumant sur le front et les quatre dieux bienveillants de la Pluie, les Chac, qui se manifestaient par le tonnerre ou par la foudre.

Les Mayas croyaient en une succession de mondes anciens avant la création de l'univers actuel. Les dieux débattirent longuement du matériau qu'il fallait choisir pour façonner la chair humaine. Les premiers peuples faits en terre furent détruits car ils étaient dépourvus d'intelligence. Les suivants, en bois, périrent également (dans une inondation ou mangés par des démons), parce que, cette fois, ils n'avaient pas d'âme et qu'ils furent ingrats envers leurs créateurs.

La dernière race, celle des ancêtres des Mayas, fut façonnée à partir d'un mélange de maïs blanc et jaune. Ce peuple du maïs ayant une intelligence divine, les dieux décidèrent de lui donner des yeux pour qu'il réalise qu'il devait se reproduire sans attendre.

Un mythe maya raconte comment le Soleil courtisa la Lune. Soleil s'éprit d'une femme qui tissait. Il essaya de l'impressionner en lui apportant un cerf tous les jours. La grand-mère tentant de saboter cette relation, Soleil se transforma alors en oiseau-mouche, passant ainsi parmi les fleurs de tabac dans le jardin de la jeune femme. Elle demanda à sa grand-mère d'abattre l'oiseau et le soigna jusqu'à ce qu'il prît forme humaine. D'elle-même elle devint la Lune et ils partirent ensemble.

Alors qu'ils s'enfuyaient en barque, le dieu de la Pluie leur lança un éclair. Soleil se changea en tortue et Lune en crabe, mais elle mourut malgré cette transformation. Aidé de libellules, Soleil ramassa les restes de sa bien-aimée qu'il rangea dans treize grosses bûches creuses. Treize jours plus tard, douze des bûches s'ouvrirent, libérant des serpents et des insectes venimeux qui depuis lors font partie du monde. Un cerf marcha sur la treizième bûche où se trouvait Lune et fit un vagin avec son sabot. Soleil put alors faire l'amour avec sa femme et c'est ainsi que les premiers rapports sexuels eurent lieu. Selon une autre tradition, Soleil et Lune furent transférés de la terre au ciel à cause de la sexualité de Lune. Si la lumière lunaire est plus douce que la lumière solaire, c'est parce que Soleil rendit Lune borgne pour la punir de son infidélité.

Dans la sculpture maya, le dieu du Maïs Ah Mun est représenté avec un épi de maïs sur la tête.

Les Jumeaux Héroïques et le jeu de balle

Dans le Popol Vuh, *livre sacré des Quichés des Hautes Terres du Guatemala, on raconte le mythe des Jumeaux Héroïques.*

A force d'ennuyer les seigneurs de l'Inframonde en jouant continuellement à la balle, les jumeaux Hunahpu et Xbalanque furent invités à se mesurer aux dieux dans leur demeure infernale. Ils franchirent par magie la maison des Couteaux et allumèrent du feu pour traverser la maison du Froid. Dans la maison des Jaguars, ils apprivoisèrent les animaux en leur donnant des os et parvinrent ensuite à rester en vie dans la maison du Feu. Dans la maison des Chauves-Souris, une de ces créatures décapita Hunahpu. Jetant un sort aux animaux, Xbalanque convainquit une tortue de se faire passer pour la tête de son jumeau. Les garçons jouèrent alors à la balle avec les dieux, avec la tête d'Hunahpu suspendue sur le terrain. Les dieux lancèrent la balle vers la tête, mais elle sortit. Un lapin en profita pour quitter son terrier et distraire les dieux ; il permit à Xbalanque de remplacer la vraie tête par celle de la tortue. Les jumeaux abusèrent les dieux en leur montrant leur habileté à se couper et à se reformer. Quand les seigneurs de l'Inframonde demandèrent qu'ils recommencent ce tour sur eux, les garçons les démembrèrent et les laissèrent épars. Ce fut la victoire finale des Jumeaux Héroïques. Ils renaquirent comme Soleil et Lune. Le mythe reflète la croyance selon laquelle un dirigeant maya devait être préparé à sa mort à affronter les dieux, et à se montrer plus malin qu'eux pour être transformé en corps céleste.

Des scènes de sacrifice humain ornent le terrain de jeu de balle de Chichen Itza où les joueurs vainqueurs décapitent les perdants.

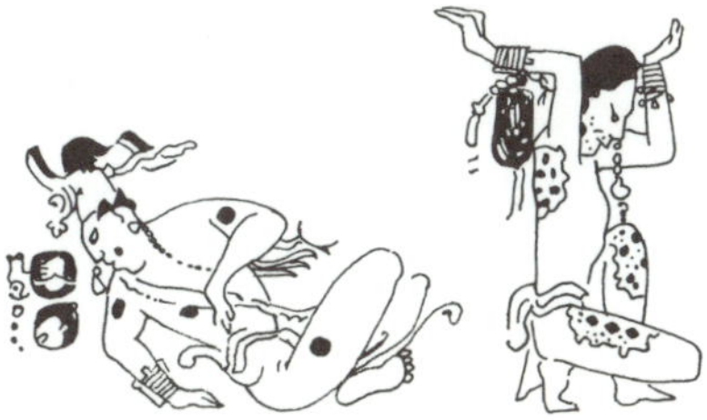

Les jumeaux avec bandeau pourraient être une ancienne manifestation des Jumeaux Héroïques. Ils ont souvent l'apparence de lanceurs de sarbacane.

L'AMÉRIQUE DU SUD

Cité spectaculaire du Machu Picchu localisée dans les Andes. L'un des ensembles les plus aboutis et les plus remarquables de l'architecture de l'Amérique du Sud précolombienne. C'est aussi l'un des sites les mieux préservés étant donné que les Espagnols ne le trouvèrent jamais.

La civilisation en Amérique du Sud précolombienne a été un phénomène essentiellement andin. Alors que diverses cultures anciennes fleurirent le long de la côte de la cordillère, c'est dans les Andes centrales du Pérou, sur la côte adjacente et au nord de la Bolivie, qu'elles furent les plus nombreuses. Par contraste, les sociétés tribales amérindiennes occupaient l'ensemble du continent, des hautes terres de l'Amazonie à l'extrême sud de la Terre de Feu. Pour les peuples amérindiens préhistoriques, comme pour les plus récents, l'environnement jouait un rôle crucial dans leurs croyances religieuses : de nombreux mythes font référence aux dieux qui créèrent le territoire andin dramatiquement fracturé et aux esprits qui habitaient ou personnifiaient les montagnes, apportaient la pluie et contrôlaient la fertilité.

Les raisons de la concentration des anciennes civilisations dans les Andes centrales sont en partie d'ordre géographique : une aire assez réduite avec des territoires contrastés de la côte pacifique, des Andes et de la forêt équatoriale amazonienne favorisèrent une spécialisation économique et des échanges commerciaux. Depuis les temps les plus reculés, les mythes et les croyances des sociétés amazoniennes influencèrent leurs voisins des hautes terres, techniquement plus avancés. Pour les civilisations préincaïques, cela se traduisit d'abord dans le domaine artistique par le thème récurrent des animaux et des êtres anthropomorphes de la forêt équatoriale.

Malgré des différences, les civilisations andines avaient de nombreux points communs, tels qu'un culte ancestral et la croyance en un territoire animé, ainsi que l'utilisation sophistiquée de l'or, de l'argent et des textiles – tout cela ayant une profonde signification religieuse. Bien qu'aucune culture sud-américaine n'ait développé de système d'écriture, les informations ethnographiques sur les peuples andins actuels et les documents historiques sur les Incas fournissent de nombreux renseignements sur les mythes.

L'EMPIRE INCA

A l'époque de la conquête espagnole en 1532, les Incas régnaient sur un empire qui s'étendait le long de la côte pacifique dans la zone andine, de la frontière nord de l'actuel Équateur jusqu'au Chili au sud. Cuzco devint la capitale inca au XIIe siècle. L'empereur régnait sur ses sujets grâce à un groupe de dirigeants qui assignait des tâches précises à la population. Le vaste système routier qui rendait l'empire vulnérable (utilisé uniquement à des fins militaires et gouvernementales) accéléra le processus de conquête. Bien que le pouvoir religieux fût entre les mains de l'État, les croyances du peuple étaient tolérées. Les descendants actuels des Incas sont les peuples de langue quechua des Andes qui représentent presque la moitié de la population du Pérou ; ils pratiquent le catholicisme où les dieux et les esprits natifs ont également leur place.

CUZCO

Située dans les Andes méridionales du Pérou, la grande cité de Cuzco dominait la civilisation de l'empire inca. Là, l'empereur Pachacuti fit construire le grand temple du Coricancha, centre du culte du dieu solaire Inti. D'après certains récits, Cuzco, en forme de puma géant, était le centre physique et cosmologique de l'empire inca de Tahuantinsuyu, ou Pays des quatre quartiers, au cœur de l'activité politique et religieuse. Quatre routes principales, une à chaque coin de l'empire, partaient d'une place cérémonielle flanquée des palais des empereurs précédents. Reprenant le schéma dualiste traditionnel des Andes, la cité et ses lignages royaux étaient divisés en deux moitiés : la partie haute ou *Hanan* et la partie basse ou *Hurin* de Cuzco.

CROYANCES DES PEUPLES DES FORÊTS

Les cultures tribales d'Amérique du Sud forment une mosaïque aux croyances et au système social dont la complexité se traduit par des centaines de langues. La vie dans la forêt tropicale dépend étroitement de mesures et de précautions magiques que ses habitants doivent prendre. Par exemple, la perforation des lèvres ou des lobes de l'oreille et les peintures corporelles sont censées préserver la richesse et la fertilité. En se perçant la cloison nasale avec un bâton, on se protège de la maladie. Aussi bien les chamans que les gens des tribus se servent de drogues au cours de pratiques rituelles ; dans certaines cultures, les hallucinogènes ne sont toutefois utilisés que par les chamans. Presque toutes ces ethnies reconnaissent l'existence d'un dieu suprême qui, une fois le cosmos et l'humanité créés, se désintéressa des choses matérielles. On doit les institutions sociales, l'art et le goût de travailler la terre à un ou plusieurs héros civilisateurs (parfois le Soleil et la Lune représentés comme frère et sœur).

CHRONOLOGIE : CIVILISATIONS D'AMÉRIQUE DU SUD

Cultures	Périodes	Centres principaux
Chavín	v. 800-200 av. J.-C.	Chavín de Huantar
Mochica	v. 0-750 ap. J.-C.	Moche
Nazca	v. 0-650 ap. J.-C.	Cahuachi
Tiahuanaco	v. 200-1000 ap. J.-C.	Tiahuanaco
Chimú	v. 1000-1475 ap. J.-C.	Cuzco

LES ANCIENNES RELIGIONS

Esprits, sacrifice et voyages sacrés

Depuis les temps les plus reculés, les anciennes civilisations d'Amérique du Sud avaient des traits communs dans leur conception religieuse et leurs croyances mythiques. On attribuait un pouvoir surnaturel aux plantes, aux animaux, aux fleuves et aux montagnes. Malgré des différences régionales et locales (comme le développement plus précoce de rites du feu dans certaines cultures), le culte d'un dieu créateur suprême, la vénération des ancêtres et de dirigeants mi-hommes mi-dieux, le sacrifice humain (surtout avec les têtes-trophées) et les pérégrinations sacrées étaient universels.

Ces anciennes civilisations exprimaient leurs croyances religieuses et mythiques sur les textiles, les objets en or, en argent, la céramique et la pierre. L'une des cultures qui eut le plus d'influence dans ce domaine était implantée à Chavín de Huantar dans les Andes (800-200 av. J.-C.). Là, des êtres mythiques aux crocs de félin dominaient le style élaboré de l'art chavín. Ces images effrayantes portaient le nom de « Dieu souriant » et « Dieu aux bâtons ». Les figures surnaturelles de la culture chavín, que l'on retrouvait dans de nombreuses civilisations, étaient des prototypes d'êtres mythiques plus récents, comme Ai apaec, le dieu aux crocs de félin de la culture mochica de la côte aride du nord du Pérou, et le Dieu qui pleure, sculpté sur un bloc de lave solide sur la porte du Soleil du centre cérémoniel de Tiahuanaco (p. 254). Datant d'environ 500 ap. J.-C., Tiahuanaco était en ruine à l'époque des Incas. Les mythes et les cultures de plusieurs tribus qui tombèrent sous la domination de l'empire inca furent cependant assimilés aux croyances incas et le Dieu aux bâtons était généralement considéré comme l'égal de Viracocha, le Créateur, qui occupait une place fondamentale dans la mythologie inca (p. 257).

Des séjours dans des lieux de pèlerinage tels que montagnes, sources et temples-pyramides jouaient de toute évidence un rôle important à l'époque préhistorique, et c'est d'ailleurs encore le cas aujourd'hui. Le temple de Pachacámac sur la côte centrale du Pérou était le lieu de pèlerinage le plus célèbre à l'époque préhispanique. Là, un prêtre présidait le culte d'une divinité créatrice terrestre dont les fidèles enrichissaient le temple d'or et sacrifiaient des hommes et des animaux en échange de prédictions d'oracles. Pachacámac était le dieu suprême des peuples de la côte et son influence était très grande. Lorsque les Incas conquérirent cette région, ils reconnurent son importance en acceptant que l'on continue de le vénérer au côté du temple de leur dieu solaire Inti.

ART ET MYTHES DE LA CULTURE CHAVÍN

Le répertoire de créatures réalistes et anthropomorphes des forêts tropicales, comme le jaguar, le caïman et la harpie, témoigne de l'influence des mythes et du symbolisme de l'Amazonie dans l'art des hautes terres de la culture chavín. Ci-dessus, sculpture de jaguar du Vieux Temple avec des babines lippues typiques, garnies de crocs.

Céramique de la culture mochica représentant une divinité avec des crocs affrontant un démon marin. Cette créature aquatique témoigne peut-être de l'importance des animaux de l'océan Pacifique dans la vie quotidienne, ainsi que des croyances surnaturelles des peuples côtiers.

MYTHES DES ANDES

Les Incas et leurs prédécesseurs

Caractérisée par des sommets de montagne recouverts de neige, des volcans, des fleuves au débit rapide et des punas, hauts plateaux froids, la cordillère des Andes était le creuset d'une diversité culturelle à l'époque précolombienne. Cette terre hostile était habitée par des forces spirituelles : les sommets élevés étaient la demeure des divinités et des esprits, et les fleuves, les lacs, les grottes et la pluie, celle des êtres mythiques. Cette tradition existe toujours : les sommets comme l'Ausangate sont vénérés en tant qu'Apu, ou esprits des montagnes, et exercent une influence sur la fertilité dans le monde animal et végétal. Dans la plus grande partie des Andes, des pèlerinages sacrés vers les hautes montagnes constituent encore une des caractéristiques de la religion traditionnelle datant de l'époque précolombienne. Cette appréhension du monde se retrouvait aussi dans le concept de *huaca*, lieu sacré qui quadrillait le territoire où l'on faisait des offrandes aux divinités locales à l'époque préincaïque et inca (p. 257) – et c'est encore le cas aujourd'hui.

Les anciennes sociétés des Andes croyaient en de nombreux mythes d'origine locale. L'arrivée des Incas mena cependant à une réorganisation politique et religieuse qui se reflétait dans les mythes et justifiait la nouvelle idéologie impérialiste des Incas dans laquelle la divinité créatrice Viracocha jouait un rôle déterminant.

Pour les Incas et leurs prédécesseurs, le lieu des origines mythiques se trouvait au sud-est de Cuzco, à proximité du lac Titicaca. C'est à cet endroit que

Mythe d'origine des Incas

Les ancêtres mythiques des Incas sortirent de trois grottes à Pacarictambo, « lieu de l'origine », près de Cuzco. Ils étaient trois frères et trois sœurs vêtus de couvertures et de chemises en laine fine, et portaient une grande quantité d'objets en or.

L'un d'entre eux, Ayar Cachi, s'attira le courroux de ses frères et sœurs en lançant sa fronde en pierre pour modeler le paysage. Ses frères, jaloux de ses exploits, le firent retourner à Pacarictambo : ils lui demandèrent de rapporter une coupe en or et le lama sacré, et en profitèrent pour l'enfermer dans la grotte. Ayar Cachi parvint néanmoins à s'échapper et à rejoindre ses frères.
Il leur dit qu'ils devaient désormais porter des ornements d'oreille en or pour indiquer leur statut royal et qu'ils le trouveraient au sommet de la montagne Huanacauri. Ses frères et sœurs se mirent en route vers cette montagne où Ayar Cachi réapparut encore une fois pour se transformer en pierre. Un de ses frères fit de même. Le troisième frère, qui s'appelait Manco Cápac, partit fonder la ville de Cuzco (avec, dans certains récits, un bâton en or), là où fut construit par la suite le Coricancha, le temple du Soleil.

Les différentes versions du mythe s'accordent sur l'attribution des prérogatives de la dynastie dirigeante, tels le mariage de l'empereur avec sa sœur, les costumes de la noblesse, les origines des lieux de pèlerinage et de séjour aux montagnes sacrées.

Illustration espagnole de 1560 environ montrant les trois grottes de Pacarictambo d'où sortirent les ancêtres des Incas.

LA PORTE DU SOLEIL

Dans la grande cité préincaïque de Tiahuanaco située sur les rives sud du lac Titicaca, se trouve le monolithe de la porte du Soleil. Il est orné d'un personnage anthropomorphe élaboré, dont les yeux semblent laisser perler des larmes (ci-dessus). Cette figure porte une coiffure garnie de rayons de soleil et tient un bâton à tête de condor dans chaque main. Elle est surmontée de rangées de petits êtres ailés munis également de bâtons. L'importance de Tiahuanaco dans les mythes de création inca suggère que ce personnage représentait une version antérieure de Viracocha, le Créateur.

Viracocha aurait créé d'abord un monde nocturne peuplé de géants qu'il façonna dans la pierre. Cette première race lui ayant désobéi, le Créateur la punit en la transformant en pierre dans des endroits comme Tiahuanaco et Pucará, ou en provoquant une vaste inondation qui les engloutit. Le seul homme et la seule femme qui survécurent furent emportés par magie au royaume de Viracocha à Tiahuanaco. Pour sa seconde tentative, le dieu modela des hommes dans l'argile et peignit des vêtements pour distinguer chaque nation ; il les dota aussi de différentes coutumes, langues et chansons, et leur donna des graines pour qu'ils les plantent et cultivent la terre.

Après avoir insufflé la vie à ses créations, Viracocha leur ordonna de descendre sur la terre et de sortir des grottes, des lacs et des montagnes, ce qu'ils firent. En l'honneur du dieu, chaque nation établit des lieux de pèlerinage à l'endroit où ils étaient apparus sur terre. Pour éclairer le monde, Viracocha demanda alors au soleil, à la lune et aux étoiles de sortir de l'île du Soleil du lac Titicaca, et les astres montèrent au ciel. Lorsque le soleil apparut dans le ciel, Viracocha appela les Incas et leur chef Manco Cápac, leur prédisant qu'ils règneraient sur de nombreuses nations. Il donna à Manco Cápac une coiffure et une hache de guerre, insigne et arme de la royauté. Ce tout nouveau roi mena ensuite ses frères et sœurs dans le Monde souterrain, et ils sortirent de la grotte à Pacarictambo (p. 253). Cet important mythe de création représente non seulement une adaptation inca d'anciens mythes andins mais a aussi des influences chrétiennes. La grande inondation, le premier homme et la première femme, Viracocha conçu comme un homme blanc et les voyages entrepris par le dieu à la figure héroïque sont autant d'éléments qui laissent transparaître les efforts de l'Église catholique pour supprimer le paganisme des Indiens.

D'après un mythe contemporain de la communauté khero près de Cuzco, à une époque où le soleil n'existait pas encore, le monde était habité par des hommes primitifs puissants. Roal, la divinité créatrice, leur offrit son propre pouvoir, mais ils refusèrent. Pour les punir, le dieu inventa le soleil. Ils furent aveuglés et leur corps se dessécha ; ils ne périrent pas pour autant et sortent encore parfois de leur cachette au coucher du soleil et à la nouvelle lune. Les Apu, ou esprits des montagnes, créèrent ensuite un homme et une femme, Inkari et Collari. On donna à Inkari une pince en or pour qu'il fonde une cité à l'endroit où la pince tomberait quand il l'aurait jetée. La première fois, il la lança mal. La seconde fois, elle atterrit dans un coin et la ville de Khero fut construite à cet emplacement. Les Apu, furieux de sa désobéissance, ressuscitèrent les hommes primitifs qui tentèrent de le tuer en faisant rouler des blocs de pierre sur lui. Inkari s'enfuit vers la région du lac Titicaca où il resta pendant quelque temps. Sur le trajet du retour, il lança la pince à nouveau : elle se planta dans le sol et il fonda à cet endroit la ville de Cuzco. Inkari envoya ensuite son fils aîné s'établir à Khero avec des hommes, et le reste de sa descendance devint les premiers Incas. Inkari voyagea avec Collari dans tout le territoire, dispensant son savoir aux peuples ; il disparut finalement dans la jungle.

La légende de l'El Dorado

Objet en or des Muisca, région du lac de Guatavita. Il s'agit peut-être d'une représentation de la cérémonie liée à la légende de l'El Dorado. Offrande votive ou tunjo, *elle montre un chef ou un chaman sur un radeau en or entouré de petits personnages tenant des récipients à conserver la chaux, des cuillers, des sonnailles et des masques.*

L'un des traits marquants de la mythologie sud-américaine est la légende de l'El Dorado (nom qui évoque des images fantastiques dans la pensée occidentale mais qui signifie simplement « l'homme doré »). L'or était un matériau sacré pour de nombreuses civilisations précolombiennes, telles les cultures mochica, chimú et inca, la plus célèbre de toutes. Cela était dû en partie à ses reflets brillants inaltérables, ainsi qu'à ses associations rituelles et mythologiques au soleil, au monde spirituel et à la fertilité. Les trésors d'or et d'argent des Incas du Pérou enflammèrent l'imagination et l'avidité des conquérants espagnols. Gonzalo Pizarro, frère du conquistador du Pérou, organisa une expédition avec Francisco de Orellana pour trouver le territoire du roi dont les richesses étaient si grandes qu'il pouvait s'enduire le corps, chaque matin, d'un mélange précieux de poudre d'or et d'argile. La légende de l'El Dorado venait en réalité du nord du Pérou, des royaumes de Colombie, où l'on a identifié différents styles d'orfèvrerie. En ce qui concerne ces anciennes sociétés colombiennes, l'Espagnol Juan de Castellanos écrivait en 1589 que l'or représentait la substance qui donnait le souffle de vie aux natifs et était leur raison de vivre et de mourir.

La légende de l'El Dorado, qui trouve ses racines dans l'histoire, dérive de rituels amérindiens qui se déroulaient à l'origine sur le lac de Guatavita dans les hautes terres de la Colombie. La cérémonie qui avait lieu à cet endroit marquait l'accession au pouvoir d'un nouveau dirigeant qui, après une période d'isolement dans une grotte, faisait un pèlerinage au lac et présentait des offrandes à la divinité suprême. Quand il arrivait près du lac, le futur dirigeant se dévêtait et s'enduisait d'un mélange gluant sur lequel on posait une couche brillante de poudre d'or. Ainsi préparé, il partait vers le lac en compagnie de quatre dignitaires qui avaient revêtu de somptueux costumes en or. Le radeau lui-même était richement décoré et la fumée d'encens sacré s'échappait de quatre braseros. Ils s'embarquaient au son des flûtes, des sonnailles et des chants des spectateurs restés à terre. Parvenus au centre du lac, dans le silence le plus profond, le nouveau chef et ses aides jetaient à l'eau les objets en or. Ils regagnaient alors la rive et le nouveau dirigeant était félicité cérémonieusement.

Cette fête eut un impact formidable sur les Européens qui la virent. « Il marchait enduit de poudre d'or de la même façon que s'il avait été couvert de sel », écrivit Gonzalo Fernandez de Oviedo au milieu du XVIe siècle. Une gravure de 1599 montre deux hommes qui préparent l'intronisation dorée d'un chef muisca. Le premier étale l'argile sur le corps du chef tandis que le second répand de la poudre d'or à l'aide d'un tube. L'influence européenne de cette illustration est immédiatement perceptible, étant donné que l'artiste, Théodore de Bry, n'est jamais allé en Amérique et s'inspirait de récits de seconde main. Cette image témoigne cependant de l'importance que ce symbole du pouvoir, transmis par le mythe et le rituel muisca, a eu sur l'imagination occidentale, et de la fascination que l'or a toujours exercée sur les hommes.

Figurine creuse en or, dite poporo, *servant à conserver la chaux, de style quimbaya. Les chefs ou les chamans devaient utiliser une cuiller pour verser le contenu du récipient dans leur bouche. La poudre de chaux avec des chiques de feuilles de coca devait activer l'état de transe lors de grandes occasions.*

LE PANTHÉON INCA

Viracocha, Inti, Mama Killa et Illapa

Masque précolombien du Soleil. Les Incas et leurs prédécesseurs redoutaient la divinité solaire. On pensait que les éclipses solaires étaient provoquées par le dieu en colère.

LES VIERGES DU SOLEIL

Les Aclla, ou femmes choisies, également appelées « vierges du Soleil », occupaient une place particulière dans la religion inca. Surveillées par des femmes plus âgées, les Mama Cuna, ces jeunes personnes étaient attachées au culte d'Inti et servaient la famille royale. Cloîtrées dans des couvents ou *acllahuasi* dès l'âge de huit ans, elles fabriquaient des vêtements, préparaient de la nourriture, la bière de maïs pour l'Inca et ses proches, et gardaient le feu sacré de l'Inti Raymi – fête du Soleil qui se déroulait pendant le solstice de juin. Les Aclla étaient aussi les concubines de l'empereur et de dignitaires étrangers avec lesquels celui-ci souhaitait cimenter des alliances politiques par le mariage.

La religion inca comptait un nombre élevé de dieux célestes puissants dont le plus important, bien que lointain, était Viracocha (p. 257). Trois divinités majeures intervenaient plus directement dans la vie quotidienne : Inti, le dieu du Soleil, Mama Killa, la déesse lunaire, et Illapa, le dieu du Tonnerre et des Phénomènes météorologiques. Ces divinités effectuaient avec d'autres leur tâche mythique dans un territoire imprégné de pouvoir surnaturel et sacré qui se limitait à l'aire amérindienne. Ancêtre divin de la famille royale, Inti était une divinité purement inca au centre de nombreux rites étatiques : d'après l'idéologie de cette civilisation, l'empereur était le fils du Soleil. On représentait d'ailleurs Inti sous la forme d'un grand disque en or à visage humain, entouré de rayons solaires. On le célébrait dans le grand temple du Soleil ou au Coricancha de Cuzco, où son image éclatante était flanquée de momies d'empereurs morts richement vêtues et entourée de murs couverts de feuilles d'or sacré : la sueur du Soleil. Le lien mythique entre l'or et l'idéologie inca était particulièrement bien illustré par le temple-jardin du Coricancha où les métallurgistes coulaient des objets en or et en argent qui représentaient toutes les formes de vie connues, du papillon au lama.

Malgré la prédominance du culte du Soleil comme religion officielle d'État, Inti n'était pas la seule divinité que l'on vénérait dans le temple du Coricancha.

Illapa jouait lui aussi un rôle important : on lui adressait des prières pour obtenir une pluie fertilisante. Dans la pensée inca, Illapa prit l'eau du ciel, plus précisément de la Voie lactée, considérée comme une rivière céleste qui se répandait dans le ciel nocturne (p. 258-259). La pluie, gardée dans une jarre qui appartenait à la sœur d'Illapa, se déversait seulement lorsque Illapa cassait le récipient avec une fronde en forme d'éclair. Le tonnerre correspondait à la détonation de la fronde et créait une étincelle du vêtement du dieu lorsqu'il se déplaçait.

Mama Killa, déesse de la Lune, épouse et sœur d'Inti, était généralement vénérée en tant que mère de la race inca. Elle se chargeait de l'écoulement du temps et réglait les fêtes religieuses du calendrier rituel. Les Incas croyaient que, pendant une éclipse lunaire, un grand serpent ou un lion des montagnes tentait de manger l'image céleste de Mama Killa et, pour faire fuir la créature, ils l'effrayaient en faisant le plus de bruit possible. Dans le Coricancha, la statue de Mama Killa était flanquée de momies des reines précédentes *(coya)* et le temple était recouvert d'argent : la couleur de la lune dans le ciel nocturne.

Une quantité de dieux mineurs faisaient aussi partie de la pensée religieuse de ce peuple. Parmi eux se trouvaient Cuichu, l'arc-en-ciel, et un groupe d'êtres surnaturels femelles, avec principalement Pacha Mama, Mère Terre, et Mama Coca, Mère Mer.

Illustration du début du XVIIᵉ siècle représentant des Incas offrant un enfant à la momie d'un ancêtre. Le texte qui l'accompagne identifie la grotte rupestre à l'un des huaca *ou lieux sacrés (ci-dessous).*

Viracocha, le créateur suprême

Viracocha était la divinité créatrice omniprésente mais incompréhensible qui donna vie à l'univers en créant les hommes, les animaux, les plantes et des dieux moins importants. Etre surnaturel inaccessible, il déléguait les affaires quotidiennes à des divinités qui avaient plus d'emprise que lui sur la vie de tous les jours, tels Inti et Illapa. Dans le lieu de pèlerinage de Cuzco, sa statue en or représentait un homme blanc barbu de la taille d'un enfant de dix ans et vêtu d'une longue tunique.

Pour les Incas, cette divinité immanente sans nom avait de nombreux titres qui indiquaient l'importance de son statut. Illa-Ticsi Viracocha Pacayacaciq, « ancienne fondation, Seigneur, Créateur du monde », était le terme le plus employé pour désigner Viracocha au moment de la Conquête. Source fondamentale de tout pouvoir divin, il était aussi conçu comme un héros civilisateur qui, une fois le monde créé (p. 253-254), parcourait ses domaines en enseignant aux gens comment vivre et travailler la terre. Les mythes concernant ses séjours magiques racontent qu'il rejoignit Manta en Équateur en traversant l'océan Pacifique soit sur un radeau, soit en marchant sur une cape (la seconde version a très certainement des influences chrétiennes). Quand les Espagnols débarquèrent au Pérou en 1532, ils furent pris pour les envoyés du Créateur qui rentraient au pays et furent appelés les *viracocha*, terme de respect encore utilisé par les peuples de langue quechua.

Dans des occasions exceptionnelles, tel le couronnement d'un empereur, on sacrifiait des hommes en l'honneur de Viracocha et d'autres divinités majeures. Les sacrifices d'enfants, ou *capacocha*, particulièrement prisés, étaient précédés d'une prière que les prêtres incas adressaient à Viracocha. On a d'ailleurs retrouvé des squelettes, le plus souvent d'enfants, conservés par le froid, sur des pics enneigés ou des volcans, royaumes mythiques des dieux et des esprits.

HUACA : LIEUX SACRÉS

Dans la pensée religieuse inca, les *huaca* étaient des éléments du territoire andin chargés de signification mythique et de pouvoir surnaturel. Ces endroits imprégnés de spiritualité étaient généralement des pierres, des sources ou des montagnes, des grottes et des tombes d'ancêtres. Des tas de pierres, les *apacheta*, particulièrement importants, se trouvaient au sommet des chemins de montagne ou aux carrefours. Là, des voyageurs offraient de la coca, des pièces de tissu ou une autre pierre, avant de poursuivre leur route. Le lien qui unissait *huaca* et mythes est mentionné dans la légende des pierres qui se transformaient momentanément en hommes pour aider l'empereur inca Pachacuti à vaincre ses ennemis.

LES CIEUX SACRÉS

Constellations d'animaux et lignes sacrées

« Endroit où l'on amarre le soleil », ou Intihuatana *du Machu Picchu. Pour éviter que l'astre ne disparaisse, les prêtres l'attachaient symboliquement à un pilier avec une corde mythique.*

LE CALENDRIER INCA

A l'instar d'anciennes civilisations, les Incas créèrent un calendrier qu'ils utilisaient dans un contexte religieux et politique ; son caractère sacré était issu d'une tradition mythique. Lié à la première apparition des Pléiades avant le lever du soleil, le calendrier lunaire sidéral commençait dans la nuit du 8 au 9 juin et finissait dans la nuit du 3 au 4 mai. Au mois d'Ayrihua (en avril), lors de fêtes en l'honneur de la royauté, un lama blanc vêtu d'une jupe rouge mangeait de la coca et buvait de la *chicha* (bière de maïs), en souvenir du premier lama apparu sur terre après la vaste inondation.

Dans la cosmovision inca, le pouvoir sacré des phénomènes célestes se manifestait à travers un répertoire riche en croyances qui faisait un parallèle entre les événements terrestres et ceux du ciel nocturne. Une coutume typiquement amérindienne consistait à attribuer aux phénomènes astronomiques une signification spirituelle et magique. Cela se reflétait en partie dans la nature céleste de divinités majeures comme Inti (dieu solaire), Mama Killa (déesse lunaire) et Illapa (dieu du Tonnerre et des Phénomènes météorologiques). La Voie lactée jouait elle aussi un rôle important et même les étoiles correspondaient à des divinités mineures, patrons d'activités terrestres.

A cet égard, les Pléiades, appelées Collca, ou Grenier, occupaient une place de premier plan en tant que gardiennes célestes des semences et de l'agriculture. Avec d'autres constellations, elles participèrent à l'élaboration d'un calendrier lunaire sidéral. Les Pléiades servaient aussi à pronostiquer la fertilité des plantes et de l'élevage. Le groupe d'étoiles Orco Cilay, ou Lama Multicolore, protégeait du mal le troupeau royal de lamas, et Chaska Coylor, ou Étoile Poilue, était identifiée à Vénus, l'étoile du matin.

Loin d'être des astronomes au sens moderne du terme, les Incas firent néanmoins des observations précises d'événements célestes, comme le lever et le coucher du soleil, qu'ils mirent ensuite en relation avec les phases et les mouvements de la lune. Les prêtres-astronomes incas étudièrent les mouvements du soleil et calculèrent les dates des solstices de décembre et de juin : les deux plus importantes fêtes rituelles célébrées à Cuzco. Pendant la période du solstice de décembre se déroulait le Capac Raymi, fête royale vouée aux rites d'initiation des jeunes garçons de sang royal. A ce moment important, on observait le coucher du soleil du Coricancha (temple du Soleil) à Cuzco.

Mythes, religion, astronomie, architecture et *ceque* (ci-contre) s'entremêlaient dans le système des croyances incas. Par exemple, les Incas observaient le coucher du soleil le 26 avril et le couchant des Pléiades vers le 15 avril depuis une place centrale de Cuzco appelée Ushnuo. Ils regardaient le coucher du soleil entre deux piliers dressés sur une montagne voisine à l'ouest de la cité. Ces piliers étaient des *huaca* (p. 257), placés sur un *ceque* le long duquel (derrière l'horizon) se trouvait une source sacrée, Catachillay – nom que l'on attribuait aussi aux Pléiades.

La Voie lactée et les constellations adjacentes, ou Nuage Sombre, composées de morceaux opaques de poussière interstellaire, étaient des éléments caractéristiques de l'astronomie inca (ci-dessous). Ces constellations incluaient Yacana, ou Lama, et Yutu Yutu, ou Tinamou (oiseau qui ressemble à la perdrix). Selon les mythes, lorsque le lama céleste disparaissait à minuit, il allait se désaltérer sur la terre, la protégeant ainsi des inondations. Le lama était l'un des animaux sacrificiels les plus prisés. A la nouvelle lune, on l'offrait au sommet des montagnes. Les lamas noirs étaient privés de nourriture au mois d'octobre pour qu'ils versent des larmes et appellent ainsi avec bienveillance les divinités de la pluie.

LIGNES SACRÉES

Le concept de *ceque* (lignes droites irradiant du Coricancha) caractérisait la mythologie, l'astronomie et la religion incas. Chaque ligne se composait de *huaca* qui la parcouraient de tout son long : il y avait quelque 41 *ceque* et 328 *huaca* dans les environs de Cuzco. En 1551, le chroniqueur espagnol Juan de Betanzos assimilait le sixième *huaca* localisé sur le sixième *ceque* d'Antisuyu à la maison du Puma, où l'on sacrifiait de jeunes enfants à la momie de la femme de l'empereur inca Yupanqui.

Les cieux au-dessus de Misminay

Pour les habitants de langue quechua du village andin de Misminay, à vingt-cinq kilomètres environ de Cuzco, les constellations d'animaux et la Voie lactée exercent toujours une profonde fascination sur la pensée mythologique et cosmologique.

A Misminay, la rivière Vilcanota n'est pas seulement considérée comme le reflet terrestre de la Voie lactée, ou Mayu, elle fait également partie intégrante du recyclage cosmique de l'eau et retombe finalement sur terre sous forme de pluie. Également pivot de la sphère céleste, la Voie lactée se déplace pendant une période de vingt-quatre heures de façon à former deux axes qui s'entrecroisent et qui divisent les cieux en quatre. Chaque quartier s'appelle un *suyu*. Les quatre parties réunies constituent une grille céleste qui permet aux habitants de Misminay de tracer et de caractériser les phénomènes astronomiques qui se déplacent dans le ciel.

Cette conception quadripartite des cieux se retrouve dans l'univers à l'échelle terrestre avec le village de Misminay lui-même. Celui-ci est divisé en quartiers délimités par deux sentiers et par deux canaux d'irrigation plus larges, parallèles aux premiers. La chapelle, appelée Crucero, « croix », est le point de jonction de ces axes ; on donne également ce nom au point où les axes se réunissent dans le ciel.

En 1571, le chroniqueur espagnol Ondegardo écrivait que dans la pensée inca les animaux et les oiseaux avaient leurs doubles dans le ciel. Ils étaient responsables de la procréation et de la nourriture de leurs équivalents terrestres. L'identification des constellations du Nuage noir caractérise l'astronomie de Misminay et rappelle les croyances incas. Ces groupes d'étoiles se composent du Lama adulte, du Lama bébé, du Renard, du Crapaud, du Tinamou et du Serpent. La désignation collective du terme Pachatira souligne leur association avec Pacha Mama, la déesse de la Terre, et les concepts de fertilité terrestre. Ainsi, quand les étoiles alpha et bêta du Centaure (les Yeux du lama) se lèvent avant l'aurore à la fin novembre et en décembre, les lamas terrestres mettent bas.

Les constellations du Nuage noir jouent aussi un rôle important à la saison des pluies et dans les phénomènes météorologiques en général. On peut voir la constellation du Serpent, par exemple, pendant la saison des pluies, mais elle passe « en dessous du sol » (en réalité derrière l'horizon) pendant la saison sèche. Dans la pensée quechua, cela correspond à l'apparition d'arcs-en-ciel (conçus comme des serpents multicolores) qui jaillissent du sol après une averse.

MONDES DES ESPRITS

L'univers transformé

Danse cérémonielle d'un des peuples de la région de la rivière Xingu, au Brésil. Les habitants des forêts équatoriales célèbrent des rites complexes de puberté, de fertilité et de mort. Les rites d'initiation masculine peuvent être pénibles : par exemple, dans les Guyanes, les garçons doivent triompher des piqûres de fourmis et de guêpes. Dans certaines sociétés, les filles ont tous les cheveux arrachés : leur repousse symbolise le passage à l'âge adulte.

Les vastes étendues du bassin amazonien sont le creuset d'une extraordinaire variété de sociétés amérindiennes avec des systèmes économiques, sociaux, rituels et mythiques qui, malgré une technologie peu développée, révèlent une compréhension subtile de leur environnement. Elles donnent des explications complexes de leur humanité et de leur mode de vie. Même si elles partagent des activités communes, telles la chasse, la cueillette, la pêche et l'horticulture, ces ethnies ont des divinités ou des croyances qui leur sont propres. Les mythes locaux montrent toutefois une cohérence sous-jacente avec les mythes d'un groupe développés par un autre groupe, ce qui illustre des intérêts communs conçus et résolus avec une même logique.

Pour la mentalité occidentale, l'univers amérindien est un monde magique, défini en partie par les actions capricieuses des esprits puissants mais ambivalents et en partie par les activités du chaman qui plaide au nom de son groupe (p. 261). Dans cette cosmovision où les hommes se transforment en animaux et les animaux en hommes, les limites entre humanité et monde animal, nature et surnaturel sont non seulement infimes mais aussi constamment réinterprétées.

Les mythes amérindiens dépeignent un monde qui se transforme, où la vie sociale est le résultat d'un mélange savamment dosé d'êtres hostiles et dangereux les uns envers les autres – hommes et femmes, parents et beaux-parents, jaguars et humains. A l'aube des temps, l'ordre du monde était inversé, les hommes étaient menstrués, les jaguars possédaient le feu et chassaient avec des arcs et des flèches. Les mythes racontent comment ces premières données furent permutées et l'ordre normal du monde établi. Il fallait respecter les règles des croyances sociales et des pratiques rituelles établies par les ancêtres mythiques pour que la société survive et que le désordre et le désastre final soient évités.

Les maisons cérémonielles des peuples des forêts tropicales sont ornées de motifs hautement symboliques : bon nombre d'entre elles sont conçues comme des microcosmes de l'univers cosmique et social des tribus. Par exemple, les maisons rondes des Yekuana du Venezuela reproduisent la structure primordiale construite par une incarnation du dieu solaire Wanadi. Des détails architecturaux font référence à la sphère céleste et à la géographie mythique. Ainsi, le poteau central de la maison (surmonté d'une sculpture de pivert à crête cramoisie, la forme animale de Wanadi) relie symboliquement les régions infernales des âmes perdues au monde intermédiaire des hommes et à la voûte céleste ; les deux portiques orientés nord-sud ressemblent à la Voie lactée dans le ciel nocturne ; l'entrée principale fait face à l'est pour que le soleil levant équinoxial éclaire le poteau central.

TÊTES-TROPHÉES ET CAPTURE DE L'ÂME

Pour certaines tribus amérindiennes, les têtes-trophées faisaient partie d'activités liées au monde surnaturel et rituel. Chez les Jivaros d'Équateur, chasseurs de têtes jusque dans les années 1960, prendre des têtes humaines était un privilège réservé à un groupe de guerriers redoutés. Dans la pensée jivaro, le fait de tuer et d'avoir une tête-trophée était directement associé à la prise de possession de deux sortes d'âme, l'Arutam et la Muisak. Tandis que la première permettait à son propriétaire de se joindre à une expédition de chasseurs de têtes, pour la seconde il s'agissait de venger la mort de son possesseur. Cependant, si la tête du cadavre était rétrécie, la Muisak sortait inexorablement du corps et demeurait sans défense.

Chamans d'Amérique du Sud

Dans la cosmovision des sociétés des forêts tropicales, tout ce qui arrive a une cause ou une conséquence spirituelle. Les esprits tout-puissants sont dangereusement ambivalents et le chaman joue de ce fait un rôle clé d'intermédiaire avec le monde surnaturel.

En vertu d'une égale habileté à persuader et à apprivoiser les esprits dangereux, le chaman agit en sorcier, guérisseur, devin, homme de justice et possesseur du code moral. Il réalise ses incursions dans le monde des esprits lors de séances nocturnes. Les chamans qui s'identifient à un jaguar ou se transforment en cet animal (le plus gros et le plus puissant prédateur d'Amérique du Sud) sont les personnes les plus redoutées et les plus respectées. Ils revêtent des peaux de jaguar et portent des colliers avec des crocs du félin. Ils peuvent même grogner comme lui lors de cérémonies de prédiction de l'avenir, de guérisons magiques de maladie, de demande de succès à la chasse. Ils peuvent aussi se comporter comme des guerriers surnaturels en envoyant la mort et la maladie à des villages ennemis.

Chaman andin de Colombie. Il entre généralement en transe en consommant des plantes hallucinogènes.

Les états de transe provoqués par exemple par l'*ayahuasca* ou la fumée de tabac *viboo* sont des portes d'accès au monde des esprits. Ils permettent de voir et de comprendre la vraie nature des choses, d'expliquer les événements et de suggérer une ligne de conduite. Dans le Nord-Ouest amazonien, certains des hallucinogènes employés lors des cérémonies sont décrits comme la drogue ou le sperme du jaguar et sont parfois conservés dans un os creux du félin.

L'état de transe du chaman a souvent une signification mythologique et représente les activités primordiales des esprits ancestraux.

Dans certaines sociétés, les pouvoirs du chaman se poursuivent après sa mort et continuent de protéger sa communauté des esprits malveillants ou des chamans d'autres villages. On croit cependant que l'âme du chaman défunt, que l'on redoute, se transforme souvent en son dangereux alter ego, le jaguar. Lorsque l'on voit un félin rôder près d'un village ou d'un cimetière la nuit, on pense qu'il s'agit de l'âme transformée du chaman mort.

LA FORÊT ANCESTRALE

Mythes d'origine des peuples des forêts

Les mythes des peuples amérindiens de la forêt cherchent avant tout à expliquer les origines de l'humanité et de la culture par opposition à la nature. Reflétant cet axe sous-jacent, les mythes individuels sont multiples et traitent de thèmes tout aussi variés que les origines de l'agriculture, les relations entre parents et beaux-parents, et la connaissance et l'ignorance.

L'origine des êtres humains est évoquée dans de nombreux mythes où les animaux, les pierres et la terre peuvent jouer des rôles aussi importants les uns que les autres. D'après les Chibcha de Colombie, Soleil et Lune créèrent le premier homme avec de la terre et la première femme avec des roseaux. Plus au sud, les tribus de la région de Choco parlent d'une première race cannibale détruite par les dieux, d'une seconde génération transformée en animaux et d'une troisième modelée dans de la terre. De nombreux peuples, comme les Warao de l'Orénoque et les Toba du Gran Chaco, pensent que les humains commencèrent par habiter au ciel puis descendirent sur terre pour voler le gibier, mais ils furent pris au piège et durent y rester pour toujours.

La nature de la mythologie amérindienne, sorte de charte sacrée qui préserve l'ordre social actuel, est particulièrement évidente dans des récits qui parlent des différences entre les hommes et les femmes. On associait souvent les femmes à la fertilité naturelle, au chaos et à l'ignorance, les hommes à la fertilité culturelle, à l'ordre et à la connaissance sacrée. Un mythe, largement diffusé de l'Amazonie à la Terre de Feu, raconte avec des variantes que le monde était à l'origine dirigé par des femmes et non par des hommes. Selon les Tupi de l'Amazonie brésilienne, lorsque le Soleil se rendit compte de la situation, il entra dans une colère telle qu'il décida d'inverser les choses ; il prit par la suite une femme parfaite pour compagne. Il féconda d'abord avec la sève de l'arbre cucura une vierge appelée Ceucy qui donna naissance à Jurupari. Cet enfant démit les femmes de leurs fonctions, qu'il donna aux hommes, les instruisant de ce qu'ils devaient organiser des fêtes régulières pour célébrer leur monopole sur la connaissance et le pouvoir ; toute femme qui essayerait de prendre part à ces fêtes risquait la mort. Pour montrer l'exemple, Jurupari organisa la mort de sa propre mère. D'après les Tupi, il erre toujours à la recherche d'une femme idéale digne d'être la femme du Soleil.

Hommes de la tribu des Kamiura de la rivière Xingu, Brésil. Ils jouent de la flûte lors des rites sacrés (leur musique représente la voix des esprits). Les coiffures jaunes symbolisent le soleil, source du pouvoir mâle.

La cosmogonie amazonienne représente souvent des thèmes divers associés au feu. Cet élément indompté avait un pouvoir destructeur énorme et, d'après certains mythes, il ravagea des régions entières et de nombreuses communautés. Il est également associé à la sexualité, à la naissance et au cycle menstruel. L'acquisition du feu, moment clé de l'évolution sociale, se fait souvent par la ruse et, dans ce cas, l'événement engendre la perte de l'innocence.

Au commencement, d'après les Kayapo du Brésil central, les gens n'avaient pas de feu, ils mangeaient donc des légumes crus et faisaient sécher, au soleil, des morceaux de viande sur des rochers. Un jour, un homme et son plus jeune beau-frère, Botoque, virent un nid d'ara en haut d'une falaise. Botoque grimpa à une échelle de fortune et lança deux œufs à son compagnon. Les œufs se transformèrent en pierres et brisèrent la main de l'homme ; celui-ci entra dans une colère telle qu'il repoussa l'échelle et abandonna Botoque sur la falaise.

Quelques jours plus tard, Botoque vit un jaguar qui portait un arc, des flèches et toute sorte de gibier. L'animal bondit sur l'ombre de Botoque mais, réalisant son erreur, il parla au garçon et lui promit de ne pas le dévorer. Il lui dit aussi qu'il en ferait son fils et son compagnon de chasse. Puis, le félin replaça l'échelle pour que Botoque descende.

Le monde des Yanomami

Les Yanomami du sud du Venezuela ont fait des efforts considérables pour protéger leur vie et leurs croyances du monde extérieur.

Se qualifiant eux-mêmes de « peuple redoutable », les Yanomami expliquent que le sang de Periboriwa, ou Esprit de la Lune, se répandit sur la terre et se changea en homme au contact du sol. Engendrés par le sang, les Yanomami se conçoivent comme des êtres à la nature redoutable qui se font continuellement la guerre. Un des descendants de Periboriwa donna par la suite naissance à des hommes et à des femmes plus dociles. D'après l'un des quatre groupes yanomami, on doit l'origine de chaque chose à une divinité créatrice bienfaisante, Omam. A sa création, le monde se composait de deux niveaux, mais maintenant on en compte trois. La troisième couche apparut quand la partie supérieure de l'univers perdit, par un phénomène d'usure, un grand morceau d'elle-même. Sur ce morceau se trouvaient deux hommes, dont l'un était Omam. Un jour, alors qu'il pêchait, Omam sortit des eaux une femme qui n'avait pas de vagin mais seulement un trou de la taille d'un anus de colibri. Omam fabriqua des organes sexuels avec des dents de pirhana et se fit un devoir d'engendrer de nombreux enfants avec elle : les ancêtres des Yanomami. D'autres races furent créées, avec des gouttes d'eau ou de l'écume de la rivière, par un grand oiseau qui forma des hommes de différentes couleurs.

Les Yanomami ont un système hiérarchisé élaboré fondé sur la violence entre les groupes qui remonte à leurs origines mythiques par le sang de l'esprit Lune.

Malgré la réticence de sa femme, le jaguar amena Botoque chez lui. Là, le garçon vit le feu et mangea de la viande cuite pour la première fois. Cependant, quand le jaguar partit à la chasse, sa femme refusa que Botoque fasse rôtir de la viande de tapir et montra ses griffes de façon si inquiétante qu'il se réfugia dans un arbre. Une fois rentré, le jaguar réprimanda sa femme qui refusa de laisser l'enfant tranquille. Le jaguar montra à Botoque comment fabriquer des arcs et des flèches pour qu'il se défende. Lorsque la femme l'effraya à nouveau, le garçon la tua d'une flèche et, ayant rassemblé un peu de viande cuite, ses armes et une braise, il retourna à son village.

En voyant les présents de Botoque, les hommes se rendirent chez le jaguar. Ils volèrent non seulement le feu mais aussi de la viande cuite, du fil de coton, des arcs et des flèches. Le jaguar fut courroucé par l'ingratitude de son fils adoptif ; il mange désormais de la nourriture crue et chasse avec ses crocs et ses griffes, tandis que les humains s'alimentent de viande grillée et chassent avec des arcs et des flèches. De nos jours, le reflet du feu perdu par le jaguar peut se voir dans les yeux de l'animal qui ressemblent à un miroir. Dans d'autres versions du mythe, les villageois emmenèrent le feu volé dans la forêt, et de nombreux oiseaux ramassèrent les étincelles pour ne pas l'incendier. Des volatiles furent brûlés et c'est pour cette raison que certaines espèces ont des becs et des pattes couleur de feu.

Si l'on en croit les Barasana de Colombie, c'est Yurupary, ou Anaconda Bâton de manioc, qui prit le feu dans l'inframonde. Anaconda s'en servit pour assassiner son frère Macaw et périt lui-même par les flammes. Ses os devinrent des bûches carbonisées dans un jardin de manioc, et les premières plantes cultivées purent croître en se nourrissant des restes calcinés de son corps.

CANNIBALISME ET POUVOIR

Le cannibalisme faisait partie des croyances des Amérindiens et nombre de ses formes sont attestées par des documents historiques dans toute l'Amérique du Sud. Intimement associé à la guerre, à la mort et à la régénération, le cannibalisme ne consistait pas à nourrir des hommes mais s'apparentait à des concepts d'identité sociale, de royauté et au transfert de l'âme d'une personne à une autre.
L'exocannibalisme faisait référence au fait de manger réellement ou symboliquement la chair d'un ennemi et exprimait la férocité guerrière, l'humiliation et la revanche. On redoutait les guerriers possédés par l'esprit d'un jaguar féroce qui les incitait à attaquer et à dévorer leur proie.
L'endocannibalisme avait une origine différente : il s'agissait de réduire en poudre les ossements d'un défunt, auxquels on ajoutait de la bière de manioc, et les proches parents de la victime buvaient cette mixture. Ces ossements étaient censés contenir les éléments vitaux de l'esprit de la personne morte et pouvaient être transmis à ceux qui prenaient part à la consommation rituelle du défunt.

L'AFRIQUE

« Grand Zimbabwe », qui donne son nom à la région, est l'ensemble monumental le plus important de l'Afrique subsaharienne. Il a probablement été construit au VIIIe siècle par les ancêtres des Shona. Comme c'est généralement le cas en Afrique australe pour des enceintes royales de ce type, la forme ovoïde de la citadelle fait sûrement référence au mythe de l'œuf cosmique (p. 266). Zimbabwe signifie « maison en pierre ».

L'Afrique est le foyer d'une incroyable diversité culturelle. Ses habitants parlent plus de mille langues différentes, dont bon nombre sont encore méconnues ou peu étudiées. Les mythes africains forment néanmoins une certaine unité : les mythes du serpent cosmique (p. 277) et de la tour de Babel (p. 273) sont présents du Sahara au Cap ; le concept d'un dieu créateur lointain, le plus souvent asexué et le thème de la gémellité sont tout aussi fréquents.

Chaque système de croyances africain comporte un mythe qui raconte les origines et les premières pérégrinations des peuples, reflet des grandes migrations internes qui ont caractérisé l'histoire jusqu'à l'époque coloniale. Par exemple, les Khoisan (terme qui désigne les Khoi ou Hottentots de l'Afrique du Sud-Ouest et les San ou Bochiman du désert de Kalahari) seraient les descendants d'un peuple qui apparut dans le Sahara autrefois fertile, avant que cette région ne soit complètement recouverte par le désert il y a sept mille ans. Les ancêtres des peuples de langue bantoue commencèrent à migrer voilà deux mille ans en direction du sud-est depuis les hautes terres du Cameroun, et atteignirent le cap au XVIIe siècle. Les langues bantoues font parties de la famille nigéro-congolaise qui compte plus de huit cent quatre-vingt-dix langues. Les migrations souvent rapides des peuples et une large diffusion des familles linguistiques permettent de mieux comprendre les points communs aux différentes mythologies africaines.

Avec la propagation de l'islam, du christianisme et le développement de l'économie moderne, les religions indigènes de l'Afrique ont décliné. De nombreux peuples tels les Yoruba ont cependant réussi à préserver leurs mythes et croyances.

PEUPLES, LANGUES ET MYTHES

La carte présente les grandes familles linguistiques et la localisation des principaux peuples du continent africain. A titre de référence sont mentionnés les cours d'eau et les éléments géographiques les plus importants, mais les frontières politiques actuelles ont été omises par souci de clarté. Sont résumées ci-après les caractéristiques essentielles mythologiques de chaque grande aire linguistique.

FAMILLE CHAMITO-SÉMITIQUE

La mythologie de cette aire essentiellement musulmane comporte de nombreux éléments pré-islamiques, parmi lesquels le concept du serpent cosmique dont le corps sert à construire l'univers (p. 266). Autre idée fondamentale, la division du monde en trois : le Monde supérieur des divinités, une région intermédiaire habitée par les hommes et le Monde inférieur des esprits défunts.

FAMILLE NILO-SAHARIENNE

La mythologie des indigènes de langues nilo-sahariennes n'accorde que peu d'importance à l'origine du monde ou au destin des âmes après la mort. Il y est question essentiellement de l'origine des clans et des différentes lignées, souvent associés à des animaux. Par exemple, un mythe nuer attribue l'origine d'un clan à une femme qui accoucha de couples de jumeaux dont l'un était humain et l'autre animal sauvage.

FAMILLE NIGÉRO-CONGOLAISE BANTOUE

La mythologie des peuples africains de langue bantoue, comme celle de l'aire nilo-saharienne, montre un intérêt relativement limité pour la création de l'univers attribuée, selon eux, à un Dieu suprême désormais disparu du monde. L'origine de l'ordre social est plus importante, surtout en ce qui concerne la royauté et ses relations avec d'autres autorités, religieuses notamment. Les mythes associent ces institutions à des phénomènes naturels : le soleil, la lune ou l'arc-en-ciel (p. 271), et à des animaux comme le lion. Des cultes d'ancêtres très élaborés existent encore chez ces peuples.

FAMILLE NIGÉRO-CONGOLAISE NON BANTOUE

Dans la région non bantoue de l'aire linguistique nigéro-congolaise, on trouve quelques-uns des mythes les plus complexes du monde, les cosmogonies dogon, bambara et yoruba rivalisant de grandeur et de subtilité avec celles de l'Inde et de la Méso-Amérique (p. 266). Une idée maîtresse est la dualité qui anime toute forme de vie parfaitement symbolisée par la relation qui unit des jumeaux de sexe opposé.

FAMILLE KHOISAN

Le mot khoisan est composé des termes *khoi* que les Hottentots, en voie d'extinction, s'appliquent à eux-mêmes, et *san* qui désigne les Bochiman. Les restes fragmentaires de leur mythologie révèlent une philosophie de la vie traduite avec une grande richesse iconographique. Parmi les multiples créatures sauvages personnifiées, la plus importante est la mante (p. 277).

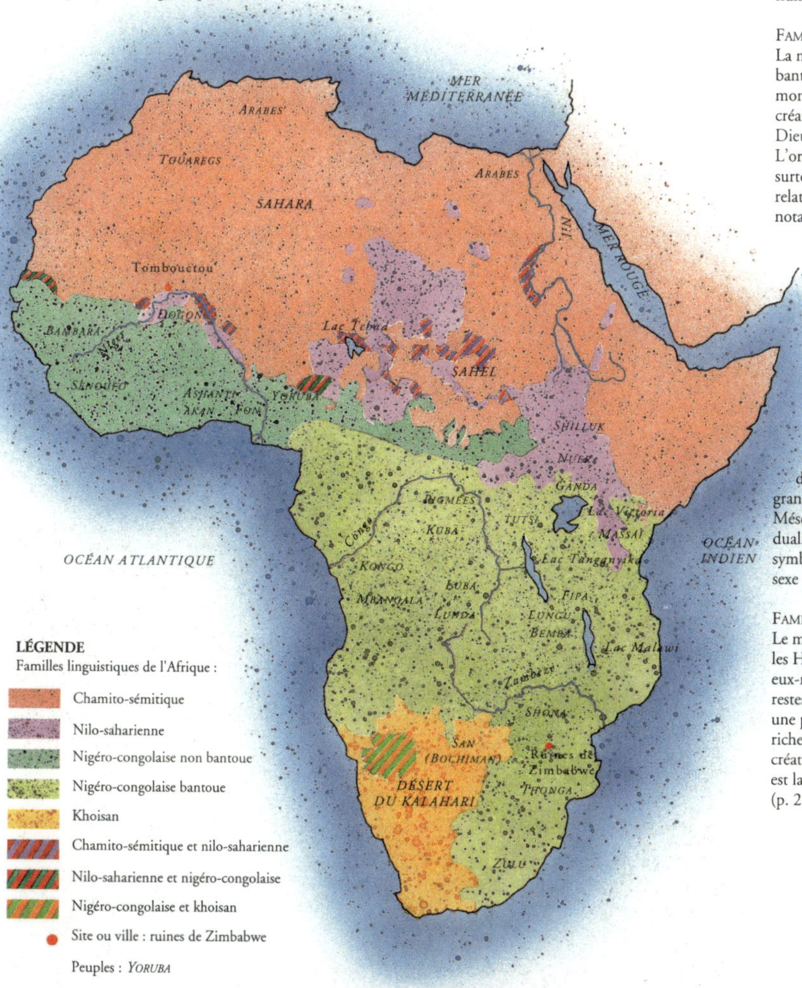

CHRONOLOGIE

Il y a 20 000 ans, des peuples mongoloïdes migrèrent vers l'Afrique du Nord-Est et le Sahara.
Il y a 10 000 ans, les ancêtres des peuples négroïdes apparurent au Soudan occidental.
Il y a 7 000 ans, les ancêtres des Khoi et des San migrèrent vers le sud, traversant les régions orientales de la savane, et certains gagnèrent l'Afrique australe, il y a environ 5 000 ans.

Il y a 2 000 ans, les ancêtres des peuples de langue bantoue des hautes terres du Cameroun traversèrent la forêt tropicale pour attendre la savane du Shaba, au sud-est du Zaïre.
Il y a 1 000 ans, une deuxième vague de migration bantoue, probablement liée à la diffusion de la fabrication des objets en fer, se dissémina dans une grande partie de l'Afrique subsaharienne depuis le sud-est du Zaïre.

LES ORIGINES DU MONDE

Mythes de création de l'Afrique

Boîte en laiton sur laquelle les spirales représentent les vibrations de l'œuf cosmique au commencement de la création. Elle était utilisée chez les Ashanti du Ghana pour conserver la poudre d'or.

L'ŒUF COSMIQUE

Les Dogon du Mali pensent que la création commença par un œuf appelé Amma qui était la semence du cosmos. Il vibra sept fois, éclata et libéra un *nommo*, esprit créateur. Celui-ci tomba sur terre, suivi dans sa chute par une jumelle et par quatre autres paires de *nommo*. Ces êtres créèrent et organisèrent le ciel et la terre, la succession du jour et de la nuit, les saisons et la société humaine. L'idée qu'un œuf cosmique est à l'origine de l'univers est répandue dans toute l'Afrique.

La peinture rupestre dogon (ci-contre) représente probablement la chute d'un nommo *sur la terre. Ci-dessous, deux* nommo *avec les bras levés sont sculptés sur un tabouret qui était utilisé par un chef religieux dogon. La base du siège représente la terre et la partie supérieure le ciel.*

Les peuples africains ont des idées très variées sur les origines de l'univers. Cela va de la croyance des Akan du Ghana selon laquelle l'univers a été engendré par Nyame, une déesse mère identifiée à la lune, jusqu'à l'image répandue d'un long serpent, souvent assimilé à l'arc-en-ciel. En Afrique australe, ce serpent primitif généralement appelé Chinaweji est un grand python. Du sud de l'Algérie à Tombouctou, le premier objet créé aurait été un grand serpent, Minia. Le monde et toute vie auraient été conçus à partir de son corps (p. 277).

Des peuples aussi éloignés que les Dogon du Mali et les Lungu de Zambie associent la création aux vibrations d'un œuf cosmique (ci-contre). Dans le mythe dogon, l'origine du monde est la graine de l'univers, une étoile qui porte le nom de la *Digitaria exilis*, la plus petite semence qu'ils cultivent. Pour eux, cette étoile est jumelle de Sirius, l'étoile Chien ; c'est la plus petite et la plus lourde de toutes les étoiles ; elle est si dense, que tous les peuples de la terre réunis ne pourraient en soulever le plus petit morceau. Son mouvement autour de Sirius dure cinquante ans et sert de base à toute création dans l'espace. Fait étonnant, l'astronomie moderne a découvert que Sirius avait bien un compagnon, Sirius B, visible seulement à l'aide des télescopes les plus puissants, qui décrit une orbite autour de Sirius tous les cinquante ans. C'est une étoile très dense, ce que les astronomes appellent « une naine blanche ». Un chercheur américain, Roger Temple, en a déduit que le mythe dogon était un vestige de connaissances apportées sur terre par des êtres intelligents du système stellaire de Sirius. L'Américain Carl Sagan,

astronome et chercheur en cosmologie, suggère plus sérieusement que le récit dogon pourrait provenir d'informations transmises par un scientifique occidental avant que le mythe ne soit recueilli pour la première fois par un anthropologue français dans les années 1930.

Un des mythes de création les plus complexes est rapporté par les Bambara, proches voisins des Dogon. Ils racontent comment le vide primordial, *fu*, mit au monde le savoir, *gla gla zo*. Ce savoir rempli de vide et ce vide rempli de savoir constituaient la force créatrice primordiale de l'univers. Elle mit en mouvement un processus mystique d'énergie libérée et rétractée qui aboutit à la création de la conscience humaine, la « semence » ou principe de l'univers. Dans chaque être humain, à cause de la loi fondamentale de gémellité qui, pour les Bambara, régit toute création, il existe à la fois un aspect mâle et femelle dans le corps et dans l'esprit. L'esprit Pemba fit ensuite la terre, l'esprit Faro le ciel, et chacun établit les quatre directions cardinales dans l'espace. La vie apparut alors sur la terre. Faro créa des jumeaux dans le désert et l'herbe poussa pour la première fois. Suivirent les premières eaux et avec elles un poisson qui emmena Faro et ses enfants vers la mer, où il créa tous les animaux aquatiques. Faro donna un nom à chaque créature, à chaque chose de la terre et détermina les saisons ; à la place de l'obscurité originelle, il instaura l'alternance du jour et de la nuit. Il mit ensuite en ordre tous les êtres vivants. Les êtres humains furent aussi nommés et classés, les races et les tribus divisées selon la qualité de leur sang, dans lequel Faro inscrivit leur destin. Puis il retourna au ciel.

De nombreuses mythologies africaines n'ont accordé que peu d'intérêt à la création du cosmos, et ont pris comme point de départ l'apparition des humains dans un univers déjà constitué. Les Fipa du sud-ouest de la Tanzanie et les Tutsi du Rwanda racontent que les ancêtres, semi-divins, tombèrent du ciel au commencement des temps pour fonder l'humanité, tandis que les pasteurs masaï de Tanzanie et du Kenya disent qu'à l'origine, la terre et le ciel étaient reliés par une corde, par laquelle le Dieu suprême fit descendre des bovins pour ceux qui étaient en bas. Les Yoruba d'Afrique occidentale racontent que la terre originelle n'était qu'eau et marécages inhabités, jusqu'à ce que la divinité descende du ciel et fasse un sol solide. Les êtres humains furent alors créés et descendirent du ciel à l'aide d'une toile d'araignée.

LE MYTHE DE CRÉATION SAN

Dans l'histoire que voici, les chasseurs-cueilleurs du Kalahari attribuent la création de l'univers à un être appelé Dxui :

« Dxui était Dxui, le premier esprit de la création. Ses travaux étaient nombreux. Lorsque le soleil se leva, Dxui fut une fleur et la nuit, il prit l'apparence d'un homme. Quand le jour commença à poindre, il fut une autre fleur et au coucher du soleil il redevint un homme. Le jour suivant, ce fut un arbre chargé de fruits. A nouveau le soleil se coucha et il prit la forme d'un homme. Quand il se réveilla, il vit le soleil pour la première fois et réalisa qu'il était seul. Il devint ensuite un arbre couvert de fruits mais également pourvu d'épines. La première femme apparut ensuite, elle essaya de cueillir un fruit, mais l'arbre disparut et la femme en pleurs se coucha sur le sol et mourut.

« Dxui devint une mouche, de l'eau, une autre fleur, un oiseau, celui qui attrape l'oiseau et enfin celui qui mange l'oiseau. Il redevint un homme et fut chassé par d'autres hommes. Dxui se transforma alors en un grand oiseau et vola vers son père et sa mère. Quand son père le reconnut, Dxui devint un homme. Il mourut et se transforma en lézard, la plus ancienne de toutes les créatures ».

Le forgeron céleste

Dans la mythologie africaine, un forgeron divin joue souvent un rôle déterminant dans la préparation de l'humanité, lors de la création de l'univers. Il est généralement décrit comme un être qui descend du ciel.

D'après les Fon du Bénin d'Afrique occidentale, Gu, le forgeron céleste, était le fils aîné de Mawu-Lisa, le couple créateur jumeau. Lisa, le jumeau mâle, le fit descendre sur terre sous la forme d'une épée cérémonielle en fer, qu'il tenait dans sa main. Gu fut alors chargé de rendre la terre habitable par les hommes, tâche qu'il n'a jamais abandonnée depuis. Il leur apprit l'art de travailler le fer et leur montra comment fabriquer des outils pour se nourrir, se vêtir et construire des abris.

Cavalier dogon en fer forgé, probablement le forgeron qui déroba le feu. Il est fréquemment représenté sur les reliquaires.

Amma, le dieu créateur des Dogon (l'œuf cosmique, p. 266), conçut le premier esprit forgeron à partir du placenta d'un *nommo*. Comme cet esprit n'avait pas de feu, il vola un morceau du soleil aux jumeaux du ciel *nommo* et descendit sur terre dans une arche céleste. D'autres mythes de la région du Sahara racontent que le premier forgeron fit une houe avec le crâne de l'antilope céleste Bintu et se rendit sur terre avec cet instrument pour apprendre à cultiver à la nouvelle race humaine.

MONDES DU HAUT ET DU BAS : MONDES INVERSÉS

Royaumes des vivants et des morts

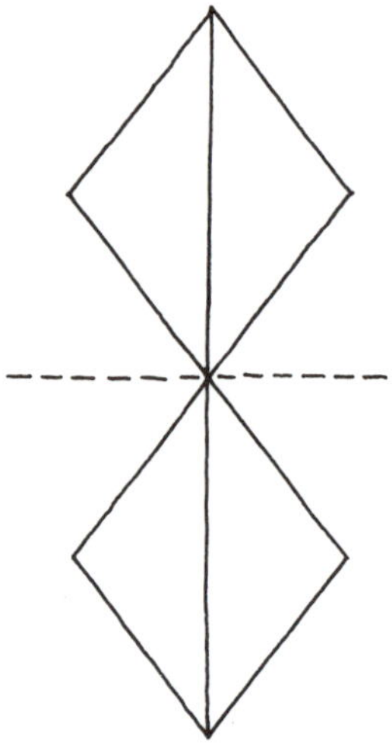

Un habitant d'une oasis de la région de Tidikelt, au sud de l'Algérie, fit ce dessin des Mondes supérieur et inférieur, et de l'arbre cosmique sous ses trois manifestations. La forme de losange désigne probablement les quatre directions cardinales dans chaque monde.

L'univers nouvellement créé comprend le plus souvent deux éléments : une partie supérieure pour les vivants et un monde inférieur pour les morts. Chez les peuples qui vivent sur les rives du lac Tanganyika, le monde des morts est une version inversée du monde des vivants, où l'on dort le jour et où l'on sort la nuit au clair de lune. On peut l'atteindre en passant par le terrier d'un porc-épic. Dans les régions du Sahara et du Sahel de l'Afrique du Nord, ces deux parties du monde sont considérées comme des aspects opposés d'un arbre cosmique qui prend la forme d'une plante grimpante dans le Monde d'en haut et d'un figuier dans le Monde d'en bas. Sur la terre, située entre le ciel et le Monde inférieur, l'arbre ressemble à un grenadier. Dans les oasis du Sahara, on plante des symboles des trois niveaux de l'arbre cosmique : une plante grimpante à l'est, allusion au ciel, un grenadier au centre du terrain cultivé qui représente la terre et un figuier, sur la limite ouest, pour le Monde inférieur. Dans d'autres régions d'Afrique, le monde des morts est un univers céleste plutôt qu'un Monde souterrain, mais là encore il s'apparente au monde des vivants. Les Thonga du Mozambique parlent d'une jeune fille qui cassa son récipient en allant à la rivière. Elle se mit à pleurer et une corde suspendue dans le ciel apparut. Elle grimpa à la corde et trouva un village où vivaient les morts. Une vieille femme lui dit de continuer son chemin et de suivre les conseils d'une fourmi qui s'était glissée dans l'oreille de la jeune visiteuse. Elle atteignit un autre village où les anciens lui donnèrent du travail. Le lendemain, comme ils étaient contents d'elle, ils lui présentèrent des bébés, certains enveloppés dans des vêtements rouges et d'autres dans des vêtements blancs. La jeune femme allait choisir un enfant habillé en rouge, lorsque la fourmi lui chuchota d'en prendre un en blanc, ce qu'elle fit. Quand elle rentra chez elle, elle fut bien accueillie par sa famille. Sa sœur, jalouse, voulut aussi aller au ciel chercher un bébé. Mais elle rudoya la vieille femme et refusa les conseils de la fourmi. Ayant choisi un bébé en rouge, elle fut immédiatement transformée en squelette. Ses os blancs tombèrent sur la terre.

Le cosmos kongo

Les peuples kongo, qui vivent à l'ouest du Zaïre, disent que l'univers est formé de deux régions séparées par un océan : la région supérieure, le monde des vivants, ressemble à une montagne, et la région inférieure, le monde des morts, identique, est orienté vers le bas. Chacune se compose de villages, d'eaux et de montagnes.

Le ciel est blanc, mais la terre qui est en dessous est noire, à cause du mal et de la désobéissance au Dieu suprême. L'arc-en-ciel, de couleur rouge, se trouve entre le ciel et la terre. Sous la terre noire, à l'origine de toute forme de vie, il y a une barrière aquatique, rouge elle aussi, et en dessous, le Monde souterrain qui est blanc. De même que l'univers, l'alternance du jour et de la nuit et les étapes de la vie humaine sont rouges, blanches et noires. L'aurore rougeoyante ressemble à la naissance, le soleil blanc de midi est maturité et justice, et le coucher du soleil annonce la noirceur de la mort.

Ce masque en bois et raphia des Pende du Zaïre pourrait représenter le soleil et des éléments contraires, comme le jour et la nuit.

MORT ET SEXE

La perte de l'immortalité

D'après de nombreux peuples africains, la mort n'existait pas à l'origine. Son arrivée est généralement attribuée à une transgression d'êtres humains ou d'animaux. Les pasteurs nuer du Soudan méridional racontent qu'une corde reliait autrefois le ciel et la terre ; toute personne âgée qui y montait, redevenait jeune grâce au Dieu suprême. Un jour, une hyène et un tisserin grimpèrent à la corde et entrèrent au ciel. Le créateur donna alors des instructions afin que ces visiteurs soient surveillés de près et qu'ils ne puissent pas retourner sur terre où ils seraient certainement la cause de troubles. Une nuit, ils s'échappèrent et redescendirent. Au moment où ils allaient toucher le sol, la hyène coupa la corde. La partie supérieure fut aspirée vers le ciel ; il n'y eut alors plus de possibilité pour les êtres humains de s'y rendre, et depuis ce jour, ils vieillissent et meurent.

Les Kuba du Zaïre racontent l'origine de la mort dans une version de leur mythe de création. Le créateur Mboom ou « Eau Originelle », avait neuf enfants, tous appelés Woot. Ils intervinrent chacun à leur tour dans la création du monde. Woot l'inventeur de ce qui porte des piquants comme le poisson et les épines, se bagarra avec Woot, l'aiguiseur de couteaux, qui façonna les premières lames aiguisées. La mort survint dans l'univers quand Woot l'inventeur de ce qui porte des piquants fut tué par une lame tranchante.

Chez les Ganda qui vivent au nord des rives du lac Victoria, on raconte comment Kintu, un immigrant étranger qui fonda la dynastie royale du Buganda, alla chercher une femme au ciel. Le Dieu suprême lui donna sa fille Nambi. Il prévint son nouveau gendre que s'il ne regagnait pas sans tarder la terre avec sa femme, il serait accompagné du frère de Nambi, Walumbe, qui signifie « mort ». Kintu partit comme convenu avec Nambi, mais celle-ci réalisa en chemin qu'elle avait oublié de prendre des graines pour nourrir les poulets offerts par le Dieu suprême. Kintu essaya en vain de l'empêcher de faire demi-tour ; quand Nambi eut rattrapé Kintu, son frère Mort la suivait. Il élut domicile auprès du couple. Depuis ce temps, tous les hommes sur terre sont mortels.

Dans un mythe des Dinka, pasteurs du Soudan méridional, c'est également une femme qui est responsable de l'apparition de la mort sur terre. Au commencement, le Dieu suprême donna un jour un seul grain de millet au couple Garang et Abuk pour subvenir à leurs besoins. Mais l'avide Abuk voulut planter davantage de grains et blessa involontairement le Dieu suprême avec l'extrémité de sa houe. La divinité courroucée décida alors de prendre ses distances à l'égard de l'humanité et envoya un oiseau bleu couper la corde qui reliait le ciel et la terre.

Depuis ce temps, croient les Dinka, les humains doivent travailler dur pour se nourrir et souffrent de maladies et de mort.

Sculpture patinée en bois provenant du nord du territoire yoruba, Nigeria. La scène érotique figurée ici symbolise la fertilité.

LES ORIGINES DE LA SEXUALITÉ

Une histoire, dont il existe plusieurs versions en Afrique, raconte comment à l'origine le Dieu suprême créa les êtres humains sans organes sexuels. Ils vécurent quelques temps en harmonie, puis l'insatisfaction les gagna et ils demandèrent au dieu de leur envoyer une autre sorte d'individus. Le créateur leur envoya des organes sexuels masculins et féminins qui furent d'abord autonomes, comme les autres êtres. Un jour, le peuple ancien se divisa en deux camps, car c'était la meilleure façon d'assurer le travail quotidien. Ils invitèrent les organes sexuels à se joindre à eux. Les organes mâles se fixèrent sur les individus d'un camp et les organes féminins sur ceux de l'autre. Les deux groupes, devenus les hommes et les femmes, réalisèrent alors qu'ils étaient différents. Ils sont divisés et se querellent depuis ce temps.

Masque d'esprit en bois peint, réalisé par un artisan dan du Libéria. Les yeux fendus, typiques, limiteraient le pouvoir qui émane du monde des esprits morts.

LA ROYAUTÉ

Les lignages divins des dirigeants terrestres

COULEURS DE LA VIE
ET DE LA SOCIÉTÉ

Le rouge, le blanc et le noir ont une signification profonde chez de nombreux peuples africains, comme représentation de l'univers notamment (encadré p. 268). Sur ce plateau en vannerie provenant du nord de la Zambie (ci-dessus), les couleurs ont une double signification. Elles évoquent d'une part, les origines mythiques de la société des Lungu : le rouge est associé à la royauté, le blanc au pouvoir spirituel et aux prêtres, et le noir au peuple. Le rouge fait d'autre part référence au sang de la première menstruation, le blanc au sperme et le noir aux poils pubiens. Ces plateaux en vannerie sont présentés aux jeunes femmes en âge de se marier, après l'initiation rituelle.

Parmi les plus importants mythes africains, il faut mentionner ceux qui traitent des origines des rois, présentés comme les descendants d'êtres divins. Par exemple, les Zulu d'Afrique australe racontent qu'un jeune homme, le fils du Dieu suprême, fut expulsé du ciel pour avoir volé la vache blanche préférée du dieu. Il fut jeté dans un trou et descendit sur terre par un cordon ombilical magique, noué autour de sa taille. Au bout d'un mois, le créateur eut pitié de son fils et lui envoya une femme de la même façon ; il tira ensuite le cordon et boucha le trou. Ce jeune homme devint le premier roi des Zulu. En raison de leur origine divine, les rois Zulu peuvent agir sur la pluie. Royauté et phénomènes météorologiques sont également associés dans la mythologie yoruba, d'après laquelle le grand roi guerrier Shango devint le dieu de la Foudre et de la Pluie, après s'être suspendu à un arbre et être monté au ciel. Il avait pour femme un lac appelé Oja qui, à la mort de Ṣhango, devint le fleuve Niger.

Une histoire semblable est contée en Afrique orientale, au Rwanda. La femme du maître du ciel, Nkuba, la Foudre, était seule, elle vola une des vaches de son époux et la tua. Ayant extrait le cœur de l'animal, elle le cacha dans un pot. Pendant neuf mois, elle nourrit le cœur de lait et un enfant mâle sortit du récipient. Kigwa, cet enfant merveilleux, grandit au ciel puis tomba sur la terre où il devint le premier roi du Rwanda.

Dans bien des cas, ces mythes sur l'origine de la royauté sont également des mythes d'origine de l'humanité. Le *reth* (roi) des Shilluk du Soudan méridional est identifié dans un mythe et dans un rite royal à Nyikango, ancêtre de la lignée royale et fondateur de la nation shilluk. Le père de Nyikango était le fils d'un être céleste et sa mère, Nyakaya, était un crocodile. Nyikango partit de chez lui après s'être querellé avec son demi-frère. Pendant son voyage, il gagna une bataille avec le soleil, ouvrit les eaux du Nil blanc qu'il traversa avec ses compagnons. Les noms prestigieux donnés à Nyikango et aux rois qui lui succédèrent – tous des incarnations de Nyikango – glorifient le lien qui les unit au ciel, à la rivière et à la terre, c'est-

En Afrique comme ailleurs, le lion incarne l'autorité royale. Roi des animaux dans de nombreux mythes, il est cependant souvent battu par des êtres plus petits et plus malins, comme le lièvre. Cette sculpture en bois provient du palais royal des Fon du Bénin (ancien Dahomey).

à-dire à l'univers shilluk. Ils sont dieux, demi-dieux et mortels ; de leur santé dépend le bien-être du territoire. A l'époque pré-coloniale (et l'on raconte que c'est encore le cas), quand le roi commençait à s'affaiblir, on le tuait rituellement pour le remplacer par un successeur plus vigoureux.

Autre récit de régicide rituel, le mythe du roi Mwetsi explique le meurtre du *mambo* (roi) de Monomotapa dans le Zimbabwe médiéval. Ce rituel se répétait tous les quatre ans. D'après le mythe, Mwetsi (« Lune »), le premier homme, créé par le Dieu suprême Mwari, vécut d'abord dans les eaux. Mais il voulait vivre sur la terre, qui était un immense désert. Il commença à se lamenter et Mwari lui envoya une femme, Etoile du Matin, qui enfanta les herbes, les arbustes et les arbres. Les arbres grandirent jusqu'à ce que leur cime touche le ciel et il commença à pleuvoir. Au cours de cette période nouvelle d'abondance, Mwetsi construisit une maison, fabriqua une houe et cultiva la terre. Mais après deux ans, Mwari enleva Etoile du Matin. Mwetsi se lamenta pendant huit jours, jusqu'à ce que Mwari lui amène une nouvelle femme, Etoile du Soir, en le prévenant qu'il courait au désastre. La nuit venue, Etoile du Soir l'amena dans son lit. De cet accouplement naquirent les poulets, les moutons, les chèvres, les bovins, les antilopes, des garçons et des filles qui devinrent adultes en un jour. Le soir du quatrième jour, il y eut un violent orage et Étoile du Soir avisa son mari du danger de mort qui pesait sur lui. Il fit néanmoins l'amour avec elle et le jour suivant, elle donna naissance aux lions, léopards, serpents et scorpions. Le soir du cinquième jour, Étoile du Soir refusa de coucher avec son mari. Elle lui suggéra de prendre ses filles, ce qu'il fit. Elles accouchèrent le matin de bébés qui étaient déjà des adultes le soir.

Mwetsi devint ainsi le roi de nombreux peuples. Or Étoile du Soir coucha avec un serpent et devint stérile. Mwetsi voulut qu'elle revienne, mais quand il se coucha, le serpent le mordit. La santé du territoire dépendant de Mwetsi, quand il tomba malade empoisonné par le venin, la pluie cessa de tomber, les rivières se tarirent et la mort s'installa parmi les hommes. Pour venir à bout de ces malheurs, les enfants de Mwetsi décidèrent de tuer leur père. Ils l'étranglèrent, enterrèrent son corps et choisirent un autre roi pour diriger le royaume.

AIDE-MÉMOIRE DU CONTEUR

A la cour royale luba, un groupe d'anciens est chargé de raconter et de mémoriser les mythes du roi arc-en-ciel et l'histoire des rois luba (ci-dessous et p. 272). Les anciens utilisent un instrument remarquable, le *lukasa* ou « longue main », pour se rappeler les grandes lignes des histoires. Il s'agit d'une planche incisée de motifs symboliques et incrustée de perles de couleurs. Par exemple, une perle bleue peut désigner Mbidi Kiluwe et une grosse perle rouge entourée de perles jaunes plus petites, Nkongolo et ses partisans. Le narrateur prend le *lukasa* pour se rappeler l'histoire à mesure qu'il parle.

Kalala Ilunga et le roi arc-en-ciel

Les Luba du Zaïre considèrent Kalala Ilunga comme l'un des fondateurs de leurs royaumes. Il passa son enfance à la cour du roi arc-en-ciel, Nkongolo, qui apparaît dans de nombreux mythes de la savane centrale.

Un jour, un prince de l'est, Mbidi Kiluwe, vint chasser sur les terres de Nkongolo qui fit de son mieux pour combler son invité. Il lui amena ses sœurs jumelles qui furent enceintes. Bulanda portait un fils, Kalala Ilunga, et Mabela des jumeaux, une fille et un garçon. Nkongolo fit de Kalala Ilunga son fils et Mbili Kiluwe dut rentrer chez lui. Une fois adulte, le garçon devint le meilleur coureur et danseur de la région. Nkongolo, jaloux de sa renommée, décida de le tuer. Sous un terrain de danse, il creusa une fosse remplie de lances qu'il recouvrit, et invita Kalala à prendre part à la danse. Prévenu du danger par son joueur de tambour, Kalala s'enfuit de l'autre côté du fleuve Lualaba et rejoignit son vrai père. Mbidi leva une armée pour combattre Nkongolo qui s'enfuit avec ses sœurs dans la montagne Kaii, à l'ouest. Mais ses sœurs le trahirent et il fut décapité par les hommes de Kalala. L'esprit de Nkongolo vit sous la forme d'un serpent qui apparaît parfois comme un arc-en-ciel.

Appui-nuque luba en bois, en forme de sœurs jumelles. Les jumeaux jouent un rôle important dans l'histoire de Kalala Ilunga (le roi trahi par ses sœurs jumelles) et dans bien d'autres mythes.

Masque représentant le héros ancestral Woot, porté lors de rituels initiatiques kuba. Seuls les hommes de lignage royal sont autorisés à porter ce type de masque décoré de perles et de coquillages (cauris).

Selon les Kuba du Zaïre, les deux premiers dieux, Mboom et Ngaan, étaient également des rois. Chacun régnait sur une moitié d'un monde sombre, couvert d'eau. Mais ils se querellèrent et quittèrent le lieu qu'ils avaient créé. Mboom alla au ciel et Ngaan sombra dans les eaux. Un jour, Mboom vomit le soleil, la lune et les étoiles. Sous le soleil, les eaux commencèrent à s'évaporer et à découvrir la terre. Mboom vomissant de nouveau, engendra cette fois-ci tous les animaux. Ensuite il vomit les êtres humains, parmi lesquels Woot, l'ancêtre des rois et des peuples kuba, qui vivait dans un village avec les hommes et les animaux. Ils s'entendaient tous bien et parlaient la même langue. Woot tomba amoureux de sa sœur Mweel et l'emmena dans la forêt. De leur union naquit un fils, Nyimi Lele, qui s'en alla fonder la tribu lele non loin de là.

Quand le peuple eut connaissance de l'inceste de Woot, il se mit en colère et l'exclut du village. Pour se venger, Woot lança une malédiction. Le mil commença à pourrir, la plupart des animaux devinrent sauvages et le soleil ne se leva pas. Mweel envoya des messagers pour lui demander pardon ; Woot finit par se laisser fléchir et dit aux oiseaux du matin de rappeler le soleil. Il s'exila avec ses partisans. En chemin, il créa le paysage, les plantes, les animaux et eut d'autres enfants qui fondèrent plusieurs tribus. Woot leur tordit la langue pour qu'ils parlent des langues différentes.

Chibinda Ilunga

Un mythe des Mbangala d'Angola raconte la suite de l'histoire de la dynastie luba fondée par Kalala Ilunga (p. 271). Le protagoniste Chibinda Ilunga est l'une des figures les plus respectées de la mythologie de cette région.

Un jour, un jeune prince vint au royaume lunda. Ce chasseur s'appelait Chibinda Ilunga, il était le petit-fils de Mbidi Kiluwe, lui-même aïeul des rois luba. Son visage était brillant et blanc comme la lune. Le prince avait quitté la région luba parce que le roi, jaloux de son habileté à la chasse, lui reprochait de n'avoir jamais fait la guerre. La reine lunda Lueji qui descendait du serpent primordial Chinawezi, mère de toutes choses (p. 266 et 277), alla un jour près d'un cours d'eau dans la forêt où elle fit la connaissance du chasseur. Elle fut immédiatement séduite par ses manières charmantes et l'invita à rester avec elle. Ils se marièrent et un jour Lueji dit aux anciens que dorénavant, Chibinda Ilunga régnerait à sa place. Le prince leur raconta qu'il était chasseur et ne verserait jamais le sang des hommes, mais seulement celui des animaux. Lorsque Lueji lui eut remit le bracelet royal, symbole du pouvoir, ses menstruations commencèrent et elle s'isola. Sa retraite dura un long moment et fut appelée Nkula, « l'arbre à la sève rouge », nom donné depuis lors au rituel des femmes qui ont leurs menstruations. Lueji perdit beaucoup de sang et devint stérile. Elle finit par donner à Chibinda Ilunga une autre épouse, Kamonga, qui elle était fertile.

Statue en bois zaïroise, représentant le roi luba Chibinda Ilunga.

LA TOUR MYTHIQUE

Folie de la présomption humaine

Des histoires de construction et de destruction d'énormes tours abondent dans toute l'Afrique australe, du Mozambique à l'Angola, et servent généralement à mettre en garde contre les excès d'ambition. Par exemple, les Luba de la province kasaï du Zaïre racontent qu'au commencement des temps, les êtres humains vivaient dans le même village que le Dieu suprême. Fatigué de leurs querelles bruyantes, le créateur envoya ses voisins humains sur la terre, où ils connurent la faim, le froid, la maladie et la mort. Un devin leur conseillant de retourner au ciel pour retrouver l'immortalité, ils commencèrent à construire une énorme tour en bois. Après de nombreux mois, étant arrivés au ciel, les bâtisseurs jouèrent du tambour et de la flûte pour que ceux qui étaient restés sur la terre connaissent leur succès et viennent les rejoindre. Mais, le peuple d'en bas était trop loin pour entendre. A cause de ce tohu-bohu, le Dieu suprême se fâcha et détruisit la tour, tuant les bâtisseurs musiciens.

Une autre variante africaine du mythe de la tour de Babel appartient à l'histoire luba. Au cours d'une bataille, Nkongolo, le cruel et despotique roi arc-en-ciel, affronta le prince Kalala Ilunga (p. 271). Il essaya par la force ou par la ruse de ramener son ennemi sous son pouvoir, après que Kalala s'était échappé du piège rempli de lances que le roi lui avait préparé. Nkongolo envoya d'abord une partie de ses hommes par bateau sur le fleuve Lualaba avec ordre d'enlever le prince fugitif, mais les eaux se soulevèrent et ils se noyèrent avant d'avoir pu atteindre la rive. Il essaya ensuite de construire une digue en pierre sur le cours d'eau, mais la pierre eut raison des outils en fer. Le roi donna finalement l'ordre d'ériger une grande tour d'où l'on pût voir parfaitement le territoire ennemi. La construction terminée, Nkongolo ordonna au devin Majibu et à un autre homme, Mungedi, de grimper au sommet et de dire au fugitif de revenir. Mais Majibu, utilisant ses pouvoirs magiques, sauta dans l'espace et tomba du côté du fleuve où se trouvait Kalala. Il rejoignit le prince et l'aida à gagner la guerre contre son ennemi. La tour s'écroula, tuant Mungedi et de nombreux partisans du roi arc-en-ciel.

LA TOUR DE CHITIMUKULU

D'après le mythe d'origine des Bemba de la Zambie, le premier roi, Chitimukulu, essaya de construire avec ses deux frères une grande tour dans le village royal de sa mère Mumbi Mukasa, nièce du Dieu suprême. La tour s'effondra, tuant de nombreuses personnes, après quoi son père Mukulumpe donna l'ordre de les tuer tous les trois. Chitimukulu et ses frères s'enfuirent vers ce qui est aujourd'hui la Zambie.

Cette tour conique est le vestige le plus élevé des ruines de « Grand Zimbabwe ». Elle mesure plus de 9 mètres de haut. En Afrique australe, on trouve nombre de tours similaires sans doute à mettre en relation avec le mythe bien connu de la tour de Babel.

ESHU LE MALIN

Le médiateur rusé entre le ciel et la terre

Ces motifs, relevés sur un reliquaire yoruba du XIXe siècle, représentent Eshu, le populaire dieu rusé, sous différents aspects.

LA CHANSON D'ESHU

Il existe de nombreuses chansons amusantes sur Eshu le malin, dont beaucoup utilisent intentionnellement des mots absurdes. En voici un exemple yoruba :

« Eshu dormit dans la maison, mais celle-ci était trop petite pour lui.

Eshu dormit sur la véranda, mais celle-ci était trop petite pour lui.

Eshu dormit dans une noix – là au moins, il put s'étendre.

Eshu marcha dans un champ de maïs – une touffe de ses cheveux dépassait.

S'il n'avait pas été aussi grand, on ne l'aurait pas vu du tout.

Ayant jeté une pierre hier, il tue un oiseau aujourd'hui.

En se couchant, il se heurte la tête contre le toit.

En se relevant, il ne peut pas regarder dans la marmite.

Eshu transforme le vrai en faux et le faux en vrai. »

Le personnage malin le plus célèbre de la mythologie africaine s'appelle Eshu chez les Yoruba et Elegba ou Legba au Bénin (nous n'utilisons ici que le nom Eshu). Il est à l'origine de toutes les querelles entre les êtres humains et entre les hommes et les dieux. La plus rusée des divinités est un esprit qui rôde sur les places des marchés, les carrefours et les seuils des maisons. Elle est également présente dès qu'il est question de changement et de transition.

Dans un mythe, Eshu convainc le soleil et la lune d'échanger leurs maisons, inversant ainsi l'ordre des choses. Mais l'histoire la plus connue est celle où il arrive à briser une amitié de longue date entre deux hommes. Ces personnes cultivent des terrains contigus, leur amitié est si grande qu'on les voit toujours ensemble et qu'ils vont jusqu'à s'habiller de la même façon. Eshu passe le long du chemin qui sépare les deux terrains. Il porte un chapeau noir d'un côté et blanc de l'autre, fixe sa pipe à l'arrière de sa tête et accroche son bâton à l'épaule pour qu'il pende sur son dos. Les deux amis ne sont d'accord ni sur la couleur du chapeau ni sur la direction prise par l'étranger. Cette querelle devient si forte que le roi en a connaissance et convoque les deux hommes.

Chacun accuse l'autre de mentir, Eshu vient dire qu'aucun des deux ne ment mais qu'ils sont aussi bêtes l'un que l'autre. Quand il raconte son stratagème, le roi furieux lance ses hommes après lui mais le dieu est le plus rapide. Dans sa fuite, Eshu met le feu à de nombreuses maisons. Tandis que les occupants s'enfuient en emportant leurs biens, il leur propose d'en prendre soin, donnant en réalité les ballots à des passants. Les biens des victimes sont éparpillés dans toutes les directions.

Dans un autre récit, Eshu annonce au Dieu suprême que des voleurs ont décidé de piller son jardin d'ignames. Au cours de la nuit, il s'introduit dans la maison du créateur, vole ses sandales, puis va dans le jardin, sandales aux pieds, prendre tous les ignames. Comme il avait plu la veille, les empreintes de pieds sont très nettes. Le lendemain, Eshu raconte le larcin, en assurant qu'il sera facile d'identifier le voleur grâce aux empreintes. On réunit tout le monde mais aucun pied ne correspond. Eshu suggère alors que le Dieu suprême lui-même a pu prendre les ignames dans son sommeil, ce que nie le dieu. Mais le pied du créateur correspond tout à fait aux empreintes. Il accuse Eshu de lui avoir joué un tour et pour le punir, annonce son départ immédiat du monde. Le rusé personnage devra venir au ciel chaque soir pour lui raconter ce qui s'est passé en bas pendant la journée. Voilà comment Eshu devint le messager entre les êtres humains et le Dieu suprême.

Eshu et Ifa

D'après les Yoruba, le dieu Ifa vint sur la terre pour révéler aux hommes des secrets sur la médecine et les prophéties. Voici un mythe qui montre comment Eshu le rusé et Ifa, le dieu de l'Ordre et de l'Équilibre, travaillèrent ensemble dans l'univers.

Eshu et Ifa voyageaient à travers le monde. Eshu se vanta de pouvoir causer la perte de son compagnon. Ifa se contenta de rire et dit : « Si tu te transformes, j'en ferai autant, et si je meurs, tu mourras, tels sont les ordres du ciel. »

Un soir, Eshu disparut. Il vola un coq dans une maison voisine, lui coupa la tête et cacha les morceaux du volatile sous ses vêtements. De retour auprès d'Ifa, il lui cria : « Réveille-toi ! La mort est là ! » On pouvait entendre au loin les villageois qui se rapprochaient, furieux d'avoir perdu leur coq. Ifa et Eshu s'enfuirent, et le dieu rusé répandit sournoisement des gouttes de sang du coq mort sur le sol pour indiquer leur route. Ifa se retourna et vit les villageois qui portaient des haches et des bâtons. Eshu grimpa alors sur un grand cotonnier blanc. Ifa se changea en oiseau et vint se percher aux côtés du rusé personnage qui dit : « Qu'est-ce que je t'avais dit ? Ne t'ai-je pas amené la mort ? » Ce à quoi Ifa répliqua : « Tout ce qui m'arrive, t'arrive aussi ! » Les villageois abattirent le grand arbre et coururent à l'endroit où ils pensaient que les corps étaient tombés. Mais à la place d'Eshu et d'Ifa, ils ne trouvèrent qu'une grosse pierre et une mare d'eau claire et fraîche. Alors qu'ils regardaient la pierre, ils se mirent à souffrir d'une forte fièvre ; ce n'est qu'en se tournant vers la mare que la fièvre disparut. Le chef du village reconnut qu'un miracle s'était produit et se prosterna en disant : « Nous qui sommes de la terre, nous nous inclinons et vous vénérons ! »

Chaque fois que les Yoruba offrent un sacrifice à Ifa, ils s'adressent d'abord à Eshu pour être sûrs que leur travail se déroulera sous de bons auspices.

Bâton ou longue clochette servant pendant la divination ifa.

LA DIVINATION IFA

Le système divinatoire africain le plus connu est l'*ifa* des Yoruba. Le devin prend seize noix de palme d'un arbre qui n'a pas servi à faire du vin. Il (le devin est toujours un homme) s'assied devant un plateau divinatoire et répartit les noix de façon à en avoir huit dans chaque main. Il mélange les noix, puis met dans la main droite presque toutes celles qui se trouvent dans la main gauche. Le devin répète l'opération jusqu'à ce qu'il ne reste plus qu'une ou deux noix dans la main gauche. S'il ne reste qu'une noix, il trace deux marques dans la poussière du plateau et s'il en reste deux il inscrit une seule marque. La manipulation est reproduite jusqu'à obtenir huit séries de marques sur le bord du plateau circulaire. Ceci forme une figure appelée *odu*, qui révèle au devin un ensemble de contes symboliques qu'il récite de mémoire à son client. Il continue jusqu'à ce que ce dernier reconnaisse les messages qui le concernent. Le système *ifa* se compose de deux cent cinquante-six combinaisons (c'est-à-dire seize au carré). Un système similaire, moins élaboré toutefois, est utilisé en Afrique australe : on jette quatre objets sculptés en ivoire ou en os, et on obtient seize combinaisons possibles qui ont un contenu symbolique.
Les Fon du Bénin ont adopté le système divinatoire *ifa* sous le nom de *fa*. Ils disent que la destinée de chaque être humain est déterminée par le créateur, Mawu, et qu'elle peut être révélée par l'oracle du *fa*. Mais Elegba connaît des ruses et des stratagèmes pour échapper au strict fonctionnement du monde établi par Mawu. Ainsi, les indigènes doivent faire autant d'offrandes au Dieu suprême qu'à la divinité rusée.

Bol en bois avec un support en forme de personnage accroupi, utilisé pour mettre les noix de palme lors de la divination ifa.

LES MYTHES ANIMALIERS

Les animaux rusés qui inventent et transforment l'univers

Le lièvre est l'un des animaux rusés les plus populaires de la mythologie africaine. Il orne ici un masque yoruba.

Les animaux revêtent dans la mythologie africaine une grande variété d'apparences et de rôles. Parmi les personnages les plus populaires, se trouve l'espiègle, incarné à l'ouest et en Afrique centrale par une araignée et dans les régions de savane d'Afrique orientale et méridionale, par un lièvre. Ces êtres, à la différence de personnages divins comme Eshu (p. 274) ont assez peu d'importance et de pouvoir en eux-mêmes, mais se servent de leur ruse pour duper des animaux plus puissants qu'eux, comme le lion, la hyène ou l'éléphant.

Dans une histoire que racontent les Zande d'Afrique centrale, Ture l'araignée rencontre un monstre mangeur d'hommes qui se sert d'un gong en deux parties pour attraper des gens. Afin de gagner la confiance de la créature, Ture propose de grimper sur le gong, en prenant soin de laisser dépasser ses bras pour que le monstre ne puisse pas refermer l'instrument sur lui. Il dit : « Montre-moi comment il faut faire ». Le monstre s'exécute et Ture en profite pour refermer le gong sur lui et le tuer.

Dans un autre mythe connu sur presque tout le continent, Lièvre fourbe (qui gagna l'Amérique avec les esclaves d'Afrique occidentale, où il devint Brer Rabbit) décide de se marier, mais il est trop fainéant pour cultiver le champ de sorgho nécessaire à son ménage. Il pense alors au meilleur moyen d'arriver à ce que le travail soit fait et part dans la brousse avec une grande corde, à la recherche d'Hippopotame.

« Mon oncle, dit Lièvre, je veux passer cette corde autour de toi pour voir si je peux te tirer. Quand tu verras la corde bouger, tire dessus très fort ! » Hippopotame lui répond : « C'est d'accord, je ferai ce que tu me demandes. Mais tu seras probablement exténué après cet effort et tu le regretteras bien ! » Lièvre

Les dérobeurs de feu

En Afrique, on attribue souvent l'acquisition du feu aux animaux. Pour les Pygmées, il s'agit d'un chien ou de chimpanzés, pour les Ila de Zambie c'est une guêpe bâtisseuse qui apporta sur terre le feu du Dieu suprême. Les San (Bochiman) racontent dans le mythe qui suit que le feu a été dérobé par la mante religieuse, animal sacré chez les Africains.

Un jour, Mante remarqua que l'endroit où Autruche mangeait sentait toujours bon, chose étrange... Elle se glissa à côté d'Autruche et vit qu'elle faisait rôtir de la nourriture sur le feu. Quand elle eut fini son repas, Autruche mit soigneusement le feu sous son aile.

Mante chercha alors un stratagème qui lui permettrait de s'approprier le feu. Elle se rendit chez Autruche et lui dit : « J'ai trouvé un arbre merveilleux avec des fruits délicieux. Suis-moi et je te le montrerai ! » Autruche suivit Mante jusqu'à un arbre couvert de prunes jaunes. Elle commença à manger et Mante lui dit : « Lève les bras, les meilleurs fruits sont tout en haut ! » Autruche, essayant d'attraper les fruits, debout sur la pointe des pattes, ouvrit ses ailes en grand pour ne pas perdre l'équilibre et Mante en profita pour dérober le feu. Depuis ce temps, Autruche ne chercha plus jamais à voler et garda ses ailes près du corps.

Par la suite, Mante fut détruite par son propre feu, et deux sortes de mantes naquirent de ses cendres et de ses ossements : l'une réservée et sensée, l'autre audacieuse et entreprenante. Un jour, les babouins tuèrent le fils de la mante téméraire et prirent ses yeux. Mante vit en rêve ce qui s'était passé. Elle affronta les babouins, gagna la bataille et récupéra les yeux. Elle les mit dans l'eau et ceux-ci se transformèrent en un nouvel être.

noue la corde autour du cou d'Hippopotame, et part avec l'autre extrémité jusqu'à ce qu'il rencontre Éléphant auquel il raconte la même histoire. Il se place ensuite au milieu de la corde et la secoue. Hippopotame et Éléphant commencent alors à tirer et leur affrontement se prolonge jusqu'au coucher du soleil. Lièvre utilisa cette grande parcelle de brousse nettoyée et brassée pour y planter du sorgho en quantité.

Dans nombre de mythes africains, des animaux sacrés contribuent à la création du monde et de la culture humaine. Les exemples principaux sont les célèbres serpents cosmiques (texte ci-contre) et l'esprit de la mante chez les Khoisan d'Afrique du Sud-Ouest. Ce peuple attribue l'invention des mots à la mante religieuse qui apporta aussi aux hommes le feu volé à Autruche (encadré p. 276).

D'autres animaux célèbres ont également transformé l'univers. Renard pâle qui apparaît dans le mythe de création des Dogon du Mali, peuple essentiellement agricole, en est un exemple (p. 266). On lui doit l'invention de l'agriculture : il vola les graines d'Amma, le dieu créateur, qu'il sema dans le corps de sa mère, la Terre. Le vol de Renard pâle rendit nécessaire la purification du sol desséché par cet acte incestueux. Les hommes plantèrent donc des graines qui n'avaient pas été dérobées mais qu'Amma leur avait donné dans ce but.

Exilé, Renard pâle s'enfuit et se réfugia dans le désert qui devint sa demeure. Mais les hommes l'avaient suivi, ils cultivèrent de nouveaux champs. Voilà pourquoi on croit que les pérégrinations du renard menèrent à l'expansion de la civilisation humaine. On dit aussi qu'Amma créa le renard pour introduire à la fois le désordre et l'ordre dans l'univers. Chassé de la société humaine, l'animal communique maintenant avec les hommes par la divination du sable, sur lequel il laisse ses traces de pattes pour indiquer la route vers le futur.

Dans d'autres régions du Mali, les Bambara attribuent l'invention de l'agriculture à l'Antilope, premier ancêtre civilisateur que le créateur Faro fit descendre du ciel pour leur enseigner l'art de cultiver. Les représentations du héros divin Antilope sont très fréquentes dans ces régions (ci-contre).

Sculpture bambara en bois représentant le héros civilisateur Antilope, qui transmit aux hommes les secrets de l'agriculture.

LE GRAND SERPENT

Le serpent est l'une des créatures que l'on retrouve le plus souvent dans la mythologie africaine. Le concept de « serpent cosmique » comme force primordiale de la création est particulièrement important. Par exemple, les Fon du Bénin croient que la divinité bisexuelle gémellaire Mawu-Lisa a construit l'univers grâce au pouvoir créateur qui se déverse tel un immense serpent et s'appelle Da Ayido Hwedo. Ce pouvoir apparaît aussi dans l'arc-en-ciel et les eaux. Au commencement, le serpent s'enroula autour de la terre informe, réunissant toutes choses ; il a encore cette fonction aujourd'hui. Il bouge en permanence, influant, par sa spirale, le mouvement des corps célestes.
En Afrique australe et centrale, on assigne un rôle semblable au serpent primordial Chinaweji ou Chinawezi ; il correspond dans la mythologie du sud-est du Zaïre, à Nkongolo, le roi arc-en-ciel (p. 271). En Afrique du Nord, un mythe rapporte que le Dieu suprême créa en premier lieu le serpent cosmique Minia dont la tête se trouve au ciel et la queue dans les eaux souterraines. C'est à partir de son corps divisé en sept parties que le Dieu suprême conçut l'univers (p. 266).

Tête de serpent en bronze provenant du royaume du Bénin (Afrique occidentale). Ce type de représentation est fréquent du XVe au XVIIIe siècle.

L'AUSTRALIE

Ayers Rock, également connu sous son nom aborigène d'Uluru, est l'un des lieux les plus sacrés d'Australie. Cet affleurement de grès est le site de nombreux mythes, comme celui des Frères Gobe Mouches (p. 286).

On estime aujourd'hui que le continent australien est habité depuis au moins 50 000 ans. Les ancêtres des aborigènes actuels seraient arrivés par bateaux d'Asie du Sud-Est lors de la dernière période glaciaire. La montée ultérieure des eaux aurait submergé les plus anciens campements installés au nord.

Jusqu'à la colonisation européenne, à la fin du XVIIIe siècle, les aborigènes vivaient essentiellement de la chasse et de la cueillette, formant des sociétés égalitaires, décentralisées et divisées en clans indépendants, composés chacun de 50 à 500 membres partageant une filiation commune. Cette organisation sociale se perpétue aujourd'hui à l'intérieur du pays, et, sous une forme différente, dans les villes.

Bien que lié à un territoire sur lequel il jouissait de droits prééminents, chaque clan pouvait s'associer à un ou plusieurs clans voisins pour explorer une zone géographique plus étendue. Les clans, qui dépendaient les uns des autres pour l'accès aux territoires sur lesquels ils exploitaient de manière temporaire ou saisonnière les ressources alimentaires, renforçaient leurs liens par des mariages interclaniques. Cette interdépendance économique et sociale se traduit par nombre d'éléments mythologiques communs. Mais, il n'existe pas de mythe commun à l'ensemble du continent. De manière archétypale, chaque récit mythologique raconte les aventures d'un « héros civilisateur » ancestral sur le territoire propre à un clan. Le clan voisin relate les exploits de ce personnage sur son propre sol. Une chaîne de mythes est ainsi créée. Chaque clan est peu susceptible de connaître le début ou la fin du voyage du héros mythique. Ainsi, ce fut lorsque des aborigènes d'Australie centrale arrivèrent comme gardiens de troupeaux à Port Augusta qu'ils apprirent qu'à cet endroit s'acheva le périple des Sept Sœurs (p. 287 et carte). Une théorie suggère que les itinéraires de ces héros représentent les voies de transmission des cultes religieux.

LE TEMPS DU RÊVE

La mythologie des aborigènes d'Australie plonge ses racines dans la période de la Création, ou Temps du Rêve, appelé Laliya par les Worora du district de Kimberley, Wongar par les Yolngu de la Terre d'Arnhem et Jukurpa par les Pitjantjatjara du désert d'Australie occidentale. Le Temps du Rêve, ou le Rêve, est à la fois espace-temps et état de l'être. En tant qu'espace-temps, le Rêve fait référence à l'époque primordiale au cours de laquelle les ancêtres des aborigènes voyagèrent à travers l'Australie, modelant le paysage (p. 286-287), instituant les règles sociales et déposant les esprits des enfants à naître. En tant qu'état de l'être, le Rêve demeure accessible aux participants des rituels, qui « deviennent » temporairement les ancêtres dont ils recréent les voyages, ou dont ils peuvent libérer le pouvoir en frappant les sites sacrés.

Les aborigènes établissent une distinction entre le présent, le passé contenu dans la mémoire vivante, et le passé des ancêtres. Ces périodes sont cependant dépourvues de limites précises, la vie des personnes mortes récemment se fondant imperceptiblement avec celle de leurs ancêtres, processus qui peut également débuter avant la mort.

Peinture sur écorce du district de Kimberley, représentant un wandjina, un esprit ancestral du Temps du Rêve. Chaque clan possède un wandjina associé à un animal particulier, son ancêtre protecteur.

LA NARRATION DU MYTHE

Traditionnellement les mythes aborigènes sont transmis oralement. Aucun mythe n'existe dans une version unique, orthodoxe, car chaque conteur y introduit ses variations et effets narratifs. En outre, le contenu de la narration est déterminé par le statut de l'auditoire (certains détails, par exemple, ne sont connus que des initiés) ou du narrateur (les jeunes gens ne doivent pas faire étalage de leurs connaissances devant leurs aînés). Un mythe aborigène, au sens d'un récit en prose, n'est souvent que le résumé grossier d'un récit bien plus détaillé, développé en cycles de chants, eux-mêmes composés de plusieurs centaines de vers et interprétés exclusivement dans le cadre d'une cérémonie (p. 281).

L'avenir de cette culture orale est incertain, car les langues aborigènes sont en passe de disparaître. Des quelque 200 idiomes parlés avant la colonisation, seule une cinquantaine subsiste, pratiqués par un quart de la population aborigène actuelle (environ 160 000 membres). Les langues demeurées les plus vivantes sont celles du nord et du centre de l'Australie, où l'implantation européenne a été moins importante.

MYTHE ET RITUEL

Les rituels aborigènes peuvent être classés en deux grands types. Le premier, public et commémoratif, et comportant la reconstitution d'épisodes du Temps du Rêve, forme la trame d'événements importants, cérémonies d'initiation ou funérailles. De façon caractéristique, chaque clan particulier détient les chants et les peintures corporelles nécessaires à l'accomplissement des diverses étapes de ces cérémonies.

Le second type de rituel est celui de la multiplication, qui ne concerne souvent que quelques initiés et se déroule sur un site sacré, tel qu'un rocher, habité par le pouvoir créateur d'un ancêtre. Que ce soit en lançant de la poussière en l'air, en frappant le rocher sacré, ou en l'enfumant, il s'agit de libérer la puissance créatrice de l'ancêtre et de favoriser la multiplication de l'espèce animale dont il ou elle est le totem.

MYTHE ET ART

Jusqu'à l'époque moderne, l'art a constitué le principal vecteur de transmission non orale de la mythologie australienne. On estime que le style « à rayons X » (car l'intérieur du corps est dessiné comme si la peau était transparente), qui caractérise les représentations picturales des humains, animaux et autres êtres dans le nord de l'Australie (illustrations p. 280, 281, 284 et 285) est utilisé depuis au moins 15 000 ans. En Australie centrale, les êtres vivants sont représentés par les empreintes qu'ils laissent dans le sable : les animaux par celles de leurs pattes, et les hommes, souvent, par la trace qu'ils laissent sur le sol en s'asseyant en tailleur (p. 287). Cette tradition est vieille de 10 000 à 30 000 ans. Les thèmes du mythe sont figurés au moyen de peintures corporelles, rupestres, sur sable ou sur écorce. Les peintures rupestres, vieilles de plusieurs milliers d'années, témoignent de l'antiquité des traditions culturelles aborigènes.

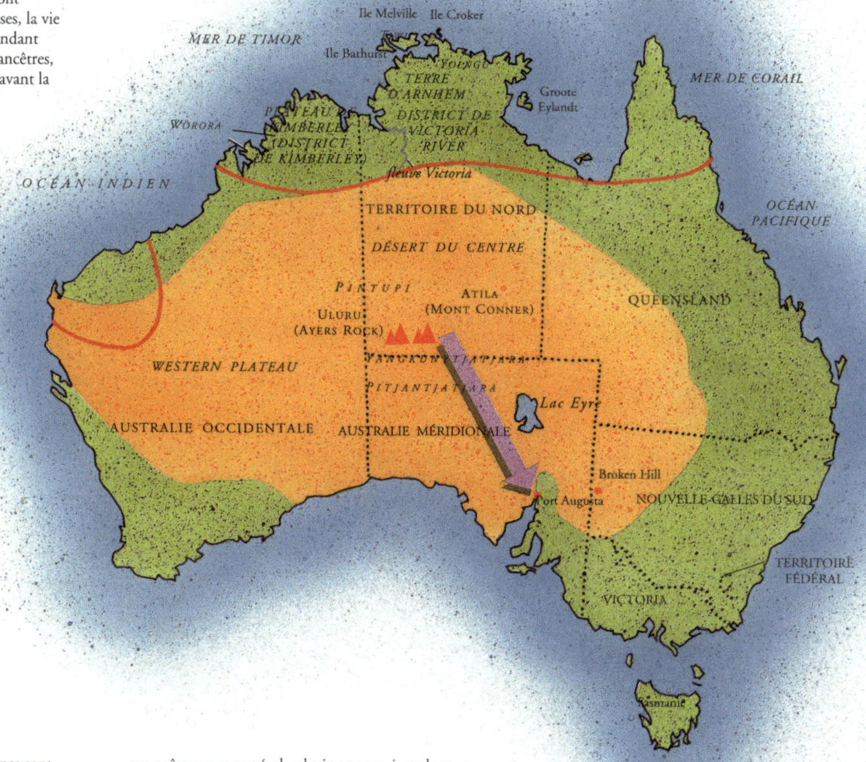

LA GRANDE INONDATION

Les mythes des origines

Peinture rupestre du district de Victoria River, représentant un serpent (probablement le serpent de la grande inondation), un kangourou, un dingo et d'autres motifs.

Les mythes aborigènes ne traitent pas de la création du cosmos à partir du néant, mais de l'origine et de la fixation dans leurs formes actuelles, du milieu naturel et social dans un univers existant de tout temps. Divers peuples aborigènes, en particulier ceux des côtes septentrionales, attribuent leurs origines à une grande inondation ou déluge qui aurait submergé paysage et civilisation antérieurs. Ces mythes conservent probablement le souvenir d'événements réels, car les découvertes archéologiques tendent à suggérer que la montée du niveau de la mer qui suivit la dernière période glaciaire eut de profondes conséquences sur les sociétés d'Australie septentrionale. Les changements intervenus dans l'agencement des campements aborigènes et dans les représentations rupestres en témoignent. On pense que les peintures rupestres de la Terre d'Arnhem occidentale, et notamment celles du serpent géant incarnant l'inondation, datent à peu près de l'époque durant laquelle le niveau des mers s'est stabilisé à la fin de la dernière glaciation, déterminant au nord le littoral actuel.

L'inondation primordiale est imputée à divers êtres, humains et animaux. Selon les Worora, ce sont des héros ancestraux, les *wandjina* (p. 279), qui ont provoqué l'inondation qui liquida l'ordre social antérieur. Les *wandjina* se seraient ensuite dispersés et chacun dans son propre pays aurait entrepris de peindre sur les parois des grottes et de créer le nouvel ordre social. Les Tiwi des îles Melville et Bathurst expliquent comment leurs îles furent séparées du continent durant la période de la Création, ou Temps du Rêve, par une vieille femme aveugle, appelée Mudungkala. Elle sortit de terre à la pointe sud-est de l'île Melville en portant dans ses bras trois nouveau-nés qui furent les premiers êtres humains à peupler les îles. A mesure que la vieille femme progressait dans le paysage, à l'origine dépourvu de traits distinctifs, l'eau surgissait en bouillonnant sur son passage, coupant ces terres du continent.

Les mythes de la création partagés par certains clans aborigènes tiennent pour responsable de l'inondation un serpent géant associé à l'arc-en-ciel. Cette créature, qui vivrait encore au fond des trous d'eau les plus profonds, ou dans les tourbillons de la mer près des côtes, apparaît dans le récit des Sœurs Wawilak fait par les Yolngu. Cette légende est typique des mythes relatifs à des ancêtres particuliers qui, durant la période de la création, auraient voyagé à travers le territoire dont la propriété est aujourd'hui répartie entre les clans. Comme il est fréquent dans de tels mythes, les Yolngu ne connaissent du voyage des Sœurs Wawilak que l'itinéraire qu'elles auraient suivi sur leur territoire. Chaque clan situé sur le trajet légendaire possède un certain type d'animaux, de plantes et autres objets totémiques rattachés aux Sœurs et à leurs aventures. Ainsi, l'étoile du matin se lève là où commença le voyage des Sœurs, tandis que le moustique, créature annonçant la saison des pluies et des inondations, est associé à Yurlunggur, le serpent responsable du déluge.

En partant d'une région reculée de l'intérieur du continent, les Sœurs voyagèrent vers la côte septentrionale de la Terre d'Arnhem. La plus jeune était enceinte, et l'aînée portait un enfant dans un berceau d'écorce. En cours de route, elles chassèrent le lézard, l'opossum et le péramèle, et cueillirent des plantes pour se nourrir. Elles donnèrent un nom à chaque espèce d'animaux et de végétaux, ainsi qu'aux lieux qu'elles traversèrent. Un jour, elles rencontrèrent deux hommes avec lesquels elles s'accouplèrent, bien qu'ils appartinssent tous à la même moitié de la société (p. 284). Quand la sœur cadette s'apprêta à accoucher d'un fils, l'aînée ramassa des écorces tendres afin de confectionner un lit. Par mégarde, elle laissa couler son sang menstruel dans un trou d'eau où vivait Yurlunggur, un être mi-homme mi-python, qui, dans un accès de fureur, provoqua une tempête et une gigantesque inondation. Dans l'espoir de l'apaiser, les Sœurs se mirent à chanter, mais le serpent les avala, ainsi que leurs fils, pour les punir d'avoir ainsi souillé son trou d'eau. Lorsque l'inondation se fut tarie, Yurlunggur, qui s'était dressé au-dessus des flots, revint sur terre, créant, à l'endroit où il retomba, le premier site initiatique yolngu. Le serpent régurgita alors les Sœurs et leurs fils, qui devinrent les premiers initiés yolngu. Sur ces entrefaites, deux autres hommes, qui avaient entendu la tempête, vinrent voir quelle en avait été la cause. Après avoir appris les chants des Sœurs, ils procédèrent aux premières cérémonies d'initiation yolngu (ci-dessous).

Chant et danse sur le mythe du Temps du Rêve. Peinture sur écorce de la Terre d'Arnhem.

Le renouvellement du mythe Wawilak

Les circonstances au cours desquelles les Sœurs Wawilak et leurs fils furent avalés par le serpent sont reproduites lors de la cérémonie d'initiation à laquelle participent les adolescents mâles du clan yolngu. Chaque épisode du rite, qui représente la mort symbolique précédant la renaissance en tant qu'adulte, est accompagné de chants décrivant avec force détails le passage du mythe qui s'y rapporte. Ces chants forment un vaste cycle de plusieurs centaines de vers.

Des femmes yolngu jouent le rôle des Sœurs Wawilak, tandis que les chants d'accompagnement commémorent les événements intervenus sur chaque site du voyage des Sœurs, tel que trou d'eau et rocher.

Plus tard au cours de la cérémonie, des hommes interprétant le rôle du serpent Yurlunggur « avalent » les adolescents en les enlevant par surprise vers un lieu retiré, le site d'initiation sacré, auquel les femmes n'ont pas le droit d'accéder. De retour de l'initiation, les adolescents sont considérés comme ayant été « régurgités » par le serpent.

Le mythe des Sœurs Wawilak, qui a fait l'objet d'une étude anthropologique détaillée, n'est que l'un des nombreux récits qui constituent un vaste ensemble de mythes dont la portée spirituelle et rituelle est capitale pour les Yolngu.

Le serpent Yurlunggur, peinture sur écorce moderne de l'artiste aborigène Paddy Dhatangu. Yurlunggur est enroulé autour des Sœurs Wawilak et de leurs enfants qui, cherchant à échapper à l'étreinte de l'animal, se tiennent dans les empreintes de pied de leur mère.

LA MORT ET LE DEUIL

Les origines de la mortalité

Cette peinture sur écorce du nord-est de la Terre d'Arnhem montre l'accomplissement d'un rite funéraire pour trois morts couchés dans leur tombe. Les cercles représentent les trous d'eau d'où émergent les esprits des enfants, et vers lesquels les esprits des morts reviennent à bord de bateaux figurés par la forme des tombes. Un homme (en haut à droite) frappe une paire de bâtons sonores au rythme des chants funéraires. D'autres parents portent sur la tête des paniers en écorce battue. Le motif du fond identifie le clan auquel appartiennent les morts.

La mythologie aborigène considère la mort comme étant la conséquence des méfaits et des crimes de l'homme. La mort n'était pas inévitable, et les héros ancestraux du Temps du Rêve (p. 279) avaient eu l'occasion de vivre éternellement. Cependant, à cause de la rancune, de la bêtise ou de la cupidité, l'humanité perdit le don d'immortalité. Seuls le conservèrent la lune, qui croît et décroît chaque mois, et le crabe, qui se débarrasse de son ancienne carapace avant d'en faire pousser une nouvelle.

Selon les Worora du district de Kimberley, Widjingara fut le premier être humain à mourir, tué dans un combat contre des êtres wandjina (p. 279) qui voulaient voler une femme promise en mariage à quelqu'un d'autre. Widjingara lutta pour faire respecter les règles du mariage établies par Wodoy et Djunggun (p. 284). Son cadavre fut déposé dans un cercueil d'écorce et son épouse, Python à Tête Noire, prit le deuil. Elle se rasa les cheveux puis se couvrit la tête et le corps de cendres, instituant de la sorte les signes traditionnels du deuil aborigène.

Lorsque Widjingara revint de sa tombe, son corps régénéré, Python à Tête Noire se mit en colère : « Pourquoi es-tu revenu ? lui demanda-t-elle. Regarde-moi, je me suis déjà rasé la tête et l'ai noircie de cendres ! » Widjingara, qu'irrita profondément l'accueil peu aimable de son épouse, s'en retourna indigné dans sa tombe. Plus tard, il fut transformé en dasyure, un marsupial nocturne ressemblant au chat. Dès lors, toute possibilité de régénération était perdue. Chaque homme était désormais mortel, et le python porterait éternellement le deuil. Jusqu'à ce que les missionnaires s'opposent au début du XXe siècle à cette coutume, les Worora couchaient leurs morts sur une plate-forme funéraire et laissaient le cadavre se dessécher ; les ossements étaient ensuite recueillis puis ensevelis dans une grotte de la région natale du mort. Si la plate-forme funéraire n'était pas soigneusement édifiée, on pouvait parfois voir le Chat d'Australie, incarnation vivante de Widjingara, accomplir son office de charognard sur le cadavre en décomposition.

Les Murinbata du district de Victoria River relatent le débat qui opposa Corbeau Mâle et Crabe Femelle autour de la meilleure façon de mourir. Crabe, affirmant qu'il connaissait le moyen idéal, demanda à Corbeau d'attendre son retour dans leur campement. Ayant découvert une cavité dans le sol, il se débarrassa de sa vieille carapace et s'installa dans le trou jusqu'à ce que lui en repousse une nouvelle. Corbeau attendit quelque temps, puis, perdant patience, décida d'aller voir ce que devenait Crabe. Celui-ci, l'ayant vu scruter son trou d'un air interrogateur, lui demanda de patienter encore. Enfin Crabe revint au campement, portant sa nouvelle carapace. Corbeau lui dit : « Cette méthode exige trop de temps. Je connais une façon de mourir bien plus rapide ! » Ceci dit, ses yeux se révulsèrent puis il tomba à la renverse. « Pauvre Corbeau ! », s'écria Crabe. Il l'aspergea d'eau mais ne put le faire revivre, car Corbeau était bel et bien mort. Les Murinbata comparent les deux morts proposées par Crabe et Corbeau aux danses profanes que peuvent choisir deux danseurs. Chacun opte pour la danse qui correspond le mieux à ses aptitudes ; de la même manière, la façon de mourir de Corbeau est la mieux adaptée aux hommes.

On rencontre un autre mythe relatif aux origines de la mort chez les Tiwi des îles Melville et Bathurst, au large des côtes du Territoire du Nord. Bien que ces îles ne soient situées qu'à 25 kilomètres du continent, on pense que les Tiwi demeurèrent isolés des autres sociétés aborigènes durant plusieurs milliers d'années. Selon un de leurs mythes, les îles furent peuplées par les descendants d'une vieille femme aveugle, Mŭdungkala (p. 280). Son fils, Purukupali, épousa une femme (dont l'origine demeure incertaine) qui lui donna un fils. Purukupali partageait son campement avec Tjapara, l'Homme Lune, un célibataire qui cherchait à séduire la femme de Purukupali. Un jour de canicule, celle-ci se rendit dans la forêt en compagnie de Tjapara, laissant son jeune fils endormi à l'ombre d'un arbre. Mais le soleil, poursuivant sa course dans le ciel, exposa le nouveau-né à l'ardeur de ses rayons, ce qui le tua. Purukupali fou de colère déclara que, dès lors, tout le monde devait mourir. Tjapara implora sa clémence, affirmant que s'il lui était donné la possibilité de s'occuper du cadavre de l'enfant pendant trois jours, il le ramènerait à la vie. Purukupali refusa, puis après avoir lutté avec Tjapara, s'empara du corps de l'enfant et marcha dans la mer, laissant un puissant tourbillon à l'endroit où il disparut dans les flots. Tjapara se transforma en lune puis s'éleva dans le ciel : il porte encore aujourd'hui les cicatrices des blessures infligées par Purukupali lors de leur combat pour s'approprier le corps de l'enfant. Les autres habitants de l'île se rassemblèrent alors pour accomplir la première cérémonie funéraire, décorant les grands mâts désormais utilisés lors des funérailles tiwi (ci-dessous).

Les mythes des origines aborigènes décrivent souvent les premiers êtres comme les descendants d'un ancêtre unique, qui les engendra frères et sœurs. La question de savoir comment ceux-ci, après avoir perdu leur immortalité, purent s'épouser pour engendrer à leur tour les générations futures, est traitée de diverses manières. Certains mythes suggèrent que les enfants issus de mêmes parents demeuraient alors libres de s'accoupler entre eux, l'inceste n'ayant été inventé que plus tard. Dans d'autres mythes, le héros ou l'héroïne primordiale s'accouple avec un autre être primordial dont l'origine demeure simplement inexpliquée, comme par exemple l'épouse de Purukupali. Dans un tel cas, il ne s'avère pas nécessaire d'élucider l'existence de plus d'un être primordial, car le mythe est considéré comme s'inscrivant dans un univers en perpétuel changement, où les conventions du monde actuel n'ont pas cours.

Les mythes funéraires des Tiwi

Les Tiwi se sont rendus célèbres par leurs mâts funéraires richement colorés, dont les premiers furent érigés, selon le mythe, à la suite du conflit qui opposa Purukupali et Tjapara (texte ci-dessus).

Lorsque meurt un membre du clan tiwi, le corps est aussitôt enterré, mais le rite des funérailles est repoussé de plusieurs mois, jusqu'à ce que le chagrin de la famille soit apaisé. Lors des funérailles, appelées *pukimani,* on érige des mâts aux couleurs vives qui marquent l'emplacement de la tombe, leur nombre variant en fonction de l'âge et du statut social du mort. En outre, ces mâts symbolisent implicitement le lien entre le monde des vivants et celui des morts.

Mâts pukimani, *en bois de fer, sur un site funéraire de l'île Bathurst. Les sculpteurs sont rémunérés selon la qualité de leur travail.*

LES ORIGINES DU MARIAGE

Aigle Faucon et Corneille – Wodoy et Djunggun

Divers mythes régionaux expliquent l'origine du mariage. Dans le sud-est du continent, deux hommes, Aigle Faucon (Biljara) et Corneille (Wagu), auraient institué le mariage en précisant les degrés de parenté à respecter. Corneille tenta à plusieurs reprises de tromper Aigle Faucon. Un récit relate qu'Aigle Faucon, protecteur de deux jeunes filles, leur avait interdit d'épouser Corneille. Pour se venger, Corneille tua le fils d'Aigle Faucon et accusa un autre du meurtre. Mais Aigle Faucon ne fut pas dupe et enterra Corneille avec son fils mort. Corneille parvint cependant à s'enfuir ; la querelle reprit. Une autre version rapporte qu'Aigle Faucon transforma Corneille en corneille, en le brûlant jusqu'à ce qu'il noircisse, puis devint lui-même oiseau lorsque Corneille l'amena par ruse à s'élancer dans les airs.

Les communautés aborigènes sont en général divisées en deux moitiés, chacune étant associée à l'un des protagonistes du mythe originaire du mariage, tels Aigle Faucon ou Corneille. Les unions matrimoniales ne sont autorisées selon la règle de l'exogamie qu'entre membres de deux moitiés différentes. Les enfants appartiennent soit à la moitié du père soit à celle de la mère.

Wodoy et Djunggun

Ce mythe du district de Kimberley est parallèle à des mythes d'Amérique du Sud relatifs aux aliments crus et cuits qui ont été interprétés par l'anthropologue Claude Lévi-Strauss (p. 13 et p. 262-263). Celui-ci suggère que la cuisson du miel est une métaphore de l'inceste (certains miels sud-américains sont si doux que celui qui en mange ne sait plus s'il savoure une friandise ou s'il est consumé par les feux de l'amour).

Dans les premiers temps, les relations incestueuses étaient courantes, car les différences entre les générations ou entre les familles n'étaient pas faites. Deux hommes, Djunggun et Wodoy, établirent les lois du mariage en distinguant les sœurs des épouses. Ils s'offrirent mutuellement des sculptures sacrées, en disant : « Épousons chacun la sœur de l'autre, de sorte que nous puissions nous respecter et nous entendre. » (De nos jours encore, dans le district de Kimberley, les clans entretiennent leurs relations par l'échange régulier de sculptures en bois, d'ocre rouge, de plumes de perroquet et de femmes à marier.) Djunggun récolta du miel sauvage, l'enveloppa dans une feuille de lis et le fit cuire dans un trou. Wodoy fut scandalisé par la bêtise de Djunggun, car il savait que le miel était meilleur cru. Trop tard, le miel était cuit ! Wodoy le goûta, et le trouva gâché.

Djunggun, aussi égoïste que stupide, décida de garder pour lui-même sa sœur : Wodoy le tua d'un coup de bâton. Après cela, nul homme n'osa plus épouser sa propre sœur. Wodoy et Djunggun se transformèrent ensuite en oiseaux, et devinrent deux espèces différentes d'engoulevent.

Peinture sur écorce de Terre d'Arnhem occidentale, représentant un personnage féminin aux jambes grotesquement tordues, probablement une femme punie par sorcellerie pour avoir enfreint les règles du mariage.

LES TRICKSTERS

L'ordre ancestral perturbé

On rencontre dans maintes régions d'Australie plusieurs mythes relatifs à des tricksters qui provoquent des événements imprévisibles. Ces êtres sont parfois bienveillants, mais le plus souvent bouleversent l'ordre ancestral, en volant de la nourriture ou en entraînant les hommes à voler, à se battre ou à manquer à leurs obligations sociales. Certains auteurs pensent que ces tricksters représentent une strate antérieure de la mythologie aborigène, précédant les héros ancestraux associés à la division de la société en clans.

Dans l'ouest du district de Kimberley, des races de tricksters, appelés Ngandjala-Ngandjala et Wurulu-Wurulu, errent, dit-on, dans la brousse, préparant quelque mauvais tour, ou abîmant dans les grottes les peintures que laissèrent les héros ancestraux, en les recouvrant par d'autres peintures les figurant eux-mêmes. Dans l'art aborigène, ces tricksters se ressemblent. Les Ngandjala-Ngandjala ne sont cependant pas nécessairement malveillants. Si certains clans affirment qu'ils ruinent les récoltes, d'autres pensent que cuire les fruits pour les faire mûrir, les améliorent. Durant la saison des pluies, on peut parfois les voir dans les nuages, et les colonnes de brume s'élevant au-dessus de la brousse après la pluie indiquent les feux de camp sur lesquels ils font cuire leurs fruits. Ils sont eux-mêmes victimes d'un trickster, Unguramu, qui vole les racines comestibles pendant qu'elles rôtissent sur les feux des Ngandjala-Ngandjala. Ces derniers se vengent en se saisissant de la queue d'Unguramu et en la tirant jusqu'à ce qu'il leur révèle la cachette où il a entreposé la nourriture cuite.

Les Wurulu-Wurulu perturbent l'ordre ancestral, extrayant le miel des ruches sauvages avec des fleurs de banksie qu'ils lient en minces baguettes. Si l'on découvre une ruche vide, c'est que les Wurulu-Wurulu sont passés les premiers.

Argula, autre trickster de l'ouest du district de Kimberley, est associé à la sorcellerie. Dans cette région, on punit parfois un comportement antisocial en peignant dans une grotte une figure humaine déformée, et en chantant devant celle-ci des chants d'insultes, ce qui, pense-t-on, punira d'infirmité ou de mort l'être malveillant. Ces peintures sont parfois tenues pour être l'œuvre d'Argula. De même, les aborigènes attribuent les premières peintures rupestres de la Terre d'Arnhem, antérieures selon les archéologues à la montée du niveau de la mer qui suivit la dernière période glaciaire, à des tricksters nommés *mimi*. Les personnages gracieux et agiles qui figurent dans ces peintures sont considérés comme représentant ces êtres qui vivent dans les fissures des falaises. Les *mimi* entrent dans une colère noire s'ils sont surpris par la présence d'un inconnu cheminant dans la brousse. Afin de ne pas éveiller leur hostilité, les aborigènes qui traversent les régions montagneuses poussent des cris pour les avertir continuellement de la présence d'êtres humains. Les *mimi* punissent de maladie quiconque les rencontre par surprise, mais ce sont d'autre part des êtres plutôt bienveillants : ils ont par exemple appris aux hommes à chasser. Cependant, si un chasseur rencontre un wallaby se comportant comme s'il était apprivoisé, il devra s'en éloigner, car il s'agit peut-être de l'animal familier d'un *mimi* qui tuera quiconque lui fera du mal.

D'autres tricksters ont plus sinistre réputation. Les Namorodo, en Terre d'Arnhem occidentale, si maigres qu'ils n'ont littéralement que la peau sur les os, sont plus spécialement redoutés. Ils se déplacent la nuit, dans les airs, tout en produisant un sifflement caractéristique, et peuvent tuer de l'une de leurs longues griffes tous ceux qu'ils entendent. Les malades ainsi que les blessés sont particulièrement vulnérables. Si l'esprit d'un mort est capturé par les Namorodo, il ne pourra rejoindre les ancêtres totémiques, et deviendra lui-même un être maléfique errant dans la brousse. Les Namorodo sont associés aux étoiles filantes et, dans les peintures sur écorce, à la sorcellerie.

Peinture sur écorce de la Terre d'Arnhem, représentant un groupe d'esprits masculins et féminins, probablement les joueurs de tours, les mimi.
Des rochers où ils demeurent, s'échappent parfois la nuit leurs chants, rythmés au son des bâtons sonores.

LE MODELAGE DU PAYSAGE

Les mythes des nomades ancestraux

L'Australie centrale est traversée d'un réseau d'itinéraires tracés par de nombreux héros ancestraux. Ceux-ci ont parfois parcouru des centaines de kilomètres, sous une forme humaine ou sous forme de kangourous, de wallabys, de lézards, de serpents ou d'oiseaux. Certains, comme les Frères Gobe-Mouches (ci-dessous), n'ayant pas franchi plus de 100 km, ont une importance essentiellement locale ; d'autres, tel Malu le Kangourou Rouge, qui alla du district de Kimberley au centre du continent, ou les Sept Sœurs (p. 287), ont fait un long voyage à travers les territoires d'un grand nombre de clans. Ces héros laissèrent des grottes, des rochers et des cours d'eau marquant les lieux où ils campèrent, chassèrent ou luttèrent. Ces sites, considérés comme sacrés, sont habités par l'énergie créatrice des ancêtres.

Selon les aborigènes, il est possible de libérer l'énergie d'un être primordial en frottant ou en frappant le lieu où il quitta le monde pour s'enfoncer dans le sol. L'être ancestral associé à un site particulier se réincarne, dit-on, dans tout enfant naissant à cet endroit, celui-ci devenant alors le gardien du site sacré.

Les cérémonies régionales autour des légendes relatives aux voyages ancestraux renforçaient les liens entre les peuples de différentes langues, parfois contraints de camper ensemble durant de longues périodes de sécheresse.

Les frères Gobe-Mouches

L'importance attachée à un mythe peut varier en fonction du lieu où il est relaté. Les versions suivantes du mythe des héros ancestraux, les Frères Gobe-Mouches, furent racontées en 1976, la première par Pompy Wanampi et Pompy Douglas, à Wangka Arkal, la seconde par Paddy Uluru, à Uluru (Ayers Rock).

Les deux Frères Gobe-Mouches traquaient un émeu à Antalanya, un trou d'eau dans les rochers où, de nos jours encore, les émeus viennent s'abreuver. A leur insu, une jeune femme cherchait des larves non loin de là, à Wangka Arkal. (Le sommet en coupole du rocher est le front de cette femme, et lorsque l'on crie dans sa direction, l'écho renvoie sa réponse.) Elle portait sur la tête, sur un anneau de cheveux, un récipient dans lequel elle déposait les larves. Alors qu'elle en mangeait, elle fit tomber son fardeau, effrayant l'émeu qui s'enfuit au nord, vers Uluru, poursuivit par les Frères. L'entaille semi-circulaire au pied du rocher est le coussinet qui ornait la tête de la femme. A quelques pas subsiste la mare où l'émeu s'abreuva.

Le corps de Lungkata, transformé en rocher, repose tête levée au pied d'Uluru.

Dans la version de Paddy Uluru, Lungkata, le Lézard à Langue Bleue, vola aux Frères Gobe-Mouches un émeu gras dans la région d'Antalanya. Lungkata cacha la viande en l'enterrant à Uluru – celle-ci devint des blocs de pierre – et lui substitua un émeu maigre qu'il donna à manger aux deux chasseurs. Irrité par cette ruse, l'un des frères mit le feu à la hutte de Lungkata. La fumée est encore visible sur le roc Uluru (Ayers Rock), Lungkata lui-même étant devenu un rocher. Le père de Paddy Uluru, considéré comme l'incarnation de Lungkata, entretenait le rocher en le préservant des mauvaises herbes et en relatant le mythe à ses fils ainsi qu'à d'autres jeunes hommes.

Les Sept Sœurs

Le récit suivant rassemble les incidents relatés dans quelques-uns des lieux qui jalonnent l'itinéraire emprunté en Australie centrale et méridionale (carte p. 279) par les héroïnes ancestrales nommées Kungarankalpa, les Sept Sœurs.

Les Sept Sœurs s'enfuirent vers le sud pour échapper à un homme lubrique, appelé Nyiru, qui projetait de violer l'aînée. A l'est d'Uluru, leur itinéraire est indiqué par une série de points d'eau. A l'ouest d'Atila (mont Conner), elles campèrent pour la nuit à Witapula et édifièrent un pare-vent, qui est aujourd'hui une falaise de basse altitude.

Le lendemain matin, elles s'enfoncèrent dans le sol, puis émergèrent au puits de Tjuntalitja. Une dune à proximité rappelle le lieu d'où Nyiru les observa. De Tjuntalitja, les Sœurs marchèrent jusqu'à Wanukula, une cuvette creusée dans le roc où s'accumule l'eau de ruissellement, puis jusqu'à Walinya, une colline où elles édifièrent une hutte et campèrent à nouveau. Leur hutte est aujourd'hui une grotte située au cœur d'une figueraie sauvage, l'un des figuiers, isolé, étant l'aînée des Sœurs. Le lieu où elles s'assirent est marqué dans le roc par des lignes tracées en spirales. Caché derrière un empilement de rochers, Nyiru les épia jusqu'à ce qu'elles s'endormissent, puis pénétra dans leur abri en creusant une brèche dans le rocher. Une issue au fond de la grotte indique l'endroit où les Sœurs parvinrent à s'enfuir en traversant la muraille.

Lorsqu'elles atteignirent finalement la côte (près de Port Augusta), les Sept Sœurs plongèrent dans la mer. Le choc de l'eau froide les fit sauter jusqu'au ciel, où elles devinrent Kurialya, la constellation des Pléiades. Nyiru les y poursuit toujours ; l'empreinte de son pied est visible dans le ciel : ses orteils sont la « ceinture » de la constellation d'Orion, son talon la pointe de l'épée d'Orion.

Bush Potato Dreaming, *peinture moderne sur écorce de Victor Jupurrulla Ross, représentant les marques laissées dans le paysage par les héros ancestraux. Les arcs figurent des aborigènes assis par terre et les cercles les sites habités du pouvoir des ancêtres.*

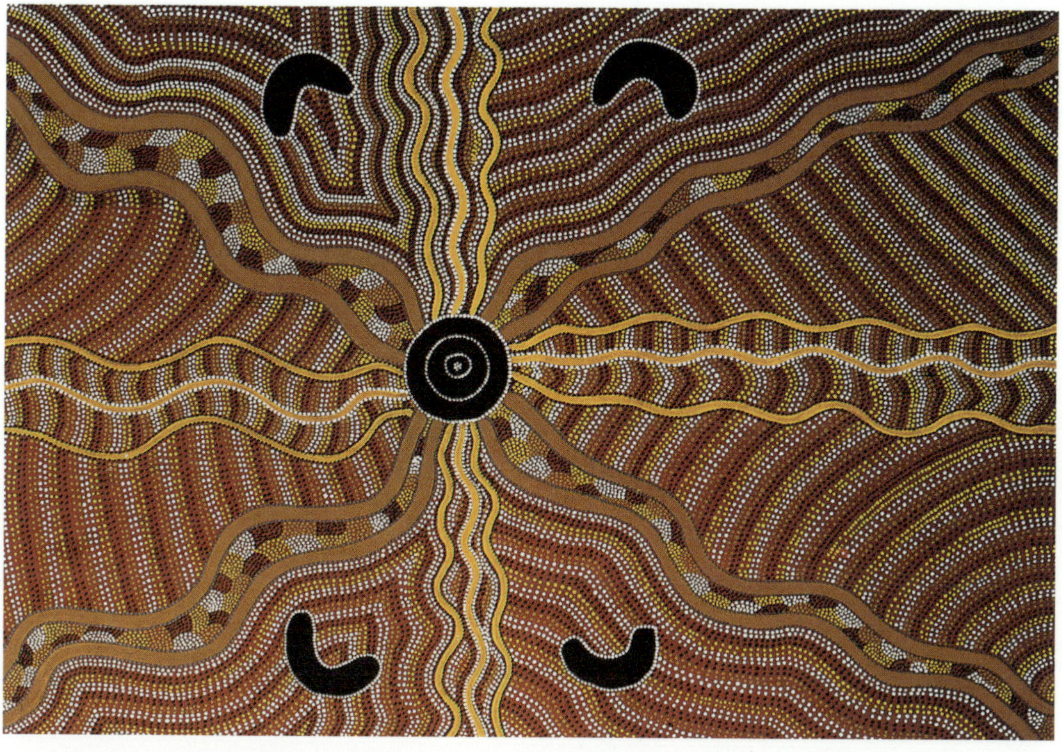

L'OCÉANIE

Reconstruction d'une case d'exposition de sculptures malanggan commémorant quatorze ancêtres du village de Medina, île de Nouvelle-Irlande, Papouasie-Nouvelle-Guinée. Ces sculptures sont représentatives du style malanggan, du nom des rituels funéraires locaux au cours desquels elles sont utilisées. Ce style est remarquable pour sa technique d'exécution, sa gamme de coloris et ses motifs.

L'Océanie, composée de trois régions distinctes – la Mélanésie, la Micronésie et la Polynésie – présente une extraordinaire diversité de langues et de cultures. Avant l'arrivée des Européens, ces sociétés se répartissaient en différents types de populations, des communautés papoues n'excédant pas trois cents personnes et regroupées en clans patriarcaux dépourvus d'autorités institutionnalisées et de classes sociales, aux grandes sociétés de Nouvelle-Zélande et d'Hawaii, dotées de hiérarchies politiques et religieuses complexes et caractérisées par le lignage divin des chefs.

S'il n'existe pas en Mélanésie de hiérarchie distincte et récurrente des divinités, la mythologie polynésienne possède, en revanche, l'équivalent d'un panthéon (p. 294). Il serait cependant erroné de nommer « dieux » les importants héros civilisateurs qui, selon les légendes, sillonnèrent les territoires du sud de la Nouvelle-Guinée et transmirent aux hommes les coutumes funéraires, sexuelles et guerrières (p. 290). Les peuples côtiers de Mélanésie, comme ceux de la région de Massim en Nouvelle-Guinée, possèdent des mythes cosmogoniques secrets auxquels seuls les initiés ont accès. Les mythes rapportés à l'intérieur de la Nouvelle-Guinée illustrent en termes allégoriques et surnaturels les dilemmes moraux dont la création de l'univers fit l'objet.

Les différentes régions de l'Océanie partagent souvent les mêmes thèmes mythologiques. Ainsi l'idée que les actes des héros civilisateurs ancestraux influent sur le devenir de leurs descendants est-elle récurrente. Mais le contexte narratif des mythes n'en est pas moins variable. Ceux-ci ont traditionnellement trouvé leur expression la plus vive et la plus significative dans le rituel, qui célèbre l'« œuvre des dieux ». C'est plus particulièrement le cas en Polynésie, surtout à Hawaii et en Nouvelle-Zélande : les rituels de sacrifice aux dieux Lono et Ku, pratiqués dans les îles Hawaii avant la colonisation (p. 296) en sont les meilleurs exemples. Les mythes en Micronésie sont généralement relatés dans un esprit de divertissement, hors de tout contexte rituel. A cet égard, la Mélanésie est une région de brassage : on attribue aux mythes une plus grande importance rituelle dans les régions côtières que dans l'intérieur des îles.

CHRONOLOGIE

v. 2 500 av. J.-C. Des populations venant d'Indonésie s'implantent en Mélanésie.
v. 1 300 av. J.-C. Les migrations atteignent les Fidji, puis se prolongent vers la Polynésie occidentale via Tonga et Samoa.
v. 300 av. J.-C. La Polynésie orientale est colonisée.
v. 850 ap. J.-C. Les premières migrations atteignent la Nouvelle-Zélande à partir de Polynésie orientale.
v. 1000-1300 Les principaux archipels polynésiens sont colonisés.
1513 Découverte européenne du Pacifique par l'Espagnol Vasco Núñez de Balboa.
1768-1779 Les trois expéditions de l'Anglais James Cook complètent les découvertes européennes en Océanie.

Masque tatanua porté au cours de danses exécutées dans le cadre de cérémonies funéraires malanggan en Nouvelle-Irlande. Ces masques représentaient des défunts.

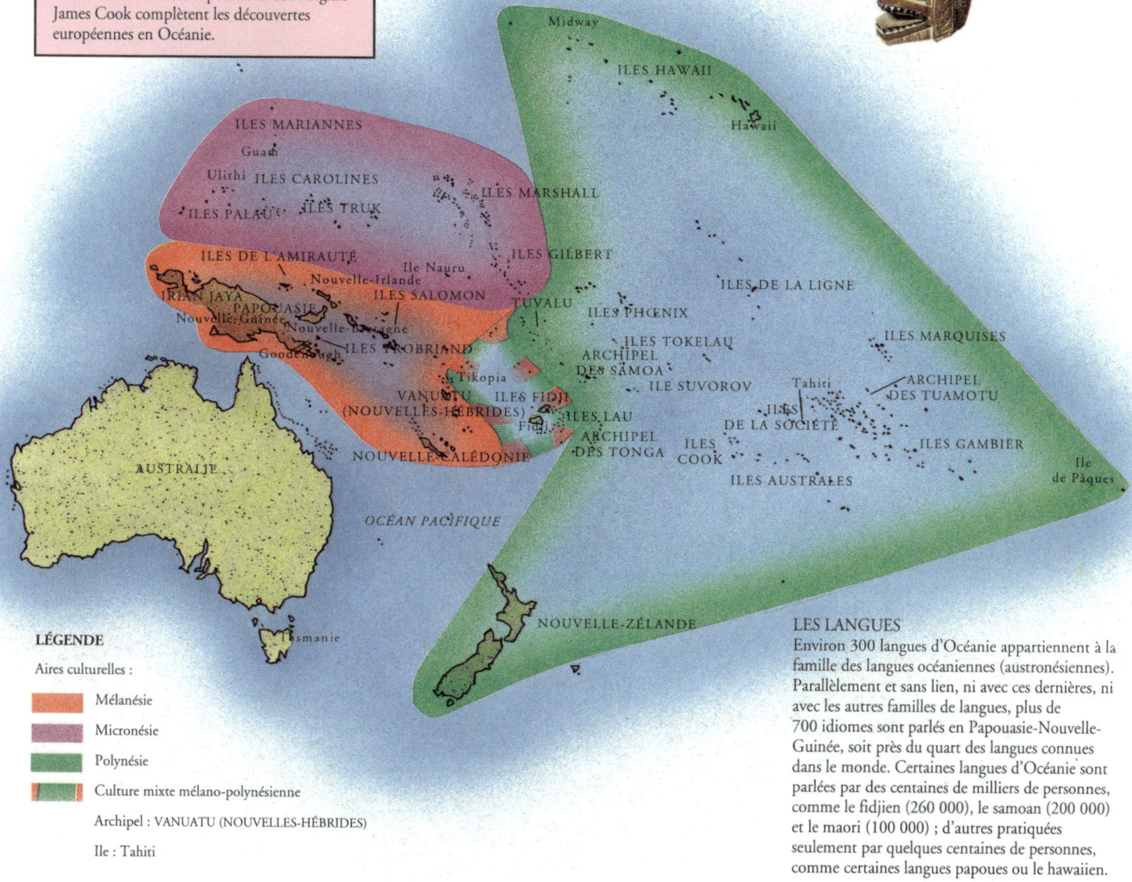

LES LANGUES

Environ 300 langues d'Océanie appartiennent à la famille des langues océaniennes (austronésiennes). Parallèlement et sans lien, ni avec ces dernières, ni avec les autres familles de langues, plus de 700 idiomes sont parlés en Papouasie-Nouvelle-Guinée, soit près du quart des langues connues dans le monde. Certaines langues d'Océanie sont parlées par des centaines de milliers de personnes, comme le fidjien (260 000), le samoan (200 000) et le maori (100 000) ; d'autres pratiquées seulement par quelques centaines de personnes, comme certaines langues papoues ou le hawaiien.

LA MICRONÉSIE

La Micronésie, la moins peuplée des trois régions d'Océanie, comprend les îles Carolines, Marshall et Mariannes, ainsi que le Kiribati (les îles Gilbert, les îles Phœnix et les îles de la Ligne). On rencontre chez de nombreuses sociétés micronésiennes d'importants mythes retraçant l'arrivée d'étrangers venus d'outre-mer, et qui ont constitué l'élite dirigeante après avoir soumis les populations indigènes. Ces récits expliquent l'actuelle division de ces sociétés en lignées souveraines et roturières.

LA MELANÉSIE

La région comprend la Papouasie-Nouvelle-Guinée et les îles du sud-ouest du Pacifique jusqu'aux Fidji. Certains mythes mélanésiens expliquent l'origine de l'humanité, issue d'un animal, d'une plante ou d'un élément du paysage, mais la plupart postulent, de façon implicite, que l'humanité n'a pas d'origine discernable : l'ordre actuel aurait été établi par les héros civilisateurs ancestraux au cours de leurs pérégrinations (p. 290).

LA POLYNÉSIE

La Polynésie, la plus grande région d'Océanie, comprend notamment les îles Hawaii, la Polynésie Française et la Nouvelle-Zélande. Bien davantage que la Micronésie et la Mélanésie, la Polynésie est riche en mythes cosmogoniques, tels les récits maori concernant le Ciel, Rangi, principe masculin, et la Terre Papa, principe féminin (p. 294-295). Les mythes relatifs à l'arrivée d'étrangers ayant traversé l'océan revêtent la même importance qu'en Micronésie.

LES MYTHES DES ORIGINES

Dieux créateurs et héros civilisateurs

Masque rituel en bois peint provenant des îles du détroit de Torres, et représentant un héros civilisateur ancestral, probablement Sida.

Les plus importants mythes océaniens relatant la création ou les origines du monde se rencontrent essentiellement en Polynésie et en Micronésie. Maints d'entre eux décrivent la séparation primordiale du ciel et de la terre : le plus répandu est le récit, principalement polynésien, relatif à la séparation forcée des divinités Ciel et Terre qui eut pour conséquence de libérer leur progéniture (p. 294). Ce thème apparaît également en Micronésie, au Kiribati (îles Gilbert) par exemple, notamment dans le mythe expliquant comment Nareau, la divinité primordiale, a persuadé une anguille de séparer le Ciel et la Terre. A proximité, sur l'île de Nauru, l'Araignée primordiale, Areop-enap, demanda à un crabe d'ouvrir le bénitier qu'elle avait trouvé. Le crabe n'y étant parvenu qu'en partie, Areop-enap demanda son aide à une chenille. Celle-ci réussit à ouvrir le coquillage, mais après un effort si considérable qu'elle mourut d'épuisement et que sa transpiration salée forma une flaque au fond de la coquille. La valve supérieure du coquillage devint le ciel, la chenille morte le soleil, la transpiration la mer et le crabe la lune.

Les mythes d'origine mélanésiens n'abordent que rarement la création du monde et de l'humanité par des divinités primordiales. Plus caractéristiques sont les mythes qui décrivent comment les héros civilisateurs ancestraux ont formé le paysage et les conditions originelles de la société lors de leurs errances sur terre. On rencontre des mythes similaires en Australie (p. 286), qui ont pu ensuite être transmis vers la Papouasie-Nouvelle-Guinée. Sur la côte sud de Papouasie, le long des fleuves Fly et Purari, ainsi que dans les montagnes de l'intérieur, de nombreux mythes relatent l'errance d'un héros civilisateur diversement appelé Sida, Sido, Sosom, Soido, ou Souw. Chaque communauté locale revendique la paternité de ce héros tout en sachant qu'il quitta ensuite le territoire et vécut d'autres aventures chez d'autres peuples. Il laissa dans le paysage une série de sites qui permettent de suivre ses pérégrinations : ici, il trancha un col dans une chaîne de montagnes ; là, il urina et créa un petit lac, etc.

Les aventures de ce héros font le plus souvent partie d'un culte secret qui n'est révélé qu'aux initiés (des hommes exclusivement) à l'occasion de cérémonies. Les représentations le montrent doté d'un phallus considérable et les mythes décrivent comment il fut humilié par les femmes dans son désir de les posséder sexuellement. Il maudit alors l'humanité et tous furent désormais condamnés à mourir. Les Daribi racontent comment une jeune femme rencontra un serpent qui s'avéra être le pénis de Souw, et qui tenta de la pénétrer. La femme hurla de terreur et le serpent se retira. Souw, furieux d'avoir été ainsi offensé, punit l'humanité en lui infligeant la mort, la guerre et la sorcellerie. Poursuivant ensuite son périple dans les montagnes, il perdit ses cheveux et créa ainsi les chiens et les porcs – qui sont encore aujourd'hui les animaux domestiques les plus répandus dans ces régions. D'autres versions racontent que le héros aurait également donné aux hommes leurs réserves de poissons ainsi que leurs premières récoltes de légumes.

Figure masculine, caractéristique d'un des nombreux styles artistiques du fleuve Sepik, Nouvelle-Guinée. Les décorations aux coloris éclatants sont censées accroître le pouvoir magique de la sculpture.

La voix des esprits

A travers toute l'Océanie, les instruments de musique tiennent une place éminente dans les religions et mythologies traditionnelles. Les sons qu'ils produisent sont souvent considérés comme étant la voix des êtres ou des dieux responsables de la création et de l'ordre social actuel.

Dans la plupart des sanctuaires d'Hawaii, l'endroit le plus sacré est la maison du tambour. Celle-ci abrite les tambours d. dieu, qui servent à convoquer le peuple au lieu de culte, à transmettre des messages, à signaler les changements de posture lors des cérémonies, et qui servaient jadis à consacrer les sacrifices humains. En Mélanésie, divers instruments de musique occupent une place centrale dans la plupart des rituels secrets masculins et dans les mythes qui leur sont traditionnellement associés. Le rhombe en est un. C'est une pièce de bois conique percée d'un trou à l'une de ses extrémités, à travers lequel passe une corde. En faisant tournoyer cet instrument au-dessus de sa tête, on obtient un bourdonnement grave, considéré comme étant la voix de l'esprit. Transmise par les héros civilisateurs (p. 290), la mythologie associée au rhombe est probablement issue d'Australie centrale et se serait propagée à travers le Territoire-du-Nord avant de franchir le détroit de Torres et d'arriver en Papouasie-Nouvelle-Guinée.

Au cours de rituels initiatiques masculins, le son du rhombe sert à effrayer les jeunes initiés, son aspect phallique constituant en outre un symbole de l'affirmation de l'identité mâle. De fait, chez les Kiwai du sud de la Papouasie, le nom du rhombe, *madubu*, signifie : « je suis un homme ». Chez les Marind-anim, et plus à l'est, chez les peuples des régions du Trans Fly, le rhombe était autrefois associé à une initiation homosexuelle, destinée à donner aux adolescents la quantité supplémentaire de sperme jugée nécessaire pour qu'ils deviennent, à l'âge adulte, de véritables hommes. Dans le Trans Fly, l'instrument est associé à une autre activité de l'homme adulte : le rhombe y est appelé *tokijenjeni*, du nom de la massue de guerre qu'utilisaient les chasseurs de têtes lors de leurs expéditions. Selon un mythe local, Tokijenjeni est le fils de Tiv'r, le héros civilisateur du Trans Fly. Tiv'r, ayant entendu un faible mugissement provenant du ventre de sa femme, demanda à plusieurs oiseaux d'essayer d'en retirer la chose responsable de ce bruit. Tous échouèrent, sauf un, qui parvint à extraire l'objet tandis que la femme de Tiv'r se tenait penchée, les jambes écartées. Il s'agissait du premier rhombe.

Le rhombe se rencontre jusqu'au lac Kutubu, dans les montagnes du sud de la Papouasie-Nouvelle-Guinée. Plus au nord, dans les montagnes du centre, la flûte traversière tient lieu d'instrument rituel phallique au cours des initiations masculines, et plus particulièrement à l'est de la Papouasie-Nouvelle-Guinée, où le culte a atteint sa forme la plus élaborée. Seuls les hommes avaient le droit d'en jouer lors de certaines fêtes rituelles, toujours accomplies dans des lieux retirés. L'existence des flûtes et leur identité étaient le secret le mieux préservé par les hommes. De nombreux mythes précisent cependant que les flûtes appartenaient à l'origine aux femmes, et que les hommes les en ont dépossédées, par vol ou par ruse, leur interdisant définitivement d'accéder à la connaissance des instruments sacrés. Celle qui avait seulement osé regarder l'une de ces flûtes était, disent les légendes ancestrales, aussitôt mise à mort.

Les mythes relatifs aux instruments sacrés ne présentent pas tous un caractère aussi dramatique. Des récits humoristiques circulent dans toute la Mélanésie, notamment celui du musicien qui perdit sa laideur lorsqu'il joua, à l'occasion de cérémonies publiques, de la flûte ou de la guimbarde. Il séduisit alors toutes les jeunes femmes des environs, mais l'une d'elles parvint à découvrir son secret.

Ce tambour richement décoré, provenant de la région du fleuve Sepik, est orné d'un esprit ancestral représenté à la fois sous une forme humaine et animale.

LES MYTHES DU CIEL

Les royaumes humains et célestes

LE SOLEIL ET LA LUNE

Si dans de nombreuses régions du monde la lune est associée à la féminité et au cycle menstruel, elle est plus communément personnifiée en Océanie par un être masculin, le soleil étant incarné par un être féminin. Dans l'intérieur de la Nouvelle-Guinée, la Lune et le Soleil sont fréquemment considérés comme frère et sœur : la première donne aux hommes la possibilité de chasser la nuit avec leurs chiens et le second délimite la journée au cours de laquelle se déroule l'essentiel du travail des femmes. Dans la mythologie maori, la lune est également masculine. Un mythe décrit comment le dieu Rona se rendit sur la Lune à la recherche de sa femme disparue. A son arrivée, il engagea un combat contre la Lune. Depuis, les deux ennemis s'affrontent et se mangent éternellement, c'est pourquoi la Lune décroît chaque mois. Lorsqu'elle croît, on dit que les deux combattants reprennent des forces pour la prochaine bataille.

Les récits relatifs aux rapports entre la terre et le ciel constituent une part importante de la mythologie océanienne, plus particulièrement en Micronésie et en Mélanésie. On rencontre en Mélanésie, surtout dans les montagnes centrales de Papouasie, de nombreux mythes concernant des esprits. Les Kewa croient que ceux-ci sont, en général, indifférents aux affaires des mortels. Cependant les esprits féminins viennent parfois sur terre chercher l'ocre rouge qu'ils utilisent pour s'embellir. Leur arrivée est annoncée par le tonnerre, l'éclair, la brume et les nuages. Les Kewa évitent alors de s'aventurer en forêt.

Divers oiseaux, dotés d'une signification magique ou spirituelle, interviennent dans les mythes. Dans un récit mélanésien, un jeune homme blesse d'une flèche un oiseau de paradis. Le jeune homme le suit et découvre un sentier dans le ciel menant à un village. Là, il aperçoit un homme qui s'enlève une épine du pied. Le chasseur comprend que ce dernier est l'oiseau. Dans d'autres mythes, un homme croit avoir tué un oiseau multicolore, puis découvre qu'il s'agit d'une jeune femme qu'il épousera ensuite.

Iolophat ou Olifat, le plus célèbre des mauvais génies de Micronésie, joue un rôle éminent dans les mythes de la région. Sur l'atoll d'Ulithi, on raconte l'histoire de cet enfant né d'une mortelle et d'un homme venant de Lang, le royaume céleste. Maltraité par la sœur aînée de sa mère, il quitta la terre pour se rendre aux cieux où il fut adopté par Iolophat, le Soleil. Thilefial revint sur terre pour se venger de sa tante, qu'il tua avant de retourner définitivement auprès d'Iolophat.

Sculpture malanggan en bois peint, représentant sous forme d'oiseau un être mythique, provenant du nord-ouest de Nouvelle-Irlande.

NOURRITURE ET FERTILITÉ

La sexualité et les origines de l'horticulture

Chez la plupart des peuples d'Océanie, les relations sexuelles et familiales entre hommes et femmes sont à la base de nombreux mythes sur les origines de la nourriture et des cultures. A Tonga, un mythe chanté lors de la cérémonie du *kava* (rituel au cours duquel on consomme le *kava*, une boisson euphorisante) relate comment une anguille déflora Hina, femme de sang noble dont la communauté vénérait la virginité. Hina raconta à son peuple les circonstances de sa grossesse. L'anguille fut donc capturée, coupée en morceaux et mangée, à l'exception de la tête que Hina enterra. De celle-ci poussa le premier cocotier. Les mythes mélanésiens décrivent fréquemment comment les premières plantes ont poussé sur un sol fertilisé par le sperme ou le sang menstruel. L'un d'eux relate que Soido, le héros civilisateur de l'île Kiwai, au sud de la Papouasie, fit mourir la femme avec qui il tentait de copuler en raison de la taille démesurée de son pénis. Il éjacula et aspergea l'île de son sperme qui, là où il retomba, fit croître différentes plantes. Un autre récit de l'île Kiwai rapporte comment un homme, après avoir creusé un trou dans le sol et copulé dans celui-ci, féconda un esprit féminin souterrain qui donna naissance à la première patate douce.

L'origine de la patate douce

La patate douce est l'un des aliments de base les plus répandus en Océanie. Les mythes suivants en expliquent l'origine de deux façons très différentes.

Les Maori racontent que le dieu Rongo-maui se rendit un jour au ciel auprès de son frère Wahnui, le gardien de la patate douce. Rongo-maui la cacha dans son pagne, puis, de retour sur terre, féconda sa femme Pani qui donna plus tard naissance à la première patate douce terrestre.

Un mythe très largement répandu dans l'intérieur de la Nouvelle-Guinée relate qu'à une époque où les aliments n'existaient pas encore sur terre, deux femmes, une jeune et une vieille, virent un homme déféquer dans un ruisseau. Après son départ, les deux femmes examinèrent ses excréments et y découvrirent des patates douces qu'elles emportèrent chez elles pour les replanter.

Sculpture maori en pierre, probablement Rongo-maui, sous forme de patate douce. Cette figure à la fois phallique et utérine illustre l'élément sexuel présent dans le mythe de l'origine de la patate douce.

LES MYTHES MAORI

Rangi, Papa et le panthéon polynésien

Sculpture en pierre volcanique provenant de Taranaki, île du Nord (Nouvelle-Zélande) représentant probablement le dieu Maui.

Les mythologies maori et polynésiennes ont notamment pour caractéristique de regrouper leurs dieux au sein d'une sorte de panthéon dominé par les deux êtres créateurs suprêmes, Rangi, le Ciel, et Papa, la Terre (p. 289). Selon la cosmogonie maori, ceux-ci étaient, au commencement des temps, unis en une étreinte statique dans le vide primordial, emprisonnant de la sorte leurs rejetons, les dieux Tane, Tangaroa, Tu, Rongo, Haumia et Tawhiri, qui cherchaient à se libérer et projetaient de tuer leurs parents pour y parvenir. Mais Tane, le dieu des Forêts et des Arbres, suggéra qu'il serait plus judicieux de séparer le ciel et la terre. Chaque dieu s'efforça donc de désunir Rangi et Papa. Rongo, le dieu des Plantes cultivées, s'y évertua en vain, de même que Tangaroa, le dieu de la Mer, des Poissons et des Reptiles. Haumia, le dieu des Racines de fougères, Tu, le dieu de la Guerre, et Tawhiri, le dieu des Vents et des autres Éléments, échouèrent également. Puis vint le tour de Tane. Plaçant sa tête contre sa mère, Terre, et ses pieds contre son père, Ciel, il exerça une poussée qui les sépara progressivement jusqu'à ce qu'ils occupassent leurs positions actuelles.

Le succès de Tane provoqua la jalousie et la colère de ses frères. Tawhiri, faisant souffler le vent, créa les tempêtes et les ouragans qui abattirent les arbres de la forêt de Tane. Les poissons, qui vivaient à l'origine dans la forêt, se précipitèrent en désordre dans l'océan de Tangaroa. Fâché d'avoir ainsi perdu sa progéniture, Tane ne cessa de se quereller avec Tangaroa : celui-ci chercha à engloutir de ses eaux les forêts, tandis que les arbres de Tane fournirent les pirogues avec lesquelles les hommes domestiquèrent la mer.

Plus tard, Tane chercha une épouse. Il s'adressa d'abord à sa mère, Papa, qui le repoussa, puis s'unit à divers esprits féminins desquels il eut différents rejetons, les animaux, les pierres, l'herbe et les cours d'eau. Mais Tane désirait une

Mythe maori et architecture

Selon un mythe maori, le royaume du ciel est divisé en douze terrasses sur la plus haute desquelles se dresse la maison divine, Rangi-atea. Celle-ci est le modèle sur lequel sont construites les demeures des chefs maori. Les panneaux sculptés qu'elles renferment ont une signification rituelle et mythologique importante.

Les Maori croient qu'un dieu nommé Rua fut le premier à créer des sculptures décoratives. Les figures des panneaux ornementaux maori sont notamment caractérisées par leur regard fixe comme celui d'une chouette. Rongo, l'artisan qui fut, dit-on, à l'origine de ce motif décoratif, sacrifia aux dieux une chouette qu'il enterra au pied du mur derrière sa maison. Ces figures tirent également la langue, symbole du pouvoir de la parole, et ont un corps marqué de profondes stries et de tatouages dont les motifs indiquent le rang social du personnage.

La sculpture de panneaux, tel ce linteau d'une demeure d'un chef maori, entremêle formules magiques et techniques exclusivement détenues par la classe des architectes au service des chefs.

épouse de forme humaine, à son image. Suivant les conseils de Papa, il façonna le premier être humain, une femme, avec le sable de l'île Hawaiki. Il lui insuffla la vie et elle devint Hine-hau-one, « la jeune fille créée de la terre », qui lui donna une fille appelée Hine-titama, « la jeune fille de l'aube ». Tane épousa également cette dernière, sans qu'elle sût qu'il était son père. Lorsque Hine-titama découvrit la vérité, elle s'enfuit dans l'obscur royaume souterrain. Tane la poursuivit, mais elle l'avertit qu'il avait tranché le cordon du monde. Elle demeura dès lors dans le monde souterrain et entraîna ses enfants dans la mort : c'est ainsi que l'humanité devint mortelle. Hine-hau-one présente donc une double nature, source de la première naissance et de la première mort humaines.

Le dieu Tu, appelé Ku à Hawaii (p. 296), avait à l'origine préconisé l'assassinat de Rangi et Papa, plutôt que leur séparation. Tu était le dieu de la Guerre auquel les peuples de Nouvelle-Zélande et des royaumes polynésiens offraient autrefois des sacrifices humains. Après Tane, la colère de Tawhiri se tourna contre Tu. Celui-ci lui tint tête et chercha ensuite à se venger de ses autres frères qui avaient refusé de lui prêter main forte contre Tawhiri. A cette fin Tu créa des pièges à gibier et à poissons, pour s'emparer de la progéniture de Tangaroa et de Tane, puis déracina les plantes, rejetons de Haumia et Rongo, et les mangea. Tu apprit de nombreux sortilèges et incantations afin de dominer la progéniture de ses frères : le climat, les plantes, les animaux, les richesses et autres trésors.

Les mythes maori mettent également en scène des héros humains, les plus connus étant Tawhaki et Rata, dont les exploits sont décrits dans les mythologies de Nouvelle-Zélande, des Tuamotu, de Rarotonga, de Tahiti et d'Hawaii.

Hema – le fils d'une déesse du ciel, Kaintangata, et d'un chef cannibale, Whaitiri – épousa une déesse qui lui donna deux garçons, Tawhaki et Kariki. Hema ayant été tué par des ogres, son fils, Tawhaki, partit pour se rendre sur les lieux de sa mort et le venger. Les épisodes qui décrivent cette aventure constituent la partie principale du cycle mythologique, et opposent souvent le noble et brillant Tawhaki à son frère Kariki, maladroit et stupide, thème fréquent dans la mythologie océanienne. En chemin, Tawhaki prit femme et engendra Wahieroa, le père de Rata, qui fut tué par les gardes lézards de son pire ennemi, Puna.

Comme Tawhaki l'avait fait pour son propre père, Rata partit à la recherche de son père mort. Bien que courageux et fort, il manqua cependant du bon sens dont avait fait preuve son grand-père. Sa fougue même s'avéra source de difficultés. Enfin Rata retrouva la tête de son père dans l'estomac de Matuku, le grand requin, puis le reste de son corps chez les monstres lézards responsables de sa mort. Alors qu'il rentrait chez lui, Rata connut le même destin que son père : il fut tué à coups de hache par les gardes lézards de Puna.

Cette sculpture en bois, qui est longtemps passée pour la représentation du dieu Tangaroa, est une figuration de A'a, l'ancêtre ou le dieu fondateur de Rurutu (îles Australes) créant les dieux et les hommes.

La bouche ouverte de cette statue provenant d'une maison de réunion de Rotorua, île du Nord (Nouvelle-Zélande), indique sa fonction de lieu de discussion.

Le panthéon maori

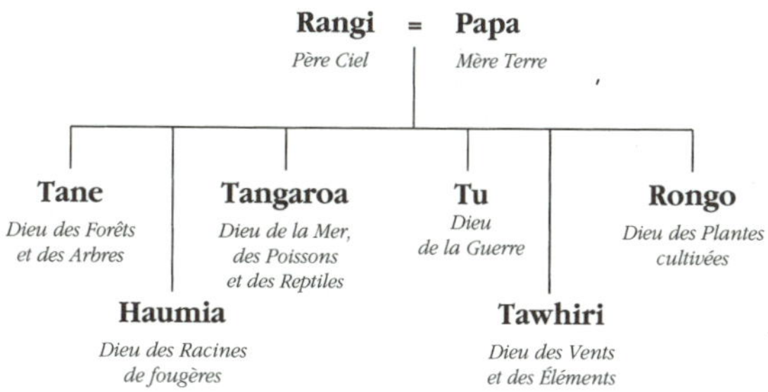

KU ET LONO

Le cycle rituel hawaiien

Sculpture hawaiienne représentant Kukailimoku, ou Ku, le dieu de la Terre et de la Guerre. La férocité de son expression est caractéristique.

Si la langue et l'identité culturelle d'Hawaii ont manqué de disparaître sous l'influence du monde occidental, l'archipel d'Hawaii n'en constituait pas moins, à l'époque précoloniale, l'une des sociétés les plus importantes et les plus complexes d'Océanie. L'année hawaiienne était marquée par l'alternance des cycles rituels du dieu Ku, incarnant la terre et la guerre – appelé Tu dans le reste de la Polynésie (p. 294-295) – et du dieu Lono (représentant le ciel, la paix et les cultures, appelé ailleurs Rongo).

Les chefs qui contrôlaient le culte de Lono étaient considérés comme détenant la maîtrise de la fertilité de l'île. Au début de l'hiver hawaiien, les pluies annonçaient la venue du temps de Lono, célébré quatre mois durant par les fêtes de Makihiki instaurées, dit-on, par Lono lui-même. Ce fut en revanche le dieu Paao qui institua les rites de sacrifice qui leur étaient associés. Ce dieu aurait débarqué dans l'archipel d'Hawaii, en provenance de terres invisibles situées de l'autre côté de l'océan, pour y fonder une nouvelle religion ainsi qu'une nouvelle lignée de chefs. L'idée d'une classe dirigeante fondée par les étrangers qui ont renversé les chefs indigènes est typique d'Hawaii, toutefois la notion d'arrivée d'étrangers provenant d'outre-mer est très largement répandue en Polynésie et en Micronésie.

Le cycle rituel du dieu Lono débutait lorsque la constellation des Pléiades apparaissait au-dessus de l'horizon au coucher du soleil, au début de l'automne. Les fêtes de Makihiki s'ouvraient sur le transport de l'image du dieu à travers l'archipel, selon un circuit effectué dans le sens des aiguilles d'une montre et probablement pour permettre au roi hawaiien de réaffirmer sa souveraineté. En route, le dieu était rituellement « nourri » par les rois et chefs des îles visitées, leurs épouses lui offrant également des présents dans l'espoir de recevoir de Lono le don d'un enfant sacré. Le circuit achevé, l'image de Lono était rapportée dans son sanctuaire d'origine où le dieu « mourait » rituellement avant de repartir pour son pays invisible, Kahiki, cédant ainsi la place au dieu Ku. Lono ne devait pas revenir avant le début du nouveau cycle de Makihiki, l'année suivante.

Lono et la mort du capitaine Cook

Certains chercheurs ont émis l'idée que le mythe de Lono serait en partie à l'origine de la mort du capitaine Cook, le premier Européen à visiter l'archipel d'Hawaii.

Le navigateur anglais James Cook arriva en vue de l'archipel en novembre 1778, à l'époque où devait commencer le circuit de Lono. Il contourna l'île Hawaii dans le sens des aiguilles d'une montre, ce qui fit croire aux Hawaiiens que cette année-là Lono était venu en personne. Lorsque Cook débarqua à Kealakekua, il fut aussitôt escorté jusqu'au lieu de culte principal de Lono où ses hôtes tentèrent de lui apprendre les paroles attribuées au dieu. Ignorant l'origine et la signification du rite, il récompensa leurs efforts et prononça les mots de Lono, confirmant ainsi les Hawaiiens dans leur croyance qu'il était le dieu. Lorsqu'arriva l'époque où Lono devait « mourir » et repartir pour Kahiki, les chefs furent rassurés d'apprendre de la bouche de Cook que son départ était imminent. Or, peu de temps après avoir levé l'ancre, Cook décida de revenir à Kealakekua afin de réparer une avarie survenue sur l'un de ses navires. Il débarqua le 11 février 1779. D'abord déconcertés, les Hawaiiens furent profondément irrités par son retour, car Lono était censé être mort. Une centaine de chefs, tous soucieux de s'assurer que leur dieu avait trépassé comme il se devait, tuèrent « Lono » avec les poignards que Cook lui-même leur avait offerts quelques mois auparavant.

MAUI

Le trickster d'Océanie

Maui, probablement le personnage le plus célèbre de la mythologie océanienne, est un héros civilisateur polynésien dont les actes déjouent, accidentellement ou non, les efforts des autres dieux et dont les effets expliquent l'état actuel des choses. Rebelle et séducteur, perturbateur des hiérarchies établies, Maui se moquait des conventions de l'ordre social et des coutumes du *tapu* (« interdit, sacré, tabou ») ; il incarne le pouvoir du faible sur le puissant, du peuple et des proscrits sur les privilégiés.

Maui est né avant terme. Selon la version du mythe narrée sur l'atoll d'Arawa, sa mère le jeta dans l'océan après l'avoir enveloppé dans une boucle de ses cheveux, mais il fut sauvé par le soleil, ou Tama du Ciel, puis retrouva finalement sa mère. L'un des premiers exploits de Maui fut de ralentir la course du soleil en le frappant avec la mâchoire magique de sa grand-mère, afin que sa mère ait davantage de lumière du jour pour confectionner ses *tapa* (vêtements d'écorce) ou, selon une autre version, afin que les hommes puissent cuire plus longtemps leurs aliments.

A l'instar de Souw, ou Sosom, en Mélanésie (p. 290), Maui est mêlé à la perte de l'immortalité originelle de l'humanité. Voyageant à travers le Monde souterrain, Maui surprit Hine-nui-te-po, la déesse géante des Enfers et de la Mort en plein sommeil. Maui ordonna le silence aux oiseaux, ses compagnons de route, se déshabilla et tenta de pénétrer en elle, persuadé que, de cette façon, il pourrait vaincre la mort. Or, l'un des oiseaux ne put réfréner son rire à la vue de Maui à demi-prisonnier du corps de la géante. Celle-ci se réveilla et tua le héros.

La version de ce mythe racontée à Arawa rapporte que le propre père de Maui lui affirma pour plaisanter que, s'il pénétrait dans le corps de la géante par son vagin et en ressortait par sa bouche, il deviendrait immortel. Mais ici encore, un oiseau éclata de rire pendant que Maui s'efforçait de s'introduire dans la déesse ; celle-ci se réveilla et le tua, le broyant dans son corps. Les deux récits ont un résultat identique : à cause de la transgression de Maui, les humains ne pourront jamais devenir immortels.

Cependant, Maui n'est pas toujours un personnage subversif. C'est lui qui aurait créé la terre ferme, c'est-à-dire les îles, en les halant du fond de l'océan avec une ligne de pêche. Dans une version de ce récit racontée dans l'archipel des Tuamotu, Maui accompagna ses frères au cours d'une pêche en haute mer. Ayant pêché longtemps sans succès, les frères décidèrent de dormir, tandis que Maui lançait à nouveau sa ligne.

A leur réveil, les frères remontèrent la ligne de Maui, pour découvrir que s'y était pris un poisson si énorme qu'ils s'écrièrent d'étonnement : « Ce n'est pas un poisson, c'est une île. » Sur ces entrefaites, le poisson brisa la ligne et disparut dans les flots. Quand l'aventure se renouvela, Maui put agripper en partie le corps du poisson qui devint, dans la version maori de l'île du Nord (Nouvelle-Zélande), l'île Hawaiki, ou Te-ika-a-Maui, « le poisson de Maui » (l'île ayant, dit-on, la forme d'une raie pastenague). La pirogue sur laquelle cet exploit eut lieu aurait été soulevée jusqu'au sommet de la plus haute montagne de l'île, le mont Hikurangi, et l'hameçon de Maui serait devenu la baie de Hawke.

Un autre exploit de Maui fut de voler le feu au bénéfice des humains, auprès de sa gardienne, l'héroïne ancestrale Mahui-ike qui vivait aux Enfers. Par ruse, il l'amena à abandonner un à un ses ongles enflammés, sources du feu, à l'exception d'un seul qu'elle jeta à terre, provoquant un incendie. Maui en appela à la pluie pour éteindre le brasier, mais Mahui-ike sauva quelques étincelles qu'elle jeta dans les arbres. Dès lors, les hommes savaient qu'ils pouvaient utiliser le bois pour faire du feu.

Sculpture maori représentant Maui, le héros civilisateur et mauvais génie de la mythologie océanienne. Le dieu hale du fond des mers un poisson incarnant la terre, sur laquelle vivront les hommes.

LES CULTES DU CARGO

L'impact européen

Souvenirs à l'effigie du prince Philippe, duc d'Edimbourg et époux de la reine Elisabeth II, provenant de l'île Tanna, à Vanuatu, où le prince fait l'objet d'un culte du cargo.

Les contacts avec les Européens et leur civilisation se traduisirent, en Océanie, par la création spontanée de nouveaux mythes et l'altération de mythes existants privilégiant la place des Européens dans le cosmos. Ce qui impressionna le plus les Mélanésiens et les autres chez ces nouveaux venus d'outre-mer, c'était les stupéfiantes quantités de biens matériels contenus dans leurs navires. Les peuples de Nouvelle-Guinée et d'ailleurs en conclurent que les Européens étaient destinés, voire condamnés, à emporter leur culture où qu'ils aillent, et « cargo » devint en pidgin *kago*, qui signifie « biens », « possessions » ou « richesses ».

Les Mélanésiens, faisant un parallèle entre la possession de biens et la connaissance de rites et de pratiques magiques, commencèrent à pratiquer les cultes du cargo, pensant acquérir ainsi les richesses convoitées. De manière typique, on croyait que le *kago* serait apporté par un ancêtre, un dieu ou toute autre figure vénérée (parfois même le maître européen ou américain du chef colonial local), dont l'arrivée annoncerait une nouvelle ère d'abondance, de justice et, certains l'espéraient, de libération du joug étranger – les autorités coloniales interdirent en général les cultes du cargo.

Durant la Seconde Guerre mondiale, beaucoup crurent que les Japonais avaient été envoyés par Dieu pour contribuer à la défaite des Européens et permettre aux peuples indigènes d'atteindre la maîtrise des sources secrètes du *kago*. Le peuple de Vanuatu (Nouvelles-Hébrides) vénérait jusqu'au moment de sa christianisation, c'est-à-dire avant la guerre, un être appelé Karaperamun, considéré comme l'origine de toute chose vivante. Mais en 1940 ce peuple commença à déserter les églises car un certain John Frum, une incarnation de Karaperamun, venait inaugurer une nouvelle ère du *kago*. Une nuit, au cours d'une cérémonie traditionnelle, un homme se leva pour annoncer qu'il était une manifestation de John Frum. Il affirma qu'il allait y avoir une catastrophe naturelle à la suite de laquelle émergerait un puissant royaume : la terre s'aplanirait et deviendrait plus fertile, la maladie et la vieillesse disparaîtraient, le travail cesserait, les Européens partiraient et John Frum donnerait de l'argent à chacun selon ses besoins.

Pendant la guerre du Pacifique, de nombreux avions survolaient Vanuatu et ses habitants, faisant fi de toute vraisemblance, les prenaient généralement pour les vaisseaux apportant la nouvelle ère promise. Depuis cette époque, beaucoup de personnes ont régulièrement prétendu être John Frum, le messager des secrets du *kago*. Le développement moderne a cependant progressivement conduit les Mélanésiens à comprendre qu'on ne peut accéder aux biens du *kago* que par le travail.

Bombe de la Seconde Guerre mondiale, objet d'un culte du cargo, pendant du toit d'une butte des îles Salomon. De nombreux insulaires croyaient que les raids aériens annonçaient la nouvelle ère du kago.

MYTHES ET MAGIE

Un mythe vivant de l'île Goodenough

Les Kalauna de l'île Goodenough, en Papouasie-Nouvelle-Guinée, possèdent une catégorie de mythes, *neineya*, où l'on retrouve les formules magiques essentielles nécessaires à la maîtrise des conditions climatiques, à la fertilité des cultures et à l'abondance. Les récits *neineya* peuvent être faits en public, à la condition que le narrateur omette les noms secrets, les incantations et autres informations de signification magique.

Ceux-ci sont la propriété exclusive des magiciens, figures prééminentes de la communauté kalauna, et ne se transmettent que de père en fils. Les *toitavealata* (« ceux qui prennent soin du village ») revêtent la personnalité des personnages mythiques eux-mêmes et pratiquent la sorcellerie pour le bien-être général du clan. Quant à leurs ennemis, ils peuvent être l'objet de pratiques de magie noire, et souffrir de faim (*loka*) ou de boulimie (*tufo'a*) selon le désir des *toitavealata*. L'origine de ces maux est attribuée à une divinité mythique, le serpent Honoyeta qui, après avoir envoyé chaque jour ses deux épouses au travail, se débarrassait de sa peau et devenait un beau jeune homme. L'une des épouses découvrit le secret de Honoyeta et détruisit sa peau de serpent. Pour se venger, Honoyeat apporta aux hommes la sécheresse, la faim et la mort.

Le cannibalisme

Pour satisfaire le vorace appétit du cannibale Malaveyoyo et ainsi échapper à leur propre mort, les habitants de l'île Goodenough avaient imaginé le rassasier de légumes et de fruits. Afin de ne jamais en manquer, ils inventèrent une pratique d'offrandes appelée abutu. *Chaque habitant faisait une offrande et celle-ci devait être suivie d'une autre plus importante et ce* ad libitum. *Les habitants actuels de l'île perpétuent ce rituel et se défient régulièrement en s'offrant mutuellement les produits de leurs cultures.*

De nombreux récits de Papouasie-Nouvelle-Guinée font état d'un héros mâle qui, poursuivant une femme ou du gibier, s'éloigne de toute région habitée jusqu'à pénétrer dans une contrée où sévit le cannibalisme. Ses efforts couronnés de succès pour échapper aux griffes des cannibale constituent le noyau central de tels mythes. En Polynésie, on trouve, de Tahiti aux îles Chatham, à l'est de la Nouvelle-Zélande, des légendes de femmes cannibales. Un mythe tahitien raconte comment Hina, une ravissante jeune femme, fille de Rona aux Longues Dents, s'éprit d'un homme appelé Monoi. Mais Rona prit Monoi dans un piège et le dévora. Hina fit alors appel au « chef velu », No'ahuruhuru, pour mettre un terme aux méfaits de la vorace cannibale. Le cannibalisme tel qu'il apparaît dans la mythologie de l'ensemble de l'Océanie est souvent lié au thème de l'hostilité entre hommes et femmes.

Panier dans lequel on offrait jadis à un chef fidjien de la chair humaine cuite. D'aucuns estiment que des pratiques anthropophages ont longtemps persisté en Mélanésie et en Polynésie.

L'ASIE DU SUD-EST

Sanctuaire de Pura Beji, à Sangsit, dans l'île de Bali. Les Balinais pratiquent une forme d'hindouisme influencé par le bouddhisme et certaines croyances populaires malaises.

L'Asie du Sud-Est est une des régions du monde les plus variées culturellement, et sa mythologie témoigne d'un héritage composé d'influences très diverses. Au Laos, en Thaïlande, au Viêt-nam et au Cambodge, l'hindouisme fut, à partir du XIVe siècle, supplanté par les préceptes du bouddhisme Theravâda. Dans les îles, après son introduction à Java aux alentours de l'an 1600, l'islam devint la religion prédominante. Il y fut très fortement influencé par l'hindouisme, le bouddhisme et des croyances animistes plus anciennes, encore pratiquées dans les régions intérieures les plus isolées.

En dépit de cette diversité religieuse, certains thèmes récurrents confèrent à la mythologie du Sud-Est un caractère bien spécifique. La conception la plus répandue est que l'univers est constitué de plusieurs strates, généralement sept au-dessus de ce monde et sept en dessous (p. 303). Les habitants d'Indonésie orientale pensent volontiers que les couches sociales sont la réplique terrestre de la structure de l'univers. Une autre idée, répandue à des degrés divers dans toute la région, et plus précisément dans les croyances des peuples aborigènes de Bornéo et de Malaisie (p. 305), est celle de l'unité de toutes les formes de vie. Il existerait une force spirituelle omniprésente, sous-jacente au monde des apparences, qui permettrait les métamorphoses de la forme humaine vers celle des animaux ou même des plantes, et inversement.

Beaucoup de peuples aborigènes pensent que la tête de l'homme est un réservoir exceptionnel de puissance spirituelle ; aussi pratiquent-ils la chasse aux têtes. Les guerriers qui capturent les têtes de leurs ennemis sont censés augmenter substantiellement la force de leur propre esprit.

A l'exception des citadins, et de quelques nomades cultivateurs ou vivant de chasse et de cueillette, isolés dans la forêt – groupes dispersés en Malaisie, en Thaïlande, à Bornéo et aux Philippines –, la plus grande partie de la population vit de la culture du riz. Les nombreux mythes développés autour du riz (p. 307) témoignent de son importance.

PEUPLES ET LANGUES

Les premiers habitants de l'Asie du Sud-Est s'avèrent être des groupes négroïdes, apparentés aux peuples aborigènes d'Australie, qui ont émigré dans la région, en provenance du nord, vers 23000 av. J.-C. Leurs descendants vivaient de chasse et de cueillette dans les régions forestières isolées de l'intérieur de la péninsule malaise, de la Thaïlande, de Bornéo et des Philippines. A une époque ultérieure, d'autres vagues d'immigrants, toujours venus du nord, se propagèrent en Asie du Sud-Est continentale et dans les îles, où leur groupe de langues – une branche occidentale de l'austronésien (appelé autrefois malayo-polynésien) – est aujourd'hui dominant. A la suite de diverses migrations, ce sont les langues austronésienne, austro-asiatique, thaï et sino-tibétaine qui sont les plus parlées sur le continent (carte). En Malaysia, à Bornéo et aux Philippines, on assiste aujourd'hui à une importante immigration de personnes parlant chinois.

LÉGENDE

Principaux groupes de langues

- A dominance austro-asiatique (dont le vietnamien et le khmer)
- A dominance austronésien (dont le malais, l'indonésien et le philippin)
- Thaï (dont le thaï et le laotien)
- Sino-tibétain (dont le chinois et le birman)
- Mélange austro-asiatique / thaï
- .... Frontière actuelle
- Région, île ou groupe d'îles : *JAVA*
- Pays actuel : LAOS
- Peuple : *DUSUN*

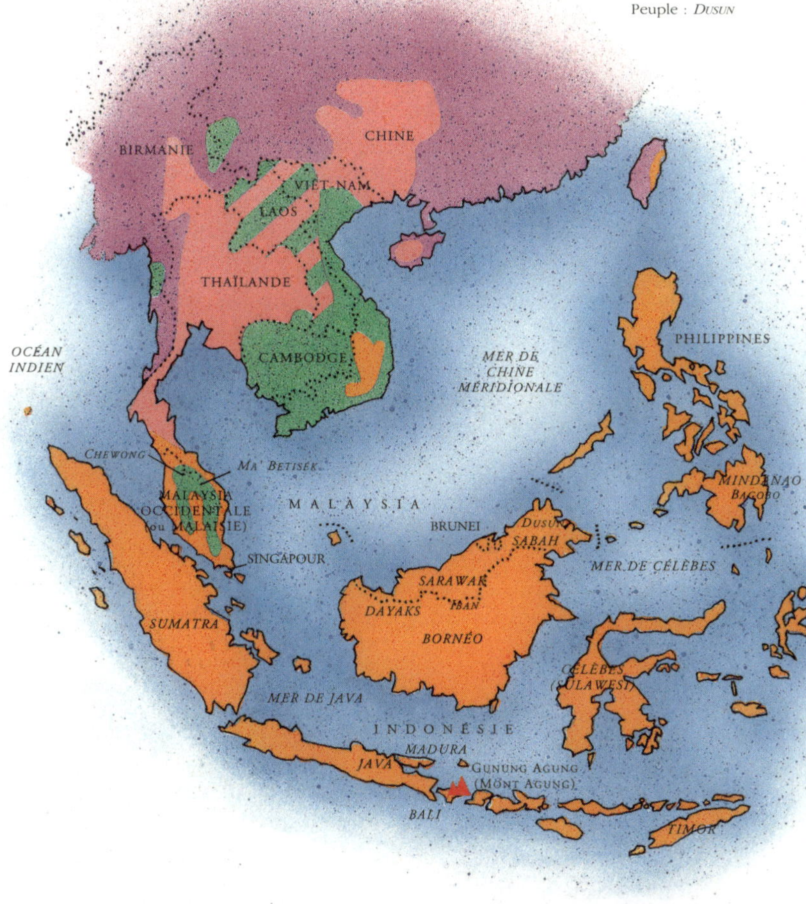

MYTHES ET SPECTACLES

La représentation des mythes s'est principalement développée dans les îles de Bali et de Java. A Bali, des danseurs masqués interprètent régulièrement le combat du bon roi-démon Barong contre la méchante reine des sorcières, Rangda (p. 306). A Java, s'est imposée une forme de spectacle ritualisé, le *wayang* ou théâtre d'ombres, dans lequel des marionnettes extrêmement raffinées sont manipulées derrière un écran éclairé. Si le théâtre d'ombres se retrouve dans d'autres régions d'Asie du Sud-Est, ce n'est qu'à Java qu'il est devenu un important moyen d'expression religieuse, voire mystique. Le procédé aurait été créé au Xe siècle en Inde, ce qui expliquerait que les thèmes favoris du théâtre d'ombres javanais sont extraits des grandes épopées de la mythologie hindoue, le *Ramayana* et le *Mahabharata*, alors que Java est, depuis longtemps, une île essentiellement musulmane. Les aventures des cinq frères Pandava, en particulier, sont très populaires. Les spectacles durent toute la nuit et on peut y assister d'un côté ou de l'autre de l'écran. La règle veut que les marionnettes qui représentent les forces du bien surgissent de la droite (vues du côté ombres), et celles des forces du mal, de la gauche. Les spectacles de *wayang* sont généralement présentés à l'occasion de fêtes ou d'anniversaires importants.

CHRONOLOGIE

il y a 50 000-25 000 ans	Pénétration en Asie du Sud-Est de peuples aborigènes négroïdes venant du nord.	XVe siècle	L'islam étend son influence dans toute la région.
il y a 4500 ans	Début de la pénétration en Asie du Sud-Est de peuples austronésiens venant du nord.	1509	Arrivée de l'explorateur portugais Vasco de Gama à Malacca en Malaysia et début de l'influence européenne et de la colonisation
IIIe siècle ap. J.-C.	Fondation au Cambodge, en Malaysia et en Indonésie de royaumes hindous.	vers 1600	Islamisation totale de Java.
1100-1200	Le bouddhisme Theravâda, venant du Sri Lanka et de Birmanie, pénètre au Laos et au Cambodge.	1945-1957	Les puissances coloniales (Pays-Bas, Etats-Unis, France et Grande-Bretagne) se retirent presque complètement de l'Asie du Sud-Est.

MYTHES DES ORIGINES

La création du monde et de l'humanité

Détail d'une robe brodée provenant d'Indonésie, qui représente un calao stylisé, manifestation des esprits célestes. Dans de nombreuses régions d'Asie du Sud-Est, les oiseaux fabuleux jouent un rôle important dans les mythes cosmogoniques.

Dans la mythologie du Sud-Est asiatique, la création du monde est généralement attribuée à une divinité génératrice, qui est souvent un oiseau ou quelque autre animal aux pouvoirs particuliers. A Sumatra, par exemple, on raconte que dans les temps primordiaux, Dieu n'avait pas d'épouse mais possédait une poulette bleue fabuleuse, qui s'appelait Manuk Manuk. Cette petite poule pondit trois œufs énormes d'où émergèrent les trois dieux créateurs des trois niveaux de l'univers : le monde d'En Haut (le ciel), le monde du Milieu (la terre) et le monde d'En Bas (le monde souterrain).

En ce temps-là, le monde du Milieu n'était qu'une mer sans fin. Pour fuir les avances du dieu Mangalabulan, Boru Deak Parudjar, fille du dieu Batara Guru, se précipita du monde d'En Haut dans la mer. Quand une hirondelle eut informé Batara Guru que sa fille languissait désormais au fond de l'océan, celui-ci renvoya l'oiseau déposer une poignée de terre sur les eaux. Ce premier sol s'étendit sur la mer, il forma la terre. Sur celle-ci, Batara Guru répandit des graines qui donnèrent vie à toutes sortes d'animaux. Puis, le dieu chargea un héros, sa propre incarnation humaine, de pacifier la terre en combattant Naga Padoha, le serpent souverain du monde d'En Bas (personnage d'origine hindoue), afin de le reléguer dans les sphères les plus profondes du cosmos.

Le serpent et la superposition des mondes inférieur et supérieur sont également présents dans le mythe cosmogonique élaboré par les Dayak, peuple indigène non islamisé des terres intérieures sud et ouest de Bornéo. Dans les temps primordiaux, « tout était encore enfermé dans la bouche du serpent d'eau lové ». Puis surgirent la montagne d'Or, siège de la divinité suprême des régions inférieures du cosmos, et la montagne de Pierres précieuses, où résidait la divinité suprême des régions supérieures. Ces sommets s'entrechoquèrent à plusieurs reprises, donnant chaque fois naissance à une partie de l'univers. Les nuages apparurent, puis la voûte du ciel, les montagnes, les falaises, le soleil et la lune, le faucon Céleste et le grand poisson Ila-Ilai Langit, et deux bêtes fabuleuses, Rowang Riwo à la Bave d'Or et Didis Mahendera aux Yeux de Pierreries ; enfin la coiffe d'or du dieu Mahatala, couronné d'un joyau vertical. C'était la première époque de la création. Au cours de la seconde époque, apparurent les fleuves et Jata, la divine jeune fille qui créa les champs et les collines. Durant la troisième époque, s'éleva l'Arbre de vie, avec ses feuilles d'or et ses fruits d'ivoire, pour unir les mondes inférieur et supérieur.

MYTHE DE LA CRÉATION CHEZ LES IBAN

Pour les Iban, un des peuples dayaks de Bornéo, il n'y avait au commencement que deux esprits, Ara et Irik, qui planaient, sous la forme d'oiseaux, sur une masse d'eau infinie. Les oiseaux plongèrent pour remonter à la surface deux gros œufs. De l'un d'eux, Ara fit le ciel ; de l'autre, Irik forma la terre. Mais cette terre était trop grosse pour le ciel. Les deux esprits créateurs comprimèrent la terre aux justes dimensions, ce qui causa de grands bouleversements à la surface. Les cours d'eau arrosèrent les plaines et les vallées, et immédiatement la végétation commença à pousser.
Enfin, voyant que personne n'habitait ce nouveau monde, les deux esprits-oiseaux décidèrent de créer l'humanité. Ils essayèrent avec la sève rouge et blanche des arbres, mais ne parvenant pas à donner vie à cette substance, ils se tournèrent vers la terre. C'est avec le sol qu'ils modelèrent les premiers hommes auxquels ils insufflèrent la vie par leurs cris.

Naga *en bronze, serpent d'origine hindoue, répandu dans la mythologie du Sud-Est asiatique, provenant d'Angkor Vat, au Cambodge.*

Le peuple dusun, de Sabah, au nord de Bornéo, a élaboré un mythe analogue. Au début n'existait qu'un gros rocher placé au milieu des eaux de l'univers. Cette roche se fendit pour livrer passage à un dieu forgeron, et à une déesse, qui créèrent le ciel et la terre. Le dieu construisit la voûte du ciel à l'aide d'arcs semblables à des baleines de parapluie, tandis que la déesse modela la terre avec la poussière de son corps et de celui de son compagnon.

La création de l'homme est souvent consécutive à celle du monde. A Sumatra, le héros divin, vainqueur de Naga Padoha, reçut en récompense la fille de Batara Guru, Boru Deak Parudjar, pour compagne. Du couple naquirent les premiers hommes. Chez les Dusun, lorsque la terre et le ciel furent formés, les deux divinités entreprirent de créer les êtres humains. Ils commencèrent par les faire en pierre, mais cette race ne pouvait parler. Alors, ils les firent en bois. Malheureusement, ce matériau se révéla trop fragile. Lors d'une troisième tentative, ils employèrent la terre d'une termitière. Ce fut une réussite. L'humanité est issue de cette troisième race. Pour d'autres peuples de la région, les hommes sont également nés du sol, parfois à la suite de plusieurs essais.

Pour le peuple carabaulo de Timour, à l'est de l'Indonésie, le mythe des origines de l'humanité explique l'ordre social. Au commencement, les hommes n'existaient pas, il n'y avait que la mer. Deux bandes de terre émergèrent pour former l'île de Timour. Puis une énorme matrice se creusa dans le sol et les ancêtres de la population actuelle en surgirent. Les premiers furent aristocrates, propriétaires fonciers, les suivants, roturiers, paysans. Pour escalader cette cavité, les premiers hommes durent s'aider des lianes d'un arbre. On dit que le lieu de cette naissance serait encore visible aujourd'hui, mais que nul n'est autorisé à tenter de faire le voyage à l'envers.

UN UNIVERS STRATIFIÉ

L'idée que l'univers est constitué de plusieurs strates superposées est très largement répandue dans la mythologie du Sud-Est asiatique. Les Kédang de l'île de Lembata, en Indonésie, croient qu'il existe sept niveaux au-dessus de la terre, et cinq en dessous. Quand on meurt, on renaît au niveau inférieur, pour revenir au sommet sous forme de poisson et recommencer tout le cycle des morts et des naissances successives.

Selon le peuple chewong de la forêt équatoriale de la péninsule malaise, la face inférieure d'une strate de l'univers constitue le ciel du niveau sous-jacent. Le ciel de notre terre n° 7 est par conséquent le soubassement de la terre n° 6. Il est formé de pierre, et touche la terre en deux points, là où le soleil se lève et là où il se couche. Quand notre soleil se couche, c'est pour devenir celui de la terre n° 8, située en dessous.

Pour les Ma'Betisék, peuple malaisien, l'univers ressemble à un oignon flottant sur l'eau. Notre terre est la sixième strate. La septième, qui la surmonte, est peuplée par les esprits transparents des ancêtres. Les méchants, tels que les cannibales, occupent les strates inférieures, sous terre.

Le serpent et la tortue

Selon le mythe de la création des Balinais, au commencement il n'y avait ni terre ni ciel. Puis, grâce à la méditation, le Serpent du Monde Antaboga créa la Tortue du Monde, Bedawang.

Sur la Tortue du Monde se trouvent deux serpents lovés et la Pierre noire qui ferme le monde d'En Bas, une grotte sans soleil ni lune habitée par le grand serpent Basuki et sur laquelle règnent Batara Kala et la déesse Setesuyara. Kala créa la lumière et la Terre Mère, sur laquelle s'étend une couche d'eau surmontée d'une suite de coupoles ou de cieux. Il y a le ciel du milieu, et, au-dessus, le ciel flottant, où siège Semara, dieu de l'Amour. Plus haut, s'étend le ciel bleu foncé, occupé par le soleil et la lune, et, plus haut encore, le ciel parfumé, splendide, empli de fleurs rares, qui est la demeure de Tjak, l'oiseau à visage humain, du serpent Taksaka muni de pattes et d'ailes, et des serpents awan qui sont des étoiles filantes. Au-dessus encore, se trouve le ciel flamboyant des ancêtres, surmonté de la sphère supérieure, la demeure des dieux, présidée par Tintiya, le Mâle Suprême.

Quand les dieux créèrent Bali, c'était un endroit plat et désert. Mais lorsque Java, le pays voisin, succomba aux musulmans (la lutte dura de 1250 à 1600 environ), les dieux hindous dépités vinrent s'installer à Bali et construisirent, aux quatre points cardinaux, des montagnes d'une hauteur digne de leur rang. Au milieu, ils établirent le volcan Gunung Agung, « grande montagne », appelé aussi la montagne Cosmique ou le Nombril du Monde.

Le Serpent du Monde Antaboga, du mythe balinais de la création. Marionnette du théâtre d'ombres, environ 1800 ap. J.-C., provenant de Klungkung, Bali.

HOMMES, DIEUX ET ESPRITS

Les origines de la civilisation

L'ORIGINE DE LA NUIT ET DU FEU

D'après les Chewong de Malaysia, il n'y avait au commencement ni nuit ni feu sur cette terre, le septième niveau d'un univers composé de huit strates. Quand on voulait cuire du tapioca, il suffisait de le poser sur le sol, il cuisait tout seul. Un jour, un jeune garçon lâcha son couteau, qui disparut dans une fissure du sol. En essayant de le récupérer, il glissa dans le huitième niveau, où on lui donna à manger. Quand vint la nuit, il eut très peur. Les gens allumèrent un feu, ce qui était aussi nouveau pour lui, et il eut de nouveau peur. Avec générosité, les habitants lui offrirent la nuit et le feu à emporter dans un morceau de bambou. Et, avant de l'aider à remonter avec ses cadeaux, ils lui montrèrent comment cuire les aliments.

LE CHASSEUR ET LA LUNE

Les Ma'Betisék de Malaysia racontent comment à l'origine les hommes, ignorants de toute loi, vivaient dans le meurtre, l'inceste et le cannibalisme. En ce temps-là, les règles de conduite étaient gardées secrètes par un esprit du nom de Moyang Melur, mi-homme mi-tigre, qui vivait sur la lune. Une nuit, fasciné par le désordre qui régnait sur la terre, il se pencha un peu trop et tomba sur notre planète. Il y rencontra un chasseur, Moyang Kapir, à qui il jura que s'il ne remontait pas immédiatement sur la lune, il tuerait tous les hommes. Moyang Kapir lança une corde jusqu'à la lune, et tous deux grimpèrent. Moyang Melur s'apprêtait en secret à tuer Moyang Kapir pour le manger quand celui-ci redescendit par la corde sur la terre, emportant le mystérieux sac qui contenait les règles de la conduite humaine et qu'il avait découvert sous une natte. Moyang Kapir put ainsi transmettre ces règles à son peuple.

Beaucoup de récits mythologiques du Sud-Est asiatique relatent comment les us et coutumes de la vie civilisée ont été découverts par un héros ancestral, ou comment ils lui ont été révélés, après qu'il eut été habité par une divinité ou un esprit. Les Chewong, peuple malais vivant de la chasse et de la cueillette, expliquent la coutume du *maro*, partage de la nourriture, par l'histoire du chasseur Bujaegn Yed. Un jour que celui-ci cuisinait et dégustait son gibier, il vit apparaître Yinlugen Bud, Fantôme du Tronc d'Arbre, un esprit plus ancien que les hommes. Ce dernier avisa Bujaegn Yed qu'en ne partageant pas son repas, il se plaçait dans une situation dangereuse, et peut-être même mortelle. Bujaegn Yed emporta de la viande chez lui et en donna à sa femme qui attendait un enfant. Quand la grossesse arriva à son terme, le chasseur prit un couteau pour lui ouvrir le ventre, comme c'était alors la coutume. Mais Yinlugen Bud l'arrêta pour lui montrer comment un bébé venait au monde. Il enseigna également au couple les formules magiques de la naissance, les gestes de l'accouchement et de l'allaitement. Depuis lors, les femmes ne meurent plus quand naissent leurs enfants et chacun partage avec les autres le gibier tué à la chasse.

Les Iban de Bornéo racontent qu'un homme du nom de Surong Gunting partit rencontrer son grand-père, l'esprit Sengalong Burong. En chemin, les étoiles lui enseignèrent le cycle annuel des travaux des champs. Son grand-père lui apprit certains rituels et lui transmit la divination par les oiseaux pour cultiver la terre et chasser les têtes (les Iban croient que les oiseaux transmettent les messages des esprits). Lorsque Surong Gunting féconda sa tante Dara Chempaka Tempurong, il fut expulsé de la case de son grand-père, apprenant que l'accouplement avec des personnes d'une génération voisine de la sienne constituait une grave transgression qui risquait de gâcher les récoltes. Il retourna à sa propre case et transmit ce nouveau savoir aux Iban.

Figures en pierre représentant des ancêtres divins, héros civilisateurs, sur le site sacrificiel du peuple Toba-Batak, à Ambarita sur l'île de Samosi, en Indonésie orientale.

Les Thens et les trois grands hommes

Au Laos et dans le nord de la Thaïlande, le développement de la société, des techniques et de la culture est attribué à trois ancêtres divins, les Thens, et à trois ancêtres terrestres, parfois simplement désignés comme les « trois grands hommes ».

Autrefois, il y avait la terre, le ciel et les plantes. Au-dessus du monde, dans le royaume d'En Haut, vivaient les Thens, et sur le monde d'En Bas régnaient trois grands hommes, Pu Lang Seung, Khun K'an et Khun K'et. Ils vivaient de la pêche et de la culture du riz. En ce temps-là, les mondes supérieur et inférieur étaient reliés par un énorme pont en rotin.

Un jour, les Thens déclarèrent qu'avant le repas, les hommes devaient leur donner une part de leur nourriture, en signe de respect. Les hommes refusèrent, alors les Thens déclenchèrent une inondation qui dévasta le monde. Pu Lang Seung, Khun K'an et Khun K'et construisirent un radeau, sur lequel ils installèrent une petite maison et, avec femmes et enfants, ils naviguèrent jusqu'au royaume d'En Haut. Après lui avoir rendu hommage, ils racontèrent au roi des Thens leur mésaventure. Le roi leur dit d'aller vivre au ciel, avec son parent, Grand-Père Then Lo. En bas, les eaux commencèrent à refluer et, voyant cela, les trois grands hommes allèrent dire au roi : « Nous ne pouvons ni marcher ni courir sur ce monde évanescent. Nous voulons retourner vivre dans le monde d'En Bas, où le sol est plat et ferme. » Le roi leur donna donc un buffle pour qu'ils retournent sur terre.

Trois ans plus tard, le buffle mourut et, peu après, sortit de ses narines une plante grimpante qui produisit trois citrouilles d'où s'échappait un son étrange. Pu Lang Seung chauffa une pointe et perça un trou dans chaque citrouille. Il en sortit des hommes. C'était des esclaves aborigènes, et Pu Lang Seung leur enseigna comment défricher et pratiquer les cultures sur brûlis à l'ancienne. Comme il restait encore beaucoup de monde à l'intérieur des citrouilles, Khun K'an découpa dans chacune d'elles une deuxième ouverture avec des ciseaux. Pendant trois jours et trois nuits, des personnes sortirent jusqu'à ce que les citrouilles fussent enfin vides. Les hommes issus de la seconde entaille formèrent le peuple thaï, auquel les trois grands hommes enseignèrent à cultiver et à tisser. (En réalité, les Thaï sont des immigrants venus de la Chine au Xe siècle). Plus tard, les divins ancêtres envoyèrent sur terre Then Teng, le Bâtisseur, et Pitsanukukan, l'Inventeur. Then Teng apprit aux hommes à mesurer le temps et l'ordre selon lequel ils devaient cultiver leurs lopins de terre, leurs champs, jardins et vergers. De son côté, Pitsanukukan leur enseigna le travail des métaux pour fabriquer toutes sortes d'outils, le tissage du coton et de la soie, la confection des vêtements et la cuisine.

Ensuite, le roi du Ciel dépêcha sur terre Sik'ant'apatewada, seigneur des Gandharvas, les musiciens divins, qui transmit aux hommes la manière de jouer des gongs, de la flûte, du tambour et des divers instruments d'orchestre, et la manière de danser et de chanter.

Quand Sik'ant'apatewada, sa mission accomplie, retourna au ciel, le pont de rotin fut démoli. Depuis lors, les ancêtres divins et les êtres humains ne peuvent plus se rendre visite.

L'UNICITÉ DE LA VIE

Les mythes d'Asie du Sud-Est, qui portent sur l'origine de la civilisation, véhiculent l'idée que tous les phénomènes en ce monde n'ont qu'une seule et même source, ou sont étroitement liés entre eux. Les Dayak de Bornéo croient notamment que les hommes, les animaux et les plantes viennent d'un même esprit et sont donc parents. La conception de la multiplicité de formes que peut prendre la vie est aussi très répandue, en particulier chez les peuples indigènes les plus anciens. Ainsi, les Chewong de Malaysia pensent que les enfants sont des fleurs métamorphosées. Les Bagobo de Mindanao aux Philippines disent qu'autrefois les singes ressemblaient aux hommes et se conduisaient comme eux, et qu'ils n'assumèrent leur forme actuelle que lorsque le dieu Pamalak Bagobo fit des hommes une race à part. Les Ma'Betisék expriment dans leur foi pour la réincarnation leur conviction que toutes les formes de vie sont liées. Les rares hommes bons sont récompensés et renaissent sous forme humaine. Mais la plupart des hommes renaissent sous une forme animale, ou parfois végétale, parce qu'ils furent avides, ambitieux, violents ou jaloux. Les Ma'Betisék racontent également qu'à une certaine époque ils devinrent si nombreux que l'espace vint à manquer. Leur dieu résolut le problème en métamorphosant, avec son consentement, la moitié de la population en arbres.

POUVOIRS DE LA MAGIE

Barbares, démons et sorcières

La reine des sorcières Rangda, représentée ici sous la forme d'un personnage de danse balinaise.

Un même thème parcourt toute la mythologie d'Asie du Sud-Est, la rencontre avec les pouvoirs de la magie, souvent par l'intermédiaire d'un représentant des forces obscures du mal ou de la barbarie, qui se situe aux antipodes de la société civilisée. Ces forces prennent souvent une forme humaine, et peuvent être masculines, comme l'esprit mi-homme mi-tigre Moyang Melur (p. 304), ou féminines, comme Bota Ili (ci-dessous).

Masque de danse balinaise représentant Barong, l'adversaire du mal, en lutte contre Rangda.

Rangda, féroce démon femelle très populaire à Bali, commande une troupe de sorcières malfaisantes qui combattent l'esprit-roi éternel, Barong. Elle est le plus souvent représentée quasiment nue, avec une longue chevelure, les pieds et les mains griffus. Cette lutte opposant deux puissances magiques, qui s'achève généralement par la défaite de Rangda, est perpétuée à Bali par des danseurs masqués (p. 301). Le mot *rangda* signifie « veuve » et, selon certains spécialistes, elle tirerait son origine de la reine balinaise Mahendradatta, exilée par son époux, le roi Dharmodayana, pour avoir pratiqué la sorcellerie à l'encontre de sa seconde femme. A la mort de Dharmodayana, Mahendradatta, devenue veuve, aurait persécuté leur fils Erlangga, monté sur le trône, pour n'avoir pas su dissuader son père de prendre une seconde épouse. Elle fut accusée d'avoir tenté d'anéantir le royaume par la magie noire : la moitié de la population mourut de la peste. Elle dut alors s'incliner devant la magie supérieure d'un saint homme.

Bota Ili

Les Kédang d'Indonésie orientale relatent comment la sauvage Bota Ili acquit des manières civilisées.

Bota Ili vivait au sommet d'une montagne. Son corps était couvert de poils et elle avait les ongles des pieds et des mains extrêmement longs. Elle se nourrissait de reptiles et, pour les cuire, elle faisait du feu en se frappant le derrière sur un rocher.

Un homme, du nom de Wata Rian, vivait sur la plage. Un jour, il vit de la fumée sur la montagne et décida d'aller voir qui vivait là-bas. Très tôt le matin il partit avec du poisson et du vin de palme. A midi, il atteignit le sommet, trouva un foyer, grimpa dans un arbre et attendit. Bota Ili revint, lourdement chargée des serpents et des lézards qu'elle avait chassés. Après s'être reposée, elle frappa son derrière sur un rocher pour faire le feu, mais sans succès.

Elle découvrit alors Wata Rian et, furieuse, se mit à crier : « Tu empêches mon feu de prendre, descends donc que je te déchire en morceaux ! » Wata Rian répliqua : « Ne te mets pas en colère sinon mon chien va te mordre ! » Bota Ili se radoucit et Wata Rian descendit de l'arbre. Bota Ili put alors faire du feu, et ils cuisinèrent ensemble. Wata Rian offrit beaucoup de vin de palme à Bota Ili qui, ivre, s'endormit. Il en profita pour la raser, et vit que c'était une femme. Plus tard, quand elle apprit à porter des vêtements, ils vécurent ensemble et se marièrent.

LE DISPENSATEUR DE VIE

La mythologie du riz

Dans toute l'Asie du Sud-Est, un lien étroit s'est établi entre la « force vitale » du riz, nourriture de base de toute la région, et celle des êtres humains. Les Dayak de Bornéo croient que les âmes des morts aux enfers se dissolvent en rosée qui est absorbée par les oreilles du riz. Quand les vivants mangent du riz, ils reçoivent alors un peu de ces esprits des ancêtres. Les Iban, un peuple dayak, adressent des offrandes à Pulang Gana, l'esprit de la terre, afin d'assurer la croissance du riz. Ils affirment qu'autrefois les ancêtres avaient débroussaillé la jungle pour cultiver le premier riz, mais que le lendemain matin, les arbres étaient revenus à leur place. Quand ce phénomène se fut produit trois fois, ils décidèrent de défricher encore, mais cette fois de veiller toute la nuit. De leur observatoire, ils purent constater que Pulang Gana redonnait vie aux arbres et les replantait solidement. Quand ils tentèrent de s'emparer de l'esprit, celui-ci leur révéla son identité, et leur dit que la terre, et tout ce qui y poussait, lui appartenait, que lui seul avait le pouvoir de faire pousser le riz. Les hommes demandèrent alors ce qu'il leur faudrait faire, et Pulang Gana leur affirma que s'ils lui offraient des poteries, des perles et des coquillages, il leur permettrait de cultiver le riz.

Dans le nord de la Thaïlande, on récite de longues incantations dans les sanctuaires des villages, pour encourager la croissance du riz et accumuler de l'énergie spirituelle dont les moines et tout le village profiteront. A Bali, avant le début de la récolte, chaque famille confectionne une figurine, appelée la Mère Riz, à partir d'un long épi de riz, Epoux Riz, et d'un épi plus court, Epouse Riz. Cette figurine est attachée à un arbre, en bordure de la rizière pour favoriser l'abondance des récoltes.

Après la moisson, toutes les Mères Riz d'un village sont portées en procession jusqu'au sanctuaire local pour y être bénies par le prêtre. Ensuite, chacune est placée sur un trône de bois et installée dans le grenier familial pour y protéger la récolte. Il est interdit à quiconque a commis une faute d'entrer dans le grenier, et à tous de manger un seul grain de riz de la Mère Riz.

Sujata et le Bouddha

Un conte populaire thaï raconte comment Sujata, fille d'un riche propriétaire terrien, fit au dieu du bo ou « figuier » (Ficus religiosa) *une offrande de riz enrichi de lait, en signe de gratitude pour lui avoir permis de donner le jour à un garçon.*

Sujata ordonna que mille vaches fussent conduites dans une prairie à l'herbe bien grasse. Avec le lait, elle nourrit 500 autres vaches, et avec le lait de ces 500 vaches, elle alimenta 250 vaches, et ainsi de suite jusqu'à ce qu'elle eût 8 vaches, qui produisirent un lait très riche. Sujata y ajouta du riz et se rendit à l'arbre bo y déposer son offrande. Elle vit alors une figure, assise sous le figuier, et pensa que c'était le dieu de l'arbre, mais, en réalité, c'était Bouddha lui-même, le jour de son illumination. Emplie de joie, Sujata lui offrit le riz au lait. Cet aliment merveilleux soutint le Bouddha dans son ascèse pendant quarante-neuf jours.

Figurine en provenance du nord de Bali, qui représente une déesse du Riz vers 1800. Ces effigies sont conservées dans les temples, et au cours de certaines fêtes les divinités du Riz sont invitées à les habiter pour leur donner vie.

CRÉDITS PHOTOGRAPHIQUES

MH: Michael Holford
BM: British Museum, Londres
BAL: Bridgeman Art Library
JG: Japanese Gallery, 66D Kensington Church Street, Londres
V&A: Victoria and Albert Museum, Londres
WFA: Werner Forman Archive
B: bas C: centre D: droite
G: gauche H: haut

1 WFA/Musée national d'Anthropologie, Mexico 2 MH/BM 3 Zefa/Damm

Introduction
11 Zefa/Damm 12H Scala/Rome, Museo Arte Orientale 12B MH/BM 15 BAL/BL 17 Hutchison Library

Grands Thèmes de la Mythologie
18 MH/BM 20 Musée national, Copenhague/Kit Weiss 21 DBP/Collection privée 23 BAL/Musée Condé, Chantilly 24 ET/Christie's Images 25 BAL/BL 27 BAL/V&A 28 Collection Axel Poignant 29 MH 30 BM 31 BAL/Musée national de Delhi 32 WFA/Eugene Chestow Trust 33 BAL/Giraudon 34 MH 35 BAL/Collection privée

Egypte
36 Zefa/Damm 38B MH 39G BAL 39D MH/BM 39B MH/BM 40 MH 41 MH 42H BAL 42B MH/BM 43 BAL/Louvre 44H MH/BM 44B BAL/BL 45 WFA/Musée du Caire 46H BAL/Giraudon 46B BAL/Giraudon/Egyptian National Museum 47 Zefa 48H MH/BM 48B BAL/Louvre 49 BM 50G Zefa/Damm 50D MH/BM 51 WFA/Musée du Caire 52H Scala/Museo Archeologico, Florence 52B WFA/Musée du Caire 54 BM 55 BAL/BM 56 BAL/Louvre/Giraudon Middle East 58 E T Archive 59H BAL/BM 59B Pierpont Morgan Library, NY 60H BM 60B BM 61 MH/Louvre 62 BM 63 DBP 64 DBP 65 MH/Louvre 66H DBP 66B, 67H Mansell Collection 67B DBP

Inde
68 BAL/National Museum of India, New Delhi 70 WFA/Galerie nationale, Prague 71 MH 72 BAL/V&A 73 BAL/V&A 74 V&A 75H BAL/National Museum of India 75B V&A 76 BAL/V&A 77 V&A 79 MH 80 V&A 81H Rajasthan Institute of Oriental Studies 81B MH 82H BAL/National Museum of India 82B MH 83 MH 84H BAL/V&A 84B V&A 85 MH 86 MH 87B BAL/National Museum of India 87H BAL/BM

Chine
88 Zefa/Scholz 90 MH/Wellcome Collection 91 DBP 92H Zefa/Damm 92B Robert Harding Library 93 DBP 94 BAL/BM 95 DBP 96 E T Archive/Nelson Gallery of Art, Kansas City 97 MH/Horniman Museum 98H and BL DBP 98BR Christie's Images 99 H and B DBP 100 Christie's Images 101 E T Archive

Tibet et Mongolie
102 DBP/Collection privée 103 MH 104/5,106 DBP/Collection privée 107G DBP/Collection privée 107D Courtesy of Richard Williamson 108/9 DBP/Collection privée

Japon
110 Spectrum/DJH 112 JG 115 JG 116 JG 118 JG 120 JG 121 Christie's Images 122 JG 123H BAL/BL 123B MH

Grèce
124 Scala 126H BM 126B Louvre/Réunion des Musées Nationaux 127 MH/BM 128 Istanbul Archaeological Museum 130 Scala/Museo Gregoriano Etrusco 131 Ashmolean Museum, Oxford 132 Scala/Musée national d'Athènes 133B Virginia Museum of Fine Arts 133H Scala/Olympia Museum 135 MH 136H Louvre/Réunion des Musées Nationaux 136B BM 137H Musée national, Copenhague/Kit Weiss 137B Bildarchiv Preussischer Kulturbesitz 138H MH 138B Bildarchiv Preussischer Kulturbesitz/Laurentius 140 Munich Antikensammlungen/Studio Koppermann 141H Bildarchiv Preussischer Kulturbesitz 141B Scala/Museo Nazionale, Naples 142 Scala/Acropolis Museum 143 MH 144 DBP 145 BM 146 Munich Antikensammlungen/Studio Koppermann 147 Ny Carlsberg Glyptothek 148 Metropolitan Museum, NY/Joseph Pulitzer Bequest 149 MH 150H Louvre/Réunion des Musées Nationaux 150B BM 151 BM 153 Scala/ Ruvo di Puglia, Jatta 154 BM 156H MH 156B Bildarchiv Preussischer Kulturbesitz/Laurentius 157H BM 157B Scala/ Museo Clementino, Vatican 158 BM 159 Scala/Museo Gregoriano Etrusco 160 MH 161 Boston Museum of Fine Arts/Wm Frances Warden Fund 163H Université de Tübingen 163B Scala/Museo Gregoriano Etrusco 164 BM 165 Martin von Wagner Museum, Würzburg

Rome
166 Spectrum 168 Scala 169H MH/BM 169B Scala/Musée national, Naples 170 Scala/Cité du Vatican 171H WFA/Musée national, Rome 171B Scala/Milano Soprintendenza Antichità Silva 172 Scala/Musée national, Naples 173H Somerset County Museum Service 173B BAL 174H Leeds Leisure Services 175 Spink & Son

Le monde celtique
176 WFA 178H Musée national, Copenhague/Kit Weiss 178BG Corinium Museum/Rex Knight 178BD WFA/Musée de Rennes 179 Musée national, Copenhague/Kit Weiss 181 Musée national, Copenhague/Kit Weiss 182 City of Bristol Museum & Art Gallery 184 Réunion des Musées Nationaux 186H Musée d'Alesia 186B WFA/ Musée de Rennes 187 WFA/ National Museum of Ireland 198 BAL/BM, Ms Add10294

Europe du Nord
190 Universitetets Oldsaksammling, Oslo/Foto Johnsen 192H MH/Musée de Bayeux 192B WFA 193H WFA 193B Gotlands Fornsal Museum/Raymond Hejdstrom 194 WFA/Arhus Kunst Museum 196 WFA/Statens Historiska Museum, Stockholm 197H WFA 197B, 198H, 198B WFA/Statens Historiska Museum, Stockholm 199 WFA 200H, 200B WFA/Statens Historiska Museum, Stockholm 201H WFA/Viking Ship Museum 201B, 202 WFA/Statens Historiska Museum, Stockholm 204G WFA/Universitetets Oldsaksammling, Oslo 204D WFA/Universitetets Oldsaksammling, Oslo 205 WFA

Europe du Centre et de l'Est
206 DBP 208H/B DBP 209 DBP 210/11 DBP 212 Metropolitan Museum of Art, New York

Les régions arctiques
214 Robert Harding Library 216H WFA/Smithsonian Institute 216B WFA/Musée d'histoire naturelle, Chicago 217 WFA/ Smithsonian Institute 218 Musée américain d'histoire naturelle

Amérique du Nord
220 Wheelwright Museum of the American Indian 222H WFA/Provincial Museum of British Columbia 222B WFA/Field Museum d'histoire naturelle, Chicago 223 WFA/Haffenreffern Museum of Anthropology, RI 224 WFA/BM 225H and 225B WFA/Centennial Museum, Vancouver 226G WFA/Chandler Point Collection 226D, 227H WFA/James Hooper Collection, Watersfield 227B WFA/Provincial Museum of British Columbia 228 Wheelwright Museum of Indian Art 231 WFA/Museum of the American Indian 232H WFA/Denver Art Museum 232B Zefa/Paolo Koch 233 WFA/BM

Meso-Amérique
234 WFA 236H E T Archive 236B St Louis Museum of Art, Gift of Morton B. Day 237H WFA/Liverpool Museum 237B WFA/Museum für Völkerkünde, Bâle 238 WFA/Musée national d'Anthropologie, Mexico 239H WFA/Biblioteca Università, Bologna 239B WFA/BM 240H MH 241H DBP/*Codex Magliabechiano* 241B WFA/Museum für Völkerkünde, Bâle 243 E T Archive 244H Bibliothèque Nationale de l'Assemblée 244B WFA/Museum für Völkerkünde, Bâle 245G WFA/Philip Goldman, Londres 245R WFA/Musée national d'Anthropologie, Mexico 246H et B Bibliothèque Nationale de l'Assemblée 248H MH/BM 249H E T Archive

Amérique du Sud
250 Zefa/Presho 252H South American Pictures 252B E T Archive 253 South American Pictures 254 South American Pictures 255B BAL/BM 256 South American Pictures 258 Zefa/Luz 260 Robert Harding Picture Library 261 Hutchison Picture Library 262 Robert Harding Picture Library 263 South American Pictures

Afrique
264 Dr Georg Gerster/John Hillelson Agency 266BG WFA/Museum of Art, Dallas 266BD WFA 267 WFA/Museum of Art, Dallas 268 WFA/MRAC Terveuren 269H WFA/Collection privée 269B WFA/Robert Sainsbury Collection 270B WFA/Allan Brandt Collection 272B WFA 273 WFA/Robert Aberman 275G WFA/Entwistle Gallery, Londres 275D WFA/Freide Collection, New York 276 MH 277G WFA 277D BAL/BM

Australie
278 WFA/Tambaran Collection, New York 280 Zefa/Bagli 281H Robert Harding Picture Library 281B National Gallery of Australia © Paddy Dhatangu 282 Rebecca Hossack Gallery 283 National Gallery of Australia 284 WFA/Auckland Gallery of Art 285 WFA 286 Professor Robert Layton 287 BM

Océanie
288 Color Photo Hans Hinz 289 BAL/Bonhams 290G MH/BM 290D MH/BM 291 MH/BM 292 MH/BM 293 Collection Axel Poignant 294H WFA/Musée national de Nouvelle Zélande 294B MH/BM 295H MH/BM 295B Robert Harding Picture Library/Israel Tabley 296 BAL/BM 297 Hamburgisches Museum für Völkerkünde

Asie du Sud-Est
300 Spectrum 302 MH/Musée Guimet 303 WFA/Klung-klung, Bali 304 Zefa 306G MH/BM 306D WFA 307 WFA/Collection privée

Pages hors-texte

I. Musée du Louvre, Paris. Ph. © Giraudon
II. Kunsthistorisches Museum, Vienne. Ph. © E. Lessing/Magnum
III. Ph. © Werner Forman Archive
IV. Staatliche Museen, Aegyptisches Museum, Berlin. Ph. © E. Lessing/Magnum
V. Museo Egizio, Turin. Phot. © Nimatallah/Artephot
VI. Ph. © E. Lessing/Magnum
VII. Musée du Louvre, Paris. Ph. © Giraudon
VIII. Coll. privée. Ph. © E. Lessing/Magnum
IX. Ph. © J.-L. Nou
X. Musée Guimet, Paris. Ph. © RMN
XI. Bibliothèque nationale. Ph. © Bibl. nat.-Arch. Photeb
XII. Musée Cernuschi, Paris. Ph. © Dagli Orti
XIII. Musée archéologique, Delphes. Ph. © Nimatallah/Artephot
XIV. Musée archéologique national, Paestum. Ph. © Dagli Orti
XV. Ph. © E. Lessing/Magnum
XVI. Antiquarium, Metaponto. Ph. © Dagli Orti
XVII. Musée archéologique national, Naples. Ph. © Dagli Orti
XVIII. Ph. © Dagli Orti
XIX. Musée du Bardo, Tunis. Ph. © Dagli Orti
XX. De haut en bas : musée Borély, Marseille, ph. © Dagli Orti ; Villa Giulia, Rome, ph. © Bapier/Artephot
XXI. Ph. © Scandibild/Artephot
XXII. Skog Church, Halsingland, Statens Historika Museum, Stockholm. Ph. © Werner Forman Archive
XXIII et XXIV. Ph. © J.-L. Charmet/D. R.
XXV. Musée de l'Homme, Paris. Ph. © Coll. musée de l'Homme
XXVI. Musée de l'Homme, Paris. Ph. D. Destable © Coll. musée de l'Homme
XXVII. British Museum, Londres. Ph. © Werner Forman Archive
XXVIII. Musée de l'Amérique, Madrid. Ph. © Dagli Orti
XXIX. Musée Amano, Lima. Ph. © Mireille Vautier/ANA
XXX. Musée national d'Anthropologie et d'Archéologie, Lima. Ph. © Mireille Vautier/ANA
XXXI. Musée national des Arts africains et océaniens, Paris (dépôt du musée de Dakar). Ph. © RMN
XXXII. Musée de l'Homme, Paris. Ph. © Coll. musée de l'Homme

INDEX

Les numéros de page indiqués en **gras** renvoient au développement principal et ceux en *italique* renvoient aux textes des légendes ou des marges

A

F

G